THOMSON PUBLISHING

International Thomson Publishing

Informatik Lehrbuch-Reihe

Herausgegeben von:

Prof. Dr. Bernd Mahr
Technische Universität Berlin
e-mail: mahr@cs.tu-berlin.de

Prof. Dr. Alexander Schill
Technische Universität Dresden
e-mail: schill@freia.inf.tu-dresden.de

Prof. Dr. Gottfried Vossen
Westfälische Wilhelms-Universität Münster
e-mail: vossen@uni-muenster.de

Dr. Ellis Horowitz
Dr. Sartaj Sahni
Dr. Susan Anderson-Freed

Grundlagen von Datenstrukturen in C

Bonn · Albany · Belmont · Boston · Cincinnati · Detroit · London · Madrid
Melbourne · Mexico City · New York · Paris · Singapore · Tokyo · Toronto

THOMSON
PUBLISHING
INTERNATIONAL

© der deutschen Ausgabe: 1994 by International Thomson Publishing GmbH
1. Auflage 1994

Die Originalausgabe erschien 1993 unter dem Titel:
Fundamentals of Data Structures in C
im Verlag W.H. Freeman and Company, New York and Oxford

First published in the United States by
W.H. Freeman and Company, New York and Oxford
©1993 All rights reserved

Herausgeber der deutschen Ausgabe
Prof. Dr. Bernd Mahr, Technische Universität Berlin
Prof. Dr. Alexander Schill, Technische Universität Dresden
Prof. Dr. Gottfried Vossen, Westfälische Wilhelms-Universität Münster

Übersetzung, deutsche Bearbeitung und Satz

Verlagsservice	•Übersetzung: Dipl.-Phys. Axel Temmink
Andreas Schmidt	Anne-Marie Scholz, Marion Kornau
Wuppertal	Dipl.-Phys Berthold Schorlemer
0202/508799	•Deutsche Bearbeitung: Dipl.-Phys. Axel Temmink
	Dipl.-Math. Claus Fieker
	•Satz: Andreas Schmidt

Umschlaggestaltung
Justo G. Pulido, Bonn

Titelgrafik
Richard Elmer, New York

Belichtung
Bercker Grafische Betriebe, Kevelaer

Farbreproduktionen
ImagingService Flöer, Bonn

Produktion
TYPisch Müller, Bonn

Druck und buchbinderische Verarbeitung
Bercker Grafische Betriebe, Kevelaer

Printed in Germany

ISBN 3-929821-00-1

INHALTSVERZEICHNIS

VORWORT

Warum ist ein Buch *Grundlagen von Datenstrukturen in C* notwendig? Darauf gibt es verschiedene Antworten: Die erste und wichtigste lautet, daß Lehrer und Ausbilder in zunehmenden Maße zu C als Sprache ihrer Wahl übergehen. Dies überrascht nicht, da C sowohl auf dem Personal Computer (PC´s und Mac´s) als auch auf UNIX-Workstations zur am meisten verbreiteten Entwicklersprache geworden ist. Ein weiterer Grund besteht darin, daß die Qualität von C-Compilern und C-Programmentwicklungsumgebungen in einem solchen Umfang verbessert wurde, daß es sinnvoll ist, Anfängern Unterricht in einer C-Umgebung zu erteilen. Schließlich sind viele Konzepte, die in der Systemprogrammierung in den verschiedenen Bereichen der Informatik, zum Beispiel bei virtuellen Speichern, File-Systemen, automatischen Grammatikgeneratoren, lexikaler Analyse, Netzwerken etc. unterrichtet werden müssen, in C implementiert. Daher werden Studenten heute schon früh in ihrer akademischen Laufbahn in C unterrichtet, damit diese Konzepte später vollständig erfaßt werden können.

Wir haben uns entschlossen, unsere Programme in ANSI C vorzustellen. ANSI C, das 1983 eingeführt wurde, unternahm den Versuch, die Programmiersprache C leistungsfähiger zu machen, indem zahlreiche Eigenschaften, die in früheren Versionen nicht möglich waren, hinzugefügt wurden. Einige dieser Eigenschaften, wie beispielsweise die Möglichkeit, Informationen in den Funktionsheader zu tippen, verbessern die Lesbarkeit sowie die Zuverlässigkeit des Programms. Die Alternative zu ANSI C ist Kernighan und Ritchie C (abgekürzt K&R C); diese Sprache wird in dem Buch von Kernighan und Ritchie *The C Programming Language,* Prentice-Hall, 1978, beschrieben. Für Lehrer und Ausbilder, die eine K&R-Version von C benutzen, werden die zum Lauf in dieser Umgebung notwendigen Änderungen in einem Anhang besprochen. Die Veränderungen sind recht einfach und schnell vollzogen, so daß der Student von den Unterschieden zwischen beiden Programmen nicht weiter berührt wird.

Alle Programme und Algorithmen in diesem Text wurden compiliert und geprüft. Wir testeten die Programme auf einem Intel/386 unter DOS, wobei wir Turbo C und Turbo C++ Compiler benutzten. Wir ließen die Programme auch auf einer SUN Sparcstation unter SUNOS 4.1 laufen. Die zusammengestellten Programme integrierten wir unmittelbar in den Text dieses Buches, wobei wir es vermieden, das Erscheinungsbild der Programme während des Satzes zu verändern, um das Auftreten von Fehlern zu vermeiden.

Diejenigen Lehrer und Ausbilder, die das Buch *Fundamentals of data structures in Pascal* benutzt haben, werden bemerken, daß dieses Buch die gründliche Erläuterung von Algorithmen und die Analyse von Rechenzeiten beibehält. Außerdem haben wir versucht, die Einteilung der Kapitel und die Art der Darstellung des vorherigen Buches dort beizubehalten, wo immer dies wünschenswert erschien. Dies hielt uns jedoch nicht davon ab, Verbesserungen vorzunehmen, besonders wenn diese sich aus der Anwendung von C gegenüber Pascal ergaben. Die Besprechung von Strings befindet sich beispielsweise jetzt im Kapitel über Felder. Dort werden auch Zeiger erklärt, da die Zeigermanipulation von Feldern in C recht häufig vorkommt. Fehlermeldungen werden in **stderr** geschrieben. Programme, die Systemfunktionen wie **malloc** benutzen, prüfen, ob diese erfolgreich ausgeführt worden sind. Wir benutzen *exit(0)* und *exit(1)* für normale und anomale Beendigung des Programms.

Veränderungen, die nicht im Zusammenhang mit C stehen, wurden auch bei den Übungen vorgenommen, welche sich direkt an die entsprechenden Abschnitte anschließen. Übungen, die mit der Markierung § neben der Übungsnummer versehen sind, bezeichnen schwierige Aufgaben. Übungen, die auf Programmierprojekte anwendbar sind, sind als solche gekennzeichnet. Darüber hinaus haben wir die Abschnitte in jedem Kapitel neu angeordnet, so daß die Grundlagen zu Beginn eines Kapitels erscheinen und die schwierigen oder Zusatzthemen am Ende eines Kapitels.

Während der letzten zehn Jahre kam es im Bereich der Datenstrukturen zu keinerlei Stillstand, es fanden vielmehr bedeutende Weiterentwicklungen statt. Neue und nützliche Datenstrukturen wurden entwickelt, und neue Formen, die mehr Komplexität ermöglichen, wurden eingeführt. In der vorliegenden Ausgabe dieses Buches unternehmen wir den Versuch, mit diesen Entwicklungen Schritt zu halten. Kapitel 9 beispielsweise ist gänzlich den Heaps gewidmet. Besondere Formen werden erläutert, einschließlich der Min-Max-Heaps und Deaps, welche beide Formen doppelt endender Prioritätswarteschlangen ("priority queues") sind. Wir erläutern auch eine Datenstruktur, die aus einer Kombination von Prioritätswarteschlangen mit linksausgerichteten Bäumen besteht. Auch diese verfügen über Min- und Max-Formen. Ein Fibonacci-Heap wird als eine Datenstruktur vorgestellt, die alle Operationen in Zusammenhang mit linksausgerichteten Bäumen unterstützt. Wir stellen binomiale Bäume vor, zu deren Sonderformen die Fibonacci-Heaps zählen.

2-3-Bäume werden umfangreich in Kapitel 10 behandelt. Außerdem haben wir einen Abschnitt über 2-3-4-Bäume hinzugefügt. Aufgrund einiger Vorteile gegenüber dem 2-3-Baum wird der 2-3-4-Baum ebenfalls in diesem Kapitel vorgestellt. Rot-Schwarz-Bäume sind 2-3-4-Bäume, die in binärer Form dargestellt sind. Alle diese Datenstrukturen sind wichtige Sonderfälle des B-Baums. Sie werden hier besonders hervorgehoben, da die Einfüge- und Löschalgorithmen, die das Gleichgewicht des Baumes aufrecht erhalten, bedeutend einfacher aufgebaut sind als bei AVL-Bäumen, während die Begrenzungen von $O(\log n)$ beibehalten werden.

Ein anderes Thema, das ausführlich behandelt wird, ist die amortisierte Komplexität. Bei den meisten Algorithmen wird die beste, die schlechteste und gelengentlich die durchschnittliche Rechenzeit analysiert. Amortisierte Komplexität dient dazu, einzuschätzen, wie effizient eine Folge von Operationen ausgeführt worden ist. Diese Form der Komplexitätsmessung wurde von R. Tarjan populär gemacht, und in vielen Fällen handelt es sich hierbei um eine höhere Genauigkeit in der Maßeinheit für die Leistungsfähigkeit von Datenstrukturen als die traditionelleren Formen der Komplexitätsmessung.

Die Erläuterungen der Symboltabellen und des Hashing-Vorgangs befinden sich nun in Kapitel 8. Wir haben das Hashing-Material durch eine Erklärung des dynamischen Hashing ergänzt. Diese Methode erweitert die traditionelle Methode durch die Fähigkeit, Dateien zu behandeln, deren Größe in unvorhersagbarem Ausmaß anwächst, ohne daß es notwendig wird, sie neu zusammenzustellen oder die Größe einer Tabelle neu festzulegen.

VERWENDUNG DES BUCHES FÜR EINEN LEHRPLAN

Dem Lehrer und Ausbilder, der die Absicht hat, dieses Buch und die darin enthaltenen Unterrichtsmaterialien im Rahmen eines Semesters zu benutzen, bieten wir zwei Möglichkeiten an, eine für ein mittleres und eine für ein schnelles Lerntempo. Das mittlere Tempo ist empfehlenswert, wenn der Lehrgang für Studienanfänger im Bereich Informatik gedacht ist, oder es sich womöglich um das zweite oder dritte Seminar des Lehrplans handelt. Die meisten Menschen, die Autoren eingeschlossen, boten den Lehrstoff im mittleren Tempo an. Die untenstehende Planung entspricht dem Lehrplan, der von der ACM empfohlen wird, insbesondere Kurs C2 (Curriculum '78, CACM 3/79 und CACM 8/85).

SEMESTERPLAN - MITTLERES TEMPO

Woche	Thema	Vorlesungsplan
1	Einführung in Algorithmen und Datenorganisation	Kapitel 1
2	Felder	Kapitel 2
3	Felder (Strings)	1. Programmiereinheit
4	Stapel und Warteschlangen	Kapitel 3
5	Verkettete Listen (einfach und doppelt verkettet)	Kapitel 4
6	Verkettete Listen	2. Programmiereinheit
7	Bäume (Grundlagen, binäre Bäume)	Kapitel 5
8	Bäume (Suchen, Heap)	
9	Zwischenklausur	
10	Graphen (Grundlagen, Darstellungen)	Kapitel 6
11	Graphen (kürzeste Pfade, Spannende Bäume, topologisches Sortieren)	3. Programmiereinheit
12	Internes Sortieren (Einfügen, schnelles und durch Mischen)	Kapitel 7
13	Internes Sortieren (Heap, Radix)	4. Programmiereinheit
14	Hashing	Kapitel 8
15	Heap-Strukturen (Ausgewählte Themen)	Kapitel 9
16	Suchstrukturen (Ausgewählte Themen)	Kapitel 10

Wir empfehlen, daß verschiedene Programmierungssitzungen vorgegeben werden, die gleichmäßig über das Semester verteilt sein sollten. Das Ziel des ersten Programms besteht in erster Linie darin, die Studenten mit der Computerumgebung vertraut zu machen. Der Schwerpunkt des zweiten Programms sollte auf Listenstrukturen liegen, wie in Kapitel 4 erläutert. Am Ende der Übungen von Kapitel 4 befinden sich mehrere Projektvorschläge. Wir haben beschlossen, ein Thema nicht wieder aufzunehmen, das externe Sortieren. Dies läßt Raum für eine der wichtigsten Techniken, das Hashing. Dieses Thema wird später im Laufe des Lehrplans im Rahmen verschiedener Kurse behandelt, und deshalb ist es wichtig, es im Laufe dieses Semesters anzusprechen. Wahrscheinlich haben Lehrer und Ausbilder keine Zeit, den Lehrstoff im Kapitel über Suchstrukturen zu behandeln. Vielleicht können wahlweise ein bis zwei Themen behandelt werden.

    Das schnellere Tempo wäre bei Verwendung des Buches im Vordiplom oder bei fortgeschreneren Semestern angemessen. Unser Vorschlag zur Semesterplanung lautet wie folgt:

SEMESTERPLAN - SCHNELLES TEMPO

Woche	Thema	Vorlesungsplan
1	Einführung in Algorithmen und Datenorganisation	Kapitel 1
2	Felder	Kapitel 2
3	Stapel und Warteschlangen	Kapitel 3
		1. Programmiereinheit
4	Verkettete Listen	Kapitel 4
5	Bäume	Kapitel 5
6	Fortsetzung Bäume	2. Programmiereinheit
7	Zwischenklausur	
8	Graphen	Kapitel 6
9	Fortsetzung Graphen	3. Programmiereinheit
10	Internes Sortieren	Kapitel 7
11	Externes Sortieren	Kapitel 7
12	Hashing	Kapitel 8
13	Heap-Strukturen	Kapitel 9
		4. Programmiereinheit
14	Heap-Strukturen	Kapitel 9
15	Suchstrukturen	Kapitel 10
16	Suchstrukturen	Kapitel 10

    Die Vorgaben für die Programmierungssitzungen und das Examen in der Semestermitte sind zeitlich genauso wie beim mittleren Tempo festgelegt. Jedoch ist die zeitliche Planung für die Vorlesungen straffer. Im schnellen Tempo sind zwei Wochen für die Kapitel 9 und 10 vorgesehen. Diese Geschwindigkeit erlaubt es nicht, daß mehr als nur einige wenige Themen ausgewählt werden können.

    Abschließend stellen wir einen Lehrplan für ein fortgeschrittenes Seminar über Datenstrukturen vor. Dies setzt voraus, daß der Studierende bereits mit den Grundlagen des Lehrstoffes konfrontiert worden ist, besonders mit Material über Listen, Bäume und Graphen. Vier Wochen, die fortgeschrittenen Datenstrukturen gewidmet sind, geben dem Lehrer und Ausbilder genügend Zeit, alle relevanten Themen gründlich zu behandeln.

SEMESTERPLAN - FORTGESCHRITTENE DATENSTRUKTUREN

Woche	Thema	Vorlesungsplan
1	Wiederholung der Grundlagen der Algorithmen	Kapitel 1 - 2
2	Wiederholung der Grundlagen der Listenstrukturen	Kapitel 3 - 4
3	Wiederholung Bäume	Kapitel 5
4	Wiederholung Graphen	Kapitel 6
5	Wiederholung Internes Sortieren	Kapitel 7 1. Programmiereinheit
6	Externes Sortieren	Kapitel 7
7	Externes Sortieren (Fortsetzung)	
8	Hashing	Kapitel 8 2. Programmiereinheit
9	Heap-Strukturen (Min-Max-Heaps, Deaps, linksausgerichtete Bäume)	Kapitel 9
10	Zwischenklausur	
11	Heap-Strukturen (Fibonacci-Heaps)	Kapitel 9
12	Suchstrukturen (optimale binäre Suchbäume)	Kapitel 10
13	Suchstrukturen (AVL-Bäume, 2-3-Bäume, 2-3-4-Bäume)	3. Programmiereinheit
14	Suchstrukturen (Rot-Schwarz-Bäume, Splay-Bäume, digitale Bäume)	
15	Suchstrukturen (B-Bäume, Tries)	4. Programmiereinheit
16	Suchstrukturen	

Bei Hochschulen mit einem Vierteljahreszyklus ist die folgende, vierteljährlich struktu-rierte Abfolge denkbar. Dies setzt voraus, daß Grundkenntnisse in der Analyse von Algo-rithmen und elementaren Datenstrukturen auf dem Niveau eines fortgeschrittenen Pro-grammierungskurses vorhanden sind.

ERSTES VIERTELJAHR

Woche	Thema	Vorlesungsplan
1	Wiederholung von Algorithmen und Felder	Kapitel 1 - 2
2	Stapel und Warteschlangen	Kapitel 3
3	Verkettete Listen (Stapel, Warteschlangen, Polynome)	Kapitel 4
4	Verkettete Listen	
5	Bäume (Durchquerung, Gesamtdarstellung)	Kapitel 5 1. Programmiereinheit
6	Bäume (Heaps, Suchen) Zwischenklausur	
7	Graphen (Traversieren, Komponenten)	Kapitel 6
8	Graphen (minimum spannende Bäume)	
9	Graphen (kürzeste Pfade)	2. Programmiereinheit
10	Graphen	(Aktivitätsnetzwerke)

ZWEITES VIERTELJAHR

Woche	Thema	Vorlesungsplan
1	Internes Sortieren (durch Einfügen, Schnellsortieren, Begrenzung, Mischen auf Raum O(1), Sortieren durch Mischen)	Kapitel 7
2	Sortieren (Heap, Radix, Listen, Tabellen)	
3	Externes Sortieren	Kapitel 7
4	Hashing	Kapitel 8
5	Zwischenklausur	1. Programmiereinheit
6	Heap-Strukturen (Deaps, Min-Max-Heaps, linksausgerichtete Bäume)	Kapitel 9
7	Heap-Strukturen (Fibonacci-Heaps)	
8	Suchstrukturen (AVL-Bäume, 2-3-Bäume, 2-3-4-Bäume)	Kapitel 10
9	Suchstrukturen (Rot-Schwarz-Bäume, Splay-Bäume, digitale Bäume)	2. Programmiereinheit
10	Suchstrukturen (B-Bäume, Tries)	

Noch einmal wollen wir den Leuten danken, die uns dabei geholfen haben, dieses Buch vorzubereiten. Wir danken Frau Prof. Lisa Brown, Illinois Wesleyan University, und den Studenten ihres Kurses Programming III, sowie Herrn Dr. Dinesh Mehta, University of Florida, für ihre Hilfe bei der Fehlersuche in diesem Buch. Außerdem danken wir Trey Short und Curtis Kelch von der Rechnerbetriebsgruppe der Illinois Wesleyan University, für ihre technische Unterstützung. Ferner danken wir Narain Gehani, AT&T Bell Laboratories, Tomasz Müldner, Arcadia University und Ronald Prather, Trinity University, die erste Manuskriptentwürfe durchsahen. Besonderer Dank gilt Barbara und Art Friedman, unseren ersten Verlegern, die das Buch während der ersten Jahre betreuten. Ebenfalls bedanken wir uns beim Lektorat des W. H. Freemann Verlags für ihre Unterstützung und Ermutigung. Ganz besonders möchten wir Nola Hague, erste Herausgeberin, und Penny Hull, geschäftsführende Mitherausgeberin, danken. Ihre Begeisterungsfähigkeit half maßgeblich, das Projekt auf den Weg zu bringen.

Ellis Horowitz
Sartaj Sahni
Susan Anderson-Freed
Juni, 1992

ANMERKUNGEN DER ÜBERSETZER

Merksätze und gesicherte Aussagen werden im Text durch ein Quadrat abgeschlossen (□).
Alle Programme in diesem Buch wurden von uns noch einmal compiliert und geprüft.
Dabei fanden der GNU C (GCC 2.33) und der IBM C/2-Version 1.1-Compiler Verwendung.
Um Kompatibilitätsprobleme zu vermeiden, sollte, falls eine Struktur mit einem **typedef**
verwendet wird, der Strukturname sowohl am Anfang, als auch am Ende der Struktur
genannt werden. Die Strukturen in diesem Buch sind von uns diesbezüglich angepaßt
worden.

Andreas Schmidt, April, 1994

KAPITEL 1

GRUNDKONZEPTE

1.1. ÜBERBLICK: SYSTEMENTWICKLUNG

Wir setzen bei unseren Lesern eine fundierte Erfahrung im strukturierten Programmieren voraus, wie sie etwa durch grundlegende Programmierkurse vermittelt wird. Solche Anfängerkurse legen typischerweise Wert auf die Beherrschung der Sprachsyntax (grammatikalische Regeln) und wenden die Sprache auf die Lösung einiger verhältnismäßig kleiner Aufgaben an. Diese Aufgaben werden oft so gewählt, daß sie spezielle Sprachkonstrukte einüben. Beispielsweise benötigt man zur Lösung einer Aufgabe Feldstrukturen und **while**-Schleifen.

In diesem Buch wollen wir Sie über diese Anfangsgründe hinausführen, indem wir Werkzeuge und Techniken vorstellen, die für den Entwurf und die Implementierung großer Rechnersysteme notwendig sind. Wir glauben, daß eine solide Grundlage auf den Gebieten der Datenabstraktion, Spezifikation von Algorithmen sowie der Leistungsanalyse und -messung die notwendigen Mittel und Methoden bereitstellt. In diesem Kapitel werden wir jedes dieser Gebiete genauer betrachten. Wir werden außerdem kurz auf die Methode des rekursiven Programmierens eingehen, da viele von Ihnen wahrscheinlich nur flüchtige Bekanntschaft mit dieser wichtigen Technik gemacht haben. Zuvor wollen wir jedoch diese Werkzeuge in einen Kontext bringen, der zeigt, daß Programmieren mehr ist, als nur den Code zu schreiben. Ein guter Programmierer betrachtet ein umfangreiches Rechnerprogramm als ein System vieler komplexer, miteinander verknüpfter Teile. Als System betrachtet, unterliegen diese Programme einem Entwicklungsprozeß, der Systementwicklungszyklus ("System life cycle") genannt wird. Dieser Zyklus besteht im Wesentlichen aus den Phasen Anforderungsspezifikation, Analyse, Design, Codierung und

Verifikationsphase. Obwohl wir diese einzeln betrachten werden, sind sie doch in hohem Grade miteinander verwoben und können nur grob in eine zeitliche Reihenfolge eingeordnet werden. In den ausgewählten Schriften und Literaturhinweisen finden sich weitere Quellen mit ergänzenden Informationen zu den verschiedenen Systementwicklungsphasen.

(1) Anforderungen. Alle großen Programmierprojekte beginnen mit der Aufstellung der Spezifikationsliste, die Ziel und Zweck des Projektes definiert. Diese Anforderungen beschreiben die Art von Information, die wir, die Programmierer, bekommen (Input) und die zu produzierenden Ergebnisse (Output). Oft sind die Anfangsspezifikationen nur vage bestimmt, so daß strenge Ein- und Ausgabebeschreibungen entwickelt werden müssen, in denen alle möglichen Fälle enthalten sind.

(2) Analyse. Nach sorgfältigem Entwurf der Systemanforderungen beginnt die ernsthafte Phase der Analyse. In dieser Phase werden die Probleme in leicht zu handhabende Unteraufgaben zerlegt. Es gibt grundsätzlich zwei Möglichkeiten der Annäherung: Die "bottom-up" (von unten nach oben) und die "top-down" (von oben nach unten) Strategie. Die bottom-up-Strategie ist älter und weniger strukturiert; sie legt vorzeitig Wert auf die Codierung spezieller Programmsegmente. Da der Programmierer nicht über einen Übersichtsplan des Projekts verfügt, zeigt das resultierende Programm oft viele lose verknüpfte und fehlerhafte Einzelsegmente. Die bottom-up-Analyse ist mit der Konstruktion eines Gebäudes aus einer erzeugenden Kopie verwandt. Das heißt, man betrachtet alle Gebäude als identische Kompositionen: Sie brauchen Wände, ein Dach, Verrohrung und Heizung. Aus dieser Perspektive ist der spezifische Zweck des Gebäudes unwichtig. Obwohl kaum jemand in so einem Haus wohnen wollte, glauben viele Programmierer, vor allem die Anfänger, daß sie auf diese Weise und ohne Planung ein gutes, fehlerfreies Programm schreiben können.

Im Gegensatz dazu beginnt der top-down-Ansatz mit dem Zweck, dem das Programm dienen soll und orientiert sich so am Endprodukt, wenn es darum geht, die Unterteilung in leicht zu handhabende Segmente vorzunehmen. Diese Technik führt zu Diagrammen, die zum Systemdesign gebraucht werden. Oft werden in dieser Phase verschiedene Lösungsmöglichkeiten entwickelt und verglichen.

(3) Design. Diese Phase setzt die Arbeit der Analyse fort. Der Designer nähert sich dem System sowohl aus der Perspektive der Datenobjekte, als auch unter dem Aspekt der auf ihnen zu vollziehenden Operationen. Der erste Gesichtspunkt führt zur Kreation abstrakter Datentypen, während der zweite die Spezifikation von Algorithmen und ihrer Designstrategien erfordert. Nehmen wir z.B. an, wir wollten einen Vorlesungsplan einer Universität erstellen. Die typischen Datenobjekte enthalten Studenten, Kurse und Dozenten. Typische Operationen sind Einfügen, Löschen und Suchen innerhalb oder zwischen den Objekten, d.h. wir möchten der Liste der angebotenen Kurse einen hinzufügen, oder aber einen Kurs suchen, der von einem bestimmten Dozenten gehalten wird.

Da abstrakte Datentypen und die Spezifikation von Algorithmen unabhängig von der verwendeten Sprache sind, verschieben wir Entscheidungen über die Implementierung. Obwohl wir schon die für ein Datenobjekt nötige Information angeben müssen, ignorieren wir Details der Codierung. Wir werden beispielsweise entscheiden, daß das Datenobjekt 'Student' zwar die Elemente Namen, Immatrikulationsnummer, Telefonnummer usw. enthält, aber noch nicht die spezifische Implementierung in der Liste der Studenten aufgreifen. Wie wir in späteren Kapiteln sehen werden, stehen hierfür verschiedene Möglichkeiten zur Verfügung, wie Felder, verkettete Listen oder Verzweigungsbäume. Indem wir die Einzelheiten der Implementierung so lange wie möglich aufschieben, erzeugen wir nicht nur ein System, das in unterschiedlichen Programmiersprachen geschrieben werden kann, wir geben uns auch die Zeit, die für den Anwendungsfall effizientesten Implementierungen der vorliegenden Sprache auszuwählen.

(4) Verfeinerung und Codierung. In dieser Phase wählen wir die Darstellung der Datenobjekte und schreiben Algorithmen für die Operationen. Die Reihenfolge in der wir das tun ist entscheidend, da die Darstellungsart der Datenobjekte die Effizienz der mit Ihnen verknüpften Algorithmen bestimmen kann. Das bedeutet, daß wir zuerst diejenigen Algorithmen schreiben sollten, die unabhängig von den Datenobjekten sind.

Oft stellt man an dieser Stelle fest, daß man ein viel besseres System hätte entwerfen können. Vielleicht haben wir mit einem Freund gesprochen, der ein ähnliches Projekt bearbeitet, oder wir erkennen, daß ein alternatives Design besser gewesen wäre. Wenn unser ursprüngliches Design gut war, kann es Änderungen leicht aufnehmen und an dieser Stelle zeigt sich auch ein Grund für die Vermeidung zu frühzeitiger Codierungsdetails. Müssen wir unsere Arbeit aber komplett verwerfen, können wir uns mit der Tatsache trösten, daß der Aufbau des neuen Systems schneller und mit weniger Fehlern erfolgt. Dieses 'second system'-Phänomen wird in dem Buch von Frederick Brooks *The Mythical Man-Month* diskutiert, das in den Literaturhinweisen angeführt ist.

(5) Verifikation. Diese Phase besteht aus der Entwicklung von Richtigkeitsprüfungen, Testen des Programms mit einer Vielfalt von Eingabedaten und Entfernung von Fehlern. Jedes dieser Gebiete ist schon ausführlich erforscht worden und eine vollständige Betrachtung liegt außerhalb der Intention dieses Buches. Trotzdem sollen die wichtigen Aspekte kurz angerissen werden.

Richtigkeitsprüfungen: Man kann die richtige Ausführung eines Programms mit denselben Methoden überprüfen, wie sie auch in der Mathematik reichlich vorhanden sind. Unglücklicherweise sind diese Beweise sehr zeitraubend und für große Projekte schwierig zu entwickeln. Oft verhindern Beschränkungen des Zeitplans die Entwicklung vollständiger Sätze von Beweisführungen für ein großes System. Hier kann die Auswahl von bereits geprüften Algorithmen die Fehlerzahl reduzieren. In diesem Buch werden wir Sie mit einem ganzen Arsenal von Algorithmen versorgen, die teilweise mit formalen Techniken bereits auf Richtigkeit geprüft sind und die Sie auf viele Programmierprobleme anwenden können.

Testverfahren: Die Richtigkeitsprüfungen können vor und während der Codierungsphase erfolgen, da unsere Algorithmen nicht in einer speziellen Sprache abgefaßt sein müssen. Die Testphase hingegen erfordert den Arbeitscode und Sätze von Testdaten. Man sollte diese Daten sorgfältig zusammenstellen, um alle möglichen Szenarios einzuschließen. Vor allem Programmieranfänger nehmen an, ihr Programm sei fehlerfrei, wenn es ohne Syntaxfehler läuft. Den Eingabedaten wird nur geringe Aufmerksamkeit geschenkt, und üblicherweise wird nur ein Satz von Daten benutzt. Gute Testdaten sollten den korrekten Lauf aller Programmteile prüfen. Wenn unser Programm z.B. eine **switch-**Anweisung enthält, so sollten die Testdaten so gewählt werden, daß jeder **case**-Fall der **switch**-Anweisung durchlaufen wird.

Die ersten Tests konzentrieren sich auf den korrekten Programmablauf. Neben dieser wesentlichen Eigenschaft ist aber die Laufzeit eines Programm ebenfalls von großem Interesse. Was nützt ein fehlerfreies Programm, wenn es zu langsam läuft? Für viele Algorithmen gibt es theoretische Schätzungen der Laufzeit, und wir werden diese Schätzungen herleiten, wenn wir neue Algorithmen einführen. Zusätzlich werden wir uns Leistungsschätzungen für Teile unseres Codes wünschen. Die Konstruktion dieser Laufzeitprüfungen ist ein weiteres Thema, das wir später in diesem Kapitel verfolgen werden.

Fehlerbeseitigung: Bei sorgfältiger Durchführung werden die Richtigkeits- und Systemtests fehlerhafte Codes anzeigen. Die Leichtigkeit, mit der diese Fehler beseitigt werden können, hängt von den früheren Entscheidungen zum Design und der Codierung ab. Ein großes, undokumentiertes Programm, in "Spaghetti"-Code geschrieben, ist der Alptraum eines jeden Programmierers. Beim Debuggen eines solchen Programms besteht die Gefahr, daß die Entfernung eines Fehlers mehrere neue Fehler erzeugt. Andererseits ist das Debuggen eines gut dokumentierten Programms, das in autonome Einheiten zerteilt ist, die über Parameter interagieren, viel leichter. Dies trifft besonders dann zu, wenn jede Einheit einzeln getestet und dann erst in das System integriert wird.

1.2. SPEZIFIKATION VON ALGORITHMEN

1.2.1. Einführung

In der Informatik ist das Konzept eines Algorithmus von grundlegender Bedeutung. Es gibt Algorithmen für viele allgemeine Probleme, und das Design effizienter Algorithmen spielt eine entscheidende Rolle in der Entwicklung groß angelegter Computersysteme. Deshalb werden wir diese Konzepte ausführlicher diskutieren, bevor wir weiter fortfahren. Beginnen wir mit einer Definition.

Definition: Ein *Algorithmus* ist ein endlicher Satz von Instruktionen, die bei ihrer Ausführung eine besondere Aufgabe erfüllen. Zusätzlich muß ein Algorithmus die folgenden Kriterien erfüllen:

(1)   **Eingabe.** Es gibt Null oder mehr Größen, die extern eingegeben werden.

(2)   **Ausgabe.** Mindestens eine Größe wird erzeugt.

(3)   **Bestimmtheit.** Jede Anweisung ist klar und unzweideutig.

(4)   **Endlichkeit.** Wenn die Anweisungen befolgt werden, so führt der Algorithmus in allen Fällen nach einer endlichen Anzahl von Schritten zum Ende.

(5)   Effektivität. Jede Anweisung muß so grundlegend sein, daß sie im Prinzip von jederman mit Bleistift und Papier ausgeführt werden kann. Es genügt nicht, wenn jede Operation wie in (3) bestimmt ist, sie muß auch durchführbar sein. □

In der Rechnertheorie wird zwischen Algorithmus und Programm unterschieden. Letzteres braucht nicht die Bedingung (4) zu erfüllen. Beispielsweise ist ein Betriebssystem vorstellbar, das endlos in einer Warteschleife läuft, bis weitere Jobs eingegeben werden. So ein Programm findet kein Ende, wenn nicht das System abstürzt. Da unsere Programme immer ein Ende finden, werden wir in diesem Text Algorithmus und Programm als austauschbare Begriffe behandeln.

Ein Algorithmus kann auf verschiedene Weise beschrieben werden. Wir können eine natürliche Sprache wie Deutsch verwenden, müssen dann nur sicherstellen, daß die resultierenden Anweisungen auch genügend klar bestimmt sind. Graphische Darstellungen, wie Ablaufdiagramme stellen eine andere Möglichkeit dar, bieten sich aber nur bei kleinen und einfachen Algorithmen an. In diesem Buch präsentieren wir die meisten unserer Algorithmen in C, an manchen Stellen wird auf ein Gemisch aus Englisch/Deutsch und C zurückgegriffen, sofern es angemessen erscheint. Anhand von zwei Beispielen soll gezeigt werden, wie man eine Aufgabe in einen Algorithmus transformiert.

Beispiel 1.1

[*Sortieren durch Auswahl*]: Angenommen, wir müssen ein Programm ersinnen, das einen Satz von $n \geq 1$ ganzen Zahlen sortiert. Hier eine einfache Lösung:

Finde von den momentan unsortierten Zahlen die kleinste und plaziere sie als nächste in die sortierte Liste!

Obwohl diese Anweisung das Sortierproblem adäquat beschreibt, ist sie kein Algorithmus, da einige Fragen unbeantwortet bleiben. So wird uns zum Beispiel nicht gesagt, wo und wie die Zahlen zunächst gespeichert sind, und wo wir das Ergebnis hinstecken sollen. Wir nehmen an, die Zahlen seien in einem Feld *list* so gespeichert, daß die *i-te* ganze Zahl an der *i-ten* Position gespeichert ist, also *list*[*i*], $0 \leq i < n$. Das Programm 1.1 ist unser erster Ansatz einer Lösung. Beachten Sie, daß es teilweise in Deutsch und teils in C geschrieben ist!

```
for (i = 0; i < n; i++) {
    Prüfe list[i] bis list[n-1] und nimm an, daß die
    kleinste Zahl an der Stelle list[min] zu finden ist;

    Vertausche list[i] und list[min];
}
```

Programm 1.1: Algorithmus des Sortierens durch Auswahl

Um Programm 1.1 in ein richtiges C-Programm zu verwandeln, brauchen wir noch zwei klar definierte Unterprogramme: Finden der kleinsten ganzen Zahl und Austauschen mit *list*[*i*]. Letzteres läßt sich entweder mit einer Funktion (Programm 1.2) oder mit einem Makro lösen. Der Code der Funktion ist einfacher zu lesen, dafür arbeitet das Makro mit beliebigen Datentypen.

Benutzen wir die Funktion, nehmen wir an *a* und *b* seien als **int** deklariert. Um ihre Werte auszutauschen schreibt man:

```
swap(&a, &b);
```

An *swap* werden die Adressen von *a* und *b* übergeben. Die Makroversion lautet:

```
#define SWAP(x,y,t)((t)=(x), (x)=(y), (y)=(t))
```

```
void swap(int *x, int *y)
/* Beide Parameter sind Zeiger auf Integer */
{
    int temp = *x;  /* Deklariert temp als int und weist ihm
                        den Inhalt dessen zu, worauf x zeigt */
    *x = *y; /* Speichert den Zeiger von y an den Ort
                auf den x zeigt */
    *y = temp; /* Plaziert den Inhalt von temp an den
                  von y bezeichneten Ort */
}
```

Programm 1.2: Die Austauschfunktion *swap*

Die Aufgabe des ersten Unterprogramms läßt sich lösen, indem wir annehmen, daß das Minimum *list*[*i*] sei und *list*[*i*] der Reihe nach mit *list*[*i* + 1], *list*[*i* + 2], $\cdots$, *list*[*n* − 1] vergleichen. Sobald eine der Zahlen kleiner ist, wird sie zum neuen Minimum erhoben. Das Ende ist bei *list*[*n* − 1] erreicht. Die Zusammenfassung all dieser Betrachtungen führt zu dem Programm *sort* (Programm 1.3). Es ist ein vollständiges und lauffähiges Programm, das die in *math.h* definierte *rand* Funktion benutzt, um eine Zufallszahlenfolge zu produzieren, die dann an das Programm *sort* übergeben wird. Das Programm wurde erfolgreich compiliert und lief auf verschiedenen Systemen, einschließlich Turbo C und Turbo C++ unter DOS 5.0. Alle Programme dieses Buches folgen den Regeln von ANSI C, die sich leicht von denen von Kernighan & Ritchie (K&R C) unterscheiden. In Anhang A werden die für eine Umsetzung von ANSI C auf K&R C erforderlichen Änderungen angegeben. An dieser Stelle fragen wir uns zunächst, ob die Funktion wirklich richtig arbeitet.

Theorem 1.1: Die Funktion *sort*(*list,n*) sortiert einen Satz von $n \geq 1$ ganzen Zahlen korrekt. Das Ergebnis verbleibt in *list*[0], $\cdots$, *list*[*n* − 1], so daß *list*[0] $\leq \cdots \leq$ *list*[*n* − 1] gilt.

Beweis: Wenn die äußere **for**-Schleife ihre Iterationen an einer Stelle mit $i = q$ abgeschlossen hat, liegt die Liste mit *list*[*q*] $\leq$ *list*[*r*], $q < r < n$, vor. Weitere Iterationen mit

$i > q$ lassen $list[0]$ bis $list[q]$ unverändert. Also gilt $list[0] \leq list[1] \leq \cdots \leq list[n-1]$ nach dem letzten Durchlauf der äußeren **for**-Schleife (d.h. $i = n - 2$). $\square$

```c
#include <stdio.h>
#include <math.h>
#define MAX_SIZE 101
#define SWAP(x,y,t) ((t) = (x), (x)= (y), (y) = (t))
void sort(int [],int); /* Sortieren durch Auswahl */
void main(void)
{
    int i,n;
    int list[MAX_SIZE];
    printf("Eingabe der Anzahl der zu erzeugenden Zahlen: ");
    scanf("%d",&n);
    if( n < 1 || n > MAX_SIZE) {
        fprintf(stderr, "Ungültiger Wert vom n\n");
        exit(1);
    }
    for (i = 0; i < n; i++) {/*Erzeuge Zufallszahlen*/
        list[i] = rand() % 1000;
        printf("%d  ",list[i]);
    }
    sort(list,n);
    printf("\n Sortiertes Feld:\n ");
    for (i = 0; i < n; i++) /* Drucke die sortierten Zahlen */
        printf("%d  ",list[i]);
    printf("\n");
}
void sort(int list[],int n)
{
    int i, j, min, temp;
    for (i = 0; i < n-1; i++)  {
        min = i;
        for (j = i+1; j < n; j++)
            if (list[j] < list[min])
                min = j;
        SWAP(list[i],list[min],temp);
    }
}
```

Programm 1.3: Sortieren durch Auswahl

Beispiel 1.2

[*Binäres Suchen*]: Angenommen es liegen $n \geq 1$ verschiedene und bereits sortierte ganze Zahlen in dem Feld *list* vor, d.h. $list[0] \leq list[1] \leq \cdots \leq list[n-1]$. Wir wollen herausfinden, ob sich eine Zahl *searchnum* in der Liste befindet. Ist dem so, soll ein Index i mit $list[i] = searchnum$ ausgegeben werden, andernfalls -1. Da die Liste sortiert vorliegt, kann mit der folgenden Methode gesucht werden

Die Variablen *left* und *right* bezeichnen das linke und rechte Ende des zu durchsuchenden Bereichs der Liste. Zu Beginn gilt *left* = 0 und *right* = $n - 1$. Weiter sei *middle* = (*left* + *right*)/2 die mittlere Position der Liste. Wird *list*[*middle*] mit *searchnum* verglichen, so gibt es drei Möglichkeiten:

(1)   **searchnum < list[middle]**. In diesem Fall muß sich *searchnum*, falls überhaupt vorhanden zwischen 0 und *middle* – 1 befinden. Also wird *right* auf *middle* – 1 gesetzt.

(2)   **searchnum = list[middle]**. In diesem Fall wird *middle* zurückgegeben.

(3)   **searchnum > list[middle]**. In diesem Fall befindet sich *searchnum*, falls vorhanden, zwischen *middle* + 1 und $n - 1$. Also wird *left* auf *middle* + 1 gesetzt.

Wird *searchnum* nicht gefunden und sind noch Zahlen zu durchsuchen, wird *middle* neu berechnet und die Suche fortgesetzt. Programm 1.4 implementiert diese Suchstrategie. Der Algorithmus enthält zwei Unteraufgaben: (1) Bestimmen, ob noch Zahlen zu prüfen sind und (2) Vergleichen von *searchnum* mit *list*[*middle*].

```
while (solange keine weiteren Integer zu prüfen sind) {
    middle = (left + right) / 2;
    if (searchnum < list[middle])
        right = middle - 1;
    else if (searchnum == list[middle])
            return middle;
        else left = middle + 1;
}
```

Programm 1.4: Suchen in einer sortierten Liste

Die Vergleiche können wieder über eine Funktion oder mittels eines Makros durchgeführt werden. In jedem Fall muß die Fallunterscheidung kleiner, gleich oder größer kenntlich gemacht werden. Wir werden die Vereinbarungen der C-Bibliothekfunktionen übernehmen:

• Rückgabe einer negativen Zahl (–1), wenn die erste Zahl kleiner ist als die zweite.

• Rückgabe von 0, wenn sie gleich sind

• Rückgabe einer positiven Zahl (1), wenn die erste Zahl größer ist als die zweite.

Obwohl wir sowohl eine Funktion vorstellen (Programm 1.5) und ein Makro, werden wir im weiteren das Makro benutzen, da es mit jedem Datentyp funktioniert. Die Makro-Version lautet:

```
#define COMPARE(x,y)((x)<(y)) ? -1: ((x)==(y))? 0: 1)
```

Nun können wir die erste Unteraufgabe in Angriff nehmen: Bestimmen, ob noch weitere Listeneinträge zu prüfen sind. Dafür erinnern wir uns daran, daß im ursprünglichen Algorithmus ein Vergleich dazu führte, entweder den linken oder den rechten Index zu verschieben. Führen wir das fort, finden wir entweder unser Element, oder die Indizes überkreuzen sich, d.h. der linke Index wird größer als der rechte. Da aber diese Indizes uns den Suchbereich angeben, bedeutet eine Überkreuzung schlicht, daß nichts mehr zu suchen übrigbleibt. Die Zusammenfassung dieser Überlegungen führt zu *binsearch* (Programm 1.6).

```
int compare(int x, int y)
{
/* Vergleiche x und y, Rückgabe von -1 für kleiner als,
0 für gleich, 1 für größer als */
    if (x < y) return -1;
    else if (x == y) return 0;
        else return 1;
}
```

Programm 1.5: Vergleich zweier Integer

```
int binsearch(int list[], int searchnum, int left, int right)
{
/* Durchsuche list[0] <= list[1] <= ... <= list[n-1] nach
searchnum. Gib seine Position zurück, falls gefunden,
sonst gib -1 zurück*/
    int  middle;
    while (left <= right)  {
        middle = (left + right)/2;
        switch (COMPARE(list[middle], searchnum)) {
            case -1: left = middle + 1;
                    break;
            case 0 : return middle;
            case 1 : right = middle - 1;
        }
    }
    return -1;
}
```

Programm 1.6: Suchen in einer geordneten Liste

Die soeben beschriebene Suchstrategie heißt *binäres Suchen*. □

Die angeführten Beispiele zeigen, daß Algorithmen in C als Funktionen implementiert werden. Tatsächlich stehen Funktionen an erster Stelle, wenn es darum geht, ein großes Programm in leicht zu handhabende Teile zu zerlegen. Sie machen ein Programm leichter lesbar und erhöhen die Wahrscheinlichkeit eines korrekten Ablaufs, da sie getrennt getestet werden können. Wir werden häufig eine Funktion erst deklarieren und dann erst definieren. Auf diese Weise weiß der Compiler, daß es sich bei dem Namen um eine legale Funktion handelt, die später bestimmt wird. In C ist es möglich, Gruppen von Funktionen getrennt zu compilieren und sich auf diese Weise eigene Bibliotheken mit Gruppen logisch verwandter Algorithmen aufzubauen.

1.2.2. Rekursive Algorithmen

Typischerweise sehen Programmieranfänger eine Funktion als etwas an, das von einer anderen Funktion aufgerufen wird. Sie wird ausgeführt und gibt die Kontrolle dann wieder an die aufrufende Funktion zurück. Diese Anschauung ignoriert die Tatsache, daß eine Funktion sich auch selbst aufrufen kann (*direkte Rekursion*) oder auch andere Funktionen aufrufen kann, die dann wiederum die ursprünglich aufrufende Funktion in Gang setzen (*indirekte Rekursion*). Diese rekursiven Mechanismen sind nicht nur mächtig, sondern erlauben uns auch oft, einen sonst komplexen Prozeß sehr klar und einfach darzustellen. Aus diesem Grund wird die Rekursionsmethode hier eingeführt.

Die Rekursion wird von Studenten der Informatik oft als eine mystische Technik gesehen, die nur für spezielle Probleme wie die Berechnung von Fakultäten und der Ackermann-Funktion wichtig ist. Diese Ansicht ist unglücklich, denn jede Funktion die **if-else**- oder **while**-Anweisungen benutzt, kann auch rekursiv geschrieben werden. Oftmals ist die rekursive Version leichter zu verstehen, als ihr iterativer Gegenpart.

Wie können wir bestimmen, wann wir einen Algorithmus rekursiv darstellen? Ein Grund ist gegeben, wenn das Problem selbst über eine rekursive Natur verfügt. Fakultäten und Fibonacci-Zahlen gehören in diese Kategorie genauso wie Binomialkoeffizienten:

$$\binom{n}{m} = \frac{n!}{m!(n-m)!},$$

die rekursiv nach der Formel

$$\binom{n}{m} = \binom{n-1}{m} + \binom{n-1}{m-1}$$

berechnet werden können.

Wir werden zwei Beispiele anführen, um zu zeigen wie man rekursive Algorithmen anwendet. Im ersten Beispiel greifen wir das binäre Suchen aus Beispiel 1.2 auf und verwandeln es in eine rekursive Funktion. Das zweite Beispiel erzeugt alle möglichen Permutationen einer Liste von Buchstaben auf rekursive Weise.

Beispiel 1.3

[*Binäres Suchen*]: Programm 1.6 stellte die iterative Version des binären Suchens dar. Um diese Funktion in eine rekursive umzuwandeln, müssen wir (1) die Randbedingungen für die Beendigung der rekursiven Aufrufe definieren und (2) die rekursiven Aufrufe so implementieren, daß sie uns der Lösung jeweils einen Schritt näher bringen. Prüfen wir Programm 1.6 sorgfältig nach diesen Kriterien, so sehen wir, daß es zwei Möglichkeiten gibt, den Suchvorgang zu beenden: Der eine signalisiert Erfolg (*list*[*middle*] = *searchnum*), der andere Mißerfolg (linker und rechter Index überkreuzen sich). Bei erfolgreichem Abschluß brauchen wir den Programmcode nicht zu ändern. Allerdings muß die **while-**Anweisung, die nicht erfolgreiche Suchvorgänge steuert, durch eine entsprechende **if-**Anweisung ersetzt werden, deren **then-**Teil die Rekursion einleitet.

Die Erzeugung rekursiver Aufrufe, die uns der Lösung näherbringen, ist auch einfach, da sie lediglich die neuen *left* und *right* Indizes als neuen Parameter übergeben. Programm 1.7 implementiert das rekursive binäre Suchen. Beachten Sie, daß der Aufruf gleich dem der iterativen Version ist, obwohl der Programmcode anders ist. $\square$

```
int binsearch(int list[], int searchnum, int left, int right)
{
/* Durchsuche list[0] <= list[1] <= ... <= list[n-1] nach
searchnum. Gib die Position zurück, falls gefunden,
ansonsten gib -1 zurück */
   int middle;
   if (left <= right) {
       middle = (left + right)/2;
       switch (COMPARE(list[middle], searchnum)) {
           case -1: return
               binsearch(list, searchnum, middle + 1, right);
           case 0 : return middle;
           case 1 : return
               binsearch(list, searchnum, left, middle - 1);
       }
   }
   return -1;
}
```

Programm 1.7: Rekursive Implementierung des binären Suchalgorithmus

Beispiel 1.4

[*Permutationen*]: Gegeben sei eine Menge von $n \geq 1$ Elementen; geben Sie alle möglichen Permutationen dieser Menge aus. Nehmen wir z.B. die Menge $\{a, b, c\}$, dann ist die Menge aller Permutationen $\{(a, b, c), (a, c, b), (b, a, c), (b, c, a), (c, a, b), (c, b, a)\}$. Man sieht leicht, daß es bei n Elementen $n!$ Permutationen gibt. Man erhält einen einfachen Algorithmus durch genaue Betrachtung der Menge $\{a, b, c, d\}$. Es entstehen alle Permutationen durch die Ausgabe von:

(1) a gefolgt von allen Permutationen von $\{b, c, d\}$

(2) b gefolgt von allen Permutationen von $\{a, c, d\}$

(3) c gefolgt von allen Permutationen von $\{a, b, d\}$

(4) d gefolgt von allen Permutationen von $\{a, b, c\}$

Der Clou liegt in der Formulierung "gefolgt von allen Permutationen". Sie beinhaltet, daß das Problem für n Elemente genau dann lösbar ist, wenn wir es für $n - 1$ Elemente lösen können. Diese Überlegungen führen uns zur Formulierung des Programms 1.8. Wir nehmen an, *list* sei ein Feld von Buchstaben. Beachten Sie, daß es rekursiv Permutationen generiert, bis $i = n$ erfüllt ist. Der erste Funktionsaufruf lautet *perm*(*list*, 0, $n - 1$).

```
void perm(char *list, int i, int n)
/* Generiere alle Permutationen von list[i] bis list[n] */
{
    int j, temp;
    if (i == n) {
        for (j = 0; j <= n; j++)
            printf("%c", list[j]);
        printf("    ");
    }
    else {
    /* list[i] bis list[n] hat mehr als eine Permutation,
    generiere diese rekursiv */
        for (j = i; j <= n; j++) {
            SWAP(list[i],list[j],temp);
            perm(list,i+1,n);
            SWAP(list[i],list[j],temp);
        }
    }
}
```

Programm 1.8: Rekursiver Permutationsgenerator

Versuchen Sie, Programm 1.8 auf die Menge der drei Elemente (a, b, c) anzuwenden. Jeder rekursive Aufruf von *perm* erzeugt neue lokale Kopien der Parameter *list*, *i* und *n*. Der Wert von *i* ändert sich von Aufruf zu Aufruf, wohingegen *n* konstant ist. Der Parameter *list* stellt einen Feld-Zeiger dar und verändert sich ebenfalls nicht. □

In den folgenden Kapiteln werden wir der Rekursion noch einige Male begegnen, speziell bei Algorithmen mit Listen (Kapitel 4) und binären Suchbäumen (Kapitel 5).

Übungen

Die letzten Beispiele zeigten, wie man Aufgaben in Programme verwandelt. Wir haben den Punkt der Datenabstraktion und des Designs von Algorithmen zugunsten der Umwandlungsstrategie von Beschreibungen zu Funktionen, bzw. von iterativen zu rekursiven Algorithmen vermieden. In den folgenden Übungen folgen wir derselben Strategie. Versuchen Sie für jede Programmieraufgabe einen Algorithmus zu entwickeln, ihn in eine Funktion zu übersetzen, und zeigen sie, daß er richtig arbeitet. Der Korrektheitsbeweis kann aus einer Analyse oder einer angemessenen Menge von Testläufen bestehen.

1. Betrachten Sie folgende zwei Aussagen:

   (a) Ist $n = 2$ der größte Wert von n, für den die Gleichung $x^n + y^n = z^n$ mit positiven ganzen Zahlen x, y und z eine Lösung hat?

   (b) Speichere 5 geteilt durch Null in x und gehe zu Anweisung 10.

   Beide Aussagen verletzen eine der fünf Kriterien für einen Algorithmus. Welche sind es?

2. Das Horner-Schema für die Berechnung eines Polynoms

   $$A(x) = a_n x^n + a_{n-1} x^{n-1} + \cdots + a_1 + a_0$$

   am Punkt x_0 braucht das Minimum an Multiplikationen. Die Regel lautet:

   $$A(x_0) = (\cdots ((a_n x_0 + a_{n-1}) x_0 + \cdots + a_1) x_0 + a_0)$$

   Schreiben Sie ein C-Programm, das Polynome nach dem Horner-Schema berechnet!

3. Gegeben seien n Boolsche Variablen $x_1, \cdots, x_n$, von denen wir alle möglichen Kombinationen ihrer Wahrheitswerte wissen möchten. Für $n = 2$ gibt es z.B. vier Möglichkeiten: *<wahr, wahr>*, *<falsch, wahr>*, *<wahr, falsch>* und *<falsch, falsch>*. Schreiben Sie ein C-Programm für diese Aufgabe!

4. Schreiben Sie ein C-Programm, das die Werte der ganzen Zahlen x, y und z in aufsteigender Reihenfolge ausgibt!

5. Das Taubenlochprinzip besagt, daß, wenn eine Funktion f n getrennte Eingaben erfordert, aber weniger als n getrennte Ausgaben erzeugt, es zwei Eingaben a und b gibt, mit $a \neq b$ und $f(a) = f(b)$. Schreiben Sie ein C-Programm, das diejenigen Werte für a und b findet, deren Funktionswerte gleich sind!

6. Gegeben sei eine positive ganze Zahl n. Bestimmen Sie, ob n die Summe seiner Divisoren ist, d.h. ob n die Summe aller t mit $1 \leq t < n$ mit t Teiler von n ist!

7. Die Fakultät-Funktion besitzt den Wert 1 für $n \leq 1$ und den Wert $n*(n-1)!$ für $n > 1$. Schreiben Sie sowohl ein iteratives, als auch ein rekursives C-Programm, das $n!$ berechnet!

8. Fibonacci-Zahlen sind definiert als $f_0 = 0, f_1 = 1, f_i = f_{i-1} + f_{i-2}$ für $i > 1$. Schreiben Sie sowohl eine rekursive, als auch eine iterative C Funktion, die f_i berechnet!

9. Schreiben Sie eine iterative Funktion zur Berechnung von Binomialkoeffizienten und wandeln Sie diese in eine entsprechende rekursive Funktion um!

10. Die Ackermann-Funktion $A(m, n)$ ist definiert als:

$$A(m,n)=\begin{cases} n+1 & \text{,wenn } m=0 \\ A(m-1,1) & \text{,wenn } n=0 \\ A(m-1,A(m,n-1)) & \text{,sonst.} \end{cases}$$

Man untersucht diese Funktion, da sie für kleine m und n sehr schnell anwächst. Schreiben Sie eine rekursive und eine iterative Version dieser Funktion!

11. **[Türme von Hanoi]** Es gibt drei Türme und 64 verschieden große Scheiben, die den ersten Turm darstellen. Die Scheiben nehmen der Größe entlang eines Turmes ab. Es werden Affen gehalten, um die Scheiben von Turm 1 zu Turm 3 zu bewegen, sie müssen allerdings die folgenden Regeln beachten:

    (a)   Immer nur eine Scheibe versetzen.

    (b)   Es darf keine Scheibe auf eine Scheibe kleineren Durchmessers gesetzt werden.

    Schreiben Sie eine rekursive Funktion, welche den Ablauf der Scheibenbewegungen zur Erfüllung dieser Aufgabe ausgibt!

12. Sei S eine Menge mit n Elementen. Die Potenzmenge von S ist dann die Menge aller Teilmengen von S. Wenn z.B. $S = \{a, b, c\}$, dann ist die Potenzmenge $(S) = \{\{\},$ $\{a\}, \{b\}, \{c\}, \{a, b\}, \{a, c\}, \{b, c\}, \{a, b, c\}\}$. Schreiben Sie eine rekursive Funktion, um die Potenzmenge (S) zu berechnen!

1.3. DATENABSTRAKTION

Ohne Zweifel ist der Leser mit den grundlegenden Datentypen in C vertraut. Diese beinhalten die Typen **char**, **int**, **float** und **double**, wobei manche noch durch die Schlüssel-
worte **short**, **long** und **unsigned** modifiziert werden können. Letztendlich müssen wir
die reale Welt mit Hilfe dieser Datentypen beschreiben. Zusätzlich zu diesen Grundtypen
stellt C noch zwei Mechanismen bereit, mit denen sich Gruppen von Daten bilden lassen.
Dies sind Felder und Strukturen. *Felder* sind Sammlungen von Elementen gleichen Grund-
typs. Sie werden implizit deklariert, z.B. definiert *int list*[5] ein fünfelementiges Feld von
ganzen Zahlen, deren legitimer Index von 0 bis 4 läuft. *Structs* sind Sammlungen von Elementen, deren Datentypen nicht gleich sein müssen. Sie werden explizit definiert. Zum
Beispiel

```
struct student {
        char last_name;
        int student_id;
        char grade;
        }
```

definiert eine Struktur mit drei Feldern, zwei vom Typ **char** und eines vom Typ **int**. Der
Name der Struktur ist *student*. Details der Strukturen in C werden in Kapitel 2 behandelt.
    C stellt auch den Datentyp des Zeigers zur Verfügung. Zu jedem Grunddatentyp ist
ein entsprechender Zeigertyp vorhanden, wie Zeiger-auf-int, Zeiger-auf-real, Zeiger-auf-
float und Zeiger-auf-char. Ein Zeiger wird durch einen Stern * vor seinem Variablennamen
gekennzeichnet:

```
int i, *pi;
```

deklariert *i* als Integer und *pi* als Zeiger auf Integer.
    Alle Programmiersprachen stellen mindestens einen Minimalsatz vordefinierter
Datentypen zur Verfügung zuzüglich der Fähigkeit, neue, oder *benutzerdefinierte
Datentypen* zu konstruieren. Es stellt sich die Frage: "Was ist ein Datentyp?"

Definition: Ein *Datentyp* wird durch eine Menge von *Objekten* und einer Menge von
Operationen auf diesen Objekten beschrieben. □

Ob Ihr Programm mit vordefinierten oder mit benutzerdefinierten Datentypen umgeht;
zwei Aspekte müssen in Betracht gezogen werden: Objekte und Operationen. Zum Beispiel
besteht der Datentyp **int** aus den Objekten $\{0, +1, -1, +2, -2, \cdots, INT\_MAX, INT\_MIN\}$,
mit *INT_MAX* und *INT_MIN* größter bzw. kleinster auf der Maschine darstellbaren ganzen
Zahl (ihre Werte sind in *limits.h* definiert). Es gibt viele Operationen auf ganzen Zahlen
und die arithmetischen Operationen, wie +, −, *, / und % gehören sicher dazu. Weiterhin
gibt es das Testen auf Gleich- und Ungleichheit, sowie die Operation, die einer Variablen
einen Integerwert zuweist. In allen Fällen gibt es einen Namen der Operation, sei es ein
Präfixoperator wie *atoi* oder ein Infixoperator wie +. Ganz gleich, ob eine Operation in

der Sprache selbst oder in einer Bibliothek definiert ist, ihr Name, mögliche Argumente und Ergebnisse müssen spezifiziert sein.

Wir wollen aber nicht nur alles über die Operationen auf den Datentypen wissen, sondern wir interessieren uns auch für die Darstellungsart der Objekte. So ist auf den meisten Rechnern ein **char** als Bitkette mit einem Byte Länge dargestellt, wohingegen ein **int** zwei oder sogar vier Byte Speicherplatz in Anspruch nimmt. Wenn zwei Bytes zu je acht Bit verwendet werden, ist *INT_MAX* $2^{15} - 1 = 32.767$.

Die Darstellungsart der Objekte zu kennen, kann sehr nützlich, aber auch gefährlich sein. Manche Algorithmen machen Gebrauch von der internen Darstellungsform der Objekte, so daß wir auch diese Routinen ändern müßten, falls wir die Darstellung der Objekte ändern wollen. Viele Softwaredesigner haben gute Erfahrungen mit versteckten ("hidden") Darstellungen ihrer Objekte gemacht, denn so war der Benutzer auf Manipulationen über vorgefertigte Funktionen angewiesen und brauchte seinen Code nicht zu überarbeiten, wenn der Designer vielleicht doch noch einmal die Darstellungsform der Objekte änderte. Die neue Implementierung änderte nichts an der Schnittstelle zum Benutzer.

Definition: Ein *abstrakter Datentyp (ADT)* ist ein Datentyp, der so organisiert ist, daß sowohl die Spezifikationen der Objekte als auch die Spezifikationen der Operationen auf diesen Objekten getrennt und unabhängig von der Darstellungsform der Objekte und der Implementierung der Operationen ist. □

Manche Programmiersprachen unterstützen die Unterscheidung zwischen Spezifikation und Implementierung mit speziellen Mechanismen. Zum Beispiel gibt es in ADA ein Konzept, *package* genannt, und in C++ existiert ein Konzept namens *class*. Beide unterstützen den Programmierer bei der Implementierung abstrakter Datentypen. Obwohl es in C keinen expliziten Mechanismus für die Implementierung von ADT's gibt, ist es doch möglich und wünschenswert, eigene Datentypen mit dieser Absicht zu entwerfen.

Worin unterscheidet sich die Spezifikation von der Implementierung eines ADT's? Die Spezifikation besteht aus den Namen, den Argumenttypen und den Ergebnistypen jeder Funktion. Weiterhin sollte eine Beschreibung der Wirkungsweise der Funktion gegeben werden, allerdings ohne auf die interne Darstellung oder Implementierungsdetails einzugehen. Diese Forderung ist von besonderer Bedeutung, da sie impliziert, daß ADT's unabhängig von ihrer Implementierung sind. Weiterhin ist es möglich, die Funktionen zu einem Datentyp in verschiedene Kategorien zu klassifizieren:

(1)   Erzeuger/Konstruktoren: Diese Funktionen erzeugen neue Beispiele ("Instanzen") des bezeichneten Typs.

(2)   Transformatoren: Diese Funktionen erzeugen genauso neue Instanzen des bezeichneten Typs, allerdings im allgemeinen unter Zuhilfenahme einer oder mehrerer anderer Instanzen. Der Unterschied zwischen Konstruktoren und Transformatoren wird durch Beispiele klarer werden.

(3)   Beobachter/Reporter: Diese Funktionen stellen Informationen über die Instanzen zur Verfügung, ohne sie jedoch zu ändern.

Die Definition eines ADT's wird mindestens eine der obigen Funktionen beinhalten.

Im Verlauf dieses Buches werden wir die Unterscheidung zwischen Spezifikation und Implementierung betonen. Deshalb wird das Studium eines Objekts typischerweise mit der ADT-Definition beginnen, so daß der Leser sofort die essentiellen Elemente des Objekts erfassen kann, ohne daß es Verwirrung durch die Darstellung oder die aktuelle Implementierung der Operationen gibt. Erst wenn die ADT-Definition vollständig erklärt ist, gehen wir zu den anderen, für das Studium von Datenstrukturen sehr wichtigen Aspekten über. Um dieses Ziel zu erreichen, stellen wir eine spezielle Notation oder Bezeichnungsweise zum Ausdruck eines ADT vor.

Beispiel 1.5

[**Abstrakter Datentyp** *Natural_Number*]: Da dies das erste Beispiel eines ADT's ist, nehmen wir uns etwas Zeit, die Bezeichnungen zu erklären. Die Struktur 1.1 enthält die ADT Definition von *Natural_Number*. Die Definition beginnt mit der Nennung des Namen der Struktur und ihrer Abkürzung. Man erkennt zwei Hauptteile: Die Objekte und die Funktionen auf den Objekten. Die Objekte sind als ganze Zahlen (Integer) definiert, ohne daß wir genauer auf ihre Darstellung eingehen. Die Definition der Funktionen ist etwas aufwendiger. Zunächst werden in den Definitionen die Symbole x und y benutzt, um zwei Elemente aus der Menge der natürlichen Zahlen zu bezeichnen, *TRUE* und *FALSE* sind Elemente der Menge der *Boolschen* Werte. Weiterhin machen die Definitionen Gebrauch von Funktionen, die auf der Menge der ganzen Zahlen definiert sind, wie plus, minus, gleich und kleiner als. Hier sieht man schon, daß es oft nötig ist, innerhalb einer Definition Gebrauch von Operationen zu machen, die auf einem anderen Datentyp definiert sind. Bei jeder Funktion ist der Ergebnistyp links vermerkt und die Definition der Funktion selber rechts. Die Zeichen "::=" werden gelesen als "ist definiert als".

Die erste Funktion, *Zero*, kennt keine Argumente und gibt einfach die natürliche Zahl Null zurück; sie ist ein Konstruktor. Die Funktion *Successor(x)* gibt die nächst folgende natürliche Zahl zurück; ein Beispiel eines Transformators. Beachten Sie, daß der Wert *INT_MAX* zurückgegeben wird, wenn es keinen Nachfolger mehr gibt, d.h. wenn x selber schon *INT_MAX* ist. Mancher Programmierer würde es vielleicht vorziehen, in diesem Fall eine Fehlermeldung auszugeben (als *error flag*), was auch eine durchaus legitime Lösung darstellt. Weitere Transformerfunktionen sind *Add* und *Subtract*. Auch sie könnten eine Fehlerbedingung ausgeben, wir aber haben uns in jedem Fall zur Rückgabe eines Elements der Menge der natürlichen Zahlen entschieden. □

Struktur *Natural_Number* ist

Objekte: Eine geordnete Teilmenge der ganzen Zahlen beginnend bei Null und endend bei dem größten auf dem Rechner darstellbaren Integer (*INT_MAX*)

Funktionen:

Für alle $x, y \in Nat\_Number$; *TRUE, FALSE* $\in$ *Boolean* und mit $+, -, <$ und $==$ als den üblichen Integeroperationen gilt:

Nat_No Zero()	::=	0
Boolsch Is_Zero()	::=	**if** (x) **return** false
		else return *TRUE*
Nat_No Add(x, y)	::=	**if** $((x + y) <= INT\_MAX)$ **return** $x + y$
		else return *INT_MAX*
Boolsch Equal(x, y)	::=	**if** $(x == y)$ **return** *TRUE*
		else return false
Nat_No Successor(x)	::=	**if** $(x == INT\_MAX)$ **return** x
		else return $x + 1$
Nat_No Subtract(x, y)	::=	**if** $(x < y)$ **return** 0
		else return $x - y$

end *Natural_Number*

Struktur 1.1: Abstrakter Datentyp *Natural_Number*

Die Struktur 1.1 zeigt Ihnen die allgemeine Form, nach der sich alle ADT Definitionen richten. Allerdings werden wir nicht oft mit Definitionen von Funktionen zu tun haben, die C-Funktionen so sehr nahestehen. Es liegt jedoch in der Natur der ADT's, daß Details der Implementierung vermieden werden, und so werden wir meistens eine Form strukturierter Sprache (Deutsch/Englisch) verwenden, um die Bedeutung der Funktionen zu erklären.

Übungen

Jede dieser Übungen liefert die Definition eines ADT's in einer Form wie in Struktur 1.1 dargestellt.

1. Ergänzen Sie den ADT *Natural_Number* um: *Predecessor* (Vorgänger), *Is_Greater* (ist größer als), *Multiply*, *Divide*.

2. Erzeugen Sie den ADT *Set* (Menge)! Benutzen Sie die Standarddefinitionen der Mathematik und schließen Sie folgende Operationen ein: *Create* (Erzeugen), *Insert* (Einfügen), *Remove* (Entfernen, Löschen), *Is_In* (Befindet sich in), *Union* (Vereinigungsmenge), *Intersection* (Schnittmenge), *Difference* (Ausschließung (\ - Operation).

3. Erzeugen Sie den ADT *Bag* (Paket). Die Mathematik eines Pakets ist ähnlich der einer Menge, nur daß in einem Paket auch Elemente doppelt vorkommen können. Die Minimaloperationen sollten *Create, Insert, Remove* und *Is_In* einschließen.

4.   Erzeugen Sie den ADT *Boolean*. Die Minimaloperationen sind *And, Or, Not, Xor* (Exklusives oder), *Equivalent* (Äquivalenz <=>) und *Implies* ("Daraus folgt", Implikation =>).

1.4. LEISTUNGSANALYSE

Eines der Ziele des Buches besteht darin, Ihre Fähigkeiten hinsichtlich der qualitativen Beurteilung von Programmen zu entwickeln, und da gibt es einige Kriterien zu berücksichtigen, unter anderem:

(1)   Erfüllt das Programm die ursprünglichen Spezifikationen der Aufgabe?

(2)   Arbeitet es fehlerfrei?

(3)   Enthält das Programm eine Dokumentation, die Aufschluß über Benutzung und Arbeitsweise gibt?

(4)   Macht das Programm effektiven Gebrauch von Funktionen, die logische Blöcke erzeugen?

(5)   Ist der Programmcode mühelos lesbar?

Obwohl die obigen Kriterien zu den wichtigsten gehören, ist es doch oft, speziell in der Entwicklung großer Systeme, schwer zu erklären, wie sie erfüllt werden können. Sie gehören zur Entwicklung eines guten Programmierstiles, und das erfordert Praxis und Erfahrung. Wir hoffen, Ihren Programmierstil mit Hilfe der Beispiele dieses Buches zu verbessern, aber es gibt auch härtere Kriterien zur Beurteilung eines Programms wie

(6)   Macht das Programm effizienten Gebrauch von primärem und sekundärem Speicherplatz?

(7)   Steht die Laufzeit in einem akzeptablen Verhältnis zur Aufgabe des Programms?

Diese Kriterien zielen auf eine Leistungsbewertung, die grob in zwei Bereiche eingeteilt werden kann. Der erste Bereich beschäftigt sich mit der Bewertung des maschinenunabhängigen Zeitbedarfs und Speicherplatzes. Wir nennen diesen Bereich *Leistungsanalyse* (*performance analysis*), doch sein Thema stellt das Herzstück eines wichtigen Bereichs der Informatik, genannt *Komplexitätstheorie*, dar. Der zweite Bereich wird *Leistungsmessung* (*performance measurement*) genannt und ermittelt maschinenabhängige Laufzeiten. Diese Laufzeiten werden benutzt, um ineffiziente Programmteile zu ermitteln. In diesem Abschnitt diskutieren wir die Leistungsanalyse; im nächsten die Leistungsmessung. Zunächst wieder Definitionen zur Zeit- und Speicherkomplexität von Programmen:

Definition: Die *Speicherkomplexität* eines Programms ist die Menge des Speicherplatzes, die es zur vollständigen Ausführung benötigt. Die *Zeitkomplexität* eines Programms ist die Rechenzeit, die es zur Ausführung braucht. □

1.4.1. Speicherkomplexität

Die Menge des Speicherplatzes, die ein Programm benötigt, setzt sich aus folgenden Komponenten zusammen:

(1) **Fester Speicherbedarf:** Diese Komponente ist unabhängig von der Zahl und Größe der Ein- und Ausgaben des Programms. Der feste Bedarf enthält den Raum zur Speicherung der Anweisungen (Speicherplatz für Programmcode), den Platz für einfache Variablen, Strukturen fester Größe (wie **structs**) und für Konstanten.

(2) **Variabler Speicherbedarf:** Diese Komponente beinhaltet den von strukturierten Variablen benötigten Speicherplatz. Diese Größe ist abhängig von dem zu lösenden Problem, der besonderen Instanz I. Auch der durch Rekursion benötigte zusätzliche Speicherplatz gehört zu dieser Komponente. Der variable Speicherbedarf eines Programms P, das an der Instanz I arbeitet, wird mit $S_P(I)$ bezeichnet. $S_P(I)$ wird üblicherweise als Funktion einiger *Charakteristiken* der Instanz I angegeben. Die üblichen Charakteristiken enthalten Anzahl, Größe und Werte der mit I assoziierten Ein- und Ausgaben. Wenn zum Beispiel unsere Eingabe aus einem Feld mit n Elementen besteht, dann ist n eine Charakteristik der Instanz. Wenn n die einzige Charakteristik ist, so können wir auch $S_P(n)$ schreiben, um $S_P(I)$ darzustellen.

Der gesamte Speicherbedarf $S(P)$ eines beliebigen Programms kann geschrieben werden als:

$$S(P) = c + S_P(I)$$

mit der Konstanten c, die den festen Speicherbedarf bezeichnet. Bei der Analyse der Speicherkomplexität haben wir es meist nur mit dem variablen Speicherbedarf zu tun. Das gilt insbesondere für den Vergleich der Komplexität zwischen verschiedenen Programmen. Lassen sie uns einige Beispiele dazu betrachten.

Beispiel 1.6

Nehmen wir die Funktion *abc* (Programm 1.9), die drei einfache Variablen als Eingabe annimmt und eine Variable ausgibt. Entsprechend obiger Klassifikation hat diese Funktion nur festen Speicherbedarf. Also gilt $S_{abc}(I) = 0$. □

```
float abc(float a, float b, float c)
{
    return a+b+b*c +(a+b-c)/(a+b)+4.00;
}
```

Programm 1.9: Einfache arithmetische Funktion

Beispiel 1.7

Wir wollen eine Liste von Zahlen zusammenzählen (Programm 1.10). Obwohl die Ausgabe aus einem einfachen Wert besteht, enthält die Eingabe ein Feld. Deshalb hängt der variable Speicherbedarf davon ab, wie das Feld an die Funktion übergeben wird. Programmiersprachen wie PASCAL können Felder über ihre Werte übergeben. Das bedeutet, daß das gesamte Feld in einen temporären Speicher kopiert wird, bevor die Funktion ausgeführt wird. In diesen Sprachen ist der variable Speicherbedarf des Programms $S_{sum}(I)$ = $S_{sum}(n) = n$ mit n Größe des Feldes. C übergibt alle Parameter grundsätzlich als Wert. Wenn jedoch ein Feld als Argument einer Funktion übergeben wird, so interpretiert C dies als Übergabe der Speicheradresse des ersten Elements des Feldes. C kopiert nicht das gesamte Feld, also ist dann $S_{sum}(n) = 0$. □

```
float sum(float list[], int n)
{
    float tempsum = 0;
    int i;
    for (i = 0; i < n; i++)
        tempsum += list[i];
    return tempsum;
}
```

Programm 1.10: Iterative Funktion zur Addition einer Liste von Zahlen.

Beispiel 1.8

Programm 1.11 addiert ebenfalls eine Liste von Zahlen, aber diesmal wird die Operation rekursiv ausgeführt. Für den Compiler bedeutet das, er muß die Parameter, lokalen Variablen und Rücksprungadressen bei jedem Aufruf sichern.

```
float rsum(float list[], int n)
{
    if (n) return rsum(list,n-1) + list[n-1];
    return 0;
}
```

Programm 1.11: Rekursive Funktion zur Addition einer Liste von Zahlen

In diesem Beispiel besteht der pro Rekursion benötigte Speicherplatz aus der benötigten Zahl der Bytes für die zwei Parameter und der Rücksprungadresse. Über die *sizeof* Funktion kann man diese Zahl ermitteln. Auf einem 80386'er Rechner brauchen Integer und Zeiger 2 Byte Speicher und Fließkommazahlen (*float*) 4 Byte. Abbildung 1.1 gibt eine Übersicht der benötigten Byte pro Rekursionsaufruf.

Typ	Name	Anzahl der Byte
Parameter: float	*list*[]	2
Parameter: integer	*n*	2
Rücksprungadresse: (intern)		2 (für nahe Adresse)
GESAMT pro rekursivem Aufruf		6

Abbildung 1.1: Speicherplatzbedarf für einen rekursiven Aufruf von Programm 1.11

Hat das Feld eine Größe von $n = MAX\_SIZE$ Zahlen, so ist der gesamte Speicherbedarf der Variablen der rekursiven Version $S_{rsum}(MAX\_SIZE) = 6*MAX\_SIZE$. Dies macht bei $n = 1000$ schon 6 kByte Speicherplatz für Variable im Gegensatz zu 0 für die iterative Version. Wie Sie sehen, besitzt die rekursive Version einen viel größeren Speicherbedarf als das iterative Gegenstück. □

Übungen

1. Bestimmen Sie die Speicherkomplexität der iterativen und der rekursiven Fakultätfunktionen aus Übung 2, Abschnitt 1.2.

2. Bestimmen Sie die Speicherkomplexität der iterativen und der rekursiven Fibonaccifunktion aus Übung 8, Abschnitt 1.2.

3. Bestimmen Sie die Speicherkomplexität der iterativen und der rekursiven Binomialfunktion aus Übung 9, Abschnitt 1.2.

4. Bestimmen Sie die Speicherkomplexität der Funktion aus Übung 5, Abschnitt 1.2 (Taubenlochprinzip).

5. Bestimmen Sie die Speicherkomplexität der Funktion aus Übung 12, Abschnitt 1.2 (Potenzmengenproblem).

1.4.2. Zeitkomplexität

Die von einem Programm P benötigte Zeit $T(P)$ ergibt sich aus der Summe der *Compilierungszeit* und der *Ausführungszeit*. Die Compilierungszeit kann man insofern mit dem festen Speicherbedarf vergleichen, als daß sie unabhängig von speziellen Programmfällen ist. Dazu kommt, daß man ein Programm beliebig oft ohne neue Compilation laufen lassen kann, wenn es einmal in einem fehlerfreien Objektcode vorliegt. Konsequenterweise beschäftigen wir uns ausschließlich mit der eigentlichen Ausführungszeit T_P.

Die Bestimmung von T_P ist nicht leicht, da man hierfür die genauen Eigenschaften des Compilers kennen muß, d.h. wir müssen wissen, wie er unseren Quellcode in Objektcode übersetzt. Nehmen wir als einfaches Beispiel ein Programm, das Zahlen addiert und subtrahiert. Mit der Instanzcharakteristik n können wir $T_P(n)$ folgendermaßen ausdrücken:

$$T_P(n) = c_a\,ADD(n) + c_s\,SUB(n) + c_l\,LDA(n) + c_{st}\,STA(n)$$

c_a, c_s, c_l, c_{st} sind Konstanten, die sich auf die Rechenzeit der jeweiligen Operation beziehen und *ADD*, *SUB*, *LDA*, *STA* bezeichnen die Anzahl von Additionen, Subtraktionen, Lade- und Speichervorgängen, die vorgenommen werden müssen, wenn das Programm mit der Charakteristik n abläuft.

Eine solch detaillierte Angabe der Laufzeit ist jedoch selten der Mühe wert. Wollen wir die Laufzeit bestimmen, so bietet sich der Gebrauch der Echtzeituhr des Systems an. Doch dazu erst später in diesem Kapitel. Alternativ können wir aber auch die Programmschritte zählen. Dies gibt uns eine rechnerunabhängige Angabe, wir müssen aber wissen, wie wir ein Programm in Einzelschritte zerlegen können.

Definition: Ein *Programmschritt* ist ein syntaktisch oder semantisch sinnvolles Programmsegment, dessen Ausführungszeit unabhängig von den Instanzcharakteristiken ist.
□

Beachten Sie jedoch, daß die Ausführungszeit unterschiedlicher Programmschritte verschieden sein kann. So kann eine einfache Zuweisung der Form $a = 2$ genauso als ein Programmschritt gezählt werden, wie der kompliziertere Ausdruck $a = 2*b + 3*c/d - e + f/g/a/b/c$. Die einzige Forderung besteht darin, daß der Zeitbedarf der Einzelschritte unabhängig von der Instanzcharakteristik ist.

Zur Bestimmung der Anzahl der Programmschritte führen wir die globale Variable *count* mit dem Anfangswert 0 ein. Für jede ausführbare Anweisung wird dann eine Inkrementierungsanweisung (count++;) in das Programm eingefügt.

Beispiel 1.9

[*Iterative Summierung einer Zahlenliste*]: Wir wollen die Schrittanzahl der zuvor diskutierten Summenfunktion (Programm 1.10) bestimmen. Programm 1.12 zeigt, wo die *count*-Anweisungen eingefügt werden müssen. Wir brauchen uns nur um die ausführbaren Anweisungen zu kümmern, das bedeutet, daß der Programmkopf und die zweite Variablendeklaration nicht mitgezählt werden.

Da wir uns letztlich nur für die Schrittanzahl interessieren, können wir die meisten Anweisungen des Programms 1.12 streichen und erhalten damit das viel einfachere Programm 1.13, das denselben Wert für *count* ergibt. Diese Vereinfachung hilft, einen arithmetischen Ausdruck für *count* zu finden. Die genaue Betrachtung zeigt, daß der Wert für *count* durch $2n + 3$ gegeben ist, d.h. jeder Aufruf von *sum* führt zur Ausführung von insgesamt $2n + 3$ Anweisungen.

```
float sum(float list[], int n)
{
    float tempsum = 0;  count++; /* Für die Zuweisung */
    int i;
    for (i = 0; i < n; i++)  {
        count++;                    /* Für die for-Schleife */
        tempsum += list[i]; count++; /* Für die Zuweisung */
    }
    count++; /* Letzte Ausführung von for */
    count++; /* Für die Ausgabe */
    return tempsum;
}
```

Programm 1.12: Programm 1.10 mit *count*-Anweisungen

```
float sum(float list[], int n)
{
    float tempsum = 0;
    int i;
    for (i = 0; i < n; i++)
        count += 2;
    count +=3;
    return 0;
}
```

Programm 1.13: Vereinfachte Version von Programm 1.12

Beispiel 1.10

[*Rekursive Addition einer Zahlenliste*]: Nun wollen wir die Schrittanzahl der rekursiven Version der Summierfunktion bestimmen. Programm 1.14 enthält die Originalfunktion (Programm 1.11) zusammen mit den Schrittzählern.

Um hier die Schrittanzahl zu bestimmen, müssen wir zunächst die Schrittzahl für die Randbedingung $n = 0$ berechnen. Die Betrachtung von Programm 1.14 zeigt, daß in diesem Fall nur die **if**-Anweisung und die zweite **return**-Anweisung ausgeführt werden. Also ist für den Fall $n = 0$ die Schrittanzahl 2. Im Fall $n > 0$ werden die **if**-Anweisung und die erste **return**-Anweisung ausgeführt. Also fügt jeder Rekursionsaufruf mit $n > 0$ genau 2 Programmschritte hinzu, so daß sich als Gesamtzahl $2n + 2$ ergibt.

Überraschenderweise hat die rekursive Version eine geringere Schrittanzahl als die iterative. Allerdings sollten wir uns daran erinnern, daß die Schrittanzahl keine Aussage über die benötigte Zeit macht. So wird die rekursive Funktion typischerweise langsamer laufen als die iterative Funktion, da ihre Schritte durchschnittlich mehr Zeit benötigen. □

```
float rsum(float list[], int n)
{
    count++;      /* Für die if-Bedingung */
    if (n) {
        count++;  /* Für return und rsum Aufruf */
        return rsum(list,n-1) + list[n-1];
    }
    count++;
    return list[0];
}
```

Programm 1.14: Programm 1.11 mit Zählanweisungen

Beispiel 1.11

[Matrixaddition]: Wir wollen die Schrittanzahl einer Funktion bestimmen, die ein zweidimensionales Feld addiert (Programm 1.15). Es werden die Felder a und b addiert und das Ergebnis in Feld c zurückgegeben. Alle Felder haben die Größe $rows \times cols$. Programm 1.16 zeigt die Funktion *add* inklusive Schrittzähler. Wie in den vorhergehenden Beispielen wollen wir die Gesamtzahl der Schritte in Abhängigkeit der Eingaben, in diesem Fall der Zeilenanzahl *rows* und der Spaltenanzahl *cols*, wissen. Um das Zählen übersichtlicher zu gestalten, fassen wir die Zählungen innerhalb der Schleifen zusammen und erhalten damit Programm 1.17.

```
void add(int a[][MAX_SIZE], int b[][MAX_SIZE],
                int c[][MAX_SIZE], int rows, int cols)
{

    int i, j;
    for (i = 0; i < rows; i++)
        for (j = 0; j < cols; j++)
            c[i][j] = a[i][j] + b[i][j];
}
```

Programm 1.15: Matrixaddition

```
void add(int a[][MAX_SIZE], int b[][MAX_SIZE],
             int c[][MAX_SIZE], int rows, int cols)
{
    int i, j;
    for (i = 0; i < rows; i++) {
        count++;  /* Für das i der Schleife */
        for (j = 0; j < cols; j++) {
            count++; /* Für das j der Schleife */
            c[i][j] = a[i][j] + b[i][j];
            count++; /* Für die Zuweisung */
        }
        count++; /* letztes j der for Schleife */
    }
    count++; /* letztes i der for Schleife */
}
```

Programm 1.16: Matrixaddition mit Zählschritten

```
void add(int a[][MAX_SIZE], int b[][MAX_SIZE],
             int c[][MAX_SIZE], int rows, int cols)
{
    int i, j;
    for (i = 0; i < rows; i++) {
        for (j = 0; j < cols; j++)
            count += 2;
        count += 2;
    }
    count++;
}
```

Programm 1.17: Vereinfachung von Programm 1.16

Programm 1.17 sehen wir an, daß mit dem Anfangswert *count* = 0 die Gesamtzahl der Schritte $2 \, rows \cdot cols + 2 \, rows + 1$ wird. Dieser Analyse kann man entnehmen, daß es sinnvoll ist, die Matrizen auszutauschen, wenn die Zahl der Zeilen deutlich größer als die Zahl der Spalten ist. □

Über die physische Plazierung von Schrittzählern in unsere Funktionen erhalten wir nach jedem Programmlauf für verschiedene Instanzcharakteristiken genaue Zählergebnisse. Eine andere Möglichkeit bietet die tabellarische Methode. Zum Aufbau einer Schrittzahltabelle bestimmen wir zuerst die Anzahl der Schritte pro Anweisungszeile (*steps/execution* oder *s/e*). Als nächstes müssen wir herausfinden, wie oft jede Anweisung ausgeführt wird (*Frequenz*). Die Frequenz einer nichtausführbaren Anweisung ist Null. Die Multiplikation von s/e mit der Frequenz ergibt die Gesamtschritte jeder Anweisung (*Schritte*). Auch wenn das etwas kompliziert aussieht, ist es praktisch sehr einfach. Wiederholen wir die vorhergehenden Beispiele mit der Tabellenmethode.

Beispiel 1.12

[Iterative Funktion zur Summation einer Zahlenliste]: Abbildung 1.2 enthält die Schrittzahltabelle des Programms 1.10. Der erste Schritt der Tabellenerstellung bestand im Eintrag der Schritte/Ausführung, danach wurde die Spalte Frequenz ausgefüllt. Die **for**-Schleife der fünften Zeile verdient genauere Betrachtung. Die Frequenz der **for**-Anweisung beträgt genau $n + 1$, wenn sie mit $i = 0$ beginnt und mit $i = n$ endet, wohingegen der Körper der Schleife (Zeile 6) nur n mal ausgeführt wird, da die Berechnung bei $n = i$ nicht durchgeführt wird! So sind wir zur Schrittanzahl der Anweisungen und schließlich zur Gesamtanzahl gelangt. □

Anweisung	s/e	Frequenz	Schritte
float sum(float list[], int n)	0	0	0
{	0	0	0
float tempsum = 0;	1	1	1
int i;	0	0	0
for (i = 0; i < n; i++)	1	$n + 1$	$n + 1$
tempsum += list[i];	1	n	n
return tempsum;	1	1	1
}	0	0	0
Gesamt			$2n + 3$

Abbildung 1.2: Schrittzahltabelle für Programm 1.10

Beispiel 1.13

[Rekursive Funktion zur Summation einer Zahlenliste]: Abbildung 1.3 zeigt die Schrittzahltabelle des Programms 1.12. □

Anweisung	s/e	Frequenz	Schritte
float rsum(float list[], int n)	0	0	0
{	0	0	0
if (n)	1	$n + 1$	$n + 1$
return rsum(list, n – 1) + list[n – 1];	1	n	n
return list[0];	1	1	1
}	0	0	0
Gesamt			$2n + 2$

Abbildung 1.3: Schrittzahltabelle für die rekursive Summenfunktion

Beispiel 1.14

[*Matrixaddition*]: Abbildung 1.4 enthält die Schrittzahltabelle der Funktion Matrixaddition. □

Anweisung	s/e	Frequenz	Schritte
void add(int a[][MAX_SIZE] $\cdots$)	0	0	0
{	0	0	0
int i,j;	0	0	0
for (i = 0; i < rows; i++)	1	$rows+1$	$rows+1$
for (j = 0; j < cols; j++)	1	$rows \cdot (cols + 1)$	$rows \cdot cols + rows$
c[i][j] = a[i][j] + b[i][j];	1	$rows \cdot cols$	$rows \cdot cols$
}	0	0	0
Gesamt			$2rows \cdot cols + 2rows + 1$

Abbildung 1.4: Schrittzahltabelle für die Matrixaddition

Übungen

1. Wiederholen Sie Übung 2, Abschnitt 1.2 (Horner-Schema zur Polynomberechnung), und fügen sie Schrittzähler ein. Geben Sie die Gesamtzahl als Gleichung an.

2. Wiederholen Sie Übung 3, Abschnitt 1.2 (Wahrheitstabelle), und fügen sie Schrittzähler ein. Geben Sie die Gesamtzahl als Gleichung an.

3. Wiederholen Sie Übung 4, Abschnitt 1.2 und fügen sie Schrittzähler ein. Geben Sie die Gesamtzahl als Gleichung an.

4. (a) Fügen Sie Schrittzähler in Programm 1.18 ein.

   (b) Vereinfachen Sie die resultierende Funktion durch Herausnahme von Anweisungen.

   (c) Bestimmen sie den Schrittzählerwert bei Funktionsende.

   (d) Schreiben Sie die Schrittzahltabelle zu dieser Funktion.

5. Wiederholen Sie Übung 4 mit Programm 1.19.

6. Wiederholen Sie Übung 4 mit Programm 1.20.

7. Wiederholen Sie Übung 4 mit Programm 1.21.

```
void print_matrix(int matrix[][MAX_SIZE], int rows, int cols)
{
    int i, j;
    for (i = 0; i < rows; i++) {
        for (j = 0; j < cols; j++)
            printf("%d",matrix[i][j]);
        printf("\n");
    }
}
```

Programm 1.18: Ausgabe einer Matrix

```
void mult(int a[][MAX_SIZE], int b[][MAX_SIZE],
                            int c[][MAX_SIZE])
{
    int i, j, k;
    for (i = 0; i < MAX_SIZE; i++)
        for (j = 0; j < MAX_SIZE; j++) {
            c[i][j] = 0;
            for (k = 0; k < MAX_SIZE; k++)
                c[i][j] += a[i][k] * b[k][j];
        }
}
```

Programm 1.19: Matrixmultiplikation

```
void prod(int a[][MAX_SIZE], int b[][MAX_SIZE],
        int c[][MAX_SIZE], int rowsa, int colsb, int colsa)
{
    int i, j, k;
    for (i = 0; i < rowsa; i++)
        for (j = 0; j < colsb; j++) {
            c[i][j] = 0;
            for (k = 0; k < colsa; k++)
                c[i][j] += a[i][k] * b[k][j];
        }
}
```

Programm 1.20: Matrixprodukt

```
void transpose(int a[][MAX_SIZE])
{
    int i, j, temp;
    for (i = 0; i < MAX_SIZE-1; i++)
        for (j = i+1; j < MAX_SIZE; j++)
            SWAP(a[i][j], a[j][i], temp);
}
```

Programm 1.21: Matrixtransposition

Zusammenfassung

Die Zeitkomplexität eines Programms ist durch die Anzahl der Schritte gegeben, die es braucht, um seine Funktion zu erfüllen. Diese Anzahl ist allerdings abhängig von der Instanzcharakteristik. Da eine spezielle Instanz mehrere verschiedene Charakteristiken aufzeigen kann (z.B. Anzahl und Umfang der Ein- und Ausgaben), wird die Anzahl der Schritte immer nur in Abhängigkeit von einer Teilmenge dieser bestimmt werden können. Wir wollen beispielsweise wissen, wie die Rechenzeit (oder Ausführungszeit, bzw. Zeitkomplexität) mit der Anzahl der Eingaben wächst. In diesem Fall wird die Schrittanzahl nur in Abhängigkeit der Eingaben bestimmt. Bei einem anderen Programm interessieren wir uns womöglich nur dafür, wie sich die Rechenzeit mit dem Umfang einer dieser Eingaben verändert; also wird die Schrittanzahl nur in Abhängigkeit vom Umfang dieser Eingabe bestimmt. Das bedeutet, daß wir genau wissen müssen, welche Charakteristiken des Problems betrachtet werden, bevor wir die Schrittanzahl eines Programms bestimmen können. Im Fall von *sum* entschieden wir uns dafür, die Zeitkomplexität in Abhängigkeit von der Anzahl n der zu addierenden Elemente zu bestimmen; bei *add* war es die Anzahl der Zeilen und Spalten der Matrix.

Sobald wir einmal die relevanten Charakteristiken $(n, m, p, q, r, \cdots)$ ausgewählt haben, können wir definieren, was ein Schritt ist. Ein Schritt ist eine Recheneinheit, die unabhängig von den Charakteristiken $(n, m, p, q, r, \cdots)$ ist. So können zehn Additionen einen Schritt darstellen, genauso wie einhundert Additionen, aber n Additionen können es genau so wenig wie $m/2$ oder $p + q$, usw. einen Schritt darstellen können.

Die bis jetzt betrachteten Beispiele waren insofern relativ einfach, da die Zeitkomplexitäten schöne einfache Funktionen waren, die nur von der Anzahl der Elemente und der Anzahl der Zeilen und Spalten abhängig waren. In vielen Programmen hängt die Zeitkomplexität jedoch nicht nur von der Anzahl der Ein- und Ausgaben oder anderer einfach zu spezifizierender Charakteristiken ab. Betrachten wir einmal die Funktion *binsearch* (Programm 1.6), die eine geordnete Liste durchsucht. Ein natürlicher Parameter, nach dem man die Rechenzeit bestimmen wollte, wäre die Anzahl n der Listenelemente, d.h. wir interessieren uns dafür, wie sich die Rechenzeit mit der Elementanzahl verändert. Der Parameter n ist aber völlig unangemessen! Bei ein und dem selben n variiert die Schrittanzahl mit der Position des gesuchten Elements. Bei einem unangemessen gewählten Parameter können wir uns nur retten, indem wir drei Arten von Schrittanzahlen definieren; die des schlechtesten, des besten Falls und des durchschnittlichen Falles (*worst case, best case, average*). Die beste Schrittanzahl stellt die minimale, der schlechteste Fall die maximale und der Durchschnitt die mittlere Anzahl der Programmschritte dar, die bei gegebenem Parameter der Charakteristik zur Durchführung der Aufgabe nötig sind.

1.4.3. Asymptotische Notation (O, Ω, Θ)

Die Bestimmung der Schrittanzahlen diente dem Vergleich der Zeitkomplexitäten zweier Programme mit gleicher Aufgabe sowie der Vorhersage, wie sich die Laufzeit mit Variation der Instanzcharakteristiken ändert.

Die Bestimmung der genauen Schrittanzahl kann sich als extrem schwierige Aufgabe herausstellen und es ist fraglich, ob sich dafür ein solch immenser Aufwand lohnt, da der Begriff eines Schritts selbst wenig exakt definiert ist. (Die beiden Anweisungen $x = y$ und $x = y + z + (x/y) + (x*y*z - x/z)$ zählen als jeweils ein Schritt.) Diese Ungenauigkeit macht das Kriterium der Schrittanzahl ungeeignet für vergleichende Untersuchungen. Ausnahmen sind gegeben, wenn die Unterschiede der Schrittanzahlen sehr groß sind, wie zwischen $3n + 3$ gegenüber $100n + 10$. Hier können wir recht sicher vorhersagen, daß das Programm mit der Schrittanzahl $3n + 3$ schneller läuft als das mit $100n + 10$. Aber selbst in einem solchen Fall ist es nicht nötig, die exakte Schrittanzahl zu wissen. Angaben wie "verhält sich etwa wie $80n$, $85n$ oder $75n$" würden völlig genügen, um zur gleichen Aussage zu gelangen.

In den meisten Situationen reicht es, Aussagen der Form $c_1 n^2 \leq T_P(n) \leq c_2 n^2$ oder $T_P(n,m) = c_1 n + c_2 m$, mit c_1 und c_2 als nichtnegativen Konstanten zu machen. Dies genügt deshalb, weil wir bei zwei Programmen mit den Komplexitäten $c_1 n^2 + c_2 n$ und $c_3 n$ genau sagen können, daß das mit der Komplexität $c_3 n$ schneller läuft als das andere, wenn n nur groß genug gewählt wird. Welches von beiden für kleines n schneller ist, hängt nur von den Konstanten c_1, c_2 und c_3 ab. Mit $c_1 = 1$, $c_2 = 2$ und $c_3 = 100$ gilt $c_1 n^2 + c_2 n \leq c_3 n$ für $n \leq 98$ und $c_1 n^2 + c_2 n > c_3 n$ für $n > 98$. Wenn $c_1 = 1$, $c_2 = 2$ und $c_3 = 1000$, so gilt $c_1 n^2 + c_2 n \leq c_3 n$ bis $n \leq 998$.

Ganz gleich, welche Werte c_1, c_2 und c_3 annehmen, es wird immer ein n geben, jenseits dessen das Programm mit der Komplexität $c_3 n$ schneller ist als das mit der Komplexität $c_1 n^2 + c_2 n$. Dieser spezielle Wert für n wird auch der Schwellenwert (*break even point*) genannt. Ist dieser Punkt schon bei 0 erreicht, so bedeutet das, daß das Programm mit der Komplexität $c_3 n$ immer schneller (oder mindestens so schnell) ist. Der genaue Schwellenwert ist analytisch nicht zu bestimmen, sondern nur durch den praktischen Versuch am Rechner. Um zu wissen, daß es den Schwellenwert gibt, genügt es völlig zu wissen, daß ein Programm über die Komplexität $c_1 n^2 + c_2 n$ und das andere über die Komplexität $c_3 n$ verfügt; die genaue Kenntnis der Konstanten c_1, c_2 und c_3 bringt wenig Vorteile.

In Anbetracht dieser Erörterungen führen wir die folgende Terminologie ein, die uns in die Lage versetzt, bedeutungsvolle, wenn auch ungenaue Aussagen über die Zeit- und Speicherkomplexität zu treffen. Für den Rest dieses Kapitels seien g und f zwei nichtnegative Funktionen.

Definition: [Groß "O"] $f(n) = O(g(n))$ (lies "f von n ist groß O von g von n") genau dann (dann und nur dann - Äquivalenzaussage), wenn es positive Konstanten c und n_0 gibt, so daß $f(n) \leq cg(n)$ für alle n mit $n \geq n_0$ gilt. $\square$

Beispiel 1.15

$3n + 2 = O(n)$, da $3n + 2 \leq 4n$ für alle $n \geq 2$ gilt.

$3n + 3 = O(n)$, da $3n + 3 \leq 4n$ für alle $n \geq 3$ gilt.

$100n + 6 = O(n)$, da $100n + 6 \leq 101n$ für alle $n \geq 10$ gilt.

$10n^2 + 4n + 2 = O(n^2)$, da $10n^2 + 4n + 2 \leq 11n^2$ für alle $n \geq 5$ gilt.

$1000n^2 + 100n - 6 = O(n^2)$, da $1000n^2 + 100n - 6 \leq 1001n^2$ für alle $n \geq 100$ gilt.

$6*2^n + n^2 = O(2^n)$, da $6*2^n + n^2 \leq 7*2^n$ für alle $n \geq 4$ gilt.

$3n + 3 = O(n^2)$, da $3n + 3 \leq 3n^2$ für alle $n \geq 2$ gilt.

$10n^2 + 4n + 2 = O(n^4)$, da $10n^2 + 4n + 2 \leq 10n^4$ für alle $n \geq 2$ gilt.

$3n + 2 \neq O(1)$, da es für jede Konstante c und jedes n_0 ein $n \geq n_0$ gibt, so daß $3n + 2 > c$ gilt.

$10n^2 + 4n + 2 \neq O(n)$. $\square$

Wenn wir $O(1)$ schreiben, bedeutet das eine konstante Rechenzeit. Man nennt $O(n)$ linear, $O(n^2)$ quadratisch, $O(n^3)$ kubisch und $O(2^n)$ exponentiell. Benötigt ein Algorithmus die Zeit $O(\log n)$, so wird er für genügend große n immer schneller sein als hätte er die Zeit $O(n)$ gebraucht. Genau so ist $O(n \log n)$ besser als $O(n^2)$, aber nicht so gut wie $O(n)$. Diesen sieben Rechenzeiten $O(1)$, $O(\log n)$, $O(n)$, $O(n \log n)$, $O(n^2)$, $O(n^3)$ und $O(2^n)$ werden wir noch häufiger in diesem Buch begegnen.

Wie das vorhergehende Beispiel zeigt, bedeutet die Aussage $f(n) = O(g(n))$ lediglich, daß $g(n)$ eine obere Grenze für den Wert von $f(n)$ für alle n mit $n \geq n_0$ darstellt. Es wird keine Aussage über die Genauigkeit dieser Grenze gemacht. Beachten Sie, daß $n = O(n^2)$, $n = O(n^{2,5})$, $n = O(n^3)$, $n = O(2^n)$ usw. gilt. Damit die Aussage $f(n) = O(g(n))$ informativ wird, muß $g(n)$ eine möglichst kleine Funktion von n sein, mit der gerade noch $f(n) = O(g(n))$ erfüllt ist. So werden wir oft sagen, daß $3n + 3 = O(n)$ gilt, aber die Aussage $3n + 3 = O(n^2)$ ist unsinnig, wenn gleich auch richtig.

Aus der Definition für O geht hervor, daß $f(n) = O(g(n))$ etwas ganz anderes bedeutet als $O(g(n)) = f(n)$; die letztere Aussage ist sogar völlig sinnlos. Der Gebrauch des Zeichens "=" ist hier etwas unglücklich, da es normalerweise die Gleichheitsrelation bezeichnet. Ein Teil der Verwirrung aus dem Gebrauch des Gleichheitszeichens (was jedoch Standardterminologie ist) läßt sich vermeiden, indem es als "ist" und nicht als "ist gleich" gelesen wird.

Mit Theorem 1.2 erhalten wir ein sehr nützliches Ergebnis, die Ordnung von $f(n)$ (d.h. das $g(n)$ in $f(n) = O(g(n))$) betreffend, wenn $f(n)$ ein Polynom in n ist.

Theorem 1.2: Wenn $f(n) = a_m n^m + \ldots + a_1 n + a_0$ gilt, dann ist $f(n) = O(n^m)$.

Beweis: $\displaystyle f(n) \leq \sum_{i=0}^{m} |a_i| n^i$

$$\leq n^m \sum_{0}^{m} |a_i| n^{i-m}$$

$$\leq n^m \sum_0^m |a_i| \text{ , für } n \geq 1$$

Also gilt $f(n) = O(n^m)$. □

Definition: [Omega] $f(n) = \Omega(g(n))$ (lies "f von n ist Omega von g von n") genau dann, wenn es positive Konstanten c und n_0 gibt, so daß $f(n) \geq cg(n)$ für alle n mit $n \geq n_0$ gilt. □

Beispiel 1.16

$3n + 2 = \Omega(n)$, da $3n + 2 \geq 3n$ für alle $n \geq 1$ gilt (genau genommen gilt die Ungleichheit schon für $n \geq 0$, doch fordert die Definition von Ω ein $n_0 > 0$).
$3n + 3 = \Omega(n)$, da $3n + 3 \geq 3n$ für alle $n \geq 1$ gilt.
$100n + 6 = \Omega(n)$, da $100n + 6 \geq 100n$ für alle $n \geq 1$ gilt.
$10n^2 + 4n + 2 = \Omega(n^2)$, da $10n^2 + 4n + 2 \geq n^2$ für alle $n \geq 1$ gilt.
$6*2^n + n^2 = \Omega(2^n)$, da $6*2^n + n^2 \geq 2^n$ für alle $n \geq 1$ gilt.
Beachten Sie ebenfalls:
$3n + 3 = \Omega(1)$.
$10n^2 + 4n + 2 = \Omega(n)$.
$10n^2 + 4n + 2 = \Omega(1)$.
$6*2^n + n^2 = \Omega(n^{100})$.
$6*2^n + n^2 = \Omega(n^{50,2})$.
$6*2^n + n^2 = \Omega(n^2)$.
$6*2^n + n^2 = \Omega(n)$.
$6*2^n + n^2 = \Omega(1)$. □

Wie im Fall der O-Notation gibt es viele Funktionen $g(n)$, die $f(n) = \Omega(g(n))$ erfüllen, $g(n)$ ist nur eine untere Grenze von $f(n)$. Damit die Aussage $f(n) = \Omega(g(n))$ informativ wird , muß $g(n)$ eine möglichst große Funktion von n sein, mit der noch $f(n) = \Omega(g(n))$ erfüllt ist. So können wir sagen $3n + 3 = \Omega(n)$ oder $6*2^n + n^2 = \Omega(2^n)$, aber es ist nicht sinnvoll zu sagen $3n + 3 = \Omega(1)$ oder $6*2^n + n^2 = \Omega(1)$, obwohl es richtig wäre.
Theorem 1.3 ist das Analogon zu Theorem 1.2 für die Omega-Notation.

Theorem 1.3: Wenn $f(n) = a_m n^m + \ldots + a_1 n + a_0$ gilt und $a_m > 0$, dann ist $f(n) = \Omega(n^m)$.

Beweis: Wird zur Übung überlassen. □

Definition: [Theta] $f(n) = \Theta(g(n))$ (lies "f von n ist Theta von g von n") genau dann, wenn es positive Konstanten c_1, c_2 und n_0 gibt, so daß $c_1 g(n) \leq f(n) \leq c_2 g(n)$ für alle n mit $n \geq n_0$ gilt. □

Beispiel 1.17

$3n + 2 = \Theta(n)$, da $3n + 2 \leq 4n$ für alle $n \geq 2$ und $3n + 2 \leq 4n$ für alle $n \geq 2$ gilt, also mit $c_1 = 3$, $c_2 = 4$ und $n_0 = 2$.

$3n + 3 = \Theta(n)$.

$10n^2 + 4n + 2 = \Theta(n^2)$.

$6*2^n + n^2 = \Theta(2^n)$ und

$10*\log n + 4 = \Theta(\log n)$, aber

$3n + 3 \neq \Theta(1)$,

$3n + 3 \neq \Theta(n^2)$,

$10n^2 + 4n + 2 \neq \Theta(n)$,

$10n^2 + 4n + 2 \neq \Theta(1)$,

$6*2^n + n^2 \neq \Theta(n^2)$,

$6*2^n + n^2 \neq \Theta(n^{100})$ und

$6*2^n + n^2 \neq \Theta(1)$. $\square$

Die Theta-Notation ist präziser als die "groß O" und Omega-Notation. Es gilt $f(n) = \Theta(g(n))$ genau dann, wenn $g(n)$ sowohl eine obere als auch eine untere Grenze von $f(g)$ darstellt.

Beachten Sie, daß die Koeffizienten aller $g(n)$'s der letzten Beispiele 1 waren. Dies befindet sich in Übereinstimmung mit der gängigen Praxis. Man wird fast nie sagen $3n + 3 = O(3n)$, oder $10 = O(100)$, oder $10n^2 + 4n + 2 = \Omega(4n^2)$, oder daß $6*2^n + n^2 = \Omega(6*2^n)$, oder daß $6*2^n + n^2 = \Theta(4*2^n)$, obwohl jede dieser Aussagen richtig ist.

Theorem 1.4: Wenn $f(n) = a_m n^m + \ldots + a_1 n + a_0$ mit $a_m > 0$ gilt, dann ist $f(n) = \Theta(n^m)$.

Beweis: Wird zur Übung überlassen. $\square$

Lassen Sie uns die Analyse der Zeitkomplexität des letzten Abschnitts noch einmal betrachten. Für die Funktion *sum* (Programm 1.11) bestimmten wir $T_{sum}(n) = 2n + 3$, also gilt $T_{sum}(n) = \Theta(n)$. Genauso gilt $T_{rsum}(n) = 2n + 2 = \Theta(n)$ und $T_{add}(rows, cols) = 2rows \cdot cols + 2rows + 1 = \Theta(rows \cdot cols)$.

Obwohl wir die O, Ω und Θ Notationen sicher bis jetzt richtig angewandt haben, bleibt doch noch eine Frage bestehen:" Welchen Nutzen haben diese Ausdrücke, wenn man zuerst die Schrittzahl genau bestimmen muß?" Die Antwort auf diese Frage lautet, daß die asymptotische Komplexität (d.h. die Komplexität in Ausdrücken von O, Ω und Θ) auch ohne genaue Kenntnis der Schrittanzahl leicht bestimmt werden kann. Üblicherweise wird hierzu die asymptotische Komplexität jeder einzelnen Anweisung (oder Gruppen von Anweisungen) bestimmt und dann deren Summe gebildet.

Beispiel 1.18

[Komplexität der Matrixaddition]: Der tabellarische Ansatz ist in Abbildung 1.5 dargestellt, der dem von Abbildung 1.4 sehr ähnelt. Es werden allerdings anstatt der genauen Schrittanzahlen nur die asymptotischen eingetragen. Die nicht ausführbaren Anweisungen werden mit der Schrittzahl 0 versehen. Der Aufbau der Tabelle aus Abbildung 1.5 ist offensichtlich einfacher als der aus Abbildung 1.4. Es ist zum Beispiel viel schwieriger die genaue Schrittanzahl $rows \cdot (cols + 1)$ in Zeile 5 zu bestimmen, als dieser Zeile die asymptotische Komplexität $\Theta(rows \cdot cols)$ zuzuordnen. Die asymptotische Komplexität der gesamten Funktion ergibt sich aus der Summe der Einzelkomplexitäten. Wir können jedoch auch einfach die größte Komplexität als Gesamtergebnis nehmen, da die Zeilenzahl konstant ist (d.h. unabhängig von der Instanzcharakteristik). Beide Ansätze führen zum Ergebnis $\Theta(rows \cdot cols)$ für die asymptotische Komplexität. □

Anweisung	Asymptotische Komplexität
void add(int a[][MAX_SIZE] $\cdots$)	0
{	0
int i,j;	0
for (i = 0; i < rows; i++)	$\Theta(rows)$
for (j = 0; j < cols; j++)	$\Theta(rows \cdot cols)$
c[i][j] = a[i][j] + b[i][j];	$\Theta(rows \cdot cols)$
}	0
Gesamt	$\Theta(rows \cdot cols)$

Abbildung 1.5: Zeitkomplexität der Matrixaddition

Beispiel 1.19

[Binäres Suchen]: Wir wollen die Zeitkomplexität der binären Suchfunktion *binsearch* (Programm 1.6) bestimmen. Als Instanzcharakteristik nehmen wir die Anzahl n der Listenelemente. Jede Iteration der **while**-Schleife braucht die Zeit $\Theta(1)$. Man kann zeigen, daß die **while**-Schleife maximal $\log_2(n + 1)$-mal ausgeführt wird (s. das Buch von S. Sahni im Literaturverzeichnis). Da wir eine asymptotische Analyse durchführen, brauchen wir keinen so genauen Wert für die Schritte des schlechtesten Falls. Mit Ausnahme der letzten verkleinert jede Iteration das noch zu durchsuchende Segment von *list* etwa um den Faktor 2. Das bedeutet, der Wert von $right - left + 1$ wird mit jeder Iteration um den Faktor 2 verkleinert. Im schlechtesten Fall wird die Schleife $\Theta(\log n)$-mal mit der Zeit $\Theta(1)$ ausgeführt, so daß sich die Komplexität des schlechtesten Falls von *binsearch* zu $\Theta(\log n)$ ergibt. Beachten Sie, daß die Komplexität des besten Falls $\Theta(1)$ ist, da dann *searchnum* schon beim ersten Schleifendurchlauf getroffen wird. □

Beispiel 1.20

[*Permutationen*]: Betrachten Sie die Funktion *perm* (Programm 1.8). Wenn $i = n$ ist, wird die Zeit $\Theta(n)$ benötigt. Ist $i < n$, wird die **else**-Anweisung ausgeführt. Die **for**-Schleife dieses Falls wird $n - i + 1$ mal durchlaufen. Jede Iteration dieser Schleife benötigt die Zeit $\Theta(n + T_{perm}(i + 1, n))$. Also ist $T_{perm}(i, n) = \Theta((n - i + 1)(n + T_{perm}(i + 1, n)))$ für $i < n$. Da $T_{perm}(i + 1, n)$ für $i + 1 \leq n$ mindestens n ist, erhalten wir $T_{perm}(i, n) = \Theta((n - i + 1)T_{perm}(i + 1, n))$ für $i < n$. Berechnen wir diese Rekursion, so erhalten wir $T_{perm}(1, n) = \Theta(n(n!))$ mit $n \geq 1$. $\square$

Beispiel 1.21

[*Magisches Quadrat*]: Als letztes Beispiel der Komplexitätsanalyse wählen wir ein Problem der Freizeitmathematik, die Konstruktion eines magischen Quadrats.

    Ein *magisches Quadrat* ist eine $n \times n$ Matrix, die so aus den ganzen Zahlen von 1 bis n^2 gebildet wird, daß die Summen jeder Zeile und Spalte sowie der Hauptdiagonalen gleich groß sind und jede Zahl genau einmal vorkommt. Abbildung 1.6 zeigt ein magisches Quadrat für den Fall $n = 5$, die gemeinsame Summe beträgt 65.

15	8	1	24	17
16	14	7	5	23
22	20	13	6	4
3	21	19	12	10
9	2	25	18	11

Abbildung 1.6: Magisches Quadrat mit $n = 5$

Coxeter gibt folgende einfache Regel zur Erzeugung eines magischen Quadrats mit ungeradem n an:

Fülle eine Eins in das mittlere Feld der obersten Zeile! Bewege dich nach oben und links, und fülle die Felder mit Zahlen in aufsteigender Folge! Wenn die Bewegung aus dem Quadrat herausführt, so gehe an das entsprechende Feld auf der gegenüberliegenden Seite und mache dort weiter! Ist ein Feld bereits ausgefüllt, so bewege dich nach unten anstatt nach oben!

Abbildung 1.6 wurde mit Hilfe der Coxeter Regel aufgebaut. Programm 1.22 enthält den entsprechenden Algorithmus. Sei n die Größe des magischen Quadrats (d.h. der Wert der Variablen *size* in Programm 1.22). Die **if**-Anweisungen, die nach Fehlern in der Angabe von n fahnden, benötigen die Zeit $\Theta(1)$. Die zwei verschachtelten **for**-Schleifen haben die Komplexität $\Theta(n^2)$. Jede Iteration der folgenden **for**-Schleife braucht die Zeit $\Theta(1)$. Diese Schleife wird $\Theta(n^2)$-mal wiederholt, so daß ihre Komplexität $\Theta(n^2)$ ist. Die verschachtelten **for**-Schleifen zur Ausgabe des Quadrats brauchen ebenfalls die Zeit $\Theta(n^2)$. So ergibt sich die asymptotische Gesamtkomplexität des Programms 1.22 zu $\Theta(n^2)$. $\square$

```c
#include <stdio.h>
#define MAX_SIZE  15 /* Maximalgröße des Quadrats */
void main(void)
/* Konstruiere iterativ ein magisches Quadrat */
{
    static int square[MAX_SIZE][MAX_SIZE];
    int i, j, row, column;    /* Indizes */
    int count  ;              /* Zähler */
    int size;                 /* Quadratgröße */

    printf("Eingabe der Quadratgröße: ");
    scanf("%d", &size);
    /* Prüfe auf Eingabefehler */
    if (size < 1 || size > MAX_SIZE + 1) {
        fprintf(stderr, "Fehler!  Größe außerhalb des Bereichs\n");
        exit(1);
    }
    if (!(size % 2)) {
        fprintf(stderr, "Fehler!  Größe ist gerade\n");
        exit(1);
    }
    for (i = 0; i < size; i++)
        for (j = 0; j < size; j++)
            square[i][j] = 0;
    square[0][(size-1) / 2] = 1; /*Mitte der ersten Reihe*/
    /* i und j sind die aktuelle Position */
    i = 0;
    j = (size - 1) / 2;
    for (count = 2; count <= size * size; count++) {
        row = (i-1 < 0) ? (size - 1) : (i - 1); /*hoch*/
        column = (j-1 < 0) ? (size - 1) : (j - 1); /*links*/
        if (square[row][column])  /*runter*/
            i = (++i) % size;
        else {                    /* Quadrat ist frei */
            i = row;
            j = (j-1 < 0) ? (size - 1) : --j;
        }
        square[i][j] = count;
    }
    /* Gib das Quadrat aus */
    printf(" Magisches Quadrat der Größe %d : \n\n",size);
```

```
for (i = 0; i < size; i++) {
    for (j = 0; j < size; j++)
        printf("%5d", square[i][j]);
    printf("\n");
}
printf("\n\n");
}
```

Programm 1.22: Erzeugung eines magischen Quadrats

In der Analyse von Programmen der folgenden Kapitel werden wir uns meist auf die Angabe einer oberen Grenze der Komplexität beschränken. Das bedeutet, wir werden normalerweise die O-Notation benutzen, wie es auch der aktuelle Trend in der Praxis ist. In vielen unserer Analysen könnten wir genauso gut die Theta-Notation anstatt der O-Notation benutzen, da die angegebenen Komplexitäten sowohl obere als auch untere Grenzen des Programms sind.

Übungen

1.   Zeigen Sie die Richtigkeit der folgenden Aussagen:

(a) $5n^2 - 6n = \Theta(n^2)$

(b) $n! = O(n^n)$

(c) $2n^2 + n \log n = \Theta(n^2)$

(d) $\sum_{i=0}^{n} i^2 = \Theta(n^3)$

(e) $\sum_{i=0}^{n} i^3 = \Theta(n^4)$

(f) $n^{2^n} + 6 \cdot 2^n = \Theta(n^{2^n})$

(g) $n^3 + 10^6 n^2 = \Theta(n^3)$

(h) $6n^3 / (\log n + 1) = O(n^3)$

(i) $n^{1.001} + n \log n = \Theta(n^{1.001})$

(j) $n^k + n + n^k \log n = \Theta(n^k \log n)$ für alle $k \geq 1$.

(k) $10n^3 + 15n^4 + 100n^2 2^n = O(n^2 2^n)$

2. Zeigen Sie, daß die folgenden Aussagen falsch sind:

   (a) $10n^2 + 9 = O(n)$

   (b) $n^2 \log n = \Theta(n^2)$

   (c) $n^2/\log n = \Theta(n^2)$

   (d) $n^3 2^n + 6n^2 3^n = O(n^2 2^n)$

   (e) $3^n = O(2^n)$

3. Beweisen Sie Theorem 1.3.

4. Beweisen Sie Theorem 1.4.

5. Bestimmen Sie die Komplexität des schlechtesten Falls von Programm 1.18.

6. Bestimmen Sie die Komplexität des schlechtesten Falls von Programm 1.21.

7. Vergleichen Sie die Funktionen n^2 und $20n + 4$ für verschiedene Werte von n. Bestimmen Sie, wann die zweite Funktion kleiner wird als die erste.

8. Schreiben Sie eine äquivalente rekursive Version des Programms für ein magisches Quadrat (Programm 1.22).

1.4.4. Praktische Komplexitäten

Wir sahen, daß die Zeitkomplexität eines Programms grundsätzlich eine Funktion der Instanzcharakteristik ist. Diese Funktion gibt an, wie sich das Zeitverhalten des Programms mit der Instanzcharakteristik ändert. Die Komplexitätsfunktion kann ebenfalls für den Vergleich zweier Programme P und Q, welche dieselbe Aufgabe erfüllen sollen, herangezogen werden. Nehmen wir an, das Programm P habe die Komplexität $\Theta(n)$ und Programm Q $\Theta(n^2)$. Wir können sicher behaupten, daß Programm P für "genügend große" n schneller läuft als Programm Q. Um die Gültigkeit dieser Behauptung einzusehen, genügt es, sich klar zu machen, daß die Rechenzeit von P nach oben durch cn mit einer beliebigen Konstanten c und für alle n mit $n \geq n_1$ begrenzt ist und daß die Rechenzeit von Q nach unten durch dn^2 begrenzt ist mit einer beliebigen Konstanten d und für alle n mit $n \geq n_2$. Da gilt $cn \leq dn^2$ für $n \geq c/d$, ist Programm P immer dann schneller als Programm Q, sobald $n \geq \max\{n_1, n_2, c/d\}$.

Wir sollten uns immer darüber bewußt sein, daß die Annahme eines "genügend großen" n von wesentlicher Bedeutung für die obige Behauptung ist. Stehen wir vor der Frage, welche der beiden Programme zu benutzen ist, so müssen wir wissen, ob das vorliegende n wirklich "genügend groß" ist. Läuft Programm P in $10^6 n$ Millisekunden und Q in n^2 Millisekunden und ist n immer $\leq 10^6$, dann wird unter ansonsten gleichen Einflußgrößen, Q das Programm der Wahl sein.

Um ein Gefühl zu bekommen, wie unterschiedlich manche Funktion mit n anwachsen, empfehlen wir das genaue Studium der Abbildungen 1.7 und 1.8. Wie Sie sehen, wächst die Funktion 2^n außerordentlich schnell mit n. Tatsächlich kommt man bereits bei

$n = 40$ auf eine Gesamtschrittanzahl von $1,1*10^{12}$, wenn ein Programm einen Schritt-bedarf von 2^n hat. Bei einem Rechner, der eine Milliarde Schritte pro Sekunde ausführen kann, bedeutet das bereits eine Rechenzeit von etwa 18,3 Minuten. Mit $n = 50$ kann man schon 13 Tage auf das Ende des Programms warten, $n = 60$ bedeutet eine Rechenzeit von 310,56 Jahren und $n = 100$ führt zu $4*10^{13}$ Jahren. Hieraus können wir sofort schließen, daß die Gebrauchstauglichkeit eines Programms mit exponentieller Komplexität auf kleine n begrenzt ist (typischerweise $n \leq 40$).

Zeit	Name						
		Instanzcharakteristik n					
		1	2	4	8	16	32
1	Konstant	1	1	1	1	1	1
$\log n$	Logarithmisch	0	1	2	3	4	5
n	Linear	1	2	4	8	16	32
$n \log n$	Loglinear	0	2	8	24	64	160
n^2	Quadratisch	1	4	16	64	256	1024
n^3	Kubisch	1	8	64	512	4096	32.768
2^n	Exponentiell	2	4	16	256	65.536	4.294.967.296
$n!$	Fakultätisch	1	2	24	40.320	20.922.789.888.000	$263,13 \times 10^{33}$

Abbildung 1.7: Funktionswerte

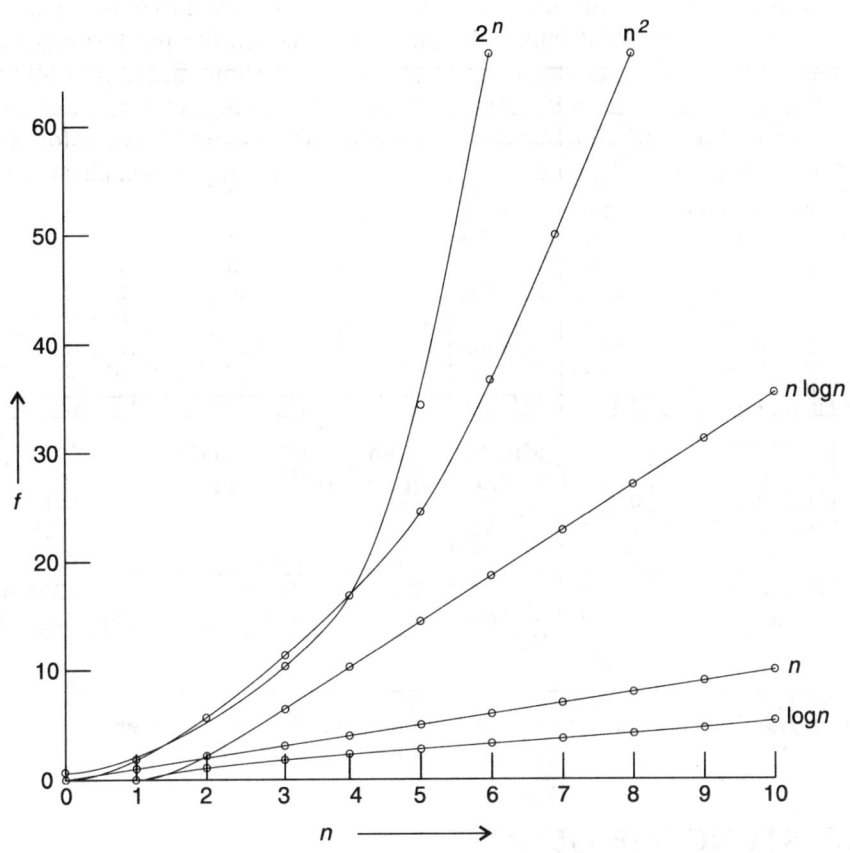

Abbildung 1.8: Graphen der Funktionswerte

Auch Programme mit einer Komplexität, die durch ein Polynom hohen Grades bestimmt ist, sind von begrenztem Nutzwert. Benötigt ein Programm n^{10} Schritte, so läuft es auf unserem "10^9 Schritte pro Sekunde" - Rechner schon 10 Sekunden, wenn $n = 10$ ist, 3171 Jahre mit $n = 100$ und $3,17*10^{13}$ Jahre mit $n = 1000$. Hätte das Programm statt dessen nur eine Komplexität von n^3, liefe es in 1 Sekunde für $n = 1000$; 110,67 Minuten für $n = 10.000$ und 11,57 Tage für $n = 100.000$.

Abbildung 1.9 gibt die Zeiten, die ein Computer mit 10^9 Schritten/Sekunde braucht, in Abhängigkeit der Komplexität $f(n)$ eines Programms. Wir sollten uns klar machen, daß ein solcher Computer zu den schnellsten der heutigen Zeit gehört. Vom praktischen Standpunkt aus sind nur Programme mit geringer Komplexität (wie n, $n \log n$, n^2 oder n^3) durchführbar, wenn n größer als etwa 100 wird. Diese Aussage behält auch ihre Gültigkeit, wenn man einen Supercomputer mit 10^{12} Schritten/Sekunde bauen könnte. In diesem Fall würden sich zwar alle Rechenzeiten in Abbildung 1.9 um den Faktor 1000 verkleinern, aber das heißt immer noch, daß es 3,17 Jahre braucht, um mit $n = 100$ n^{10} Anweisungen auszuführen bzw. $4*10^{10}$ Jahre wenn sich die Komplexität wie 2^n verhält.

n	$f(n) = n$	$f(n) = \log_2 n$	$f(n) = n^2$	$f(n) = n^3$	$f(n) = n^4$	$f(n) = n^{10}$	$f(n) = 2^n$
	Laufzeiten für $f(n)$ Schritte auf einem Rechner mit 10^9 Schritte/Sekunde						
10	$0,01\mu s$	$0,03\mu s$	$0,1\mu s$	$1\mu s$	$10\mu s$	10s	$1\mu s$
20	$0,02\mu s$	$0,09\mu s$	$0,4\mu s$	$8\mu s$	$160\mu s$	2,84h	1ms
30	$0,03\mu s$	$0,15\mu s$	$0,9\mu s$	$27\mu s$	$810\mu s$	6,38d	1s
40	$0,04\mu s$	$0,21\mu s$	$1,6\mu s$	$64\mu s$	2,56ms	121,36d	18,3min
50	$0,05\mu s$	$0,28\mu s$	$2,5\mu s$	$125\mu s$	6,25ms	3,1yr	13d
100	$0,10\mu s$	$0,66\mu s$	$10\mu s$	1ms	100ms	3171yr	$4*10^{13}$yr
1.000	$1,00\mu s$	$9,96\mu s$	1ms	1s	16,67min	$3,17*10^{13}$yr	$32*10^{283}$yr
10.000	$10,00\mu s$	$130,03\mu s$	100ms	16,67min	115,7d	$3,17*10^{23}$yr	
100.000	$100,00\mu s$	1,66ms	10s	11,57d	3171yr	$3,17*10^{33}$yr	
1.000.000	1,00ms	19,92ms	16,67min	31,71yr	$3,17*10^7$yr	$3,17*10^{43}$yr	

μs = Mikrosekunden = 10^{-6} Sekunden
ms = Millisekunden = 10^{-3} Sekunden
s = Sekunden
min = Minuten
h = Stunden
d = Tage
yr = Jahre

Abbildung 1.9: Laufzeiten auf einem Rechner mit einer Milliarde Schritten pro Sekunde

1.5. LEISTUNGSMESSUNG

Obwohl uns die Leistungsanalyse ein fähiges Werkzeug zur Bestimmung der Speicher- und Zeitkomplexität an die Hand gibt, müssen wir an manchen Stellen doch in Betracht ziehen, wie schnell ein Algorithmus tatsächlich auf unserer Maschine arbeitet. Diese Überlegung führt uns aus dem Reich der Analyse in das der Messung. Beschäftigen wir uns also mit den Möglichkeiten der Zeitmessung.

Die Funktionen zur Zeitnahme sind Teil der Standardbibliothek von C und werden durch die Anweisung *#include <time.h>* angesprochen. Es gibt grundsätzlich zwei Methoden zur Zeitnahme in C. Abbildung 1.10 stellt die beiden Methoden gegenüber.

Methode 1 benutzt *clock*, um Zeiten zu stoppen. Die Funktion gibt die verstrichene Prozeßorzeit seit Start des Programms zurück. Um ein Ereignis zu stoppen, wird *clock* zweimal aufgerufen, einmal zu Beginn des Ereignisses, einmal zum Ende. Die Zeit wird in Form des vorgegebenen Datentyps *clock_t* zurückgegeben. Die Gesamtzeit eines Vorgangs ergibt sich aus der Differenz zwischen Stopzeit und Startzeit. Da das Ergebnis irgendein legitimer numerischer Typ sein kann, verwenden wir die explizite Typumwandlung (**type cast**) in den Typ **double**. Weiterhin muß das Ergebnis noch durch die Zahl der Zeitmarken (clock ticks, *CLK_TCK*) pro Sekunde dividiert werden, da ursprünglich mit prozeßorinternen Zeiteinheiten gerechnet wurde. Diese Methode erwies sich auf unserem Rechner als wesentlich genauer. Da aber die zweite Methode keine Kenntnis der internen Taktzeiten erfordert, stellen wir sie ebenfalls vor.

	Methode 1	Methode 2
Start Zeitnahme	start = clock();	start = time(NULL);
Stop Zeitnahme	stop = clock();	stop = time(NULL);
Rückgabetyp	clock_t	time_t
Ergebnis in Sekunden	Dauer = ((double) (stop-start)) / CLK_TCK;	Dauer = (double) difftime(stop,start);

Abbildung 1.10: Zeitnahme in C

Methode 2 benutzt *time*. Diese Funktion gibt die Uhrzeit in Form des vorgegebenen Typs *time_t* zurück, gemessen in Sekunden. Anders als *clock* kann mit *time* ein Parameter übergeben werden, der einen Ort angibt, an dem die Uhrzeit gespeichert werden soll. Da wir davon keinen Gebrauch machen, übergeben wir die *NULL* als Parameter. Wie bei Methode 1, setzen wir *time* sowohl am Anfang als auch am Ende des zu stoppenden Vorgangs ein. Sodann werden die zwei Uhrzeiten an *difftime* übergeben, welche die Differenz in Sekunden ausgibt. Da das Ergebnis als Typ *time_t* ausgegeben wird, wandeln wir es vor der Ausgabe in den Typ **double** um.

Die genaue Syntax der Zeitnahmefunktionen variiert von Rechner zu Rechner, hängt vom Betriebssystem und dem Compiler ab. Beispielsweise gibt es die Konstante *CLK_TCK* auf einer Sun SPARCstation unter SUNOS 4.1 nicht. Statt dessen gibt *clock()* die Zeit in Mikrosekunden zurück. Genauso wenig ist die Funktion *difftime()* verfügbar, so daß man (*stop – start*) zur Berechnung der Zeitdifferenz einsetzen muß.

Betrachten wir nun zwei Beispiele der Zeitnahme und analysieren deren schlechtesten Fall.

Beispiel 1.22

[***Der ungünstigste Fall der Auswahlfunktion***]: Der ungünstigste Fall beim Sortieren durch Auswahl tritt dann auf, wenn die Elemente sich in der umgekehrten Reihenfolge befinden; d.h. wenn wir ein Feld, das in absteigender Ordnung vorliegt, in aufsteigende Ordnung sortieren wollen. Wir führen die Zeitnahme mit unterschiedlichen Feldgrößen von 0, 10, 20 , $\cdots$, 90, 100, 200, $\cdots$, 1600 durch. Programm 1.23 enthält den benutzten Programmcode (Die Sortierfunktion ist nicht noch einmal aufgeführt, der Quellcode findet sich in Programm 1.3).

```
#include <stdio.h>
#include <time.h>
#define MAX_SIZE 1601
#define ITERATIONS 26
#define SWAP(x, y, t) ((t) = (x), (x) = (y), (y) = (t))
void main(void)
{
    int i,j,position;
    int list[MAX_SIZE];
    int sizelist[] = {0, 10, 20, 30, 40, 50, 60, 70, 80, 90,
    100, 200, 300, 400, 500, 600, 700, 800, 900, 1000, 1100,
    1200, 1300, 1400, 1500, 1600};
    clock_t start, stop;
    double duration;
    printf("    n    Zeit\n");
    for (i = 0; i < ITERATIONS; i++) {
        for (j = 0; j < sizelist[i]; j++)
            list[j] = sizelist[i] - j;
        start = clock();
        sort(list,sizelist[i]);
        stop = clock();
        /* CLK_TCK = Anzahl der Uhr ticks pro Sekunde */
        duration = ((double) (stop-start)) / CLK_TCK;
        printf("%6d    %f\n",sizelist[i], duration);
    }
}
```

Programm 1.23: Zeitnehmerprogramm für die Funktion zum Sortieren durch Auswahl

In der Durchführung der Zeitnahme findet eine **for**-Schleife Anwendung, um die Feldgröße zu ändern. Bei jeder Iteration wird ein neues Feld umgedrehter Reihenfolge von *sizelist*[*i*] aufgebaut. Der Aufruf von *clock* erfolgt direkt vor und nach dem Aufruf von *sort*. Die Ergebnisse des Tests zeigen die Abbildungen 1.11 und 1.12. Die Tests wurden auf einem IBM-kompatiblen PC mit 80386 CPU, einem numerischen Koprozessor und einem Turbobeschleuniger ausgeführt. Es wurde der Turbo-C-Compiler von Borland eingesetzt.

n	Zeit	n	Zeit
30 ... 100	0,00	900	1,86
200	0,11	1000	2,31
300	0,22	1100	2,80
400	0,38	1200	3,35
500	0,60	1300	3,90
600	0,82	1400	4,54
700	1,15	1500	5,22
800	1,48	1600	5,93

Abbildung 1.11: Analyse des ungünstigsten Falls beim Sortieren durch Auswahl (in Sek.)

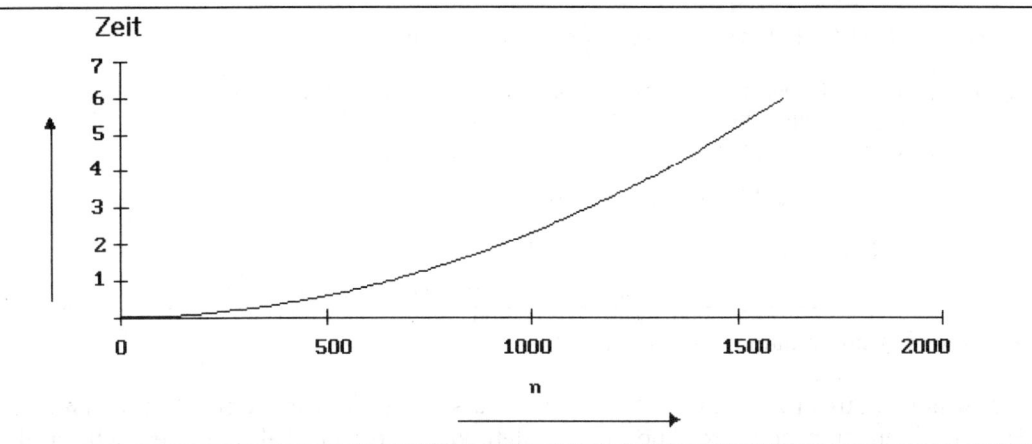

Abbildung 1.12: Graph des ungünstigsten Falls beim Sortieren durch Auswahl

Wieviel Vertrauen können wir in die Ergebnisse des Experiments setzen? Die für $n \leq 100$ gemessene Zeit ist 0, was nicht stimmen kann. Die Sortierzeit muß für alle n größer als 0 sein, da ja eine von Null verschiedene Arbeit der Sortierung hineingesteckt wird. Überdies hinaus beträgt der Wert von *CLK_TCK* auf unserem Rechner 18, was bedeutet, daß die gemessene Anzahl von Uhrmarken für $n < 500$ kleiner als 10 ist. Da mit einem Meßfehler von ± 1 Marke zu rechnen ist, sind die Ergebnisse für $n < 500$ mit einem Fehler von mindestens 10% behaftet. Das nächste Beispiel zeigt uns, wie man genauere Ergebnisse erhält.

Die Genauigkeit unseres Experiments ist für $n > 500$ größer als 10%. Dies kann völlig ausreichend sein. Die Kurve der Abbildung 1.12 gleicht der n^2 Kurve aus Abbildung 1.8 und steht in Übereinstimmung mit unserer Analyse des Sortierens durch Auswahl. Die erhaltenen Zeiten führen deutlich vor Augen, daß das Sortieren durch Auswahl nur für kleine Felder empfehlenswert ist und sich für große Felder als unbrauchbar erweist. □

Beispiel 1.23

[*Analyse des ungünstigsten Falls des sequentiellen Suchens*]: Wie schon im letzten Beispiel angesprochen, eignet sich die direkte Zeitnahmemethode für das Sortieren durch Auswahl nicht gut zur Zeitbestimmung von Funktionen sehr geringer Ausführungszeit. In diesem Beispiel ziehen wir einen anspruchsvolleren Weg zur Zeitnahme heran. Wir nehmen den ungünstigsten Fall der sequentiellen Suchfunktion *seqsearch* (Programm 1.24) an, die am Anfang eines Feldes beginnt und jeden Eintrag mit der Suchnummer *searchnum* vergleicht, bis sie gefunden oder das Ende des Feldes erreicht ist. Der ungünstigste Fall tritt immer dann ein, wenn sich die gesuchte Nummer gar nicht im Feld befindet. In diesem Fall werden alle Einträge überprüft und die Schleife wird $n + 1$ mal durchlaufen.

```
int seqsearch(int list[], int searchnum, int n)
{
/*Durchsuche ein Feld list mit n Zahlen. Gib i zurück, wenn
list[i] = searchnum und -1, wenn searchnum nicht gefunden wird*/
    int i;
    list[n] = searchnum;
    for (i = 0; list[i] != searchnum; i++)
        ;
    return ((i < n ) ? i : -1);
}
```

Programm 1.24: Sequentielle Suchfunktion

Die Strategie aus Programm 1.23 ist hier unpassend, da Suchen viel schneller läuft als
Sortieren; wir brauchen also eine andere Methode. In diesem Fall bietet es sich an, die
Suchfunktion für jede Feldgröße vielmals aufzurufen. Da kleine Felder schneller durch-
sucht werden als große, wurden der Suchvorgang bei kleinen Feldern häufiger wiederholt.
Programm 1.25 zeigt den Aufbau des Zeitnahmetests mit den Feldgrößen und den An-
zahlen der Wiederholungen. Beachten Sie die Notwendigkeit zum Zurücksetzen des
Elements *list[sizelist[i]]* nach jedem Aufruf von *seqsearch*.

```
#include <stdio.h>
#include <time.h>
#define MAX_SIZE 1001
#define ITERATIONS 16
int seqsearch(int [], int, int);
void main(void)
{
    int i, j, position;
    int list[MAX_SIZE];
    int sizelist[] = {0, 10, 20, 30, 40, 50, 60, 70, 80, 90,
                        100, 200, 400, 600, 800, 1000};
    int numtimes[] = {30000, 12000, 6000, 5000, 4000, 4000,
                        4000, 3000, 3000, 2000, 2000, 1000, 500, 500, 500, 200};
    clock_t start, stop;
    double duration,total;
    for (i = 0; i < MAX_SIZE; i++)
        list[i] = i;
    for (i = 0; i < ITERATIONS; i++) {
        start = clock();
        for (j = 0; j < numtimes[i]; j++)
            position = seqsearch(list, -1, sizelist[i]);
        stop = clock();
        total = ((double)(stop-start))/CLK_TCK;
        duration = total/numtimes[i];
        printf("%5d %d  %d %f %f\n", sizelist[i], numtimes[i],
                        (int)(stop-start), total, duration);
        list[sizelist[i]] = sizelist[i]; /* reset value */
    }
}
```

Programm 1.25: Zeitnahmeprogramm für das sequentielle Suchen

Die Anzahl der Wiederholungen ist durch *numtimes* festgelegt, sie beträgt 30.000 für $n = 0$ und geht auf 200 für das größte Feld zurück. Die Auswahl der Wiederholungsfaktoren unterlag einem empirischen Prozeß. Die Anzahl der Wiederholungen mußte mindestens zu einer Ausführungszeit von 10 Zeitmarken führen, da wir eine Genauigkeit von mindestens 10% forderten. Eine zu hohe Zahl führt andererseits zu einer Verschwendung von Rechenzeit. Abbildung 1.13 listet die Ergebnisse des Experiments, das auf einem IBM PS/2 Modell mit Turbo C durchgeführt wurde. Die lineare Abhängigkeit der Zeiten von der Feldgröße zeigt sich deutlicher bei großen Werten von n, da bei kleinen n der Effekt des konstanten additiven Faktors dominiert. □

n	Iterationen	Marken	Gesamtzeit (sek.)	Dauer
0	30.000	16	0,879121	0,000029
10	12.000	16	0,879121	0,000073
20	6000	14	0,769231	0,000128
30	5000	16	0,879121	0,000176
40	4000	16	0,879121	0,000220
50	4000	20	1,098901	0,000275
60	4000	23	1,263736	0,000316
70	3000	20	1,098901	0,000366
80	3000	23	1,263736	0,000421
90	2000	17	0,934066	0,000467
100	2000	18	0,989011	0,000495
200	1000	18	0,989011	0,000989
400	500	18	0,989011	0,001978
600	500	27	1,483516	0,002967
800	500	35	1,923077	0,003846
1000	300	27	1,483516	0,004945

Abbildung 1.13: Der ungünstigste Fall des sequentiellen Suchens

Erzeugung von Testdaten

Die Erzeugung von Daten zur Simulation des ungünstigsten Falls ist nicht immer einfach. Manchmal muß dafür ein eigenes Computerprogramm geschrieben werden, in anderen Fällen ist selbst das schwierig. In diesen Fällen benutzt man einen anderen Zugang zur Schätzung des ungünstigsten Falls. Jeder Satz von interessierenden Instanzcharakteristiken wird mit einer angemessen hohen Zahl von Zufallsdaten versehen. Die Laufzeit eines jeden Testdatensatzes wird aufgenommen. Das Maximum dieser Zeiten wird als Schätzwert für den ungünstigsten Fall der jeweiligen Instanzcharakteristik angenommen.

Zur Messung des durchschnittlichen Falls ist es oft nicht möglich, über alle möglichen Fälle einer gegebenen Charakteristik zu mitteln. Während dies für das sequentielle und binäre Suchen noch denkbar ist, wird es für ein Sortierungsprogramm unmöglich. Geht man von völlig unterschiedlichen Schlüsseln aus, so führt dies für jedes n zu $n!$ unterschiedlichen Permutationen, über die zu mitteln wäre.

Die Gewinnung von Daten des durchschnittlichen Falls ist oft viel schwerer als beim ungünstigsten Fall. So wird oftmals die oben angedeutete Strategie benutzt, um einfach eine Schätzung der mittleren Zeit zu erhalten.

Ganz gleich ob wir Schätzungen zum ungünstigsten oder zum durchschnittlichen Fall auf der Basis von Zufallsdaten vornehmen, die Anzahl der auszutestenden Fälle ist im allgemeinen viel kleiner als die Gesamtzahl der möglichen Fälle. Deshalb ist es erstrebenswert, den zu testenden Algorithmus ausführlich zu analysieren, um die Klassen von zu erzeugenden Testdaten zu bestimmen. Diese Aufgabe stellt sich zu jedem Algorithmus in spezieller Weise, und wir werden dies hier nicht weiter vertiefen.

Übungen

Zu jeder der folgenden Übungen wollen wir den ungünstigsten Fall bestimmen. Schreiben Sie Zeitnahmeprogramme, die das leisten. Nehmen Sie sich zu jedem Programm Felder angemessener Größe und (falls nötig) Wiederholungsfaktoren. Präsentieren Sie Ihr Ergebnis in graphischer und tabellarischer Form, und fassen sie Ihre Ergebnisse zusammen.

1. Wiederholen Sie das Experiment von Beispiel 1.23. Gehen Sie diesmal sicher, daß der Fehler aller gemessenen Zeiten kleiner als 10% ist. Es sind Zeiten für die gleichen Werte von n wie im Beispiel zu bestimmen. Tragen sie die gemessenen Zeiten graphisch als Funktion von n auf.

2. Zeichnen Sie die Laufzeiten der Abbildung 1.13 als Funktion von n.

3. Vergleichen Sie den ungünstigsten Fall der iterativen (Programm 1.10) und der rekursiven (Programm 1.11) Listenaddition.

4. Vergleichen Sie den ungünstigsten Fall der iterativen (Programm 1.6) und der rekursiven (Programm 1.7) binären Suchfunktion.

5. (a) Übertragen Sie die iterative Version des sequentiellen Suchens (Programm 1.24) in die äquivalente rekursive Version.

   (b) Analysieren Sie die Komplexität des ungünstigsten Falls ihrer Funktion.

   (c) Messen Sie den Zeitbedarf des ungünstigsten Falls der rekursiven Suchfunktion, und vergleichen Sie mit dem Ergebnis der iterativen Funktion.

6. Messen Sie den Zeitbedarf des schlechtesten Falls der Matrixaddition (Programm 1.15).

7. Messen Sie den Zeitbedarf des schlechtesten Falls der Matrixmultiplikation (Programm 1.19).

1.6. LITERATUR UND AUSGEWÄHLTE REFERENZEN

Zur Untersuchung von Programmiertechniken und der Entwicklung von Programmen lesen Sie D. Gries, *The Science of Programming*, Springer Verlag, NY,1981; E. Dijkstra, *A Discipline of Programming*, Prentice-Hall, Englewood Cliffs, NJ 1976; und B. W. Kernighan and P. J. Plauger, *The Elements of Programming Style*, Second Edition, McGraw Hill, NY 1978.

Eine gute Untersuchung zu Werkzeugen und Prozeduren zur Entwicklung sehr großer Software-Systeme erscheint in den Arbeiten von: E. Horowitz, *Practical Strategies for Developing Very Large Software Systems*, Addison-Wesley, Reading, Mass., 1975; I. Sommerville, *Software Engineering*, Third Edition, Addison-Wesley, Workingham, England, 1989 und F. Brooks, *The Mythical Man-Month*, Addison-Wesley, Reading, Mass., 1979.

Eine detailliertere Untersuchung der Leistungsanalyse und -messung gibt S. Sahni, *Software Development in Pascal*, Second Edition, Camelot Publishing, 1989.

Weitergehende Abhandlungen zu abstrakten Datentypen finden Sie in B. Liskov and J. Guttag, *Abstraction and Specification in Program Development*, MIT Press, Cambridge, Mass., 1988; J. Kingston, *Algorithms and Data Structures*, Addison-Wesley, Reading, Mass., 1990 und D. Stubbs and N. Webre, *Data Structures with Abstract Data Types and Pascal*, Brooks/Cole Publishing Co., Monterey, CA, 1985.

Die Ausarbeitung korrekter Versionen des binären Suchens wird dargestellt von J. Bentley, *Programming pearls: Writing correct programs*, CACM, vol. 26, 1983, pp. 1040-1045 und R. Levisse, "*Some lessons drawn from the history of the binary search algorithm*", *The Computer Journal*, vol. 26, 1983, pp. 154-163.

Allgemeine Betrachtungen zur Erzeugung von Permutationen sind in der Arbeit von R. Sedgewick, "*Permutation generation methods*", *Computer Surveys*, vol. 9, 1977, pp. 137-164 vorgestellt.

KAPITEL 2

FELDER UND STRUKTUREN

2.1. DAS FELD (ARRAY) ALS ABSTRAKTER DATENTYP

Wir beginnen unsere Betrachtung mit der Untersuchung des Feldes als abstrakten Datentyp (ADT). (In diesem Text wird Feld und Array synonym gebraucht.) Diese Perspektive ist nicht üblich, da ein Feld von vielen Programmierern nur als eine Abfolge von Speicherplätzen angesehen wird, eine unglückliche Ansicht, da so schon die Betonung auf Implementierungsdetails sichtbar wird. Obwohl ein Feld meistens in dieser Form implementiert wird, muß dies nicht unbedingt der Fall sein. Rein intuitiv ist ein Feld eine Menge von Paaren *<Index, Wert>*, wobei jedem definierten Index ein Wert zugeordnet wird. In mathematischer Ausdrucksweise wird das eine *Korrespondenz* oder eine *Abbildung* genannt. Unter der Perspektive eines ADT's interessieren wir uns jedoch mehr für die Operationen, die auf einem Feld ausgeführt werden können. Neben der Erzeugung eines neuen Feldes stellen die meisten Programmiersprachen nur zwei weitere Standardoperationen zur Verfügung, das Auslesen und die Zuweisung eines Werts. Struktur 2.1 zeigt eine Definition des Feldes als ADT.

Die Funktion *Create*(*j, list*) erzeugt ein neues, leeres Feld geeigneter Größe. Anfänglich sind alle Elemente undefiniert. *Retrieve* übernimmt ein *Feld* und einen *Index* und gibt den mit dem Index assoziierten Wert zurück, falls der Index gültig ist, bzw. eine Fehlermeldung, wenn er ungültig ist. *Store* übernimmt ein *Feld*, einen *Index* und ein *Wertelement* und gibt das ursprüngliche Feld mit dem an der Stelle *Index* eingetragenen Wertelement (*value*) zurück. Der Vorteil dieser ADT-Definition ist das klare Herausstellen der Tatsache, daß ein Feld eine viel allgemeinere Struktur hat als eine reine "Abfolge von Speicherplätzen".

Struktur *Feld* ist

    Objekte: Eine Menge von Paaren *<Index, Wert>*, wobei jedem Wert von *Index* ein Wert der Menge *Wertelement* zugeordnet ist. *Index* ist eine endliche, geordnete Menge einer oder mehrerer Dimensionen, z.B. $[0, \cdots, n-1]$ für eine Dimension, $\{(0, 0), (0, 1), (0, 2), (1, 0), (1, 1), (1, 2), (2, 0), (2, 1), (2, 2)\}$ für zwei Dimensionen usw..

    Funktionen:

        Für alle $A \in$ *Feld*, $x \in$ *Wertelement*, $i, j \in$ *Integer* gilt

Feld Create*(j, list)*	::=	**return** ein Feld der Dimension *j*, wobei das *i-te* Element des *j*-Tupels *list* die Größe der *i-ten* Dimension bezeichnet. Die *Wertelemente* sind undefiniert.
Item Retrieve*(A, i)*	::=	**if** ($i \in$ *Index*) **return** das mit dem Indexwert *i* assoziierte Wertelement in Feld *A* **else return** Fehler
Feld Store*(A,i,x)*	::=	**if** ($i \in$ *Index*) **return** ein Feld, das identisch zu *A* ist, außer dem neuen Paar *<i, x>*, das eingetragen wurde **else return** Fehler

end Feld

Struktur 2.1: Abstrakter Datentyp *Feld*

Lassen Sie uns nun (zunächst eindimensionale) Felder in C untersuchen. Ein eindimensionales Feld wird implizit durch Anhängung von eckigen Klammern an einen Variablennamen deklariert, z.B. deklariert

```
int list[5], *plist[5];
```

zwei Felder mit jeweils fünf Elementen. Das erste Feld definiert fünf Integer; das zweite fünf Zeiger auf Integer. In C beginnen alle Felder mit dem Index 0, so daß *list*[0], *list*[1], *list*[2], *list*[3], und *list*[4] die Namen der fünf, je einen Integerwert enthaltenden Feldelemente sind. Ähnlich sind *plist*[0], *plist*[1],*plist*[2], *plist*[3], und *plist*[4] die Namen der Feldelemente, die je einen Zeiger auf Integer enthalten.

    Wir betrachten nun die Implementierung eines eindimensionalen Feldes. Wenn der Compiler auf eine der obigen Deklarationen stößt, so werden fünf aufeinanderfolgende Speicherplätze für je einen Integerwert angelegt und reserviert. Die Adresse des ersten Elements *list*[0] wird die *Basisadresse* genannt. Wird die Größe eines Integers auf Ihrer Maschine durch sizeof(int) angegeben, so erhalten wir die folgenden Speicheradressen der fünf Elemente von *list*[]:

Variable	Speicheradresse
list[0]	Basisaddresse = α
list[1]	$\alpha + $ sizeof(int)
list[2]	$\alpha + 2 \cdot$ sizeof(int)
list[3]	$\alpha + 3 \cdot$ sizeof(int)
list[4]	$\alpha + 4 \cdot$ sizeof(int)

In der Tat interpretiert C *list*[*i*] in einem Programm als Zeiger auf einen Integer gemäß der vorangegangenen Tabelle. Beachten Sie aber den Unterschied zwischen den Deklarationen

```
int *list1;
```

und

```
int list2[5];
```

Die Variablen *list*1 und *list*2 sind beide Zeiger auf den Typ **int**, aber im zweiten Fall werden fünf Speicherplätze für Integer reserviert. *list*2 ist ein Zeiger auf *list*2[0] und *list*2+*i* ist ein Zeiger auf *list*2[*i*]. Beachten Sie, daß Sie in C den Offset von *i* nicht mit der Größe des Typs multiplizieren müssen, um das richtige Feldelement zu erhalten. So ist unabhängig vom Typ des Feldes *list*2 immer (*list*2 + *i*) gleich &*list*2[*i*] und *(*list*2 + *i*) gleich *list*2[*i*].

Es ist nützlich zu wissen, wie C ein Feld als Übergabeparameter einer Funktion behandelt. Alle Parameter einer C Funktion müssen innerhalb der Funktion deklariert werden. Die Größe eines eindimensionalen Feldes wird jedoch nur im Hauptprogramm definiert, da der Speicherplatz innerhalb einer Funktion nicht neu angelegt wird. Wird die Größe eines eindimensionalen Feldes benötigt, muß sie entweder getrennt als Parameter übergeben oder als globale Variable eingerichtet werden.

Betrachten wir Programm 2.1. Wenn *sum* aufgerufen wird, wird *input* = &*input*[0] an eine temporäre Stelle kopiert und mit dem formalen Parameter *list* assoziiert. Wenn *list*[*i*] auf der rechten Seite des Gleichheitszeichens auftritt, wird dereferenziert und der von (*list* + *i*) angezeigte Wert zurückgegeben. Wenn *list*[*i*] auf der linken Seite des Gleichheitszeichens steht, wird der auf der rechten Seite produzierte Wert am Ort (*list* + *i*) gespeichert. So werden in C Feldparameter geändert, obwohl die Parameterübergabe als *call-by-value* erfolgt.

```
#define MAX_SIZE 100
float sum(float [], int);
float input[MAX_SIZE], answer;
int i;
void main(void)
{
    for (i = 0; i < MAX_SIZE; i++)
        input[i] = i;
    answer = sum(input, MAX_SIZE);
    printf("Die Summe ist: %f\n", answer);
}
float sum(float list[], int n)
{
    int i;
    float tempsum = 0;
    for (i = 0; i < n; i++)
        tempsum += list[i];
    return tempsum;
}
```

Programm 2.1: Beispielprogramm für ein Feld

Beispiel 2.1

[*Adressierung eines eindimensionalen Feldes*]: Nehmen Sie die folgende
Deklaration an:

$$int\ one[] = \{0, 1, 2, 3, 4\};$$

Wir möchten eine Funktion schreiben, die sowohl die Adresse des *i-ten* Elements als auch
seinen Wert ausgibt. Um dies zu erreichen, verwendet *print1* (Programm 2.2) Zeigerarithmetik. Die Funktion wird als *print1*(&*one*[0],5) aufgerufen. Wie Sie an der **printf**
Anweisung erkennen, ist die Adresse des *i-ten* Elements einfach *ptr* + *i*. Um den Wert des
i-ten Elements zu erhalten, benutzen wir den Dereferenzoperator *, so daß
*(*ptr* + 1) uns den Wert an der Position *ptr* + 1 und nicht etwa die Adresse liefert.

```
void print1(int *ptr, int rows)
{
/* Gib ein eindimensionales Feld über Zeiger aus */
    int i;
    printf("Addresse Inhalt\n");
    for (i = 0; i < rows; i++)
        printf("%8u%5d\n", ptr + i, *(ptr + i));
    printf("\n");
}
```

Programm 2.2: Über Adresse angesprochenes eindimensionales Feld

Abbildung 2.1 zeigt das Ergebnis nach Programmlauf von *print*1. Beachten Sie, daß die Adressen sich je um zwei erhöhen, wie man es auf einem Intel 386 Rechner erwartet. □

Adresse	Inhalt
1228	0
1230	1
1232	2
1234	3
1236	4

Abbildung 2.1: Eindimensionale Feldadressierung

2.2. STRUKTUREN UND VEREINIGUNGEN

2.2.1. Strukturen

Felder sind Sammlungen von Daten eines Typs. C stellt eine alternative Möglichkeit zur Verfügung, die Daten unterschiedlichen Typs zuläßt: Ein Mechanismus namens **struct** (Kurzform von Struktur). Eine Struktur (in anderen Programmiersprachen wird es 'record' genannt) ist eine Sammlung von Daten, deren einzelne Elemente nach Typ und Namen identifiziert werden. Zum Beispiel erzeugt

```
struct {
        char name[10];
        int age;
        float salary;
        } person;
```

eine Variable namens *person* mit drei Feldern:

- ein Buchstabenfeld *name*

- eine Festkommazahl für das Alter

- eine Gleitkommazahl für dessen Einkommen

Wir können diesen Feldern Werte wie unten zuweisen. Beachten Sie den Gebrauch des . als Strukturmitgliedsoperator (*structure member operator*). Er wird benutzt, um ein einzelnes Mitglied der Struktur auszuwählen.

```
strcpy(person.name,"james");
person.age = 10;
person.salary = 35000;
```

Wir können unsere eigenen Datenstrukturen über die **typedef**-Anweisung wie folgt definieren:

```
typedef struct human_being {     oder        typedef  struct {
        char name[10];                               char name[10];
        int age;                                     int age;
        float salary;                                float salary;
        };                                           } human_being;
```

Dies bedeutet, daß *human_being* der Name des durch die Strukturdefinition gegebenen Typs ist, und wir können dieser Definition folgen für Variablen wie

```
human_being person1, person2;
```

Wir könnten folgendes Programmsegment haben :

```
if (strcmp(person1.name, person2.name))
  printf("Die zwei Personen haben nicht denselben Namen\n");
else
  printf("Die zwei Personen haben denselben Namen\n");
```

Es wäre schön, wenn man if (person1 == person2) schreiben könnte, um so die ganze Struktur auf Gleichheit zu prüfen, oder person1 = person2 zu schreiben und damit jedem Feld von *person1* die entsprechenden Felder von *person2* zuzuweisen. ANSI C erlaubt Strukturzuweisungen, die meisten älteren Versionen von C jedoch nicht. Für diese Versionen sind wir gezwungen, die detailliertere Form zu schreiben:

```
strcpy(person1.name, person2.name);
person1.age = person2.age;
person1.salary = person2.salary;
```

Da Strukturen nicht direkt auf Gleich- oder Ungleichheit geprüft werden können, schreiben wir eine Funktion (Programm 2.3), die das erledigt. Wir nehmen *TRUE* und *FALSE* wie folgt an:

```
#define FALSE 0
#define TRUE 1
```

```
int humans_equal(human_being person1, human_being person2)
{
/* Gib TRUE zurück, wenn person1 und person2 identisch sind
                                    ansonsten gib FALSE zurück*/
    if (strcmp(person1.name, person2.name))
        return FALSE;
    if (person1.age != person2.age)
        return FALSE;
    if (person1.salary != person2.salary)
        return FALSE;
    return TRUE;
}
```

Programm 2.3: Funktion zur Überprüfung der Gleichheit von Strukturen

Ein typischer Funktionsaufruf lautet dann:

```
if (humans_equal(person1,person2))
  printf("Die zwei Personen sind identisch\n");
else
  printf("Die zwei Personen sind verschieden\n");
```

Wir können ebenso eine Struktur in eine andere einbetten. Beispielsweise wollen wir innerhalb der Struktur *human_being* das Geburtsdatum unterbringen. Wir können das wie folgt ausführen:

```
typedef struct {
        int month;
        int day;
        int year;
        } date;

typedef struct {
        char name[10];
        int age;
        float salary;
        date dob;     /* dob = day of birth = Geburtstag*/
        } human_being;
```

Bei einem Menschen (*person*1), der am 11. Februar 1944 geboren ist, sind dann folgende Werte im **struct** *date dob* eingetragen:

```
person1.dob.month = 2;
person1.dob.day = 11;
person1.dob.year = 1944;
```

2.2.2. Vereinigungen

Führen wir unser *human_being*-Beispiel weiter, so wäre es nett, zwischen Männlein und Weiblein zu unterscheiden. Im Falle der Männer können wir noch danach fragen ob sie einen Bart haben oder nicht. Bei den Frauen möchten wir vielleicht wissen, wieviele Kinder sie haben. Dies führt uns zu einem neuen Merkmal in C, den Vereinigungen (Unionen). Eine **union**-Deklaration ist einer Struktur sehr ähnlich, nur daß die Felder der Vereinigung sich den Speicherplatz teilen. Das bedeutet, daß immer nur ein Feld einer Vereinigung aktiv sein kann. Wollen wir das Beispiel der Felder für Mann und Frau anwenden, ändert sich die Definition von *human_being* folgendermaßen:

```
typedef struct {
        enum tag_field {female, male} sex;
        union {
            int children;
            int beard ;
            } u;
        } sex_type;
typedef struct {
        char name[10];
        int age;
        float salary;
        date dob;
        sex_type sex_info;
        } human_being;
human_being person1, person2;
```

Wir könnten *person1* und *person2* die Werte zuweisen:

```
person1.sex_info.sex = male;
person1.sex_info.u.beard = FALSE;
```

und

```
person2.sex_info.sex = female;
person2.sex_info.u.children = 4;
```

Beachten Sie, daß wir zunächst das Markierungsfeld belegen, um zu bestimmen, welches Feld der Vereinigung aktiv ist. Dann erst wird das entsprechende Feld gefüllt, z.B. schreiben wir im Fall *sex_info.sex = male* den Werte *TRUE* oder *FALSE* in das *sex_info.u.beard* Feld oder für den Fall einer Frau den Festkommawert für die Anzahl der Kinder in das *sex_info.u.children* Feld. C prüft nicht, ob wir das richtige Feld ansprechen, so daß wir das Feld *sex_info.sex* mit *female* füllen können und trotzdem den Wert *TRUE* in das *sex_info.u.beard* Feld schreiben können. Dies ist erlaubt, da C nicht den korrekten Gebrauch der Felder einer **union** prüfen kann.

2.2.3. Interne Implementierung von Strukturen

In den meisten Fällen braucht es sie nicht zu kümmern, in welcher Form der C-Compiler die Felder einer Struktur intern abspeichert. Allgemein gilt, wenn eine Strukturdefinition der Form

```
struct {int i,j; float a, b;};
```

oder

```
struct {int i; int j; float a; float b; };
```

vorliegt, werden die Werte in der gleichen Weise in aufsteigenden Adressen gespeichert, wie sie in der Strukturdefinition vorkommen. Allerdings ist es wichtig zu wissen, daß Löcher oder Auffüllungen mit Leerzeichen (Padding) innerhalb einer Struktur vorkommen können, um aufeinanderfolgende Komponenten sauber im Speicher abzulegen.

Die Größe eines Objekts des Typs **struct** oder **union** ist die Menge an Speicherplatz, die nötig ist, die größte Komponente, einschließlich eventuellem Padding, aufzunehmen. Strukturen müssen immer an derselben Art von Speichergrenze anfangen und enden, wie z.B. an geraden Adressen (Wort-Adressen) oder an einer Adresse, die ein Vielfaches von 4, 8 oder 16 ist.

2.2.4. Rekursive Strukturen

Eine *rekursive Struktur* ist eine Struktur, innerhalb derer eine oder mehrere Komponenten Zeiger auf sich selbst sind. Rekursive Strukturen benötigen im allgemeinen dynamisches Speichermanagement (*malloc* und *free*), um explizit Speicherplatz zu erwerben und freizugeben. Nehmen Sie als Beispiel:

```
typedef struct list {
        char data;
        list *link;
        } ;
```

Jeder Fall der Struktur *list* hat zwei Komponenten, *data* und *link*. *data* ist ein einzelner Buchstabe, wohingegen *link* ein Zeiger auf eine *list* Struktur ist. Der Wert von *link* ist entweder eine Speicheradresse oder ein Fall von *list* oder der Nullzeiger. Betrachten Sie die folgenden Anweisungen, die drei Strukturen erzeugen und die entsprechenden Felder füllen:

```
list item1, item2, item3;
item1.data = 'a';
item2.data = 'b';
item3.data = 'c';
item1.link = item2.link = item3.link = NULL;
```

Die Strukturen *item*1, *item*2 und *item*3 enthalten die Daten *a*, *b* und *c* sowie den Nullzeiger. Wir können diese Strukturen aneinander heften, indem wir das *link*-Feld von *item*2 auf *item*3 zeigen lassen und das *link*-Feld von *item*1 auf *item*2.

```
item1.link = &item2;
item2.link = &item3;
```

Mehr von diesen Verkettungen bringt Kapitel 4.

Übungen

1. Entwickeln Sie eine Struktur, um die Planeten des Sonnensystems darzustellen. Jeder Planet besitzt ein Feld für seinen Namen, seine Entfernung von der Sonne (in Kilometern) und die Anzahl seiner Monde. Tragen Sie die Werte für die Planeten Erde und Venus ein.

2. Modifizieren Sie die Struktur *human_being* derart, daß Sie verschiedene Informationen über den Familienstand eintragen können. Der Familienstand sollte ein aufzählender Typ mit den Feldern "ledig", "verheiratet", "verwitwet", "geschieden" sein. Benutzen Sie eine **union**, um die verschiedenen Informationen des Familienstandes wie folgt einzubeziehen:

    *   *Ledig*. Keine Information nötig.

    *   *Verheiratet*. Beziehen Sie ein Feld für das Hochzeitsdatum ein.

    *   *Verwitwet*. Beziehen Sie ein Feld für das Hochzeitsdatum und eins für das Todesdatum des Gatten ein.

    *   *Geschieden*. Schließen Sie das letzte Scheidungsdatum und die Anzahl der Scheidungen ein.

    Weisen Sie den Feldern Werte zu, die zu einer *person* des Typs *human_being* passen.

3. Entwickeln Sie eine Struktur, um die folgenden geometrischen Objekte darzustellen:

    *   *Rechteck*

    *   *Dreieck*

    *   *Kreis*

2.3. DER ABSTRAKTE DATENTYP POLYNOM

Felder sind nicht nur Datenstrukturen aus Selbstzweck, sie können auch zur Implementierung anderer abstrakter Datentypen genutzt werden. Nehmen wir einmal die einfachste und am weitesten verbreitete Datenstruktur: Die *geordnete* oder *lineare Liste*. Dafür gibt es eine Reihe von Beispielen, wie z. B.:

- Die Tage der Woche: (Montag, Dienstag, Mittwoch, Donnerstag, Freitag, Samstag, Sonntag)

- Die Werte eines Kartenspiels: (2, 3, 4, 5, 6, 7, 8, 9, 10, Bube, Dame, König, As)

- Die Stockwerke eines Gebäudes: (Keller, Erdgeschoß, 1. Stock, 2. Stock)

- Die Jahre, in denen die Vereinigten Staaten am 2. Weltkrieg teilgenommen haben: (1941,1942, 1943, 1944, 1945)

- Die Jahre, in denen die Schweiz am 2. Weltkrieg teilgenommen hat: ()

Beachten Sie, daß die Menge der Jahre, in denen die Schweiz am 2. Weltkrieg teilgenommen hat, sich von den anderen Mengen dadurch unterscheidet, daß sie keine Elemente enthält[*]. Es ist ein Beispiel einer leeren Liste, die durch () dargestellt wird. Die anderen Listen enthalten Elemente und sind von der Form $(item_0, item_1, \cdots, item_{n-1})$.

Wir können vielfältige Operationen mit diesen Listen ausführen, unter anderem:

- Bestimmung der Länge n einer Liste

- Lesen der Elemente von links nach rechts (oder von rechts nach links)

- Auslesen des i-ten Elements einer Liste mit $0 \leq i < n$.

- Ersetzung des i-ten Elements einer Liste mit $0 \leq i < n$.

- Einfügen eines neuen Elements an der i-ten Position einer Liste mit $0 \leq i < n$. Die Elemente mit den Nummern i, $i+1$, $\cdots$, $n-1$ werden umnummeriert zu $i+1$, $i+2$, $\cdots$, n.

- Löschen eines Elements an der i-ten Position einer Liste mit $0 \leq i < n$. Die Elemente mi den Nummern $i+1$, $i+2$, $\cdots$, $n-1$ werden umnummeriert zu $i, i+1, \cdots, n-2$.

---

[*] Dies ist eine Übersetzung aus dem Amerikanischen. Den etwas skurilen Humor bitten wir zu entschuldigen. (Anm. des Übersetzers)

Anstatt die formale Spezifikation des ADT's *list* zu bemühen, wollen wir lieber kurz seine Implementierung begutachten. Wahrscheinlich ist die am weitesten verbreitete Implementierung die Darstellung einer Liste als Feld, in dem das Listenelement *item$_i$* mit dem Arrrayindex *i* verkettet ist. Wir nennen das sequentielles Abbilden, da unter der Annahme der Standardimplementierung die Elemente *item$_i$*, *item$_{i+1}$*, an aufeinanderfolgenden Plätzen *i* und *i*+1 des Feldes gespeichert werden. Das sequentielle Abbilden funktioniert für die meisten der oben angeführten Beispiele ganz ordentlich. Wir können also ein Element herausfischen, es ersetzen, oder die Länge der Liste in einer festen Zeit ermitteln. Genausogut können wir die Listenelemente in ihrer Reihenfolge lesen, egal in welcher Richtung, wir brauchen nur die Indizes kontrolliert zu verändern. Nur das Einfügen und Löschen bereitet Schwierigkeiten, da die sequentielle Speicherung uns zwingt, die Elemente zu verschieben. Genau dieser Überbau führt uns zu den nichtsequentiellen Abbildungsstrukturen geordneter Listen, wie sie in Kapitel 4 dargestellt sind.

Lassen Sie uns gleich ein Problem angehen, das geordnete Listen erfordert und das wir mit einem eindimensionalen Feld lösen werden. Dieses Problem wurde zu einem klassischen Beispiel der Motivation für Techniken zur Listenbearbeitung, wie wir in nachfolgenden Kapiteln sehen werden. Deshalb ist es sinnvoll, das Problem genauer zu betrachten und einzusehen, warum Felder nur eine Teillösung darstellen. Das Problem besteht darin, einen Satz von Funktionen bereitzustellen, die symbolische Polynome bearbeiten können. Aus mathematischer Sicht ist ein Polynom die Summe von Termen der Form ax^e, wobei x die Variable, a der Koeffizient und e der Exponent ist. Hier zwei Beispiele für Polynome:

$$A(x) = 3x^{20} + 2x^5 + 4 \quad \text{und} \quad B(x) = x^4 + 10x^3 + 1$$

Der größte (oder führende) Exponent eines Polynoms wird der *Grad* genannt. Koeffizienten, die gleich Null sind, werden nicht aufgeführt. Der Term mit dem Exponenten Null taucht nicht auf, da x hoch 0 gleich Eins ist. Es gibt mathematische Standarddefinitionen für die Summe und das Produkt von Polynomen. Nehmen wir an, wir hätten die zwei Polynome:

$$A(x) = \sum a_i x^i \quad \text{und} \quad B(x) = \sum b_i x^i, \text{ dann gilt:}$$

$$A(x) + B(x) = \sum (a_i + b_i) x^i$$

$$A(x) \cdot B(x) = \sum (a_i x^i \cdot \sum (b_j x^j))$$

Ähnlich können wir die Subtraktion und Division von Polynomen definieren, so wie viele andere Operationen.

Wir beginnen mit der ADT-Definition eines Polynoms. Die aufgeführten Operationen setzen sich zum Teil aus in den nachfolgenden Programmen zur Polynommanipulation benötigten Funktionen zusammen. Die Struktur 2.2 enthält diese Definitionen.

Struktur *Polynom* ist

    Objekte: $p(x) = a_1 x^{e_1} + \cdots + a_n x^{e_n}$; eine Menge von geordneten Paaren $<e_i, a_i>$ wobei a_i die *Koeffizienten* und e_i die *Exponenten* mit e_i ganzen Zahlen ≥ 0 sind

    Funktionen:

        Für alle *poly, poly*1, *poly*2 $\in$ *Polynom*, *coef* $\in$ *Koeffizienten*, *expon* $\in$ *Exponenten* gilt

Polynom Zero()	::=	**return** das Polynom $p(x) = 0$
Boolsch IsZero(*poly*)	::=	**if** (*poly*) **return** *FALSE* **else return** *TRUE*
Koeffizient Coef(*poly*,*expon*)	::=	**if** (*expon* $\in$ *poly*) **return** seinen Koeffizienten **else return** Null
Exponent Lead_Exp(*poly*)	::=	**return** den größten Exponent in *poly*
Polynom Attach(*poly*, *coef*, *expon*)	::=	**if** (*expon* $\in$ *poly*) **return** Fehler **else return** das Polynom *poly*, in das der Term $<coef, expon>$ eingefügt wurde
Polynom Remove(*poly*, *expon*)	::=	**if** (*expon* $\in$ *poly*) **return** das Polynom *poly*, wobei der Term mit dem Exponent *expon* gelöscht ist **else return** Fehler
Polynom SingleMult(*poly*, *coef*, *expon*)	::=	**return** das Polynom $poly \cdot coef \cdot x^{expon}$
Polynom Add(*poly*1, *poly*2)	::=	**return** das Polynom $poly1 + poly2$
Polynom Mult(*poly*1, *poly*2)	::=	**return** das Polynom $poly1 \cdot poly2$

end *Polynom*

Struktur 2.2: Abstrakter Datentyp *Polynom*

Wir sind nun soweit, einige Darstellungsentscheidungen zu fällen. Eine sehr vernünftige Entscheidung ist es zu verlangen, daß eindeutige Exponenten in absteigender Reihenfolge angeordnet werden. Wenn wir unsere Spezifikation und diese Abmachung beachten, können wir eine Version von *Add* schreiben, die C sehr nahe kommt (Programm 2.4), aber immer noch unabhängig von der Darstellung ist.

```
/* d = a + b, wobei a, b, und d Polynome sind */
d = Zero()
while (! IsZero(a) && ! IsZero(b)) do {
    switch COMPARE(Lead_Exp(a), Lead_Exp(b)) {
        case -1: d =
            Attach(d,Coef(b,Lead_Exp(b)),Lead_Exp(b));
            b = Remove(b,Lead_Exp(b));
            break;
        case 0: sum = Coef( a, Lead_Exp(a)) + Coef(b, Lead_Exp(b));
            if (sum) {
                Attach(d,sum,Lead_Exp(a));
                a = Remove(a,Lead_Exp(a));
                b = Remove(b,Lead_Exp(b));
                }
            break;
        case 1: d =
            Attach(d,Coef(a,Lead_Exp(a)),Lead_Exp(a));
            a = Remove(a,Lead_Exp(a));
    }
}
Füge alle übrigen Terme von a oder b in d ein
```

Programm 2.4: Erste Version der *padd*-Funktion

Dieser Algorithmus arbeitet mit dem Vergleich der Terme der Polynome, bis eines der beiden Polynome erschöpft ist. Die **switch**-Anweisung vollzieht die Vergleiche, addiert (Attach) die richtigen Terme zum neuen Polynom *d* und löscht sie in den (dem) alten Polynomen (Polynom). Wenn eines der Polynome gleich Null ist (isZero), werden die restlichen Terme des anderen Polynoms nach *d* kopiert. Mit diesen Einsichten werden wir die Darstellungsfrage genauer untersuchen.

Ein Weg der Polynomdarstellung besteht im Gebrauch von **typedef**, um den Typ *Polynom* wie folgt zu erzeugen:

```
#define MAX_DEGREE 101 /*Maximaler Polynomgrad+1 */
typedef struct {
        int degree;
        float coef[MAX_DEGREE];
        } polynomial;
```

Wenn nun *a* vom Typ *Polynom* ist, und $n < MAX\_DEGREE$, dann schreibt sich das Polynom

$$A(x) = \sum_{i=0}^{n} a_i x^i \text{ einfach als:}$$

a.degree = n

a.coef[i] = $a_{n-i}, 0 \le i \le n$

In dieser Darstellung speichern wir die Koeffizienten in der Reihenfolge absteigender Exponenten so, daß a.coef[i] der Koeffizient von x^{n-i} ist, vorausgesetzt, ein Term mit dem

Exponenten $n - i$ existiert überhaupt. Obwohl diese Darstellung für die meisten Operationen zu sehr einfachen Algorithmen führt, verschwendet sie doch viel Speicherplatz. Ist z. B. *a.degree* $\ll$ *MAX_DEGREE* (das doppelte "kleiner als" wird "ist viel kleiner als" gelesen), so benötigen wir die meisten Plätze in *a.coef*[*MAX_DEGREE*]. Das gleiche gilt, wenn das Polynom nur dünn besetzt ist, d.h. wenn die Anzahl der von Null verschiedenen Terme klein gegenüber dem Grad des Polynoms ist. Um Platz zu sparen, erarbeiten wir eine andere Darstellungsform, die nur ein globales Feld *terms* benutzt, in dem alle unsere Polynome gespeichert werden. Die nötigen C-Deklarationen lauten:

```
MAX_TERMS 100 /* Größe des Feldes terms */
typedef struct {
        float coef;
        int expon;
        } polynomial;
polynomial terms[MAX_TERMS];
int avail = 0;
```

Betrachten wir die zwei Polynome $A(x) = 2x^{1000} + 1$ und $B(x) = x^4 + 10x^2 + 1$. Abbildung 2.2 zeigt, wie diese Polynome im Feld *terms* gespeichert werden. Der Index des ersten Terms von A und B ist durch *starta* und *startb* gegeben, während *finisha* und *finishb* den Index der jeweils letzten Terme bezeichnen. Der Index des nächsten freien Platzes im Feld ist durch *avail* gegeben. In unserem Beispiel gilt *starta* = 0, *finisha* = 1, *startb* = 2, *finishb* = 5 und *avail* = 6.

	starta ↓	*finisha* ↓	*startb* ↓			*finishb* ↓	*avail* ↓
coef	2	1	1	10	3	1	
exp	1000	0	4	3	2	0	
	0	1	2	3	4	5	6

Abbildung 2.2: Felddarstellung zweier Polynome

Diese Darstellung erlegt uns keine Grenze für die Anzahl der Polynome in *terms* auf. Die einzige Bedingung besteht in der Auflage, daß die Anzahl der von Null verschiedenen Terme nicht größer sein darf als *MAX_TERMS*. Es lohnt sich, den Unterschied zwischen unserer Spezifikation und der Darstellung herauszustellen. Unsere Spezifikation benutzte *poly*, um ein Polynom zu referenzieren, und unsere Darstellung übersetzte *poly* in ein Paar <*start, finish*>. Deshalb mußten *starta* und *finisha* übergeben werden, um $A(x)$ anzusprechen. Jedes Polynom mit n Termen ungleich Null besaß ein *starta* und ein *finisha* mit *finisha* = *starta* + $n - 1$.

Bevor wir weitergehen, sollten wir unsere jetzige Darstellung bewerten. Ist sie besser als die Darstellung, die für jedes Polynom ein Koeffizientenfeld benutzte? Sicherlich löst es das Problem vieler Nullterme, da $A(x) = 2x^{1000} + 1$ nur sechs Speichereinheiten braucht: Einen für *starta*, einen für *finisha*, zwei für die Koeffizienten und zwei für die Exponenten. Sind allerdings alle Terme ungleich Null, so benötigt die neue Darstellung etwa doppelt soviel Speicherplatz wie die alte. So lange wir also nicht von vornherein wissen, daß jedes unserer Polynome nur wenige Nullterme besitzt, ist die neue Darstellung die bessere.

Jetzt möchten wir eine C-Funktion schreiben, die zwei Polynome A und B in der Darstellung wie oben zu $D = A + B$ addiert. Um $D(x)$ zu produzieren, addiert *padd* (Programm 2.5) $A(x)$ und $B(x)$ Term für Term. Beginnend an der Position *avail*, fügt *attach* (Programm 2.6) die Terme von D in das Feld *terms*. Sollte nicht genug Platz in *terms* zur Aufnahme von D sein, so wird eine Fehlermeldung auf der Standardausgabe für Fehlermeldungen ausgegeben und das Programm wird mit einer Fehlermeldung beendet.

```
void padd(int starta,int finisha,int startb, int finishb,
                            int *startd,int *finishd)
{
/* Addiere A(x) und B(x) zu D(x) */
   float coefficient;
   *startd = avail;
   while (starta <= finisha && startb <= finishb)
       switch(COMPARE(terms[starta].expon,terms[startb].expon)) {
           case -1: /* a expon < b expon */
               attach(terms[startb].coef,terms[startb].expon);
               startb++;
               break;
           case 0: /* Gleiche Exponenten */
               coefficient = terms[starta].coef + terms[startb].coef;
               if (coefficient)
                   attach(coefficient,terms[starta].expon);
               starta++;
               startb++;
               break;
           case 1: /* a expon > b expon */
               attach(terms[starta].coef,terms[starta].expon);
               starta++;
       }
   /* Addiere die übrigen Terme aus A(x) */
   for(; starta <= finisha; starta++)
       attach(terms[starta].coef,terms[starta].expon);
   /* Addiere die übrigen Terme aus B(x) */
   for( ; startb <= finishb; startb++)
       attach(terms[startb].coef, terms[startb].expon);
   *finishd = avail-1;
}
```

Programm 2.5: Funktion zur Addition zweier Polynome

```
void attach(float coefficient, int exponent)
{
/* Erweitere das Polynom um einen neuen Term */
    if (avail >= MAX_TERMS) {
        fprintf(stderr,"Zu viele Terme im Polynom\n");
        exit(1);
    }
    terms[avail].coef = coefficient;
    terms[avail++].expon = exponent;
}
```

Programm 2.6: Funktion zum Anfügen eines neuen Terms

Analyse von *padd*: Da die Zeitkomplexität im wesentlichen nur von der Anzahl der von Null verschiedenen Terme in *A* und *B* abhängt, werden wir unsere Analyse damit durchführen . So seien *n* und *m* die Anzahl der von Null verschiedenen Terme. Die **while**-Schleife wird durchlaufen, wenn *m* > 0 und *n* > 0. Jede Iteration benötigt die Zeit O(1). Bei jeder Iteration wird der Wert von *starta* oder *startb* oder beiden inkrementiert. Da die Iteration beendet wird, wenn entweder *starta* oder *startb* *finisha* bzw. *finishb* über-schreiten, ist die Anzahl der Schleifendurchläufe noch oben durch *m* + *n* + 1 begrenzt. Der ungünstigste Fall tritt z.B. auf, wenn gilt:

$$A(x) = \sum_{i=0}^{n} x^{2i} \text{ und } B(x) = \sum_{i=0}^{n} x^{2i+1}$$

Die Zeit für die beiden übrigen Schleifen ist durch O(*n* + *m*) begrenzt, da die erste Schleife nicht häufiger als *m*-mal und die zweite nicht mehr als *n*-mal durchlaufen werden kann. Also ist die asymptotische Rechenzeit des Algorithmus O(*n* + *m*). □

Bevor wir fortschreiten, lassen Sie uns kurz ein paar Probleme im Zusammenhang mit der jetzigen Darstellung betrachten. Wie wir sahen, inkrementieren wir bei der Erzeugung eines Polynoms *avail* bis es gleich *MAX_TERMS* ist. Müssen wir aufgeben, wenn das passiert? Unter der momentanen Darstellung müssen wir das, wenn es keine überflüs-sigen Polynome gibt. Wir könnten eine Komprimierungsfunktion schreiben, die nicht mehr gebrauchte Polynome löscht und einen größen durchgehenden Platz am Ende des Feldes lassen. Dies erfordert jedoch Datenbewegung, und das braucht Zeit. Zusätzlich müßten wir noch die Start- und Endindizes jedes Polynoms ändern, d.h. die Werte von *starti* und *finishi* müßten für alle bewegten Polynome geändert werden. In Kapitel 3 werden wir Sie mit ein paar einfachen Komprimierungsroutinen experimentieren lassen.

Übungen

1. Schreiben Sie die Funktionen *readpoly* und *printpoly*, die dem Benutzer erlauben, Polynome zu erzeugen und auszugeben.

2. Schreiben Sie eine Funktion *pmult*, die zwei Polynome multipliziert. Finden Sie die Rechenzeit Ihrer Funktion heraus.

3. Schreiben Sie eine Funktion *peval*, die den Wert eines Polynoms an der Stelle x_0 berechnet. Versuchen Sie die Zahl der Operationen zu minimieren.

4. Sei $A(x) = x^{2n} + x^{2n-2} + \cdots + x^2 + x^0$ und $B(x) = x^{2n+1} + x^{2n} + \cdots + x^3 + x$. Bestimmen Sie für dieses Polynom genau, wie oft jede Anweisung in *padd* ausgeführt wird.

5. Die folgenden Deklarationen geben uns eine dritte Möglichkeit, den ADT Polynom darzustellen. Die Anzahl der von Null verschiedenen Terme des *i-ten* Polynoms ist durch *terms*[i][0].*expon* gegeben. Diese Terme werden in absteigender Reihenfolge der Exponenten an den Positionen *terms*[i][1], *terms*[i][2], $\cdots$ gespeichert. Erzeugen Sie die Funktionen *readpoly*, *printpoly*, *padd* und *pmult* für diese Darstellung. Ist diese Darstellung besser oder schlechter als die zuvor dargestellte? (Es können bei Bedarf noch Deklarationen hinzugefügt werden.)

```
#define MAX_TERMS 101 /* Maximalzahl der Terme + 1 */
#define MAX_POLYS 15 /* Maximalzahl der Polynome */
typedef struct {
      float coef;
      int expon;
      } polynomial;
polynomial terms[MAX_POLYS][MAX_TERMS];
```

2.4. DER ABSTRAKTE DATENTYP DÜNN BESETZTE MATRIX

2.4.1. Einführung

Wir wollen unsere Aufmerksamkeit jetzt auf ein mathematisches Objekt richten, das benutzt wird, um viele Probleme der Naturwissenschaften zu lösen, die Matrix. Als Informatiker richten wir unser Augenmerk nicht nur auf die Spezifikation eines angemessenen ADT's, sondern auch auf das Finden einer Darstellungsform, die uns eine effiziente Durchführung aller in der Spezifikation genannten Operationen erlaubt.

In der Mathematik enthält eine Matrix m Zeilen und n Spalten von Elementen, wie in Abbildung 2.3 gezeigt. In dieser Abbildung sind die Elemente Zahlen. Die erste Matrix hat fünf Zeilen und drei Spalten, die zweite sechs Zeilen und sechs Spalten. Im allgemeinen schreiben wir $m \times n$ (sprich "m kreuz n"), um eine Matrix mit m Zeilen und n Spalten zu bezeichnen. Die Gesamtzahl der Elemente ist dann mn. Wenn m gleich n ist, nennen wir die Matrix quadratisch.

	S. 0	S. 1	S. 2
Z. 0	-27	3	4
Z. 1	6	82	-2
Z. 2	109	-64	11
Z. 3	12	8	9
Z. 4	48	27	47

(a)

	S. 0	S. 1	S. 2	S. 3	S. 4	S. 5
Z. 0	15	0	0	22	0	-15
Z. 1	0	11	3	0	0	0
Z. 2	0	0	0	-6	0	0
Z. 3	0	0	0	0	0	0
Z. 4	91	0	0	0	0	0
Z. 5	0	0	28	0	0	0

(b)

Z.: Zeile   S.: Spalte

Abbildung 2.3: Zwei Matrizen

Die Standarddarstellung einer Matrix in der Informatik ist ein zweidimensionales Feld, definiert als $a[MAX\_ROWS][MAX\_COLS]$. In dieser Darstellung können wir ein Element schnell finden, indem wir $a[i][j]$ schreiben, wobei i den Zeilenindex und j den Spaltenindex bezeichnet. Allerdings gibt es mit der Standarddarstellung ein paar Probleme. Wenn sie beispielsweise Abbildung 2.3(b) betrachten, werden Sie bemerken, daß viele Elemente Null sind. Wir nennen das eine *dünn besetzte Matrix* (im Englischen sparse matrix, im weiteren als SM abgekürzt). Obwohl es schwierig zu beurteilen ist, wann eine Matrix dünn besetzt ist und wann nicht, können wir sie doch intuitiv erkennen. In Abbildung 2.3(b) sind nur 8 von 36 Elementen ungleich 0 und das ist sicherlich dünn besetzt.

Da eine SM Platz verschwendet, überlegen wir uns eine andere Form der Darstellung. Die Standardimplementierung als zweidimensionales Feld funktioniert einfach nicht bei sehr großen Matrizen, da die meisten Compiler die Feldgrößen begrenzen. Betrachten wir z.B. den Platzbedarf einer 1000×1000-Matrix. Wenn diese Matrix hauptsächlich Nulleinträge besitzt, bedeutet das eine enorme Verschwendung von Speicherplatz. Wir sollten bei der Darstellung von SM's nur die von Null verschiedenen Terme speichern.

Bevor wir eine spezielle Darstellung entwickeln, müssen wir zunächst die Operationen festlegen, die auf diesen Matrizen ausgeführt werden sollen. Ein Minimum von Operationen enthält die Erzeugung, Addition, Multiplikation und Transposition. Die Struktur 2.3 enthält unsere Spezifikation des ADT's Matrix.

Struktur *Sparse_Matrix* ist

    Objekte: Eine Menge von 3-Tupeln *<row, column, value>*, wobei *row* und *column* vom Typ *Integer* sind, jede Kombination *<row, column>* höchstens einmal vorkommt und *value* vom Typ *item* ist.

    Funktionen:

        Für alle $a, b \in$ *Sparse_Matrix*, $x \in$ *item*, $i, j, max\_col, max\_row \in$ *index* gilt:

        Sparse_Matrix Create(*max_row, max_col*) ::=

                    return eine *Sparse_Matrix*, die bis zu $max\_items =$ $max\_row \cdot max\_col$ Elemente aufnehmen kann und deren maximale Zeilenzahl *max_row* und maximale Spaltenzahl *max_col* ist.

        Sparse_Matrix Transpose(*a*) ::= **return** die durch Vertauschen der Zeilen- und Spaltenwerte in jedem 3-Tupel entstehende Matrix.

        Sparse_Matrix Add(*a, b*) ::= **if** die Dimensionen von *a* und *b* gleich sind, **return** die Matrix, die entsteht, wenn entsprechende Einträge, d.h. diejenigen mit gleichem Wert für *row* und *column* addiert werden. **else return** Fehler

        Sparse_Matrix Multiply(*a, b*) ::= **if** die Anzahl der Spalten von *a* gleich der Anzahl der Zeilen in *b* ist, **return** die Matrix *d*, die entsteht, wenn *a* und *b* nach der Formel $d[i][j] = \sum_k (a[i][k] \cdot b[k][j])$ multipliziert werden, wobei $d(i, j)$ das (i, j)-te Element von *d* darstellt **else return** Fehler.

Struktur 2.3: Der abstrakte Datentyp *Sparse_Matrix*

Bevor wir eine dieser Operationen implementieren, müssen wir die Darstellung der SM einführen. Die Betrachtung von Abbildung 2.3 zeigt, daß wir ein Element der Matrix durch Nennung des 3-Tupels *<row, col, value>* auf eindeutige Weise charakterisieren können. Das heißt nichts anderes, als daß wir eine SM durch ein Feld von 3-Tupeln eindeutig darstellen können. Um die Operation des Transponierens effizient auszuführen, sollten wir die Tripel so organisieren, daß sich die Zeilenindizes in aufsteigender Reihenfolge befinden. Wir können noch einen Schritt weiter gehen und fordern, daß sich die Tripel einer Zeile in aufsteigender Reihenfolge der Spalten befinden. Damit die Operation auch sicher zu einem Ende findet, benötigen wir zusätzlich noch die Anzahl der Zeilen und Spalten, sowie die Anzahl der von Null verschiedenen Terme in der Matrix. Fügen wir all diese Informationen zusammen, ergibt sich die *Create* Operation wie nachfolgend:

Sparse_Matrix Create(*max_row, max_col*) ::=

```
#define MAX_TERMS 101 /* Maximalzahl der Terme +1 */
typedef struct {
        int col;
        int row;
        int value;
        } term;
term a[MAX_TERMS];
```

Da *MAX_TERMS* größer als acht ist, können diese Anweisungen benutzt werden, um die zweite SM aus Abbildung 2.3 darzustellen. Abbildung 2.4(a) zeigt, wie diese Matrix sich im Feld *a* darstellt. So enthält $a[0].row$ die Anzahl der Zeilen, $a[0].col$ die Anzahl der Spalten und $a[0].value$ die Anzahl der von Null verschiedenen Terme. Die Positionen 1 bis 8 enthalten die Tripel der von Null verschiedenen Einträge. Der Zeilenindex findet sich in dem Feld *row*; der Spaltenindex in dem Feld *col*; die Werte im Feld *value*. Die Tripel sind nach Zeilen und darin nach Spalten geordnet.

	Zeile	Spalte	Wert		Zeile	Spalte	Wert
$a[0]$	6	6	8	$b[0]$	6	6	8
[1]	0	0	15	[1]	0	0	15
[2]	0	3	22	[2]	0	4	91
[3]	0	5	-15	[3]	1	1	11
[4]	1	1	11	[4]	2	1	3
[5]	1	2	3	[5]	2	5	28
[6]	2	3	-6	[6]	3	0	22
[7]	4	0	91	[7]	3	2	-6
[8]	5	2	28	[8]	5	0	-15
	(a)				(b)		

Abbildung 2.4: Dünn besetzte Matrix und ihre Transponierte als Tripel gespeichert

2.4.2. Transponieren einer Matrix

Abbildung 2.4(b) zeigt die Transponierte der Beispielmatrix. Um eine Matrix zu transponieren, müssen die Zeilen und Spalten ausgetauscht werden. Das bedeutet, daß jedes Element $a[i][j]$ der Originalmatrix das Element $b[j][i]$ der Transponierten wird. Aufgrund der Organisation der Matrix nach Zeilen, könnte man meinen, daß der folgende Algorithmus für die Transposition sinnvoll sei:

```
für jede Zeile i
    nehme das Element <i,j,value> und speichere es
    als Element <j,i,value> der Transponierten;
```

Wenn wir die Originalmatrix in der Folge der Zeilen bearbeiten, wissen wir unglücklicherweise nicht genau, wo wir das Element $<j, i, value>$ in der transponierten Matrix hinstecken sollen, solange wir nicht alle Elemente, die diesem vorausgehen, auch bearbeitet haben. Wir haben z.B. in Abbildung 2.4:

(0, 0, 15)	wird zu	(0, 0, 15)
(0, 3, 22)	wird zu	(3, 0, 22)
(0, 5,–15)	wird zu	(5, 0, –15)

Setzen wir diese Tripel der Reihe nach in die transponierte Matrix, so müssen wir beim Einfügen neuer Tripel die Elemente verschieben, um die richtige Reihenfolge beizubehalten. Diese Datenverschiebung kann vermieden werden, wenn die Spaltenindizes zur Bestimmung des Ortes in der transponierten Matrix benutzt werden. Dies führt zu folgendem Algorithmus:

```
Für alle Elemente in der Spalte j
    plaziere Element <i,j,Wert> an
    Element <j,i,Wert>
```

In diesem Algorithmus sollen wir "alle Elemente der Spalte 0 finden und sie in Zeile 0 der transponierten Matrix schreiben, alle Elemente der Spalte 1 finden und sie in Zeile 1 schreiben, usw.". Da in der Originalmatrix die Zeilen sortiert waren, werden die Spalten innerhalb einer Zeile der Transponierten ebenfalls in aufsteigender Reihenfolge sortiert sein. Dieser Algorithmus ist in *transpose* (Programm 2.7) enthalten. Das erste Feld *a* ist das Originalfeld, das zweite Feld *b* enthält die transponierte Matrix.

```
void transpose(term a[], term b[])
/* b wird die Transponierte von a */
{
    int n,i,j, currentb;
    n = a[0].value;          /* Gesamtzahl der Elemente */
    b[0].row = a[0].col; /* Zeilen in b = Spalten in a */
    b[0].col = a[0].row; /* Spalten in b = Zeilen in a */
    b[0].value = n;
    if (n > 0 )   { /* Matrix ungleich Null*/
        currentb = 1;
        for (i = 0; i < a[0].col; i++)
        /* Transponiere über die Spalten in a */
            for (j = 1; j <= n; j++)
            /* Finde die Elemente der aktuellen Spalte */
                if (a[j].col == i) {
                /* Element ist in aktueller Spalte,
                                        speichere es in b */
                    b[currentb].row = a[j].col;
                    b[currentb].col = a[j].row;
                    b[currentb].value = a[j].value;
                    currentb++;
                }
    }
}
```

Programm 2.7: Transponieren einer dünn besetzten Matrix

Man sieht leicht ein, daß die Funktion richtig arbeitet. Die Variable *currentb* enthält die Position in *b*, an die der nächste transponierte Term geschrieben wird. Wir erzeugen die Terme in *b* zeilenweise. Da aber die Zeilen in *b* den Spalten in *a* entsprechen, sammeln wir alle von Null verschiedenen Terme der Zeile *i* in *b*, indem wir die von Null verschiedenen Terme der Spalten *i* in *a* sammeln.

Analyse von *transpose*: Die Bestimmung der Rechenzeit des Algorithmus ist leicht, da die verschachtelten **for**-Schleifen der bestimmende Faktor sind. Die übrigen Anweisungen (zwei **if**-Anweisungen und einige Wertzuweisungen) benötigen nur konstante Zeit. Wir sehen, daß die äußere **for**-Schleife *a*[0].*col*-mal ausgeführt wird, wobei *a*[0].*col* die Anzahl der Spalten der Originalmatrix enthält. Weiterhin benötigt eine Iteration der inneren **for**-Schleife die Zeit *a*[0].*value*, wobei *a*[0].*value* die Anzahl der Elemente der Originalmatrix enthält. Deshalb beträgt die Gesamtzeit der verschachtelten **for**-Schleifen *columns · elements*. Daher ist die asymptotische Zeitkomplexität O(*columns · elements*). □

Wir haben nun einen Algorithmus zur Transposition von Matrizen mit einer Rechenzeit von O(*columns · elements*). Diese Zeit irritiert etwas, da wir wissen, daß wir die Zeit O(*rows · columns*) erreichen könnten, wenn wir unsere Matrix als zweidimensionales Feld der Größe *rows × columns* dargestellt hätten. Der Algorithmus, der das leistet, hat die einfache Form:

```
for (j = 0; j < columns; j++)
    for (i = 0; i < rows; i++)
        b[j][i] = a[i][j];
```

Die Zeit O(*columns* · *elements*) unserer Transpositionsfunktion wird zu O(*columns*^{2} · *rows*), wenn die Anzahl der Elemente von der Ordnung *columns* · *rows* ist. Vielleicht haben wir in unserem Bemühen, Speicherplatz zu sparen, zuviel Rechenzeit verspielt. Wir können aber einen viel besseren Algorithmus erzeugen, indem wir nur ein bißchen mehr Speicher in Anspruch nehmen. Tatsächlich können wir eine Matrix, die als eine Folge von Tripeln dargestellt ist, in der Zeit O(*columns* + *elements*) transponieren. Dieser Algorithmus *fast_transpose* (Programm 2.8) bestimmt zunächst die Anzahl der Elemente jeder Spalte der Originalmatrix. Das gibt uns die Anzahl der Elemente jeder Zeile der Transponierten. Aus dieser Information bestimmen wir die Startposition jeder Zeile der transponierten Matrix. Nun können wir die Elemente des Originals eines nach dem anderen an die richtige Stelle der Transponierten schreiben. Wir nehmen an, *MAX_COL* sei wie folgt definiert und wird von der Anzahl der Spalten der Originalmatrix nie überschritten.

```
#define MAX_COL 50 /*Maximalzahl der Spalten + 1 */
```

```
void fast_transpose(term a[], term b[])
{
/* Die Transponierte von a wird in b abgelegt */
    int row_terms[MAX_COL], starting_pos[MAX_COL];
    int i,j, num_cols = a[0].col, num_terms = a[0].value;
    b[0].row = num_cols;  b[0].col = a[0].row;
    b[0].value = num_terms;
    if (num_terms > 0) { /* Matrix ungleich Null*/
        for (i = 0; i < num_cols; i++)
            row_terms[i] = 0;
        for (i = 1; i <= num_terms; i++)
            row_terms[a[i].col]++;
        starting_pos[0] = 1;
        for (i = 1; i < num_cols; i++)
            starting_pos[i] =
                        starting_pos[i-1] + row_terms[i-1];
        for (i = 1; i <= num_terms; i++) {
            j = starting_pos[a[i].col]++;
            b[j].row = a[i].col;  b[j].col = a[i].row;
            b[j].value = a[i].value;
        }
    }
}
```

Programm 2.8: Schnelles Transponieren einer dünn besetzten Matrix

Analyse von _fast_transpose_: Wir können die richtige Ausführung von _fast_transpose_ aus den vorherigen Betrachtungen schließen und der Feststellung, daß der Startpunkt von Zeile i mit $i > 1$ der Transponierten gerade _row_terms_$[i - 1]$ + _starting_pos_$[i - 1]$ ist, wobei _row_terms_$[i - 1]$ die Anzahl der Elemente in Zeile $i - 1$ und _starting_pos_$[i - 1]$ der Startpunkt der Zeile $i - 1$ ist. Die ersten beiden **for**-Schleifen berechnen die Werte für _row_terms_, die dritte **for**-Schleife berechnet _starting_pos_, und die letzte **for**-Schleife schreibt die Tripel in die transponierte Matrix. Diese vier Schleifen sind bestimmend für die Rechenzeit von _fast_transpose_. Die Rümpfe der Schleifen werden jeweils _num_cols_, _num_terms_, _num_cols_ – 1 und _num_terms_ mal ausgeführt. Da die Anweisungen innerhalb der Schleifen nur konstante Zeit benötigen, ist die Rechenzeit des Algorithmus $O(columns + elements)$. Die Zeit wird zu $O(columns \cdot rows)$, wenn die Anzahl der Elemente von der Ordnung $columns \cdot rows$ ist. Diese Zeit gleicht der aus der Darstellung als zweidimensionales Feld, obwohl _fast_transpose_ einen größeren konstanten Faktor enthält. Wie auch immer, wenn die Anzahl der Elemente gegenüber dem Maximum von $columns \cdot rows$ genügend klein ist, wird _fast_transpose_ deutlich schneller. So werden in dieser Darstellungsform sowohl Zeit als auch Platz gespart. Das galt nicht für _transpose_, da die Anzahl der Elemente meistens größer als $\max\{columns, rows\}$ ist und $columns \cdot elements$ immer mindestens $columns \cdot rows$ beträgt. Weiterhin ist der konstante Faktor für _transpose_ größer als der in der Darstellung als zweidimensionales Feld. Allerdings erfordert _transpose_ weniger Speicherplatz als _fast_transpose_, da letztere Funktion Speicher für die Felder _row_terms_ und _starting_pos_ anlegen muß. Wir können diesen Platzbedarf auf den eines Feldes reduzieren, wenn wir die Startpositionen an die Stellen setzen, die von den Zeilentermen bei der Berechnung jeder Startposition eingenommen werden. $\square$

Wenden wir diesen Algorithmus auf die dünn besetzte Matrix aus Abbildung 2.4(a) an, so sind die Werte von _row_terms_ und _starting_pos_ nach Ausführung der dritten **for**-Schleife:

	[0]	[1]	[2]	[3]	[4]	[5]
row_terms =	1	2	2	2	0	1
starting_pos =	1	2	4	6	8	8

Die Anzahl der Einträge in Zeile i der Transponierten ist in _row_terms_$[i]$ enthalten. Die Startposition für Zeile i der Transponierten steht in _starting_pos_$[i]$.

2.4.3. Matrixmultiplikation

Eine häufig auftauchende Operation ist die unten definierte Matrixmultiplikation.

Definition: Gegeben seien A und B, wobei A eine $m \times n$-, B eine $n \times p$- und die Produktmatrix D eine $m \times p$-dimensionale Matrix ist. Ihr Element $<i, j>$ ist:

$$d_{ij} = \sum_{k=0}^{n-1} a_{ik} b_{kj}$$

für $0 \leq i < m$ und $0 \leq j < p$. •

Das Produkt zweier dünn besetzten Matrizen muß nicht notwendigerweise wieder dünn besetzt sein, wie Abbildung 2.5 zeigt.

$$\begin{bmatrix} 1 & 0 & 0 \\ 1 & 0 & 0 \\ 1 & 0 & 0 \end{bmatrix} \begin{bmatrix} 1 & 1 & 1 \\ 0 & 0 & 0 \\ 0 & 0 & 0 \end{bmatrix} = \begin{bmatrix} 1 & 1 & 1 \\ 1 & 1 & 1 \\ 1 & 1 & 1 \end{bmatrix}$$

Abbildung 2.5: Multiplikation zweier dünn besetzten Matrizen

Wir würden gerne zwei als geordnete Listen dargestellte dünn besetzte Matrizen (Abbildung 2.4) multiplizieren. Wir müssen die Elemente von D zeilenweise berechnen, um sie an ihrem richtigen Ort abzulegen, ohne zuvor berechnete Elemente zu verschieben. Dazu nehmen wir eine Zeile von A heraus und suchen alle Elemente der Spalte j von B mit $j = 0, 1, \cdots, cols\_b - 1$ heraus. Eigendlich müßten wir ganz B durchsuchen, um alle Elemente der Spalte j zu finden. Dies kann vermieden werden, indem zunächst die Transponierte von B berechnet wird. Dadurch werden alle Spaltenelemente aufeinanderfolgend angeordnet. Sobald die Elemente von Zeile i in A und Spalte j in B lokalisiert sind, brauchen wir nur noch eine Mischungsoperation anzuwenden, wie bei der Polynom- addition aus Abschnitt 2.2. (Wir werden eine alternative Vorgehensweise in den Übungen am Ende dieses Kapitels besprechen.)

Um die Produktmatrix D zu erhalten werden in *mmult* (Programm 2.9) die Matrizen A und B nach obiger Strategie multipliziert. Wir speichern die Matrizen A, B und D in den Feldern a, b und d. Um ein Tripel in d zu setzen und *sum* auf 0 zu setzen, verwendet *mmult storesum* (Programm 2.10). Weiterhin benutzt *mmult* mehrere Variablen, die wir kurz beschreiben werden. Die Variable *row* ist die Zeile von A, die gerade mit der Spalte von B multipliziert wird. Die Variable *row_begin* ist die Position des ersten Elements der aktuellen Zeile in a und die Variable *column* ist die Spalte von B, die gerade mit der Zeile von A multipliziert wird. Die Variable *totald* ist die aktuelle Anzahl von Elementen in der Produktmatrix D. Die Variablen i und j werden benutzt, um nacheinander die Elemente einer Zeile in A und einer Spalte in B zu untersuchen. Schließlich ist die Variable *new_b* die dünn besetzte Matrix der Transponierten von b. Beachten Sie, daß wir sowohl in a ($a[totala + 1]$.row = *rows_a*;) als auch in *new_b* (*new_b*$[totalb + 1]$.row = *cols_b*;) einen zusätzlichen Term eingeführt haben. Diese Dummyterme werden benutzt, um einen möglichst eleganten Algorithmus zu erhalten.

```
void mmult(term a[], term b[], term d[])
/* Multipliziere zwei schwach besetzte Matrizen */
{
    int i, j, column, totalb = b[0].value, totald = 0;
    int rows_a = a[0].row, cols_a = a[0].col, totala = a[0].value;
    int cols_b = b[0].col, cols_b = b[0].col, totalb = b[0].value;
    int row_begin = 1, row = a[1].row, sum = 0;
    int new_b[MAX_TERMS][3];
    if (cols_a != b[0].row) {
        fprintf(stderr,"Inkompatible Matrizen\n");
        exit(1);
    }
    fast_transpose(b,new_b);
    /* Setze Randbedingungen */
    a[totala+1].row = rows_a;
    new_b[totalb+1].row = cols_b;
    new_b[totalb+1].col = 0;
    for (i = 1; i <= totala; ) {
        column = new_b[1].row;
        for (j = 1; j <= totalb+1;) {
        /* Multipliziere Zeile von a mit Spalte von b */
            if (a[i].row != row) {
                storesum(d,&totald,row,column,&sum);
                i = row_begin;
                for (; new_b[j].row == column; j++)
                    ;
                column = new_b[j].row;
            }
            else if (new_b[j].row != column) {
                storesum(d, &totald, row, column, &sum);
                i = row_begin;
                column = new_b[j].row;
            }
            else switch (COMPARE(a[i].col, new_b[j].col)) {
                case -1: /* Gehe zum nächsten Term in a */
                    i++; break;
                case 0: /* Addiere Terme,
                             gehe zum nächsten Term in a and b*/
                    sum += ( a[i++].value * new_b[j++].value);
                    break;
                case 1 : /* Gehe zum nächsten Term in b */
                    j++;
            }
        }  /* Ende von for j <= totalb+1 */
        for (; a[i].row == row; i++)
            ;
        row_begin = i; row = a[i].row;
    } /* Ende von for i<=totala */
    d[0].row = rows_a;
    d[0].col = cols_b; d[0].value =  totald;
}
```

Programm 2.9: Multiplikation von dünn besetzten Matrizen

```
void storesum(term d[], int *totald, int row, int column,
                                        int *sum)
{
/* wenn *sum != 0, dann wird es zusammen mit seiner Zeilen- und
Spaltenposition als der Eintrag *totald+1 in d gespeichert*/
    if (*sum)
        if (*totald < MAX_TERMS) {
            d[++*totald].row = row;
            d[*totald].col = column;
            d[*totald].value = *sum;
            *sum = 0;
        }
        else {
            fprintf(stderr,"Anzahl der Terme des Produkts
                            überschreitet %d\n",MAX_TERMS);
            exit(1);
        }
}
```

Programm 2.10: *storesum*-Funktion

Analyse von *mmult*: Wir überlassen den Korrektheitsbeweis den Übungen und betrachten lediglich seine Komplexität. Neben dem Speicherplatz für *a, b, d* und einiger einfacher Variablen, brauchen wir noch Platz, um die transponierte Matrix *new_b* zu speichern. Außerdem müssen wir den zusätzlichen Platz für *fast_transpose* berücksichtigen. In den Übungen untersuchen wir eine Strategie für *mmult*, die *new_b* nicht explizit berechnet.

Wir können erkennen, daß die Zeilen vor der ersten **for**-Schleife nur die Zeit O($cols\_b + totalb$) brauchen, nämlich die Zeit, um die Transponierte von *b* zu berechnen. Die äußere **for**-Schleife wird *totala* mal ausgeführt. Bei jeder Iteration werden entweder *i* oder *j* oder beide inkrementiert oder *i* und *column* zurückgesetzt. In der gesamten Schleife wird *j* daher maximal um *totalb* + 1 vergrößert. Wenn *termsrow* die Gesamtzahl der Terme der aktuellen Zeile von *A* ist, dann kann *i* höchstens *termsrow* mal erhöht werden, bevor *i* sich zur nächsten Zeile von *A* bewegt. Wenn das passiert, setzen wir *i* auf *row_begin* zurück und rücken gleichzeitig mit *column* auf die nächste Spalte vor. Dadurch findet dieses Zurücksetzen maximal *cols_b* mal statt und *i* wird daher maximal *cols_b** *termsrow*-mal inkrementiert. Deshalb ist die Maximalzahl der Iterationen der äußeren **for**-Schleife *cols_b* + *cols_b**termsrow + *totalb*. Die Zeit für die innere Schleife während der Multiplikation der aktuellen Zeile ist O($cols\_b*termsrow + totalb$); die Zeit, um auf die nächste Zeile zu gelangen, ist O(*termsrow*). So wird die Zeit für eine Iteration der äußeren **for**-Schleife zu O($cols\_b*termsrow + totalb$). Die Gesamtzeit für diese Schleife ist:

$$O(\sum_{row} (cols\_b \cdot termsrow + totalb)) = O(cols\_b \cdot total\_a + rows\_a \cdot totalb) \quad \square$$

Diese Zeit können wir wieder mit der Zeit vergleichen, die benötigt wird, um Matrizen in der üblichen Felddarstellung zu multiplizieren. Der klassische Multiplikationsalgorithmus ist:

```
for (i = 0; i < rows_a; i++)
    for (j = 0; j < cols_b; j++) {
        sum = 0;
        for (k = 0; k < cols_a; k++)
            sum += (a[i][k] * b[k][j]);
        d[i][j] = sum;
    }
```

Dieser Algorithmus braucht die Zeit $O(rows\_a \cdot cols\_a \cdot cols\_b)$. Da $totala \leq cols\_a \cdot rows\_a$ und $totalb \leq cols\_a \cdot cols\_b$, ist die Zeit für *mmult* höchstens:

$$O(rows\_a \cdot cols\_a \cdot cols\_b)$$

Allerdings ist der konstante Faktor höher als der für den klassischen Algorithmus. Im schlechtesten Fall, wenn $totala = cols\_a \cdot rows\_a$ oder $totalb = cols\_a \cdot cols\_b$, ist *mmult* um einen konstanten Faktor langsamer. Wenn aber *totala* und *totalb* gegenüber ihrem maximalen Wert genügend klein sind, also A und B wirklich dünn besetzt sind, sticht *mmult* den klassischen Algorithmus aus. Die Analyse von *mmult* ist nicht trivial. Sie führt einige neue Konzepte der Algorithmusanalyse ein, und Sie sollten sicher gehen, diese Analyse verstanden zu haben.

Diese Darstellung von dünn besetzten Matrizen erlaubt uns, Operationen wie Addition, Transposition und Multiplikation effizient auszuführen. Allerdings gibt es andere Erwägungen, die diese Darstellung für bestimmte Anwendungen unattraktiv macht. Da die Anzahl der Terme einer dünn besetzten Matrix variabel ist, würden wir gerne alle Matrizen in einem Feld darstellen, wie wir es auch für Polynome in Abschnitt 2.2 taten. Das würde uns den effizienten Gebrauch von Speicherplatz erlauben. Allerdings geraten wir dann in Schwierigkeiten, wenn wir Speicherplatz aus dem Feld für eine individuelle Matrix reservieren wollen. Diese Schwierigkeiten treten auch bei der Polynomdarstellung auf und werden deutlicher, wenn wir ähnliche Darstellungen für Stapel und Warteschlangen in Abschnitt 3.4 untersuchen.

Übungen

1. Schreiben Sie die C-Funktionen *read_matrix*, *print_matrix* und *search*, die Tripel in eine neue dünn besetzte Matrix einlesen, deren Terme ausgeben und nach einem bestimmten Wert in dieser Matrix suchen. Analysieren Sie die Rechenzeit jeder dieser Funktionen.

2. Überarbeiten Sie *fast_transpose*, so daß sie nur ein Feld anstatt zweier benötigt, um *row_terms* und *starting_pos* zu speichern.

3. Entwickeln Sie einen Korrektheitsbeweis für die *mmult* Funktion.

4. Analysieren Sie den Zeit- und Speicherplatzbedarf von *fast_transpose*. Was können sie über die Existenz eines schnelleren Algorithmus aussagen?

5. Benutzen Sie das Konzept eines Feldes von Startpositionen wie in *fast_transpose*, um *mmult* so umzuschreiben, daß sie die dünn besetzten Matrizen *A* und *B* multipliziert, ohne *B* zu transponieren. Wie groß ist die Rechenzeit Ihrer Funktion?

6. Als alternative Darstellung von dünn besetzten Matrizen führen wir lediglich ein eindimensionales Feld der von Null verschiedenen Terme *value* ein, wie im Text beschrieben. Weiterhin führen wir ein zweidimensionales Feld *bits*[*rows*][*columns*], so daß *bits*[*i*][*j*] = 0 gilt, wenn *a*[*i*][*j*] = 0 und *bits*[*i*][*j*] = 1, wenn *a*[*i*][*j*] ≠ 0. Abbildung 2.6 illustriert die Darstellung für die dünn besetzte Matrix aus Abbildung 2.4(b).

$$
\begin{bmatrix} 1 & 0 & 0 & 1 & 0 & 1 \\ 0 & 1 & 1 & 0 & 0 & 0 \\ 0 & 0 & 0 & 1 & 0 & 0 \\ 0 & 0 & 0 & 0 & 0 & 0 \\ 1 & 0 & 0 & 0 & 0 & 0 \\ 0 & 0 & 0 & 0 & 0 & 0 \end{bmatrix}
\begin{bmatrix} 15 \\ 22 \\ -15 \\ 11 \\ 3 \\ -6 \\ 91 \\ 28 \end{bmatrix}
$$

Abbildung 2.6: Alternative Darstellung einer dünn besetzten Matrix

(a) Wieviel Speicherplatz benötigt man, um eine dünn besetzte Matrix *A* mit *t* Termen ungleich Null auf einem Rechner mit *w* Bits pro Wort darzustellen?

(b)   Schreiben Sie eine C-Funktion, um die dünn besetzten Matrizen A und B in der Darstellung wie in Abbildung 2.6 zu D zu addieren. Wieviel Zeit braucht Ihr Algorithmus?

(c)   Diskutieren Sie die Vorteile dieser Darstellung gegenüber der aus dem Text. Betrachten Sie den Zeit- und Platzbedarf für solche Operationen wie beliebigen Zugriff, Addieren, Multiplizieren und Transponieren. Beachten Sie, daß die Zeit für den beliebigen Zugriff verkürzt werden kann, indem ein weiteres Feld ra geführt wird, so daß $ra[i]$ = Anzahl der von Null verschiedenen Terme in Zeile 0 bis $i - 1$.

2.5. DARSTELLUNG MEHRDIMENSIONALER FELDER

Die interne Darstellung mehrdimensionaler Felder erfordert eine kompliziertere Adressierung. Ist ein Feld als $a[upper_0][upper_1] \cdots [upper_{n-1}]$ deklariert, sieht man leicht, daß die Anzahl seiner Elemente durch

$$\prod_{i=0}^{n-1} upper_i$$

gegeben ist, wobei $\prod$ das Produkt der $upper_i$'s darstellt. Deklarieren wir a beispielsweise als $a[10][10][10]$, dann benötigen wir $10 \cdot 10 \cdot 10 = 1000$ Einheiten Speicherplatz für die Elemente. Es gibt zwei übliche Weisen, mehrdimensionale Felder darzustellen: *Zeilenanordnung* (*row major order*) und *Spaltenanordnung* (*column major order*). Wir betrachten nur die Zeilenanordnung und überlassen die Spaltenanordnung den Übungen.

Wie der Name schon sagt, werden mehrdimensionale Felder in der Zeilendarstellung nach Zeilen gespeichert. Zum Beispiel interpretieren wir das Feld $A[upper_0][upper_1]$ als $upper_0$ Zeilen , wobei jede Zeile $row_0, row_1, \cdots , row_{upper_0-1}$ $upper_1$ Elemente enthält.

Nehmen wir an, α sei die Adresse von $A[0][0]$, dann ist die Adresse von $A[i][0]$ $\alpha + i \cdot upper_1$, da es i Zeilen der Größe $upper_1$ gibt, die dem ersten Element der i-ten Zeile vorausgehen. Beachten Sie, daß wir nicht mit der Elementgröße multipliziert haben. Dies folgt der C-Konvention, nach der die Elementgröße automatisch angerechnet wird. Die Adresse eines beliebigen Elements $a[i][j]$ ist $\alpha + i \cdot upper_1 + j$.

Um ein dreidimensionales Feld $A[upper_0][upper_1][upper_2]$ darzustellen, interpretieren wir das Feld als $upper_0$ zweidimensionale Felder der Dimension $upper_1 \times upper_2$. Um $a[i][j][k]$ zu lokalisieren, erhalten wir zunächst $\alpha + i \cdot upper_1 \cdot upper_2$ als Adresse von $a[i][0][0]$, da diesem Element i zweidimensionale Felder der Größe $upper_1 \cdot upper_2$ vorausgehen. Kombinieren wir diese Formel mit der zur Adressierung eines zweidimensionalen Feldes, erhalten wir

$$\alpha + i \cdot upper_1 \cdot upper_2 + j \cdot upper_2 + k$$

als Adresse von $a[i][j][k]$.

Als Verallgemeinerung dieser Betrachtungen erhalten wir die Adressierungsformel für ein beliebiges Element $A[i_0][i_1] \ldots [i_{n-1}]$ eines n-dimensionalen Feldes, deklariert als:

$$A[upper_0][upper_1] \ldots [upper_{n-1}]$$

Ist α die Adresse von $A[0][0] \ldots [0]$, dann ist die Adresse von $a[i_0][0] \ldots [0]$:

$$\alpha + i_0 \, upper_1 \, upper_2 \ldots upper_{n-1}$$

Die Adresse von $a[i_0][i_1][0] \ldots [0]$ ist:

$$\alpha + i_0 \, upper_1 \, upper_2 \ldots upper_{n-1} + i_1 \, upper_1 \, upper_2 \ldots upper_{n-1}$$

Wiederholt man dies, wird die Adresse von $A[i_0][i_1] \ldots [i_{n-1}]$ zu:

$$
\begin{aligned}
&\alpha + i_0 \, upper_1 \, upper_2 \ldots upper_{n-1} \\
&+ i_1 \, upper_2 \, upper_3 \ldots upper_{n-1} \\
&+ i_2 \, upper_3 \, upper_4 \ldots upper_{n-1} \\
&\quad . \\
&\quad . \\
&\quad . \\
&+ i_{n-2} \, upper_{n-1} \\
&+ i_{n-1}
\end{aligned}
$$

$$= \alpha + \sum_{j=0}^{n-1} i_j a_j, \text{ wobei } \begin{cases} a_j = \displaystyle\prod_{k=j+1}^{n-1} upper_k & 0 \le j < n-1 \\ a_{n-1} = 1 \end{cases}$$

Beachten Sie, daß die a_j aus den a_{j+1} mit $0 \le j < n-1$ mit nur einer Multiplikation berechnet werden können, da $a_j = upper_{j+1} \cdot a_{j+1}$ gilt. Daher wird ein Compiler anfangs die deklarierten Grenzen $upper_0, \ldots, upper_{n-1}$ nehmen und aus ihnen die Konstanten $a_0 \ldots a_{n-2}$ unter Benutzung von $n-2$ Multiplikationen berechnen. Die Adresse von $a[i_0] \ldots [i_{n-1}]$ können aus der Formel berechnet werden, wozu weitere $n-1$ Multiplikationen, n Additionen und n Subtraktionen benötigt werden.

Übungen

1. Nehmen wir ein eindimensionales Feld $a[MAX\_SIZE]$ an. Normalerweise laufen die Indizes für dieses Feld von 0 bis $MAX\_SIZE - 1$. Allerdings können wir unter Verwendung von Zeigerarithmetik Felder mit beliebigen Grenzen erzeugen. Zeigen Sie, wie man ein Feld aufbaut und Indizes für ein Feld erhält, dessen Grenzen -10 und 10 betragen. Die Indizes sollen also von $-10, -9, -8$ bis $8, 9, 10$ laufen.

2. Erweitern Sie die Ergebnisse aus Übung 1, um ein zweidimensionales Feld zu erzeugen, dessen Zeilen- und Spaltenindizierung jeweils von -10 bis 10 läuft.

3. Stellen Sie eine Formel für die Adresse des Elements $a[i_0][i_1] \ldots [i_{n-1}]$ eines als $a[upper_0] \ldots a[upper_{n-1}]$ definierten Feldes auf. Nehmen Sie für die Darstellung des Feldes eine Spaltenanordnung mit einem Wort pro Element und α als Adresse von $a[0][0] \ldots [0]$ an. In der Spaltenanordnung werden die Einträge nach Spalten gespeichert. Zum Beispiel wird das Feld $a[3][3]$ als $a[0][0]$, $a[1][0]$, $a[2][0]$, $a[0][1]$, $a[1][1]$, $a[2][1]$, $a[0][2]$, $a[1][2]$, $a[2][2]$ gespeichert.

2.6. DER ABSTRAKTE DATENTYP ZEICHENKETTE

2.6.1. Einführung

Bis jetzt haben wir nur ADT's mit numerischen Komponentenelementen betrachtet. Beispielsweise erzeugten wir den ADT dünn besetzte Matrix und stellten ihn als Feld von Tripeln <*row, col, value*> dar. In diesem Kapitel wenden wir unsere Aufmerksamkeit dem Datentyp der Zeichenkette (*String*), dessen Elemente Buchstaben bzw. Zeichen sind, zu. Als ADT definieren wir einen String der Form $S = s_0, \ldots, s_{n-1}$, wobei die s_i Zeichen aus dem Zeichensatz der Programmiersprache sind. Ist $n = 0$, so ist S leer, bzw. die Null-Zeichenkette.

Für Zeichenketten gibt es einige nützliche Operationen. Einige dieser Operationen ähneln denen anderer ADT's wie Erzeugen eines leeren Strings, Einlesen oder Ausgeben eines Strings, Verkettung zweier Strings (auch *Konkatenation* genannt) oder Kopieren eines Strings. Auf jeden Fall gibt es für unseren neuen ADT auch einzigartige Operationen, zu denen der Vergleich von Strings, Einfügen eines Teilstrings in einen String, Löschen eines Teilstrings oder das Auffinden von Mustern in einem String gehören. Die wesentlichen Operationen sind in Struktur 2.4 aufgeführt, der die Spezifikation des ADT's String enthält. Tatsächlich gibt es viel mehr Operationen für Strings, wie uns eine Blick auf einen Teil der Stringbibliothek von C in Abbildung 2.7 zeigt.

Struktur *String* ist
    Objekte: Eine endliche Menge von null oder mehr Zeichen.
    Funktionen:
        Für alle $s, t \in String$, mit $i, j, m \in$ nichtnegative ganze Zahlen gilt

String Null(m)	::=	**return** einen String, dessen maximale Länge m Zeichen beträgt und zu Anfang auf *NULL* gesetzt wird. Wir schreiben *NULL* als "".
Integer Compare(s, t)	::=	**if** s gleich t ist **return** 0 **else if** s t vorausgeht **return** -1 **else return** $+1$
Boolsch IsNull(s)	::=	**if** (Compare(s, *NULL*)) **return** *FALSE* **else return** *TRUE*
Integer Length(s)	::=	**if** (Compare(s, *NULL*)) **return** die Anzahl der Zeichen in s **else return** 0.
String Concat(s, t)	::=	**if** (Compare(t, *NULL*)) **return** einen String dessen Elemente die von s gefolgt von denen von t sind **else return** s.
String Substr(s, i, j)	:=	**if** (($j > 0$) && ($i+j$-1) < Length(s)) **return** den String der die Zeichen von s an den Stellen $i, i + 1, \cdots, i + j$ - 1 enthält. **else return** *NULL*.

Struktur 2.4: Abstrakter Datentyp *String*

In C stellen wir Strings als Zeichenfelder dar, die mit dem Nullzeichen \0 beendet werden. Nehmen wir beispielsweise folgende Zeichenketten:

```
#define MAX_SIZE 100 /*Maximale Größe des Strings */
char s[MAX_SIZE] = {"dog"};
char t[MAX_SIZE] = {"house"};
```

Abbildung 2.8 zeigt, wie diese Strings intern im Speicher dargestellt werden.

Funktion	Beschreibung
char *strcat(char *dest, char *src)	Verkette die dest-und src-Strings; return Ergebnis in dest
char *strncat(char *dest, char *src, int n)	Verkette dest und n Zeichen von src; return Ergebnis in dest
char *strcmp(char *str1, char *str2)	Vergleiche zwei Strings; return <0 wenn str1 < str2; 0 wenn str1 = str2; > 0 wenn str1 > str2
char *strncmp(char *str1, char *str2, int n)	Vergleiche die ersten n Zeichen return < 0 wenn str1 < str2; 0 if str1 = str2; > 1 wenn str1 > str2
char *strcpy(char *dest, char *src)	Kopiere src in dest; return dest
char *strncpy(char *dest, char *src, int n)	Kopiere n Zeichen von src String in dest; return dest;
size_t strlen(char *s)	return die Länge von s
char *strchr(char *s, int c)	return Zeiger auf das erste Auftreten von c in s; return NULL falls nicht vorhanden
char *strrchr(char *s, int c)	return Zeiger auf das letzte Auftreten von c in s; return NULL falls nicht vorhanden
char *strtok(char *s, char *delimiters)	return ein Abschnitt (token) von s, das von irgendwelchen Zeichen aus delimiters begrenzt wird
char *strstr(char *s, char *pat)	return Zeiger auf den Anfang von pat in s
size_t strspn(char *s, char *spanset)	return Länge des 1. Abschnitts von s, der nur aus Zeichen aus spanset besteht
size_t strcspn(char *s, char *spanset)	return Länge des 1. Abschnitts von s, der nur aus Zeichen besteht, die in spanset nicht vorkommen
char *strpbrk(char *s, char *spanset)	Taste s nach Zeichen in spanset ab; return Zeiger auf das erste Auftreten eines Zeichens von spanset

Abbildung 2.7: Stringfunktionen in C

s[0] s[1] s[2] s[3]   t[0] t[1] t[2] t[3] t[4] t[5]

| d | o | g | \0 |

| h | o | u | s | e | \0 |

Abbildung 2.8: Darstellung einer Zeichenkette in C

Beachten Sie, daß diese Strings Feldbegrenzungen unterliegen. Rein technisch hätten wir
die Felder auch mit den Anweisungen

```
char s[] = {"dog"};
char t[] = {"house"}
```

deklarieren können. Mit diesen Deklarationen hätte der C-Compiler gerade genug
Speicherplatz angelegt, um jedes Wort einschließlich des Nullzeichens zu speichern.
Nehmen wir nun an, wir wollten diese Strings verketten, um den neuen String "doghouse"
zu erzeugen. Wir benutzen dazu die C-Funktion *strcat* (Siehe Abbildung 2.7). Von
strcat(s, t) werden zwei Strings miteinander verkettet und das Ergebnis in *s* abgelegt.
Obwohl die Länge von *s* um fünf zugenommen hat, steht uns kein weiterer Platz für die
fünf weiteren Zeichen in *s* zur Verfügung. Unser Compiler behandelt dieses Problem auf
elegante Weise: Er überschreibt einfach den Speicher, damit die weiteren fünf Zeichen
hinein passen. Da wir *t* direkt nach *s* deklarierten, bedeutet dies, daß ein Teil des Wortes
"house" verschwindet!

Wir haben nun gesehen, daß C über eine eingebaute Funktion zur Stringverkettung
verfügt. Zusätzlich stellt C eine Reihe anderer Stringfunktionen zur Verfügung, die über
die Anweisung *#include <string.h>* angesprochen werden können. Abbildung 2.7 enthält
eine kurze Zusammenfassung dieser Funktionen (wir haben Umwandlungsfunktionen für
Strings wie *atoi* ausgeschlossen). Zu jeder Funktion geben wir die generische
Funktionsdeklaration und eine kurze Beschreibung. Anstatt jede Funktion einzeln zu
beschreiben, betrachten wir lieber ein Beispiel, das von einigen dieser Funktionen
Gebrauch macht. Zu weiteren Informationen über Stringfunktionen, einschließlich
Beispielen, verweisen wir auf die Bücher von Kernighan und Ritchie oder Harbson und
Steele, die unter 'Literatur und ausgewählte Referenzen' angeführt sind.

Beispiel 2.2

[*Einfügen eines Strings*]: Angenommen, wir haben zwei Zeichenketten *string*1 und
*string*2 und wollen *string*2 in *string*1 einfügen, beginnend an der *i-te*n Position von *string*1.
Zunächst die Deklarationen:

```
#include <string.h>
#define MAX_SIZE 100 /*Größe des längsten Strings*/
char string1[MAX_SIZE], *s = string1;
char string2[MAX_SIZE], *t = string2;
```

Zusätzlich zu den Strings selbst wurden Zeiger auf die Strings erzeugt.

Nehmen wir nun an, die erste Zeichenkette sei "Amobil" und die zweite sei "uto"
(Abbildung 2.9). Wir wollen "uto" an der Position 1 des ersten Strings einfügen und so das
Wort "Automobil" erzeugen. Wir können dies mit nur drei Funktionsaufrufen, wie in
Abbildung 2.9 gezeigt, erreichen. In Abbildung 2.9(a) nehmen wir einen leeren String an,
auf den *temp* zeigt. Wir nutzen *strcpy*, um die ersten *i* Zeichen von *s* in *temp* zu kopieren.
Da *i* = 1 ist, produziert das den String "A". In Abbildung 2.9(b) verketten wir *temp* und *t*
und erzeugen somit die Zeichenkette "Auto". Schließlich hängen wir den Rest von *s* an

temp an. Da *strncat* die ersten *i* Zeichen kopierte, findet sich der Rest der Zeichenkette an der Adresse $(s + i)$. Das endgültige Ergebnis zeigt Abbildung 2.9(c).

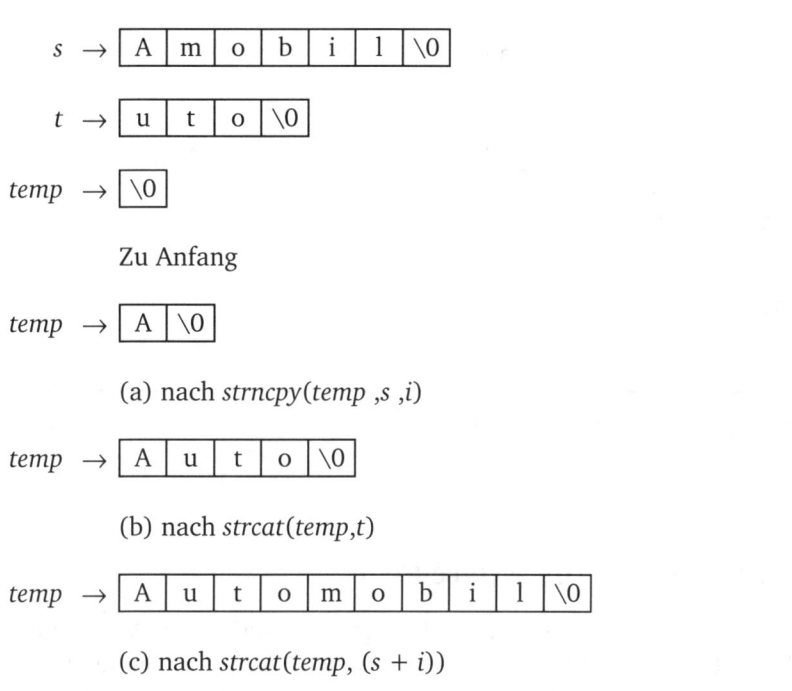

Abbildung 2.9: Beispiel zum Einfügen von Zeichenketten

Programm 2.11 fügt einen String in einen anderen ein. Diese spezielle Funktion findet sich normalerweise nicht in *<string.h>*. Da einer der beiden Strings leer sein könnte, sind Anweisungen zur Prüfung dieser Bedingung eingeschlossen. Wir machen darauf aufmerksam, daß der Aufruf *strnins(s, t, 0)* gleichwertig zu *strcat(t, s)* ist. Programm 2.11 ist als Beispiel zur Stringmanipulation angegeben. Es sollte in der Praxis nicht benutzt werden, da es verschwenderisch mit Rechenzeit und Speicher umgeht. Versuchen Sie es so zu überarbeiten, daß der String *temp* nicht benötigt wird! □

```
void strnins(char *s, char *t, int i)
{
/* Füge einen String t in den String s an der Position i ein*/
    char string[MAX_SIZE], *temp = string;

    if (i < 0 && i > strlen(s)) {
    fprintf(stderr,"Position außerhalb der Grenzen \n");
    exit(1);
    }
    if (!strlen(s))
        strcpy(s,t);
    else if (strlen(t)) {
        strncpy(temp, s,i);
        strcat(temp,t);
        strcat(temp, (s+i));
        strcpy(s, temp);
    }
}
```

Programm 2.11: Einfügefunktion für Strings

2.6.2. Auffinden von Mustern

Lassen Sie uns nun einen Algorithmus für eine anspruchsvolle Anwendung von Strings entwickeln. Angenommen, wir haben die zwei Zeichenketten *string* und *pat* (pat = pattern = Muster), und *pat* sei ein Muster nach dem wir *string* absuchen wollen. Der einfachste Weg, herauszufinden, ob *pat* in *string* enthalten ist, liegt in der Verwendung der eingebauten Funktion *strstr*. Legen wir die Deklarationen

```
        char pat[MAX_SIZE], string[MAX_SIZE], *t;
```

zugrunde, so können wir mit den folgenden Anweisungen herausfinden, ob *pat* in *string* liegt:

```
        if (t = strstr(string,pat))
          printf("Der String aus strstr ist: %s\n",t);
        else
          printf("Das Muster wurde von strstr nicht gefunden\n");
```

Der Aufruf (*t = strstr(string, pat)*) gibt den Nullzeiger zurück, wenn *pat* sich nicht in *string* findet. Wenn *pat* in *string* liegt, enthält *t* einen Zeiger auf den Anfang von *pat* in *string*. Der ganze String wird von Position *t* beginnend ausgegeben.

Obwohl *strstr* sich anscheinend ideal für das Auffinden von Mustern eignet, gibt es zwei Gründe, aus denen heraus wir unsere eigene Funktion zur Musterfindung entwickeln wollen:

(1) Die Funktion *strstr* ist in ANSI C neu. Deshalb kann es sein, daß sie mit unserem Compiler nicht verfügbar ist.

(2) Es gibt viele verschiedene Methoden, eine Funktion zur Mustererkennung zu implementieren. Die einfachste, aber auch ineffiziente Methode prüft der Reihe nach jedes Zeichen des Strings, bis sich das Muster findet oder das Ende des Strings erreicht ist. (Wir werden diesen Zugang in den Übungen untersuchen.) Wenn sich *pat* nicht in *string* findet, hat diese Methode eine Rechenzeit von $O(n \cdot m)$, wobei n die Länge von *pat* und m die Länge von *string* ist. Wir können mit einer eigenen Funktion jedoch viel besser werden.

Wir können dies z.B. durch eine "ausschöpfende" Technik der Mustererkennung verbessern, indem wir aufhören, wenn *strlen(pat)* größer als die Anzahl der noch in *string* verbliebenen Zeichen ist (d.h. wenn *string* leer/ausgeschöpft ist). Die Prüfung des ersten und letzten Zeichens in *pat* und *string* vor der Prüfung der übrigen Zeichen stellt eine weitere Verbesserung dar. Diese Veränderungen sind in *nfind* (Programm 2.12) enthalten.

```
int nfind(char *string, char *pat)
{
/* Passe das letzte Zeichen des Musters zuerst an,
                          und passe dann vom Anfang an an */
    int i,j,start = 0;
    int lasts = strlen(string)-1;
    int lastp = strlen(pat)-1;
    int endmatch = lastp;

    for (i = 0; endmatch <= lasts; endmatch++, start++) {
        if (string[endmatch] == pat[lastp])
            for (j = 0, i = start; j < lastp &&
                                string[i] == pat[j]; i++,j++)
                ;
        if (j == lastp)
            return start; /* successful */
        }
        return -1;
}
```

Programm 2.12: Mustererkennung mit vorheriger Prüfung der Endindizes

Beispiel 2.3

[*Simulation von nfind*]: Angenommen, es sei *pat* = "aab" und *string* = "ababbaabaa". Abbildung 2.10 zeigt, wie *nfind* die Zeichen von *pat* mit denen von *string* vergleicht. Die Enden von *string* und *pat* werden von *lasts* bzw. *lastp* bezeichnet. Zunächst vergleicht *nfind* string[*endmatch*] mit *pat*[*lastp*]. Wenn sie passen, verwendet *nfind* i und j, um sich durch die beiden Zeichenketten zu bewegen, bis die Übereinstimmung aufhört oder ganz *pat* paßt. Die Variable *start* wird verwendet, um i im Falle mangelnder Übereinstimmung zurückzusetzen. □

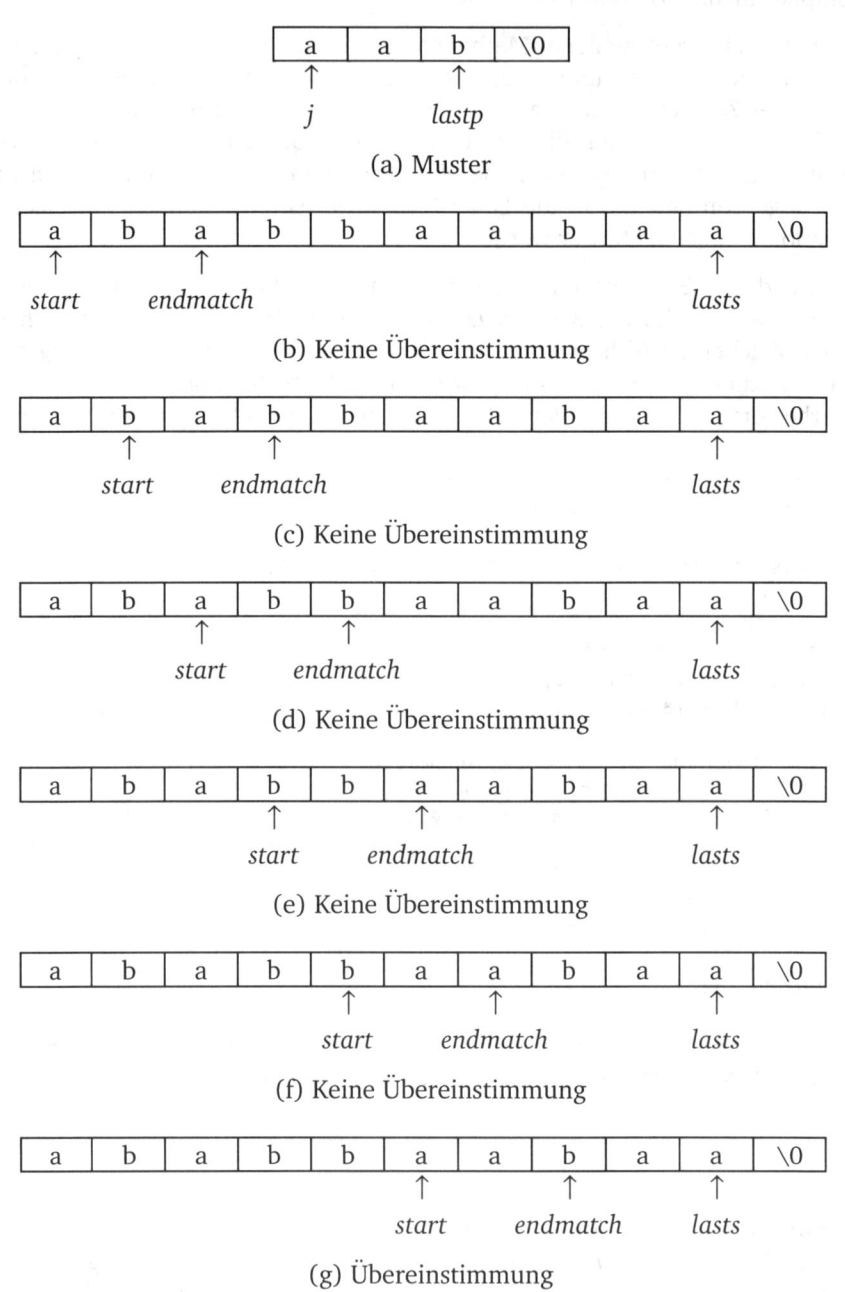

(a) Muster

(b) Keine Übereinstimmung

(c) Keine Übereinstimmung

(d) Keine Übereinstimmung

(e) Keine Übereinstimmung

(f) Keine Übereinstimmung

(g) Übereinstimmung

Abbildung 2.10: Simulation von *nfind*

Analyse von *nfind*: Wenn wir *nfind* auf *string* = "aa · · · a" und *pat* = "aab" anwenden, dann ist die Rechenzeit für diese Zeichenketten linear in der Länge der Zeichenkette, also $O(m)$, was schon deutlich besser als die sequentielle Methode ist. Obwohl die Verbesserungen der sequentiellen Methode im Mittel die Rechenzeit verkürzen, so ist die Rechenzeit des ungünstigsten Falls immer noch $O(n \cdot m)$. $\square$

Idealerweise wünschen wir uns einen Algorithmus, der in der Zeit $O(strlen(string) + strlen(pat))$ arbeitet. Für unser Problem wäre das optimal, denn im ungünstigsten Fall muß man alle Zeichen des Musters und des Strings mindestens einmal aufsuchen. Wir wollen die Zeichenkette nach dem Muster absuchen, ohne uns rückwärts zu bewegen, d.h., im Falle einer mißlungenen Übereinstimmung wollen wir unsere Kenntnis der Zeichen des Musters und der Stelle, an der die Erkennung fehlschlug, nutzen, um zu bestimmen, wo weitergesucht werden soll. Knuth, Morris und Pratt haben einen Algorithmus zur Mustererkennung entwickelt, der auf diese Art arbeitet und über lineare Komplexität verfügt. Wir benutzen ihr Beispiel und setzen:

$$pat = \text{'}a\ b\ c\ a\ b\ c\ a\ c\ a\ b\text{'}$$

$s = s_0\,s_1\cdots s_{m-1}$ sei unsere Zeichenkette, und wir nehmen an, wir würden soeben prüfen, ob eine Übereinstimmung beginnend an der Stelle s_i vorliegt. Wenn $s_i \neq a$ ist, so ist klar, daß wir mit dem Vergleich von s_{i+1} und a fortschreiten können. Wir gehen ähnlich vor, wenn $s_i = a$ und $s_{i+1} \neq b$ ist, und vergleichen auch dann s_{i+1} und a. Ist $s_i s_{i+1} = ab$ und $s_{i+2} \neq c$, dann liegt folgende Situation vor:

$s =$	'-	a	b	?	?	?	.	.	.	.	?'
$pat =$		'a	b	c	a	b	c	a	c	a	b'

Die Fragezeichen bedeuten, daß wir das Zeichen in s noch nicht kennen. Das erste Fragezeichen stellt s_{i+2} dar, und es ist $s_{i+2} \neq c$. In diesem Moment wissen wir, daß wir die Suche durch den Vergleich des ersten Zeichens in *pat* mit s_{i+2} fortsetzen können. Es gibt keine Veranlassung, dieses Zeichen von *pat* mit s_{i+1} zu vergleichen, da wir bereits wissen, daß s_{i+1} dasselbe Zeichen wie das zweite von *pat* ist, nämlich b und somit $s_{i+1} \neq a$ ist. Wir versuchen das noch einmal unter der Annahmen, daß erst nach vier passenden Zeichen die Übereinstimmung abbricht, d.h. $s_{i+4} \neq b$. Jetzt sieht es so aus:

$s =$	'-	a	b	c	a	?	.	.	.	.	?'
$pat =$		'a	b	c	a	b	c	a	c	a	b'

Wir sehen, daß wir die Suche an der Stelle s_{i+4} mit dem zweiten Zeichen von *pat*, nämlich b fortsetzen können. Das ist die erste Stelle, an der durch Verschieben des Musters *pat* nach rechts eine partielle Übereinstimmung vorliegt. So können wir bestimmen, wo wir in dem Muster weiter nach Übereinstimmung suchen können, ohne uns in s rückwärts zu bewegen, wenn wir nur die Zeichen des Musters kennen und die Position, an der zum ersten Mal keine Übereinstimmung vorliegt. Um dies zu formalisieren, definieren wir uns eine *Fehlschlag-Funktion (failure function)* n für ein Muster.

Definition: Sei $p = p_0 p_1 \cdots p_{n-1}$ ein Muster, dann ist seine *Fehlschlag-Funktion f* definiert als:

$$f(j) = \begin{cases} \text{größtes } i < j, \text{ für das } p_0 p_1 \cdots p_i = p_{j-i} p_{j-i+1} \cdots p_j \text{ gilt, wenn solch ein } i \geq 0 \text{ existiert} \\ -1 \text{ sonst} \end{cases}$$

□

Für unser Beispielmuster *pat = abcabcacab* sieht das dann so aus:

j	0	1	2	3	4	5	6	7	8	9
pat	a	b	c	a	b	c	a	c	a	b
f	-1	-1	-1	0	1	2	3	-1	0	1

Aus der Definition der Fehlschlag-Funktion gelangen wir zur folgenden Regel der Mustererkennung: *Wenn eine partielle Übereinstimmung der Art $s_{i-j} \cdots s_{i-1} = p_0 p_1 \cdots p_{j-1}$ und $s_i \neq p_j$ gefunden ist, so kann die Anpassung durch Vergleich von s_i und $p_{f(j-1)+1}$ wieder aufgenommen werden, wenn $j \neq 0$ ist. Ist $j = 0$, so fährt man mit dem Vergleich von s_{i+1} und p_0 fort.* Diese Anpassungsregel ist in die Funktion *pmatch* (Programm 2.13) umgesetzt worden, wobei folgende Deklarationen angenommen werden:

```
#include <stdio.h>
#include <string.h>
#define max_string_size 100
#define max_pattern_size 100
int pmatch();
void fail();
int failure[max_pattern_size];
char string[max_string_size];
char pat[max_pattern_size];
```

```
int pmatch(char *string, char *pat)
{
/* Knuth, Morris, Pratt Mustererkennungsalgorithmus */
    int i = 0, j = 0;
    int lens = strlen(string);
    int lenp = strlen(pat);
    while ( i < lens && j < lenp ) {
        if (string[i] == pat[j]) {
            i++; j++; }
        else if (j == 0) i++;
            else j = failure[j-1]+1;
    }
    return ( (j == lenp) ? (i-lenp) : -1);
}
```

Programm 2.13: Der Algorithmus von Knuth, Morris und Pratt zur Mustererkennung

Beachten Sie, daß wir keinen Zeiger auf den Anfang des Musters führen. Statt dessen benutzen wir die Anweisung:

```
return ( (j == lenp) ? (i - lenp) : -1);
```

Diese Anweisung prüft, ob das Muster gefunden wurde oder nicht. Haben wir es nicht gefunden, ist der Musterindex j ungleich der Länge des Musters, und es wird eine -1 zurückgegeben. Haben wir es gefunden, so ist die Anfangsposition gerade $i - lenp$ der Länge des Musters.

Analyse von *pmatch*: Die **while**-Schleife wird iteriert, bis entweder das Ende der Zeichenkette oder das Ende des Musters erreicht ist. Da i nie verkleinert wird, können die Zeilen, in denen i vergrößert wird, nicht häufiger als $m = strlen(string)$-mal ausgeführt werden. Das Zurücksetzen von j auf $failure[j-1] + 1$ verkleinert den Wert von j. Daher kann dies nicht öfter geschehen als in der Anweisung $j++$ der Wert von j erhöht wird, da sonst j "aus dem Muster herausfallen" würde. Da nach (vor) jedem $j++$ ein $i++$ ausgeführt wird, kann auch j nicht häufiger als m-mal inkrementiert werden. Insgesamt haben wir somit gezeigt, daß keine Anweisung des Programms 2.13 öfter als m-mal ausgeführt wird. Die Komplexität der Funktion *pmatch* ist daher $O(m) = O(strlen(string))$.
□

Aus dieser Analyse von *pmatch* folgt, daß der gesamte Prozeß des Mustervergleichs eine Rechenzeit proportional der Summe der Länge der Zeichenkette und Muster hat, wenn nur die Fehlschlag-Funktion eine Rechenzeit von $O(strlen(pat))$ hat. Glücklicherweise gibt es einen schnellen Weg, die Fehlschlag-Funktion zu berechnen. Er basiert auf der folgenden Darstellung der Funktion:

$$f(j) = \begin{cases} -1 & \text{wenn } j = 0 \\ f^m(j-1)+1, & \text{wobei } m \text{ der kleinste Integer } k \text{ ist, für den } p_{f^k(j-1)+1} = p_j \text{ gilt} \\ -1 & \text{wenn es kein } k \text{ gibt, das obiges erfüllt} \end{cases}$$

(Beachten Sie, daß $f^1(j) = f(j)$ und $f^m(j) = f(f^{m-1}(j))$ gilt).

Diese Darstellung wird in Programm 2.14 zur Berechnung der Fehlschlag-Funktion eines Musters benutzt.

```
void fail(char *pat)
{
/* Berechnung der Musterfehlschlag-Funktion */
    int n = strlen(pat);
    failure[0] = -1;
    for (j=1; j < n; j++) {
        i = failure[j-1];
        while ((pat[j] != pat[i+1]) && (i >= 0))
            i = failure[i];
        if (pat[j] == pat[i+1])
            failure[j] = i+1;
        else failure[j] = -1;
    }
}
```

Programm 2.14: Berechnung der Fehlschlag-Funktion

Analyse von _fail_: Bei jeder Iteration der **while**-Schleife erniedrigt sich der Wert von i (durch die Definition von f). Die Variable i wird zu Beginn jeder Iteration der **for**-Schleife zurückgesetzt. Danach wird sie entweder auf −1 gesetzt (anfangs, oder sobald die vorherige Iteration der **for**-Schleife über das letzte **else** gelaufen ist), oder sie wird auf einen Wert zurückgesetzt, der um Eins größer ist als ihr letzter Wert bei der vorherigen Iteration (d.h. wenn die Anweisung _failure_[j] $= i + 1$ ausgeführt wird). Da die **for**-Schleife nur $n - 1$-mal wiederholt wird (n ist die Länge des Musters), wird der Wert von i maximal $n - 1$-mal erhöht. Deshalb kann er nicht häufiger als $n - 1$-mal erniedrigt werden. Infolgedessen wird die **while**-Schleife maximal $n - 1$-mal über den gesamten Algorithmus iteriert und die Rechenzeit von _fail_ ist somit $O(n) = O(strlen(pat))$. □

Beachten Sie, daß die Rechenzeit für die Berechnung dieser Funktion und der dann folgenden Mustererkennung eine Rechenzeit von $O(strlen(pat) + strlen(string))$ erfordert, wenn man die Fehlschlag-Funktion nicht vorher kennt!

Übungen

1. Schreiben Sie eine Funktion, die als Eingabe eine Zeichenkette annimmt und die Häufigkeit jedes einzelnen Zeichens bestimmt. Testen Sie Ihre Funktion mit angemessenen Daten.

2. Schreiben Sie eine Funktion *strndel*, die als Parameter eine Zeichenkette *string* und zwei Integer *start* und *length* übergeben bekommt. Sie soll eine Zeichenkette zurückgeben, die aus *string*, durch Löschen von *length* vielen Zeichen ab *start*, hervorgeht.

3. Schreiben Sie eine Funktion *strdel*, die eine Zeichenkette *string* und ein Zeichen *character* annimmt. Rückgabe der Funktion soll *string* ohne das erste Auftreten von *character* sein.

4. Schreiben Sie eine Funktion *strpos1*, die eine Zeichenkette *string* und ein Zeichen *character* annimmt. Die Funktion gibt einen Integer zurück, der die erste Position von *character* in *string* angibt. Wenn sich *character* in *string* nicht findet, soll eine –1 zurückgegeben werden. Sie dürfen nicht die Funktion *strpos* verwenden, die in der traditionellen Standardbibliothek *<string.h>*, aber nicht im ANSI C enthalten ist.

5. Schreiben Sie eine Funktion *strchr1*, die dasselbe ausführt wie *strpos1*, außer daß sie einen Zeiger auf *character* zurückgibt. Sollte *character* nicht in der Liste sein, so soll *NULL* zurückgegeben werden. Benutzen Sie nicht die eingebaute Funktion *strchr*.

6. Verändern Sie Programm 2.11 derart, daß es keinen temporären String *temp* benutzt. Vergleichen Sie die Komplexität Ihrer neuen Funktion mit der vorgegebenen Funktion.

7. Schreiben Sie eine Funktion *strsearch*, welche die sequentielle Methode des Aufsuchens von Mustern benutzt, d.h., wenn *string* und *pattern* vorliegen, soll *strsearch* jedes Zeichen in *string* prüfen, bis entweder *pattern* gefunden wird oder das Ende der Zeichenkette erreicht ist.

8. Zeigen Sie, daß die Rechenzeit von *nfind* $O(n \cdot m)$ ist, wobei n und m die Länge der Zeichenkette, bzw. die Länge des Musters, darstellen. Bestimmen Sie eine Zeichenkette und ein Muster, für die das zutrifft.

9. Berechnen Sie die Fehlschlag-Funktion für jedes der folgenden Muster:

    (a)   *a a a a b*

    (b)   *a b a b a a*

    (c)   *a b a a b a a b*

10. Beweisen Sie die Äquivalenz der beiden Darstellungen der Fehlschlag-Funktion .

2.7. LITERATUR UND AUSGEWÄHLTE REFERENZEN

Feldstrukturen in C werden in vielen Arbeiten untersucht, u. a. T. Plum, *Reliable Data Structures in C*, Plum Hall, Cardiff, N.J.,1985 (Kapitel 3), und R. Jaesche, *Solutions in C*, Addison-Wesley, Reading, Mass., 1986 (Kapitel 2). Die Arbeit von Jaesche enthält eine detaillierte Untersuchung zu Feldgrenzen, auch zu variablen Grenzen und Zeiger-adressierung.

Strings werden in B. Kernighan and D. Ritchie, *The C Programming Language*, ANSI C, Second Edition, Prentice-Hall, Englewood Cliffs, N.J., 1988, und S. Harbison and G. Steele, *C: A Reference Manual*, Third Edition, Prentice-Hall, Englewood Cliffs, N.J., 1991 (Kapitel 13) genauer betrachtet. Eine Untersuchung zu String-Zeigern findet sich in R. Traister, *Mastering C Pointers*, Academic Press, San Diego, Calif., 1990. Der Algorithmus zur Mustererkennung von Knuth, Morris und Pratt stammt aus "*Fast pattern matching in strings,*" *SIAM Journal on Computing*, vol. 6, no. 2, 1977.

2.8. WEITERE ÜBUNGEN

1. Gegeben sei ein Feld $a[n]$. Erzeugen Sie ein Feld $z[n]$ mit $z[0] = a[n-1]$, $z[1] = a[n-2]$, $\cdots$, $z[n-2] = a[1]$, $z[n-1] = a[0]$. Benutzen Sie ein Minimum an Speicherplatz.

2. Man sagt, eine $m \times n$-Matrix habe einen Sattelpunkt, wenn ein Eintrag $a[i][j]$ der kleinste Wert in Zeile i und der größte in Spalte j ist. Schreiben Sie eine C-Funktion, die den Ort eines Sattelpunkts bestimmt, falls dieser existiert. Wie groß ist die Rechenzeit Ihrer Methode?

Die Übungen 3 bis 8 untersuchen die Darstellung verschiedener Typen von Matrizen, die in den Naturwissenschaften häufig zur Lösung von Problemen benutzt werden.

3. Eine *Dreiecksmatrix* ist eine quadratische Matrix, deren Elemente oberhalb oder unterhalb der Hauptdiagonalen alle Null sind. Abbildung 2.11 zeigt eine untere und obere Dreiecksmatrix. In einer unteren Dreiecksmatrix a mit n Zeilen ist die maximale Anzahl der von Null verschiedenen Terme jeder Zeile i gleich $i + 1$. Deshalb ist die Gesamtzahl der von Null verschiedenen Terme:

$$d = \sum_{i=0}^{n-1} (i+1) = n(n+1)/2$$

Da die Speicherung einer Dreiecksmatrix als zweidimensionales Feld nur Platz verschwendet, würden wir gerne einen Weg finden, nur die von Null verschiedenen Terme zu speichern. Bestimmen Sie eine Adreßformel für die Elemente a_{ij}, so daß sie zeilenweise in einem Feld $b[n(n + 1)/2 - 1]$ gespeichert werden können, wobei $a[0][0]$ in $b[0]$ abgespeichert wird.

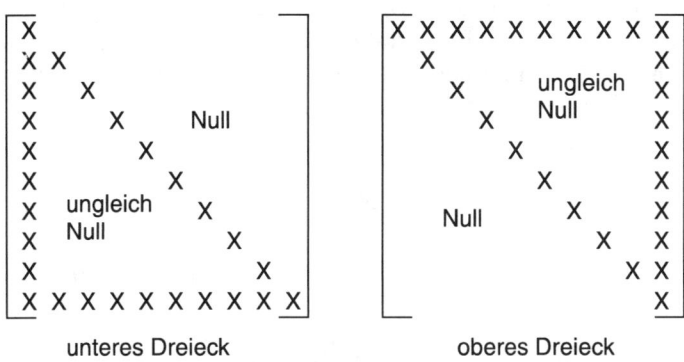

unteres Dreieck   oberes Dreieck

Abbildung 2.11: Untere und obere Dreiecksmatrizen

4. Seien a und b zwei untere Dreiecksmatrizen, jede mit n Zeilen. Die Gesamtzahl der Elemente der unteren Dreiecke ist $n(n + 1)$. Denken Sie sich ein Schema aus, um beide Dreiecke in einem Feld $d[n + 1][n]$ darzustellen. [Hinweis: Stellen sie das Dreieck von a im unteren Dreieck von d dar und die Transponierte b im oberen Dreieck von d.] Schreiben Sie einen Algorithmus, um die Werte von $a[i][j]$, $b[i][j]$, mit $0 \leq i$ und $j < n$ zu bestimmen.

5. Eine *Tridiagonal-Matrix* ist eine quadratische Matrix, in der alle Elemente, die nicht auf der Hauptdiagonalen und den benachbarten Nebendiagonalen liegen, Null sind (Abbildung 2.12). Die Elemente dieses Bandes der drei Diagonalen werden zeilenweise in dem Feld b dargestellt, wobei $a[0][0]$ in $b[0]$ abgespeichert wird. Bestimmen Sie einen Algorithmus, der den Wert von $a[i][j]$ mit $0 \leq i$ und $j < n$ aus dem Feld b errechnet.

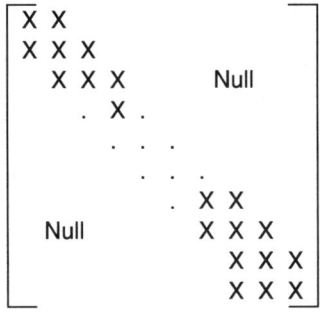

Abbildung 2.12: Tridiagonal-Matrix

6.   Eine *quadratische Bandmatrix* $D_{n,a}$ ist eine $n \times n$-Matrix, in der alle von Null
      verschiedenen Terme in einem Band, die Hauptdiagonale umgebend, liegen. Das
      Band enthält die Hauptdiagonale und $a - 1$ Diagonalen unter und über der
      Hauptdiagonalen (Abbildung 2.13).

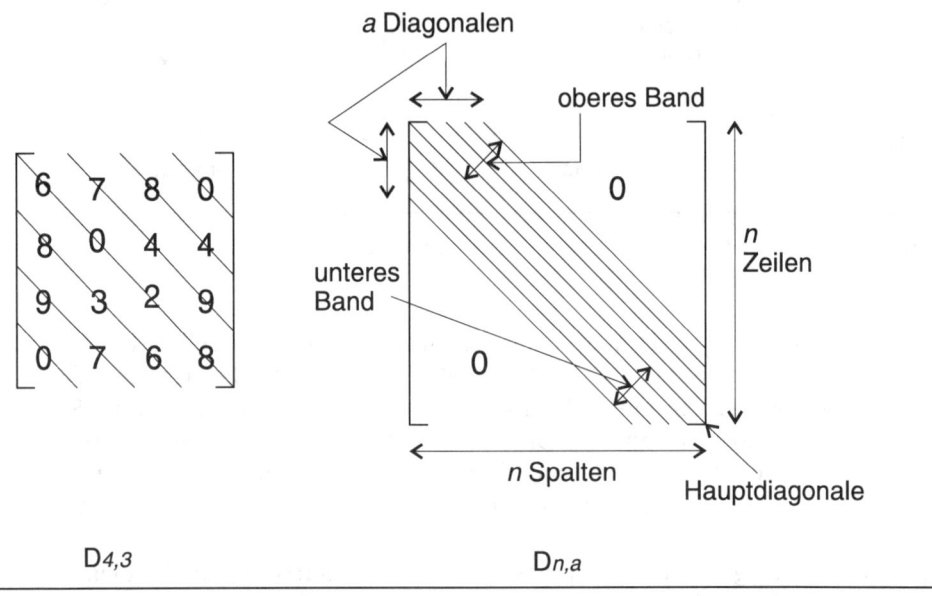

Abbildung 2.13: Quadratische Bandmatrix

(a)   Wieviele Elemente gibt es im Band von $D_{n,a}$?

(b)   Welche Beziehung haben i und j der Elemente $d_{i,j}$ im Band von $D_{n,a}$?

(c)   Angenommen, das Band von $D_{n,a}$ ist sequentiell im Feld b nach Diagonalen
       gespeichert, angefangen mit der obersten Diagonale. Beispielsweise hätte die
       Bandmatrix $D_{4,3}$ aus Abbildung 2.13 folgende Darstellung:

$b[0]$	$b[1]$	$b[2]$	$b[3]$	$b[4]$	$b[5]$	$b[6]$	$b[7]$	$b[8]$	$b[9]$	$b[10]$	$b[11]$	$b[12]$	$b[13]$
9	7	8	3	6	6	0	2	8	7	4	9	8	4
d_{20}	d_{31}	d_{10}	d_{21}	d_{32}	d_{00}	d_{11}	d_{22}	d_{33}	d_{01}	d_{12}	d_{23}	d_{02}	d_{13}

       Finden Sie eine Formel für den Ort eines Elements $d_{i,j}$ im unteren Band von
       $D_{n,a}$ (Ort $(d_{10}) = 2$ des obigen Beispiels).

7.   Eine *generalisierte Bandmatrix* $D_{n,a,b}$ ist eine Matrix, in der alle von Null
      verschiedenen Terme in einem Band liegen, das sich zwischen $a - 1$ Diagonalen
      unterhalb der Hauptiagonalen und $b - 1$ Diagonalen oberhalb der Hauptdiagonalen
      befindet (Abbildung 2.14).

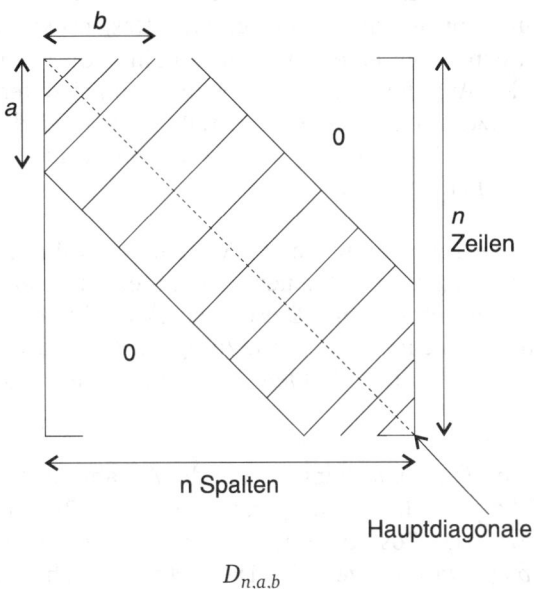

$D_{n,a,b}$

Abbildung 2.14: Generalisierte Bandmatrix

(a)   Wieviele Elemente befinden sich im Band von $D_{n,a,b}$?

(b)   Welche Beziehung herrscht zwischen den i und j der Elemente d_{ij} im Band von $D_{n,a,b}$?

(c)   Finden Sie eine sequentielle Darstellung des Bandes $D_{n,a,b}$ in einem eindimensionalen Feld e. Schreiben Sie für diese Darstellung die C-Funktion $value(n, a, b, i, j, e)$, die den Wert des Elements d_{ij} aus der Matrix $D_{n,a,b}$ bestimmt, wobei das Band von $D_{n,a,b}$ im Feld e gespeichert wird.

8.   Eine Matrix X mit komplexen Werten wird durch ein Matrizenpaar $<a, b>$ dargestellt, wobei a und b reelle Werte enthalten. Schreiben Sie eine Funktion, die das Produkt zweier komplexer Matrizen $<a, b>$ und $<d, e>$ bestimmt mit $<a, b> *$ $<d, e> = (a + ib) * (d + ie) = (ad - be) + i(ae + bd)$. Bestimmen Sie die Anzahl von Additionen und Multiplikationen für die $n \times n$-Matrizen.

9.   § [**Programmierprojekt**] Es gibt eine Gruppe von Problemen, die unter dem Namen "zufällige Irrfahrten" allgemein bekannt sind und sich ausdauernden Interesses der mathematischen Gemeinschaft erfreuen. Bis auf die einfachsten Vertreter sind diese Probleme im allgemeinen extrem schwer zu lösen und bleiben größtenteils unbearbeitet. Eines dieser Probleme kann man wie nachfolgend beschrieben:

Eine (betrunkene) Kakerlake wird auf eine quadratische Kachel inmitten eines quadratischen Raums mit $n \times m$ Kacheln gesetzt. Das Insekt wandert nun (möglicherweise auf der Suche nach einem Aspirin) zufällig von Kachel zu Kachel durch den Raum. Unter der Annahme, daß die Wahrscheinlichkeiten, eine der acht umgebenden Kacheln zu betreten, gleich verteilt ist (es sei denn, sie steht vor einer Wand), besteht die Frage darin, wie lange sie wohl braucht, um jede Kachel mindestens einmal zu betreten.

So schwierig dieses Problem mit reinen Mitteln der Wahrscheinlichkeitsrechnung zu lösen ist, so einfach ist es mit einem Computer zu lösen. Die dafür verwendete Technik nennt man "Simulation". Diese Technik wird in der Industrie weitverbreitet angewendet, um Verkehrsflüsse vorherzusagen, Bestandskontrollen durchzuführen und ähnliche Aufgaben. Das Problem kann durch die folgende Methode simuliert werden:

Es wird ein $n \times m$ Feld *count* benutzt, um die Anzahl der Besuche zu speichern, die unsere Kakerlake jeder Kachel abgestattet hat. Alle Zelleninhalte werden anfangs auf Null gesetzt. Die Position des Insekts auf dem Fußboden wird durch die Koordinate (*ibug, jbug*) dargestellt. Die acht möglichen Zugrichtungen werden durch die Kacheln an den Positionen (*ibug + imove[k]*, *jbug + jmove[k]*) mit $0 \leq k \leq 7$ dargestellt. Es ist:

$$imove[0] = -1 \quad jmove[0] = 1$$
$$imove[1] = 0 \quad jmove[1] = 1$$
$$imove[2] = 1 \quad jmove[2] = 1$$
$$imove[3] = 1 \quad jmove[3] = 0$$
$$imove[4] = 1 \quad jmove[4] = -1$$
$$imove[5] = 0 \quad jmove[5] = -1$$
$$imove[6] = -1 \quad jmove[6] = -1$$
$$imove[7] = -1 \quad jmove[7] = 0$$

Eine zufälliger Weg auf eine der acht benachbarten Kacheln wird durch die Zufallsgenerierung einer Zahl k zwischen 0 und 7 simuliert. Natürlich kann das Insekt nicht aus dem Raum heraus, deshalb werden die Werte, die zu Wänden führen, ignoriert und eine neue Zufallszahl gebildet. Jedesmal, wenn ein Quadrat betreten wird, setzt man dessen Zähler um eins hoch, so daß jede Zahl ungleich Null anzeigt, wie oft die Kakerlake die Kachel betreten hat. Wenn jede Kachel mindestens einmal aufgesucht wurde, sei das Experiment zu Ende.

Schreiben Sie ein Programm, das die angegebene Simulation ausführt. Ihr Programm <u>muß</u>

(a)   alle Werte von n und m mit $2 < n \leq 40$ und $2 \leq m \leq 20$ verarbeiten können,

(b)   das Experiment für (1) $n = 15$, $m = 15$, Startpunkt (10, 10) und (2) $n = 39$, $m = 19$ und Startpunkt (1, 1) durchführen können,

(c)   über ein Iterationslimit verfügen, d.h. einer maximalen Anzahl von Quadraten, die von dem Insekt insgesamt besucht werden können. Dies stellt ein Ende des Programms sicher. Eine Maximum von 50.000 ist für dieses Experiment angemessen.

Geben Sie für jedes Experiment (1) die Gesamtzahl der erlaubten Bewegungen der Kakerlake und (2) das endgültige Zählfeld aus. Dies wird die "Dichte" der Irrfahrt zeigen, also die Anzahl von Berührungen, die jede Kachel während des Experiments zu erleiden hatte. Olson stellte uns diese Übung zur Verfügung.

10.   §[**Programmierprojekt**] Das Schachbrett bietet einige Gelegenheiten zum Zeitvertreib, die mit dem Schachspiel oft wenig zu tun haben. Einige davon basieren auf dem ungewöhnlichen, "L"-förmigen Zug des Springers. Ein klassisches Problem ist das der "Rösselsprungreise", die seit Anfang des achtzehnten Jahrhunderts die Aufmerksamkeit der Mathematiker und Puzzle-Enthusiasten fesselt. Kurz gesagt besteht das Problem darin, den Springer, beginnend von einem beliebigen Anfangsfeld des Schachbretts, der Reihe nach jedes der 64 Felder genau einmal anspringen zu lassen. Üblicherweise wird die Lösung durch Plazierung der Zahlen $1, \cdots, 64$ in die Schachbrettfelder, in der Reihenfolge, in der sie aufgesucht wurden, dargestellt. Eine der genialeren Möglichkeiten zur Lösung des Problems der Springerreise wurde 1823 von J. C. Warnsdorff angegeben. Seine Regel behauptet, daß der Springer sich immer auf das Feld bewegen muß, von dem aus es die wenigsten Ausgänge zu noch nicht besuchten Feldern gibt.

Das Ziel dieses Programmierprojektes besteht in der Implementierung der Warnsdorffschen Regel. Die anschließenden Erörterungen werden leichter zu verstehen sein, wenn Sie zunächst einmal eine Lösung per Hand konstruieren, bevor Sie weiter lesen.

Entscheidend für die Lösung des Problems ist die Auswahl der Datendarstellung. Abbildung 2.15 zeigt ein Schachbrett als zweidimensionales Feld.

	0	1	2	3	4	5	6	7
0								
1								
2		7		0				
3	6				1			
4			S					
5	5				2			
6		4		3				
7								

Abbildung 2.15: Erlaubte Züge eines Springers

Die acht möglichen Züge eines Springers auf Feld $(4, 2)$ sind ebenfalls dargestellt. Allgemein kann sich ein Springer auf eines der Felder $(i-2, j+1)$, $(i-1, j+2)$, $(i+1, j+2)$, $(i+2, j+1)$, $(i+2, j-1)$, $(i+1, j-2)$, $(i-1, j-2)$, $(i-2, j-1)$ bewegen. Natürlich darf der Springer nicht vom Brett fallen, wenn sich (i, j) zu dicht am Rand befindet. Die acht möglichen Züge lassen sich leicht mit den beiden Feldern *ktmove*1 und *ktmove*2 beschreiben: (kt = knight = Springer im Schach)

*ktmove*1	*ktmove*2
−2	1
−1	2
1	2
2	1
2	−1
1	−2
−1	−2
−2	−1

Ein Springer bewegt sich dann von Position (i, j) auf $(i + ktmove1[k], j + ktmove2[k])$ mit k zwischen 0 und 7, vorausgesetzt, das Zielfeld liegt auf dem Brett. Nachfolgend ist ein Algorithmus zur Lösung der Rösselsprungreise unter Anwendung der Warnsdorffschen Regel angegeben. Die Darstellung der Daten wird wie in der vorhergehenden Übung angenommen.

(a)   [**Schachbrett initialisieren**] Setze für $0 \leq i, j \leq 7$ $board[i][j]$ auf 0.

(b)   [**Setze Startposition**] Lies und schreibe (i, j), und setze $board[i][j]$ auf 1.

(c)   [**Schleife**] Führe für $2 \leq m \leq 64$ die Schritte (d) bis (g) durch.

(d)   [**Bilde die Menge der möglichen nächsten Felder**] Prüfe jede der acht Felder, die einen Springerzug entfernt von (i, j) liegen, und bilde eine Liste der Möglichkeiten für das nächste Feld $(nexti[l], nextj[l])$. $npos$ sei die Anzahl der Möglichkeiten. (Das bedeutet, nach diesem Schritt liegen $nexti[l] = i + ktmove1[k]$ und $nextj[l] = j + ktmove2[k]$ für bestimmte Werte von k zwischen 0 und 7 vor. Einige der Felder $(i + ktmove1[k], j + ktmove2[k])$ mögen nicht erlaubt sein, da sie außerhalb des Schachbretts liegen, oder weil sie bereits vorher vom Springer besetzt worden waren, also eine von Null verschiedene Zahl enthalten. In jedem Fall wird $0 \leq npos \leq 8$ sein.)

(e)   [**Prüfe Spezialfälle**] Wenn $npos = 0$ ist, kommt die Springerreise zu einem vorzeitigen Ende; berichte den Fehlschlag und gehe zu Schritt (h). Wenn $npos = 1$ ist, dann gibt es nur einen möglichen nächsten Zug. Setze dann min auf 1, und gehe zu Schritt (g).

(f)   [**Finde das nächste Feld mit der Minimalzahl von Ausgängen**] Setze im Fall $1 \leq l \leq npos$ $exits[l]$ auf die Anzahl der Ausgänge des Feldes $(nexti[l], nextj[l])$, d.h. teste für jeden Wert von l jedes der nächsten Felder $(nexti[l] + ktmove1[k], nextj[l] + ktmove2[k])$, ob es einen Ausgang von $(nexti[l], nextj[l])$ darstellt, und zähle die Anzahl solcher Ausgänge in $exits[l]$. (Erinnern Sie sich daran, daß jedes Feld einen Ausgang darstellt, wenn es auf dem Schachbrett liegt und bisher noch nicht besetzt wurde.) Setzen Sie schließlich min auf den Ort der wenigsten Ausgänge. (Sollte es mehr als einen Minimalwert geben, soll min den ersten dieser Werte enthalten. Obwohl dies nicht eine Lösung garantiert, sind die Chancen zur Beendigung der Reise sehr gut.)

(g)   [**Bewege den Springer**] Setze $i = nexti[min]$, $j = nextj[min]$ und $board[i][j] = m$. Damit bedeutet (i, j) die nächste Position des Springers, und $board[i][j]$ zeichnet die Züge in der richtigen Reihenfolge auf.

(h)   [**Ausgabe**] Geben Sie das Brett mit der Lösung der Springerreise aus und beenden Sie den Algorithmus .

Schreiben Sie ein C-Programm für diesen Algorithmus! Diese Übung wurde von Legenhausen und Rebman gestellt.

KAPITEL 3

STAPEL UND WARTESCHLANGEN

3.1. DER ABSTRAKTE DATENTYP STAPEL

In diesem Kapitel werden wir uns mit zwei Datentypen beschäftigen, die in der Informatik oft vorkommen. Diese Datentypen, der Stapel und die Warteschlange, sind Spezialfälle des allgemeineren Datentyps *geordnete Liste*, den wir in Kapitel 2 besprochen haben. Erinnern Sie sich daran, daß $A = a_0, a_1, \cdots, a_{n-1}$ eine geordnete Liste mit $n \geq 0$ Elementen ist! Wir bezeichnen die a_i als *Atome* oder *Elemente*, die aus einer Grundmenge entnommen werden. Die Nulliste oder leere Liste, als () bezeichnet, enthält $n = 0$ Elemente. In diesem Abschnitt beginnen wir mit der Definition des ADT's *Stapel* und fahren mit seiner Implementierung fort. Im nächsten Abschnitt behandeln wir die Warteschlange.

Ein *Stapel* (*Stack*) ist eine geordnete Liste, in der Einfügen und Löschen nur an einem Ende, nämlich dem oberen (*top*) vorgenommen werden können. In einem Stapel $S = (a_0, \cdots, a_{n-1})$ nennen wir a_0 das unterste Element, a_{n-1} das oberste Element und a_i liegt über a_{i-1} ($0 < i < n$). Die Einschränkungen für den Stapel beinhalten, daß, wenn wir die Elemente A, B, C, D, E in dieser Reihenfolge zum Stapel hinzufügen, E das erste Element ist, das gelöscht wird. Abbildung 3.1 illustriert diese Abfolge von Operationen. Da das zuletzt hinzugefügte Element eines Stapels auch das erste zu entfernende Element ist, wird ein Stapel auch *LIFO*-Liste (*Last-In-First-Out*) genannt.

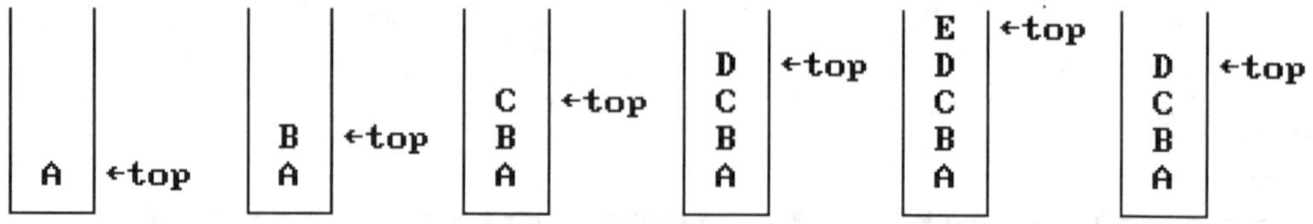

Abbildung 3.1: Einfügen und Löschen von Elementen in einem Stapel

Beispiel 3.1

[**Systemstapel**]: Bevor wir den ADT Stapel weiter untersuchen, betrachten wir einen speziellen Stapel, genannt Systemstapel, der von einem Programm während des Ablaufs zur Bearbeitung von Funktionsaufrufen benutzt wird. Sobald eine Funktion aufgerufen wird, erzeugt das Programm eine Struktur, genannt *activation record* oder *Stapelrahmen* (*stack frame*), und legt diesen auf den Systemstapel. Anfangs enthält der Stapelrahmen der aufgerufenen Funktion nur einen Zeiger auf den vorherigen Stapelrahmen und ihre Rücksprungadresse. Der Zeiger des vorherigen Stapelrahmens zeigt auf den Stapelrahmen der aufrufenden Funktion, während die Rücksprungadresse den Ort der Anweisung enthält, die nach Ende der Funktion ausgeführt werden soll. Da zu jeder Zeit nur eine Funktion ausgeführt wird, wird die Funktion ausgewählt, deren Stapelrahmen oben auf dem Systemstapel liegt. Sollte diese Funktion wiederum eine andere Funktion aufrufen, werden die lokalen Variablen, außer den als statisch deklarierten, sowie die Parameter der aufgerufenen Funktion zum Stapelrahmen hinzugefügt. Sodann wird für die neu aufgerufene Funktion ein neuer Stapelrahmen erzeugt und oben auf dem Systemstapel abgelegt. Wenn diese Funktion endet, wird ihr Stapelrahmen entfernt und die aufrufende Funktion, die sich nun wieder oben auf dem Stapel findet, wird weiter bearbeitet. Ein einfaches Beispiel soll diesen Prozeß illustrieren. (Wir verweisen den Leser, der an einer detaillierteren Diskussion über Stapelrahmen interessiert ist, auf Holub's Buch über Compilerdesign, das in dem Abschnitt 'Literatur und ausgewählte Referenzen' erwähnt ist.)

Angenommen, wir hätten ein Hauptprogramm, das eine Funktion $a1$ aufruft. Abbildung 3.2(a) zeigt den Systemstapel vor dem Aufruf von $a1$, Abbildung 3.2(b) zeigt ihn nach dem Aufruf. Der Rahmenzeiger *fp* (*frame pointer*) ist ein Zeiger auf den aktuellen Stapelrahmen. Das System unterhält außerdem einen getrennten Stapelzeiger *sp*, der aber nicht abgebildet ist.

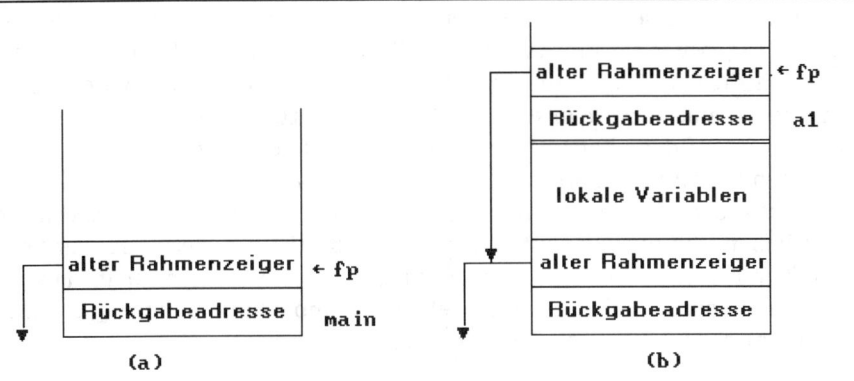

Abbildung 3.2: Systemstapel vor und nach Funktionsaufruf

Da alle Funktionen im Systemstapel gleich gespeichert werden, macht es keinen Unterschied, wenn die aufrufende Funktion sich selbst aufruft. Das bedeutet, rekursive Aufrufe erfordern keine spezielle Strategie, das Programm erzeugt zur Laufzeit einfach für jeden rekursiven Aufruf einen neuen Stapelrahmen. Allerdings kann Rekursion einen beträchtlichen Anteil des für den Systemstapel angelegten Speicherplatzes in Anspruch nehmen, ja sie kann sogar den gesamten verfügbaren Speicher belegen. □

Aus unseren Betrachtungen zum Systemstapel folgen einige Operationen, die in unserer ADT-Spezifikation enthalten sein sollten (Struktur 3.1).

Struktur *Stack* ist
    Objekte: Eine endliche geordnete Liste mit null oder mehr Elementen.
    Funktionen:
        Für alle *stack* ∈ *Stack, item* ∈ *element, max_stack_size* ∈ *positive Integer*
        Stack CreateS(*max_stack_size*) ::=
                Erzeuge einen leeren Stapel, dessen maximale Größe
                max_stack_size ist.
        Boolsch IsFull(*stack, max_stack_size*) ::=
                if (Anzahl der Elemente in *stack* == *max_stack_size*)
                return *TRUE*
                else return *FALSE*
        Stack Add(*stack, item*) ::=
                if (IsFull(*stack*)) *stack_full*
                else Lege *item* auf den *stack* und gib *stack* zurück.
        Boolsch IsEmpty(*stack*) ::=
                if (*stack* == CreateS(*max_stack_size*))
                return *TRUE*
                else return *FALSE*
        Element Delete(*stack*) ::=
                if (IsEmpty(*stack*)) **return**
                else entferne und übergebe das oberste Element von *stack*.

Struktur 3.1: Abstrakter Datentyp *Stack* (Stapel)

Der einfachste Weg, diesen ADT zu implementieren, besteht im Einsatz eines eindimensionalen Feldes, sagen wir *stack*[*MAX_STACK_SIZE*], wobei *MAX_STACK_SIZE* die maximale Anzahl der Einträge ist. Das erste oder unterste Element des Stapels wird in *stack*[0], das zweite in *stack*[1] und das *i-te* in *stack*[*i* – 1] gespeichert. Mit diesem Feld assoziiert ist die Variable *top*, die auf das oberste Element des Stapels zeigt. Anfangs wird *top* auf –1 gesetzt, um einen leeren Stapel anzuzeigen. Mit dieser Darstellung können wir die Operationen aus Struktur 3.1 wie folgt implementieren. Beachten Sie, daß wir *element* als Struktur spezifiziert haben, die nur aus einem *key* Feld besteht! Normalerweise würden wir keine Struktur mit nur einem Feld erzeugen. Wir benutzen jedoch *element* in diesem und den weiteren Kapiteln als Schablone, dessen Felder zur Anpassung an unsere jeweilige Anwendung erweitert oder modifiziert werden können.

Stack CreateS(*max_stack_size*) ::=

```
#define MAX_STACK_SIZE 100 /* Maximale Stapelgröße */
typedef struct {
        int key;
        /* andere Felder */
        } element;
element stack[MAX_STACK_SIZE];
int top = -1;
```

Boolsch IsEmpty(*Stack*) ::= top < 0;
Boolsch IsFull(*Stack*) ::= top >= MAX_STACK_SIZE-1;

Die Operationen *IsEmpty* und *IsFull* sind einfach, und wir werden sie direkt in den Funktionen *add* (Programm 3.1) und *delete* (Programm 3.2) implementieren. In jeder dieser Funktionen wird die Spitze des Stapels als Parameter übergeben. Der Stapel selbst wird global und "versteckt" gehalten, um das Konzept, den Stapel nur durch den Zeiger auf die Spitze anzusprechen, zu verstärken. Die Funktionen sind kurz und benötigen nur wenig Erklärung. Funktion *add* fragt, ob der Stapel voll ist. Wenn das der Fall ist, wird *stack_full* aufgerufen. Obwohl wir *stack_full* nicht implementiert haben, sollte diese Funktion zumindest eine Fehlermeldung auf der Standardausgabe für Fehler (*stderr*) schreiben. Wenn der Stapel nicht voll ist, wird *top* um eins erhöht und *item* zum Stapel hinzugefügt. Die Implementierung der Löschoperation (*delete*) verläuft analog der *add* Operation. Zum Löschen sollte die Funktion *stack_empty* eine Fehlermeldung ausgeben und ein Element vom Typ *element* mit einem *key*-Feld, das den Fehlercode enthält, zurückgeben. Typische Funktionsaufrufe wären dann *add(&top, item);* und *item = delete(&top);*. Beachten Sie, daß in beiden Funktionsaufrufen die Adresse von *top* übergeben wird! Würden wir das nicht tun, so würde das Hauptprogramm die Änderungen von *top* durch *add* oder *delete* nicht registrieren.

```
void add(int *top, element item)
{
/* Lege ein Element item auf den globalen Stapel */
    if (*top >= MAX_STACK_SIZE-1) {
        stack_full();
        return;
    }
    stack[++*top] = item;
}
```

Programm 3.1: Hinzufügen zu einem Stapel

```
element delete(int *top)
{
/* Gib das oberste Element des Stapels zurück */
    if (*top == -1)
        return stack_empty(); /* Gibt Fehlercode zurück */
    return stack[(*top)--];
}
```

Programm 3.2: Löschen von einem Stapel

Übungen

1. Implementieren Sie die Funktionen *stack_empty* und *stack_full*.

2. Nehmen Sie die Abbildungen 3.1 und 3.2 als Beispiel, und zeigen Sie den Status des Systemstapels nach jedem Funktionsaufruf der iterativen und rekursiven Version zur Berechnung der Binomialkoeffizienten (Übung 9, Abschnitt 1.2). Sie brauchen den Stapelrahmen selbst nach jedem Aufruf nicht zu zeigen. Fügen Sie einfach den Funktionsnamen zum Stapel hinzu, um seinen Aufruf anzuzeigen, und löschen Sie ihn nach Beendigung.

3. Die Fibonacci-Reihe ist: 0, 1, 1, 2, 3, 5, 8, 13, 21, 34, $\cdots$

   Sie ist definiert als $F_0 = 0$, $F_1 = 1$, und $F_i = F_{i-1} + F_{i-2}$, für $i \geq 2$.

   Schreiben Sie eine rekursive Funktion *fibon(n)*, welche die *n*-te Fibonacci-Zahl ausgibt. Zeigen Sie den Status des Systemstapels für den Aufruf von *fibon*(4) (siehe Übung 2). Was können Sie über die Effizienz dieser Funktion sagen?

4. Nehmen Sie das Weichennetz einer Eisenbahn wie in Abbildung 3.3 an. Die Eisenbahnwaggons mit den Nummern $0, 1, \cdots, n-1$ befinden sich rechts. Jeder Waggon wird in den Stapel (nach unten) gefahren und kann jederzeit wieder entnommen werden. Ist zum Beispiel $n = 3$, so können wir die 0, die 1 und die 2 einfügen und dann die Wagen wieder herausnehmen, was zur Reihenfolge 2, 1, 0 führt. Welche möglichen Permutationen ergeben sich für $n = 3$ und $n = 4$? Gibt es nicht zu realisierende Permutationen?

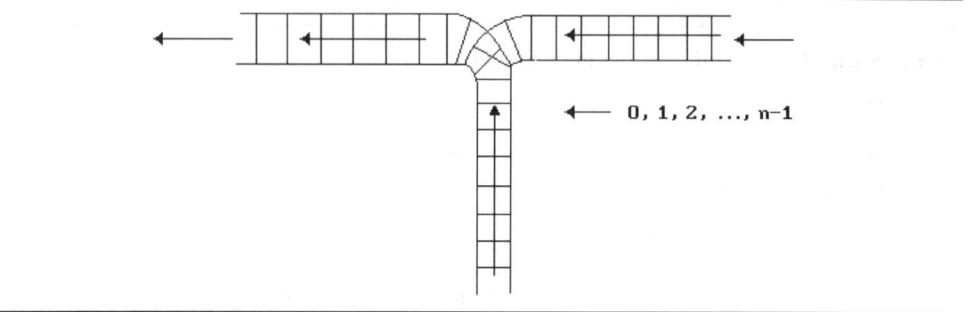

Abbildung 3.3: Weichennetz einer Eisenbahn

3.2. DER ABSTRAKTE DATENTYP WARTESCHLANGE

Eine *Warteschlange* (*queue*) ist eine geordnete Liste, in der alle Einfügungen an einem Ende und alle Löschungen am entgegengesetzten Ende stattfinden. In der Warteschlange $Q(a_0, a_1, \cdots, a_{n-1})$ ist a_0 das vorderste Element, a_{n-1} das hinterste Element und a_{i+1} befindet sich hinter a_i mit $0 \leq i < n - 1$. Die Einschränkungen der Warteschlange bedeuten, daß bei Einfügen von A, B, C, D in eben dieser Reihenfolge, A das erste Element ist, das aus der Warteschlange gelöscht wird. Abbildung 3.4 illustriert die Reihenfolge dieser Vorgänge. Da das zuerst eingefügte Element auch das zuerst gelöschte Element ist, werden Warteschlangen auch *FIFO*-Listen (*First-In-First-Out*) genannt. Die ADT-Spezifikation einer Warteschlange erscheint in Struktur 3.2.

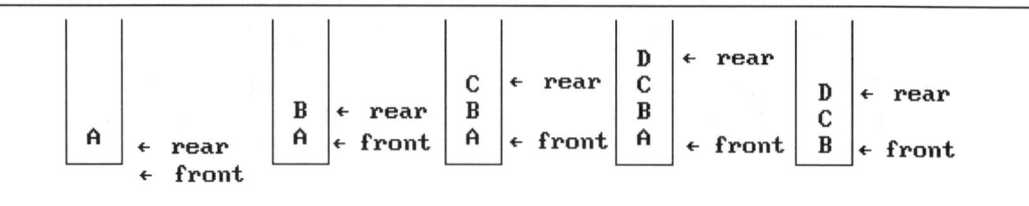

Abbildung 3.4: Einfügen und Löschen von Elementen in einer Warteschlange

Struktur *Queue* ist
    Objekte: Eine endliche geordnete Liste mit null oder mehr Elementen.
    Funktionen:
        Für alle *queue* ∈ *Queue*, *item* ∈ *element*, *max_queue_size* ∈ *positive Integer*
        Queue CreateQ(*max_queue_size*) ::=
                Erzeuge eine leere Warteschlange, deren maximale Größe
                max_queue_size ist.
        Boolsch IsFullQ(*queue, max_queue_size*) ::=
                if (Anzahl der Elemente in *queue* == *max_queue_size*)
                return *TRUE*
                else return *FALSE*
        Queue AddQ(*queue, item*) ::=
                if (IsFullQ(*queue*)) *queue_full*
                else füge *item* an das Ende von *queue* an und gib *queue* zurück.
        Boolsch IsEmptyQ(*queue*) ::=
                if (*queue* == CreateQ(*max_queue_size*))
                return *TRUE*
                else return *FALSE*
        Element DeleteQ(*queue*) ::=
                if (IsEmptyQ(*queue*)) **return**
                else entferne und übergebe das erste element von *queue*.

Struktur 3.2: Abstrakter Datentyp *Queue* (Warteschlange)

Die sequentielle Darstellung einer Warteschlange ist schwieriger als die des Stapels. Der einfachste Weg besteht in der Verwendung eines eindimensionalen Feldes und den zwei Variablen *front* und *rear* (Anfang und Ende). Mit dieser Darstellung definieren wir die Operationen der Warteschlange aus Struktur 3.2 wie folgt:

Queue CreateQ(*max_queue_size*) ::=

```
#define MAX_QUEUE_SIZE 100
/* Maximale Größe der Warteschlange */
        typedef struct {
                int key;
                /* andere Felder */
                } element;
    element queue[MAX_QUEUE_SIZE];
    int rear = -1;
    int front = -1;
```

Boolsch IsEmptyQ(*queue*) ::= front == rear;
Boolsch IsFullQ(*queue*) ::= rear == MAX_QUEUE_SIZE-1;

Da die Funktionen *IsEmptyQ* und *IsFullQ* wiederum sehr einfach sind, werden sie auch direkt in den Funktionen *addq* (Programm 3.3) und *deleteq* (Programm 3.4) implementiert. Diese Funktionen sind in ihrer Struktur denen von *add* und *delete* für Stapel sehr ähnlich. Während jedoch der Stapel die Variable *top* sowohl in *add* als auch in *delete* benutzt, erhöht die Warteschlange *rear* in *addq* und *front* in *deleteq*. Typische Funktionsaufrufe lauten dann *addq(rear, item);* und *item = deleteq(&front, rear);*. Beachten Sie, daß im Aufruf von *addq* die Adresse von *rear* übergeben wird, damit die Änderung von *rear* auch permanent ist! Aus demselben Grund wird auch im Aufruf von *deleteq* die Adresse von *front* übergeben. Die Adresse von *rear* wird nicht übergeben, da dieser Wert nicht geändert wird. Allerdings wird *rear* benutzt, um zu prüfen, ob die Warteschlange leer ist.

```
void addq(int *rear, element item)
{
/* Füge ein Element item zur Warteschlange hinzu */
    if (*rear == MAX_QUEUE_SIZE-1) {
        queue_full();
        return;
    }
    queue[++*rear] = item;
}
```

Programm 3.3: Hinzufügen zu einer Warteschlange

```
element deleteq(int *front, int rear)
{
/* Entferne ein Element vom Anfang der Warteschlange */
    if (*front == rear)
        return queue_empty(); /*return an error key */
    return queue[++*front];
}
```

Programm 3.4: Löschen aus einer Warteschlange

Die sequentielle Darstellung einer Warteschlange birgt einige Fallgruben, wie es am besten durch ein Beispiel gezeigt wird.

Beispiel 3.2

[Abwicklung von Jobs]: Warteschlangen werden oft in der Computerprogrammierung eingesetzt, und ein typisches Beispiel besteht in der Behandlung mehrerer Jobs (eigenständige Aufgaben oder Programme) als Warteschlange durch das Betriebssystem. Wenn das Betriebssystem nicht mit einer Prioritätensteuerung arbeitet, werden die Jobs in der Reihenfolge behandelt, wie sie im System eintreffen. Abbildung 3.5 zeigt, wie ein Betriebssystem Jobs behandeln könnte, wenn es eine sequentielle Darstellung der Warteschlange benutzt.

front	rear	Q[0]	Q[1]	Q[2]	Q[3]	Kommentar
-1	-1					Warteschlange ist leer
-1	0	J1				Job 1 wird hinzugefügt
-1	1	J1	J2			Job 2 wird hinzugefügt
-1	2	J1	J2	J3		Job 3 wird hinzugefügt
0	2		J2	J3		Job 1 wird gelöscht
1	2			J3		Job 2 wird gelöscht

Abbildung 3.5: Einfügen und Löschen aus einer sequentiellen Warteschlange

Es sollte klar sein, daß mit dem Eintreten und Verlassen von Jobs in das System, die Warteschlange Stück für Stück nach rechts verschoben wird. Das bedeutet, daß der Index *rear* möglicherweise den Wert *MAX_QUEUE_SIZE* – 1 erreicht und damit eine volle Warteschlange anzeigt. In diesem Fall sollte *queue_full* die gesamte Warteschlange nach links verschieben, so daß das erste Element sich wieder an *queue*[0] findet und *front* auf –1 gesetzt wird. Auch sollte *rear* neu berechnet und auf seine korrekte Position gerückt werden. Jedoch ist die Verschiebung eines Feldes sehr zeitaufwendig, besonders wenn es viele Elemente enthält. Tatsächlich hat *queue_full* im schlechtesten Fall die Komplexität O(*MAX_QUEUE_SIZE*). □

Wir können aber eine viel effizientere Darstellung von Warteschlangen erhalten, wenn wir das Feld *queue*[*MAX_QUEUE_SIZE*] als zirkulär ansehen. In dieser Darstellung initialisieren wir *front* und *rear* besser auf 0 als auf –1. Der Index *front* zeigt immer auf das Element unmittelbar vor dem Anfang der Warteschlange. Der Index *rear* zeigt auf das momentane Ende der Warteschlange. Die Warteschlange ist genau dann leer, wenn *front* = *rear*. Abbildung 3.6 zeigt leere und nichtleere zirkuläre Warteschlangen für *MAX_QUEUE_SIZE* = 6; Abbildung 3.7 zeigt zwei volle. Obwohl diese noch Platz für ein Element hätten, würde das Hinzufügen zu *front* = *rear* führen, und wir könnten nicht mehr zwischen einer vollen und einer leeren Warteschlange unterscheiden. Also übernehmen wir die Konvention, daß eine zirkuläre Warteschlange der Größe *MAX_QUEUE_SIZE* höchstens *MAX_QUEUE_SIZE* – 1 Elemente enthalten darf.

Leere Warteschlange

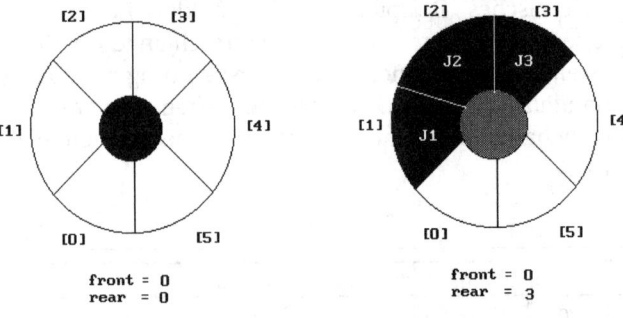

Abbildung 3.6: Leere und nichtleere zirkuläre Warteschlangen

Volle Warteschlange   Volle Warteschlange

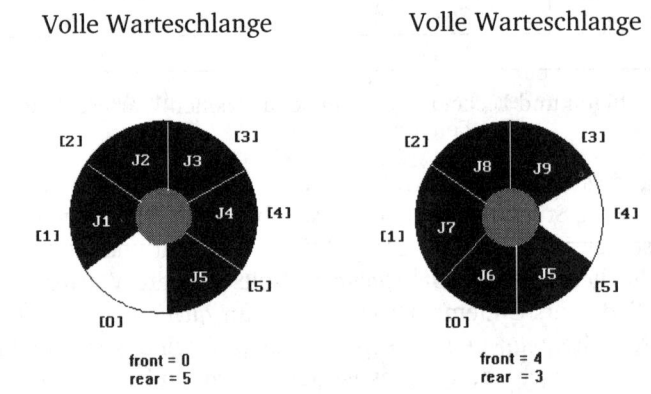

Abbildung 3.7: Volle zirkuläre Warteschlangen

Die Implementierung von *addq* und *deleteq* für zirkuläre Warteschlangen ist etwas schwieriger, da wir die zirkuläre Rotation sicher stellen müssen. Dies erreicht man mit dem Modulus-Operator. Die zirkuläre Rotation des Index *rear* in *addq* (Programm 3.5) geschieht in der Anweisung:

$$*rear = (*rear+1) \% MAX\_QUEUE\_SIZE;$$

Beachten Sie, daß wir *rear* rotieren, bevor wir das Element in *queue*(*rear*) schreiben! Genau so wird in *deleteq* (Programm 3.6) *front* rotiert mit der Anweisung:

$$*front = (*front+1) \% MAX\_QUEUE\_SIZE;$$

woraufhin das Element entfernt wird.

```
void addq(int front, int *rear, element item)
{
/* Füge ein Element zur Warteschlange hinzu */
    *rear = (*rear+1) % MAX_QUEUE_SIZE;
    if (front == *rear) {
        queue_full(rear);
                    /* Setze rear zurück und gib Fehler aus*/
        return;
    }
    queue[*rear] = item;
}
```

Programm 3.5: Hinzufügen zu einer zirkulären Warteschlange

```
element deleteq(int *front, int rear)
{
    element item;
    /* Lösche das vorderste Element aus der Warteschlange
                    und gib es zurück */
        if (*front == rear)
            return queue_empty(); /* queue_empty gibt den
                            Fehlercode zurück */
        *front = (*front+1) % MAX_QUEUE_SIZE;
        return queue[*front];
}
```

Programm 3.6: Löschen aus einer zirkulären Warteschlange

Wie sie sehen, ist der Test auf eine volle Warteschlange in *addq* und der Test auf eine leere Warteschlange in *deleteq* derselbe. Allerdings ist im Fall von *addq*, wenn *front* = $*$ *rear* errechnet und für wahr befunden wird, immer noch ein Platz (*queue*[*rear*]) frei, da das erste Element in der Warteschlange nicht auf *queue*[*front*], sondern eine Position weiter im Uhrzeigersinn sitzt. Wie schon zuvor erwähnt, können wir nicht zwischen vollen und leeren Warteschlangen unterscheiden, wenn wir den letzten Platz besetzen, da dann *front* gleich *rear* wird. Um das zu vermeiden, signalisieren wir *queue_full* und erlauben so grundsätzlich nur ein Maximum von *MAX_QUEUE_SIZE* – 1 anstatt *MAX_QUEUE_SIZE* Elementen in der Warteschlange. Die Implementierung von *queue_full* wird zur Übung überlassen.

Die Funktionen *queue_full* und *queue_empty* wurden ohne weitere Erläuterung angewendet. Ihre Implementierung hängt von der jeweiligen Anwendung ab. Besteht die Absicht darin, weiter fortzufahren und als nächstes ein Element zu löschen, so sollte *queue_full* den Zeiger auf *rear* auf seinen letzten Wert zurücksetzen. Wir haben diese Strategie in unserem Aufruf von *queue_full* so vorgeschlagen. Auf ähnliche Weise sollte *queue_empty* ein Element *item* zusammen mit einem Fehlercode zurückgeben, der vom Hauptprogramm weiter verarbeitet wird.

ÜBUNGEN

1. Implementieren Sie die Funktionen *queue_full* und *queue_empty* für die nicht-zirkuläre Warteschlange.

2. Implementieren Sie die Funktionen *queue_full* und *queue_empty* für die zirkuläre Warteschlange.

3. Erzeugen Sie unter Benutzung der nichtzirkulären Implementierung eine Serie von Hinzufügen und Löschen, die für jedes Hinzufügen die Zeit O(*MAX_QUEUE_SIZE*) benötigt. (Hinweis: Beginnen Sie mit einer vollen Warteschlange.)

4. Eine doppelt endende Warteschlange (DEW) (dequeue = double-ended-queue) ist eine lineare Liste, in der das Hinzufügen und Löschen an beiden Enden erlaubt ist. Entwerfen Sie eine Darstellung der Daten einer DEW unter Einsatz eines eindimensionalen Felds. Schreiben Sie Funktionen, die Elemente an einem beliebigen Ende einer DEW hinzufügen und löschen.

5. Wir können eine lineare Liste zirkulär in einem Feld *circle*[*MAX_SIZE*] halten. Wir bauen die Indizes *front* und *rear* ähnlich auf wie in der zirkulären Warteschlange.

    (a) Gelangen Sie zu einer Formel für die Anzahl der Elemente in der Liste unter Verwendung von *front*, *rear* und *MAX_SIZE*.

    (b) Schreiben Sie eine Funktion, die das *k*-te Element der Liste löscht.

    (c) Schreiben Sie eine Funktion, die das Element *item* direkt hinter dem *k*-ten Element einfügt.

    (d) Wie sind die Zeitkomplexitäten Ihrer Funktionen aus (b) und (c)?

3.3. EIN LABYRINTHPROBLEM

Labyrinthe waren für viele Jahre ein faszinierendes Problem. Experimentelle Psychologen trainieren Ratten, in Labyrinthen nach Futter zu suchen, und so manche Kriminalroman-autoren lassen ihre Morde gerne in einem englischen Gartenlabyrinth geschehen. Auch wir interessieren uns für Labyrinthe, da sie eine nette Anwendung für Stapel darstellen. In diesem Abschnitt entwickeln wir ein Programm, das ein Labyrinth (maze) durchläuft. Obwohl dieses Programm viele falsche Wege geht, bevor es den richtigen findet, kann es das Labyrinth sofort richtig durchlaufen, wenn es den Weg einmal gefunden hat.
Bei der Erstellung des Programms stellt sich zuerst die Aufgabe der Darstellungsart des Labyrinths. Die sich anbietende Wahl besteht in einem zweidimensionalen Feld, in dem Nullen die offenen Wege und Einsen die geschlossenen darstellen. Abbildung 3.8 zeigt ein einfaches Labyrinth. Wir nehmen an, die Ratte startet oben links und soll rechts unten

herauskommen. In der Darstellung als zweidimensionales Feld kann der Aufenthaltsort der Ratte jederzeit durch die Position in der Reihe und Spalte angegeben werden. X markiere den Ort des momentanen Aufenthalts in *maze*[*row*][*col*]; Abbildung 3.9 zeigt die möglichen Bewegungen von dieser Position aus. Wir benutzen zur Angabe der acht möglichen Bewegungsrichtungen die Kompaßwerte: Nord, Nordost, Ost, Südost, Süden, Südwest, Westen und Nordwesten oder kurz (in Anlehnung an die englischen Bezeichnungen) N, NE, E, SE, S, SW, W, NW.

```
Eingang →  0  1  0  0  0  1  1  0  0  0  1  1  1  1  1
           1  0  0  0  1  1  0  1  1  1  0  0  1  1  1
           0  1  1  0  0  0  0  1  1  1  1  0  0  1  1
           1  1  0  1  1  1  1  0  1  1  0  1  1  0  0
           1  1  0  1  0  0  1  0  1  1  1  1  1  1  1
           0  0  1  1  0  1  1  1  0  1  0  0  1  0  1
           0  1  1  1  1  0  0  1  1  1  1  1  1  1  1
           0  0  1  1  0  1  1  0  1  1  1  1  1  0  1
           1  1  0  0  0  1  1  0  1  1  0  0  0  0  0
           0  0  1  1  1  1  1  0  0  0  1  1  1  1  0
           0  1  0  0  1  1  1  1  1  0  1  1  1  1  0   → Ausgang
```

Abbildung 3.8: Ein Beispiellabyrinth

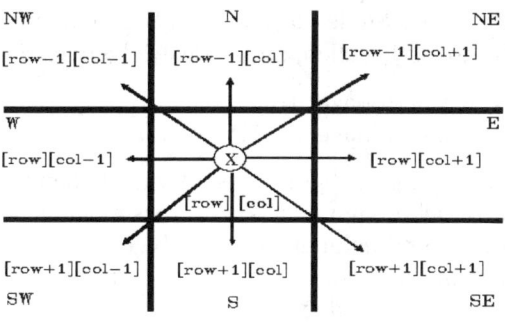

Abbildung 3.9: Erlaubte Züge

Wir müssen natürlich vorsichtig sein, da nicht jede Position über acht Nachbarn verfügt. Wenn [*row, col*] sich am Rand befindet, existieren weniger als acht, möglicherweise nur drei Nachbarn. Um die Prüfung dieser Randbedingungen zu vermeiden, können wir das Labyrinth auch mit einem Rahmen aus Einsen umgeben. So wird dann ein $m \times p$-Labyrinth ein $(m + 2) \times (p + 2)$-Feld erfordern. Der Eingang ist an der Stelle [1][1] und der Ausgang an [*m*][*p*].

Ein weiteres Hilfsmittel zur Vereinfachung des Problems besteht in der Vordefinition der erlaubten Züge in einem Feld *move* wie in Abbildung 3.10, die aus Abbildung 3.9 entstand.

Name	Richtung	*move[dir].vert*	*move[dir].horiz*
N	0	-1	0
NE	1	-1	1
E	2	0	1
SE	3	1	1
S	4	1	0
SW	5	1	-1
W	6	0	-1
NW	7	-1	-1

Abbildung 3.10: Tabelle der Bewegungen

Wir benutzen die Zahlen 0 bis 7, um die acht möglichen Richtungen zu repräsentieren. Für jede Richtung geben wir die horizontale und vertikale Verschiebung an. Die C-Deklarationen hierfür sind:

```
typedef struct {
            short int vert;
            short int horiz;
            } offsets;
offsets move[8]; /* Feld der acht möglichen Züge */
```

Wir nehmen an, *move* werde entsprechend der Daten in Abbildung 3.10 initialisiert. Das bedeutet, wenn wir uns an der Stelle *maze*[*row*][*col*] befinden und den Ort des nächsten Zuges *maze*[*next_row*][*next_col*] suchen, müssen wir folgendes rechnen:

```
next_row = row + move[dir].vert;
next_col = col + move[dir].horiz;
```

Wenn wir uns so durch das Labyrinth bewegen, haben wir die Wahl zwischen verschiedenen Bewegungsrichtungen. Da wir die beste Wahl nicht kennen, sichern wir unsere momentane Position und nehmen eine beliebige Richtung. Das Sichern erlaubt uns die Rückkehr, falls wir uns auf einem hoffnungslosen Weg befinden. Wir prüfen die möglichen Wege, beginnend im Norden, im Uhrzeigersinn. Da wir keinen vorherigen Weg noch einmal nehmen wollen, verwenden wir ein zweites zweidimensionales Feld *mark*, um die bereits untersuchten Labyrinthpositionen zu speichern. Dieses Feld wird anfangs auf Null gesetzt. Haben wir eine Position *maze*[*row*][*col*] aufgesucht, markieren wir *mark*[*row*][*col*] mit einer Eins. Programm 3.7 ist unser erster Versuch, einen Algorithmus zur Labyrinthdurchquerung anzugeben. *EXIT_ROW* und *EXIT_COL* geben die Koordinaten des Ausgangs an.

```
Initialisiere einen Stapel auf die Koordinaten des Eingang des
Labyrinths und der Richtung Norden;
while (Stapel ist nicht leer) {
    /* Gehe auf die Spitze des Stapels */
    <row,col,dir> = Lösche die Spitze des Stapels;
    while (es andere Bewegungsrichtungen von hier aus gibt) {
        <next_row, next_col> = Koordinaten des nächsten Zuges;
        dir = Richtung des Zuges;
        if ((next_row == EXIT_ROW) && (next_col == EXIT_COL))
            Erfolg;
        if (maze[next_row][next_col] == 0 &&
                      mark[next_row][next_col] == 0) {
        /* Erlaubter Zug und auch noch nicht dort gewesen */
            mark[next_row][next_col] = 1;
            /* Sichere die momentane Position und Richtung */
            add <row,col,dir> oben auf den Stapel;
            row = next_row;
            col = next_col;
            dir = north;
        }
    }
}
printf("Keinen Weg gefunden\n");
```

Programm 3.7: Erster Labyrinthalgorithmus

Obwohl der Algorithmus das wesentliche Vorgehen beschreibt, müssen doch noch einige Teilaufgaben gelöst werden. Unser erstes Anliegen gilt der Darstellung des Stapels. Die Untersuchung von Programm 3.7 zeigt, daß die Stapelfunktionen aus Abschnitt 3.2 richtig arbeiten werden, wenn *element* wie folgt neu definiert wird:

```
#define MAX_STACK_SIZE 100 /*Maximale Stapelgröße*/
typedef struct {
            short int row;
            short int col;
            short int dir;
            } element;
element stack[MAX_STACK_SIZE];
```

Außerdem brauchen wir eine vernünftige Grenze für die Stapelgröße. Da jeder Ort des Labyrinths höchstens einmal besucht wird, genügt es, wenn der Stapel nur so viele Positionen hat, wie Nullen im Labyrinth sind. Das Labyrinth aus Abbildung 3.11 hat nur einen Weg vom Eingang zum Ausgang. Bei der Suche nach dem richtigen Weg werden sich alle Positionen (außer dem Ausgang) mit dem Wert Null am Ende des Weges auf dem Stapel befinden. Da ein $m \times p$-Labyrinth höchstens mp Nullen enthalten kann, genügt es, wenn der Stapel über genau diese Kapazität verfügt.

$$\begin{bmatrix} 0 & 0 & 0 & 0 & 0 & 1 \\ 1 & 1 & 1 & 1 & 1 & 0 \\ 1 & 0 & 0 & 0 & 0 & 1 \\ 0 & 1 & 1 & 1 & 1 & 1 \\ 1 & 0 & 0 & 0 & 0 & 1 \\ 1 & 1 & 1 & 1 & 1 & 0 \\ 1 & 0 & 0 & 0 & 0 & 1 \\ 0 & 1 & 1 & 1 & 1 & 1 \\ 1 & 0 & 0 & 0 & 0 & 0 \end{bmatrix}$$

Abbildung 3.11: Einfaches Labyrinth mit einem langen Weg

Programm 3.8 enthält den endgültigen Algorithmus zur Labyrinthsuche. Wir gehen davon aus, daß die Felder *maze*, *mark*, *move* und *stack* sowie die Konstanten *EXIT_ROW*, *EXIT_COL*, *TRUE* und *FALSE* und die Variable *top* global deklariert sind. Beachten Sie, daß *path* eine Variable *found* benutzt, die anfangs auf Null (d.h. *FALSE*) gesetzt ist! Wenn wir einen Weg durch das Labyrinth gefunden haben, wird diese Variable auf *TRUE* gesetzt, um die beiden **while**-Schleifen elegant zu verlassen.

```
void path(void)
{
/* Gib den Weg durch das Labyrinth aus, falls es einen gibt */
    int i, row, col, next_row, next_col, dir, found = FALSE;
    element position;
    mark[1][1] = 1; top = 0;
    stack[0].row = 1;  stack[0].col = 1;  stack[0].dir = 2;
    while (top > -1 && !found) {
        position = delete(&top);
        row = position.row;  col = position.col;
        dir = position.dir;
        while (dir <  8 && !found) {
            /* Gehe in die Richtung dir */
            next_row = row + move[dir].vert;
            next_col = col + move[dir].horiz;
            if (next_row == EXIT_ROW && next_col == EXIT_COL)
                found = TRUE;
            else if ( !maze[next_row][next_col] &&
            ! mark[next_row][next_col]) {
                mark[next_row][next_col] = 1;
                position.row = row; position.col = col;
                position.dir = ++dir;
                add(&top, position);
                row = next_row; col = next_col; dir = 0;
            }
            else ++dir;
        }
    }
    if (found) {
```

```
        printf("Der Weg ist:\n");
        printf("Reihe Spalte\n");
        for (i = 0; i <= top; i++)
            printf("%2d%6d",stack[i].row, stack[i].col);
        printf("%2d%6d\n",row,col);
        printf("%2d%6d\n",EXIT_ROW,EXIT_COL);
    }
    else printf("Das Labyrinth hat keinen Weg\n");
}
```

Programm 3.8: Wegesuchfunktion im Labyrinth

Analyse von *path*: Die Größe des Labyrinths bestimmt die Rechenzeit von *path*. Da jede Position innerhalb des Labyrinths nicht häufiger als einmal aufgesucht wird, ist die Komplexität im schlechtesten Fall O(mp), wobei m und p jeweils die Anzahl der Zeilen und Spalten angeben. □

ÜBUNGEN

1. Beschreiben Sie, wie man ein Labyrinth mit horizontalen und vertikalen Mauern mit Hilfe einer Matrix, deren Elemente Nullen und Einsen sind, modellieren kann. Welche Züge sind in Ihrem Modell erlaubt? Geben Sie ein Beispiellabyrinth mitsamt seines Matrixmodells.

2. Wiederholen Sie die vorherige Übung für den Fall eines Labyrinths, das zusätzlich zu den horizontalen und vertikalen Wänden über Wände im Winkel von 45 und 135 Grad verfügt.

3. Wie groß ist die maximale Weglänge von Start bis Ziel für ein beliebiges Labyrinth der Dimension *Zeilen* × *Spalten*?

4. (a) Finden Sie einen Weg durch das Labyrinth in Abbildung 3.8.

    (b) Verfolgen Sie die Aktionen der Funktion *path* auf dem Labyrinth aus Abbildung 3.8. Vergleichen Sie dies mit Ihrem eigenen Versuch aus (a).

5. §[**Programmierprojekt**] Schreiben Sie unter Verwendung der im Text gegebenen Informationen ein vollständiges Programm zur Lösung eines Labyrinthproblems. Geben Sie bei Erfolg den Weg vom Eingang zum Ausgang aus.

3.4. AUSWERTUNG VON AUSDRÜCKEN

3.4.1. Einführung

Für Informatiker ist die Darstellung und Berechnung von Ausdrücken von großem Interesse. Als Programmierer benutzen wir gerne komplizierte Ausdrücke wie:

$$((rear+1 == front) \;||\; ((rear == MAX\_QUEUE\_SIZE \text{ - } 1) \;\&\&\; !front)) \quad (3.1)$$

oder komplizierte Zuweisungen wie:

$$x = a/b - c + d*e - a*c \quad\quad\quad (3.2)$$

Wenn wir den Ausdruck (3.1) untersuchen, bemerken wir, daß er die Operatoren ($==$, $+$, $-$, $||$, $\&\&$, $!$), die Operanden ($rear$, $front$, MAX_QUEUE_SIZE) und Klammern enthält. Das gleiche gilt für die Anweisung (3.2), obwohl andere Operatoren und Operanden vorliegen, und die Klammern fehlen.

Das erste Problem im Verständnis dieser oder ähnlicher Ausdrücke besteht darin, herauszufinden, in welcher Reihenfolge die Operationen ausgeführt werden sollen. Nehmen wir zum Beispiel an, in Anweisung (3.2) seien $a = 4$, $b = c = 2$ und $d = e = 3$. Wir suchen den Wert von x. Ist er

$$((4/2) - 2) + (3 * 3) - (4 * 2)$$
$$= 0 + 9 - 8$$
$$= 1$$

oder

$$(4/(2 - 2 + 3)) * (3 - 4) * 2$$
$$= (4/3) * (-1) * 2$$
$$= -2{,}66666$$

Die meisten werden sicher die erste Antwort wählen, da sie wissen, daß die Division vor der Subtraktion und die Multiplikation vor der Addition ausgeführt wird. Wäre das zweite Ergebnis gewünscht, so hätte man (3.2) mit Klammern anders schreiben müssen, um die Reihenfolge der Berechnung zu ändern:

$$x = ((a/(b - c + d)) * (e - a) * c$$

$$(3.3)$$

In jeder Programmiersprache gibt es eine Vorranghierarchie, mit der die Reihenfolge der Berechnung von Operatoren festgelegt wird. Abbildung 3.12 enthält die Vorranghierarchie für C. Wir haben die Operatoren in der Reihenfolge ihrer Wertigkeit geordnet. Operatoren derselben Vorrangstufe erscheinen im selben Kasten. Zum Beispiel sind die Operatoren der höchsten Vorrangstufe die Funktionsaufrufe, Feldelemente und Struktur- oder Vereinigungsmitglieder, die der niedrigsten das Komma. Operatoren mit der höheren Vorrangstufe werden zuerst ausgeführt. Die Spalte Assoziativität bestimmt, wie Operatoren derselben Stufe behandelt werden. Zum Beispiel hat der Multiplikationsoperator eine links-nach-rechts-Assoziativität. Das bedeutet, daß der Ausdruck $a*b/c\%d/e$ äqui-valent ist zu $((((a*b)/c)\%d)/e)$. In anderen Worten, der am weitesten links stehende Operator wird zuerst ausgeführt. Bei Operatoren der Assoziativität rechts-nach-links derselben Vorrangstufe wird der am weitesten rechts liegende zuerst bearbeitet. Klammern werden benutzt, um die Vorrangstufen zu übergehen, und die Ausdrücke werden immer vom innersten zum äußersten Klammerausdruck hin berechnet.

Symbol	Operator	Vorrangstufe[1]	Assoziativität
() [] -> .	Funktionsaufruf Array-Element Struct- oder Union-Mitglied	17	links-nach-rechts
-- ++	Dekrementieren, inkrementieren[2]	16	links-nach-rechts
-- ++ ! ~ - + & * sizeof	Dekrementieren, inkrementieren[3] Logisches nicht Einerkomplement Unitäres Minus oder Plus Adresse oder Verweis Größe (in Bytes)	15	rechts-nach-links
(type)	Typumwandlung	14	rechts-nach-links
* / %	Multiplikative	13	links-nach-rechts
+ -	Binäres Addieren oder Subtrahieren	12	links-nach-rechts
<< >>	Schieben	11	links-nach-rechts
> >= < <=	Relational	10	links-nach-rechts
== !=	Gleichheit	9	links-nach-rechts
&	Bitweises und	8	links-nach-rechts
^	Bitweises exklusives oder	7	links-nach-rechts
|	Bitweises oder	6	links-nach-rechts
&&	Logisches und	5	links-nach-rechts
||	Logisches oder	4	links-nach-rechts
?:	Konditional	3	rechts-nach-links
= += -= /= *= %= <<= >>= &= ^= |=	Zuweisung	2	rechts-nach-links
,	Komma	1	links-nach-rechts

1. Die Vorrangspalte stammt von Harbison und Steele.
2. Postfixform
3. Präfixform

Abbildung 3.12: Vorranghierarchie für C

3.4.2. Auswertung von Postfix-Ausdrücken

Der übliche Weg, Ausdrücke hinzuschreiben ist als Infixnotation bekannt. Hierbei wird ein binärer Operator zwischen zwei Operanden geschrieben. Wir haben diese Notation bisher für alle Ausdrücke so benutzt. Obwohl die Infixnotation die allgemein übliche ist, wird sie von Compilern zur Berechnung von Ausdrücken nicht benutzt. Statt dessen verwenden Compiler eine klammerfreie Schreibweise, die auch Postfixnotation genannt wird. In dieser Notation erscheint jeder Operator nach seinem Operanden. Abbildung 3.13 enthält mehrere Infix-Ausdrücke und deren Postfix-Entsprechung.

Infix	Postfix
2+3*4	2 3 4*+
a*b+5	ab*5+
(1+2)*7	1 2+7*
a*b/c	ab*c/
((a/(b-c+d))*(e-a)*c	abc-d+/ea-*c*
a/b-c+d*e-a*c	ab/c-de*+ac*-

Abbildung 3.13: Infix- und Postfixnotation

Bevor wir darangehen, eine Funktion zu schreiben, die Infix-Ausdrücke in Postfix-Ausdrücke übersetzt, berühren wir noch die Aufgabe, Postfix-Ausdrücke zu berechnen. Der Berechnungsvorgang ist viel einfacher als mit der Infix-Schreibweise, da es keine Klammern zu berücksichtigen gibt. Um einen Ausdruck zu berechnen, gehen wir ihn einfach von links nach rechts durch. Wir setzen die Operanden auf einen Stapel, bis wir einen Operator finden. Dann nehmen wir von dem Stapel die richtige Anzahl der Operanden herunter, führen die Operation aus und legen das Ergebnis wieder auf den Stapel. Auf diese Weise fahren wir fort, bis wir das Ende des Ausdrucks erreichen. Sodann können wir das Ergebnis einfach vom Stapel herunter nehmen. Abbildung 3.14 zeigt diese Vorgehensweise für die Eingabe der neungliedrigen Zeichenkette 6 2/3–4 2*+.

Zeichen	Stapel			Oben
	[0]	[1]	[2]	
6	6			0
2	6	2		1
/	6/2			0
3	6/2	3		1
–	6/2-3			0
4	6/2-3	4		1
2	6/2-3	4	2	2
*	6/2-3	4*2		1
+	6/2–3+4*2			0

Abbildung 3.14: Postfix-Berechnung

Wir betrachten nun die Darstellung sowohl des Stapels als auch des Ausdrucks. Um unsere Aufgabe zu erleichtern, nehmen wir an, der Ausdruck enthalte nur binäre Operatoren +, – , *, / , %, und der Operand bestehe nur aus einstelligen ganzen Zahlen wie in Abbildung 3.14. Das erlaubt uns, den Ausdruck als Zeichenkette (*string*) darzustellen. Die Operanden werden auf einen Stapel vom Typ **int** gelegt, bis sie gebraucht werden. Der Stapel wird durch ein globales Feld dargestellt, das nur über *top* angesprochen werden kann. Die Deklarationen sind:

```
#define MAX_STACK_SIZE 100 /*Maximale Stapelgröße*/
#define MAX_EXPR_SIZE 100 /*Max. Größe des Ausdrucks*/
typedef enum {lparen ,rparen, plus, minus, times, divide,
                    mod, eos, operand} precedence;
int stack[MAX_STACK_SIZE]; /* globaler Stapel */
char expr[MAX_EXPR_SIZE]; /* Eingabe Zeichenkette */
```

Die Deklarationen enthalten einen aufzählenden Typ *precedence*, der die Operatoren mnemonisch auflistet. Obwohl wir ihn hier nur benutzen, um Zeichen zu bearbeiten (Operatoren, Operanden und Klammern), wird seine Wichtigkeit klar, wenn wir Infix-Ausdrücke in Postfix-Ausdrücke übersetzen wollen. Neben den üblichen Operatoren enthält der aufzählende Typ noch einen *end-of-string* (*eos*) Operator.

Die Funktion *eval* (Programm 3.9) enthält den Code zur Berechnung von Postfix-Ausdrücken. Da der Operand (*symbol*) ursprünglich ein Zeichen (*char*) ist, müssen wir es in eine einstellige ganze Zahl verwandeln. Wir benutzen die Anweisung *symbol* – '0' für diese Aufgabe. Die Anweisung nimmt den ASCII Wert von *symbol* und subtrahiert den ASCII-Wert von '0', der 48 ist. Angenommen, *symbol* = '1'. Das Zeichen '1' hat den ASCII-Wert 49. Deshalb produziert die Anweisung *symbol* – '0' als Ergebnis die Zahl 1.

```
int eval(void)
{
/* Berechne einen Postfix-Ausdruck expr, der als globale
Variable vorliegt. '\0' ist das Ende des Ausdrucks.
Stack und top sind globale Variable.
get_token wird benutzt, um den Zeichentyp und das Zeichen
symbol zurückzugeben. Operanden werden als einstellige
Zahlen in  Zeichenform angenommen */
    precedence token;
    char symbol;
    int op1, op2;
    int n = 0; /* Zähler für den expr-String */
    int top = -1;
    token = get_token(&symbol, &n);
    while (token != eos) {
        if (token == operand)
            add(&top, symbol-'0'); /* stack einfügen */
        else {
            /* Entferne zwei Operanden, führe Operation aus and
            gib das Ergebnis an den Stapel */
```

```
            op2 = delete(&top); /*stack löschen */
            op1 = delete(&top);
            switch(token) {
                  case plus: add(&top,op1+op2);
                              break;
                  case minus: add(&top, op1-op2);
                              break;
                  case times: add(&top, op1*op2);
                              break;
                  case divide: add(&top,op1/op2);
                              break;
                  case mod: add(&top, op1%op2);
            }
      }
      token = get_token(&symbol, &n);
  }
  return delete(&top); /* Gib Ergebnis zurück */
}
```

Programm 3.9: Funktion zur Berechnung von Postfix-Ausdrücken

Wir benutzen noch ein Hilfsfunktion *get_token* (Programm 3.10), um Zeichen aus der Zeichenkette des Ausdrucks zu entnehmen. Wenn das Zeichen ein Operand ist, konvertieren wir es in eine Zahl und legen es auf den Stapel. Im anderen Fall entfernen wir zwei Operanden, führen die angegebene Operation aus und legen das Ergebnis zurück auf den Stapel. Erreichen wir das Ende des Ausdrucks, entnehmen wir das Ergebnis vom Stapel.

```
precedence get_token(char *symbol, int *n)
{
/* Hole das nächste Symbol in der Zeichendarstellung;
dies wird zurückgegeben. Das Zeichen wird in seiner
aufzählenden Form im Funktionsnamen zurückgegeben */
    *symbol = expr[(*n)++];
    switch (*symbol) {
        case '(' : return lparen;
        case ')' : return rparen;
        case '+' : return plus;
        case '-' : return minus;
        case '/' : return divide;
        case '*' : return times;
        case '%' : return mod;
        case '\0' : return eos;
        default   : return operand; /* Keine Fehlerprüfung
                                 default ist Operand */
    }
}
```

Programm 3.10: Funktion zur Entnahme eines Zeichens aus der Kette

3.4.3. Von der Infix- zur Postfix-Darstellung

Wir können einen Algorithmus, der aus einem Infix-Ausdruck einen Postfix-Ausdruck macht, wie folgt beschreiben:

(1)   Klammere alle Einzelschritte des Ausdrucks

(2)   Verschiebe alle binären Operatoren so, daß sie die ihnen entsprechende rechte Klammer ersetzen.

(3)   Lösche alle Klammern.

Zum Beispiel schreibt sich $a/b - c + d*e - a*c$ in voll geklammerter Form:

$$(((((a/b)-c)+(d*e))-a*c))$$

Die Ausführung der Schritte 2 und 3 ergibt:

$$ab/c-de*+ac*-$$

Obwohl dieser Algorithmus gut arbeitet, wenn man ihn zu Fuß ausführt, ist er auf einem Computer ineffizient, da er zwei Durchgänge benötigt. Der erste Durchgang liest den Ausdruck und klammert ihn, während der zweite die Operatoren bewegt. Da sich die Reihenfolge der Operanden von der Infix- zur Postfixdarstellung nicht ändert, können wir das Postfixäquivalent auch in einem Durchlauf des Infix-Ausdrucks von links nach rechts herstellen. Während dieses Durchlaufs werden die Operanden an den Ausgabeausdruck übergeben, so wie sie registriert werden. Allerdings ist die Reihenfolge der Operatoren von ihrem Vorrang abhängig. Da die Operatoren höheren Vorrangs zuerst ausgegeben werden müssen, sichern wir sie, bis ihre richtige Plazierung klar ist. Ein Weg, dies durchzuführen, ist der Einsatz von Stapeln, aber die richtige Entnahme der Operatoren ist problematisch. Zwei Beispiele verdeutlichen das Problem:

Beispiel 3.3

[*Einfacher Ausdruck*]: Angenommen, wir haben den einfachen Ausdruck $a + b*c$ vorliegen, der $abc*+$ als Postfix ergibt. Wie Abbildung 3.15 zeigt, werden die Operanden sofort ausgegeben, aber die zwei Operatoren müssen vertauscht werden. Ganz allgemein müssen Operatoren mit höherer Vorrangstufe vor denen mit niedrigerer Vorrangstufe ausgegeben werden. Deshalb stapeln wir die Operatoren, solange der Vorrang des Operators oben auf dem Stapel niedriger ist als der Vorrang des hereinkommenden Operators. In diesem speziellen Fall geschieht das Entstapeln nur am Ende des Ausdrucks. An dieser Stelle werden die zwei Operatoren entfernt. Da der Operator mit dem höheren Vorrang auf dem Stapel oben war, wird er zuerst entfernt. □

Zeichen	Stapel			Top	Ausgabe
	[0]	[1]	[2]		
a				-1	a
$+$	$+$			0	a
b	$+$			0	ab
$*$	$+$	$*$		1	ab
c	$+$	$*$		1	abc
eos				-1	$abc*+$

Abbildung 3.15: Übersetzung von $a + b*c$ in einen Postfix-Ausdruck

Beispiel 3.4

[*Geklammerter Ausdruck*]: Klammern erschweren den Übersetzungsprozeß, da der äquivalente Postfix-Ausdruck klammerfrei sein muß. Wir nehmen als Beispiel den Ausdruck $a*(b+c)*d$, der als Postfix $abc+*d*$ ergibt. Abbildung 3.16 zeigt den Übersetzungsprozeß. Beachten Sie, daß wir die Operatoren stapeln, bis wir die rechte Klammer erreicht haben! An diesem Punkt entstapeln wir, bis die entsprechende linke Klammer erreicht wird. Dann wird die linke Klammer vom Stapel gelöscht. (Die rechte Klammer wurde niemals auf den Stapel aufgelegt.) Wir behalten nun nur noch $*d$ in dem Infix-Ausdruck zurück. Da die zwei Multiplikationen gleichen Vorrang haben, wird eine vor d ausgegeben und die zweite auf den Stapel gelegt und entfernt, nachdem d ausgegeben wurde. □

Zeichen	Stapel			Top	Ausgabe
	[0]	[1]	[2]		
a				-1	a
$*$	$*$			0	a
$($	$*$	$($		1	a
b	$*$	$($		1	ab
$+$	$*$	$($	$+$	2	ab
c	$*$	$($	$+$	2	abc
$)$	$*$			0	$abc+$
$*$	$*$			0	$abc+*$
d	$*$			0	$abc+*d$
eos	$*$			0	$abc+*d*$

Abbildung 3.16: Übersetzung von $a*(b+c)*d$ in einen Postfix-Ausdruck

Die Analyse der beiden Beispiele suggeriert ein auf der Vorranghierarchie basierendes Schema für das Stapeln und Entstapeln der Operatoren. Die linke Klammer verkompliziert die Sache, da sie sich auf dem Stapel wie ein Operator niedrigen Vorrangs verhält und wie ein Operator hohen Vorrangs, wenn sie nicht auf dem Stapel ist. Sie wird immer auf den Stapel gelegt, wenn sie erscheint, aber nur entstapelt, wenn die passende rechte Klammer gefunden wird. Dadurch haben wir zwei Typen von Vorrang, eine *in-stack precedence* (*isp*) und eine *incoming precedence* (*icp*). Die Deklarationen für diese Vorranghierarchien, einen Stapelvorrang (*in-stack precedence, isp*) und einen ankommenden Vorrang (*incoming precendence, isp*) lauten:

```
precedence stack[MAX_STACK_SIZE];
/* isp und icp Arrays -- Der Index ist die Vorrangigkeitsstufe
lparen, rparen, plus, minus, times, divide, mod, eos */
static int isp[] = {0,19,12,12,13,13,13,0};
static int icp[] = {20,19,12,12,13,13,13,0};
```

Beachten Sie, daß wir jetzt den Stapel zur Speicherung der Mnemonics der Zeichen nutzen! Da der Wert einer Variable des aufzählenden Typs einfach die ganze Zahl ist, die der Position des Wertes in dem aufzählenden Typ entspricht, können die Mnemonics als Index zu den beiden Feldern benutzt werden. Zum Beispiel wird *isp*[*plus*] in *isp*[2] übersetzt, das einen Stapelvorrang von 12 ergibt. Die Vorrangstufen werden aus Abbildung 3.12 entnommen. Allerdings haben wir die Vorrangstufen für die linke und die rechte Klammer sowie den *eos*-Marker hinzugefügt. Wir geben der rechten Klammer in beiden Vorranghierarchien (*isp, icp*) einen Vorrang von 19, der höher ist, als der Vorrang jedes anderen Operators aus Abbildung 3.12. Wir geben der linken Klammer eine Vorrang im Stapel von (0) und außerhalb des Stapels von (20), also größer als die der rechten Klammer. Zusätzlich geben wir dem *eos*-Zeichen eine niedrige Stufe von (0), damit am Ende der Zeichenkette die Entstapelung stattfindet. Aus diesen Werten ergibt sich, daß wir einen Operator nur dann vom Stapel nehmen, wenn sein Stapelvorrang größer oder gleich dem ankommenden Vorrang des hereinkommenden neuen Operators ist.

Die Funktion *postfix* (Programm 3.11) konvertiert einen Infix-Ausdruck in einen Postfix mit dem soeben besprochenen Prozeß. Die Funktion ruft eine Funktion *print_token* auf, welche das mit dem aufzählenden Typ assoziierte Zeichen ausgibt. Das heißt, *print_token* kehrt den Prozeß von *get_token* gerade um.

```
void postfix(void)
{
/* Gib den Postfix des Ausdrucks aus. Der Ausdruck string, sowie stack und
top sind global deklariert */
    char symbol;
    precedence token;
    int n = 0;
    int top = 0;      /* Lege eos auf den Stapel */
    stack[0] = eos;
    for (token = get_token(&symbol, &n); token != eos;
                            token = get_token(&symbol,&n)) {
        if (token == operand)
            printf("%c",symbol);
        else if (token == rparen) {
            /* Entstapele die Zeichen bis zur linken Klammer */
            while (stack[top] != lparen)
                print_token(delete(&top));
            delete(&top);  /* Verwerfe die linke Klammer */
        }
        else {
            /* Entferne die Symbole, deren isp größer oder gleich
               dem des aktuellen Zeichen-icp ist und gib sie aus */
            while(isp[stack[top]] >= icp[token])
                print_token(delete(&top));
            add(&top, token);
        }
    }
    while ( (token=delete(&top)) != eos)
        print_token(token);
    printf("\n");
}
```

Programm 3.11: Funktion zur Konvertierung von Infix zu Postfix

Analyse von *postfix*: Die Anzahl der Zeichen in dem Ausdruck sei n. Die Zeit $\Theta(n)$ wird damit verbracht, Zeichen zu extrahieren und sie auszugeben. Daneben wird in den beiden **while**-Schleifen Zeit verbracht. Die hier verbrachte Gesamtzeit ist $\Theta(n)$, da die Anzahl der Zeichen, die gestapelt und entstapelt werden, linear in n ist. Also ist die Komplexität der Funktion *postfix* $\Theta(n)$. $\square$

ÜBUNGEN

1. Schreiben Sie die Postfix-Form der folgenden Ausdrücke:

    (a) $a * b * c$

    (b) $-a + b - c + d$

    (c) $a * - b + c$

    (d) $(a + b) * d + e / (f + a * d) + c$

    (e) $a \,\&\&\, b \,||\, c \,||\, ! \,(e > f)$ (Unter Annahme der Vorrangstufen in C)

    (f) $!(a \,\&\&\, !((b<c)\,||\,(c>d)))\,||\,(c<e)$

2. Schreiben Sie die Funktion *print_token*, die in *postfix* (Programm 3.11) verwendet wird.

3. Benutzen Sie die Vorrangstufen aus Abbildung 3.12 zusammen mit denen für '(', ')' und \0, um folgendes zu beantworten:

    (a) Wie groß ist in der Postfixfunktion zu irgendeinem Zeitpunkt maximal die Zahl der Elemente, die auf dem Stapel liegen, wenn der Eingabeausdruck *expr* über n Operatoren und eine unbegrenzte Anzahl von verschachtelten Klammern verfügt?

    (b) Wie lautet die Antwort auf (a), wenn *expr* über n Operatoren und eine maximale Verschachtelungstiefe der Klammern von 6 verfügt?

4. Überarbeiten Sie die Funktion *eval*, so daß sie die unitären Operatoren + und – berechnen kann.

5. § Überarbeiten Sie die Funktion *postfix*, so daß sie mit den folgenden Operatoren, zusätzlich zu denen im Text, umgehen kann: &&, !!, <<, >>, !=, <, >, <= und >=. (Hinweis: Schreiben Sie die Gleichung so, daß Operatoren, Operanden und Klammern jeweils durch ein Leerzeichen getrennt sind, zum Beispiel $a + b > c$. Schauen Sie dann bei den Funktionen in *<string.h>* nach.)

6. Eine andere Form von Ausdrücken, die klammerfrei und einfach zu berechnen ist, ist als Präfix bekannt. In der Präfix-Notation gehen die Operatoren den Operanden voraus. Abbildung 3.17 zeigt verschiedene Infix-Ausdrücke und ihre äquivalenten Präfix-Ausdrücke.

Infix	Präfix
$a*b/c$	$/*abc$
$a/b-c+d*e-a*c$	$-+-/abc*de*ac$
$a*(b+c)/d-g$	$-/*a+bcdg$

Abbildung 3.17: Infix und Präfix Ausdrücke

(a)   Schreiben Sie die Präfixform der Ausdrücke aus Übung 1.

(b)   Schreiben Sie eine C-Funktion, die einen Präfix-Ausdruck *expr* berechnet. (Hinweis: Durchqueren Sie *expr* von rechts nach links.)

(c)   Schreiben Sie eine C-Funktion, die einen Infix-Ausdruck *expr* in seine Darstellung als Präfix transformiert.

Wie hoch ist die Zeitkomplexität Ihrer Funktionen aus (b) und (c)? Wieviel Speicherplatz wird von ihnen gebraucht?

7.   Schreiben Sie eine C-Funktion, die eine Präfixdarstellung in die entsprechende Postfixdarstellung umwandelt. Stellen Sie sorgfältig die Annahmen auf, die für die Eingabe vorausgesetzt werden. Wieviel Zeit und wieviel Speicher benutzt Ihre Funktion?

8.   Schreiben Sie eine C-Funktion, die einen Postfix-Ausdruck in einen Präfix-Ausdruck transformiert. Wieviel Zeit und Speicherplatz benötigt Ihre Funktion?

9.   Schreiben Sie eine C-Funktion, die einen Postfix-Ausdruck in einen voll geklammerten Infix-Ausdruck übersetzt. Ein voll geklammerter Ausdruck ist einer, bei dem alle Unterausdrücke von Klammern umgeben sind. Beispielsweise wird $a + b + c$ zu $((a + b) + c)$. Analysieren Sie die Zeit- und Speicherkomplexität Ihrer Funktion.

10.   Schreiben Sie eine C-Funktion, die einen Präfix-Ausdruck in einen voll geklammerten Infix-Ausdruck übersetzt. Analysieren Sie die Zeit- und Speicherkomplexität Ihrer Funktion.

11.   § Wiederholen Sie Übung 5, nur daß diesmal Infix in Präfix überführt wird.

3.5. MEHRFACHE STAPEL UND WARTESCHLANGEN

Bisher waren wir nur mit der Darstellung einzelner Stapel oder Warteschlangen beschäftigt. In beiden Fällen sahen wir, daß es möglich ist, effiziente sequentielle Darstellungen zu finden. Wir werden jetzt den Fall mehrfacher Stapel untersuchen. (Die Überlegungen zu mehrfachen Warteschlangen überlassen wir Ihnen als Übung.) Wir untersuchen wieder nur das sequentielle Abbilden von Stapeln in ein Feld *memory*[MEMORY_SIZE]. Haben wir nur zwei Stapel darzustellen, ist die Lösung einfach. Wir benutzen *memory*[0] als unterstes Element des ersten Stapels und *memory*[MEMORY_SIZE – 1] als unterstes Element des zweiten Stapels. Der erste Stapel wächst gegen *memory*[MEMORY_SIZE – 1], und der zweite wächst gegen *memory*[0]. In dieser Darstellung können wir den verfügbaren Speicherplatz effizient ausnutzen.

Die Darstellung von mehr als zwei Stapeln in einem Feld wirft Probleme auf, da wir nun keine klaren Bezugspunkte mehr für das unterste Element eines Stapels haben. Angenommen, wir haben n Stapel, so können wir den verfügbaren Speicherplatz in n Segmente zerteilen. Diese erste Unterteilung kann auch schon proportional zu den zu erwartenden Größen der Stapel geschehen, wenn diese bekannt sind. Ansonsten zerteilen wir den Speicher in gleich große Segmente.

Nehmen wir die Variable *stack_no* als Stapelnummer eines der *n* Stapel. Um diesen Stapel einzurichten, müssen wir Indizes für die unterste und oberste Position auf dem Stapel schaffen. Das unterste Element *boundary*[*stack_no*] mit $0 \leq stack\_no < MAX\_STACKS$ zeigt immer auf die Position direkt links des untersten Elements, während *top*[*stack_no*] mit $0 \leq stack\_no < MAX\_STACKS$ immer auf das oberste Element zeigt. Ein Stapel ist genau dann leer, wenn *boundary*[*stack_no*] = *top*[*stack_no*]. Die relevanten Deklarationen lauten:

```
#define MEMORY_SIZE 100 /* Größe des Speichers */
#define MAX_STACKS 10 /* Maximalzahl der Stapel plus 1 */
/* Globale Speicherdeklaration */
element memory[MEMORY_SIZE];
int top[MAX_STACKS];
int boundary[MAX_STACKS];
int n;   /* Anzahl der eingegebenen Stapel */
```

Um das Feld in einigermaßen gleich große Segmente aufzuteilen, dient der folgende Code:

```
top[0] = boundary[0] = -1;
for (i = 1; i < n;i++)
  top[i] = boundary[i] = (MEMORY_SIZE/n)*i;
boundary[n] = MEMORY_SIZE-1;
```

Abbildung 3.18 zeigt die Anfangskonfiguration. In dieser Abbildung ist *n* die Anzahl der Stapel, die vom Benutzer eingegeben wurden, wobei $n < MAX\_STACKS$ und $m = MEMORY\_SIZE$ gilt. Der Stapel *stack_no* kann von *boundary*[*stack_no*] bis *boundary*[*stack_no* + 1] wachsen, bis er voll ist. Da wir eine obere Grenze für den letzten Stapel brauchen, wird *boundary*[*n*] auf *MEMORY_SIZE*–1 gesetzt. Die Programme 3.12 und 3.13 implementieren die Hinzufüg- und Löschoperationen in dieser Darstellung.

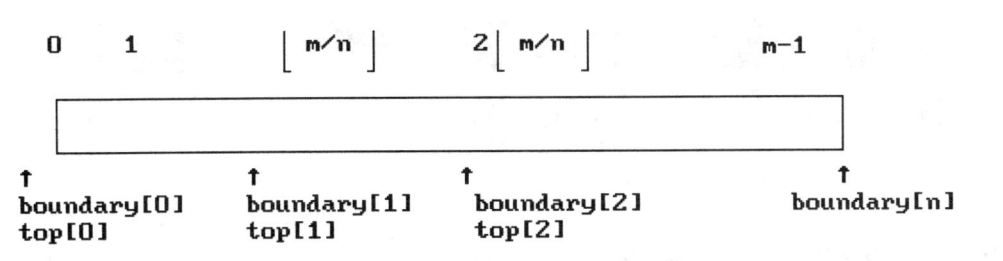

Alle Stapel sind leer und in etwa gleich große Segmente unterteilt

Abbildung 3.18: Anfangskonfiguration von *n* Stapeln in *memory*[*m*]

```
void add(int i, element item)
{
/* Lege ein Element auf den i-ten Stapel */
    if (top[i] == boundary[i+1])
        stack_full(i);
    memory[++top[i]] = item;
}
```

Programm 3.12: Lege ein Element *item* auf den Stapel *stack_no*

```
element delete(int i)
{
/* Entferne das oberste Element vom i-ten Stapel */
    if (top[i] == boundary[i])
        return stack_empty(i);
    return memory[top[i]--];
}
```

Programm 3.13: Entferne das Element *item* vom Stapel *stack_no*

Die Funktionen *add* (Programm 3.12) und *delete* (Programm 3.13) für mehrfache Stapel scheinen so einfach zu sein, wie die für einfache Stapel. Allerdings stimmt dies nicht ganz, da die Bedingung $top[i] == boundary[i + 1]$ in *add* lediglich bedeutet, daß ein besonderer Stapel voll ist, nicht jedoch, daß der ganze Speicher belegt ist. Tatsächlich kann eine Menge ungenutzter Platz zwischen anderen Stapeln im Feld *memory* vorliegen (s. Abbildung 3.19). Deshalb bilden wir eine Funktion zur Fehlerbehebung *stack_full*, die bestimmt, ob noch freier Platz im Speicher vorhanden ist. Ist noch Platz verfügbar, sollte sie die Stapel so verschieben, daß der volle Stapel wieder Raum erhält.

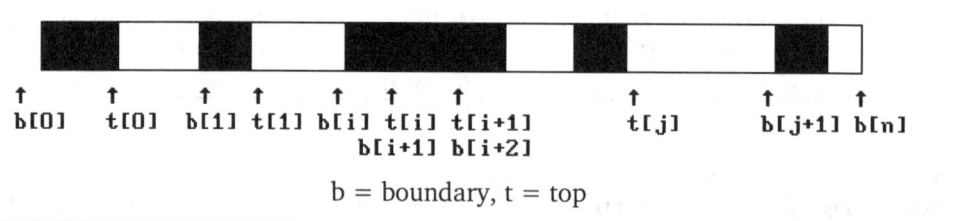

b = boundary, t = top

Abbildung 3.19: Konfiguration, wenn Stapel *i* den Stapel *i+1* trifft, der Speicher aber noch
nicht voll belegt ist.

Es gibt einige Möglichkeiten, *stack_full* zu entwerfen, so daß Elemente auf die Stapel gelegt werden können, bis das gesamte Feld belegt ist. Eine Methode wird hier beschrieben. Andere Möglichkeiten werden in den Übungen behandelt. Wir können sicherstellen, daß *stack_full* so lange Elemente hinzufügt, bis der Speicher voll ist, wenn folgendes getan wird:

(1) Bestimme das kleinste *j* für *stack_no* < *j* < *n*, bei dem noch Raum zwischen den Stapeln *j* und *j*+1 ist, d.h. *top*[*j*] < *boundary*[*j* + 1]. Wenn es ein solches *j* gibt, dann verschiebe die Stapel *stack_no*+1, *stack_no* + 2, $\cdots$, *j* je eine Position nach rechts (*memory*[0] wird ganz links und *memory*[*MEMORY_SIZE* – 1] ganz rechts angenommen). Das erzeugt Platz zwischen den Stapeln *stack_no* und *stack_no* + 1.

(2) Wenn es kein *j* wie in (1) gibt, so schaue links vom Stapel *stack_no* nach. Finde das größte *j* mit 0 ≤ *j* < *stack_no*, bei dem noch Raum zwischen Stapel *j* und *j* + 1 ist, d.h. *top*[*j*] < *boundary*[*j* + 1]. Gibt es ein solches *j*, so verschiebe die Stapel *j* + 1, *j* + 2, $\cdots$, *stack_no* einen Platz nach links. Auch dies schafft Raum zwischen den Stapeln *stack_no* und *stack_no* + 1.

(3) Wenn es kein *j* gibt, das die Bedingungen von (1) oder (2) erfüllt, dann ist der ganze Speicherbereich der Größe *MEMORY_SIZE* belegt, und es gibt keinen freien Platz mehr. In diesem Fall schließt *stack_full* mit einer Fehlermeldung.

Wir überlassen die Implementierung von *stack_full* zur Übung. Jedenfalls ist klar, daß die Leistung dieser Darstellung der *n* Stapel im schlechtesten Fall recht schwach ist. Tatsächlich ist die Zeitkomplexität der Funktion im schlechtesten Fall O(*MEMORY_SIZE*).

ÜBUNGEN

1. Wir wollen zwei Stapel in einem Feld *memory*[*MEMORY_SIZE*] darstellen. Schreiben Sie eine C-Funktion, die das Einfügen und Löschen vom Stapel *stack_no* mit *0* ≤ *stack_no* ≤ 1 besorgt. Ihre Funktion sollte in der Lage sein, Elemente auf die Stapel zu legen, bis die Summe aller Elemente die Größe *MEMORY_SIZE*–1 erreicht.

2. Gelangen Sie zu einer Darstellungsform, die einen Stapel und eine Warteschlange auf ein einzelnes Feld *memory*[*MEMORY_SIZE*] abbildet. Schreiben Sie C-Funktionen zum Einfügen und Löschen von Elementen der beiden Datenobjekte. Was können Sie darüber aussagen, wie gut Ihre Darstellungsform der Datenstruktur gerecht wird?

3. Schreiben Sie eine C-Funktion zur Implementierung der Strategie von *stack_full* aus dem Text.

4. Erzeugen Sie eine Folge von Hinzufüg- und Löschoperationen unter Benutzung der im Text untersuchten Funktionen *add* und *delete* sowie *stack_full* aus Übung 3, die für jedes Hinzufügen die Zeit O(*MEMORY_SIZE*) benötigen. Nehmen Sie an, Sie hätten zwei Stapel vorliegen und Sie begännen mit einer Konfiguration, die *memory*[*MEMORY_SIZE*] voll ausnutzt.

5. Überarbeiten Sie die Funktionen *add* und *stack_full*, so daß die Funktion *add* endet, sobald weniger als c_1 freie Plätze im Speicher sind. Die empirisch bestimmte Konstante c_1 zeigt an, wann es vernünftig ist, die Elemente im Speicher zu verschieben. Gehen Sie von einer kleinen Konstanten Ihrer Wahl aus.

6. Entwerfen Sie eine Datendarstellung, die sequentiell *n* Warteschlangen auf ein Feld *memory[MEMORY_SIZE]* abbildet. Stellen Sie jede Warteschlange als zirkuläre Warteschlange im Speicher dar. Schreiben Sie die Funktionen *addq*, *deleteq* und *queue_full* für diese Darstellung.

3.6. LITERATUR UND AUSGEWÄHLTE REFERENZEN

Sie finden eine ausgezeichnete Untersuchung des Systemstapels und der *activation records* in A. Holub, *Compiler Design in C*, Prentice-Hall, Englewood Cliffs, N.J.,1990. Die Struktur unseres *activation record* (Abbildung 3.2) basiert auf Holubs Untersuchung.

Verschiedene Texte bearbeiten die Vorranghierarchie in C. Unter den Quellennachweisen empfehlen wir Harbison und G.Steele, *C: A Reference Manual*, Third Edition, Prentice-Hall, Englewood Cliffs, N.J., 1991, und B. Kernighan und D. Ritchie, *The C Programming Language*, Second Edition, Prentice-Hall, Englewood Cliffs N.J., 1988

3.7. WEITERE ÜBUNGEN

1. § [**Programmierprojekt**] [Landweber] Die Menschen verbringen so viel Zeit mit dem Legen von Patiencen (Solitaire), daß die Spielkasinos nun diese menschliche Schwäche in Geld umsetzen. Eine Form der Patience ist unten beschrieben. Sie sollen ein C-Programm schreiben, das dieses Spiel spielt und damit viele Stunden anderer Menschen für sinnvollere Tätigkeiten freisetzt.

Zu Beginn des Spiels werden 28 Karten eines 52-Karten Blattes auf sieben Stöße verteilt. Der linke Stoß hat nur eine Karte, der nächste zwei und so weiter, bis zu sieben Karten im rechten Stoß. Nur die obersten Karten werden offen aufgelegt. Die Karten werden von links nach rechts verteilt, eine Karte pro Stoß, jedesmal eine weniger ausgebend und die erste Karte jeder Runde offenliegend. Man darf absteigende Folgen von roten und schwarzen Karten beginnend von der obersten aufgedeckten Karte jedes Stoßes legen. Beispielsweise kann man die Karo-Acht oder die Herz-Acht auf die Pik-Neun oder die Kreuz-Neun legen. Alle aufgedeckten Karten werden als Einheit verschoben und dürfen auf einen anderen Stoß gelegt werden, wenn sie auf die oberste aufgedeckte Karte passen. Zum Beispiel dürfen die Pik-Sieben auf der Herz-Acht gemeinsam auf die Pik-Neun oder Kreuz-Neun verschoben werden.

Sobald eine verdeckte Karte nach oben kommt, darf sie aufgedeckt werden. Wenn ein Stoß vollständig abgeräumt wurde, darf ein aufgedeckter König von einem anderen Stoß (zusammen mit allen auf ihm liegenden Karten) oder vom Reservestoß (siehe unten) auf den freigewordenen Platz gelegt werden. Es gibt vier Ausgabestöße, für jede Farbe einen, und das Ziel des Spiels ist es, möglichst viele Karten auf diese Ausgabestöße zu bekommen. Sobald ein As oben auf den Stößen oder oben auf dem Stapel erscheint, wird es auf seinen entsprechenden Ausgabestoß gelegt. Die Karten werden der Reihenfolge nach auf die Ausgabestöße der Farbe gelegt, die durch das untere As vorgegeben ist. Von dem Rest des Kartendecks, Stock genannt, werden die Karten eine nach der anderen aufgedeckt und auf den Reservestoß gelegt. Es dürfen jederzeit Karten oben vom Reservestapel gespielt werden, aber nur einzeln. Beginnen Sie mit dem Aufdecken einer Karte des Stocks auf den Reservestoß! Kann man mehr als einen möglichen Spielzug ausführen, so sollten sie in der folgenden Reihenfolge stattfinden:

(a)   Verschiebe eine Karte oben von einem Spielstoß oder oben vom Reservestoß in einen Ausgabestoß. Wenn der Reservestoß leer wird, eröffne eine Karte vom Stock auf den Reservestoß.

(b)   Verschiebe eine Karte oben vom Reservestoß auf den am weitesten links liegenden Spielstoß, auf den sie paßt. Wenn der Reservestoß leer wird, eröffne eine Karte vom Stock auf den Reservestoß.

(c)   Finde den am weitesten links liegenden Spielstoß, der verschoben werden kann und lege ihn auf den passenden und am weitesten links liegenden Spielstoß.

(d)   Versuche (a), (b) und (c) in dieser Reihenfolge und beginne wieder bei (a), wenn eine Verschiebung stattgefunden hat.

(e)   Sollte über (a) bis (d) keine Verschiebung stattgefunden haben, öffne eine neue Karte vom Stock, lege sie auf den Reservestoß und versuche wieder (a).

Nur die obersten Karten der Spielstöße oder des Reservestoßes dürfen in einen Ausgabestoß gespielt werden. Sobald sie auf einen Ausgabestoß gelegt wurden, dürfen sie nicht wieder weggenommen werden, um woanders auszuhelfen. Das Spiel ist beendet, wenn entweder alle Karten in den Ausgabestößen liegen, der Stock erschöpft ist oder keine Karten mehr verschoben werden können.

Wenn um Geld gespielt wird, zahlt der Spieler dem Haus zu Beginn 52 Währungseinheiten und gewinnt 5 Währungseinheiten für jede in die Ausgabestöße gespielte Karte. Schreiben Sie Ihr Programm so, daß es einige Spiele durchführt und Ihren Nettogewinn bestimmt. Benutzen Sie einen Zufallsgenerator zur Mischung des Decks. Geben Sie eine vollständige Aufzeichnung zweier Spiele in verständlicher Form aus. Schließen sie in der Ausgabe die Anzahl der Spiele und den Nettogewinn ein (+ oder –).

2. § [**Programmierprojekt**] [Landweber] Wir wollen die Starts und Landungen auf
    einem Flughafen simulieren. Der Flughafen hat drei Rollbahnen, Bahn 0, Bahn 1
    und Bahn 2. Es gibt vier Möglichkeiten für den Landeanflug, zwei für jede der
    ersten beiden Rollbahnen. Ankommende Flugzeuge treten in eine der
    Landewarteschlangen ein, wobei deren Größe so gleich wie möglich gehalten
    werden soll. Sobald ein Flugzeug in eine Warteschlange tritt, wird ihm eine
    ganzzahlige Identifikationsnummer zugewiesen und eine ganze Zahl für die Anzahl
    der Zeiteinheiten, die es in der Warteschlange verbringen kann, bevor es landen
    muß (weil ihm sonst der Treibstoff ausgeht). Weiterhin gibt es je eine
    Warteschlange für die Starts auf jeder der drei Bahnen. Flugzeuge, die in einer
    Startwarteschlange eintreffen, bekommen ebenfalls eine ganzzahlige
    Identifikationsnummer. Die Startwarteschlangen sollten ebenfalls auf ungefähr
    gleicher Größe gehalten werden.

    Es dürfen pro Zeiteinheit nie mehr als drei Flugzeuge in der Landewarteschlange
    ankommen und nicht mehr als drei die Startwarteschlange betreten. Jede Rollbahn
    kann nur einen Start oder eine Landung pro Zeiteinheit verkraften. Rollbahn 2 wird
    nur für Starts eingesetzt, es sei denn einem Flugzeug geht der Treibstoff aus. Wäh-
    rend jeder Zeiteinheit müssen den Flugzeugen jeder Landewarteschlange, deren
    Flugzeit auf 0 geschrumpft ist, Vorrang über alle andere Landungen und Starts ge-
    geben werden. Wenn sich in dieser Kategorie nur ein Flieger befindet, wird Bahn 2
    benutzt, bei mehr als einem Flugzeug werden die anderen Bahnen ebenfalls zum
    Landen benutzt.

    Benutzen Sie aufeinanderfolgende gerade (ungerade) ganze Zahlen für die Identifi-
    kationsnummern der Flugzeuge, die in die Start(Lande)-Warteschlange eintreten!
    Nehmen Sie zu jeder Zeiteinheit an, daß die ankommenden Flugzeuge zuerst in die
    Warteschlangen eintreten und dann erst die Starts und Landungen stattfinden! Ver-
    suchen Sie Ihren Algorithmus so zu entwerfen, daß weder die Start- noch die Lan-
    dewarteschlangen über alle Maßen anwachsen! Auf jeden Fall müssen
    ankommende Flugzeuge in die Warteschlangen eingereiht werden und die
    Schlangen dürfen auch nicht neu angeordnet werden.

    Ihre Ausgabe sollte die Vorgänge zu jeder Zeiteinheit klar kennzeichnen. Folgende
    Daten sollten periodisch ausgegeben werden:

    (a)   Der Inhalt jeder Warteschlange

    (b)   Die durchschnittliche Wartezeit für Starts

    (c)   Die durchschnittliche Wartezeit für Landungen

    (d)   Die Anzahl der seit der letzten Zeiteinheit abgestürzten Flugzeuge (weil sie
           keinen Treibstoff mehr hatten und keine Rollbahn frei war).

KAPITEL 4

LISTEN

4.1. ZEIGER

In den vorhergehenden Kapiteln betrachteten wir die Darstellung einfacher Datenstrukturen mittels Feldern und sequentieller Abbildung. Diese Darstellungen legten aufeinanderfolgende Elemente des Datenobjekts in festen Abständen ab. Dies bedeutet:

- Wenn sich das i-te Element einer Warteschlange am Ort Loc_i befindet, so findet sich das $(i + 1)$-te Element am Ort $(Loc_i + c)\% MAX\_QUEUE\_SIZE$ in der zirkulären Darstellung.

- Befindet sich das oberste Element eines Stapels am Ort Loc_{top}, so findet sich das Element darunter am Ort $Loc_{top} - c$.

Für viele Operationen wie Einfügen und Löschen einzelner Elemente aus einem Stapel oder einer Warteschlange war diese sequentielle Darstellung angemessen. Wenn allerdings beliebige Elemente eingefügt oder gelöscht werden sollen, wird dies bei sequentieller Eintragung sehr aufwendig. Betrachten Sie z.B. die folgende alphabetisch geordnete Liste von dreibuchstabigen englischen Worten, die alle auf *at* enden:

```
(bat,cat,sat,vat)
```

Wir wollen jetzt das Wort *mat* hinzufügen. Ist diese Liste in einem Feld gespeichert, so müssen *sat* und *vat* einen Platz nach rechts geschoben werden, um *mat* einzufügen. Genauso müßten *sat* und *vat* einen Platz nach links geschoben werden, wenn *cat* gelöscht werden soll. Im allgemeinen ist beliebiges Einfügen und Löschen in Feldern sehr zeitaufwendig.

Eine weitere Schwierigkeit in der sequentiellen Darstellung ergibt sich bei Verwendung mehrerer geordneter Listen verschiedener Größe. Die getrennte Speicherung jeder Liste in einem anderen Feld der Größe der längsten Liste würde Platz verschwenden, wohingegen die Aufbewahrung in einem einzigen Feld häufige Datenverschiebung mit sich bringt. Wir begegneten diesem Dilemma bei der Darstellung mehrfacher Stapel, Warteschlangen, Polynomen und dünn besetzten (lichten) Matrizen. Diese Datentypen sind Beispiele geordneter Listen. Polynome sind nach Exponenten, Matrizen nach Zeilen und Spalten geordnet. In diesem Kapitel stellen wir eine andere Darstellungsmethode für geordnete Listen vor, die zeitsparend beliebiges Einfügen und Löschen erlaubt.

Man erreicht eine elegante Lösung des Datenverschiebungsproblems in sequentiellen Darstellungen durch die verkettete Darstellung. Anders als bei der sequentiellen Anordnung, die eine feste Reihenfolge im Speicher bedeutet, können bei der verketteten Darstellung die Elemente beliebig im Speicher verteilt sein. Mit anderen Worten: Die Reihenfolge der Elemente in der sequentiellen Darstellung ist dieselbe wie in der geordneten Liste, wohingegen diese in der verketteten Liste nicht gleich zu sein brauchen. Um aufeinanderfolgende Elemente einer solchen Liste anzusprechen, wird der Ort oder die Adresse des jeweils nächsten Elements in dieser Liste gespeichert. Somit ist mit jedem Listenelement ein Knoten (*node*) verkettet, der sowohl eine Datenkomponente als auch einen Zeiger (*pointer*) auf das nächste Element enthält. Diese Zeiger werden auch Verbinder (*links*) genannt.

C unterstützt das Zeiger-Konzept in umfassender Weise. In Kapitel 2 sahen wir schon, daß ein Feldelement $a[i]$ als Zeiger auf einen Ort verstanden werden kann, der das i-te Element des Feldes a enthält. Tatsächlich existiert zu jedem Typ T in C ein zugeordneter Zeiger des Typs Zeiger-auf-T. Der eigentliche Wert eines Zeigertyps ist eine Speicheradresse. Die wichtigsten Operatoren im Zusammenhang mit Zeigertypen sind:

- Der Adreß- oder Referenzoperator &

- Der Verweis- oder Dereferenzoperator *

Nehmen wir folgende Deklaration an:

```
int i, *pi;
```

Dann ist i eine Integervariable und *pi* ist ein Zeiger-auf-Integer. Wenn es heißt:

```
pi = &i;
```

dann gibt &i die Adresse von i (Referenz) an und weist ihn der Variablen *pi* als Wert zu. Um i einen Wert zuzuweisen, können wir schreiben:

```
i =10;
```

oder

```
*pi = 10;
```

In beiden Fällen wird der Integer 10 als Wert von *i* gespeichert. Im zweiten Fall wirkt das
∗ vor dem Zeiger *pi* als Verweis (Dereferenz), d.h. anstatt 10 in den Zeiger zu speichern,
wird die Zahl 10 an dem Ort gespeichert, auf den der Zeiger *pi* zeigt.

Man kann noch mehr Operationen mit Zeigern durchführen. Wir können einem Zeiger eine Variable vom Typ Zeiger zuordnen. Da ein Zeiger nichts anderes ist als eine nichtnegative ganze Zahl, erlaubt C arithmetische Operationen wie Addition, Subtraktion, Multiplikation und Division mit ihnen. Weiterhin läßt sich bestimmen, ob ein Zeiger größer,
kleiner oder gleich einem anderen ist, und wir können sie explizit in Integer konvertieren.

Die Größe (oder Länge) eines Zeigers kann auf unterschiedlichen Rechnern verschieden sein. In manchen Fällen unterscheidet sich die Zeigergröße auf einem Rechner,
zum Beispiel kann die Länge eines Zeigers auf den Variablentyp **char** größer sein als auf
einen Zeiger zu **float**. C kennt einen speziellen Nullzeiger, der auf kein Objekt oder Funktion zeigt. Typischerweise wird der Nullzeiger durch die ganze Zahl 0 repräsentiert. Das
Makro *NULL* ist als diese Konstante definiert. Dieses Makro steht entweder in *stddef.h* bei
ANSI C oder in *stdio.h* bei K&R C. Der Nullzeiger kann in relationalen Ausdrücken benutzt
werden, er wird dann als der Wahrheitswert 'false' interpretiert. Daher kann man das Vorhandensein des Nullzeigers in C wie folgt prüfen:

```
if (pi == NULL)
```

oder noch einfacher:

```
if (!pi)
```

4.1.1. Zeiger bergen Gefahren

In diesem Kapitel werden wir erkennen, daß der Gebrauch von Zeigern zu einem hohen
Maß an Flexibilität und Effizienz führt. Aber Zeiger können auch gefährlich sein. Es gehört
zur klugen Praxis in C, alle gerade unbenutzten Zeiger auf *NULL* zu richten. Dies vermindert die Wahrscheinlichkeit, daß ein Speicherbereich, der entweder außerhalb der Pro-
grammumgebung liegt oder in dem keine Zeigerreferenz zu einem legitimierten Objekt
vorliegt, angesprochen wird. Auf einigen Computern ist es möglich, auf den Nullzeiger zu
verweisen und als Ergebnis *NULL* zu erhalten, ohne den Programmablauf zu stören; auf
anderen hingegen ergibt dies einen schweren Fehler, da als Ergebnis die beliebige Bitkom-
bination am Ort Null des Speichers geliefert wird.

Eine weitere kluge Programmiertaktik besteht im expliziten Gebrauch von **type
casts** bei der Konvertierung von Zeigertypen. Zum Beispiel:

```
pi = malloc(sizeof(int)); /* Weise pi einen Zeiger-zu-int zu */
pf = (float *) pi;  /* Wandelt Int-Zeiger in Float-Zeiger um */
```

Eine zusätzliche Gefahr birgt die Tatsache, daß auf den meisten Rechnersystemen Zeiger dieselbe Größe wie der Typ **int** haben. Da **int** der Standardbezeichner (*default specifier*) ist, vernachlässigen manche Programmierer den Rückgabetyp einer Funktion. Dieser Rückgabetyp wird dann standardmäßig als **int** interpretiert, kann dann später aber auch als Zeiger mißinterpretiert werden. Das hat sich als sehr gefährlich erwiesen, und dem Programmierer wird dringend zur expliziten Angabe der Rückgabetypen (*return types*) von Funktionen geraten.

4.1.2. Der Einsatz des dynamischen Speicherplatzes

In Ihrem Programm werden Sie Speicherplatz bereitstellen wollen, um darin Information zu speichern. Bei der Programmerstellung werden Sie jedoch weder genau wissen, wieviel Platz Sie benötigen, noch wollen Sie einen zu großen Raum vorsehen, der später möglicherweise nie genutzt wird. Für dieses Problem stellt C einen sogenannten *heap* ("Haufen") zur Verfügung, der es erlaubt, Speicherplatz während der Programmausführung anzulegen. Wann immer Sie neuen Speicherplatz benötigen, können Sie die Funktion *malloc* (memory *allo*cation) aufrufen und den erforderlichen Platz anfordern. Ist genug Speicher vorhanden, erhalten Sie einen Zeiger auf einen Bereich mit der gewünschten Größe zurück. Später, wenn Sie den Bereich nicht mehr brauchen, können Sie diesen Platz mit der Funktion *free* dem System wieder zur Verfügung stellen. Sobald ein Speicherbereich wieder freigestellt ist, darf er nicht mehr benutzt werden. Das Programm 4.1 zeigt, wie Speicherbereiche über Zeigervariablen reserviert und wieder freigegeben werden.

```
int i, *pi;
float f, *pf;
pi = (int *) malloc(sizeof (int));
pf = (float *) malloc(sizeof(float));
*pi =1024
*pf =3.14;
printf("ganze Zahl = %d, Fließkommazahl = %f\n", *pi, *pf);
free(pi);
free(pf);
```

Programm 4.1: Reservieren und Freigeben von Zeigern

Der Aufruf von *malloc* beinhaltet einen Parameter, der den von **int** oder **float** benötigten Speicherplatz bestimmt. Das Ergebnis ist ein Zeiger auf die erste Adresse eines Speicherbereichs der richtigen Größe. Der Typ des Ergebnisses ist verschieden; auf manchen Systemen gibt *malloc* den Typ **char**∗ zurück, einen Zeiger auf einen **char**. Wie auch immer, die Benutzer von ANSI C werden als Ergebnis **void**∗ erhalten. Die Notationen (*int*∗) und (*float*∗) sind *type cast*-Ausdrücke, die den Rückgabezeiger in einen Zeiger des richtigen Typs transformieren. Dann erst wird der Zeiger der entsprechenden Zeigervariablen zugewiesen. Die *free*-Funktion gibt den zuvor von *malloc* angeforderten Speicherplatz wieder frei. In manchen C-Versionen erwartet *free* als Argument den Typ **char**∗,

ANSI C jedoch **void**∗. Im allgemeinen wird die Typumwandlung beim Aufruf von *free* jedoch ausgelassen.

Wenn wir in Programm 4.1 die Zeile

```
pf = (float *) malloc(sizeof(float));
```

direkt nach der *printf* Anweisung einfügen, dann verschwindet augenblicklich der Zeiger zum Speicherbereich, der den Wert 3.14 enthielt! Dieser Inhalt ist nun unwiderruflich verloren. Dies ist ein Beispiel für einen "verlorenen Verweis" (*dangling reference*). Immer wenn Zeiger zu dynamisch angelegten Speicherbereichen verlorengehen, ist auch der Speicherinhalt für das Programm verloren. Bei der Behandlung von Programmen, die Zeiger und dynamische Speicherverwaltung benutzen, werden wir immer Wert darauf legen, nicht weiter benutzten Speicher wieder freizugeben.

4.2. EINFACH VERKETTETE LISTEN

Verkettete Listen werden als geordnete Folge von Knoten (nodes) mit Pfeilen als Verbindung gezeichnet (Abbildung 4.1). Der Name des Zeigers zum ersten Knoten ist gleichzeitig der Name der Liste. Im Fall der Abbildung 4.1 heißt die Liste *ptr*. Beachten Sie, daß die einzelnen Zeiger nicht benannt werden, sondern nur durch die Pfeile angedeutet sind! Damit werden zwei Tatsachen deutlich gemacht:

(1)   Knoten befinden sich nicht in physikalischer Reihenfolge.

(2)   Bei verschiedenen Programmläufen können sich die Knoten an unterschiedlichen Plätzen befinden.

In einem Programm, das mit Listen arbeitet, wird fast nie nach spezifischen Adressen gesucht, außer man forscht nach dem Ende der Liste.

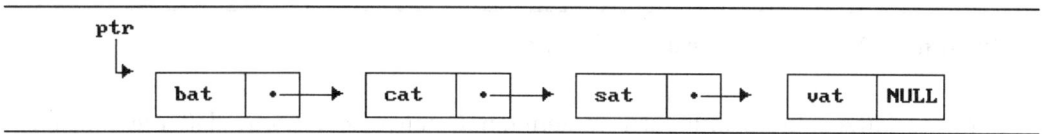

Abbildung 4.1: Die übliche Weise, verkettete Listen zu zeichnen

Nun werden wir sehen, warum in verketteten Listen das Einfügen und Löschen so viel einfacher ist als in sequentiellen Listen. Um das Wort *mat* zwischen *cat* und *sat* einzufügen, ist folgendes nötig:

(1)   Nehme einen momentan unbenutzten Knoten; seine Adresse sei *paddr*.

(2)   Fülle das Datenfeld des Knotens mit *mat*.

(3)   Fülle das Verkettungsfeld von *paddr* mit dem Zeiger, der sich im Verkettungsfeld des
      Knotens von *cat* findet.

(4)   Fülle das Verkettungsfeld des Knotens von *cat*, so daß es auf *paddr* zeigt.

Abbildung 4.2 zeigt die Änderungen der Liste nach dem Einfügen von *mat*. Die unterbro-
chene Linie aus dem Knoten von *cat* stellt die alte Verkettung dar; die durchgezogene
Linie die neue Verkettung. Beachten Sie, daß wir für dieses Einfügen kein einziges
vorhandenes Element der Liste verschieben mußten! So haben wir die Notwendigkeit des
lästigen Datenschiebens überwunden. Wir werden sehen, daß der Nachteil des zusätzlichen Speicherbedarfs für die Verkettungsfelder keinen gravierenden Nachteil darstellt.

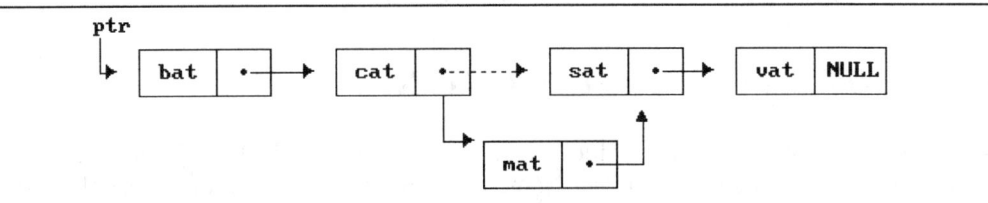

Abbildung 4.2: Einfügen von *mat* hinter *cat*

Nun wollen wir *mat* aus der Liste löschen. Dazu suchen wir lediglich das Element vor *mat*,
also *cat*, und lassen sein Verkettungsfeld auf *mat* zeigen (Abbildung 4.3). Wieder haben
wir keine Daten bewegt, und obwohl *mat*'s Verkettungsfeld immer noch auf *sat* zeigt, ist
mat kein Teil der Liste mehr.

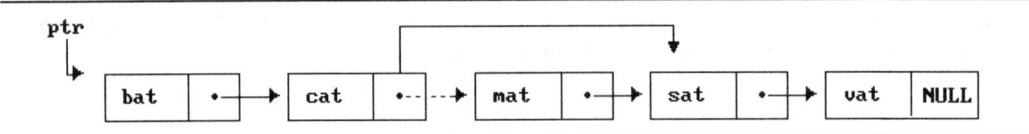

Abbildung 4.3: Löschen von *mat* aus der Liste

Aus dieser kurzen Betrachtung zu verketteten Listen ersehen wir, daß die folgenden
Fähigkeiten bzw. Möglichkeiten benötigt werden, um verkettete Darstellungen zu
realisieren:

(1)   Ein Mechanismus, der die Knotenstruktur, d.h. die zugehörigen Felder bestimmt.
      Dazu benutzen wir die in Kapitel 2.2 behandelten *rekursiven Strukturen*.

(2)   Eine Möglichkeit, bei Bedarf neue Knoten zu erzeugen. Die *malloc*-Funktion be-
      werkstelligt das.

(3)   Eine Möglichkeit, nicht mehr benötigte Knoten zu löschen. Das erledigt die *free*-
      Funktion.

Wir werden nun diverse kleine Beispiele zu der Erstellung und dem Gebrauch verketteter Listen in C angeben.

Beispiel 4.1

[*Liste der auf -at endenden Worte*]: Um eine verkettete Liste von Worten zu erzeugen, müssen wir zunächst eine Knotenstruktur entwerfen. Diese Struktur spezifiziert die Typen der einzelnen Felder. Aus den bisherigen Betrachtungen wissen wir bereits, daß unsere Struktur ein Zeichenfeld und einen Zeiger auf den nächsten Knoten enthalten muß. Die notwendigen Deklarationen lauten:

```
typedef struct list_node *list_pointer;
typedef struct list_node  {
        char data[4];
        list_pointer link;
        } list_node;
list_pointer ptr = NULL;
```

Diese Deklarationen enthalten ein Beispiel für rekursive Strukturen. Beachten Sie, daß der Zeiger *(list_pointer)* **struct** zugeordnet wurde, noch bevor **struct** *(list_node)* definiert wurde. C erlaubt die Erzeugung eines Zeigers auf einen Typ, der noch nicht existiert, da man ansonsten vor einem Paradoxon stände: Wie soll man einen neuen Typ einschließlich eines darauf verweisenden Zeigers definieren, wenn es nicht erlaubt ist, zuvor einen Zeiger dem noch nicht existierenden Typus zuzuordnen?

Nach der Einrichtung der Knotenstruktur erzeugen wir eine neue leere Liste mit der Anweisung:

```
list_pointer ptr = NULL;
```

Mit dieser Anweisung ist eine neue Liste namens *ptr* erschaffen. Erinnern Sie sich, daß *ptr* die Startadresse der Liste enthält! Solange die Liste leer ist, ist ihre Startadresse Null. Dieser Zustand wird durch die Zuweisung des reservierten Wortes *NULL* erreicht. Wir könnten genausogut das *IS_EMPTY*-Makro zur Prüfung auf eine leere Liste verwenden:

```
#define IS_EMPTY(ptr) (!(ptr))
```

Wir nutzen die *malloc*-Funktion aus *<alloc.h>* zur Erzeugung neuer Knoten unserer Liste. Wir wenden diese Funktion folgendermaßen an, um einen neuen Knoten zu erhalten:

```
ptr = (list_pointer)malloc(sizeof(list_node));
```

malloc stellt aus dem freien Speicher einen Block zur Verfügung, der groß genug für *struc list_node* ist. Wir versehen *malloc* durch *sizeof* mit der nötigen Blockgröße. Da unser einziger Zugang zu dem Block über seine Startadresse erfolgt, verwenden wir die explizite Typumwandlung in den Typ Zeiger auf *list_node*. (Die explizite Typumwandlung ist in

ANSI C unnötig; hier sei sie aus Gründen der Portabilität enthalten.) Der erhaltene Zeiger wird dann der Variablen *ptr* zugewiesen.

Nun sind wir bereit, den Knotenfeldern Werte zuzuweisen, was zu dem neuen Operator –> führt. Sei *e* ein Zeiger auf eine Struktur, die das Feld *name* enthält, dann bedeutet *e* –> *name* eine Kurzschreibweise für den Ausdruck (*e*).*name*. Der Operator –> ist der Strukturverweisoperator (*structure member*-Operator); im Zusammenhang mit Zeigern auf Strukturen wird er dem Gebrauch der * und Punktnotation vorgezogen.

Die folgenden Anweisungen plazieren das Wort *bat* in unsere Liste:

```
strcpy(ptr->data,"bat");
ptr->link = NULL;
```

Diese Anweisungen erzeugen die in Abbildung 4.4 gezeigte Liste. Beachten Sie, daß das Verkettungsfeld des Knotens die Null enthält, da es keine weiteren Knoten gibt. □

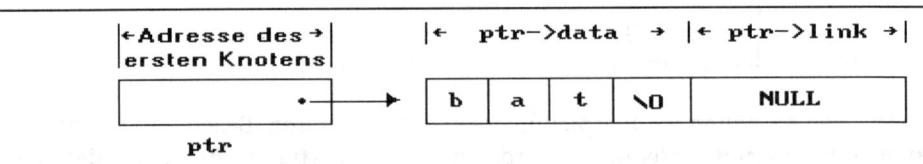

Abbildung 4.4: Zuordnung der Felder eines Knotens

Beispiel 4.2

[*Verkettete Liste mit zwei Knoten*]: Wir wollen eine verkettete Liste von ganzen Zahlen erzeugen. Die Knotenstruktur wird definiert mit:

```
typedef struct list_node *list_pointer;
typedef struct list_node {
        int data;
        list_pointer link;
        } list_node;
list_pointer ptr = NULL;
```

Eine Liste mit zwei Knoten wird von *create2* (Programm 4.2) erzeugt. Das Datenfeld des ersten Knotens wird mit 10 besetzt, das des zweiten mit 20. Die Variable *first* ist ein Zeiger auf den ersten Knoten; *second* ist Zeiger auf den zweiten. Das Verkettungsfeld des ersten Knotens zeigt auf den zweiten Knoten, während das des zweiten Knotens *NULL* ist. Die Variable *first*, der Zeiger auf den Anfang der Liste, wird von *create2* zurückgegeben. Abbildung 4.5 illustriert die Listenstruktur. □

```
list_pointer create2()
{
/* Erzeugt eine verkettete Liste mit zwei Knoten */
    list_pointer first, second;
    first =(list_pointer)malloc(sizeof(list_node));
    second =(list_pointer)malloc(sizeof(list_node));
    second->link =NULL;
    second->data =20;
    first->data = 10;
    first->link =second;
    return first;
}
```

Programm 4.2: Erzeugen einer Zwei-Knoten Liste

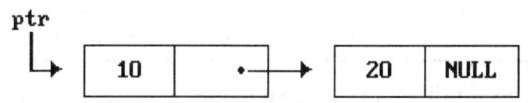

Abbildung 4.5: Eine Zwei-Knoten Liste

Beispiel 4.3

[Listeneinfügung]: Wie in Beispiel 4.2 sei *ptr* ein Zeiger auf eine verkettete Liste. Angenommen, wir wollen einen Knoten mit dem Dateninhalt 50 hinter einem beliebigen Knoten einfügen. Diese Aufgabe erfüllt die Funktion *insert* (Programm 4.3). Mit dieser Funktion werden zwei Zeigervariablen übergeben. Die erste Variable *ptr* ist der Zeiger auf den ersten Knoten der Liste. Wenn diese Variable die Nulladresse enthält (d.h., es gibt keine weiteren Knoten), so soll *ptr* so geändert werden, daß er auf den Knoten mit dem Dateninhalt 50 zeigt. Also muß die Adresse von *ptr* übergeben werden, und deshalb benutzen wir die Deklaration *list_pointer *ptr*. Da sich die Adresse des zweiten Zeigers *node* nicht ändert, brauchen wir seine Adresse nicht als Parameter zu übergeben. Ein typischer Funktionsaufruf lautet dann *insert(&ptr,node);*, wobei *ptr* auf den Anfang der Liste zeigt und *node* auf den neuen Knoten.

Die Funktion *insert* benutzt eine **if...else**-Anweisung, um zwischen leeren und nicht leeren Listen zu unterscheiden. Für eine leere Liste wird *temp*'s Verkettungsfeld auf *NULL* gesetzt und der Wert von *ptr* auf die Adresse von *temp*. Für nicht leere Listen wird der Knoten *temp* zwischen *node* und dem Knoten, auf den sein Verkettungsfeld zeigt, eingefügt. Abbildung 4.6 zeigt die Liste aus Abbildung 4.5 nach Einfügen von *temp* zwischen dem ersten und zweiten Knoten.

Beachten Sie das neu hinzugefügte Makro *IS_FULL*, das feststellt, ob der verfügbare Speicherplatz aufgebraucht ist. Dieses Makro wird in Verbindung mit *malloc* benutzt und gibt *NULL* zurück, wenn kein Speicherplatz mehr verfügbar ist. Es wird wie folgt definiert:

```
#define IS_FULL(ptr) (!(ptr)) □
```

```
void insert(list_pointer *ptr, list_pointer node)
{
/* Füge einen neuen Knoten mit data = 50 in die Liste ptr hinter node ein */
    list_pointer temp;
    temp = (list_pointer)malloc(sizeof(list_node));
    if (IS_FULL(temp)){
        fprintf(stderr, "Der Speicher ist voll\n");
        exit(1);
    }
    temp->data = 50;
    if (*ptr) {
        temp->link = node->link;
        node->link = temp;
    }
    else {
        temp->link = NULL;
        *ptr = temp;
    }
}
```

Programm 4.3: Einfaches Einfügen in den Listenanfang

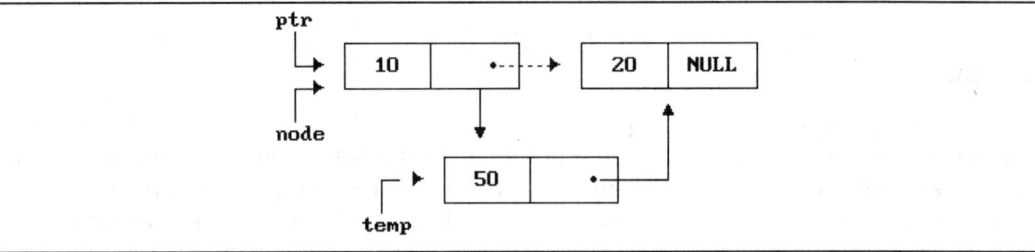

Abbildung 4.6: Die Zwei-Knoten Liste nach dem Funktionsaufruf *insert(&ptr,ptr)*;

Beispiel 4.4

[Listenlöschung]: Einen beliebigen Knoten zu löschen, ist etwas schwieriger als das Einfügen, da es von der Position des Knotens abhängt. Nehmen wir an, wir haben drei Zeiger: *ptr* zeigt an den Anfang der Liste, *node* zeigt auf den zu löschenden Knoten, und *trail* zeigt auf den vorausgehenden Knoten. Die Abbildungen 4.7 und 4.8 zeigen zwei Beispiele. In Abbildung 4.7 ist der zu löschende Knoten der erste in der Liste. Das bedeutet, wir müssen ständig die Startadresse von *ptr* ändern. In Abbildung 4.8 ist *node* nicht der erste Knoten und so können wir einfach das Verkettungsfeld in *trail* auf das von *node* zeigen lassen.

Die Funktion *delete* (Programm 4.4) löscht einen beliebigen Knoten in einer verketteten Liste. Über die Änderung der Eintragung im Verkettungsfeld bzw. des Werts von *ptr* hinaus, gibt *delete* auch den Speicherplatz des gelöschten Knotens an den Systemspeicher zurück. Das wird mit der Funktion *free* erledigt. □

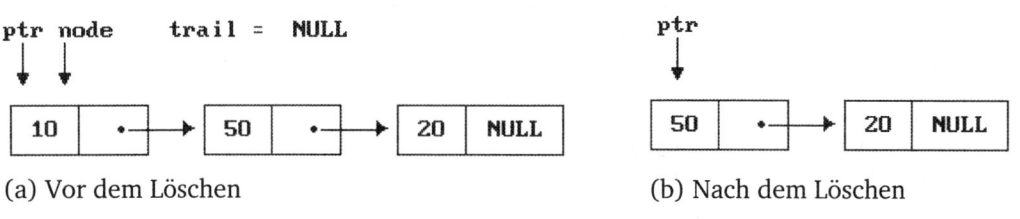

(a) Vor dem Löschen   (b) Nach dem Löschen

Abbildung 4.7: Liste nach Funktionsaufruf *delete(&ptr,NULL,ptr)*;

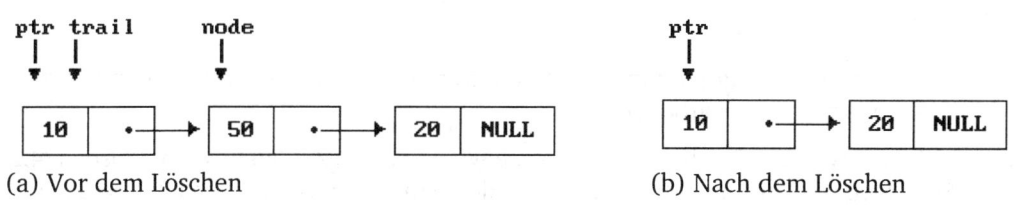

(a) Vor dem Löschen   (b) Nach dem Löschen

Abbildung 4.8: Liste nach Funktionsaufruf *delete(&ptr,ptr,ptr->link)*;

```
void delete(list_pointer *ptr, list_pointer trail, list_pointer node)
{
/* Lösche einen Knoten aus der Liste, trail ist der
        vorhergehende Knoten, ptr ist der Anfang der Liste */
    if (trail)
        trail->link =node->link;
    else
        *ptr = (*ptr)->link;
    free(node);
}
```

Programm 4.4: Löschen aus einer Liste

Beispiel 4.5

[*Ausgabe einer Liste*]: Programm 4.5 gibt die Inhalte der Datenfelder einer Liste aus. Zuerst wird der Inhalt von *ptr*'s Datenfeld ausgegeben, dann wird *ptr* durch die Adresse in seinem Verkettungsfeld ersetzt. Dieser Vorgang der Ausgabe und des Ersetzens wird bis zum Ende der Liste fortgesetzt. □

```
void print_list(list_pointer ptr)
{
    printf("Die Liste enthält: ");
    for (; ptr; ptr = ptr->link)
        printf("%4d",ptr->data);
    printf("\n");
}
```

Programm 4.5: Ausgabe einer Liste

Übungen

1. Schreiben Sie das Programm *delete* (Programm 4.4) so um, daß es nur mit zwei Zeigern, *ptr* und *trail* arbeitet.

2. Nehmen wir an, Sie hätten eine Liste von ganzen Zahlen wie in Beispiel 4.2. Schreiben Sie eine Funktion, die nach der ganzen Zahl *num* sucht. Befindet sich *num* in der Liste, so sollte die Funktion einen Zeiger zu dem Knoten, der *num* enthält, zurückgeben. Andernfalls sollte *NULL* herauskommen.

3. Schreiben Sie eine Funktion, die aus einer Liste den Knoten, der die Zahl *num* enthält, löscht. Benutzen Sie die Suchfunktion (Übung 2), um zu bestimmen, ob sich *num* in der Liste befindet.

4. Schreiben Sie eine Funktion *Länge*, welche die Anzahl der Knoten einer Liste bestimmt.

5. Sei *p* ein Zeiger auf den ersten Knoten einer einfach verketteten Liste. Schreiben Sie eine Prozedur, die jeden zweiten Knoten, beginnend mit *p* (d.h. der erste, dritte, fünfte, usw. Knoten der Liste) löscht. Welche Zeitkomplexität besitzt der Algorithmus?

6. $x = (x_1, x_2, ..., x_n)$ und $y = (y_1, y_2, ..., y_m)$ seien zwei verkettete Listen. Nehmen wir an, daß in jeder Liste die Knoten in einer nichtaufsteigenden Reihenfolge ihrer Datenfeldwerte auftreten. Schreiben Sie einen Algorithmus, der die beiden Listen so zusammenfügt, daß die neue Liste *z* über die gleiche Eigenschaft verfügt. Nach dem Mischen existieren *x* und *y* nicht mehr als individuelle Listen. Jeder Knoten aus *x* oder *y* befindet sich nun in *z*. Es dürfen keine zusätzlichen Knoten verwendet werden. Wie hoch ist die Zeitkomplexität Ihres Algorithmus?

7. Nehmen wir $list_1 = (x_1, x_2, \ldots, x_n)$ und $list_2 = (y_1, y_2, \ldots, y_m)$ an. Schreiben Sie eine Funktion, die beide Listen zu einer neuen verketteten Liste der Form $list_3 = (x_1, y_1, x_2, y_2, \ldots, x_m, y_m, x_{m+1}, \ldots, x_n)$, falls $m \leq n$ und $list_3 = (x_1, y_1, x_2, y_2, \ldots, x_n, y_n, x_{n+1}, \ldots, x_m)$, falls $m > n$ ist, zusammenfügt.

8. § Es ist möglich, eine einfach verkettete Liste in beiden Richtungen zu durchqueren (d.h. von links nach rechts und eingeschränkt von rechts nach links), indem man die Verbindungen während der links-nach-rechts-Durchquerung umdreht. Eine mögliche Konfiguration der Liste *ptr* nach diesem Schema ist in Abbildung 4.9 gezeigt. Die Variable *ptr* zeigt auf den momentan untersuchten Knoten und *left* zeigt auf den Knoten links davon. Beachten Sie die umgekehrte Richtung der Verkettungen aller Knoten links von *ptr*!

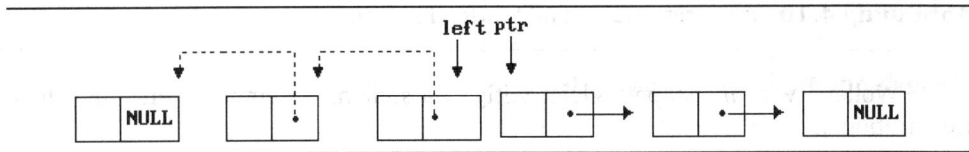

Abbildung 4.9: Konfiguration für umgekehrte Verkettung

(a) Schreiben Sie eine Funktion, um *ptr* um *n* Knoten von einer gegebenen Position (*left*, *ptr*) nach rechts zu schieben.

(b) Schreiben Sie eine Funktion, um *ptr* um *n* Knoten von einer beliebigen Position (*left*, *ptr*) nach links zu schieben.

4.3. DYNAMISCH VERKETTETE STAPEL UND WARTESCHLANGEN

Bisher haben wir Stapel und Warteschlangen sequentiell dargestellt. Solange man nur einen Stapel und eine Warteschlange hat, ist dies auch sinnvoll. Sobald aber mehrere Stapel und Warteschlangen nebeneinander existieren, ist es nicht effizient, sie sequentiell darzustellen. Abbildung 4.10 zeigt einen verketteten Stapel und eine verkettete Warteschlange. Sehen Sie, wie die Richtung der Verbindungen in beiden Fällen ein einfaches Einfügen und Löschen von Knoten erlaubt! Im Falle der Abbildung 4.10(a) ist es leicht, einen Knoten von der Spitze des Stapels abzunehmen oder hinzuzufügen, ebenso leicht wie in Abbildung 4.10(b). Solche Operationen sind am Ende oder am Anfang der Warteschlange durchzuführen. Allerdings ist es unüblich, etwas am Anfang einer Warteschlange anzufügen.

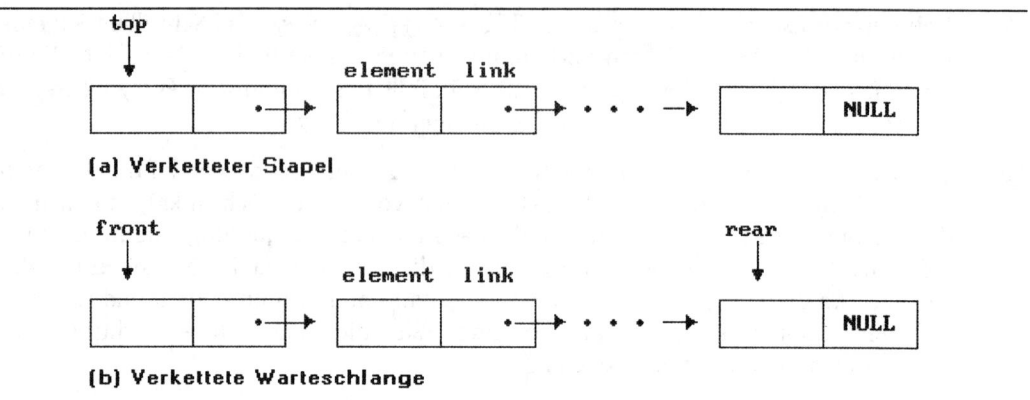

Abbildung 4.10: Verkettete Stapel und Warteschlangen

Wollen wir *n* Stapel gleichzeitig darstellen, beginnen wir mit folgenden Deklarationen:

```
#define MAX_STACKS 10   /* Maximalanzahl der Stapel */
typedef struct {
        int key;
        /* weitere Felder */
        } element;
typedef struct stack *stack_pointer;
typedef struct stack {
        element item;
        stack_pointer link;
        } stack;
stack_pointer top[MAX_STACKS];
```

Nehmen wir an, der Anfangszustand der Stapel sei:

$$top[i] = NULL, 0 \le i < MAX\_STACKS$$

und die Randbedingungen seien:

$$top[i] = NULL, \text{wenn der } i\text{-te Stapel leer ist}$$

und

$$IS\_FULL(temp), \text{wenn der Speicher voll ist}$$

Die Funktionen *add* (Programm 4.6) und *delete* (Programm 4.7) legen Elemente auf einen Stapel oder nehmen Sie, in jeweils sehr geradliniger Weise, wieder weg. In beiden Funktionen wird die Adresse von *top* übergeben, so daß *top* auf das Element zeigt, das zuoberst auf dem Stapel liegt. Die Funktion *add* erzeugt einen neuen Knoten *temp* und plaziert *item* in das Datenfeld und *top* in das Verkettungsfeld. Dann wird die Variable *top* so geändert, daß sie auf *temp* zeigt. Ein typischer Funktionsaufruf lautet dann *add(&top[stack_no],item);*. Die Funktion *delete* gibt dann *item* zurück und ändert *top* so, daß er auf die Adresse des Verkettungsfeldes von *item* zeigt. Der entfernte Knoten wird dann an den Systemspeicher zurückgegeben. Ein typischer Funktionsaufruf lautet dann *item = delete(&top[stack_no]);*.

Um *m* Warteschlangen gleichzeitig darzustellen, beginnen wir mit folgenden Deklarationen:

```
#define MAX_QUEUES 10 /* Maximalzahl der Warteschlangen */
typedef struct queue *queue_pointer;
typedef struct queue {
        element item;
        queue_pointer link;
        } queue;
queue_pointer front[MAX_QUEUES], rear[max_QUEUES];
```

Wir nehmen an, der Anfangszustand der Warteschlangen sei:

$$front[i] = NULL, 0 \le i < MAX\_QUEUES$$

```
void add(stack_pointer *top, element item)
{
/* lege ein Element oben auf den Stapel */
    stack_pointer temp = (stack_pointer) malloc(sizeof(stack));
    if (IS_FULL(temp)) {
        fprintf(stderr, "Der Speicher ist voll\n");
        exit(1); }
    temp->item = item;
    temp->link = *top;
    *top = temp;
}
```

Programm 4.6: Hinzufügen zu einem verketteten Stapel

```
element delete(stack_pointer *top)
{
/* nehme ein Element oben vom Stapel */
    stack_pointer temp = *top;
    element item;
    if (IS_EMPTY(temp)) {
        fprintf(stderr, "Der Stapel ist leer\n");
        exit(1);
    }
    item =temp->item;
    *top = temp->link;
    free(temp);
    return item;
}
```

Programm 4.7: Löschen aus einem verketteten Stapel

Die Randbedingungen sind:

$$front[i] = NULL,\text{ wenn die }i\text{-te Warteschlange leer ist}$$

und

$$IS\_FULL(temp),\text{ wenn der Speicher voll ist}$$

Die Funktionen *addq* (Programm 4.8) und *deleteq* (Programm 4.9) implementieren die Hinzufüg- und Löschoperationen für mehrfache Warteschlangen. Die Funktion *addq* ist komplexer als *add*, da auf leere Warteschlangen getestet werden muß. Ist die Warteschlange leer, so wird *front* so geändert, daß er auf den neuen Knoten zeigt; ansonsten wird *rear*'s Verkettungsfeld so geändert, daß es auf den neuen Knoten zeigt. In jedem Fall wird dann *rear* auf den neuen Knoten gerichtet. Die Funktion *deleteq* ist *delete* sehr ähnlich, da nur der aktuelle Startknoten entfernt wird. Typische Funktionsaufrufe lauten *addq(&front,&rear,item);* und *item = deleteq(&front);*.

Die oben vorgestellte Lösung des *n*-Stapel-, *m*-Warteschlangen-Problems ist sowohl rechnerisch als auch konzeptuell einfach. Wir brauchen nicht länger Stapel oder Warteschlangen zu verschieben, um Platz zu schaffen. Die Rechnungen können so lange laufen, wie Speicherplatz verfügbar ist, und obwohl wir zusätzlichen Platz für die Verkettungsfelder einnehmen, ergibt die Anwendung verketteter Listen viel Sinn, da der Overhead der Verkettungsfelder mehr als wettgemacht wird durch (1) die Möglichkeit, Listen einfach darzustellen und (2) durch die Einsparung von viel Rechenzeit.

```
void addq(queue_pointer *front, queue_pointer *rear, element item)
{
/* Lege ein Element an das Ende der Warteschlange */
    queue_pointer temp = (queue_pointer) malloc(sizeof(queue));
    if (IS_FULL(temp)) {
        fprintf(stderr, "Der Speicher ist voll\n");
        exit(1); }
    temp->item = item;
    temp->link = NULL;
    if (*front) (*rear)->link = temp;
    else *front =temp;
    *rear = temp;
}
```

Programm 4.8: Hinzufügen an das Ende einer verketteten Warteschlange

```
element deleteq(queue_pointer *front)
{
/* Nehme ein Element vom Anfang der Warteschlange */
    queue_pointer temp = *front;
    element item;
    if (IS_EMPTY(*front)) {
        fprintf(stderr, "Die Warteschlange ist leer\n");
        exit(1);
    }
    item =temp->item;
    *front = temp->link;
    free(temp);
    return item;
}
```

Programm 4.9: Löschen vom Anfang einer verketteten Warteschlange

ÜBUNGEN

1. Palindrome sind Worte oder Phrasen, die sich rückwärts genauso buchstabieren wie
    vorwärts. Z.B. "Otto" oder "Ein Neger mit Gazelle zagt im Regen nie" sind beides
    Palindrome (Groß/Kleinschreibung und Leerzeichen vernachlässigen). Durch Ver-
    wendung eines Stapels läßt sich feststellen, ob ein Wort oder eine Phrase ein Palin-
    drom ist, oder nicht. Schreiben Sie eine C-Funktion, die den Wahrheitswert *TRUE*
    zurückgibt, wenn ein Palindrom eingegeben wird und *FALSE*, wenn nicht.

2. Mit einem Stapel kann festgestellt werden, ob die Klammern in einem Ausdruck
    richtig verschachtelt sind. Schreiben Sie eine C-Funktion, die das leistet.

3. Betrachten Sie den hypothetischen Datentyp X2. X2 sei eine lineare Liste mit der
    Einschränkung, daß Einfügungen zwar an beiden Enden erlaubt sind, Löschungen
    aber nur an einem Ende. Entwerfen Sie eine verkettete Listendarstellung für X2!
    Schreiben Sie Einfüg- und Löschfunktionen für X2. Spezifizieren Sie Anfangs- und
    Randbedingungen Ihrer Darstellung!

4.4. POLYNOME

4.4.1. Darstellung von Polynomen als einfach verkettete Listen

Lassen Sie uns ein recht komplexes Problem für verkettete Listen in Angriff nehmen! Der
Umgang mit symbolischen Polynomen wurde mittlerweile zu einem klassischen Beispiel
für Listenbearbeitung. Wie schon in Kapitel 2 wollen wir in der Lage sein, jede Anzahl
verschiedenster Polynome darzustellen, soweit der Speicherplatz reicht. Im allgemeinen
wollen wir das Polynom

$$A(x) = a_{m-1}x^{e_{m-1}} + \cdots + a_0 x^{e_0}$$

darstellen, wobei die a_i von Null verschiedene Koeffizienten, und die e_i nichtnegative
ganzzahlige Exponenten der Art sind, daß $e_{m-1} > e_{m-2} > ... > e_1 > e_0 \geq 0$. Wir stellen jeden
Term als Knoten dar, der aus Koeffizient- und Exponentfeld, sowie einem Zeiger zum
nächsten Term besteht. Angenommen, die Koeffizienten sind ganze Zahlen, so lauten die
Typdeklarationen:

```
typedef struct poly_node *poly_pointer;
typedef struct poly_node {
        int coef;
        int expon;
        poly_pointer link;
        } poly_node;
poly_pointer a,b,d;
```

Gezeichnet werden *poly_nodes* so:

coef	expon	link

Abbildung 4.11 zeigt nun, wie die Polynome

$$a = 3x^{14} + 2x^8 + 1$$

und

$$b = 8x^{14} - 3x^{10} + 10x^6$$

gespeichert werden.

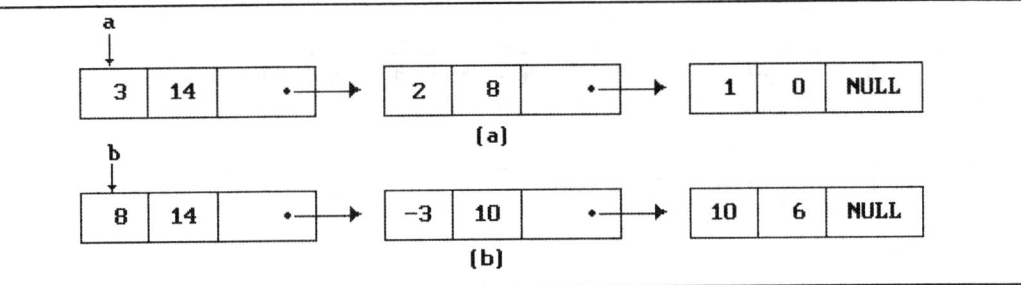

Abbildung 4.11: Polynomdarstellung

4.4.2. Addieren von Polynomen

Um zwei Polynome zu addieren, untersuchen wir ihre Terme beginnend bei den Knoten, die durch a und b angezeigt sind. Sind die Exponenten der Terme gleich, so addieren wir die Koeffizienten und erzeugen einen neuen Term für das Ergebnis. Sodann werden die Zeiger auf die nächsten Knoten von a und b gerichtet. Wenn der Exponent des aktuellen Terms von a kleiner als der Exponent des aktuellen Terms von b ist, dann wird ein Duplikat des b-Terms geschaffen, an das Ergebnis d angehängt und der Zeiger auf den nächsten Term von b gerichtet. Sollte $a -> expon > b -> expon$ gelten, so wird analog verfahren. Abbildung 4.12 illustriert dieses Verfahren für die Polynome aus Abbildung 4.11.

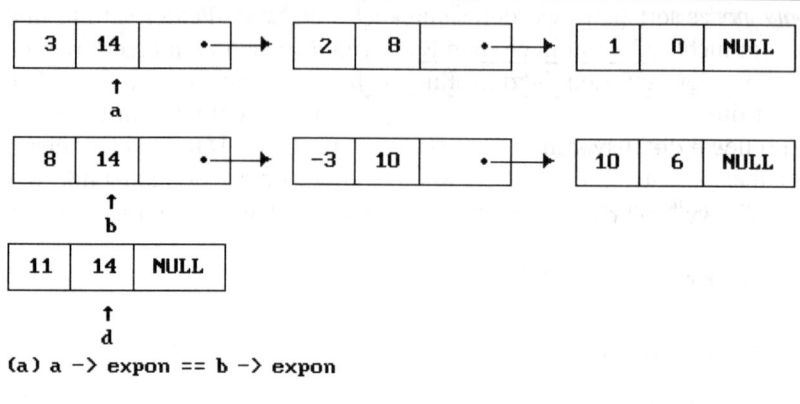

(a) a -> expon == b -> expon

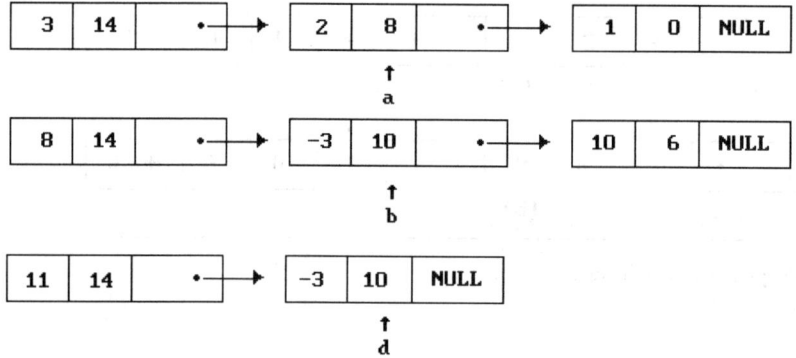

(b) a -> expon < b -> expon

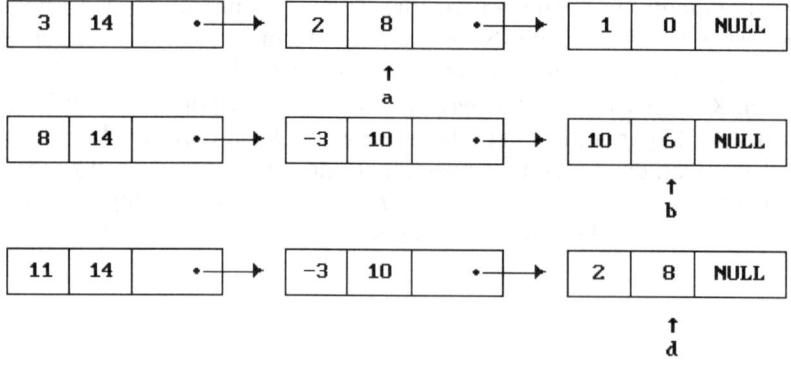

(c) a -> expon > b -> expon

Abbildung: 4.12: Erzeugung der ersten drei Terme von $d = a + b$

Sobald ein neuer Knoten generiert wird, werden seine *koef-* und *expon*-Felder gefüllt, und er wird an *d* gehängt. Um nicht jedesmal nach dem Ende von *d* suchen zu müssen, richten wir den Zeiger *rear* ein, der auf den letzten Knoten von *d* zeigt. Der vollständige Additionsalgorithmus ist durch *padd* (Programm 4.10) gegeben. Es benutzt zum Erzeugen und Anhängen eines neuen Knotens an *d attach* (Programm 4.11). Damit alles hübsch funktioniert, wird *d* zunächst mit einem leeren Knoten ausgestattet, der am Ende der Funktion wieder gelöscht wird. Obwohl das nicht sehr elegant wirkt, erspart es einige Rechnerei.

```
poly_pointer padd(poly_pointer a, poly_pointer b)
{
/* Gibt ein Polynom mit der Summe von a und b zurück */
    poly_pointer front, rear, temp;
    int sum;
    rear = (poly_pointer)malloc(sizeof(poly_node));
    if (IS_FULL(rear)) {
        fprintf(stderr, "Der Speicher ist voll\n");
        exit(1);
    }
    front = rear;
    while (a && b)
        switch (COMPARE(a->expon,b->expon)) {
        case -1: /* a->expon < b->expon */
            attach(b->coef,b->expon,&rear);
            b = b->link;
            break;
        case 0: /* a->expon = b->expon */
            sum = a->coef + b->coef;
            if (sum) attach(sum,a->expon,&rear);
            a = a->link; b = b->link; break;
        case 1: /* a->expon > b->expon */
            attach(a->coef,a->expon,&rear);
            a = a->link;
        }
    /* Kopiere den Rest von a und b */
    for (; a; a = a->link) attach(a->coef,a->expon,&rear);
    for (; b; b = b->link) attach(b->coef,b->expon,&rear);
    rear->link = NULL;
    /* Lösche den Anfangs-Nullknoten */
    temp = front; front = front->link; free(temp);
    return front;
}
```

Programm 4.10: Addieren zweier Polynome

```
void attach(float coefficient, int exponent, poly_pointer *ptr)
{
/* Erzeuge einen neuen Knoten mit coef = coefficient und
expon = exponent, hänge ihn an den durch ptr bezeichneten
Knoten und aktualisiere ptr auf den neuen Knoten */
    poly_pointer temp;
    temp = (poly_pointer)malloc(sizeof(poly_node));
    if (IS_FULL(temp)) {
        fprintf(stderr, "Der Speicher ist voll\n");
        exit(1);
    }
    temp->coef = coefficient;
    temp->expon =temp;
    (*ptr)->link = temp;
    *ptr = temp;
}
```

Programm 4.11: Anhängen eines Knotens an das Ende einer Liste.

Dies ist das erste vollständige Beispiel einer Listenbearbeitung, also studieren Sie es sorgfältig! Der einfache Algorithmus läuft geradlinig entlang der Polynomstruktur, sodaß entweder nur kopiert oder addiert wird. So gibt es in der **while**-Schleife drei Alternativen, je nachdem, ob die nächsten Exponentenpaare sich in einer >, < oder = Relation befinden. Beachten Sie, daß wir an fünf Stellen einen neuen Term erzeugen, was die Benutzung der getrennten Funktion *attach* rechtfertigt!

Analyse von *padd*: Zur Bestimmung der Rechenzeit von *padd* ermitteln wir zunächst, welche Operationen die Laufzeit bestimmen. Im Falle dieses Algorithmus gibt es drei Hauptpunkte:

(1)   Koeffizientenaddition

(2)   Exponentenvergleich

(3)   Erzeugung neuer Knoten für d

Angenommen, jede dieser Operationen benötigt eine Zeiteinheit pro Ausführung, dann bestimmen ihre Frequenzen die Gesamtzeit von *padd*. Diese Zeit hängt offensichtlich davon ab, wieviele Terme die Polynome a und b enthalten. Angenommen a und b enthalten m und n Terme, also:

$$A(x) = a_{m-1}x^{e_{m-1}} + \cdots + a_0 x^{e_0}$$

$$B(x) = b_{n-1}x^{f_{n-1}} + \cdots + b_0 x^{f_0}$$

wobei $a_i, b_i \neq 0$ und $e_{m-1} > \cdots > e_0 \geq 0$, $f_{n-1} > \cdots > f_0 \geq 0$. Die Anzahl der Koeffizientenadditionen bewegt sich also im Bereich:

$$0 \leq \text{Anzahl der Koeffizientenadditionen} \leq \min\{m,n\}$$

Die untere Grenze wird erreicht, wenn die Exponenten paarweise verschieden sind, die obere, wenn die Exponenten des einen Polynoms eine Teilmenge der Exponenten des anderen darstellen.

Wie bei den Exponentenvergleichen, machen wir auch je einen Vergleich pro Iteration der **while**-Schleife. Bei jedem Durchlauf wandern entweder a oder b oder beide zum nächsten Term. Da die Gesamtzahl der Terme durch $m + n$ bestimmt ist, ist auch die Anzahl der Exponentenvergleiche begrenzt durch $m + n$. Es läßt sich leicht ein Fall konstruieren, in dem $m + n - 1$ Vergleiche notwendig werden, zum Beispiel wenn $m = n$ und

$$e_{m-1} > f_{m-1} > e_{m-2} > f_{m-2} > \cdots > e_1 > f_1 > e_0 > f_0$$

Die Gesamtzahl der Terme von d ist $m + n$, also werden auch nicht mehr als $m + n$ Terme erzeugt (ausgenommen natürlich der zusätzliche Knoten, der vorne an d angefügt und später wieder entfernt wird).

Zusammenfassend läßt sich feststellen, daß die Frequenz jeder Anweisung aus *padd* nach oben durch $m + n$ begrenzt ist. Damit wird die Rechenzeit $O(m + n)$. Das bedeutet, daß die Rechenzeit für diesen Algorithmus, sobald er implementiert ist und auf einem Rechner läuft, durch $c_1 m + c_2 n + c_3$ bestimmt ist, wobei c_1, c_2, c_3 Konstanten sind. Da jeder zwei Polynome addierende Algorithmus mindestens einmal jeden von Null verschiedenen Term prüfen muß, läuft *padd* innerhalb eines konstanten Faktors optimal.
□

4.4.3. Löschen von Polynomen

Verkettete Listen eignen sich vorzüglich für die Bearbeitung von Polynomen. Es ist leicht vorstellbar, Funktionen für Eingabe, Ausgabe, Addition, Subtraktion, und Multiplikation von Polynomen auf der Basis der verketteten Listen zu schreiben. Ein möglicher Anwender, der es wünscht, die Polynome $a(x)$, $b(x)$, und $d(x)$ einzulesen und dann $e(x) = a(x) * b(x) + d(x)$ zu berechnen, würde sein Hauptprogramm etwa so schreiben:

```
poly_pointer a, b, d, e
 .
 .
 .
a = read_poly();
b = read_poly();
d = read_poly();
temp = pmult(a,b);
e = padd(temp,d);
print_poly(e);
```

Wünscht unser Benutzer noch mehr Polynome zu berechnen, wäre es sinnvoll, die Knoten, die zur Darstellung von *temp(x)* benötigt wurden, wieder freizugeben, da *temp(x)* nur als Zwischenergebnisspeicher angelegt wurde. Die Rückgabe der Knoten von *temp* ermöglicht es, sie für andere Polynome nutzbar zumachen. Einer nach dem anderen, werden die Knoten von *erase* (Programm 4.12) freigegeben.

```
void erase(poly_pointer *ptr)
{
/* Lösche das Polynom, auf das ptr zeigt */
    poly_pointer temp;
    while (*ptr) {
        temp = *ptr;
        *ptr = (*ptr)->link;
        free(temp);
    }
}
```

Programm 4.12: Löschen eines Polynoms

4.4.4. Darstellung eines Polynoms als zirkulär verkettete Liste

Die Freigabe der Polynomknoten läuft viel effizienter, wenn wir unsere Listenstruktur so modifizieren, daß das Verkettungsfeld des letzten Knoten auf den ersten der Liste zeigt (siehe Abbildung 4.13). So etwas nennen wir eine *zirkuläre Liste*; eine einfach verkettete Liste, in der der letzte Knoten eine *NULL*-Verkettung hat, heißt *Kette*.

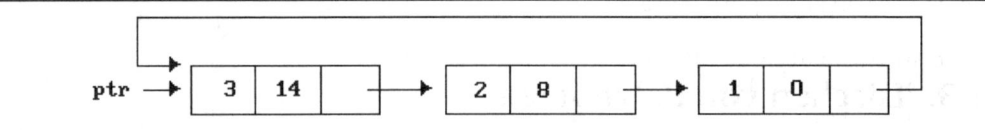

Abbildung 4.13: Zirkuläre Darstellung von $ptr = 3x^{14} + 2x^8 + 1$

Wie schon zuvor beschrieben, geben wir unbenutzte Knoten an den Speicher zurück, um sie später wieder zu benutzen. Wir können dies erreichen und auch einen effizienten Löschalgorithmus für zirkuläre Listen erhalten, indem wir unsere eigene Liste (als Kette) von "befreiten" Knoten führen. Brauchen wir einen neuen Knoten, untersuchen wir diese Liste. Ist sie nicht leer, so können wir einen ihrer Knoten benutzen. Nur im Falle einer leeren Liste müssen wir *malloc* zur Erzeugung eines neuen Knotens bemühen.

Avail sei eine Variable des Typs *poly_pointer* und zeige auf den ersten Knoten unserer Liste von freien Knoten. Von nun an nennen wir diese Liste die Verfügbarkeitsliste oder *avail* Liste. Zu Anfang setzen wir *avail* auf *NULL*. Anstatt *malloc* und *free* zu benutzen, setzen wir *get_node* (Programm 4.13) und *ret_node* (Programm 4.14) ein.

```
poly_pointer get_node(void)
/* Stelle einen Knoten zur Verfügung */
{
    poly_pointer node;
    if (avail) {
        node = avail;
        avail = avail->link;
    }
    else {
        node = (poly_pointer) malloc(sizeof(poly_node));
        if (IS_FULL(node)) {
            fprintf(stderr, "Der Speicher ist voll\n");
            exit(1);
        }
    }
    return node;
}
```

Programm 4.13: *get_node* Funktion

```
void ret_node(poly_pointer ptr)
{
/* Gib einen Knoten an die avail list zurück */
    ptr->link = avail;
    avail = ptr;
}
```

Programm 4.14: *ret_node* Funktion

Eine zirkuläre Liste kann unabhängig von der Anzahl ihrer Knoten in einer festen Zeit mit *cerase* (Programm 4.15) gelöscht werden. Abbildung 4.14 zeigt die in der Liste vorgenommenen Änderungen.

```
void cerase(poly_pointer *ptr)
{
/* Lösche die zirkuläre Liste ptr */
    poly_pointer temp;
    if (*ptr) {
        temp = (*ptr)->link;
        (*ptr)->link = avail;
        avail = temp;
        *ptr = NULL;
    }
}
```

Programm 4.15: Löschen einer zirkulären Liste

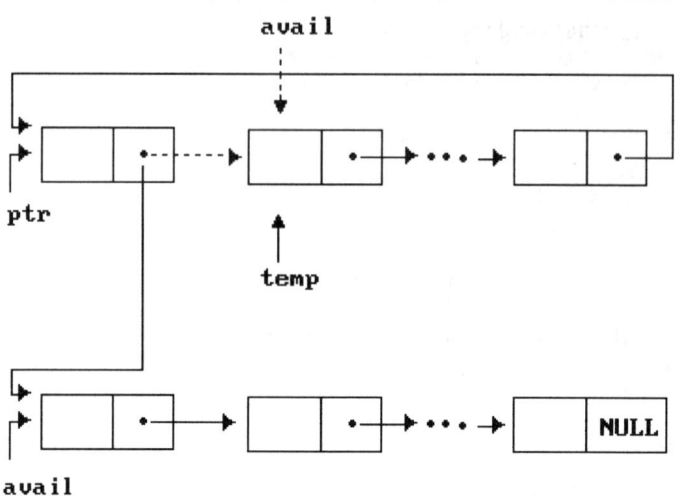

Abbildung 4.14: Rückgabe einer zirkulären Liste zur *avail*-Liste

Eine direkte Umstellung auf die Struktur der Abbildung 4.13 birgt ein Problem, wenn wir die anderen Polynomoperationen anwenden wollen, da das Nullpolynom als Spezialfall behandelt werden muß. Wir können diesen Spezialfall aber vermeiden, indem wir einen *Kopfknoten* in jedem Polynom einführen, d.h. jedes Polynom, ob Null oder nicht Null, erhält einen zusätzlichen Knoten. Der Inhalt der *expon* und *koef* Felder spielt hierbei keine Rolle. Das Nullpolynom stellt sich dann wie in Abbildung 4.15(a) dar. Abbildung 4.15(b) zeigt $a(x) = 3x^{14} + 2x^8 + 1$.

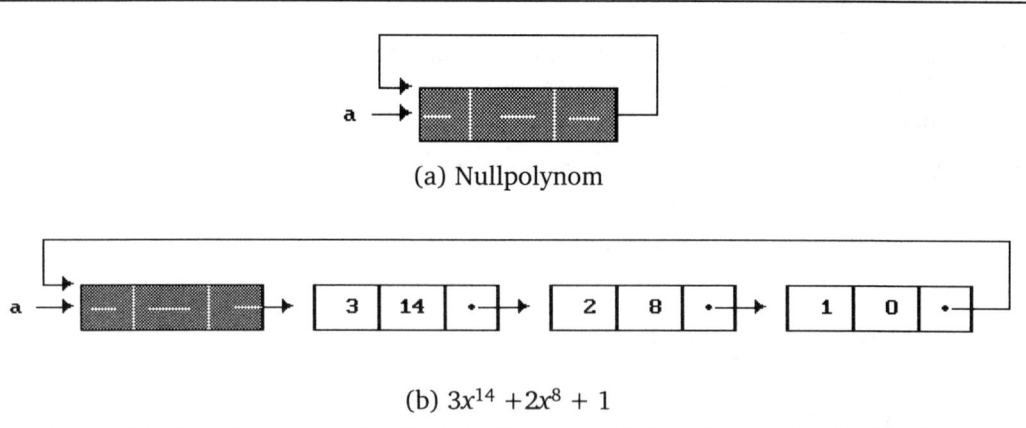

(a) Nullpolynom

(b) $3x^{14} + 2x^8 + 1$

Abbildung 4.15: Polynomdarstellung

Bei einer zirkulären Liste mit Kopfknotendarstellung können wir uns die Abfrage von (*ptr*) in *cerase* sparen. Die einzigen Änderungen in *padd* lauten:

(1)   Definiere zusätzlich zwei Variablen, $starta = a$ und $startb = b$.

(2)   Mache vor der **while**-Schleife die Zuweisung $a = a \mathrel{-}\!> link$ und $b = b \mathrel{-}\!> link$.

(3)   Ändere die **while**-Schleife in **while**$(a \mathrel{!=} starta \mathbin{\&\&} b \mathrel{!=} startb)$.

(4)   Ändere die erste **for**-Schleife in **for**$(;a \mathrel{!=} starta; a = \mathrel{-}\!> link)$.

(5)   Ändere die zweite **for**-Schleife in **for**$(;b \mathrel{!=} startb; b = b \mathrel{-}\!> link)$.

(6)   Lösche die Zeilen:

$$rear \mathrel{-}\!> link = NULL;$$
$$/* \text{ Lösche Kopfknoten } */$$

(7)   Ändere die Zeilen:

$$temp = front;$$
$$front = front \mathrel{-}\!> link;$$
$$free(temp);$$

in

$$rear \mathrel{-}\!> link = front;$$

So bleibt der Algorithmus im wesentlichen unverändert, und nun können wir Nullpolynome genauso behandeln wie Polynome, die nicht Null sind.

Der Algorithmus kann weiter vereinfacht werden, indem das *expon* Feld des Kopfknotens auf -1 gesetzt wird. Nach Prüfung aller Knoten von a ist $starta = a$ und $starta \mathrel{-}\!> expon = -1$. Solange gilt $-1 \leq b \mathrel{-}\!> expon$, können alle übrigen Terme von b über die Ausführung der **switch**-Anweisung kopiert werden. Das gleiche gilt, falls zuerst die Knoten von b geprüft wurden. Das bedeutet, wir können uns den zusätzlichen Code für das Kopieren der übrigen Terme sparen. Der endgültige Algorithmus *cpadd* hat die einfache Form des Programms 4.16.

```
poly_pointer cpadd(poly_pointer a, poly_pointer b)
{
/* Polynome a und b sind einfach verkettete zirkuläre Listen
mit einem Kopfknoten. Gib das Summenpolynom von a und b zurück */
    poly_pointer starta, d, lastd;
    int sum, done = FALSE;
    starta = a;              /* Zeichne Start von a auf */
    a = a->link;             /* Übergehe Kopfknoten von a und b*/
    b = b->link;
    d = get_node();          /* Hole einen Kopfknoten für die Summe */
    d->expon = -1; lastd = d;
    do {
        switch (COMPARE(a->expon, b->expon)) {
            case -1: /* a->expon < b->expon */
                attach(b->coef,b->expon,&lastd);
                b = b->link;
                break;
            case 0:  /* a->expon = b->expon */
                if (starta == a)  done = TRUE;
                else {
                    sum = a->coef + b->coef;
                    if (sum) attach(sum,a->expon,&lastd);
                    a = a->link; b = b->link;
                }
                break;
            case 1:  /* a->expon > b->expon */
                attach(a->coef,a->expon,&lastd);
                a = a->link;
        }
    } while (!done);
    lastd->link = d;
    return d;
}
```

Programm 4.16: Addieren zirkulär dargestellter Polynome

4.4.5. Zusammenfassung

Was haben wir bis jetzt getan? Wir haben die Konzepte der einfach verketteten Liste, einer Kette und einer zirkulär verketteten Liste eingeführt. Jeder Knoten dieser Listen besteht aus genau einem Verkettungsfeld und mindestens einem anderen Feld.

Für den Umgang mit Polynomen bieten sich zirkuläre Listen an. Die Liste des verfügbaren Platzes war ein weiteres Konzept. Diese Liste bestand aus Knoten, die schon mindestens einmal benutzt waren und im Moment nicht gebraucht wurden. Unter Verwendung dieser Liste zusammen mit *get_node*, *ret_node* und *cerase*, konnten zirkuläre Listen in konstanter Zeit gelöscht werden und alle Knoten "recycelt" werden. Im weiteren Verlauf wird der Wunsch nach zusätzlichen Operationen uns auf Schwierigkeiten stoßen lassen, die zu weiteren Variationen der Knotenstruktur und Listendarstellung führen werden.

Übungen

1. Schreiben Sie eine Funktion *pread*, die n Paare von Koeffizienten und Exponenten ($coef_i$, $expon_i$) $0 \leq i < n$ eines Polynoms x einliest. Nehmen Sie an, es gilt $expon_{i+1} > expon_i$, $0 \leq i < n - 2$, und $coef_i \neq 0$, $0 \leq i < n$. Zeigen Sie, daß diese Operation in der Zeit $O(n)$ ausgeführt werden kann.

2. Seien a und b die Zeiger auf zwei Polynome. Schreiben Sie eine Funktion, um das Produktpolynom $d = a*b$ zu berechnen. Ihre Funktion sollte a und b unverändert lassen und d als neue Liste erzeugen. Zeigen Sie, daß diese Operation in der Zeit $O(nm^2)$ oder $O(n^2m)$ durchgeführt werden kann, wenn n und m die Anzahl der Glieder in a bzw. b sind.

3. a sei der Zeiger auf ein Polynom. Schreiben Sie eine Funktion *peval*, die den Wert des Polynoms a an der Stelle x (beliebige Fließkommazahl) berechnet.

4. Überarbeiten Sie Übung 1 unter Benutzung einer zirkulären Listendarstellung.

5. Überarbeiten Sie Übung 2 unter Benutzung einer zirkulären Listendarstellung.

6. Überarbeiten Sie Übung 3 unter Benutzung einer zirkulären Listendarstellung.

7. § **[Programmierprojekt]** Entwerfen und bilden Sie ein verkettetes Zuteilungssystem, das Polynome darstellt und manipuliert. Sie sollten zirkulär verkettete Listen mit Kopfknoten benutzen. Jeder Term sollte die folgende Struktur aufweisen:

coef	expon	link

Zur effizienten Löschung von Polynomen nutzen Sie die Liste des verfügbaren Platzes und die damit verknüpften Funktionen dieses Abschnitts.

Schreiben und testen Sie die folgenden Funktionen:

(a) *pread*. Lies ein Polynom ein und konvertiere es in die zirkuläre Darstellung. Gib einen Zeiger auf den Kopfknoten des Polynoms zurück.

(b) *pwrite*: Gib das Polynom in einer klaren Darstellung aus.

(c) *padd*. Berechne $d = a + b$. Ändere weder a noch b.

(d) *psub*. Berechne $d = a - b$. Ändere weder a noch b.

(e) *pmult*. Berechne $d = a*b$. Ändere weder a noch b.

(f) *eval*. Berechne den Wert des Polynoms an einem beliebigen Ort a, wobei a eine Fließkommakonstante ist. Gib das Ergebnis als Fließkommazahl aus.

(g) *perase*. Gib das als zirkuläre Liste dargestellte Polynom an die Verfügbarkeitsliste zurück.

4.5. WEITERE LISTENOPERATIONEN

4.5.1. Operationen auf Ketten

Oft ist es erwünscht und nötig, eine Gruppe von Manipulationsfunktionen für verkettete Listen aufzustellen. Einige, wie *get_node* und *ret_node*, die Knoten aus der Verfügbarkeitsliste nehmen oder an sie zurückgeben, haben wir schon kennengelernt. Eine Kette zu invertieren (umzudrehen) ist eine weitere nützliche Funktion (Programm 4.17). Diese Routine ist besonders interessant, da sie mit Hilfe von drei Zeigern am Ort ausgeführt werden kann. Wir benutzen die folgenden Deklarationen

```
typedef struct list_node *list_pointer
typedef struct list_node {
         char data;
         list_pointer link;
         } list_node;
```

Probieren Sie diese Funktion an mindestens drei Beispielen aus, einer leeren Liste, einer Liste mit einem Knoten und einer Liste mit zwei Knoten, so daß Sie ihre Arbeitsweise verstehen! Für eine Liste mit *Länge* ≥ 1 Knoten wird die **while**-Schleife *Länge*-mal ausgeführt, so daß die Rechenzeit linear bzw. O(*Länge*) ist.

Eine andere nützliche Funktion besteht in dem Zusammenfügen oder der Verkettung (Konkatenation) zweier Listen *ptr*1 und *ptr*2 (Programm 4.18). Die Komplexität dieser Funktion ist O(Länge der Liste *ptr*1). Da diese Funktion keinen zusätzlichen Speicherplatz für die neue Liste anlegt, enthält *ptr*1 auch die zusammengefügte Liste (In den Übungen wird eine Verkettungsfunktion untersucht, die den Inhalt von *ptr*1 nicht ändert).

```
list_pointer invert(list_pointer lead)
{
/* Invertiere die von lead angezeigte Liste */
   list_pointer middle,trail;
   middle = NULL;
   while (lead) {
        trail = middle;
        middle = lead;
        lead = lead->link;
        middle->link = trail;
   }
   return middle;
}
```

Programm 4.17: Invertieren einer einfach verketteten Liste

```
list_pointer concatenate(list_pointer ptr1, list_pointer ptr2)
{
/* Erzeuge eine neue Liste, die Liste ptr1 gefolgt von Liste
ptr2 enthält. Die von ptr1 bezeichnete Liste wird dauerhaft
geändert */
    list_pointer temp;
    if (IS_EMPTY(ptr1)) return ptr2;
    else {
        if (!IS_EMPTY(ptr2)) {
            for (temp = ptr1; temp->link; temp = temp->link)
                ;
            temp->link = ptr2;
        }
        return ptr1;
    }
}
```

Programm 4.18: Zusammenfügen einfach verketteter Listen

4.5.2. Operationen auf zirkulär verketteten Listen

Lassen Sie uns einen weiteren Blick auf zirkuläre Listen, wie die in Abbildung 4.16, werfen. Angenommen, wir wollen einen Knoten an den Anfang der Liste einfügen. Wir müssen das Verkettungsfeld des Knotens von x_3 ändern. Das bedeutet, wir müssen uns die gesamte Länge von a herab bewegen, um den letzten Knoten zu finden. Es ist also bequemer, den Namen einer zirkulären Liste auf den letzten Knoten anstatt auf den ersten Knoten zeigen zu lassen (Abbildung 4.16). Jetzt können wir Funktionen schreiben, die einen Knoten an den Anfang (Abbildung 4.17) oder an das Ende der Liste innerhalb eines festen Zeitraumes einfügen. Um *node* an das Ende anzufügen, brauchen wir lediglich die Anweisung *ptr = node an den **else**-Fall in *insert_front* (Programm 4.19) zu fügen.

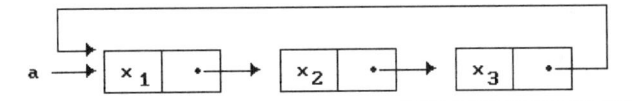

Abbildung 4.16: Beispiel einer zirkulären Liste

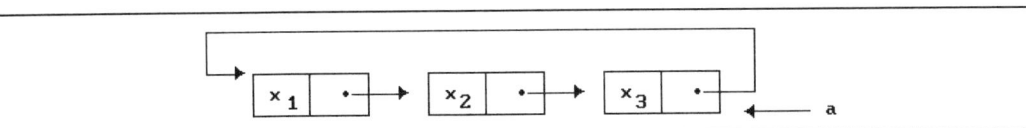

Abbildung 4.17: Auf den letzten Knoten einer zirkulären Liste zeigen

```
void insert_front(list_pointer *ptr, list_pointer node)
/* Füge einen Knoten an den Anfang der zirkulären Liste ptr,
wobei ptr der letzte Knoten der Liste ist */
{
    if (IS_EMPTY(*ptr)) {
    /* Liste ist leer, lasse ptr auf den Eintrag zeigen */
        *ptr = node;
        node->link = node;
    }
    else {
    /* List ist nicht leer, füge neuen Eintrag am Anfang ein /
        node->link = (*ptr)->link;
        (*ptr)->link = node;
    }
}
```

Programm 4.19: Einfügen am Anfang einer Liste

Als letztes Beispiel für einfache Funktionen mit zirkulären Listen schreiben wir eine Funktion (Programm 4.20), die die Länge einer solchen Liste bestimmt.

```
int length(list_pointer ptr)
{
/* Bestimme die Länge der zirkulären Liste ptr */
    list_pointer temp;
    int count = 0;
    if (ptr) {
        temp = ptr;
        do {
            count++;
            temp = temp->link;
        } while (temp != ptr);
    }
    return count;
}
```

Programm 4.20: Bestimmung der Länge einer zirkulären Liste

Übungen

1. Schreiben Sie eine Funktion, die eine ganze Zahl *num* in einer zirkulär verketteten Liste sucht. Es sollte ein Zeiger auf den Knoten von *num* zurückgegeben werden, falls *num* sich findet, andernfalls *NULL* .

2. Schreiben Sie eine Funktion, die den Knoten mit der Zahl *num* aus einer zirkulären Liste löscht, nachdem zuerst *num* gesucht wurde.

3. Schreiben Sie eine Funktion, die zwei zirkuläre Listen zusammenfügt. Die Zeiger der Listen sind auf den letzten Knoten gerichtet. Ihre Funktion sollte einen Zeiger auf die neue zusammengefügte Liste zurückgeben. Nach der Zusammenfügung bestehen die Eingabelisten nicht mehr unabhängig voneinander. Wie ist die Zeitkomplexität Ihrer Funktion?

4. Schreiben Sie eine Funktion, um die Richtung der Zeiger einer zirkulären Liste umzudrehen.

4.6. ÄQUIVALENZRELATIONEN

Lassen Sie uns einige Konzepte der verketteten und sequentiellen Darstellungen dazu benutzen, ein Problem zu lösen, das bei Design und Herstellung von VLSI (very large scale integration) Schaltkreisen auftritt. Einer der Herstellungsschritte dieser Schaltkreise besteht in der Belichtung eines Siliziumwafers unter Einsatz einer ganzen Reihe von Masken. Jede Maske besteht aus vielen Polygonen. Polygone, die sich überschneiden sind elektrisch äquivalent, und elektrische Äquivalenz bestimmt eine Relation auf der Menge der Maskenpolygone. Diese Relation verfügt über einige Eigenschaften, die sie mit anderen Relationen, wie der üblichen mathematischen Gleichheitsrelation, gemeinsam hat. Angenommen, wir bezeichnen eine beliebige Relation mit dem Symbol $\equiv$, und es gilt:

(1) Für jedes Polygon x gilt $x \equiv x$, was bedeutet, daß x elektrisch äquivalent zu sich selbst ist. Also ist $\equiv$ reflexiv.

(2) Für zwei beliebige Polygone x und y gilt: Wenn $x \equiv y$, dann ist auch $y \equiv x$. Also ist die Relation $\equiv$ symmetrisch.

(3) Für drei beliebige Polygone x, y, und z gilt: Wenn $x \equiv y$ und $y \equiv z$ gilt, dann ist auch $x \equiv z$. Sind zum Beispiel x und y elektrisch äquivalent und y und z ebenso, so sind auch x und z elektrisch äquivalent. Also ist die Relation $\equiv$ transitiv.

Definition: Eine Relation $\equiv$ auf einer Menge S wird *Äquivalenzrelation* auf S genannt, wenn sie symmetrisch, reflexiv und transitiv auf S ist. $\square$

Es gibt zahlreiche Beispiele für Äquivalenzrelationen. Zum Beispiel ist die Gleichheitsrelation ($=$) eine Äquivalenzrelation, da gilt:

(1) $x = x$.

(2) $x = y$ impliziert $y = x$.

(3) $x = y$ und $y = z$ impliziert $x = z$.

Wir können Äquivalenzrelationen benutzen, um eine Menge S in Äquivalenzklassen zu zerteilen, so daß zwei Mitglieder x und y von S dann und nur dann in derselben Äquivalenzklasse sind, wenn $x \equiv y$. Haben wir zum Beispiel zwölf Polygone mit den Nummern 0 bis 11 von denen sich folgende überlappen:

$$0 \equiv 4,\ 3 \equiv 1,\ 6 \equiv 10,\ 8 \equiv 9,\ 7 \equiv 4,\ 6 \equiv 8,\ 3 \equiv 5,\ 2 \equiv 11,\ 11 \equiv 0$$

dann können wir wegen der Eigenschaften Reflexivität, Symmetrie und Transitivität der Relation $\equiv$ die zwölf Polygone in die folgenden Äquivalenzklassen einteilen:

$$\{0, 2 ,4, 7,11\};\ \{1, 3, 5\};\ \{6, 8, 9, 10\}$$

Diese Äquivalenzklassen sind wichtig, da sie ein Signalnetz definieren, mit dem wir die Korrektheit der Masken prüfen können.

Der Algorithmus zur Bestimmung der Äquivalenzklassen arbeitet in drei Phasen. In der ersten Phase lesen und speichern wir die Äquivalenzpaare $<i, j>$. In der zweiten Phase beginnen wir bei 0 und finden alle Paare der Form $<0, j>$, wo also 0 und j sich in derselben Äquivalenzklasse befinden. Mit Hilfe der Transitivität wird diese Äquivalenzklasse erweitert, da Paare der Form $<j, k>$ bedeuten, daß k äquivalent zu 0 ist. So schreiten wir fort, bis wir die gesamte Äquivalenzklasse, die 0 enthält, gefunden, markiert und ausgedruckt haben. Dann wird weiter verfahren.

Unser erster Entwurf erscheint in Programm 4.21. Die Anzahl der verketteten Paare sei m, und n sei die Anzahl der Objekte. Zuerst müssen wir herausfinden, welche Datenstruktur für diesen Fall die günstigste ist. Dazu untersuchen wir die notwendigen Operationen. Das Paar $<i, j>$ besteht im wesentlichen aus zwei beliebigen ganzen Zahlen im Bereich 0 bis $n - 1$. Um einfachen (und schnellen) wahlfreien Zugriff zu haben, würde man sofort an ein Feld $pairs[n][m]$ denken. Die i-te Zeile würde dann die Elemente j enthalten, die direkt mit i zusammen eingegeben wurden. Dieser Ansatz würde jedoch viel Speicherplatz verschwenden, da nur wenige der Feldelemente benötigt würden. Es könnte auch viel Zeit kosten, ein neues Paar $<i, j>$ in Zeile i einzufügen, da wir die ganze Zeile nach freiem Platz absuchen oder noch mehr Speicherplatz belegen müssen.

```
void equivalence()
{
    Initialisiere;
    while (keine weiteren Paare) {
        Lies das nächste Paar <i,j>;
        Bearbeite dieses Paar;
    }
    Initialisiere die Ausgabe;
    do
        Gib neue Äquivalenzklasse aus;
    while (nicht ausgeführt);
}
```

Programm 4.21: Erster Ansatz des Äquivalenzalgorithmus

Diese Erwägungen führen uns zur Darstellung über verkettete Listen für jede Zeile. Unsere Knotenstruktur besteht nur aus einem Daten- und dem Verkettungsfeld. Da wir jedoch noch immer direkten Zugriff auf die i-te Zeile haben wollen, benutzen wir ein eindimensionales Feld $seq[n]$, das die Kopfknoten der n Listen enthält. In der zweiten Phase des Algorithmus brauchen wir einen Mechanismus, der uns sagt, ob das Objekt i schon gedruckt ist oder nicht. Dazu benutzen wir das Feld $out[n]$, sowie die Konstanten TRUE und FALSE. Diese nächste Verfeinerung erscheint in Programm 4.22.

```
void equivalence()
{
    Initialisiere seq zu NULL und out zu TRUE;
    while (noch weitere Paare) {
        Lies das nächste Paar, <i,j>;
        Setze j in die Liste seq[i];
        Setze i in die Liste seq[j];
    }
    for (i = 0; i < n; i++)
        if (out[i]) {
            out[i] = FALSE;
            Gib diese Äquivalenzklasse aus;
        }
}
```

Programm 4.22: Eine detailliertere Version des Äquivalenzalgorithmus

Lassen Sie uns diesen Algorithmus, soweit wir ihn entwickelt haben, am vorhergehenden Datensatz simulieren. Nach Vollendung der **while**-Schleife gleichen die Listen denen in Abbildung 4.18. Für jede Relation $i \equiv j$ benutzen wir zwei Knoten. Die Variable $seq[i]$ zeigt auf die Liste der Knoten, die alle äquivalenten Zahlen, wie durch die Eingaberelation bestimmt, enthalten.

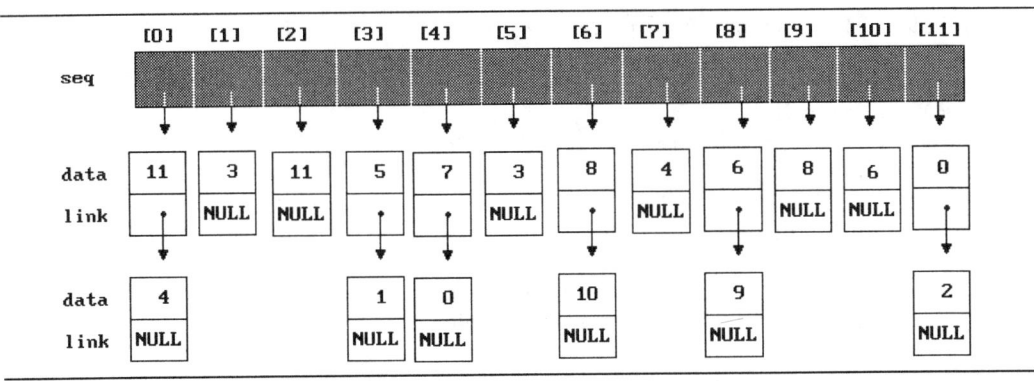

Abbildung 4.18: Die Listen nach Eingabe der Zahlenpaare

In der zweiten Phase wird das Feld nach dem ersten *i* mit $0 \leq i < n$ abgesucht, für das *out*[*i*] = *TRUE* gilt. Jedes Element der Liste *seq*[*i*] wird gedruckt. Um die verbleibenden Listen, die über die Transitivität zur selben Klasse wie *i* gehören, zu bearbeiten, erschaffen wir einen Stapel aus ihren Knoten. Wir realisieren dies durch eine Änderung ihrer Verkettungsfelder, so daß sie in die umgekehrte Richtung zeigen. Programm 4.23 enthält den vollständigen Äquivalenzalgorithmus.

```c
#include <stdio.h>
#include <alloc.h>
#define MAX_SIZE 24
#define IS_FULL(ptr) (!(ptr))
#define FALSE 0
#define TRUE 1
typedef struct node *node_pointer;
typedef struct node {
        int data;
        node_pointer link;
        } node;
void main(void)
{
    short int out[MAX_SIZE];
    node_pointer seq[MAX_SIZE];
    node_pointer x,y,top;
    int i,j,n;

    printf("Größe eingeben (<= %d) ",MAX_SIZE);
    scanf("%d",&n);
    for (i = 0; i < n; i++) {
    /* Initialisiere seq und out */
        out[i] = TRUE;   seq[i] = NULL;
    }

    /* Phase 1: Eingabe der Äquivalenzpaare: */
    printf("Zahlenpaar eingeben (-1 -1 um zu beenden): ");
    scanf("%d%d",&i,&j);
    while (i >= 0) {
        x = (node_pointer)malloc(sizeof(node));
        if (IS_FULL(x)) {
            fprintf(stderr,"Der Speicher ist voll\n");
            exit(1);
        }
        x->data = j;  x->link = seq[i];  seq[i] = x;
        x = (node_pointer)malloc(sizeof(node));
        if (IS_FULL(x)) {
            fprintf(stderr, "Der Speicher ist voll\n");
            exit(1);
        }
        x->data = i;  x->link = seq[j];  seq[j] = x;
        printf("Zahlenpaar eingeben (-1 -1 um zu beenden): ");
```

```
        scanf("%d%d",&i,&j);
    }

    /* Phase 2: Ausgabe der Äquivalenzklassen */
    for (i = 0; i < n; i++)
        if (out[i]) {
            printf("\nNeue Klasse: %5d",i);
            out[i] = FALSE;    /* Setze Klasse auf false */
            x = seq[i];  top = NULL; /* Initialisiere Stapel */
            for (;;) {         /* Finde den Rest der Klasse */
                while (x) {  /* bearbeite die Liste */
                    j = x->data;
                    if (out[j]) {
                        printf("%5d",j);  out[j] = FALSE;
                        y = x->link; x->link = top; top = x; x = y;
                    }
                    else x = x->link;
                }
                if (!top) break;
                x = seq[top->data]; top = top->link; /*unstack*/
            }
        }
}
```

Programm 4.23: Programm zur Bestimmung von Äquivalenzklassen

Analyse des Äquivalenzprogramms: Die Initialisierung von *seq* und *out* benötigt die Zeit O(n). Die Eingabe der Äquivalenzpaare in der ersten Phase braucht eine konstante Zeit pro Paar. Also beträgt die Gesamtzeit dieser Phase O(m + n), mit m als Anzahl der Eingabepaare. In der zweiten Phase wird jeder Knoten höchstens einmal auf den verketteten Stapel gelegt. Da es nur 2m Knoten gibt, und wir die **for**-Schleife n-mal ausführen, kommen wir auf die Zeit O(m + n). So ist dann auch die gesamte Rechenzeit O(m + n). Jeder Algorithmus zur Bearbeitung von Äquivalenzrelationen muß nach allen m Äquivalenzpaaren und allen n Polygonen mindestens einmal suchen. Also gibt es keinen Algorithmus mit einer kürzeren Rechenzeit als O(m + n). Dies bedeutet, der Äquivalenzalgorithmus ist innerhalb eines konstanten Faktors optimal. Unglücklicherweise ist der benötigte Speicherplatz ebenfalls O(m + n). In Kapitel 5 werden wir eine alternative Lösung dieses Problems betrachten, die nur den Platz O(n) in Anspruch nimmt.

4.7. DÜNN BESETZTE MATRIZEN (SM)

In Kapitel 2 sahen wir, daß wir viel Platz und Rechenzeit sparen konnten, wenn wir nur die Terme ungleich Null in dünn besetzten Matrizen (im folgenden mit SM - *sparse matrix* abgekürzt) behielten. Wenn die Terme ungleich Null nicht gerade ein schönes Muster bildeten, wie ein Dreieck oder ein Band, so entschieden wir uns für ein sequentielles Schema, nach dem jeder Term ungleich Null durch einen Knoten mit den drei Feldern Zeile, Spalte und Wert dargestellt wurden. Diese Knoten wurden sequentiell angeordnet. Allerdings stellten wir bei der Anwendung von Matrixoperationen wie Addition, Subtraktion und Multiplikation fest, daß die Anzahl der Terme ungleich Null variierte. Matrizen für Zwischenrechnungen, wie bei den Polynomen, wurden erzeugt und später wieder gelöscht, um Platz für weitere Matrizen zu machen. So litt die sequentielle Darstellung von SM unter derselben Unzulänglichkeit wie die ähnliche Darstellung von Polynomen. In diesem Abschnitt betrachten wir eine Darstellung für SM mit Hilfe der verketteten Listen. Wie wir schon vorher sahen, erlauben uns verkettete Listen eine effiziente Darstellung von Strukturen variabler Größe, ein Vorzug, der sich auch auf SM anwenden läßt.

Jede Spalte einer SM wird als zirkulär verkettete Liste mit Kopfknoten dargestellt. Eine ähnliche Darstellung wird für die Zeilen verwendet. Jeder Knoten hat ein Markierungsfeld (*ctag*), um zwischen Kopfknoten und Eintragungsknoten zu unterscheiden. Jeder Kopfknoten verfügt über drei weitere Felder: *Down*, *right* und *next* (Abbildung 4.19(a)). Das *down*-Feld verbindet die Spaltenlisten, das *right*-Feld die Zeilen. Das *next*-Feld verbindet die Kopfknoten miteinander. Der Kopfknoten der Zeile i ist gleichzeitig der Kopfknoten für Spalte i, die Gesamtzahl der Kopfknoten sei max{Anzahl der Zeilen, Anzahl der Spalten}.

Jeder Eintragungsknoten verfügt, zusätzlich zum Markierungsfeld, noch über fünf weitere Felder: *row*, *col*, *down*, *right*, *value* (Abbildung 4.19(b)). Wir nutzen *down* als Verkettungsfeld zum nächsten Term ungleich Null derselben Spalte und das *right*-Feld analog für die Zeilen. Wenn also $a_{ij} \neq 0$ ist, dann gibt es einen Knoten mit Markierungsfeld (*ctag*) = Eintrag, *value* = a_{ij}, *row* = i und *col* = j (Abbildung 4.19(c)). Wir hängen diesen Knoten in die zirkulär verkettete Liste für Zeile i und Spalte j. Er ist also gleichzeitig in zwei verschiedenen Listen eingebunden.

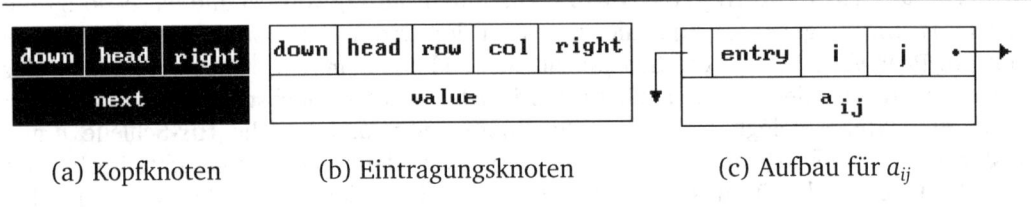

     (a) Kopfknoten   (b) Eintragungsknoten   (c) Aufbau für a_{ij}

Abbildung 4.19: Knotenstruktur für SM

Wie schon zuvor angesprochen, befindet sich jeder Kopfknoten in drei Listen: Einer Liste der Zeilen, einer Spaltenliste und einer Liste der Kopfknoten. Die Liste der Kopfknoten hat ebenfalls einen Kopfknoten mit derselben Struktur wie ein Eintragungskopfknoten (Abbildung 4.19(b)). Die *row* und *col* Felder dieses Knotens werden zur Speicherung der Matrixdimensionen benutzt.

Angenommen, es liegt die einfache SM a vor, wie in Abbildung 4.20 dargestellt. Abbildung 4.21 zeigt die verkettete Darstellung dieser Matrix. Obwohl die Inhalte der Markierungsfelder nicht dargestellt sind, können wir diese Werte leicht aus der Knotenstruktur entnehmen. Für jeden Term ungleich Null von a liegt ein Eintragungskopfknoten vor, der in genau einer Zeilenliste und einer Spaltenliste vorkommt. Die Kopfknoten sind mit H0 - H3 bezeichnet. Wie die Abbildung zeigt, benutzen wir das *right*-Feld des Kopfes der Kopfknotenliste als Verbindungsfeld zur Liste der Kopfknoten. Beachten Sie ebenfalls, daß die ganze Matrix über den Kopfknoten a der Liste der Kopfknoten angesprochen werden kann!

$$\begin{bmatrix} 0 & 0 & 11 & 0 \\ 12 & 0 & 0 & 0 \\ 0 & -4 & 0 & 0 \\ 0 & 0 & 0 & -15 \end{bmatrix}$$

Abbildung 4.20: Die dünn besetzte 4×4 Matrix a

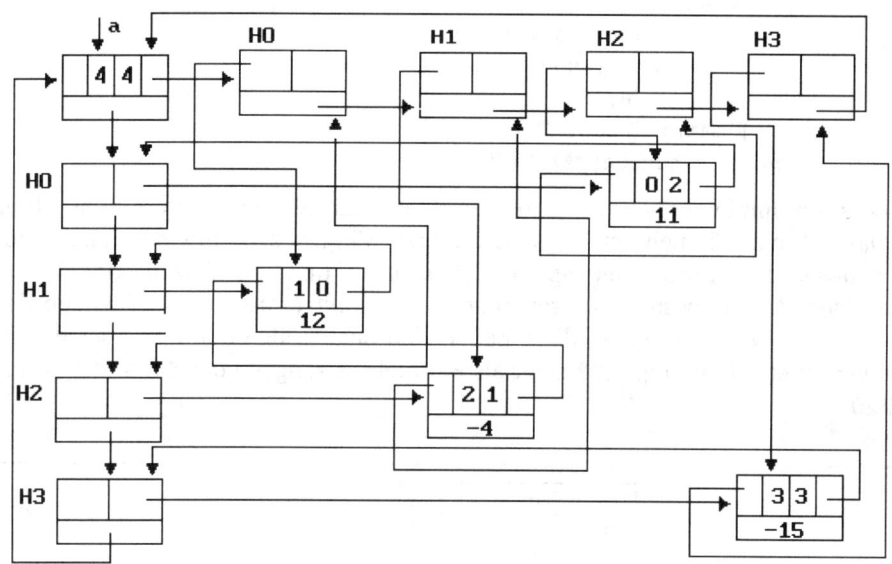

ANMERKUNG: Das Markierungsfeld eines Knotens ist nicht gezeigt, dessen Inhalt geht aus der Knotenstruktur hervor.

Abbildung 4.21: Verkettete Darstellung der dünn besetzten Matrix a

Wollen wir eine $num\_rows \times num\_cols$ Matrix mit num_terms Termen ungleich Null darstellen, so brauchen wir $\max\{num\_rows, num\_cols\} + num\_terms + 1$ Knoten. Da jeder Knoten einige Worte Speicherplatz braucht, ist der gesamt benötigte Platz nur dann kleiner als $num\_rows \cdot num\_cols$, wenn num_terms genügend klein ist.

Nachdem wir die Darstellung für SM erarbeitet haben, können wir sie nun in C-Anweisungen übersetzen. Da wir mit zwei verschiedenen Knotentypen arbeiten, benutzen wir eine **union**, um die angemessene Datenstruktur zu erzeugen. Das bedeutet, unsere

Datenstruktur ist komplizierter als jede andere bisher erzeugte. Wir benötigen die folgenden Deklarationen:

```
#define MAX_SIZE 50 /*Größe der größten Matrix */
typedef enum {head,entry} tagfield;
typedef struct matrix_node *matrix_pointer;
typedef struct entsy_node {
        int row;
        int col;
        int value;
        } entry_node;
typedef struct matrix_node {
        matrix_pointer down;
        matrix_pointer right;
        tagfield tag;
        union {
                matrix_pointer next;
                entry_node entry;
                } u;
        } matrix_node;
matrix_pointer hdnode[MAX_SIZE];
```

Als erste Operation implementieren wir das Einlesen der SM und den Aufbau ihrer verketteten Darstellung. Wir nehmen an, daß die erste Eingabezeile aus der Anzahl der Zeilen (*num_rows*), der Anzahl der Spalten (*num_cols*) und der Anzahl der Terme ungleich Null (*num_terms*) besteht. Dieser Zeile folgen *num_terms* Zeilen Eingaben der Form: *row, col, value*. Wir nehmen an, diese Zeilen sind nach Zeilen und hierin wiederum nach Spalten geordnet. Abbildung 4.22 zeigt als Beispiel die Eingabe der 4 × 4 Matrix aus Abbildung 4.20.

	[0]	[1]	[2]
[0]	4	4	4
[1]	0	2	11
[2]	1	0	12
[3]	2	1	-4
[4]	3	3	-15

Abbildung 4.22: Beispieleingabe für eine SM

Die Funktion *mread* (Programm 4.24) benutzt ein Hilfsfeld, *hdnode*, das mindestens so groß sein muß, wie die Dimension der größten Matrix, die eingegeben werden soll. Die Variable *hdnode*[*i*] ist ein Zeiger auf den Kopfknoten für Zeile *i* und Spalte *i*. Dies erlaubt uns den beliebigen Zugriff auf Spalten, während wir die Eingabematrix aufbauen. Die Funktion *mread* baut zunächst alle Kopfknoten auf und bildet dann jede Zeilenliste gleichzeitig mit der Spaltenliste. Das *next*-Feld des Kopfknotens *i* wird anfangs benutzt, um den letzten Knoten in Spalte *i* zu verfolgen. Die letzte **for**-Schleife der Funktion verbindet dann alle Kopfknoten über dieses Feld.

```
matrix_pointer mread(void)
{
/* Lies eine Matrix ein und bilde ihre verkettete Darstellung.
Es wird ein globales Hilfsarray hdnode benutzt */
    int num_rows, num_cols, num_terms, num_heads, i;
    int row, col, value, current_row;
    matrix_pointer temp,last,node;

    printf("Eingabe Anzahl der Zeilen, Spalten "
                        "und Anzahl der Terme ungleich Null: ");
    scanf("%d%d%d",&num_rows, &num_cols, &num_terms);
    num_heads = (num_cols > num_rows) ? num_cols : num_rows;
    /* Bilde Kopfknoten für die Liste der Kopfknoten */
    node = new_node(); node->tag = entry;
    node->u.entry.row = num_rows;
    node->u.entry.col = num_cols;

    if (!num_heads) node->right = node;
    else { /* Initialisiere die Kopfknoten */
        for (i = 0; i < num_heads; i++) {
            temp = new_node;
            hdnode[i] = temp; hdnode[i]->tag = head;
            hdnode[i]->right = temp;  hdnode[i]->u.next = temp;
        }
        current_row = 0;
        last = hdnode[0]; /* Letzter Knoten der aktuellen Zeile */
        for (i = 0; i < num_terms; i++) {
            printf("Enter row, column and value: ");
            scanf("%d%d%d",&row,&col,&value);
            if (row > current_row) {
                /* Schließe die aktuelle Zeile*/
                last->right = hdnode[current_row];
                current_row = row; last = hdnode[row];
            }
            temp = new_node();
            temp->tag = entry;  temp->u.entry.row = row;
            temp->u.entry.col = col;
            temp->u.entry.value = value;
            last->right = temp; /* Verbinde mit der Zeilenliste */
            last = temp; /* Verbinde mit der Spaltenliste */
            hdnode[col]->u.next->down = temp;
            hdnode[col]->u.next = temp;
        }
        /* Schließe die letzte Zeile */
        last->right = hdnode[current_row];
        /* Schließe alle Spaltenlisten */
        for (i = 0; i < num_cols; i++)
            hdnode[i]->u.next->down = hdnode[i];
        /* Verbinde alle Kopfknoten miteinander */
        for (i = 0; i < num_heads-1; i++)
            hdnode[i]->u.next = hdnode[i+1];
        hdnode[num_heads-1]->u.next = node;
        node->right = hdnode[0];
    }
    return node;
}
```

Programm 4.24: Einlesen einer SM

```
matrix_pointer new_node(void)
{
    matrix_pointer temp;
    temp = (matrix_pointer) malloc(sizeof(matrix_node));
    if (IS_FULL(temp)) {
        fprintf(stderr, "Der Speicher ist voll\n");
        exit(1);
    }
    return temp;
}
```

Programm 4.25: Bilden eines neuen Matrixknotens

Analyse von *mread*: Da die Laufzeit von *malloc* konstant ist, können alle Kopfknoten in der Zeit O(max{*num_rows*, *num_cols*}) aufgebaut werden. Genauso können alle Terme ungleich Null in einer festen Zeit aufgebaut werden, da die Variable *last* die aktuelle Zeile, und *next* die aktuelle Spalte verfolgt. Daher benötigt die **for**-Schleife für das Einlesen und die Verkettung der Eintragungskopfknoten nur die Zeit O(*num_terms*). Der Rest der Funktion nimmt die Zeit O(max{*num_rows*, *num_cols*}) in Anspruch. So ergibt sich die Gesamtzeit zu:

$$O(\max\{num\_rows, num\_cols\} + num\_terms)$$

$$= O(num\_rows + num\_cols + num\_terms).$$

Beachten Sie, daß dies asymptotisch besser ist als die Eingabezeit von O(*num_rows* · *num_cols*) einer *num_rows* × *num_cols*-Matrix, wenn man ein zweidimensionales Feld benutzt! Allerdings ist es etwas schlechter als die sequentielle Methode aus Abschnitt 2.4. □

Jetzt würden wir gerne den Inhalt einer SM in einer Form, die der aus Abbildung 4.22 entspricht, ausgeben. Die Funktion *mwrite* (Programm 4.26) erfüllt uns diesen Wunsch.

```
void mwrite(matrix_pointer node)
{
/* Gib die Matrix in Zeilenanordnung aus */
    int i;
    matrix_pointer temp, head = node->right;
    /* Matrix Dimensionen */
    printf(" \n num_rows = %d, num_cols = %d \n",
            node->u.entry.row, node->u.entry.col);
    printf(" Matrix nach Zeile, Spalte und Wert: \n\n");
    for (i = 0; i < node->u.entry.row; i++) {
    /* Gib die Einträge jeder Zeile aus */
        for (temp = head->right; temp != head;
                                 temp = temp->right)
            printf("%5d%5d%5d \n",temp->u.entry.row,
                    temp->u.entry.col, temp->u.entry.value);
        head = head->u.next; /* Nächste Zeile */
    }
}
```

Programm 4.26: Ausgabe einer SM

Analyse von *mwrite*: Die Funktion *mwrite* arbeitet mit zwei **for**-Schleifen. Die Anzahl der Iterationen der äußeren **for**-Schleife ist *num_rows*. In jeder Zeile *i* ist die Anzahl der Iterationen der inneren **for**-Schleife gerade gleich der Anzahl der Einträge in Zeile *i*. Daher ist die Rechenzeit von *mwrite* $O(num\_rows + num\_terms)$. □

Bevor wir diesen Abschnitt beenden, werfen wir noch einen Blick auf einen Algorithmus, der alle Knoten einer SM an den Systemspeicher zurückgibt. Wir geben die Knoten einen nach dem anderen mit *free* zurück, obwohl es möglich ist, einen schnelleren Algorithmus unter Verwendung einer Liste des verfügbaren Platzes zu entwickeln (siehe Abschnitt 4.4). Die Funktion *merase* (Programm 4.27) implementiert die Löschfunktion.

```
void merase(matrix_pointer *node)
{
/* Lösche die Matrix, gib die Knoten an den Heap zurück */
    matrix_pointer x,y, head = (*node)->right;
    int i, num_heads;
    /* Gebe Eintragungs- und Kopfknoten zeilenweise frei */
    for (i = 0; i < (*node)->u.entry.row; i++) {
        y = head->right;
        while (y != head) {
            x = y; y = y->right; free(x);
        }
        x = head; head = head->u.next; free(x);
    }
    /* Gebe übrige Kopfknoten frei */
    y = head;
    while (y != *node) {
        x = y; y = y->u.next; free(x);
    }
    free(*node); *node = NULL;
}
```

Programm 4.27: Löschen einer SM

Analyse von *merase*: Als erstes gibt *merase* die Eintragungsknoten und die Zeilenkopfknoten an den Systemspeicher zurück. Es wird eine verschachtelte Schleifenstruktur, wie sie sich schon in *mwrite* findet, benutzt. So ist dann die Rechenzeit der verschachtelten Schleife $O(num\_rows + num\_terms)$. Anschließend werden die verbleibenden Kopfknoten gelöscht. Die Zeit hierfür beträgt $O(num\_rows + num\_cols)$. Also ist die Gesamtzeit für *merase* $O(num\_rows + num\_cols + num\_terms)$.□

Übungen

1. a und b seien zwei SM. Schreiben Sie eine Funktion *madd*, die die Matrix $d = a + b$ erzeugt. Ihre Funktion sollte die Matrizen a und b unverändert lassen und d als neue Matrix aufbauen. Zeigen Sie, daß, wenn a und b $num\_rows \times num\_cols$ Matrizen mit num_terms_a und num_terms_b Termen ungleich Null sind, die Addition in der Zeit O($num\_rows + num\_cols + num\_terms_a + num\_terms_b$) erledigt werden kann.

2. Seien a und b zwei SM. Schreiben Sie eine Funktion *mmult*, die die Matrix $d = a*b$ erzeugt. Zeigen Sie, daß, wenn a eine $num\_rows_a \times num\_cols_a$ Matrix mit num_terms_a Termen ungleich Null und b eine $num\_cols_a \times num\_cols_b$ Matrix mit num_terms_b Termen ungleich Null ist, d in der Zeit O($num\_cols_b \cdot num\_terms_a + num\_rows_a \cdot num\_terms_b$) berechnet werden kann. Können Sie sich eine Möglichkeit vorstellen, d in der Zeit O($\min\{num\_cols_b \cdot num\_terms_a, num\_rows_a \cdot num\_terms_b\}$) zu berechnen?

3. (a) Schreiben Sie *merase* neu, so daß die gelöschte Liste in eine Liste des verfügbaren Platzes geschrieben wird, anstatt sie an den Systemspeicher zurückzugeben.

    (b) Schreiben Sie *mread* entsprechend so um, daß ein neuer Knoten aus der Verfügbarkeitsliste entnommen wird, anstatt aus dem Systemspeicher.

4. Schreiben Sie eine Funktion *mtranspose*, um die Matrix $b = a^T$, also die transponierte Matrix, zu berechnen. Wie lange ist die Rechenzeit?

5. Entwerfen Sie eine Funktion, die eine SM kopiert. Wie lange ist die Rechenzeit?

6. § **[Programmierprojekt]** Wir wollen ein vollständiges System aus verketteten Listen implementieren, um arithmetische Operationen auf SM in verketteter Listdarstellung auszuführen. Schreiben Sie ein benutzerfreundliches, menüge-steuertes System für die folgenden Operationen. Die Funktionen sind als Schablonen vorgegeben, in die Sie die entsprechenden Parameter noch eintragen müssen:

    (a) *mread*. Einlesen einer SM.

    (b) *mwrite*. Ausgeben des Inhalts einer SM.

    (c) *merase*. Löschen einer SM.

    (d) *madd*. Erzeugen der SM $d = a + b$.

    (e) *mmult*. Erzeugen der SM $d = a*b$.

    (f) *mtranspose*. Erzeuge die SM $b = a^T$.

4.8. DOPPELT VERKETTETE LISTEN

Eine Schwierigkeit mit einfach verketteten Listen ergibt sich durch die Tatsache, daß man sich lediglich in Richtung der Verkettungsfelder bewegen kann. Stellen Sie sich zum Beispiel vor, wir wollten auf einen Knoten zugreifen, der einem Knoten, der mit dem Zeiger *ptr* angezeigt ist, vorhergeht. Das geht nur, indem wir von Anfang der Liste an suchen, bis wir den Knoten finden, dessen Verkettungsfeld auf *ptr* zeigt. Da wir für eine Löschoperation den vorhergehenden Knoten brauchen, können wir diese Operation mit einfach verketteten Listen nicht effizient durchführen. Wann immer wir eine Aufgabe zu lösen haben, die es erfordert, sich in beiden Richtungen zu bewegen, sind doppelt verkettete Listen von Nutzen.

Ein Knoten einer doppelt verketteten Liste verfügt über mindestens drei Felder: Ein linkes Verkettungsfeld (*llink*), ein Datenfeld (*item*) und ein rechtes Verkettungsfeld (*rlink*). Die notwendigen Deklarationen lauten:

```
typedef struct node *node_pointer;
typedef struct node {
        node_pointer llink;
        element item;
        node_pointer rlink;
        } node;
```

Eine doppelt verkettete Liste kann zirkulär sein oder nicht. Ein Beispiel einer zirkulären, doppelt verketteten Liste mit drei Knoten ist in Abbildung 4.23 gezeigt. Neben den drei Knoten ist noch ein Kopfknoten hinzugefügt. Wie sich schon in den vorigen Abschnitten erwiesen hat, erleichtert ein Kopfknoten die Implementation unserer Operationen. Das Datenfeld des Kopfknoten enthält normalerweise keine Information.

Nun nehmen wir an, *ptr* zeigt auf irgendeinen Knoten unserer doppelt verketteten Liste. Dann gilt:

$$ptr = ptr \rightarrow llink \rightarrow rlink = ptr \rightarrow rlink \rightarrow llink$$

Dieser Ausdruck spiegelt die essentielle Eigenschaft dieser Struktur wieder, nämlich sich in ihr gleich gut vorwärts wie rückwärts bewegen zu können. Eine leere Liste ist nicht wirklich leer, da sie immer noch den Kopfknoten enthält, dessen Struktur in Abbildung 4.24 gezeigt ist.

Um diese Listen benutzen zu können, müssen wir löschen und einfügen können, wobei das Einfügen recht einfach ist. Angenommen, wir haben die zwei Knoten *node* und *newnode*, wobei *node* entweder ein Kopfknoten oder ein Knoten innerhalb der Liste sein kann. Die Funktion *dinsert* (Programm 4.28) vollführt die Einfügeoperation in konstanter Zeit. Abbildung 4.25 zeigt den Vorgang für den Fall, daß *node* den Kopfknoten einer leeren Liste darstellt.

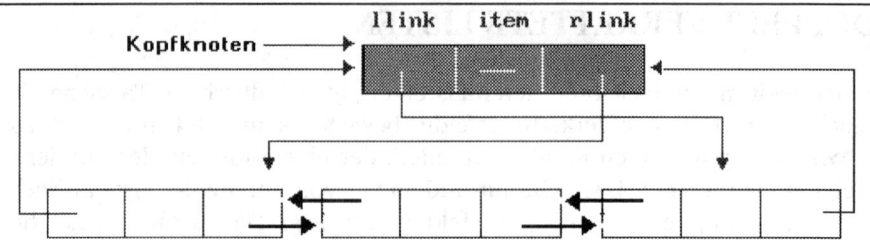

Abbildung 4.23: Doppelt verkettete zirkuläre Liste mit Kopfknoten

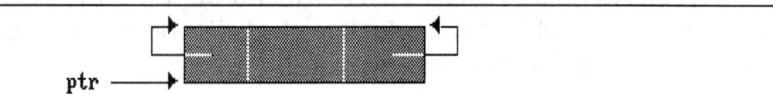

Abbildung 4.24: Leere doppelt verkettete zirkuläre Liste mit Kopfknoten

```
void dinsert(node_pointer node, node_pointer newnode)
{
/* Füge newnode rechts von node ein */
   newnode->llink = node;
   newnode->rlink = node->rlink;
   node->rlink->llink = newnode;
   node->rlink = newnode;
}
```

Programm 4.28: Einfügen in eine doppelt verkettete, zirkuläre Liste

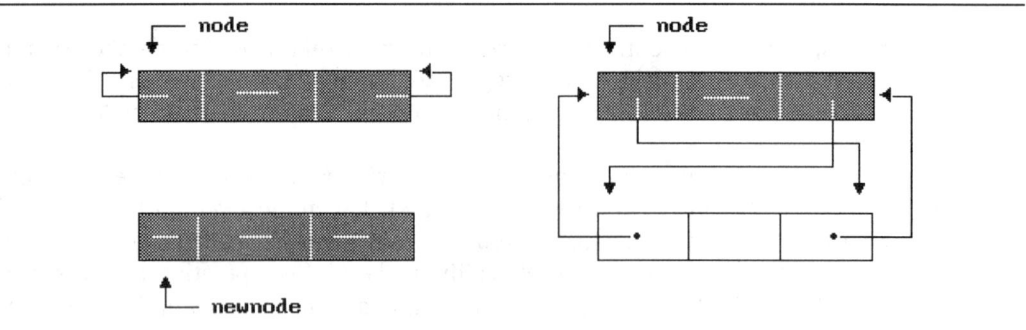

Abbildung 4.25: Einfügen in eine leere, doppelt verkettete, zirkuläre Liste

Das Löschen aus einer doppelt verketteten Liste ist ähnlich einfach. Die Funktion *ddelete* (Programm 4.29) löscht den Knoten *deleted* aus einer Liste, die mit *node* angezeigt wird. Um das Löschen auszuführen, brauchen wir nur die Verkettungsfelder des vorhergehenden (*deleted–>llink–>rlink*) und des nachfolgenden (*deleted–>rlink–>llink*) Knotens zu ändern. Abbildung 4.26 illustriert den Löschvorgang in einer doppelt verketteten Listen mit einem Knoten.

```
void ddelete(node_pointer node, node_pointer deleted)
{
/* Löschen aus der doppelt verketteten Liste */
    if (node == deleted)
        printf("Löschen des Kopfknotens ist nicht erlaubt.\n");
    else {
        deleted->llink->rlink = deleted->rlink;
        deleted->rlink->llink = deleted->llink;
        free(deleted);
    }
}
```

Programm 4.29: Löschen aus einer doppelt verketteten zirkulären Liste

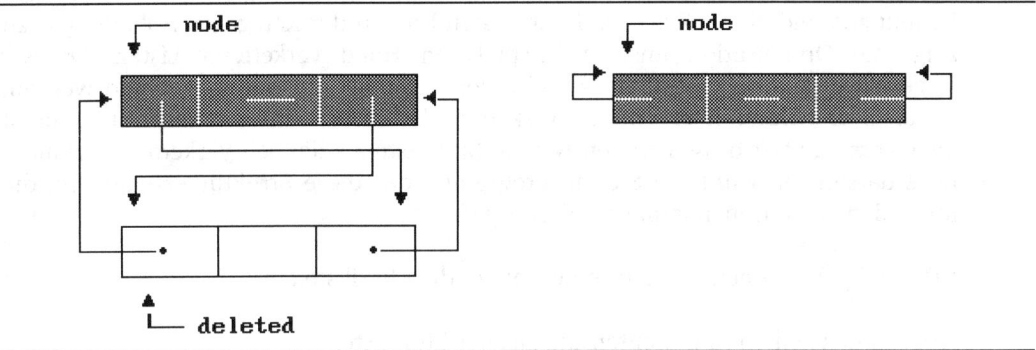

Abbildung 4.26: Löschen aus einer doppelt verketteten zirkulären Liste

Übungen

1. Angenommen, es liegt eine doppelt verkettete Liste wie in Abbildung 4.23 vor, und wir wollen einen neuen Knoten zwischen dem zweiten und dritten Knoten einfügen. Zeichnen Sie die Abbildung neu, so daß sie den Einfügevorgang zeigt. Beschriften Sie die Felder der betroffenen Knoten, so daß Sie erkennen, wie jede Anweisung der *dinsert* Funktion arbeitet. Schreiben Sie zum Beispiel *newnode –> llink*, *newnode –> rlink* und *node –> rlink –> llink*.

2. Wiederholen Sie Übung 1 für den Fall des Löschens des zweiten Knotens.

3. §[**Programmierprojekt**] Angenommen, wir hätten die Daten der Angestellten einer Computerfirma wie in Abbildung 4.27. Zu jedem Angestellten liegt neben seinem Namen die Berufsbezeichnung, eine Identifikationsnummer und ein Ort vor. Wir würden gerne in der Lage sein, auf die Information jeder Kategorie schnell zuzugreifen. Zum Beispiel hätten wir gerne schnell die Liste der Angestellten in München, oder eine Liste der Programmierer. Eine Möglichkeit dazu bietet eine Datenstruktur namens *Multiliste*. Diese Datenstruktur enthält eine Indextabelle zu jedem Feld, ausgenommen des Namens. Beispielsweise gibt es einen Berufsindex, der die Angestellten auf die Berufskategorien verteilt. Für jede Kategorie erzeugen wir eine verkettete Liste. Der Indexeintrag der Kategorie enthält ein Feld mit den Kennungen und einem Zeiger auf den ersten Knoten der Kategorie. Abbildung 4.28 zeigt die Organisation unseres Beispiels an Hand verketteter Listen. Da wir Angestellte genauso schnell aus der Liste löschen möchten, wie sie gefeuert werden, ist die Darstellung über einfach verkettete Listen wie in Abbildung 4.28 nicht angemessen. Statt dessen wollen wir die Multiliste als doppelt verkettete, zirkuläre Liste darstellen. Schreiben Sie ein Programm, das diese Struktur erzeugt und die folgenden Operationen implementiert:

    (a) Füge einen neuen Angestelltensatz in die Multiliste ein.

    (b) Lösche einen Angestelltensatz aus der Multiliste.

    (c) Ändere die Information eines beliebigen Feldes der Multiliste und verkette den Angestelltensatz in korrekter Weise neu.

    (d) Frage die Multiliste nach der Information eines beliebigen Feldes ab.

Knoten	ID Nummer	Name	Beruf	Ort
A	30	Hammerl	Programmierer	München
B	25	Schmidt	Analytiker	Stuttgart
C	60	Jörgens	Programmierer	Stuttgart
D	55	Albers	Datentypist	München
E	80	Messer	Analytiker	München

Abbildung 4.27: Beispielsatz der Daten von Angestellten

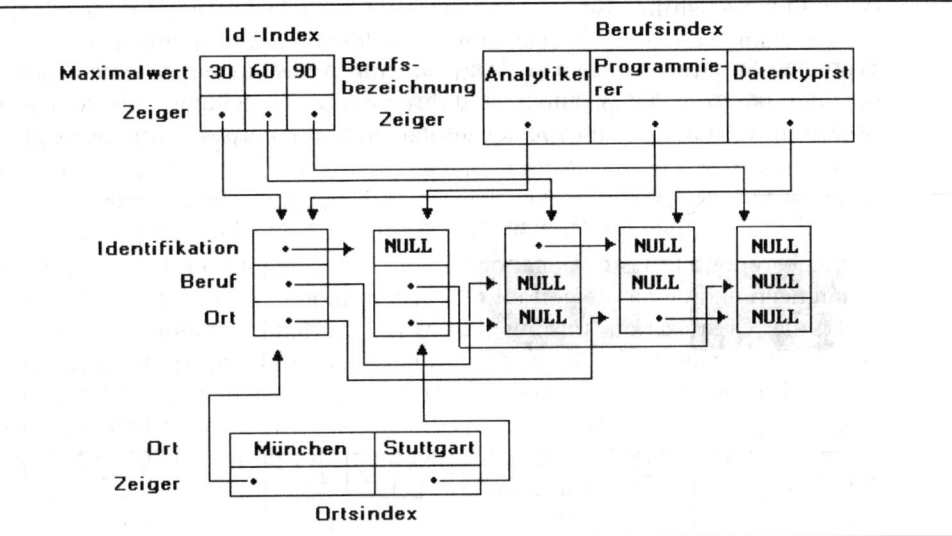

Abbildung 4.28: Multilistenstruktur als einfach verkettete Liste

4.9. LITERATUR UND AUSGEWÄHLTE REFERENZEN

Für weitergehende Information über Zeiger in C lesen Sie R. Traister, *Mastering C Pointers*, Academic Press, San Diego, Calif., 1990

4.10. WEITERE ÜBUNGEN

1. Wir können eine einfachere und effizientere Darstellung für dünn besetzte Matrizen erhalten, wenn wir uns auf die Operationen Addition, Subtraktion und Multiplikation beschränken. In dieser Darstellung verfügen die Knoten über die Felder *down, right, row, col,* und *value.* Die Terme ungleich Null erhalten je einen eigenen Knoten, die dann in Form zweier zirkulärer Listen miteinander verbunden werden. Wir bilden die erste Liste durch Verkettung der Knoten nach Zeilen und innerhalb der Zeilen nach Spalten über das *right*-Feld. Die zweite Liste wird analog nach Spalten über das *down*-Feld gebildet. Beide Listen teilen sich einen gemeinsamen Kopfknoten. Zusätzlich fügen wir einen Knoten an, der die Matrixdimension enthält. Die Matrix *a* aus Abbildung 4.20 ist so noch einmal in Abbildung 4.29 dargestellt.

    Schreiben Sie unter denselben Voraussetzungen wie für *mread* eine Funktion, die die dünn besetzte Matrix einliest und ihre interne Darstellung aufbaut. Wieviel Zeit braucht Ihre Funktion, und wieviel zusätzlicher Speicherplatz wird benötigt?

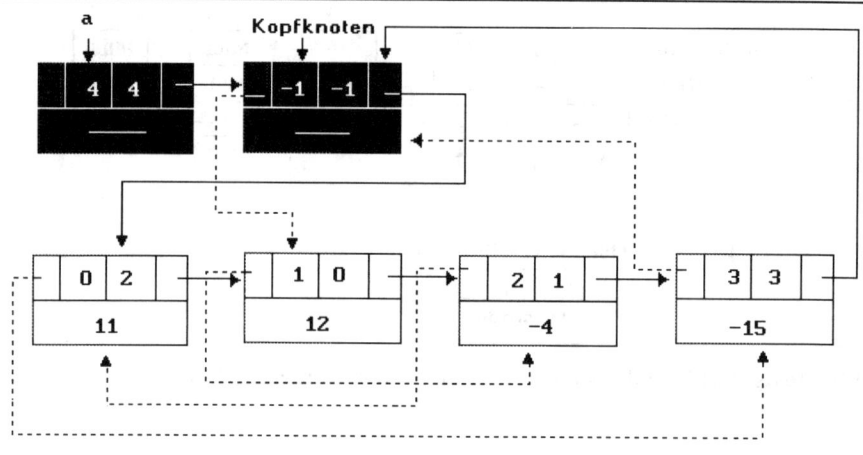

Durchgezogene Linien = Zeilenverkettung
Gestrichelte Linien = Spaltenverkettung

Abbildung 4.29: Alternative Darstellung einer dünn besetzten Matrix

2. Schreiben Sie für die Darstellung aus Übung 1 die folgenden Funktionen:

    (a)   Löschen der Matrix

    (b)   Addieren zweier Matrizen

    (c)   Multiplizieren zweier Matrizen

(d)   Ausgeben einer Matrix

Bestimmen Sie für jede dieser Operationen die Rechenzeit, und vergleichen Sie
diese mit der aus der Darstellung in Abbildung 4.21.

3.   Vergleichen Sie die Darstellungsform für dünn besetzte Matrizen aus Abbildung
     4.29 und Abbildung 4.21 in Hinsicht auf die folgenden Operationen:

(a)   Kopieren

(b)   Transponieren

(c)   Ausgabe der Werte einer beliebigen Zeile

(d)   Ausgabe der Werte einer beliebigen Spalte

4.   § [*Programmierprojekt*] Wir wollen ein vollständiges System verketteter Listen
     implementieren, um Arithmetik mit dünn besetzten Matrizen zu treiben, ausgehend
     von der Darstellung in Abbildung 4.29. Schreiben Sie ein benutzerfreundliches,
     menügesteuertes System zur Ausführung folgender Operationen:

(a)   Einlesen der Matrix

(b)   Ausgeben der Matrix

(c)   Löschen der Matrix

(d)   Matrixaddition

(e)   Matrixsubtraktion

(f)   Matrixmultiplikation

(g)   Transposition

Testen Sie Ihr System mit angemessenen Daten!

KAPITEL 5

BÄUME

5.1. EINFÜHRUNG

5.1.1. Terminologie

In diesem Kapitel untersuchen wir eine sehr wichtige Datenstruktur, die *Bäume*. Intuitiv impliziert das Konzept des Baumes eine Organisation der Daten so, daß die Elemente der Information über Äste verknüpft sind. Beispielsweise benutzen wir eine Baumstruktur immer dann, wenn die Genealogie (Abstammungslehre) erforscht wird. Typischerweise können wir eine von zwei genealogischen Karten zur Darstellung von Daten wählen, den Stammbaum (Ahnentafel) oder die Nachkommentafel. Wie Abbildung 5.1 zeigt, hat jede Karte eine charakteristische, baumähnliche Struktur.

Der Stammbaum aus Abbildung 5.1(a) zeigt die Vorfahren von Dusty. Seine Eltern sind Honey Bear und Brandy. Seine mütterlichen Großeltern sind Brunhilde und Terry, seine Großeltern väterlicherseits sind Coyote und Nugget. Schließt man Inzucht aus, so zeigt der Stammbaum immer eine Doppelverzweigung. Solche Bäume, *binäre Bäume* genannt, haben viele wichtige Anwendungen.

Obwohl die Nachkommentafel aus Abbildung 5.1(b) mit einzelnen Menschen nichts zu tun hat, ist es immer noch eine genealogische Karte, da sie in abgekürzter Form die Vorfahren der modernen europäischen Sprachen beschreibt. So gesehen ist sie eher eine Karte der Nachfolger als eine der Vorfahren. Zusätzlich kann jedes Element mehrere, nicht nur zwei, Nachfahren haben. Zum Beispiel hat Latein die Nachfahren Spanisch, Französisch und Italienisch. Obwohl die Nachkommentafel nicht über die regelmäßige Struktur eines Stammbaumes verfügt, ist es nichtsdestotrotz ein Baum.

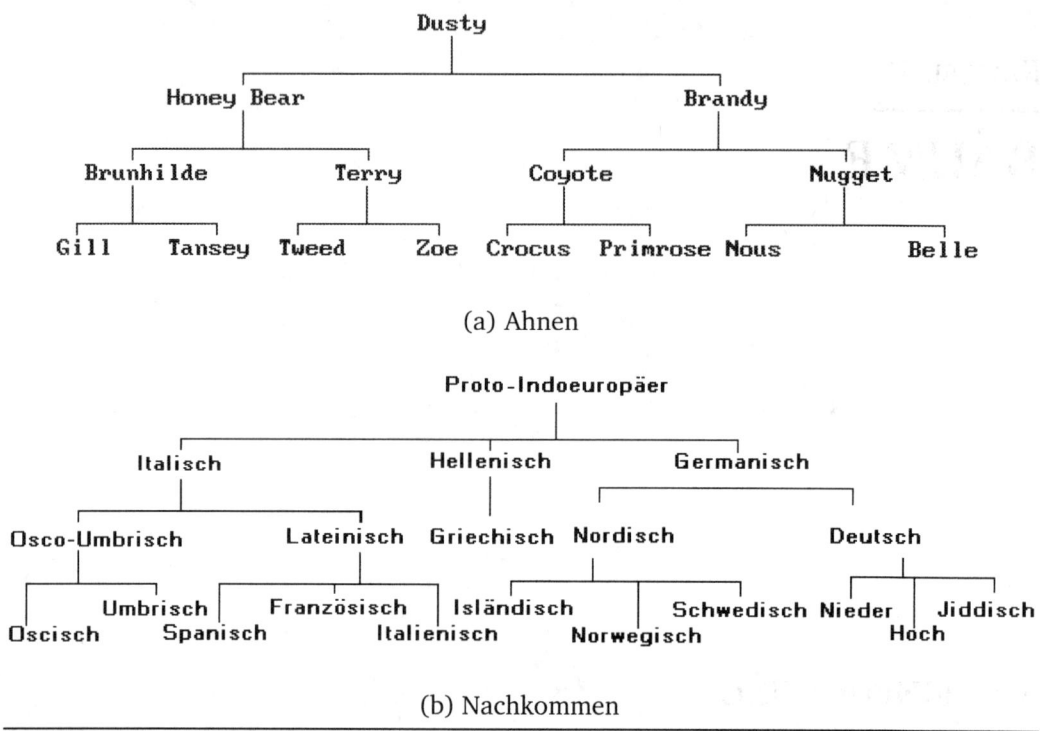

(a) Ahnen

(b) Nachkommen

Abbildung 5.1: Zwei Typen genealogischer Karten

Wir nehmen die genealogischen Karten als Beispiel und definieren formal, was wir mit einem Baum meinen:

Definition: Ein *Baum* ist eine endliche, nicht leere Menge von Knoten, für die gilt:

(1)   Es gibt einen ausgezeichneten Knoten, *Wurzel* genannt.

(2)   Die übrigen Knoten sind in $n \geq 0$ disjunkte Mengen $T_1, \cdots, T_n$ unterteilt, wobei jede dieser Mengen einen Baum darstellt. Wir nennen $T_1, \cdots, T_n$ die Teilbäume des Baumes. □

Beachten Sie, daß wir hier den Fall einer rekursiven Definition vorliegen haben, da Teilbäume als Bäume definiert wurden. Wenn wir zu Abbildung 5.1 zurückgehen, sehen wir, daß die Wurzel des Baumes (a) Dusty ist, während die des Baumes (b) die Proto-Indoeuropäer sind. Der Baum (a) hat zwei Teilbäume, deren Wurzeln Honey Bear und Brandy sind, während Baum (b) über drei Teilbäume mit den Wurzeln Italisch, Hellenisch und Germanisch verfügt. Da $T_1, \cdots, T_n$ disjunkte Mengen sein müssen, sind für Teilbäume Querverbindungen verboten. Unsere Definition bedeutet ebenfalls, daß jeder Knoten des Baumes die Wurzel eines Teilbaumes darstellt. Zum Beispiel ist das Deutsche die Wurzel des Teilbaumes des Germanischen, der wiederum drei Teilbäume mit den Wurzeln Niederdeutsch (Platt), Hochdeutsch und Jiddisch enthält.

Es gibt so einige Ausdrücke, die wir im Zusammenhang mit Bäumen benutzen. Ein *Knoten* bezeichnet ein Datenelement mit Zweigen zu anderen Knoten. Zum Beispiel verfügt der Baum in Abbildung 5.2 über 13 Knoten, wobei jeder Datenteil der Bequemlichkeit halber durch nur einen Buchstaben dargestellt wird. Die Wurzel des Baumes ist *A*. Wir nehmen uns die Freiheit, Bäume mit der Wurzel oben darzustellen (wie es allgemein üblich ist).

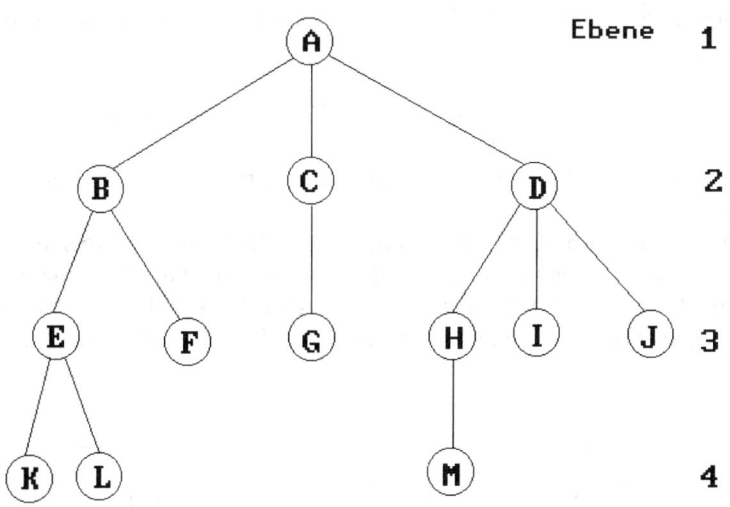

Abbildung 5.2: Ein Beispielbaum

Der *Grad* eines Knotens ist die Anzahl der Teilbäume des Knotens. Zum Beispiel ist der Grad von *A* 3, der von *C* ist 1, und der von F ist Null. Der *Grad eines Baumes* ist der maximale Grad der Knoten in dem Baum, zum Beispiel hat der Baum aus Abbildung 5.2 den Grad 3. Ein Knoten mit dem Grad Null ist ein *Blatt* oder *Abschlußknoten*, zum Beispiel sind *K, L, F, G, M, I* und *J* alle Blätter (aber auch Knoten).

Ein Knoten mit Teilbäumen ist der *Vorgänger* (*parent*) der Wurzeln der Teilbäume, und die Wurzeln der Teilbäume sind die *Nachfolger* (*children*) des Knotens, zum Beispiel ist der Knoten *B* der Vorgänger der Knoten *E* und *F*, die wiederum die Nachfolger von *B* sind. Nachfolger derselben Vorgänger sind *Brüder* (*siblings*). Beispielsweise sind *H, I* und *J* Brüder. Wir können diese Terminologie auch noch in die nächste Generation fortsetzen. So können wir sagen, daß *D* der Vorgänger 2. Ordnung von *M* ist und *A* der Vorgänger 2. Ordnung von *E, F, G, H, I* und *J* ist. Die *Vorfahren* (*ancestors*) eines Knotens sind alle Knoten entlang des Weges von der Wurzel bis zu diesem Knoten. Die Vorfahren von *M* sind *A, D* und *H*. Umgekehrt sind die *Nachfahren* (*descendants*) eines Knotens alle Knoten seiner Teilbäume. Beispielsweise sind *E, F, K* und *L* die Nachfahren von *B*.

Wir definieren die *Ebene* eines Knotens darüber, daß wir der Wurzel die Ebene 1 zuordnen. Alle folgenden Knoten befinden sich dann auf der Ebene + 1 ihrer Vorgänger. Die *Höhe* oder die *Tiefe* ist dann durch die maximale Ebene der Knoten im Baum gegeben. Die Tiefe des Baumes aus Abbildung 5.2 ist also 4.

5.1.2. Darstellung von Bäumen

Listendarstellung

Es gibt über die Form der Abbildung 5.2 hinaus noch viele Möglichkeiten, Bäume zu zeichnen. Wir können zum Beispiel den Baum aus Abbildung 5.2 auch als eine Liste schreiben, wobei alle Teilbäume wiederum Listen sind. In dieser Schreibweise sieht dieser Baum dann so aus:

$$(A \; (B \; (\; E \; (\; K, \; L), \; F), \; C \; (G), \; D \; (\; H \; (M), \; I, \; J) \;) \;)$$

Beachten Sie, daß zuerst die Wurzel genannt wird, gefolgt von einer Liste der Teilbäume dieses Knotens!

Betrachten wir nun die Darstellung eines Baumes im Speicher. Wollen wir verkettete Listen verwenden, muß ein Knoten über eine variable Anzahl von Feldern verfügen, je nach Anzahl der Verzweigungen. Abbildung 5.3 zeigt die Struktur einer möglichen Listendarstellung. Jedes Verkettungsfeld steht für einen Nachfolger des Knotens.

data	link 1	link 2	· · ·	link n

Abbildung 5.3: Mögliche Listendarstellung für Bäume

Darstellung mit linkem Nachfolger und rechtem Bruder

Da es oft einfacher ist, mit Knoten einer festen Größe zu arbeiten, untersuchen wir eine solche Darstellung für Bäume. Die zwei von uns betrachteten Darstellungen kommen mit genau zwei Verkettungsfeldern pro Knoten aus. Abbildung 5.4 zeigt die Knotenstruktur für die Darstellung mit linkem Nachfolger und rechtem Bruder.

Daten	
Linker Nachfolger	Rechter Bruder

Abbildung 5.4: Knotenstruktur mit linkem Nachfolger und rechtem Bruder

Zur Umwandlung des Baumes aus Abbildung 5.2 in diese Darstellung stellen wir zuerst fest, daß jeder Knoten nur einen ganz links liegenden Nachfolger und nur einen am dichtesten rechts davon liegenden Bruder hat, zum Beispiel ist in Abbildung 5.2 *A* der linke Nachfolger von *B*, und der linke Nachfolger von *D* ist *H*. Ebenso ist *C* der dichteste rechte Bruder von *B* und der von *H* ist *I*. Streng genommen kann natürlich jeder Nachfolger eines Knotens der linke und jeder beliebige Bruder der rechts liegende sein, da die Anordnung der Nachfolger in einem Baum nicht festgelegt ist. Nur aus Gründen der eindeutigen Zuordnung haben wir die Knoten so gewählt, wie sie auch gezeichnet sind. Abbildung 5.5 zeigt den Baum der Abbildung 5.2 in der Darstellung mit linkem Nachfolger und rechtem Bruder.

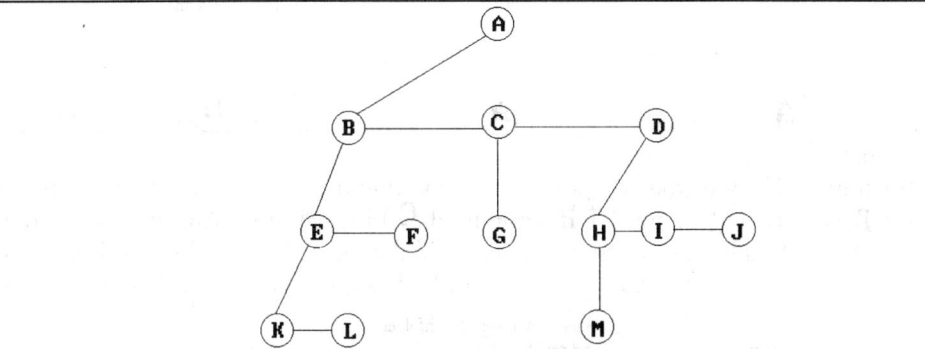

Abbildung 5.5: Baumdarstellung mit linkem Nachfolger und rechtem Bruder

Darstellung als Baum vom Grad 2

Wir erhalten sofort die Darstellung als Baum vom Grad 2, wenn wir die obige Darstellung um 45 Grad im Uhrzeigersinn drehen, wie in Abbildung 5.6 dargestellt. Wir betrachten die zwei Nachfolger eines Knotens dann als linken und rechten Nachfolger. Beachten Sie, daß der rechte Nachfolger der Wurzel nicht existiert! Das muß so sein, da die Wurzel eines Baumes nie einen Bruder haben kann. Abbildung 5.7 zeigt zwei weitere Beispiele von Bäumen in der Darstellung mit linkem Nachfolger und rechtem Bruder sowie als Baum mit linkem und rechtem Nachfolger (oder Baum vom Grad 2). Bäume vom Grad 2 sind auch als binäre Bäume bekannt.

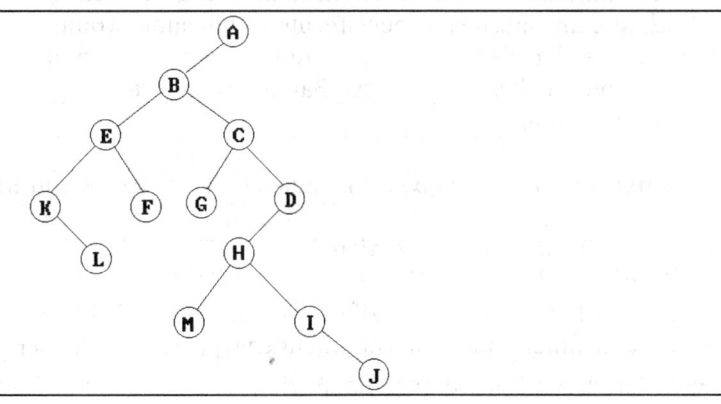

Abbildung 5.6: Darstellung eines Baumes mit linkem und rechtem Nachfolger

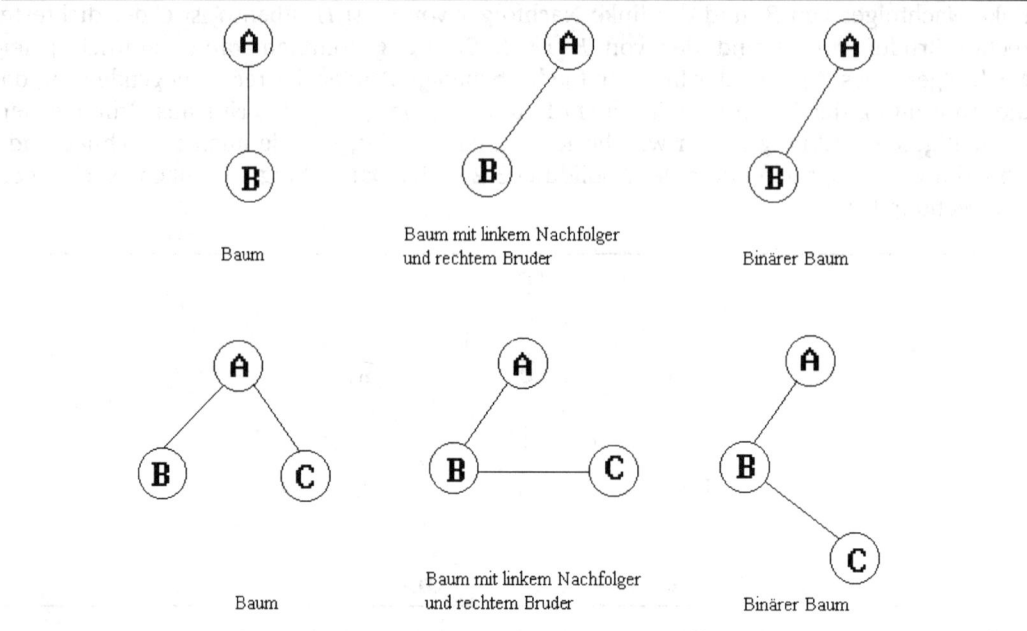

Abbildung 5.7: Verschiedene Baumdarstellungen

5.2. BINÄRE BÄUME

5.2.1. Der abstrakte Datentyp

Wir haben gesehen, daß wir jeden Baum als binären Baum darstellen können. Tatsächlich sind binäre Bäume eine sehr wichtige Baumstruktur, die oft vorkommt. Die wesentliche Charakteristik eines binären Baumes besteht in der Einschränkung, daß der Grad jedes Knotens nie den Wert 2 übersteigen darf. Bei binären Bäumen unterscheiden wir auch zwischen dem linken und dem rechten Teilbaum, wohingegen bei anderen Bäumen die Reihenfolge der Teilbäume keine Rolle spielt. Weiterhin kann ein binärer Baum auch keine Knoten haben (sog. leerer Baum). Daher zeigt sich der binäre Baum wirklich als anderes Objekt als ein Baum.

Definition: Ein *binärer Baum* ist eine endliche Menge von Knoten, die entweder leer ist oder aus einer Wurzel und zwei disjunkten binären Bäumen besteht, die linker und rechter Teilbaum genannt werden. □

Struktur 5.1 enthält die Spezifikation für den ADT binärer Baum (*Binary Tree*). Diese Struktur definiert nur eine Minimalmenge von Operationen, die wir als Grundlage für weitere Operationen benutzen werden.

Struktur *Binary_Tree* (abgekürzt *BinTree*) ist:
  Objekte: Eine endliche Menge von Knoten, die entweder leer ist oder eine Wurzel,
  einen linken *Binary_Tree* und einen rechten *Binary_Tree* enthält.
  Funktionen:
    Für alle *bt, bt1, bt2* $\in$ *BinTree*, *item* $\in$ *element* gilt:

BinTree Create()	::=	Erzeugt einen leeren binären Baum
Boolsch IsEmpty(*bt*)	::=	**if** (*bt* == leerer binärer Baum) **return** *TRUE* **else return** *FALSE*
BinTree MakeBT(*bt1, item, bt2*)	::=	**return** einen binären Baum, dessen linker Teilbaum *bt1*, dessen rechter Teilbaum *bt2* ist und dessen Wurzelknoten die Daten *item* enthält.
BinTree Lchild(*bt*)	::=	**if** (IsEmpty(*bt*)) **return** Fehler **else return** den linken Teilbaum von *bt*.
Element Data(*bt*)	::=	**if** (IsEmpty(*bt*)) **return** Fehler **else return** die Daten im Wurzelknoten von *bt*.
BinTree Rchild(*bt*)	::=	**if** (IsEmpty(*bt*)) **return** Fehler **else return** den rechten Teilbaum von *bt*.

Struktur 5.1: Der abstrakte Datentyp *Binary_Tree*

Lassen Sie uns die Unterschiede zwischen binären Bäumen und Bäumen noch einmal sorgfältig herausarbeiten. Erstens gibt es keinen Baum, der keine Knoten hat, aber es gibt leere
binäre Bäume. Zweitens beachten wir in einem binären Baum die Reihenfolge der Nachkommen, während wir dies in einem Baum nicht tun. Deshalb sind die zwei binären
Bäume aus Abbildung 5.8 verschieden, da der erste binäre Baum einen leeren rechten
Baum hat und der zweite einen leeren linken Baum. Als Bäume wären sie gleich, obwohl
sie etwas unterschiedlich gezeichnet sind.

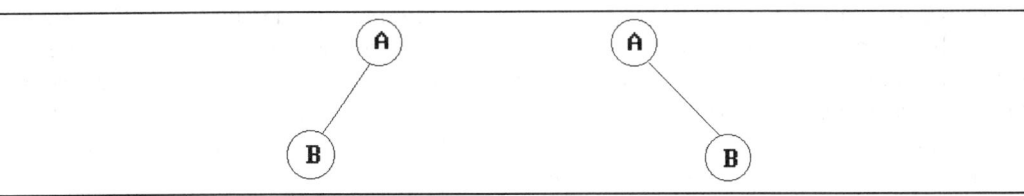

Abbildung 5.8: Zwei verschiedene binäre Bäume

Abbildung 5.9 zeigt zwei spezielle Typen von binären Bäumen. Der Baum (a) ist ein
verschobener Baum. In diesem speziellen Fall ist er nach links verschoben, da jeder Knoten
der linke Nachfolger seines vorhergehenden Knotens ist. Es gibt einen entsprechend nach
rechts verschobenen Baum. Der Baum (b) ist ein *vollständiger binärer Baum.* Obwohl wir

diese Baumstruktur in Kürze formal vorstellen werden, nehmen Sie vorerst nur zur Kenntnis, daß sich alle Blattknoten auf zwei benachbarten Ebenen befinden. Es soll auch erwähnt werden, daß die Terminologie für Bäume ansonsten auch für binäre Bäume anwendbar ist. Wir können also auch vom Grad, der Ebene oder der Tiefe eines Knotens oder Baumes sprechen und einen Knoten als Wurzel, Blatt, Vorfahren oder Nachfahren bezeichnen.

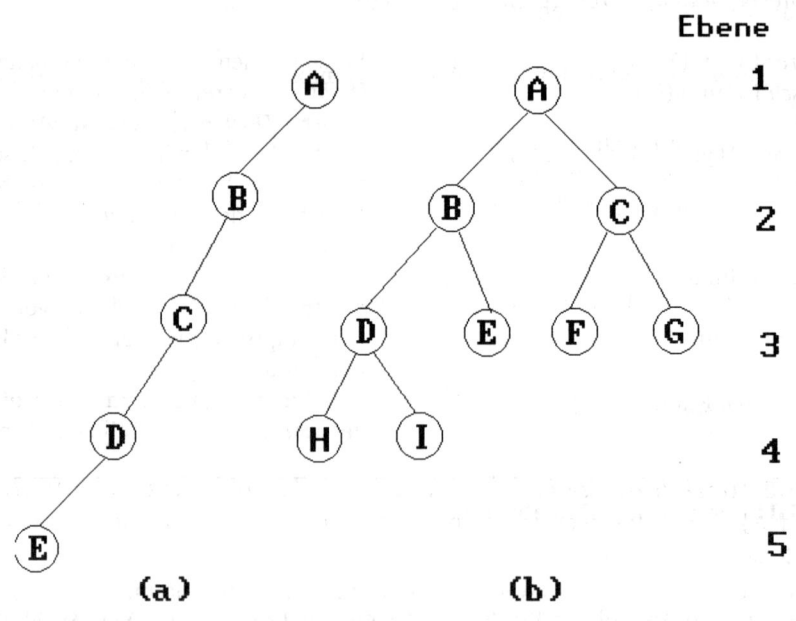

Abbildung 5.9: Verschobene und vollständige binäre Bäume

5.2.2. Eigenschaften binärer Bäume

Bevor wir die Darstellung der Daten binärer Bäume untersuchen, lassen Sie uns erst einige Beobachtungen zu diesen Strukturen machen. Ganz speziell wollen wir die maximale Anzahl von Knoten eines binären Baumes der Tiefe k herausfinden, und wir wollen die Beziehung zwischen der Blattanzahl und der Anzahl von Knoten vom Grad Zwei in einem binären Baum bestimmen. Wir stellen beide Beobachtungen als Lemmata dar. Diese Lemmata werden uns erlauben, volle und vollständige binäre Bäume zu definieren.

Lemma 5.1 [*Maximale Knotenzahl*]:

(1) Die maximale Anzahl von Knoten auf der Ebene i eines binären Baumes ist 2^{i-1} mit $i \geq 1$.

(2) Die maximale Anzahl von Knoten eines binären Baumes der Tiefe k ist $2^k - 1$ mit $k \geq 1$.

Beweis:

(1) Beweis mittels vollständiger Induktion über i.

Induktionsverankerung: Die Wurzel ist der einzige Knoten auf der Ebene $i = 1$. Deshalb ist die maximale Anzahl von Knoten auf der Ebene $i = 1$: $2^{i-1} = 2^0 = 1$.

Induktionsannahme: Für alle j mit $1 \leq j < i$ gibt es maximal 2^{j-1} Knoten auf Ebene j.

Induktionsschritt: Die maximale Anzahl von Knoten auf Ebene $i - 1$ ist 2^{i-2} nach Induktionsannahme. Da jeder Knoten eines binären Baumes den maximalen Grad 2 besitzt, ist die Maximalzahl der Knoten auf Ebene i zweimal die Anzahl der Knoten auf Ebene $i - 1$ oder 2^{i-1}.

(2) Die maximale Anzahl von Knoten eines binären Baumes der Tiefe k ist:

$$\sum_{i=1}^{k} (\text{Maximalzahl der Knoten auf Ebene } i) = \sum_{i=1}^{k} 2^{i-1} = 2^k - 1 \quad \Box$$

Lemma 5.2 [*Beziehung zwischen der Anzahl der Blattknoten und der Knoten vom Grad 2*]: Für jeden nichtleeren binären Baum T mit n_0 Blattknoten und n_2 Knoten vom Grad 2 ist $n_0 = n_2 + 1$.

Beweis: Sei n_1 die Anzahl der Knoten vom Grad Eins und n die Gesamtzahl der Knoten. Da alle Knoten in T höchstens vom Grad Zwei sind, gilt:

$$n = n_0 + n_1 + n_2 \tag{5.1}$$

Wenn wir die Zahl der Verzweigungen eines binären Baumes zählen, sehen wir, daß jeder Knoten, mit Ausnahme der Wurzel, eine in ihn führende Verzweigung hat. Wenn B die Anzahl der Zweige ist, so gilt $n = B + 1$. Alle Zweige stammen von einem Knoten des Grades Zwei oder Eins ab. Deshalb ist $B = n_1 + 2n_2$. Dadurch erhalten wir:

$$n = 1 + n_1 + 2n_2 \tag{5.2}$$

Subtrahieren wir Gleichung (5.2) von Gleichung (5.1) und ordnen die Terme neu, erhalten wir:

$$n_0 = n_2 + 1 \quad \Box$$

In Abbildung 5.9(a) ist $n_0 = 1$ und $n_2 = 0$, während in Abbildung 5.9(b) $n_0 = 5$ und $n_2 = 4$ gilt.

Jetzt sind wir gerüstet, volle und vollständige binäre Bäume zu beschreiben.

Definition: Ein *voller binärer Baum* ist ein binärer Baum der Tiefe k mit $2^k - 1$ Knoten mit $k \geq 0$. $\square$

Lemma 5.1 bestimmt die maximale Anzahl von Knoten eines binären Baumes der Tiefe k zu $2^k - 1$. Abbildung 5.10 zeigt einen vollen binären Baum der Tiefe 4. Man gelangt zu einer eleganten Darstellung eines solchen binären Baumes, indem man die Knoten der Reihe nach durchnumeriert, beginnend mit der Wurzel auf Ebene 1, weitergehend über die Knoten der Ebene 2 usw.. Die Knoten jeder Ebene werden von links nach rechts durchnumeriert (siehe Abbildung 5.10). Dieses Numerierungsschema führt uns zur Definition eines vollständigen binären Baumes.

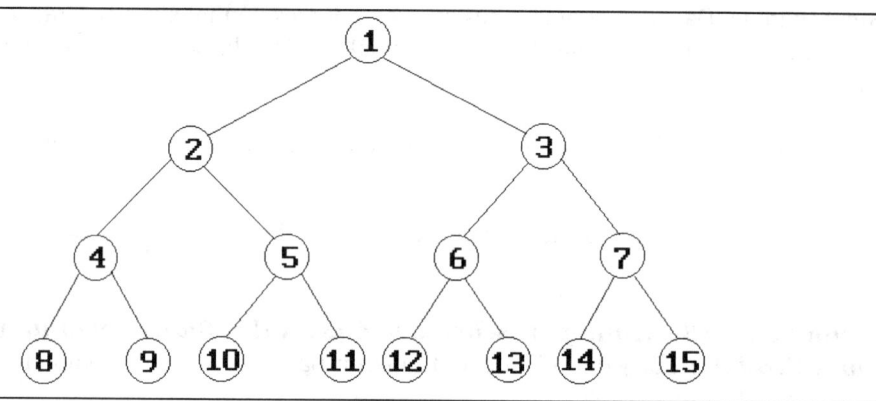

Abbildung 5.10: Voller binärer Baum der Tiefe 4 mit sequentiellen Knotennummern

Definition: Ein binärer Baum mit n Knoten und der Tiefe k ist genau dann vollständig, wenn seine Knoten den von 1 bis n durchnumerierten Knoten eines vollen binären Baumes der Tiefe k entsprechen. $\square$

5.2.3. Darstellungen binärer Bäume

Darstellung als Feld

Das Numerierungsschema aus Abbildung 5.10 schlägt die erste Darstellungsform binärer Bäume im Speicher implizit vor. Da die Knoten von 1 bis n durchnumeriert sind, können wir ein eindimensionales Feld zur Speicherung einsetzen. (Wir nutzen die Null-Position nicht!) Unter Einsatz von Lemma 5.3 können wir die Orte der Vorgänger, des linken und des rechten Nachfahren eines beliebigen Knotens i leicht bestimmen.

Lemma 5.3: Wenn ein vollständiger binärer Baum mit n Knoten (Tiefe $= \lfloor \log_2 n + 1 \rfloor$) sequentiell dargestellt wird, gilt für jeden Knoten mit dem Index i mit $1 \leq i \leq n$:

(1)   *parent(i)* (*Vorfahre(i)*) befindet sich an $\lfloor i/2 \rfloor$, wenn $i \neq 1$. Wenn $i = 1$, dann befindet sich i an der Wurzel und hat keine Vorfahren.

(2)   *left_child(i)* (*linker Nachfahre(i)*) befindet sich an $2i$, wenn $2i \leq n$. Wenn $2i > n$ ist, hat i keinen linken Nachfahren.

(3)   *right_child(i)* (*rechter Nachfahre(i)*) befindet sich an $2i + 1$, wenn $2i + 1 \leq n$. Wenn $2i + 1 > n$ ist, hat i keinen rechten Nachfahren.

Beweis: Wir beweisen (2). (3) ist eine direkte Folge von (2) und bedeutet nichts anderes, als eine Numerierung der Knoten einer Ebene von links nach rechts. (1) folgt aus (2) und (3). Wir beweisen (2) wieder durch vollständige Induktion über i. Für $i = 1$ gilt offenbar, daß der linke Nachfahre die Nummer Zwei hat, es sei denn $2 > n$, in diesem Falle besitzt i keinen linken Nachfahren. Nehmen wir nun an, daß für alle j mit $1 \leq j \leq i$ sich *left_child(j)* an der Stelle $2j$ befindet. Dann sind die *left_child(i + 1)* unmittelbar vorhergehenden Knoten die linken und rechten Nachfahren von i. Der linke Nachfahre befindet sich an der Stelle $2i$. Daher befindet sich der linke Nachfahre von $i + 1$ an der Stelle $2i + 2 = 2(i + 1)$, wenn nicht $2(i + 1) > n$ gilt, in diesem Falle besitzt $i + 1$ keinen linken Nachkommen. $\square$

Wir können für alle binären Bäume Felddarstellungen benutzen, obwohl dies in den meisten Fällen viel Platz verschwendet. Für vollständige binäre Bäume ist diese Darstellung ideal, da sie dann keinen Platz verschwendet. Jedenfalls wird für den verschobenen Baum aus Abbildung 5.9(a) nur weniger als die Hälfte des Speicherplatzes wirklich genutzt. Abbildung 5.11 zeigt die Felddarstellung der beiden Bäume aus Abbildung 5.9. Da die Position Null nicht genutzt wird, ist sie auch nicht angezeigt. Im ungünstigsten Fall benötigt ein verschobener Baum der Tiefe k den $2^k - 1$ Zellen im Speicher, von denen nur k belegt werden.

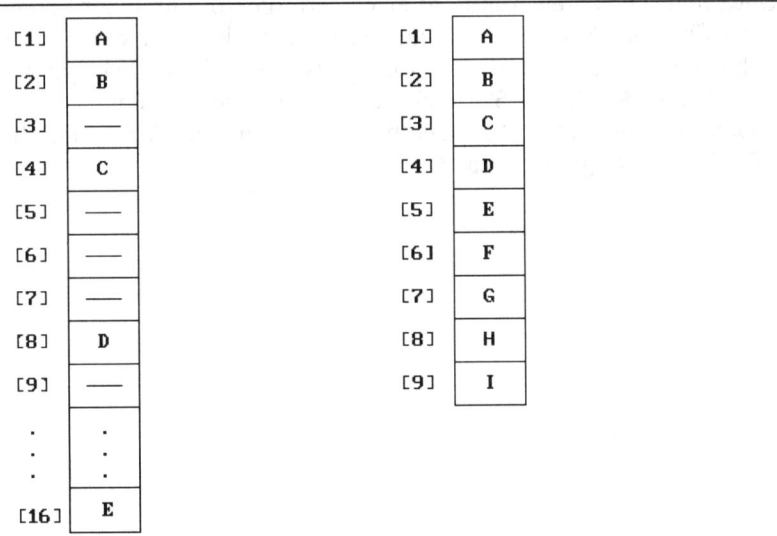

Abbildung 5.11: Felddarstellung der binären Bäume aus Abbildung 5.9

Verkettete Darstellung

Solange die sequentielle Darstellung für vollständige binäre Bäume noch akzeptabel ist, verschwendet sie im Falle vieler anderer binärer Bäume viel Platz. Außerdem leidet diese Darstellung noch unter anderen Unpäßlichkeiten sequentieller Formen. Das bedeutet, daß Löschen und Einfügen mitten in einem Baum möglicherweise die Verschiebung vieler Knoten bedeutet, um die Änderung der Ebenen der Knoten klar werden zu lassen. Die verkettete Darstellung läßt uns diese Probleme leicht vergessen. Jeder Knoten verfügt über drei Felder, *left_child*, *data* und *right_child*, die in C wie folgt definiert werden:

```
typedef struct node *tree_pointer;
typedef struct node {
        int data;
        tree_pointer left_child, right_child;
        } node;
```

Wir zeichnen einen solchen Knoten mit einer der Darstellungen aus Abbildung 5.12.

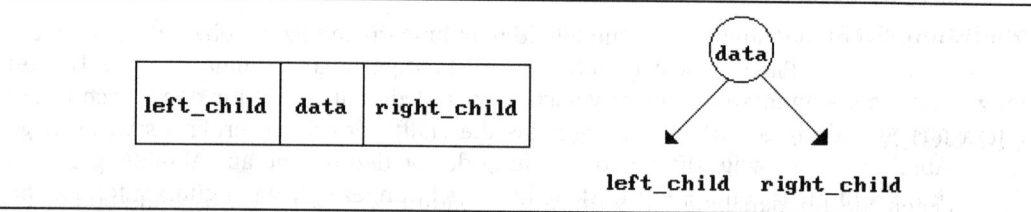

Abbildung 5.12: Knotendarstellung binärer Bäume

Obwohl diese Knotenstruktur es erschwert, die Vorfahren der Knoten zu bestimmen, ist sie doch für viele Anwendungen ausreichend. Sollten wir die Vorfahren beliebiger Knoten unbedingt wissen müssen, so können wir ein viertes Feld *parent* der Knotendefinition hinzufügen. Abbildung 5.13 zeigt die Darstellung der Bäume aus Abbildung 5.9 mit der neuen Knotenstruktur. Wie auch bei den Listen, wird der Baum über die Variable, die auf seine Wurzel zeigt, bezeichnet.

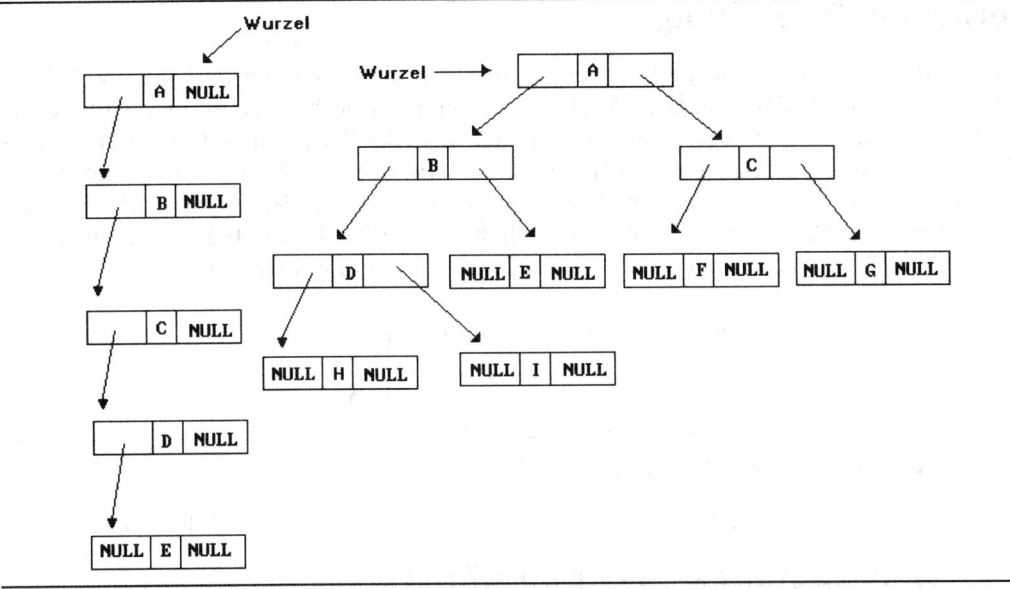

Abbildung 5.13: Verkettete Darstellung des Baumes aus Abbildung 5.9

ÜBUNGEN

1. Listen Sie für den binären Baum aus Abbildung 5.14(a) die Abschlußknoten, die Knoten, die keine Abschlußknoten sind, und die Ebene jedes Knotens auf.

2. Wiederholen Sie Übung 1 mit dem binären Baum aus Abbildung 5.14(b).

3. Skizzieren Sie die interne Speicherdarstellung des binären Baumes aus Abbildung 5.14(a), unter Benutzung der (a) Listendarstellung, (b) der sequentiellen Darstellung und (c) der verketteten Darstellung.

4. Wiederholen Sie Übung 3 mit dem binären Baum aus Abbildung 5.14(b).

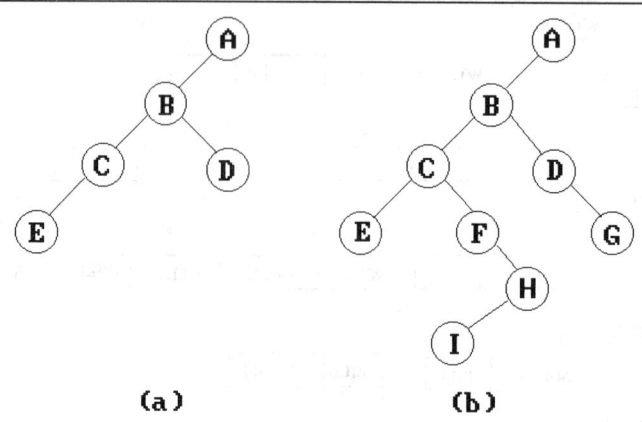

(a)   (b)

Abbildung 5.14: Zwei Beispiele binärer Bäume

5.3. TRAVERSIEREN BINÄRER BÄUME

Man kann auf binären Bäumen viele Operationen ausführen, eine sehr häufig vorkommende ist das Traversieren eines Baumes, d.h. es wird jeder Knoten genau einmal aufgesucht. Ein volles Traversieren erzeugt also eine lineare Anordnung der Information des Baumes.

Bei dem Traversieren des Baumes wollen wir jeden Knoten und deren Teilbäume gleich behandeln. Wenn wir die Bewegung nach links mit L, die Bewegung nach rechts mit R und den Besuch eines Knotens (*visiting*, zum Beispiel zur Ausgabe des Datenfelds) mit V bezeichnen, so ergeben sich sechs Möglichkeiten des Traversierens: *LVR, LRV, VLR, VRL, RVL* und *RLV*. Wenn wir die Konvention übernehmen, immer links vor rechts zu traversieren, bleiben nur drei Möglichkeiten übrig: *LVR, LRV* und *VLR*. Wir weisen diesen Möglichkeiten die Namen *Inorder, Postorder* und *Preorder* zu, entsprechend der Position des V relativ zu L und R. Zum Beispiel besuchen wir im Fall des Postorder-Traversierens einen Knoten, nachdem wir seine linken und rechten Teilbäume traversiert haben, während beim Preorder-Traversieren der Besuch vor dem Traversieren der Teilbäume abgestattet wird. Es gibt einen natürlichen Zusammenhang zwischen diesem Traversieren und dem Erzeugen von Infix-, Postfix- und Präfix-Darstellungen eines Ausdrucks. Um diesen Zusammenhang zu verdeutlichen, benutzen wir den binären Baum aus Abbildung 5.15. Dieser Baum stellt den arithmetischen Ausdruck (die Infix-Form) $A / B * C * D + E$ dar. Im Moment interessieren wir uns nicht dafür, wie der Baum erzeugt wurde, wir nehmen einfach an, er sei vorhanden. Aus Gründen der Deutlichkeit haben wir die Nullknoten eingeschlossen. Sie sind in Abbildung 5.15 als schattierte Rechtecke gezeichnet. Weiterhin wurden alle Knoten, inklusive der Nullknoten durchnumeriert. Wir werden an diesem Baum die drei Möglichkeiten des Traversierens demonstrieren.

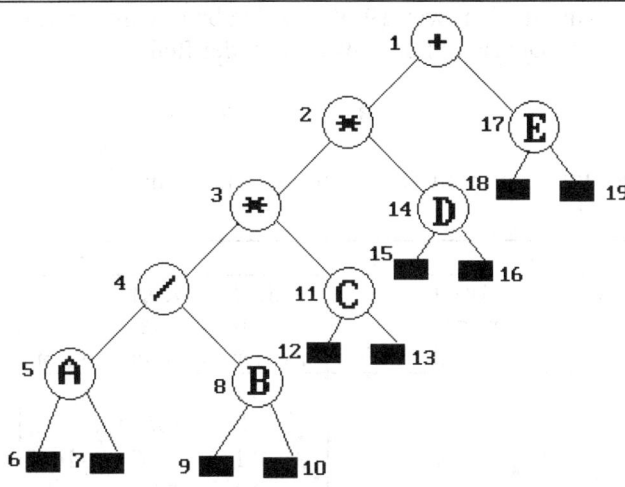

Abbildung 5.15: Binärer Baum mit arithmetischen Ausdrücken

Inorder-Traversieren

Formlos gesagt, bewegt man sich beim Inorder-Traversieren den Baum entlang abwärts nach links, bis man auf einen Nullknoten trifft. Daraufhin wird der Vorfahre des Nullknotens aufgesucht und das Traversieren am nächsten Knoten rechts davon fortgesetzt. Gibt es keinen rechten Nachbarn, wird das Traversieren am letzten unbesuchten Knoten der nächst höheren Ebene fortgesetzt. Wir können dieses Traversieren elegant und präzise mit einer rekursiven Funktion (Programm 5.1) beschreiben.

```
void inorder(tree_pointer ptr)
/* Inorder-Traversieren eines Baumes */
{
    if (ptr) {
        inorder(ptr->left_child);
        printf("%d",ptr->data);
        inorder(ptr->right_child);
    }
}
```

Programm 5.1: Inorder-Traversieren eines binären Baumes

Abbildung 5.16 ist die Spur des Inorder-Traversierens des Baumes aus Abbildung 5.15. Jeder Schritt der Spur zeigt den Aufruf von *inorder*, den Wert der Wurzel, und ob die **printf**-Anweisung ausgeführt wurde. Die ersten drei Spalten zeigen die ersten 13 Schritte des Traversierens; die zweiten drei Spalten die übrigen 14 Schritte. Die Zahlen in Spalte 1 und 4 entsprechen den Nummern der Knoten in Abbildung 5.15 und zeigen uns den Ort des Knotens im Baum an. Da wir 19 Knoten haben, wird *inorder* 19 mal für das Traversieren aufgerufen. Die Datenfelder werden in der Reihenfolge

$$A \, / \, B * C * D + E$$

ausgegeben, was der Infix-Notation des Ausdrucks entspricht.

Aufruf von *inorder*	Wert in der Wurzel	Aktion	Aufruf von *inorder*	Wert in der Wurzel	Aktion
1	+		11	C	
2	*		12	NULL	
3	*		11	C	**printf**
4	/		13	NULL	
5	A		2	*	**printf**
6	NULL		14	D	
5	A	**printf**	15	NULL	
7	NULL		14	D	**printf**
4	/	**printf**	16	NULL	
8	B		1	+	**printf**
9	NULL		17	E	
8	B	**printf**	18	NULL	
10	NULL		17	E	**printf**
3	*	**printf**	19	NULL	

Abbildung 5.16: Spur des Programms 5.1

Preorder-Traversieren

Die Funktion *preorder* (Programm 5.2) enthält den Code für die zweite Form des Traversierens. Hierbei "besuchen" wir den ersten Knoten, folgen dann dem linken Zweig und besuchen alle dort liegenden Knoten, bis wir auf einen Nullknoten stoßen. An dieser Stelle kehren wir zum nächsten Vorfahren mit einem rechten Nachfolger zurück und setzen unsere Reise bei diesem Nachfahren fort. Bei der Preorder-Traversierung werden die Knoten in folgender Reihenfolge ausgegeben:

$$+ * * \, / \, A \, B \, C \, D \, E$$

```
void preorder(tree_pointer ptr)
/* Preorder-Traversieren eines Baumes */
{
    if (ptr) {
        printf("%d",ptr->data);
        preorder(ptr->left_child);
        preorder(ptr->right_child);
    }
}
```

Programm 5.2: Preorder-Traversieren eines binären Baumes

Postorder-Traversieren

Die Funktion *postorder* (Programm 5.3) führt das Postorder-Traversieren aus. In formlosen Worten "besucht" dieses Traversieren zuerst die beiden Nachfolger, bevor sie den Knoten selbst "besucht". Die von *postorder* produzierte Ausgabe für den Baum aus Abbildung 5.15 sieht so aus:

$$A\,B\,/\,C*D*E+$$

Dies ist genau die Postfix-Darstellung unseres Ausdrucks.

```
void postorder(tree_pointer ptr)
/* Postorder-Traversieren eines Baumes */
{
    if (ptr) {
        postorder(ptr->left_child);
        postorder(ptr->right_child);
        printf("%d",ptr->data);
    }
}
```

Programm 5.3: Postorder-Traversieren eines binären Baumes

Iteratives Inorder-Traversieren

Obwohl wir die Funktionen für die Inorder-, Preorder- und Postorder-Traversierungen rekursiv geschrieben haben, können wir auch äquivalente, iterative Funktionen entwickeln. Nehmen wir als Beispiel das Inorder-Traversieren. Zur Simulation der Rekursion müssen wir uns einen eigenen Stapel erzeugen. Wir legen die Knoten in der gleichen Weise auf den Stapel und heben sie wieder ab, wie das auch die rekursive Version mit dem Systemstapel durchführt. Damit können wir die Arbeitsweise der rekursiven Version voll verstehen. Abbildung 5.16 zeigt implizit das Stapeln und Entstapeln. Ein Knoten, bei dem keine Aktion durchgeführt wird, wird auf den Stapel gelegt, während ein Knoten mit einer

printf-Aktion wieder vom Stapel abgehoben wird. Beachten Sie, daß die linken Knoten gestapelt werden, bis ein Nullknoten erreicht wird, dann der Knoten abgehoben wird und anschließend der rechte Nachfolger auf den Stapel gelegt wird! Das Traversieren wird dann mit dem linken Nachfolger fortgesetzt. Das Traversieren ist beendet, wenn der Stapel leer ist. Die Funktion *iter_inorder* (Programm 5.4) ergibt sich direkt aus dieser Untersuchung. Die Stapelfunktion *add* unterscheidet sich von der in Kapitel 3 definierten nur darin, daß die Typen der Elemente andere sind. Ähnlich gibt die Funktion *delete* einen Wert vom Typ *tree_pointer* zurück, anstatt einen Wert vom Typ *element*. Wenn der Stapel leer ist, wird die *NULL* zurückgegeben.

```
void iter_inorder(tree_pointer node)
{
    int top = -1; /* Initialisiere den Stapel */
    tree_pointer stack[MAX_STACK_SIZE];
    for (;;) {
        for(; node; node = node->left_child)
            add(&top, node); /* stapeln */
        node = delete(&top); /* entstapeln */
        if (!node) break; /* Stapel leer */
        printf("%d", node->data);
        node = node->right_child;
    }
}
```

Programm 5.4: Iteratives Inorder-Traversieren

Analyse von *iter_inorder*: Sei n die Anzahl der Knoten im Baum. Wenn wir die Aktionen von *iter_inorder* betrachten, fällt auf, daß jeder Knoten genau einmal auf den Stapel gelegt und wieder entfernt wird. Wenn also die Knotenanzahl n ist, so ist auch die Zeitkomplexität $O(n)$. Die Speicherkomplexität entspricht der Tiefe des Baumes, also $O(n)$. □

Level-order-Traversieren

Ob nun iterativ oder rekursiv geschrieben, die Inorder-, Preorder- und Postorder-Traversierungen benötigen alle einen Stapel. Wir wenden uns nun einer Traversierungsart zu, die eine Warteschlange erfordert. Diese Traversierung, *Level-order* genannt, besucht die Knoten nach dem in Abbildung 5.10 vorgeschlagenen Ordnungsschema. So besuchen wir die Wurzel zuerst, dann ihren linken Nachfolger und daraufhin ihren rechten Nachfolger. Wir fahren in dieser Weise fort und besuchen die Knoten jeder Ebene von links nach rechts.

Der Code für diese Traversierungsart ist in der Funktion *level_order* (Programm 5.5) festgehalten. Wir gehen von einer zirkulären Warteschlange, wie in Kapitel 3 beschrieben, aus. Die Funktion *addq* unterscheidet sich von der aus Kapitel 3 wieder nur durch die unterschiedlichen Datentypen in der Warteschlange, und so gibt auch die in Programm 5.5 benutzte Funktion *deleteq* einen Wert vom Typ *tree_pointer* zurück, anstatt eines Werts vom Typ *element*. Ist die Warteschlange leer, wird die *NULL* zurückgegeben.

```
void level_order(tree_pointer ptr)
/* Level-order-Traversieren eines Baumes */
{
    int front = rear = 0;
    tree_pointer queue[MAX_QUEUE_SIZE];
    if (!ptr) return; /* Leerer Baum */
    addq(front, &rear, ptr);
    for (;;) {
        ptr = deleteq(&front, rear);
        if (ptr) {
            printf("%d",ptr->data);
            if(ptr->left_child)
                addq(front,&rear,ptr->left_child);
            if (ptr->right_child)
                addq(front,&rear,ptr->right_child);
        }
        else break;
    }
}
```

Programm 5.5: Level-order-Traversieren eines binären Baumes

Wir beginnen damit, daß die Wurzel zur Warteschlange hinzugefügt wird. Die Funktion arbeitet so, daß sie den Knoten am Anfang der Schlange löscht, sein Datenfeld ausgibt und dann die linken und rechten Nachfolger in die Warteschlange stellt. Da sich die Nachfolger des Knotens in der nächstniedrigeren Ebene befinden und wir den linken vor dem rechten Nachfolger einfügen, gibt die Funktion die Knoten in der Reihenfolge aus Abbildung 5.10 aus. Das Level-order-Traversieren des Baumes aus Abbildung 5.15 ergibt:

$$+ * E * D / C A B$$

ÜBUNGEN

1. Schreiben Sie die Inorder-, Preorder-, Postorder-, und Level-order-Traversierungen für den Baum (a) aus Abbildung 5.14 auf.

2. Wiederholen Sie Übung 1 mit Baum (b) aus Abbildung 5.14.

3. Simulieren Sie die Aktion von *iter_inorder* mit dem Baum aus Abbildung 5.14(a). Geben Sie bei jedem Schritt den Inhalt des Stapels und, falls vorgenommen, die durchgeführte Aktion an. (In anderen Worten: Geben Sie an, ob der Inhalt des Datenfelds ausgegeben wird.)

4. Wiederholen Sie die vorhergehende Übung mit dem Baum aus Abbildung 5.14(b).

5. Schreiben Sie eine iterative Version von *preorder*.

6. Schreiben Sie eine iterative Version von *postorder*.

7. Schreiben Sie den vollständigen C-Code für die Einfüge- und Löschfunktionen des Stapels aus der Funktion *iter_inorder* (Programm 5.4).

8. Schreiben Sie den vollständigen C-Code für die Einfüge- und Löschfunktionen der Warteschlange aus der Funktion *level_order* (Programm 5.5).

9. Nehmen Sie an, daß binäre Bäume von Namen immer wie in Abbildung 5.17 aussehen. Beweisen Sie, daß ein Inorder-Traversieren die Namen immer in alphabetischer Reihenfolge ausgibt!

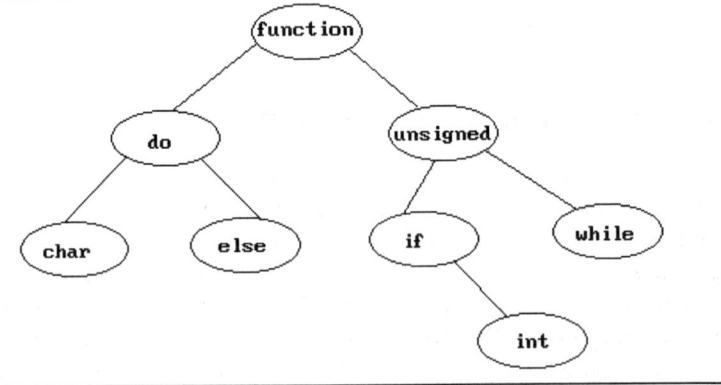

Abbildung 5.17: Binärer Baum mit Namen

5.4. WEITERE OPERATIONEN AUF BINÄREN BÄUMEN

Kopieren binärer Bäume

Mit der Definition eines binären Baumes und den rekursiven Versionen der Inorder-, Preorder- und Postorder-Traversierungen können wir leicht C-Funktionen für weitere Operationen auf binären Bäumen erzeugen. Eine praktische Operation ist das Kopieren eines binären Baumes. Der Code hierfür ist in *copy* (Programm 5.6) angegeben. Beachten Sie, daß diese Funktion nur eine leichte Modifikation von *postorder* (Programm 5.3) darstellt!

```
tree_pointer copy(tree_pointer original)
/* Diese Funktion gibt einen tree_pointer auf eine exakte Kopie
des Originalbaumes zurück */
{
    tree_pointer temp;
    if (original) {
        temp = (tree_pointer) malloc(sizeof(node));
        if (IS_FULL(temp)) {
            fprintf(stderr, "Der Speicher ist voll\n");
            exit(1);
        }
        temp->left_child = copy(original->left_child);
        temp->right_child = copy(original->right_child);
        temp->data = original->data;
        return temp;
    }
    return NULL;
}
```

Programm 5.6: Kopieren eines binären Baumes

Prüfen der Gleichheit binärer Bäume

Eine weitere nützliche Operation ist die Überprüfung der Gleichheit zweier binärer Bäume. Gleiche binäre Bäume haben dieselbe Struktur und enthalten in den entsprechenden Knoten dieselbe Information. Mit derselben Struktur meinen wir, daß jeder Zweig eines Baumes einem Zweig in dem anderen Baum entspricht, die Verzweigungsstruktur der Bäume also gleich ist. Die Funktion *equal* (Programm 5.7) benutzt eine Modifikation des Preorder-Traversierens für die Prüfung auf Gleichheit. Die Funktion gibt *TRUE* zurück, wenn die Bäume gleich sind und *FALSE*, wenn sie es nicht sind.

```
int equal(tree_pointer first, tree_pointer second)
{
/* Die Funktion gibt FALSE zurück, wenn die binären Bäume first
und second nicht gleich sind. Andernfalls wird TRUE zurückgegeben*/
    return ((!first && !second) || (first && second &&
            (first->data == second->data) &&
            equal(first->left_child,second->left_child) &&
            equal(first->right_child, second->right_child))
}
```

Programm 5.7: Prüfung auf Gleichheit zweier binärer Bäume

Das Erfüllbarkeits-Problem

Nehmen Sie eine Menge von Formeln, die mit den Variablen $x_1, x_2, \cdots, x_n$ und den Operatoren $\wedge$(und), $\vee$(oder) und $\neg$(nicht) gebildet werden! Die Variablen können nur die Werte *Wahr* und *Falsch* annehmen. Die Menge der damit zu bildenden Ausdrücke wird durch die folgenden Regeln definiert:

(1)   Eine Variable ist ein Ausdruck.

(2)   Wenn x und y Ausdrücke sind, dann sind $\neg x$, $x \wedge y$ und $x \vee y$ auch Ausdrücke.

(3)   Mit Klammern kann die normale Reihenfolge der Ausführung, die $\neg$ vor $\wedge$ vor $\vee$ ist, geändert werden.

Diese Regeln schließen die Formeln für Aussageformen mit ein, da andere Operationen, wie die Implikation, auch mit $\neg$, $\vee$ und $\wedge$ ausgedrückt werden können.
Der Ausdruck

$$x_1 \vee (x_2 \wedge \neg x_3)$$

ist eine Formel (man liest "x_1 *oder* x_2 *und nicht* x_3"). Wenn x_1 und x_3 *Falsch* sind und x_2 *Wahr* ist, so ist der Wert des Ausdrucks:

$$Falsch \vee (Wahr \wedge \neg Falsch)$$
$$= Falsch \vee Wahr$$
$$= Wahr$$

Das Erfüllbarkeits-Problem für Aussageformen fragt, ob es eine Wertzuweisung der Variablen gibt, die zu einer wahren Aussage führt. Dieses Problem wurde ursprünglich von Newell, Shaw und Simon in den späten fünfziger Jahren gestellt, um die Leistungsfähigkeit heuristischen Programmierens zu zeigen (The Logic Theorist) und ist auch heute noch für Informatiker von starkem Interesse.
    Setzen wir wieder voraus, daß unsere Formel schon als binärer Baum vorliegt. Zur Demonstration nehmen wir die Formel:

$$(x_1 \wedge \neg x_2) \vee (\neg x_1 \wedge x_3) \vee \neg x_3$$

Abbildung 5.18 zeigt den binären Baum zu dieser Formel. Das Inorder-Traversieren des Baumes ergibt:

$$x_1 \wedge \neg x_2 \vee \neg x_1 \wedge x_3 \vee \neg x_3$$

Dies ist die Infix-Darstellung des Ausdrucks. Der naheliegendste Algorithmus zur Entscheidung der Erfüllbarkeit besteht in der Bildung aller möglichen Kombinationen der Werte *Wahr* und *Falsch* mit den Variablen (x_1, x_2, x_3). Für n Variablen gibt es dann 2^n mögliche Kombinationen von *Wahr* und *Falsch*. Für das Beispiel mit $n = 3$ sind die acht Kombinationen (*Falsch, Falsch, Falsch*), (*Falsch, Falsch, Wahr*), (*Falsch, Wahr, Falsch*), (*Falsch, Wahr, Wahr*), (*Wahr, Falsch, Falsch*), (*Wahr, Falsch, Wahr*), (*Wahr, Wahr, Falsch*) und (*Wahr, Wahr, Wahr*). Der Algorithmus braucht die Zeit $O(g2^n)$, wobei g die Zeit zur Ersetzung der *Wahr*- und *Falsch*-Werte der Variablen x_1, x_2, x_3 und der Berechnung des Ausdrucks ist.

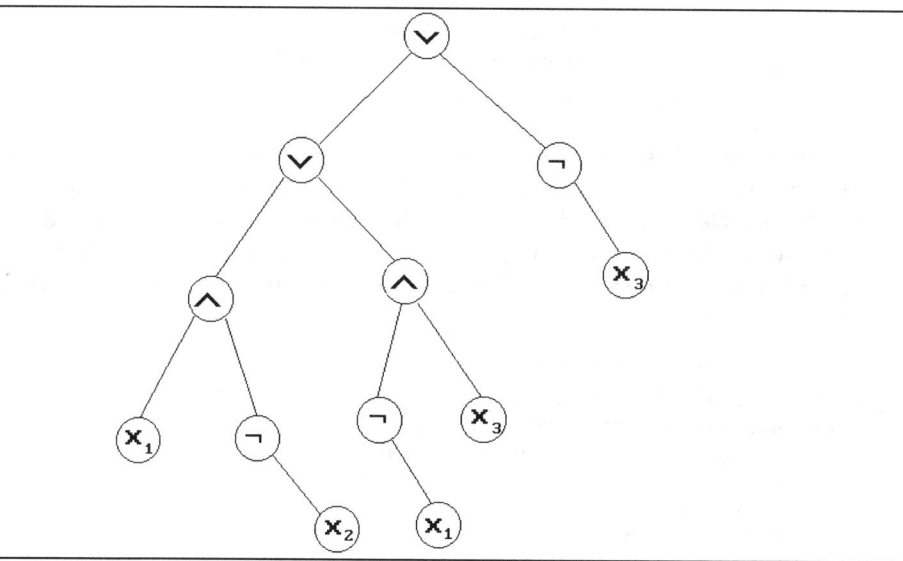

Abbildung 5.18: Aussageform in einem binären Baum

Um einen Ausdruck zu berechnen, können wir den Baum in Postorder traversieren und die Teilbäume berechnen, bis wir den Ausdruck auf einen einzelnen Wert reduziert haben. Das entspricht der Postfix-Berechnung eines arithmetischen Ausdrucks, wie wir schon vorher sahen. Aus der Perspektive der Baumdarstellung, haben wir für jeden erreichten Knoten bereits die Werte seiner Nachfahren berechnet. Erreichen wir beispielsweise den $\vee$-Knoten auf Ebene 2, so sind die Werte von $x_1 \wedge \neg x_2$, sowie $\neg x_1 \wedge x_3$ für uns erreichbar, und wir können die Regel für *oder* anwenden. Beachten Sie, daß ein Knoten, der $\neg$ enthält, nur eine einzige Verzweigung nach rechts hat, da $\neg$ ein unitärer Operator ist!

Die Knotenstruktur für dieses Problem findet sich in Abbildung 5.19. Die *left_child*- und *right_child*-Felder sind ähnlich zu den vorher benutzten. Das Feld *data* enthält entweder den Wert einer Variablen oder einen Aussageoperator, während *value* entweder *Wahr* oder *Falsch* enthält.

| left_child | data | value | right_child |

Abbildung 5.19: Knotenstruktur für das Erfüllbarkeits-Problem

Wir definieren die Knotenstruktur in C wie folgt:

```
typedef enum {not,and,or,true,false} logical;
typedef struct node *tree_pointer;
typedef struct node {
        tree_pointer left_child;
        logical      data;
        short int    value;
        tree_pointer right_child;
        } node;
```

Wir nehmen an, daß bei Blattknoten *node* –> *data* den aktuellen Wert der Variablen dieses Knotens enthält. Wir nehmen zum Beispiel an, daß der Baum aus Abbildung 5.18 entweder die Werte *Wahr* oder *Falsch* in den Datenfeldern von x_1, x_2 und x_3 enthält. Wir nehmen weiter an, daß *root* auf einen Ausdruck *tree* mit *n* Variablen zeigt. Mit diesen Annahmen können wir unsere erste Version eines Erfüllbarkeitsalgorithmus (Programm 5.8) erstellen.

```
for (alle 2^n möglichen Kombinationen) {
    Erzeuge die nächste Kombination;
    Ersetze die Variablen durch ihre Werte;
    Berechne die Wurzel über ein Postorder-Traversieren;
    if (root->value) {
        printf(<Kombination>);
        return;
    }
}
printf("Keine erfüllende Kombination\n");
```

Programm 5.8: Erste Version des Erfüllbarkeitsalgorithmus

Die C-Funktion zur Berechnung des Baumes erhält man leicht durch Modifikation der originalen rekursiven Postorder-Traversierung. Die Funktion *post_order_eval* (Programm 5.9) zeigt den C-Code, der diesen Teil des Erfüllbarkeitsalgorithmus implementiert.

```
void post_order_eval(tree_pointer node)
{
/* Modifiziertes Postorder-Traversieren, um den Baum einer
Aussageform auszurechnen */
    if (node) {
        post_order_eval(node->left_child);
        post_order_eval(node->right_child);
        switch(node->data) {
            case not:    node->value =
                 !node->right_child->value;
                 break;
            case and:    node->value =
                 node->right_child->value &&
                 node->left_child->value;
                 break;
            case or:     node->value =
                 node->right_child->value ||
                 node->left_child->value;
                 break;
            case true:   node->value = TRUE;
                 break;
            case false: node->value = FALSE;
        }
    }
}
```

Programm 5.9: *post_order_eval*-Funktion

ÜBUNGEN

1. Schreiben Sie eine C-Funktion zur Berechnung der Anzahl von Blattknoten eines binären Baumes. Bestimmen Sie die Rechenzeit Ihrer Funktion.

2. Schreiben Sie eine C-Funktion *swap_tree*, die in einem binären Baum die linken und rechten Nachfolger jedes Knotens vertauscht. Ein Beispiel ist in Abbildung 5.20 gegeben.

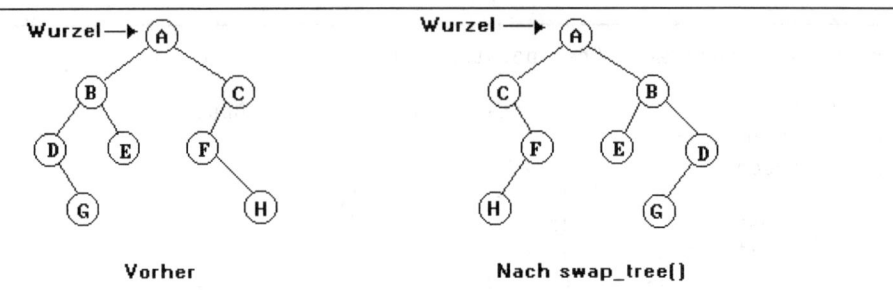

Abbildung 5.20: Beispiel für *swap_tree*

3.   Wie ist die Rechenzeit von *post_order_eval*?

4.   § [***Programmierprojekt***] Ersinnen Sie eine Darstellung von aussagelogischen Formeln. Schreiben Sie eine C-Funktion zur Eingabe einer solchen Formel, die diese Formel als binären Baum darstellt. Bestimmen Sie die Rechenzeit Ihrer Funktion!

5.5. VERBUNDENE BINÄRE BÄUME

Eine genaue Betrachtung der verketteten Darstellung eines binären Baumes zeigt, daß es mehr Nullzeiger als andere Zeiger gibt. Genauer gesagt finden sich in den insgesamt $2n$ Verkettungsfeldern genau $n + 1$ Nullzeiger. A. J. Perlis und C. Thornton haben sich einen cleveren Weg ausgedacht, diese Nullzeiger zu nutzen. Sie ersetzen sie durch Zeiger, *Fäden* (*threads*) genannt, die auf andere Knoten des Baumes gerichtet sind. Zur Konstruktion dieser Fäden benutzen wir die folgenden Regeln (unter der Annahme, daß *ptr* einen Knoten repräsentiert):

(1)   Wenn *ptr –> left_child* der Nullzeiger ist, ersetze *ptr –> left_child* durch einen Zeiger auf den Knoten, der bei einem Inorder-Traversieren vor *ptr* besucht worden wäre. Das heißt, wir ersetzen die Nullverkettung durch einen Zeiger auf den *Inorder-Vorfahren* von *ptr*.

(2)   Wenn *ptr –> right_child* der Nullzeiger ist, ersetze *ptr –> right_child* durch einen Zeiger auf den Knoten, der bei einem Inorder-Traversieren nach *ptr* besucht worden wäre. Das heißt, wir ersetzen die Nullverkettung durch einen *Inorder-Nachfolger* von *ptr*.

Abbildung 5.21 zeigt den binären Baum aus Abbildung 5.9(b) mit den Fäden als gestrichelte Linien. Dieser Baum hat neun Knoten und zehn Nullverkettungen, die durch Fäden ersetzt wurden. Das Inorder-Traversieren des Baumes besucht die Knoten in der Reihenfolge *H, D, I, B, E, A, F, C, G*. Nehmen wir Knoten *E* als Beispiel, um die Konstruktion der Fäden nachzuvollziehen. Da *E*'s linker Nachfolger eine Nullverkettung ist, ersetzen wir sie durch einen Zeiger auf den Knoten *B*, der vor *E* liegt. Ähnlich wird die Nullverkettung zu *E*'s rechtem Nachfolger durch einen Zeiger auf den Knoten ersetzt, der bei einem Inorder-Traversieren nach *E* gekommen wäre, also *A*. Die anderen Fäden werden in der gleichen Weise erzeugt.

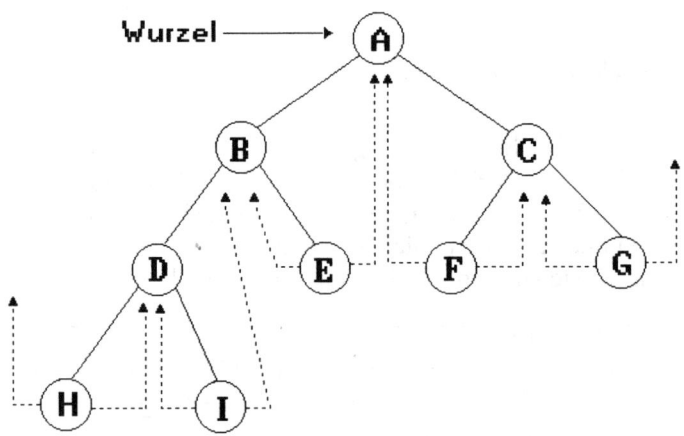

Abbildung 5.21: Verbundener Baum entsprechend zu Abbildung 5.9(b)

Bei der Darstellung des Baumes im Speicher müssen wir zwischen Fäden und normalen Zeigern unterscheiden können. Dafür erweitern wir die Knotenstruktur um die Felder *left_thread* und *right_thread*. Angenommen, *ptr* ist ein beliebiger Knoten in einem verbundenen Baum. Wenn *ptr –> left_thread = TRUE* ist, dann enthält *ptr –> left_child* einen Faden (thread); andernfalls enthält er einen Zeiger auf den linken Nachfolger. Ähnlich verhält es sich mit *ptr –> right_thread*. Ist dieser Wert *TRUE*, so enthält *ptr –> right_child* einen Faden; ansonsten enthält er den Zeiger auf den rechten Nachfolger.

Diese Knotenstruktur wird mit folgenden C-Deklarationen realisiert:

```
typedef struct threaded_tree *threaded_pointer;
typedef struct threaded_tree {
        short int left_thread;
        threaded_pointer left_child;
        char data;
        threaded_pointer right_child;
        short int right_thread;
        } threaded_tree;
```

In Abbildung 5.21 baumeln noch zwei Fäden: einer am linken Nachfolger von *H*, der andere am rechten Nachfolger von *G*. Wir können diese Nullzeiger nicht ersetzen, da *H* der erste und *G* der letzte Knoten bei einem Inorder-Traversieren sind und deshalb keine vorhergehenden bzw. nachfolgenden Knoten haben. Wir wollen aber in unserem Baum keine losen Fäden haben. Deshalb setzen wir für alle verbundenen binären Bäume das Vorhandensein eines Kopfknotens voraus. Das bedeutet, ein leerer verbundener Baum enthält immer noch einen Knoten, wie in Abbildung 5.22 dargestellt.

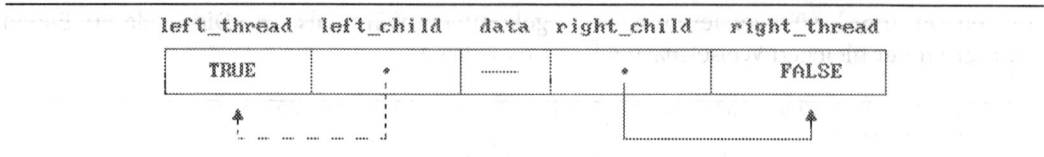

Abbildung 5.22: Ein leerer verbundener Baum

Die vollständige Speicherdarstellung des Baumes aus Abbildung 5.21 wird in Abbildung 5.23 gezeigt. Die Variable *root* zeigt auf den Kopfknoten, während *root –> left_child* auf den Anfang des ersten Knotens des eigentlichen Baumes zeigt. Dies gilt für alle verbundenen Bäume. Beachten Sie, daß wir das Problem der baumelnden Fäden gelöst haben, indem wir sie auf den Kopfknoten *root* zeigen lassen!

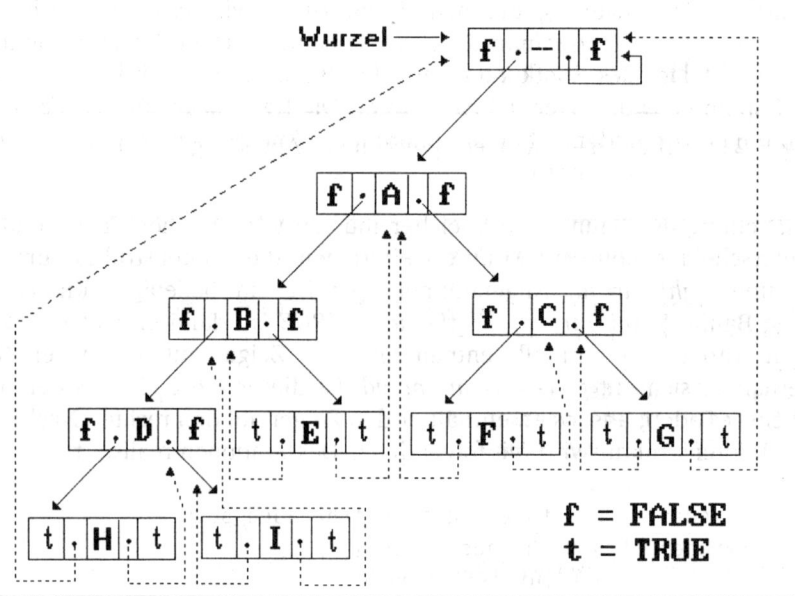

Abbildung 5.23: Speicherdarstellung eines verbundenen Baumes

Inorder-Traversieren eines verbundenen binären Baumes

Der Einsatz von Fäden vereinfacht den Algorithmus für das Inorder-Traversieren. Beobachten Sie, daß für jeden beliebigen Knoten *ptr* eines verbunden Baumes gilt: Wenn *ptr –> right_thread = TRUE* gilt, ist *ptr –> right_child* laut Definition der Fäden der Inorder-Nachfolger von *ptr*. Andererseits erhalten wir den Inorder-Nachfolger von *ptr* durch Verfolgung des Weges über Verkettungen der linken Nachfolger vom rechten Nachfolger von *ptr* aus, bis wir einen Knoten mit *left_thread = TRUE* erreichen. Die Funktion *insucc* (Programm 5.10) findet den Inorder-Nachfolger irgendeines Knotens in einem verbundenen Baum ohne den Einsatz eines Stapels.

```
threaded_pointer insucc(threaded_pointer tree)
{
/* Finde den Inorder-Nachfolger von tree in einem verbundenen
binären Baum */
    threaded_pointer temp;
    temp = tree->right_child;
    if (!tree->right_thread)
        while (!temp->left_thread)
            temp = temp->left_child;
    return temp;
}
```

Programm 5.10: Finden des Inorder-Nachfolgers eines Knotens

Um eine Inorder-Traversierung durchzuführen, rufen wir *insucc* wiederholt auf. Die Operation ist in *tinorder* (Programm 5.11) implementiert. Diese Funktion nimmt an, daß vom linken Nachfolger des Kopfknotens auf den Baum gezeigt wird und daß der rechte Faden des Kopfknotens den Wert *FALSE* enthält. Die Rechenzeit für *tinorder* ist nach wie vor O(n) für einen verbundenen binären Baum mit n Knoten, obwohl der konstante Faktor kleiner als der von *iter_inorder* ist.

```
void tinorder(threaded_pointer tree)
{
/* Inorder-Traversieren eines verbundenen binären Baumes */
    threaded_pointer temp = tree;
    for (;;) {
        temp = insucc(temp);
        if (temp = tree) break;
        printf("%3c", temp->data);
    }
}
```

Programm 5.11: Inorder-Traversieren eines verbundenen binären Baumes

Einfügen eines Knotens in einen verbundenen binären Baum

Wir haben gesehen, wie wir die Fäden eines verbundenen binären Baumes für das Inorder-Traversieren nutzen können. Die Fäden helfen uns auch, die Algorithmen für die Preorder- und Postorder-Traversierungen zu vereinfachen. Betrachten wir nun das Einfügen in einen verbundenen Baum. Wir untersuchen nur den Fall des Einfügens eines neuen Knotens als rechten Nachfolger eines vorhandenen Knotens *parent* und überlassen das Einfügen eines linken Nachfolgers den Übungen.

Nehmen wir an, der Knoten *parent* habe einen leeren rechten Teilbaum. Wir wollen *child* als rechten Nachfolger von *parent* einfügen. Dazu müssen wir folgendes tun:

(1) *parent –> right_thread* auf *FALSE* ändern.

(2) *child –> left_thread* und *child –> right_thread* auf *TRUE* setzen.

(3) *child –> left_child* auf *parent* zeigen lassen.

(4) *child –> right_child* auf *parent –> right_child* setzen.

(5) *parent –> right_child* auf *child* zeigen lassen.

Abbildung 5.24(a) ist ein Beispiel dieser Situation. In diesem Fall wollen wir den Knoten *D* als rechten Nachfolger des Knotens *B* einfügen.

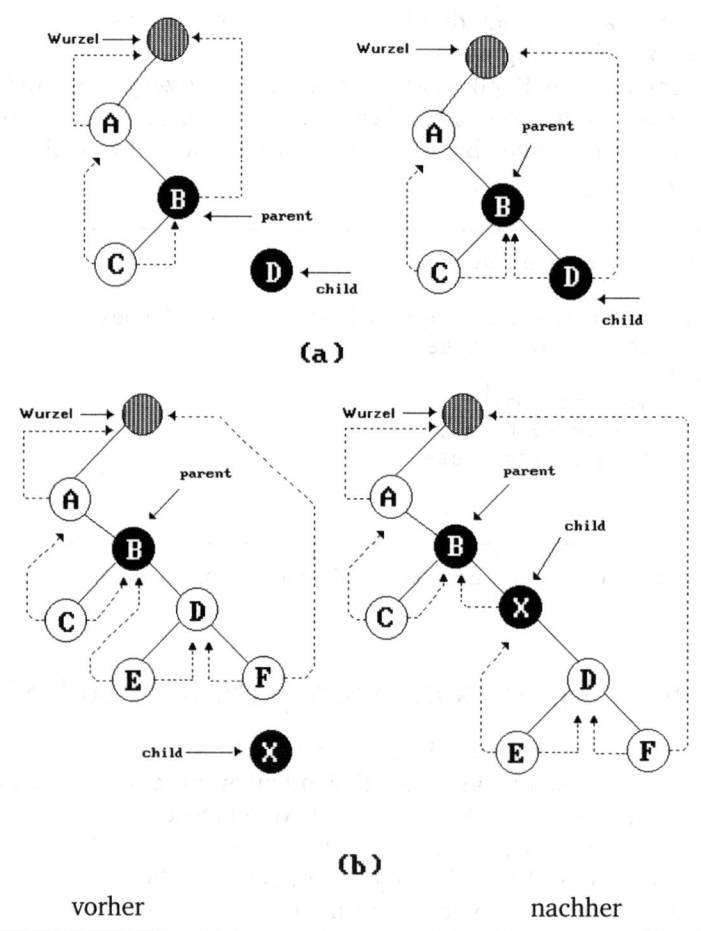

(a)

(b)

vorher   nachher

Abbildung 5.24: Einfügen von *child* als rechten Nachfolger von *parent* in einem verketteten binären Baum

Wenn *parent* einen nichtleeren rechten Teilbaum hat, ist das Einfügen etwas schwieriger, da der rechte Teilbaum von *parent* nach dem Einfügen zum rechten Teilbaum von *child* wird. Führt man dies aus, wird *child* der Inorder-Vorfahre des Knotens, der vorher der Inorder-Nachfolger von *parent* war. Abbildung 5.24(b) illustriert diese Situation. In diesem Fall wollen wir den Knoten *X* zwischen die Knoten *B* und *D* einfügen. Die Funktion *insert_right* (Programm 5.12) enthält den C-Code, der beide Fälle behandeln kann.

```
void insert_right(threaded_pointer parent,      threaded_pointer child)
{
/* Einfügen von child als dem rechten Nachfolger von parent in einem
verbundenen binaren Baum */
    threaded_pointer temp;
    child->right_child = parent->right_child;
    child->right_thread = parent->right_thread;
    child->left_child = parent;
    child->left_thread = TRUE;
    parent->right_child = child;
    parent->right_thread = FALSE;
    if (!child->right_thread) {
        temp = insucc(child);
        temp->left_child = child;
    }
}
```

Programm 5.12: Rechts-Einfügen in einen verbundenen binären Baum

ÜBUNGEN

1. Zeichnen Sie die verbundene Darstellung des binären Baumes aus Abbildung 5.14(a).

2. Wiederholen Sie Übung 1 mit dem Baum aus Abbildung 5.14(b).

3. Schreiben Sie eine Funktion *insert_left*, die einen neuen Knoten *child* als linken Nachfolger des Knotens *parent* in einen verbundenen binären Baum einfügt. Der Zeiger auf den linken Nachfolger von *parent* wird der Zeiger auf den linken Nachfahren von *child*.

4. Schreiben Sie eine Funktion zur Postorder-Traversierung eines verbundenen binären Baumes. Wie hoch sind Zeit- und Speicherplatzbedarf Ihrer Methode?

5. Schreiben Sie eine Funktion zur Preorder-Traversierung eines verbundenen binären Baumes. Wie hoch sind Zeit- und Speicherplatzbedarf Ihrer Methode?

5.6. HEAPS

In Abschnitt 5.2.2 definierten wir einen vollständigen binären Baum. In diesem Abschnitt wollen wir eine spezielle Form eines vollständigen binären Baumes vorstellen, wie er in vielen Anwendungen auftritt.

5.6.1. Der abstrakte Datentyp Heap

Definition: Ein *Max-Baum* ist ein Baum, in dem die Schlüsselwerte jedes Knotens nicht kleiner sind als die Schlüsselwerte seiner Nachfahren (falls vorhanden). Ein *Max-Heap* ist ein vollständiger binärer Baum, der auch ein Max-Baum ist. □

Definition: Ein *Min-Baum* ist ein Baum, in dem die Schlüsselwerte jedes Knotens nicht größer sind als die Schlüsselwerte seiner Nachfahren (falls vorhanden). Ein *Min-Heap* ist ein vollständiger binärer Baum, der auch ein Min-Baum ist. □

Abbildung 5.25 zeigt einige Beispiele von Max-Heaps und Abbildung 5.26 Beispiele für Min-Heaps. Beachten Sie, daß wir einen Heap als Feld darstellen, obwohl die Position Null nicht belegt wird! Dies erlaubt uns die Anwendung des Adreßschemas von Lemma 5.3. Aus der Definition des Heaps folgt, daß die Wurzel eines Min-Baumes den kleinsten Schlüssel und die Wurzel eines Max-Baumes den größten Schlüssel enthält.

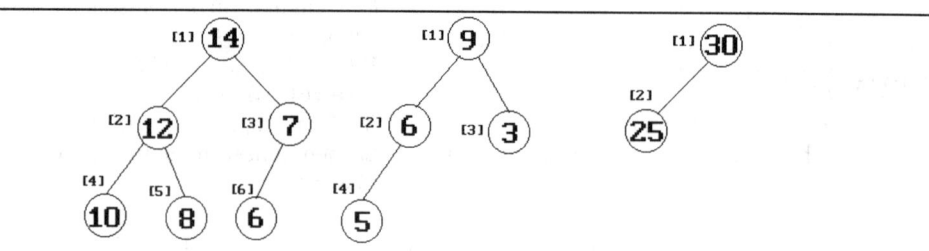

Abbildung 5.25: Beispiele für Max-Heaps

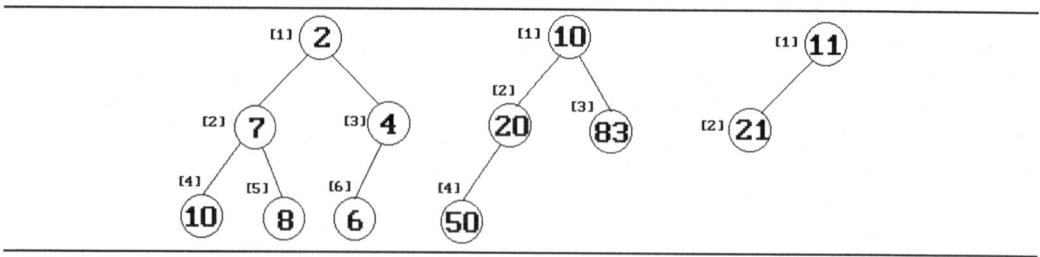

Abbildung 5.26: Beispiele für Min-Heaps

Als ADT betrachtet, sind Max-Heaps sehr einfach. Die einzigen Basisoperationen sind:

(1)   Erzeugen eines leeren Heaps

(2)   Einfügen eines neuen Elements

(3)   Löschen des größten Elements

Diese Operationen sind in Struktur 5.2 abstrakt definiert. Die Herausforderung besteht darin, eine Darstellung für Heaps zu entwerfen, in der Einfügen und Löschen effizient ausgeführt werden können.

Struktur *MaxHeap* ist
  Objekte: Ein vollständiger binärer Baum mit $n > 0$ Elementen, die so organisiert sind, daß der Wert jedes Knotens mindestens so groß ist wie der Wert seiner Nachfolger
  Funktionen:
    Für alle *heap* ∈ *MaxHeap*, *item* ∈ *Element*, *n*, *max_size* ∈ *integer* gilt:

MaxHeap Create(*max_size*)	::=	Erzeuge einen leeren Heap, der eine Maximalzahl von *max_size* Elementen enthalten kann.
Boolsch HeapFull(*heap*, *n*)	::=	**if** ($n == max\_size$) **return** *TRUE* **else return** *FALSE*
MaxHeap Insert(*heap*, *item*, *n*)	::=	**if** (!HeapFull(*heap*, *n*)), so füge *item* in *heap* ein und gib den entstandenen Heap zurück **else return** Fehler.
Boolsch HeapEmpty(*heap*, *n*)	::=	**if** ($n > 0$) **return** *TRUE* **else return** *FALSE*
Element Delete(*heap*, *n*)	::=	**if** (!HeapEmpty(*heap*, *n*)) **return** das größte Element und entferne es vom Heap **else return** Fehler.

Struktur 5.2: Der abstrakte Datentyp *MaxHeap*

5.6.2. Prioritätswarteschlangen

Heaps werden häufig zur Implementation von *Prioritätswarteschlangen* eingesetzt. Anders als die in Kapitel 3 besprochenen Warteschlangen, löscht eine Prioritätswarteschlange das Element mit der höchsten (oder niedrigsten) Priorität. Wir können ein Element beliebiger Priorität jederzeit in eine Prioritätswarteschlange einfügen. Wenn unsere Anwendung das Löschen des Elements höchster Priorität verlangt, verwenden wir einen Max-Heap. Angenommen, der Job-Scheduler unseres Betriebssystems benutze ein Prioritätensystem, in dem der Systemverwalter die höchste und die Studenten die niedrigste Priorität erhalten, dann würden wir eine Prioritätswarteschlange implementieren, welche die Jobs als Max-Heap führt. Verlangt unsere Anwendung das Löschen des Elements mit der niedrigsten Priorität, verwenden wir einen Min-Heap. Nehmen wir zum Beispiel an, der

Job-Scheduler unseres Betriebssystems vergibt die Jobs entsprechend der von ihnen verlangten Laufzeit, so daß die höhere Priorität den kürzeren Jobs gegeben wird. In diesem Fall würden wir eine Prioritätswarteschlange implementieren, welche die Jobs als Min-Heaps führt.

Heaps sind nur ein Weg zur Implementierung von Prioritätswarteschlangen. Deshalb werden wir zunächst noch einige andere Darstellungsformen betrachten, bevor wir die verschiedenen Heap-Operationen untersuchen. Obwohl wir immer annehmen werden, das Element mit dem höchsten Wert zu löschen, gelten unsere Überlegungen genau so für das Löschen des kleinsten Elements. Abbildung 5.27 zeigt die Einfüge- und Löschzeiten für verschiedene Darstellungen, einschließlich eines Max-Heaps.

Darstellungsform	Einfügen	Löschen
Ungeordnetes Feld	$\Theta(1)$	$\Theta(n)$
Ungeordnete verkettete Liste	$\Theta(1)$	$\Theta(n)$
Geordnetes Feld	$O(n)$	$\Theta(1)$
Sortierte verkettete Liste	$O(n)$	$\Theta(1)$
Max-Heap	$O(\log_2 n)$	$O(\log_2 n)$

Abbildung 5.27: Darstellungsformen von Prioritätswarteschlangen

Ein Feld ist die einfachste Darstellung einer Prioritätswarteschlange. Nehmen wir an, die Warteschlange enthalte n Elemente. Benutzen wir ein Feld, so können wir ein Element leicht hinzufügen, indem wir es einfach an das momentane Ende des Feldes plazieren. Daher hat das Einfügen eine Komplexität von $\Theta(1)$. Um eine Löschung durchzuführen, müssen wir erst das Element mit dem größten Schlüssel suchen und können es dann erst entfernen. Die Suchzeit beträgt $\Theta(n)$ und die Zeit für die Verschiebung der Feldelemente beträgt noch einmal $O(n)$. Der Wechsel zu einer ungeordneten verketteten Liste verbessert die Rechenzeit nur unwesentlich. Wir können zwar wieder am Anfang in der Zeit $\Theta(1)$ einfügen, aber wir müssen für das Löschen immer noch nach dem Element mit dem größten Schlüssel suchen, so daß die Zeit $\Theta(n)$ gebraucht wird. Wir haben lediglich die Zeit zur Verschiebung der Elemente eingespart. Ein geordnetes Feld erlaubt zwar das Löschen eines Elements in der Zeit $\Theta(1)$, aber jetzt erfordert das Einfügen die Verschiebung einiger oder aller Elemente, und das dauert wieder die Zeit $O(n)$. Der Gebrauch einer verketteten Liste, die in nichtaufsteigender Reihenfolge gehalten wird, stellt sicher, daß das größte Element auch immer das erste Element ist. Allerdings müssen wir nun die Liste durchsuchen, wenn wir ein Element hinzufügen wollen. Die Zeit ist wieder $O(n)$. Wie wir kurz beweisen werden, erlaubt uns die Darstellung einer Prioritätswarteschlange als Heap sowohl das Einfügen als auch das Löschen in der Zeit $O(\log_2 n)$, was den Heap zur bevorzugten Darstellungsform macht.

5.6.3. Einfügen in einen Max-Heap

Um das Einfügen zu veranschaulichen, beginnen wir mit dem fünfelementigen Heap aus Abbildung 5.28(a). Wenn wir ein Element zu diesem Heap hinzufügen, muß der neue sechselementige Heap die Struktur von Abbildung 5.28(b) haben (Die Orte des neuen Knotens sind hervorgehoben). Das Hinzufügen an einem anderen Ort würde die Definition eines Heaps verletzen, da das Ergebnis kein vollständiger binärer Baum mehr wäre.

Nehmen wir nun an, das neue Element habe den Schlüssel 1. In diesem Falle können wir es einfach in den neuen Knoten setzen, d.h. es wird der linke Nachfolger von 2. Sollte stattdessen der Wert des neuen Elements 5 sein, können wir es nicht als linken Nachfolger von 2 einsetzen, da es die Heap-Definition verletzen würde. So müssen wir also die 2 zu einem neuen Knoten herunterbewegen und die 5 an die alte Position von 2 bewegen. Da der Vorgänger (20) der alten Position von 2 mindestens so groß ist, wie der alte eingefügte Wert (5), brauchen wir den Vorgänger nicht auszutauschen. Abbildung 5.28(c) zeigt den resultierenden Heap. Als nächstes nehmen wir an, das neue Element habe den Wert 21, anstatt 5. In diesem Fall bewegt sich die 2 herab zu ihrem linken Nachfolger, und 20 bewegt sich herab zu ihrem rechten Nachfolger. Dann fügen wir die 21 an der alten Position von 20 ein. Abbildung 5.28(d) zeigt den resultierenden Heap.

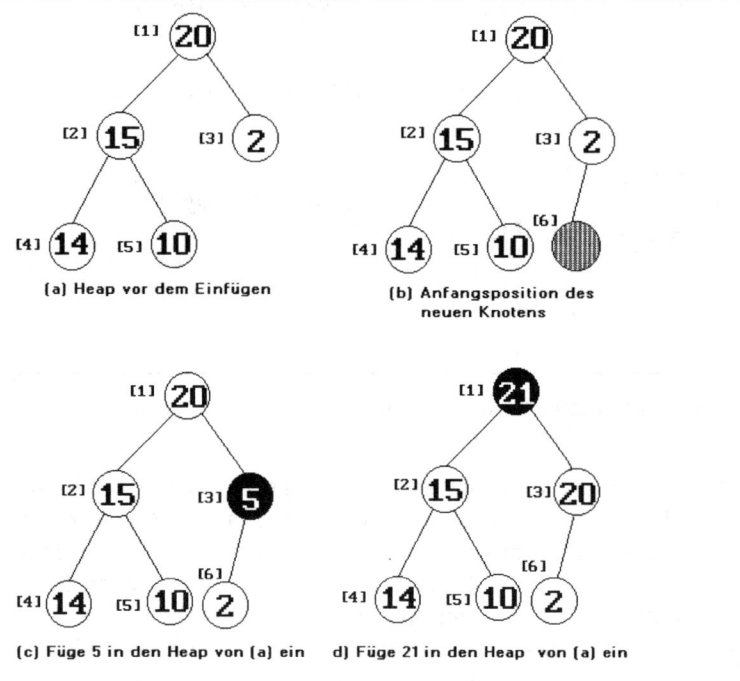

(a) Heap vor dem Einfügen

(b) Anfangsposition des neuen Knotens

(c) Füge 5 in den Heap von (a) ein

d) Füge 21 in den Heap von (a) ein

Abbildung 5.28: Einfügen in einen Max-Heap

Um die oben beschriebene Einfügestrategie zu implementieren, müssen wir in der Lage sein, von einem Element zu seinem Vorgänger zu gehen. Nutzen wir die verkettete Darstellung, müssen wir ein Vorgängerfeld zu jedem Knoten hinzufügen. Da allerdings ein

Heap nichts anderes ist als ein vollständiger Baum, können wir genau so gut die Felddarstellung aus Abschnitt 5.2.3 benutzen. Lemma 5.3 erlaubt uns, die Position eines jeden Vorgängers leicht zu bestimmen. Die Funktion *insert_max_heap* (Programm 5.13) vollführt das Einfügen in einen Max-Heap, der n Elemente enthält. Wir setzen voraus, daß der Heap mit folgender C-Deklaration erstellt wurde:

```
#define MAX_ELEMENTS 200 /* Maximale Heapgröße + 1 */
#define HEAP_FULL(n) (n == MAX_ELEMENTS - 1)
#define HEAP_EMPTY(n) (!n)
typedef struct {
        int key;
        /* Weitere Felder */
        } element;
    element heap[MAX_ELEMENTS];
    int n = 0;
```

```
void insert_max_heap(element item, int *n)
{
/* Füge ein Element in den Heap der Größe *n ein */
    int i;
    if (HEAP_FULL(*n)){
        fprintf(stderr, "Der Heap ist voll. \n");
        exit(1);
    }
    i = ++(*n);
    while ((i != 1) && (item.key > heap[i/2].key)) {
        heap[i] = heap[i/2];
        i /= 2;
    }
    heap[i] = item;
}
```

Programm 5.13: Einfügen in einen Max-Heap

Analyse von *insert_max_heap*: Die Funktion *insert_max_heap* testet zunächst auf einen vollen Heap. Ist der Heap nicht voll, wird i auf die Größe des neuen Heaps ($n + 1$) gesetzt. Nun muß die richtige Position von *item* im Heap bestimmt werden, wofür die **while**-Schleife benutzt wird. Danach folgt der Pfad vom neuen Blatt des Max-Heaps zur Wurzel, bis entweder die Wurzel erreicht wird oder eine Position i, so daß der Wert des Vorgängers von $i/2$ mindestens so groß ist wie der einzufügende Wert. Da ein Heap ein vollständiger binärer Baum mit n Elementen ist, hat er eine Höhe von $\lceil \log_2(n + 1) \rceil$. Das bedeutet, daß die **while**-Schleife $O(\log_2 n)$ mal ausgeführt wird. Daher ist die Komplexität der Einfügefunktion $O(\log_2 n)$. $\square$

5.6.4. Löschen aus einem Max-Heap

Wenn wir ein Element aus einem Max-Heap löschen, entfernen wir es immer von der Wurzel des Heaps. Zum Beispiel entfernt das Löschen aus dem Heap der Abbildung 5.28(a) das Element 20. Da der resultierende Heap nur noch vier Elemente enthält, müssen wir den Baum neu konstruieren, so daß er einem vollständigen Baum mit vier Elementen entspricht. Die angestrebte Struktur ist in Abbildung 5.29(a) dargestellt (der zu entfernende Knoten ist hervorgehoben). Um diesen Knoten zu entfernen, plazieren wir das Element (10) des Knotens in den Wurzelknoten (siehe Abbildung 5.29(b)). Die Struktur stimmt jetzt, aber der sich ergebende Baum verletzt die Regeln der Heap-Definition. Um den Heap wiederherzustellen, bewegen wir uns daran herab und vergleichen die Vorgänger mit den Nachfolgern und tauschen falsch geordnete Elemente aus, bis die Heap-Struktur wieder hergestellt ist. Abbildung 5.29(c) zeigt den endgültigen Heap. Die Funktion *delete_max_heap* (Programm 5.14) implementiert diese Löschstrategie.

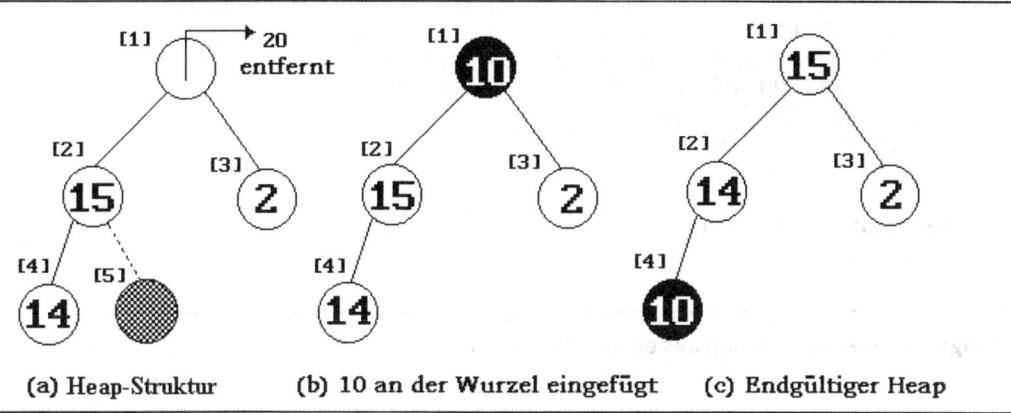

(a) Heap-Struktur   (b) 10 an der Wurzel eingefügt   (c) Endgültiger Heap

Abbildung 5.29: Löschen aus einem Max-Heap

```
element delete_max_heap(int *n)
{
/* Lösche das Element mit dem größten Schlüssel aus dem Heap */
    int parent, child;
    element item, temp;
    if (HEAP_EMPTY(*n)) {
        fprintf(stderr, "Der Heap ist voll\n");
        exit(1);
    }
    /* Sichere den Wert des Elements mit dem größten Schlüssel */
    item = heap[1];
    /* Benutze das letzte Element zur Anpassung des Heaps */
    temp = heap[(*n)--];
    parent = 1;
    child = 2;
    while (child <= *n) {
        /* Finde größten Nachkommen des aktuellen Vorgängers */
        if (child < *n) && (heap[child].key < heap[child+1].key)
            child++;
        if (temp.key >= heap[child].key) break;
        /* Gehe zur nächstniedrigeren Ebene */
        heap[parent] = heap[child];
        parent = child;
        child *= 2;
    }
    heap[parent] = temp;
    return item;
}
```

Programm 5.14: Löschen aus einem Max-Heap

Analyse von *delete_max_heap*: Die Funktion *delete_max_heap* arbeitet mit Bewegung, Vergleichen und Austauschen von Vorgänger- und Nachfolgerknoten bis der Heap wieder hergestellt ist. Da die Höhe (oder Tiefe) eines Heaps mit n Elementen $\lceil \log_2(n + 1) \rceil$ ist, wird die **while**-Schleife von *delete_max_heap* $O(\log_2 n)$ mal ausgeführt. Deshalb ist die Komplexität des Löschens $O(\log_2 n)$. $\square$

ÜBUNGEN

1. Zwei andere mögliche Darstellungsformen einer Prioritätswarteschlange sind die zirkuläre, doppelt verkettete, ungeordnete Liste und die zirkuläre, doppelt verkettete, geordnete Liste. Fügen Sie beide Darstellungen der Abbildung 5.27 hinzu. Erklären Sie Ihren Zugang zu deren Einfüge- und Löschzeiten.

2. Vorausgesetzt, wir hätten folgende Schlüssel: 7, 16, 49, 82, 5, 31, 6, 2, 44.

    (a)   Geben Sie den Max-Heap nach jeder Einfügung in den Heap aus.

    (b)   Geben Sie den Min-Heap nach jeder Einfügung in den Heap aus.

3. Schreiben Sie eine C-Funktion, um die Priorität eines beliebigen Elements in einem Max-Heap zu ändern, wobei der neue Heap immer noch ein Max-Heap sein soll. Wie ist die Laufzeit Ihrer Funktion?

4. Schreiben Sie eine C-Funktion zum Löschen eines beliebigen Elements des Heaps (das zu löschende Element kann sich irgendwo im Heap befinden). Der resultierende Heap muß die Heap-Definitionen erfüllen. Wie ist die Rechenzeit Ihrer Funktion? (Hinweis: Ändern Sie die Priorität des Elements auf eins größer dem der Wurzel; nutzen Sie die Prioritätsfunktion von Übung 3, und wenden Sie dann *delete_max_heap* an.)

5. Schreiben Sie eine C-Funktion, die nach einem beliebigen Element des Heaps sucht. Wie groß ist die Rechenzeit Ihrer Funktion?

6. Schreiben Sie Einfüge- und Löschfunktionen für einen Max-Heap, der als verketteter binärer Baum dargestellt ist. Nehmen Sie an, jeder Knoten hätte sowohl Vorgängerfelder als auch die üblichen *child-*, *right_child-* und *data-*Felder.

7. §[**Programmierprojekt**] Schreiben Sie ein benutzerfreundliches, menügesteuertes Programm, das dem Benutzer erlaubt, die folgenden Operationen auf einem Min-Heap durchzuführen:

    (a)   Erzeugen eines Min-Heaps

    (b)   Entfernen des Schlüssels niedrigsten Werts

    (c)   Ändern der Priorität eines beliebigen Elements

    (d)   Einfügen eines Elements in den Heap

5.7. BINÄRE SUCHBÄUME

5.7.1. Einführung

Ein Heap ist zwar gut geeignet für Anwendungen mit Warteschlangen, aber er ist ungeeignet für Anwendungen, die das Löschen eines beliebigen Elements erfordern. Das Löschen eines beliebigen Elements braucht die Zeit O(n). Das ist nicht besser als die Zeit, die für dieselbe Operation in einer ungeordneten Liste benötigt wird. Ebenso benötigt die Suche nach einem beliebigen Element eines Heaps die Zeit O(n).

Ein binärer Suchbaum verfügt über eine höhere Leistungsfähigkeit als jede bisher untersuchte Datenstruktur, was die Operationen Einfügen, Löschen und Suchen angeht. In der Tat können diese Operationen in einem binären Suchbaum sowohl nach Schlüsseln (beispielsweise Suchen nach dem Element mit Schlüssel x), als auch nach dem Rang (beispielsweise Löschen des fünftkleinsten Elements) ausgeführt werden.

Definition: Ein *binärer Suchbaum* ist ein binärer Baum. Er mag leer sein, falls nicht, sollte er folgende Eigenschaften haben:

(1)   Jedes Element besitzt einen Schlüssel (Ordnungszahl), und keine zwei Elemente haben denselben Schlüssel, d.h. Schlüssel dürfen nie gleich sein.

(2)   Die Schlüssel eines nichtleeren linken Teilbaumes müssen kleiner als die der Wurzel des Teilbaumes sein.

(3)   Die Schlüssel eines nichtleeren rechten Teilbaumes müssen größer als die der Wurzel des Teilbaumes sein.

(4)   Die linken und rechten Teilbäume müssen ebenfalls binäre Suchbäume sein. □

In dieser Definition gibt es leichte Redundanz. Die Zusammenfassung der Eigenschaften (2), (3) und (4) ergibt bereits, daß die Ordnungszahlen getrennt sein müssen. Deshalb kann Eigenschaft (1) ersetzt werden durch: Die Wurzel hat einen Schlüssel. Wie auch immer: Die obige Definition ist deutlicher als die nichtredundante Version.

Die Abbildung 5.30 zeigt einige Beispiele binärer Bäume. Der Baum in Abbildung 5.30(a) ist kein binärer Suchbaum, da der rechte Teilbaum die Eigenschaft (4) verletzt. Dieser Teilbaum hat eine Wurzel mit dem Schlüssel 25 und einen rechten Nachfolger mit einem kleineren Schlüssel (22). Die Abbildungen 5.30(b) und 5.30(c) sind binäre Suchbäume.

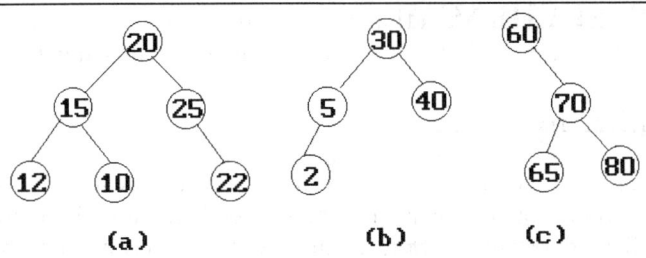

Abbildung 5.30: Binäre Bäume

Da der binäre Suchbaum ein Spezialfall eines binären Baumes ist, unterscheiden sich die C-Deklarationen eines binären Suchbaumes nicht von den bisher benutzten Deklarationen für binäre Bäume. Ebenso können auch alle in Abschnitt 5.3 untersuchten Operationen für binäre Bäume direkt auf binäre Suchbäume angewandt werden. So können die Inorder-, Preorder- und Postorder-Traversierungen ohne Modifikation durchgeführt werden. Zu diesen Operationen werden wir jetzt die des Einfügens, Löschens und Suchens hinzufügen.

5.7.2. Durchsuchen eines binären Suchbaumes

Aufgrund der rekursiven Definition eines binären Suchbaumes ist es sehr einfach, eine rekursive Suchmethode zu beschreiben. Angenommen, wir wollen ein Element mit dem Schlüssel *key* suchen. Wir beginnen an der Wurzel *root*. Wenn *root Null* ist, enthält der Suchbaum keine Elemente und die Suche ist erfolglos. Andernfalls wird *key* mit dem Schlüssel in *root* verglichen. Sind diese gleich, so ist die Suche erfolgreich beendet. Sollte *key* kleiner als der Schlüssel in *root* sein, so kann kein Element des rechten Teilbaumes einen Schlüssel haben, der gleich *key* ist. Deshalb suchen wir im linken Teilbaum von *root* weiter. Ist *key* größer als der Schlüssel von *root*, so suchen wir im rechten Teilbaum von *root*. Die Funktion *search* (Programm 5.15) durchsucht die Teilbäume rekursiv.

```
tree_pointer search(tree_pointer root, int key)
{
/* Gib einen Zeiger auf den Knoten mit dem gesuchten Schlüssel
zurück. Gibt es den Knoten nicht, so gib NULL zurück */
    if (!root) return NULL;
    if (key == root->data) return root;
    if (key < root->data)
        return search(root->left_child, key);
    return search(root->right_child,key);
}
```

Programm 5.15: Rekursives Suchen in einem binären Suchbaum

Wir können die rekursive Suchfunktion leicht durch eine iterative Version ersetzen. Die Funktion *search2* (Programm 5.16) erreicht das mit Ersetzung der Rekursion durch eine **while**-Schleife.

```
tree_pointer search2(tree_pointer tree, int key)
{
/* Gib einen Zeiger auf den Knoten mit dem gesuchten Schlüssel
zurück. Gibt es den Knoten nicht, so gib NULL zurück */
    while (tree) {
        if (key == tree->data) return tree;
        if (key < tree->data)
            tree = tree->left_child;
        else
            tree = tree->right_child;
    }
    return NULL;
}
```

Programm 5.16: Iterative Suche in einem binären Suchbaum

Analyse von *search* und *search2*: Wenn h die Höhe des binären Suchbaumes ist, können wir die Suche mit Hilfe von *search* oder *search2* in der Zeit O(h) erledigen. Allerdings benötigt *search2* zusätzlichen Speicherplatz für den Stapel der Größe O(h). □

5.7.3. Einfügen in einen binären Suchbaum

Zum Einfügen eines neuen Elements *key* müssen wir zunächst bestimmen, ob sich der neue Schlüssel von den vorhandenen unterscheidet. Dafür muß der Baum durchsucht werden. Ist die Suche erfolglos, können wir das Element an dem Punkt einfügen, an dem die Suche beendet wurde. Wollen wir zum Beispiel in den Baum der Abbildung 5.30(b) ein Element mit dem Schlüssel 80 einfügen, durchsuchen wir zunächst den Baum nach der 80. Diese Suche wird erfolglos beendet, und der letzte geprüfte Knoten hat den Wert 40. Wir fügen das neue Element als den rechten Nachfolger dieses Knotens ein. Der sich ergebende Baum ist in Abbildung 5.31(a) gezeigt. Abbildung 5.31(b) zeigt den Suchbaum der Abbildung 5.31(a) nach Einfügen des Schlüssels 35. Die gesamte Strategie ist in *insert_node* (Programm 5.17) implementiert. Hier wird die Funktion *modified_search* eingesetzt, die eine leichte Modifikation der Funktion *search2* (Programm 5.16) darstellt. Diese Funktion durchsucht den binären Suchbaum **node* nach dem Schlüssel *num*. Wenn der Baum leer ist oder *num* vorhanden ist, wird *NULL* zurückgegeben. Ansonsten wird eine Zeiger auf den letzten bei der Suche geprüften Knoten zurückgegeben. Das neue Element wird als Nachfolger dieses Knotens eingefügt.

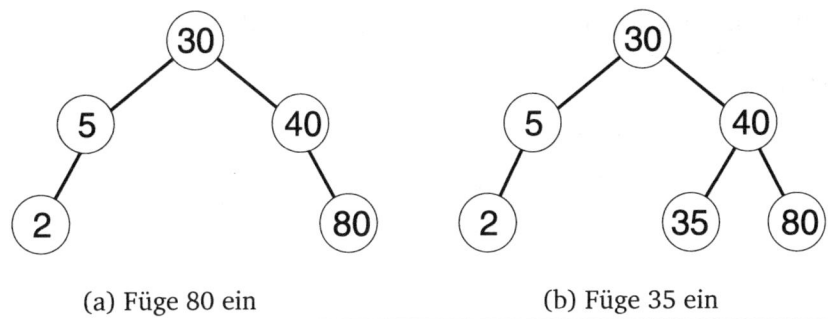

(a) Füge 80 ein   (b) Füge 35 ein

Abbildung 5.31: Einfügen in einen binären Suchbaum

```
void insert_node(tree_pointer *node, int num)
/* Befindet sich num im Baum auf den node zeigt, so tue nichts;
andernfalls füge einen neuen Knoten mit data = num an */
{
    tree_pointer ptr, temp = modified_search(*node, num);
    if (temp || !(*node)) {
        /* num ist nicht im Baum */
        ptr = (tree_pointer)malloc(sizeof(node));
        if (IS_FULL(ptr)) {
            fprintf(stderr, "Der Speicher ist voll\n");
            exit(1);
        }
        ptr->data = num;
        ptr->left_child = ptr->right_child = NULL;
        if (*node) /* Füge als Nachfolger von temp ein */
            if (num < temp->data) temp->left_child = ptr;
            else temp->right_child = ptr;
        else *node = ptr;
    }
}
```

Programm 5.17: Einfügen eines Elements in einen binären Suchbaum

Analyse von *insert_node*: Die Zeit zum Durchsuchen des Baumes beträgt $O(h)$, wobei h dessen Höhe ist. Der Rest des Algorithmus benötigt die Zeit $\Theta(1)$. So ergibt sich für die Gesamtzeit von *insert_node* $O(h)$. □

5.7.4. Löschen aus einem binären Suchbaum

Das Löschen eines Blattknotens ist einfach. Wollen wir beispielsweise die 35 aus dem Baum der Abbildung 5.31(b) löschen, so setzen wir den linken Nachfolger seines Vorgängers auf *NULL* und geben den Knoten an den verfügbaren Speicher zurück. Dies führt wieder zu dem Baum in Abbildung 5.31(a). Das Löschen eines Knotens, der kein

Blatt ist, aber nur einen einzelnen Nachfolger hat, ist ebenfalls einfach. Wir löschen den Knoten und setzen dann den einzelnen Nachfolger an die Stelle des gelöschten Knotens. Wollen wir beispielsweise die 40 aus dem Baum der Abbildung 5.31(a) löschen, erhalten wir den Baum auf Abbildung 5.32.

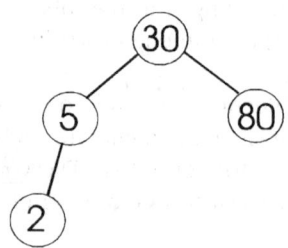

Abbildung 5.32: Löschen aus einem binären Suchbaum

Wenn wir einen Knoten, der kein Blatt ist und zwei Nachfolger hat, löschen, dann ersetzen wir den Knoten entweder durch das größte Element seines linken Teilbaumes oder durch das kleinste Element seines rechten Teilbaumes. Dann fahren wir fort, indem wir dieses Ersatzelement des entsprechenden Teilbaumes löschen. Nehmen wir zum Beispiel an, wir möchten die 60 aus dem Baum der Abbildung 5.33(a) löschen. Wir können die 60 entweder durch das größte Element seines linken Teilbaumes (die 55) oder das kleinste Element seines rechten Teilbaumes (die 70) ersetzen. Wir verschieben die 55 in die Wurzel des Teilbaumes. Dann machen wir den linken Nachfolger des Knotens, der zuvor die 55 enthielt, zum rechten Nachfolger des Knotens, der die 50 enthält und setzen den alten Knoten, der die 55 enthält, frei. Abbildung 5.33(b) zeigt das Ergebnis. Man kann überprüfen, daß die größten und kleinsten Elemente eines Teilbaumes sich immer in einem Knoten des Grades Null oder Eins befinden. Diese Beobachtung vereinfacht den Code der Löschfunktion. Die formale Ausführung dieser Funktion überlassen wir als Übung. Aus den betrachteten Beispielen sollten sie erkennen können, daß das Löschen in der Zeit $O(h)$ mit h als Höhe des Baumes ausgeführt werden kann.

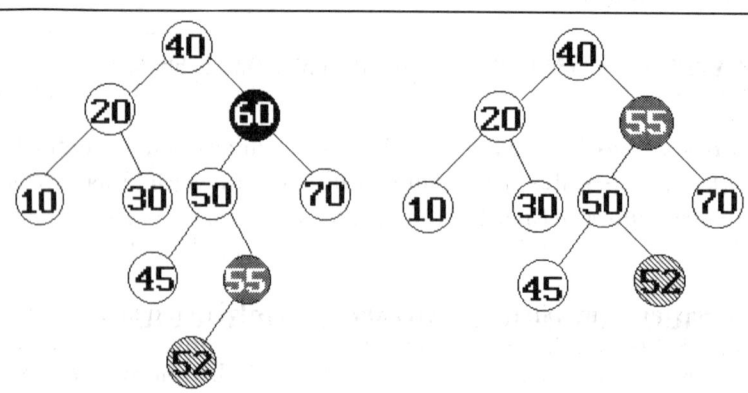

(a) Baum vor der Löschung der 60   (b) Baum nach der Löschung der 60

Abbildung 5.33: Löschen eines Knotens mit zwei Nachfolgern

5.7.5. Höhe eines binären Suchbaumes

Wird ohne Sorgfalt vorgegangen, kann die Höhe eines binären Suchbaumes mit n Elementen ebenfalls bis zu n ansteigen. Dies tritt beispielsweise dann ein, wenn wir mit *insert_node* die Schlüssel 1, 2, 3, $\cdots$, n in eben dieser Reihenfolge in einen ursprünglich leeren Baum einfügen. Werden allerdings mit den oben angeführten Funktionen beliebige Einfügungen und Löschungen vorgenommen, so wird sich im Mittel die Höhe des Baumes auf $O(\log_2 n)$ einpendeln.

Suchbäume, die im schlechtesten Fall die Höhe $O(\log_2 n)$ haben, werden *ausgeglichene Suchbäume* genannt. Es gibt solche ausgeglichenen Suchbäume, die Suchen, Einfügen und Löschen in der Zeit $O(h)$ erlauben. Die wichtigsten darunter sind die AVL-, 2-3-, und Rot-Schwarz-Bäume. Wir werden sie in Kapitel 10 untersuchen.

ÜBUNGEN

1. Nehmen Sie an, wir ändern die Definition eines binären Suchbaumes derart, daß gleiche Schlüssel erlaubt sind und wir der Knotenstruktur ein Zählfeld hinzufügen.

    (a) Schreiben Sie *insert_node* neu, so daß es den Inhalt des Zählfeldes um Eins erhöht, wenn ein mehrfacher Schlüssel gefunden wird. Ansonsten wird ein neuer Knoten erzeugt.

    (b) Schreiben Sie *delete* neu, so daß es das Zählfeld erniedrigt, wenn der Ordnungsbegriff gefunden wird. Der Knoten wird nur gelöscht, wenn der Zähler auf Null steht.

2. Schreiben Sie den C-Code für die Funktion *modified_search*, die in Programm 5.17 benutzt wird.

3. Bilden Sie eine rekursive Version von *insert_node*. Welche der beiden Versionen ist effizienter und warum?

4. Schreiben Sie eine rekursive C-Funktion, um einen Schlüssel aus einem binären Suchbaum zu löschen. Wie sind die Zeit- und Speicherkomplexitäten Ihrer Funktion?

5. Bilden Sie eine iterative C-Funktion zur Löschung eines Schlüssels aus einem binären Suchbaum. Die Speicherkomplexität Ihrer Funktion sollte $O(1)$ sein. Zeigen Sie, daß dies gilt. Wie ist die Zeitkomplexität Ihrer Funktion?

6. Nehmen Sie an, ein binärer Suchbaum sei als verbundener binärer Suchbaum dargestellt. Schreiben Sie Funktionen zum Suchen, Einfügen und Löschen!

5.8. AUSWAHLBÄUME

Angenommen, wir haben k geordnete Folgen, die zu einer einzelnen geordneten Folge zusammengefügt werden sollen. Jede Folge besteht aus einer gewissen Anzahl von Sätzen und befindet sich in nichtabsteigender Reihenfolge eines ausgezeichneten Feldes, das *Schlüssel* (key) genannt wird. Eine geordnete Folge wird ein *Lauf* (run) genannt. Sei n die Anzahl der Sätze aller k Läufe zusammen. Die Aufgabe des Zusammenfügens kann durch wiederholte Ausgabe des Satzes mit dem kleinsten Schlüssel erfüllt werden. Der kleinste Schlüssel muß aus k Möglichkeiten gefunden werden und kann zu dem führenden Satz irgendeines der k-Läufe führen. Der direkteste Weg, die k-Läufe zusammenzufügen, besteht in $k - 1$ Vergleichen zur Bestimmung des nächsten auszugebenden Satzes. Für $k > 2$ kann man eine Reduktion der Anzahl der Vergleiche zur Auffindung des nächst kleineren Elements erreichen, indem man die Idee des Auswahlbaumes nutzt. Ein *Auswahlbaum* ist ein binärer Baum, in dem jeder Knoten den kleineren seiner zwei Nachfolger darstellt. Daher stellt der Wurzelknoten den kleinsten Knoten im Baum dar. Abbildung 5.34 zeigt einen Auswahlbaum für den Fall von $k = 8$.

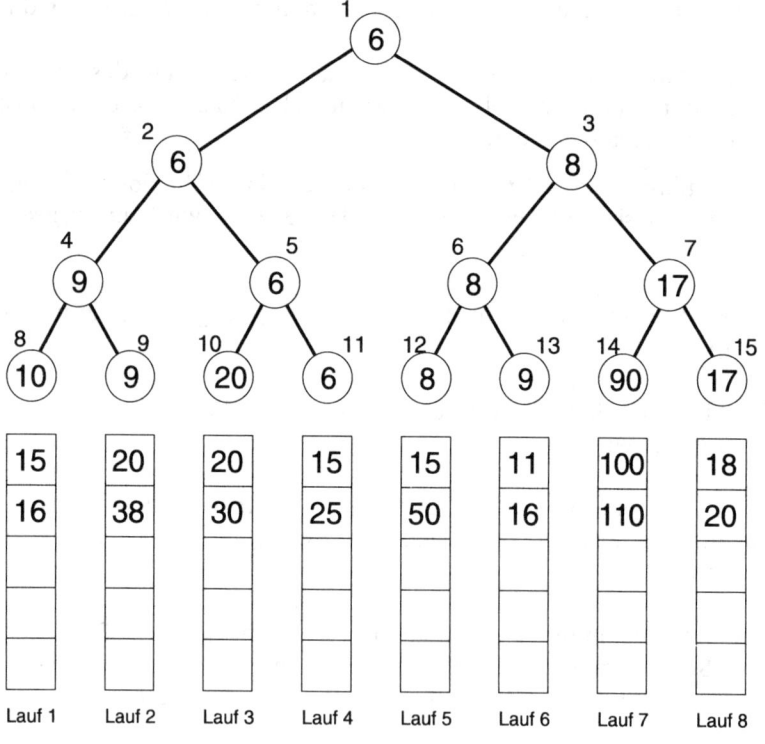

Abbildung 5.34: Auswahlbaum für $k = 8$ mit den jeweils ersten drei Schlüsseln der acht Läufe

Die Konstruktion eines Auswahlbaumes kann mit den Spielen eines Turniers verglichen werden, in denen der Gewinner immer der Satz mit dem kleineren Schlüssel ist. Dann stellt jeder Knoten des Baumes, der kein Blatt ist, den Gewinner eines Turnierspiels und die Wurzel den Gesamtgewinner oder den kleinsten Schlüssel dar. Ein Blattknoten repräsentiert hier den ersten Satz des zugehörigen Laufs. Da im allgemeinen die zusammenzufügenden Sätze recht groß sind, wird jeder Knoten nur einen Zeiger auf den zu repräsentierenden Satz enthalten. Daher enthält der Wurzelknoten einen Zeiger auf den ersten Satz des vierten Laufs. Der Auswahlbaum kann dargestellt werden, indem das Feld-Darstellungsschema für binäre Bäume, das sich aus Lemma 5.3 ergibt, angewendet wird. Die Zahl über den Knoten der Abbildung 5.34 bezeichnet die Adresse des Knotens in dieser sequentiellen Darstellung. Der Satz, auf den die Wurzel zeigt, hat den kleinsten Schlüssel und kann somit ausgegeben werden. Nun betritt der nächste Satz von Lauf 4 den Auswahlbaum. Er hat einen Schlüssel von 15. Zur Restrukturierung des Baumes muß das Turnier lediglich entlang des Pfades von Knoten 11 zur Wurzel durchgespielt werden. So ist der Gewinner der Knoten 10 und 11 wieder der Knoten 11 (da 15 < 20), der Gewinner der Knoten 4 und 5 ist Knoten 4 (da 9 < 15) und der Gewinner von 2 und 3 ist Knoten 3 (8 < 9). Der neue Baum ist in Abbildung 5.35 gezeigt. Das Turnier wird zwischen Bruder-Knoten gespielt und das Ergebnis wird in den Vorgängerknoten gesteckt. Lemma 5.3 kann effektiv zur Berechnung der Adressen der Bruder- und Vorgängerknoten eingesetzt werden. Nach jedem Vergleich wird der nächste eine Ebene im Baum höher vorgenommen. Die Anzahl der Ebenen im Baum ist $\lceil \log_2 k \rceil + 1$. Deshalb beträgt die Zeit zur Restrukturierung des Baumes $O(\log_2 k)$. Der Baum muß immer dann restrukturiert werden, wenn ein Satz in die Ausgabedatei wandert. Daher benötigt man zur Zusammenfügung aller n Sätze die Zeit $O(n \log_2 k)$. Die Zeit für die erste Aufstellung des Auswahlbaumes ist $O(k)$, und somit beträgt die Gesamtzeit zur Zusammenfügung der k Läufe $O(n \log_2 k)$.

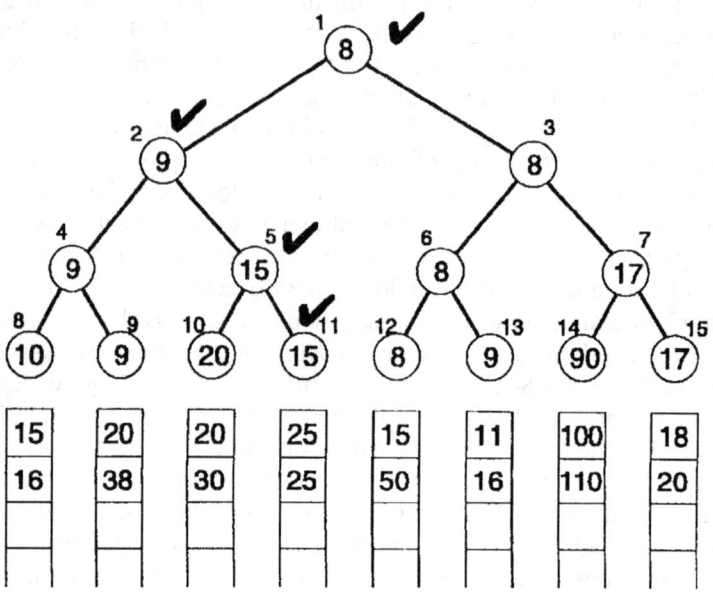

Abbildung 5.35: Auswahlbaum der Abbildung 5.34 nach Ausgabe eines Satzes und Restrukturierung des Baumes (geänderte Knoten sind mit Häkchen markiert)

Es ergibt sich ein etwas schnellerer Algorithmus, wenn jeder Knoten statt des Gewinners den Verlierer im Turnier darstellt. Nachdem der Satz mit dem kleinsten Schlüssel ausgegeben wurde, muß der Baum von Abbildung 5.34 restruktuiert werden. Da der Satz mit dem kleinsten Schlüssel sich in Lauf 4 befindet, beinhaltet der Vorgang des Restrukturierens das Einfügen des nächsten Satzes dieses Laufs in den Baum. Der nächste Satz hat den Schlüssel 15. Im Turnier spielen die Bruder-Knoten entlang des Pfades von Knoten 11 zur Wurzel miteinander. Da die Bruder-Knoten die Verlierer früherer Turnierspiele sind, würde es den Prozeß des Restrukturierens vereinfachen, wenn wir in jeden Knoten, der kein Blatt ist, einen Zeiger auf den Satz plazierten, der das Turnier verloren anstatt gewonnen hat. Ein Turnierbaum in dem jeder Knoten, der kein Blatt ist, einen Zeiger auf den Verlierer enthält, wird *Verliererbaum* genannt. Abbildung 5.36 zeigt einen Verliererbaum entsprechend des Auswahlbaumes von Abbildung 5.34. Aus Gründen der Bequemlichkeit enthalten die Knoten statt des Zeigers auf den Satz direkt den Schlüssel des jeweiligen Satzes. Die Blattknoten stellen den ersten Satz jedes Laufs dar. Für den Gesamtsieger des Turniers wurde der zusätzliche Knoten 0 hinzugefügt. Nach Ausgabe des Gesamtsiegers wird der Baum durch die Ausführung von Turnierspielen entlang des Pfades von Knoten 11 zu Knoten 1 restrukturiert. Die Sätze, die diese Turnierspiele ausführen müssen, sind einfach über die Vorgängerknoten zu ermitteln.

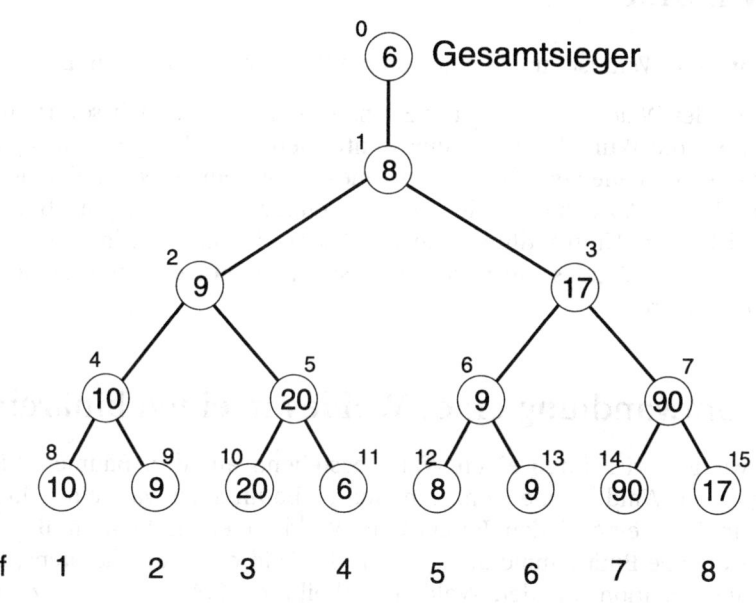

Abbildung 5.36: Verliererbaum entsprechend zu Abbildung 5.34

ÜBUNGEN

1. Schreiben Sie einen Algorithmus zur Konstruktion eines Verliererbaumes für die Sätze R_i mit $1 \leq i \leq k$ und mit den Schlüsselwerten K_i mit $1 \leq i \leq k$. Die Baumknoten seien die Zeiger auf einen Verlierer des Turnierspiels T_i mit $1 \leq i \leq k$ und T_0 ein Zeiger auf den Gesamtsieger. Zeigen Sie, daß diese Konstruktion in der Zeit $O(k)$ ausgeführt werden kann.

2. Führen Sie die vorhergehende Übung für einen Gewinnerbaum durch.

3. Schreiben Sie für einen Verliererbaum einen Algorithmus, der eine k-fache Zusammenfügung von k Läufen durchführt mit $k \geq 2$. Zeigen Sie, daß die Rechenzeit $O(n \log_2 k)$ ist, wenn sich in allen k Läufen zusammen n Sätze befinden.

4. Wiederholen Sie die vorige Übung für einen Gewinnerbaum.

5. Vergleichen Sie die Leistung Ihrer Algorithmen der vorgehenden zwei Übungen für den Fall $k = 8$. Generieren Sie acht Läufe von Daten, der jeder 100 Sätze enthält. Benutzen Sie hierfür einen Zufallszahlengenerator (die vom Generator erhaltenen Zahlen müssen erst sortiert werden, bevor das Zusammenfügen beginnen kann). Messen Sie den Zeitbedarf für das Zusammenfügen der acht Läufe unter beiden Strategien. Um wieviel ist der Baum nach dem Verliererschema ungefähr schneller?

5.9. WÄLDER

Definition: Ein *Wald* ist eine Menge von $n \geq 0$ disjunkten Bäumen. □

Das Konzept des Waldes ist dem eines Baumes recht nahe, da wir sofort einen Wald erhalten, wenn wir die Wurzel eines Baumes entfernen. Zum Beispiel erzeugt die Entfernung der Wurzel eines beliebigen binären Baumes sofort einen Wald, der aus zwei Bäumen besteht. In diesem Abschnitt werden wir kurz einige Operationen auf Bäumen betrachten, einschließlich der Umwandlung eines Waldes in einen binären Baum und dem Traversieren eines Waldes. Im nächsten Abschnitt benutzen wir Wälder zur Darstellung disjunkter Mengen.

5.9.1. Umwandlung eines Waldes in einen binären Baum

Nehmen wir an, wir hätten einen Wald, bestehend aus drei Bäumen wie in Abbildung 5.37. Um diesen Wald in einen einzigen binären Baum umzuwandeln, führen wir zunächst die Umwandlung eines jeden Baumes im Wald in einen binären Baum durch. Dann verbinden wir alle Binärbäume über das Bruder-Feld des Wurzelknotens. Die Anwendung dieser Transformation auf den Wald der Abbildung 5.37 führt uns zu dem Baum der Abbildung 5.38.

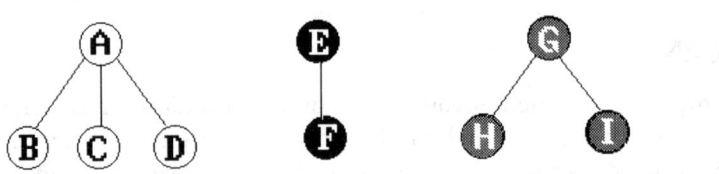

Abbildung 5.37: Wald mit drei Bäumen

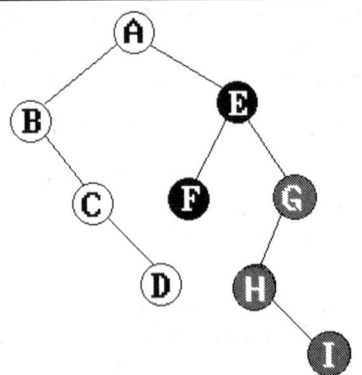

Abbildung 5.38: Binärbaumdarstellung von Abbildung 5.37

Wir können diese Transformation formal wie folgt definieren:

Definition: Wenn $T_1, \cdots, T_n$ die Bäume eines Waldes sind, so entspricht diesem Wald der Binärbaum $B(T_1, \cdots, T_n)$, der

(1)   leer ist, wenn $n = 0$

(2)   eine Wurzel gleich der Wurzel von T_1 hat; einen linken Teilbaum hat, der gleich $B(T_{11}, T_{12}, \cdots, T_{1m})$ ist, wobei $T_{11}, T_{12}, \cdots, T_{1m}$ die Teilbäume der Wurzel von T_1 sind; und einen rechten Teilbaum $B(T_2, \cdots, T_n)$ hat. $\square$

5.9.2. Traversieren eines Waldes

Preorder-, Inorder- und Postorder-Traversierungen des dem Wald F entsprechenden binären Baumes T stehen in einer natürlichen Verbindung zu Traversierungen von F. Das Preorder-Traversieren von T ist äquivalent zum Besuch der Knoten in F in der Preorder-Folge der Bäume. Wir definieren dies wie folgt:

(1)   Wenn F leer ist, dann kehre zurück.

(2)   Suche die Wurzel des ersten Baumes in F auf.

(3)   Traversiere die Teilbäume des ersten Baumes in Preorder-Folge der Bäume.

(4)   Traversiere die übrigen Bäume von F ebenfalls in Preorder-Folge.

Ein Inorder-Traversieren von T ist äquivalent zum Besuch der Knoten in F in der Inorder-Folge der Bäume, definiert als:

(1)   Wenn F leer ist, dann kehre zurück.

(2)   Traversiere die Teilbäume des ersten Baumes in Inorder-Folge der Bäume.

(3)   Suche die Wurzel des ersten Baumes in F auf.

(4)   Traversiere die übrigen Bäume von F ebenfalls in Inorder-Folge.

Für die Postorder-Traversierung gibt es kein natürliches Analogon. Trotzdem können wir die Postorder-Traversierung eines Waldes F wie folgt definieren:

(1)   Wenn F leer ist, dann kehre zurück.

(2)   Traversiere die Teilbäume des ersten Baumes in Postorder-Folge der Bäume.

(3)   Traversiere die übrigen Bäume von F ebenfalls in Postorder-Folge.

(4)   Suche die Wurzel des ersten Baumes in F auf.

ÜBUNGEN

1. Definieren Sie die inverse Transformation zu der, die den zu einem Wald assoziierten binären Baum erzeugt. Sind diese Transformationen einzigartig?

2. Beweisen Sie, daß das Preorder-Traversieren eines Waldes zum selben Ergebnis führt, wie das Preorder-Traversieren des assoziierten binären Baumes.

3. Beweisen Sie, daß das Inorder-Traversieren eines Waldes zum selben Ergebnis führt, wie das Inorder-Traversieren des assoziierten binären Baumes.

4. Zeigen Sie, daß das Postorder-Traversieren eines Waldes nicht unbedingt zum selben Ergebnis führen muß, wie das Postorder-Traversieren des assoziierten binären Baumes.

5.10. MENGENDARSTELLUNG

In diesem Abschnitt untersuchen wir den Gebrauch von Bäumen in der Darstellung von Mengen. Zur Vereinfachung nehmen wir an, die Mengen bestünden aus den Elementen der Zahlen $0, 1, 2, \cdots, n-1$. In der Praxis können diese Zahlen die Indizes für eine Symboltabelle sein, in der die aktuellen Namen der Elemente gespeichert sind. Wir nehmen weiter an, die dargestellten Mengen seien paarweise disjunkt, das heißt, wenn S_i und S_j zwei Sätze mit $i \neq j$ sind, dann gibt es kein Element, das sich sowohl in S_i als auch in S_j befindet. Haben wir zum Beispiel zehn Elemente mit den Nummern 0 bis 9, können wir sie auf die drei disjunkten Mengen $S_1 = \{0, 6, 7, 8\}$, $S_2 = \{1, 4, 9\}$ und $S_3 = \{2, 3, 5\}$ aufteilen. Abbildung 5.39 zeigt eine mögliche Darstellung für diese drei Mengen. Beachten Sie, daß wir im Gegensatz zu unserer früheren Methode die Verkettung der Knoten von den Nachfolgern zu den Vorgängern vorgenommen haben! Der Grund für diese Änderung in der Verkettungsrichtung wird klar, wenn wir die Implementierung der Mengenoperationen besprechen.

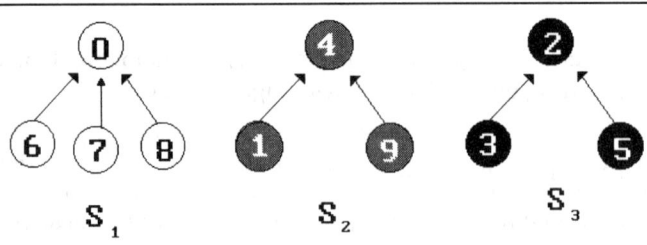

Abbildung 5.39: Mögliche Walddarstellung von Mengen

Die Minimaloperationen, die wir auf diesen Mengen ausführen wollen, sind:

(1) *Vereinigung disjunkter Mengen.* Wenn S_i und S_j zwei disjunkte Mengen sind, dann ist deren Vereinigungsmenge $S_i \cup S_j$ = {Alle Elemente x, die entweder in S_i oder in S_j enthalten sind}. So ist $S_1 \cup S_2$ = {0, 6, 7, 8, 1, 4, 9}. Da wir annahmen, alle Mengen seien disjunkt, können wir nach der Vereinigung davon ausgehen, daß die Mengen S_i und S_j nicht mehr unabhängig voneinander existieren und sie somit durch $S_i \cup S_j$ ersetzen.

(2) *Find(i).* Finde die Menge, die das Element i enthält. Zum Beispiel befindet sich 3 in der Menge S_3 und 8 in S_1.

5.10.1. Vereinigungs- und Auffindoperationen

Betrachten wir zunächst die Vereinigungsoperation. Nehmen wir an, wir wollen die Vereinigung von S_1 und S_2 bestimmen. Da wir die Knoten von den Nachfolgern zu den Vorgängern verkettet haben, können wir einfach einen der Bäume zum Teilbaum des anderen machen. $S_1 \cup S_2$ kann eine der beiden Darstellungsformen der Abbildung 5.40 haben.

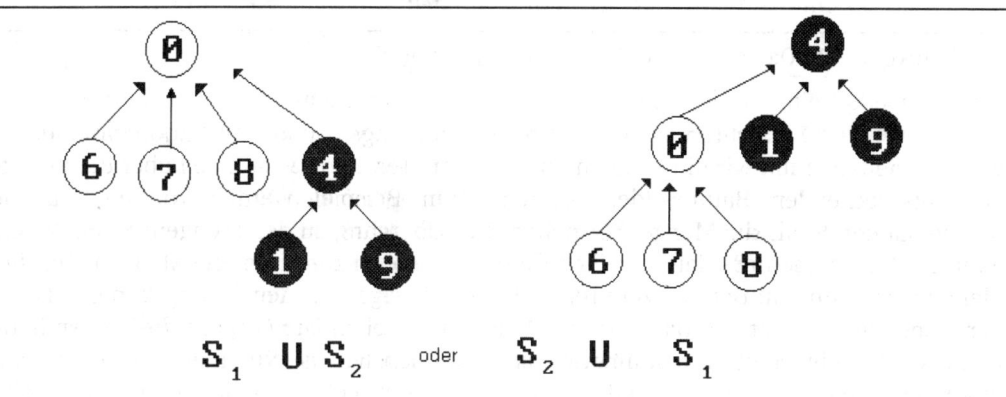

Abbildung 5.40: Mögliche Darstellungen von $S_1 \cup S_2$

Für die Implementation der Vereinigungsoperation setzen wir einfach das Vorgängerfeld einer der Wurzeln auf das der anderen Wurzel. Wir können das leicht ausführen, da zusammen mit jedem Mengennamen ein Zeiger auf die Wurzel des Baumes, der die Menge darstellt, gehalten wird. Wenn zusätzlich jede Wurzel einen Zeiger auf den Mengennamen enthält, können wir herausfinden, in welcher Menge sich ein Element befindet, indem wir den Vorgängerverkettungen bis zur Wurzel folgen und dann den Zeiger auf den Mengennamen zurückgeben. Abbildung 5.41 zeigt diese Darstellung von S_1, S_2 und S_3.

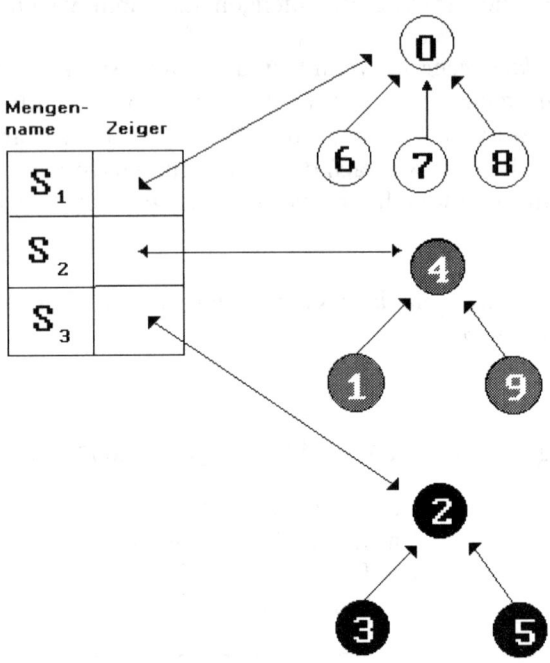

Abbildung 5.41: Darstellung der Daten von S_1, S_2 und S_3

Um die Betrachtungen zu den Vereinigungs- und Auffindoperationen zu vereinfachen, werden wir die Mengennamen ignorieren und die Mengen über die Wurzeln der entsprechenden Bäume identifizieren. Zum Beispiel werden wir uns auf den Mengennamen S_1 als die Menge 0 beziehen. Der Übergang zu den Mengennamen ist dann einfach. Wir nehmen an, daß eine Tabelle *name*[] die Mengennamen enthält. Wenn i ein Element im Baum mit der Wurzel j ist, und j einen Zeiger auf den Eintrag k in der Tabelle der Mengennamen enthält, dann ist der Mengenname eben *name*[k]. Da die Knoten in den Bäumen von 0 bis $n - 1$ durchnumeriert sind, können wir die Nummer eines Knotens als Index benutzen. So benötigt jeder Knoten nur ein Feld, nämlich den Index seines Vorgängers, um ihn damit zu verketten. Deshalb brauchen wir als Datenstruktur einzig ein Feld *int_parent*[*MAX_ELEMENTS*], wobei *MAX_ELEMENTS* die Maximalzahl der Elemente ist. Abbildung 5.42 zeigt diese Darstellung der Mengen S_1, S_2 und S_3. Beachten Sie, daß Wurzelknoten den Vorgänger –1 haben.

i	[0]	[1]	[2]	[3]	[4]	[5]	[6]	[7]	[8]	[9]
Vorgänger	-1	4	-1	2	-1	2	0	0	0	4

Abbildung 5.42: Felddarstellung von S_1, S_2 und S_3

Wir können jetzt *find(i)* implementieren, indem wir einfach den Indizes beginnend bei *i* folgen, bis wir einen negativen Vorgängerindex antreffen. Zum Beispiel startet *find(5)* bei 5, bewegt sich zu dem Vorgänger von 5, also 2, und da dieser Knoten einen negativen Index hat, haben wir die Wurzel erreicht. Die Operation *union(i, j)* ist ähnlich einfach. Wir übergeben zwei Bäume mit den Wurzeln *i* und *j*. Angenommen, wir setzen als Konvention fest, daß der erste Baum ein Teilbaum des zweiten wird, dann führt *parent[i] = j* bereits die Vereinigung aus. Programm 5.18 implementiert die soeben diskutierten Vereinigungs- und Auffindoperationen.

```
int find1(int i)
{
    for(; parent[i] >= 0; i = parent[i])
        ;
    return i;
}
void union1(int i, int j)
{
    parent[i] = j;
}
```

Programm 5.18: Erster Ansatz für Vereinigungs- und Auffindfunktionen

Analyse von *union*1 und *find*1: Obwohl *union*1 und *find*1 einfach zu implementieren sind, läßt ihre Leistungscharakteristik zu wünschen übrig. Starten wir beispielsweise mit *p* Elementen, die alle in einer eigenen Menge stecken, also $S_i = \{i\}$ mit $0 \leq i < p$, dann ist die Anfangskonfiguration ein Wald mit *p* Knoten und $parent[i] = -1$ mit $0 \leq i < p$. Nun wollen wir die folgende Abfolge von Vereinigungs- und Auffindoperationen durchführen:

$$union(0, 1), find(0)$$
$$union(1, 2), find(0)$$
$$\cdot$$
$$\cdot$$
$$\cdot$$
$$union(n-2, n-1), find(0)$$

Diese Abfolge erzeugt den degenerierten Baum auf Abbildung 5.43. Da die Zeit für eine Vereinigung konstant ist, können wir alle Vereinigungen in der Zeit O(*n*) durchführen. Allerdings müssen wir für jedes *find* der ganzen Kette von Vorgängerverbindungen von 0 bis zur Wurzel folgen. Befindet sich das Element auf der Ebene *i*, so beträgt die Zeit, die Wurzel zu finden O(*i*). Daher ist die Gesamtzeit für die Bearbeitung der *n* − 1 Auffindungen:

$$\sum_{i=2}^{n} i = O(n^2) \quad \square$$

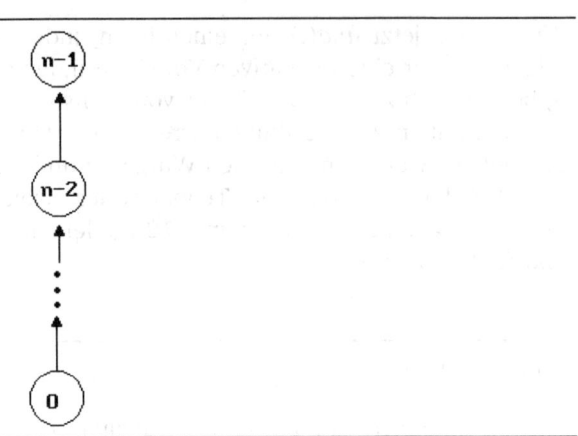

Abbildung 5.43: Degenerierter Baum

Durch Vermeidung von degenerierten Bäumen können wir sehr viel effizientere Implementationen der Vereinigungs- und Auffindoperationen erzielen. Wir erreichen das durch Anwendung der folgenden *Gewichtungsregel für union(i, j)*.

Definition: *Gewichtungsregel für union(i, j)*. Ist die Anzahl von Knoten im Baum i kleiner als die Anzahl der Bäume j, so mache j zum Vorgänger von i; ansonsten mache i zum Vorgänger von j. □

Wenn wir diese Regel auf die obige Abfolge von Vereinigungen anwenden, erhalten wir die Bäume der Abbildung 5.44. Zur Implementierung der Gewichtungsregel müssen wir wissen, wieviel Knoten jeder Baum enthält. Zur einfachen Durchführung unterhalten wir wieder ein Zählfeld in der Wurzel jedes Baumes. Wenn i der Wurzelknoten ist, so ist $count[i]$ die Anzahl der Knoten in diesem Baum. Da alle Knoten bis auf den Wurzelknoten eine nicht negative Zahl in ihren Vorgängerfeldern haben, können wir den Zählerstand im Vorgängerfeld der Wurzelknoten als negative Zahl führen. Wenn wir diese Gewichtungsregel einschließen, nimmt die Vereinigungsoperation die Form an, die *union2* (Programm 5.19) zeigt. Erinnern Sie sich, daß die an *union2* übergebenen Argumente die Wurzeln von Bäumen sein müssen.

Lemma 5.4: Sei T ein Baum mit n Knoten, wie er als Ergebnis von *union2* entsteht. Kein Knoten in T hat dann eine Ebene größer als $\lfloor \log_2 n \rfloor + 1$.

Beweis: Das Lemma ist sicher wahr für $n = 1$. Angenommen es sei wahr für alle Bäume mit i Knoten und $i \leq n - 1$. Wir zeigen, daß es auch für n wahr ist. T sei ein Baum mit n Knoten, erzeugt von *union2*. Betrachten Sie die letzte Vereinigungsoperation *union(k, j)*! Sei m die Anzahl von Knoten im Baum j und $n - m$ die Anzahl der Knoten in k. Ohne Verlust der Allgemeingültigkeit kann man annehmen, daß $1 \leq m \leq n/2$ gilt. Dann ist die höchste Ebene eines beliebigen Knotens in T entweder genau gleich k oder um Eins größer als in j. Ist ersteres der Fall, so ist die maximale Ebene in T kleiner oder gleich $\lfloor \log_2(n - m) \rfloor + 1 \leq \lfloor \log_2 n \rfloor + 1$. Ist letzteres der Fall, so ist die maximale Ebene kleiner oder gleich $\lfloor \log_2 m \rfloor + 2 \leq \lfloor \log_2 n/2 \rfloor + 2 \leq \lfloor \log_2 n \rfloor + 1$. □

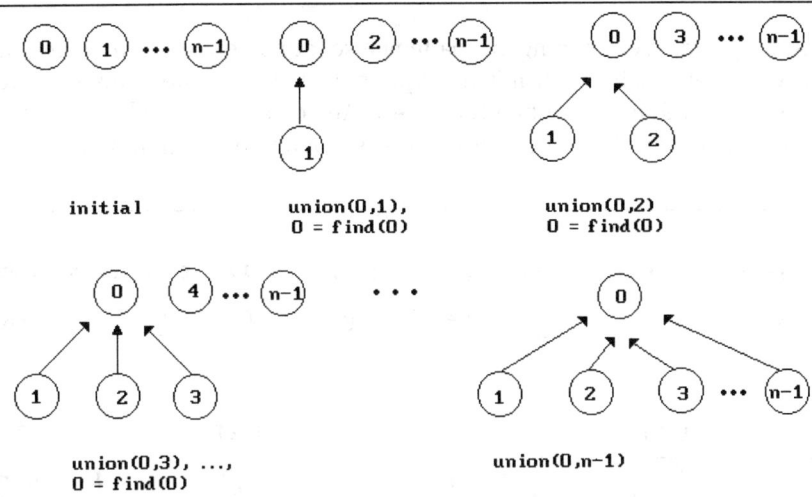

Abbildung 5.44: Nach der Gewichtungsregel erhaltene Bäume

```
void union2(int i, int j)
{
/* Vereinige die Mengen mit den Wurzeln i und j, i != j, unter
Beachtung der Gewichtungsregel. parent[i] = -count[i] und
parent[j] = -count[j] */
    int temp = parent[i] + parent[j];
    if (parent[i] > parent[j]) {
        parent[i] = j; /* Mache j zur neuen Wurzel */
        parent[j] = temp;
    }
    else {
        parent[j] = i; /* Mache i zur neuen Wurzel */
        parent[i] = temp;
    }
}
```

Programm 5.19: Vereinigungsfunktion

Beispiel 5.1 zeigt, daß die Schranke von Lemma 5.4 für einige Abfolgen von Vereinigungen erreichbar ist.

Beispiel 5.1:

Betrachten Sie das Verhalten von *union2* unter der folgenden Abfolge von Vereinigungen, ausgehend von der Anfangskonfiguration $parent[i] = -count[i] = -1$ mit $0 \leq i < n = 2^3$:

$$union(0, 1) \quad union(2, 3) \quad union(4, 5) \quad union(6, 7)$$
$$union(0, 2) \quad union(4, 6) \quad union(0, 4)$$

Wenn die Abfolge der Vereinigungen spaltenweise durchgeführt wird (d.h., innerhalb einer Spalte von oben nach unten mit der Spalte 1 zuerst, Spalte 2 als nächstes usw.), dann erhält man die Bäume der Abbildung 5.45. Aus diesem Beispiel wird deutlich, daß im allgemeinen die maximale Ebene $\lfloor \log_2 m \rfloor + 1$ ist, wenn der Baum m Knoten hat. □

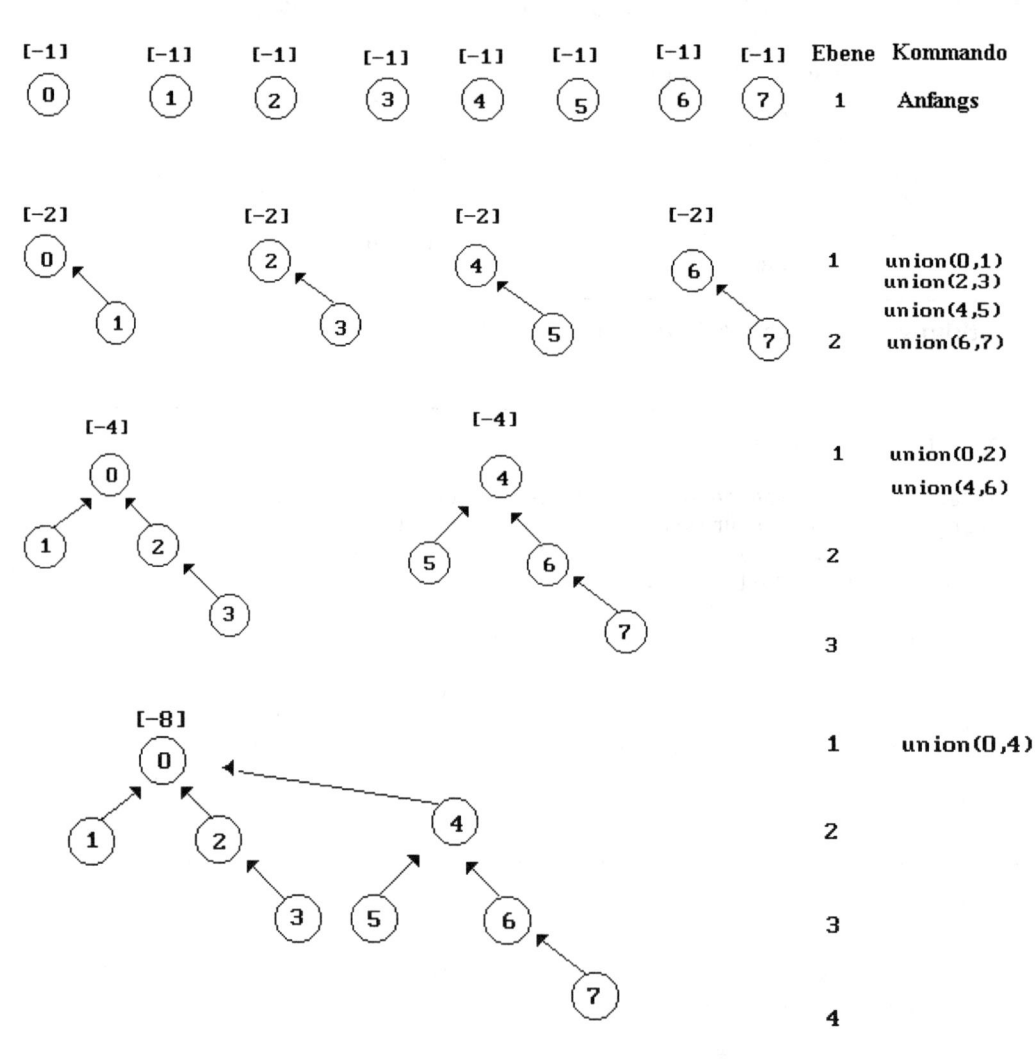

Abbildung 5.45: Bäume, welche die Schranke des schlechtesten Falls erreichen

Als ein Ergebnis von Lemma 5.4 ergibt sich, daß die Zeit zur Durchführung einer Auffindoperation in einem n-elementigen Baum $O(\log_2 n)$ ist. Müssen wir ein Gemisch von $n - 1$ Vereinigungs- und m Auffindoperationen bearbeiten, dann wird diese Zeit zu

$O(n + m \log_2 n)$. Überraschenderweise ist eine weitere Verbesserung möglich, wenn wir noch eine Zusammenfallregel zur Auffindoperation hinzufügen.

Definition [Zusammenfallregel]: Wenn j ein Knoten auf dem Pfad von i zu seiner Wurzel ist, dann mache j zum Nachfolger der Wurzel. □

Programm 5.20 schließt die Zusammenfallregel mit in die Auffindoperation ein. Die neue Funktion verdoppelt ungefähr die Zeit für ein einzelnes Auffinden. Allerdings verringert Sie die Zeit für den schlechtesten Fall bei einer Abfolge von Auffindungen.

```
int find2(int i)
{
/* Finde die Wurzel des Baumes, der das Element i enthält.
Benutze die Zusammenfallregel, um alle Knoten von i bis zur
Wurzel zusammenzuschieben */
    int root, trail, lead;
    for (root = i; parent[root] >= 0; root = parent[root])
        ;
    for (trail = i; trail != root; trail = lead) {
        lead = parent[trail];
        parent[trail] = root;
    }
    return root;
}
```

Programm 5.20: Auffindfunktion

Beispiel 5.2:

Betrachten Sie den von *union2* erzeugten Baum nach der Abfolge von Vereinigungen aus Beispiel 5.1. Führen Sie nun die folgenden 8 Auffindoperationen durch:

$$find(7), find(7), \cdots, find(7)$$

Benutzt man die alte Version *find*, erfordert *find*(7) das Heraufsteigen um drei Vorgänger-Verkettungsfelder, so daß insgesamt 24 Bewegungen in den acht Auffindungen nötig sind. Bei der neuen Version von *find* erfordert das erste *find*(7) das Heraufsteigen um drei Verkettungen und dann ein Neusetzen von zwei Verkettungen. Jede der weiteren sieben Auffindungen erfordern aber nur noch das Heraufsteigen um ein Verkettungsfeld. Die Gesamtkosten betragen also nur 13 Bewegungen (Beachten Sie, daß die Funktion *find2* drei Verkettungen, einschließlich der von Knoten Vier neu setzt, obwohl nur zwei Verkettungsfelder geändert werden müssen!). □

Das Verhalten im schlechtesten Fall der Vereinigungs-Auffind-Algorithmen bei Verarbeitung einer Abfolge von Vereinigungen und Auffindungen ist in Lemma 5.5 festgehalten. Bevor wir jedoch dieses Lemma aufstellen, führen wir eine sehr langsam wachsende Funktion $\alpha(m, n)$ ein, die in Beziehung zu einer funktionalen Umkehrung der Ackermann-Funktion $A(p, q)$ steht. Wir geben folgende Definition für $\alpha(m, n)$:

$$\alpha(m, n) = \min\{z \geq 1 \mid A(z, 4\lceil m/n \rceil) > \log_2 n\}$$

Die Definition der hier benutzten Ackermann-Funktion lautet:

$$A(p,q) = \begin{cases} 2q & p = 0 \\ 0 & q = 0 \text{ und } p \geq 1 \\ 0 & q \geq 1 \text{ und } p = 1 \\ A(p-1, A(p, q-1)) & p \geq 1 \text{ und } q \geq 2 \end{cases}$$

Die Funktion $A(p, q)$ wächst sehr schnell an. Sie können überprüfen, daß gilt:

(1) $A(3, 4) = 2^{2^{\cdot^{\cdot^{\cdot^2}}}} \} 65.536$ Zweien

(2) $A(p, q+1) > A(p, q)$

(3) $A(p+1, q)$

Wenn wir annehmen, daß $m \neq 0$ gilt, dann impliziert (2) und (3) zusammen mit der Definition von $\alpha(m, n)$, daß $\alpha(m, n) \leq 3$ für $\log_2 n < A(3, 4)$. Jedoch sieht man aus (1), daß $A(3, 4)$ eine enorm große Zahl ist! In Lemma 5.5 wird n die Anzahl der durchgeführten Vereinigungen sein. Für alle praktischen Anwendungen können wir annehmen, daß $\log_2 n < A(3, 4)$ und deshalb auch $\alpha(m, n) \leq 3$ ist.

Lemma 5.5 [*Tarjan*]: Sei $T(m, n)$ die maximal erforderliche Zeit für die Ausführung einer Abfolge von gemischten $m \geq n$ Auffindungen und $n - 1$ Vereinigungen. Dann gilt:

$$k_1 m\alpha(m, n) \leq T(m, n) \leq k_2 m\alpha(m, n)$$

mit positiven Konstanten k_1 und k_2. □

Obwohl die Funktion $\alpha(m, n)$ eine außerordentlich langsam wachsende Funktion ist, ist die Vereinigung-Auffindung nicht linear in m, der Anzahl von Auffindungen. Was die Speicheranforderungen angeht, so ist der Speicherplatz für jedes Element Eins.

5.10.2. Äquivalenzrelationen

Lassen Sie uns die Vereinigungs-Auffind-Algorithmen auf die Bearbeitung der Äquivalenzpaare des Abschnitts 4.6 anwenden. Wir können die Äquivalenzklassen als Mengen betrachten. Diese Mengen sind disjunkt, da kein Polygon gleichzeitig in zwei Äquivalenzklassen sein kann. Wir beginnen damit, daß sich alle n Polygone in einer eigenen Äquivalenzklasse befinden; also ist *parent*[i] = −1 für $0 \leq i < n$. Bevor wir ein Äquivalenzpaar $i \equiv j$ bearbeiten, müssen wir zunächst die Mengen bestimmen, die i und j enthalten. Sind sie verschieden, ersetzen wir die zwei Mengen durch ihre Vereinigungsmenge. Sind die beiden Mengen gleich, tun wir nichts, da dann die Relation $i \equiv j$ redundant ist. Zur Bearbeitung jedes Äquivalenzpaares müssen wir zwei Auffindungen und höchstens eine Vereinigung durchführen. Deshalb ist die gesamte Bearbeitungszeit höchstens $O(m \, \alpha(2m, n))$ bei n Polygonen und $m \geq n$ Äquivalenzpaaren. Obwohl dieser Algorithmus für sehr große n etwas schlechter ist als der aus Abschnitt 4.6, benötigt er doch weniger Speicherplatz. In Kapitel 6 werden wir noch eine weitere Anwendung für Vereinigungs-Auffind-Algorithmen kennenlernen.

Beispiel 5.3:

Wir benutzen den Vereinigungs-Auffind-Algorithmus zur Bearbeitung der Menge von Äquivalenzpaaren aus Abschnitt 4.6. Anfangs gibt es 12 Bäume, einen für jede Variable, und es ist *parent*[i] = -1 für $0 \leq i \leq 11$. Die Waldkonfiguration nach der Bearbeitung jedes Äquivalenzpaares zeigt die Abbildung 5.46. Jeder Baum stellt eine Äquivalenzklasse dar. Durch einfache Ausführung von zwei Auffindungen ist es auf jeder Stufe der Bearbeitung möglich zu bestimmen, ob sich zwei Elemente gerade in derselben Äquivalenzklasse befinden. □

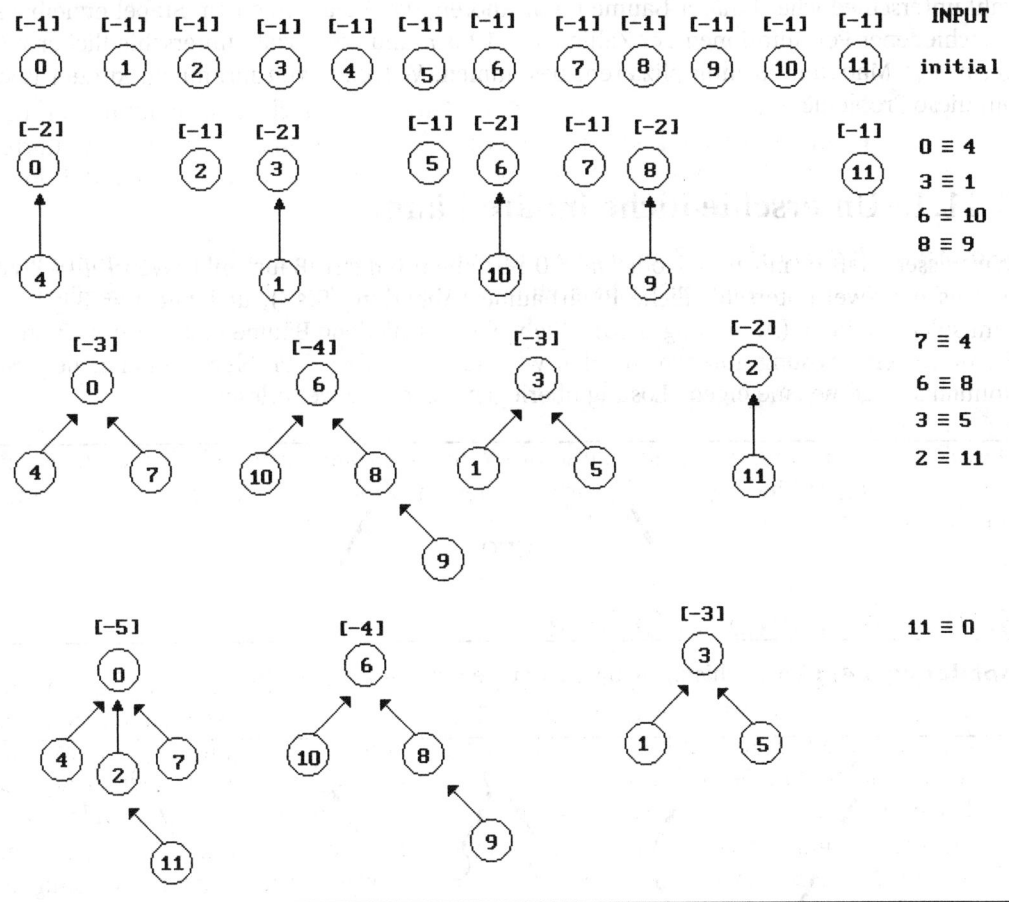

Abbildung 5.46: Bäume für das Äquivalenzbeispiel

ÜBUNGEN

1.   Zeichnen Sie die Bäume nach Ausführung der Anweisung *union*2(11, 9) unter Benutzung der Ergebnisse von Beispiel 5.3.

2.   Benutzen Sie *union*2 und *find*2, und entwickeln Sie ein vollständiges Programm zur Eingabe von Äquivalenzrelationen und anschließender Erzeugung und Ausgabe der Äquivalenzklassen. Gehen Sie dabei wie in Beispiel 5.3 vor.

5.11. ZÄHLEN BINÄRER BÄUME

Als Schlußfolgerung unseres Kapitels über Bäume betrachten wir drei unterschiedliche Probleme, die erstaunlicherweise dieselbe Lösung haben. Im einzelnen wollen wir die Anzahl unterschiedlicher binärer Bäume mit n Knoten, die Anzahl in einem Stapel erzielbarer verschiedener Permutationen der Zahlen von 1 bis n und die Anzahl unterschiedlicher Wege, $n + 1$ Matrizen zu multiplizieren, bestimmen. Wir beginnen mit einem kurzen Blick auf diese Probleme.

5.11.1. Unterschiedliche binäre Bäume

Wir wissen, daß es mit $n = 1$ oder $n = 0$ nur einen binären Baum gibt. Wenn $n = 2$ ist, gibt es nur zwei unterschiedliche Binärbäume (Abbildung 5.47), und mit $n = 3$ gibt es fünf solcher Bäume (Abbildung 5.48). Wie viele verschiedene Bäume gibt es für n Knoten? Bevor wir eine Lösung ableiten, werden wir die übrigen zwei Probleme untersuchen. Sie können sich gerne eine eigene Lösung überlegen, bevor Sie weiterlesen.

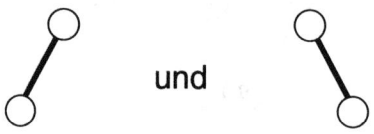

Abbildung 5.47: Unterschiedliche binäre Bäume mit $n = 2$

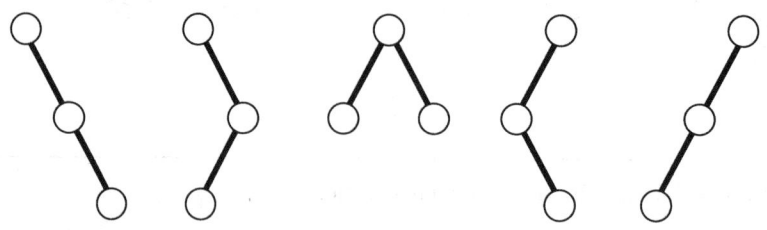

Abbildung 5.48: Unterschiedliche binäre Bäume mit $n = 3$

5.11.2. Stapelpermutationen

In Abschnitt 5.3 führten wir die Preorder-, Inorder- und Postorder-Traversierungen ein und zeigten, daß jedes Traversieren einen Stapel benötigt. Setzen wir voraus, wir hätten die Preorder-Folge:

$$A\ B\ C\ D\ E\ F\ G\ H\ I$$

und die Inorder-Folge:

$$B\ C\ A\ E\ D\ G\ H\ F\ I$$

desselben binären Baumes. Definiert solch ein Paar von Folgen eindeutig einen binären Baum? Anders gesehen, kann dieses Paar von Folgen aus mehr als einem binären Baum entstehen?

Um aus diesen Folgen einen binären Baum zu konstruieren, müssen wir uns den ersten Buchstaben der Preorder-Folge A anschauen. Dieser Buchstabe muß aufgrund der Definition der Preorder-Traversierung (VLR) die Wurzel des Baumes sein. Wir wissen ebenfalls per Definition der Inorder-Traversierung (LVR), daß alle A vorhergehenden Knoten der Preorder-Folge (B C) sich im linken Teilbaum befinden, während die übrigen Knoten ($E\ D\ G\ H\ F\ I$) sich im rechten Teilbaum befinden. Abbildung 5.49(a) ist unsere erste Approximation des richtigen Baumes.

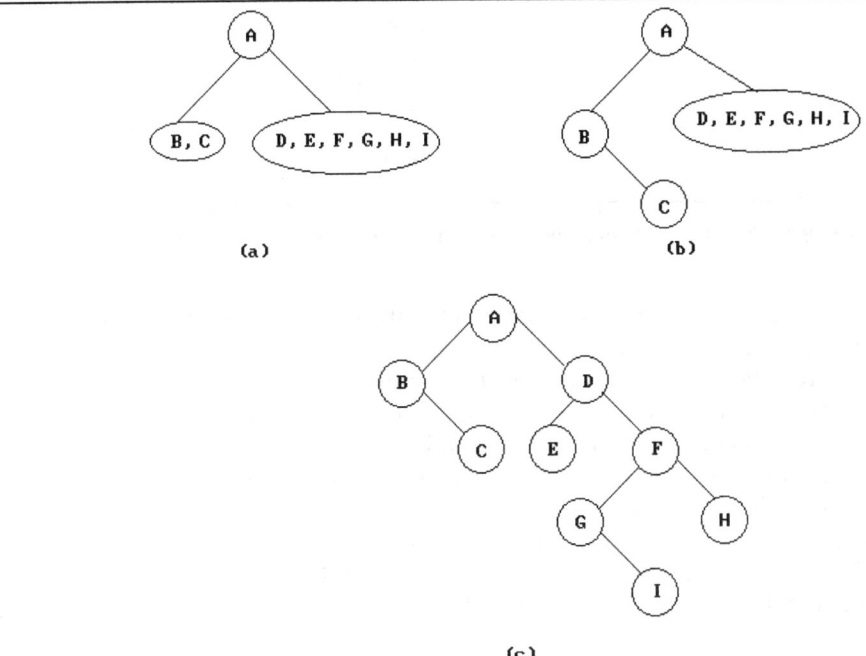

Abbildung 5.49: Konstruktion eines binären Baumes aus seinen Inorder- und Preorder-Folgen

Bewegen wir uns in der Preorder-Folge nach rechts, so finden wir B als die nächste Wurzel. Da in der Inorder-Folge B kein Knoten vorausgeht, hat B einen leeren linken Teilbaum, also befindet sich C im rechten Teilbaum. Abbildung 5.49(b) ist die nächste Approximation. Verfolgen wir diesen Weg weiter, gelangen wir zu dem Baum von Abbildung 5.49(c). Durch Formalisierung dieser Überlegungen (siehe die Übungen dieses Abschnitts), können wir beweisen, daß jeder binäre Baum eine einzigartige Paarung von Preorder- und Inorder-Folgen erzeugt.

Die Knoten eines binären Baumes mit n Knoten seien von 1 bis n durchnumeriert. Die durch einen solchen Baum definierte Inorder-Permutation ist die Reihenfolge, in der seine Knoten während eines Inorder-Traversierens aufgesucht werden. Eine Preorder-Permutation wird ähnlich definiert.

Nehmen Sie als Beispiel den binären Baum der Abbildung 5.49(c) mit der Knotennumerierung von Abbildung 5.50. Seine Preorder-Permutation ist $1, 2, \cdots, 9$ und seine Inorder-Permutation ist $2, 3, 1, 5, 4, 7, 8, 6, 9$.

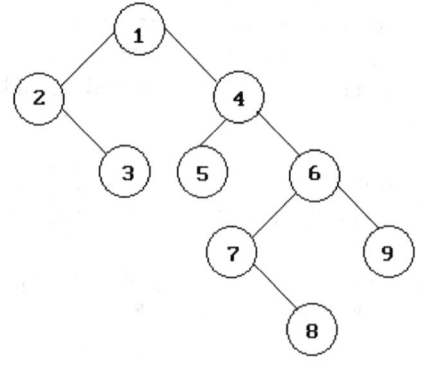

Abbildung 5.50: Binärbaum aus Abbildung 5.49(c) mit durchnumerierten Knoten

Wenn die Knoten dieses Baumes so numeriert sind, daß seine Preorder-Permutation $1, 2, \cdots, n$ ist, dann folgt aus früheren Betrachtungen, daß unterschiedliche binäre Bäume unterschiedliche Inorder-Permutationen erzeugen. Daraus folgt, daß die Anzahl unterschiedlicher binärer Bäume gleich der Anzahl unterschiedlicher Inorder-Permutationen, die man aus binären Bäumen der Preorder-Permutation $1, 2, \cdots, n$ erhalten kann, ist.

Unter Anwendung des Konzepts der Inorder-Permutationen können wir zeigen, daß die Anzahl unterschiedlicher Permutationen, die man erhält, wenn man die Zahlen 1 bis n durch einen Stapel schickt und in allen möglichen Weisen löscht, gleich der Anzahl verschiedener binärer Bäume mit n Knoten ist (siehe Übungen). Beginnen wir mit den Zahlen 1, 2, 3, dann sind die durch einen Stapel erzielbaren Permutationen:

$$(1, 2, 3)(1, 3, 2)(2, 1, 3)(2, 3, 1)(3, 2, 1)$$

Es ist unmöglich $(3, 1, 2)$ zu erhalten. Jede dieser fünf Permutationen entspricht einem der fünf verschiedenen binären Bäume mit drei Knoten aus Abbildung 5.51.

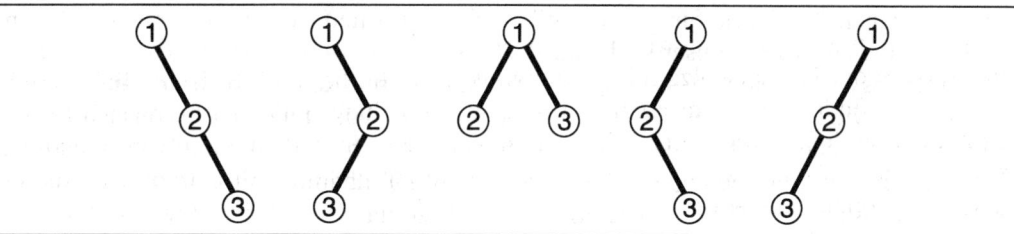

Abbildung 5.51: Fünf Permutationen entsprechende Binärbäume

5.11.3. Matrixmultiplikation

Ein anderes Problem, das überraschenderweise eine Verbindung zu den vorherigen zwei hat, betrifft das Produkt von n Matrizen. Angenommen, wir wollten das Produkt von n Matrizen berechnen:

$$M_1 * M_2 * \cdots * M_n$$

Da die Matrixmultiplikation assoziativ ist, können wir diese Multiplikationen in jeder beliebigen Reihenfolge ausführen. Wir möchten gerne wissen, wieviele verschiedene Möglichkeiten es gibt, diese Multiplikationen auszuführen. Wenn, zum Beispiel, $n = 3$ ist, gibt es zwei Möglichkeiten:

$$(M_1 * M_2) * M_3$$
$$M_1 * (M_2 * M_3)$$

Ist $n = 4$, so gibt es fünf Möglichkeiten:

$$((M_1 * M_2) * M_3) * M_4$$
$$(M_1 * (M_2 * M_3)) * M_4$$
$$M_1 * ((M_2 * M_3) * M_4)$$
$$(M_1 * (M_2 * (M_3 * M_4)))$$
$$((M_1 * M_2) * (M_3 * M_4))$$

Sei b_n die Anzahl unterschiedlicher Möglichkeiten, das Produkt von n Matrizen zu berechnen. Dann ist $b_2 = 1$, $b_3 = 2$ und $b_4 = 5$. Sei M_{ij} mit $i \leq j$ das Produkt $M_i * M_{i+1} * \cdots * M_j$. Das Produkt, das wir berechnen wollen ist M_{1n}. Wir können das M_{1n} über irgendeines der Produkte $M_{1i} * M_{i+1,n}$ mit $1 \leq i \leq n$ berechnen. Die Anzahl unterschiedlicher Wege, M_{1i} und $M_{i+1,n}$ zu erhalten, sind jeweils b_i und b_{n-i}. Deshalb haben wir mit $b_1 = 1$:

$$b_n = \sum_{i=1}^{n-1} b_i b_{n-i}, n > 1$$

Wenn wir einen Ausdruck für b_n ausschließlich in Termen von n bestimmen können, haben wir eine Lösung für unser Problem.

Aber lassen wir statt dessen b_n die Anzahl unterschiedlicher binärer Bäume mit n Knoten sein. Wieder ist unser Ziel ein Ausdruck für b_n, ausschließlich in Termen von n. Dann sehen wir aber, daß b_n die Summe aller möglichen binären Bäume ist, die sich wie folgt bilden lassen: Man nehme eine Wurzel und zwei Teilbäume mit b_i und b_{n-i-1} Knoten für $0 \le i < n$ (Abbildung 5.52). Diese Erklärung besagt, daß

$$b_n = \sum_{i=1}^{n-1} b_i b_{n-i-1}, \; n \ge 1 \text{ und } b_0 = 1 \qquad (5.3)$$

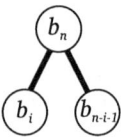

Abbildung 5.52: Entwicklung von b_n

Diese Formel und die vorhergehende sind prinzipiell die selben. Deshalb sind die Anzahl binärer Bäume mit n Knoten, die Anzahl der durch einen Stapel erzielbaren Permutationen der Zahlen von 1 bis n und die Anzahl der Wege, $n + 1$ Matrizen zu multiplizieren, alle gleich.

5.11.4. Anzahl verschiedener binärer Bäume

Um die Anzahl verschiedener binärer Bäume mit n Knoten zu erhalten, müssen wir die Rekursionsformel von Gleichung 5.3 lösen. Um zu beginnen, führen wir ein:

$$B(x) = \sum_{i \ge 0} b_i x^i \qquad (5.4)$$

Dies ist die erzeugende Funktion für die Anzahl binärer Bäume. Als nächstes betrachten wir die durch die Rekursionsrelation erhaltene Identität:

$$x B^2(x) = B(x) - 1$$

Nach Anwendung der Formel zur Lösung quadratischer Gleichungen und der Tatsache aus Gleichung 5.3, daß $B(0) = b_0 = 1$ erhalten wir:

$$B(x) = \frac{1 - \sqrt{1 - 4x}}{2x}$$

Wir benutzen das Binomialtheorem, um $(1-4x)^{1/2}$ in eine Reihe zu entwickeln, und erhalten:

$$B(x) = \frac{1}{2x}\left(1 - \sum_{n \geq 0}\binom{1/2}{n}(-4x)^n\right)$$

(5.5)

$$= \sum_{m \geq 0}\binom{1/2}{m+1}(-1)^m 2^{2m+1} x^m$$

Durch Vergleich von (5.4) und (5.5) sehen wir, daß b_n, der Koeffizient von x^n in $B(x)$ folgenden Wert hat:

$$\binom{1/2}{n+1}(-1)^n 2^{2n+1}$$

Einige Vereinfachungen liefern die kompaktere Form

$$b_n = \frac{1}{n+1}\binom{2n}{n}$$

was ungefähr so viel ist wie

$$b_n = O(4^n/n^{3/2}).$$

ÜBUNGEN

1. Beweisen Sie, daß ein binärer Baum durch seine Preorder- und Inorder-Folge eindeutig bestimmt ist.

2. Ist ein binärer Baum durch seine Inorder- und Postorder-Folgen eindeutig bestimmt? Beweisen Sie Ihre Antwort!

3. Ist ein binärer Baum durch seine Preorder- und Postorder-Folgen eindeutig bestimmt? Beweisen Sie Ihre Antwort!

4. Ist ein binärer Baum durch seine Inorder- und Level-Order-Folgen eindeutig bestimmt? Beweisen Sie Ihre Antwort!

5. Schreiben Sie einen Algorithmus, um einen binären Baum mit gegebener Preorder- und Inorder-Folge zu konstruieren.

6. Wiederholen Sie Übung 5 für die Inorder- und Postorder-Folgen.

5.12. LITERATUR UND AUSGEWÄHLTE REFERENZEN

Für andere Darstellungen von Bäumen lesen Sie D. Knuth, *The Art of Computer Programming*: *Fundamental Algorithms*, Second Edition, Addison-Wesley, Reading, Mass., 1973.

Zum Gebrauch von Bäumen für die Erzeugung optimaler Codes lesen Sie A. Aho, R. Sethi, und J. Ullman, *Compilers*: *Principles, Techniques and Tools*, Addison-Wesley, Reading, Mass., 1986.

Baumtraversierungen können gefunden werden bei G. Lindstrom, "*Scanning list structures without stacks and tag bits*", *Information Processing Letters*, vol. 2, no. 2, 1973, pp 47-51, und B. Dwyer, "*Simple algorithms for traversing a tree without an auxiliary stack*", *Information Processing Letters*, vol.2, no. 5, 1973, pp. 143-145.

Mehr über Datenstrukturen für die Mengendarstellung können Sie bei R. Tarjan und J. Leeuwen, "*Worst case analysis of set union algorithms*", *Journal of the ACM*, vol. 31, no. 2, 1984, pp 245-281 nachlesen.

5.13. WEITERE ÜBUNGEN

1. Angenommen, wir hätten einen k-gradigen Baum (einen Baum vom Grad k) der Höhe h. Nehmen Sie an, alle Knoten hätten die gleiche Struktur wie in Abbildung 5.3.

   (a) Wie groß ist die maximale Anzahl von Knoten in einem solchen Baum?

   (b) Wie viele *NULL*-Zeiger gibt es?

   Beweisen Sie Ihre Antworten!

2. § [**Programmierprojekt**] Nehmen Sie an, wir stellen Bäume über Listen dar und definieren die Knotenstruktur wie folgt:

tag = TRUE/FALSE	dlink/data	link

   wobei *tag* ein Feld ist, das den Wert *TRUE* enthält, wenn der Knoten ein Verkettungsknoten ist und den Wert *FALSE*, wenn der Knoten ein Datenknoten ist. Abbildung 5.53 zeigt einen Beispielbaum und seine Darstellung in der Knotenstruktur. Der Baum schreibt sich als die Liste:

   (A(B(E(H, I(J, K)), F), C(H), D)

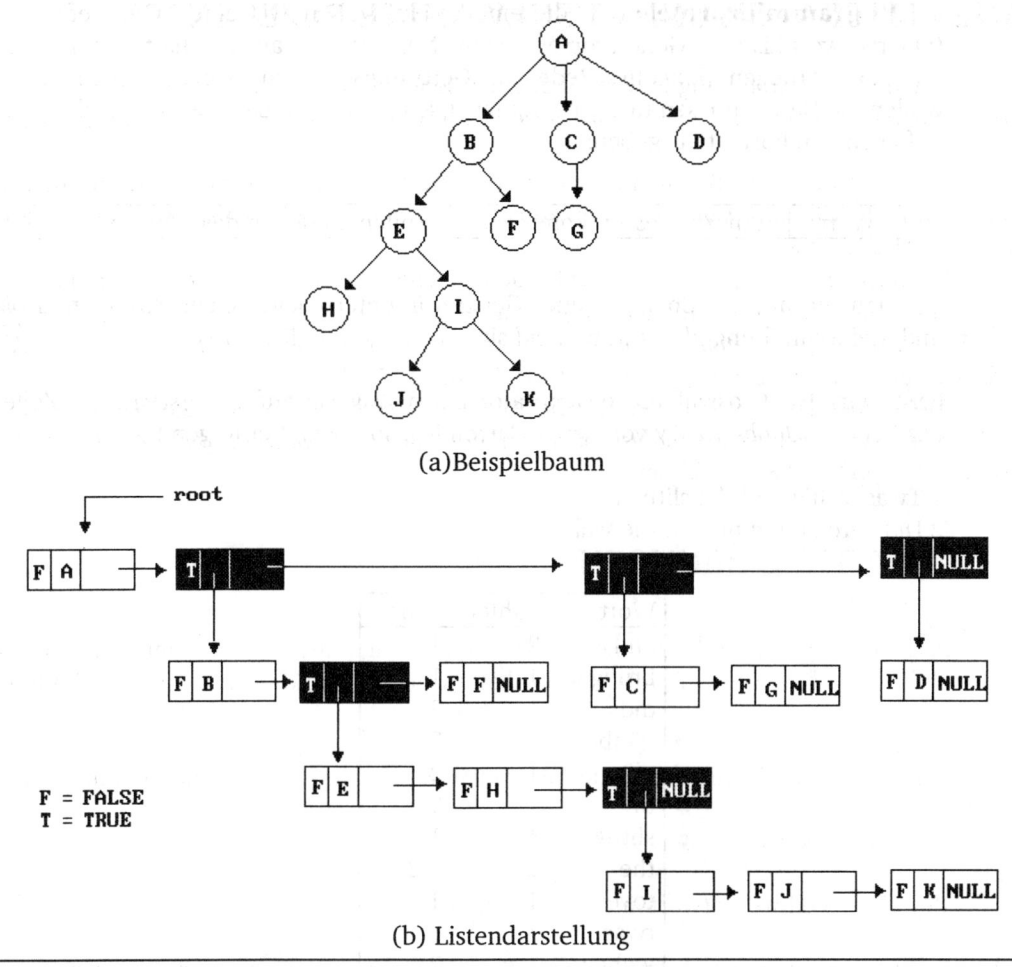

(a)Beispielbaum

(b) Listendarstellung

Abbildung 5.53: Beispielbaum und seine Listendarstellung

Nehmen Sie an, wir stellen Bäume wie in Abbildung 5.53(b) dar. Schreiben Sie Funktionen, die:

(a)   eine Liste als Eingabe nehmen und den zugehörigen Baum konstruieren,

(b)   einen Baum kopieren,

(c)   auf Gleichheit zweier Bäume prüfen,

(d)   einen Baum löschen,

(e)   einen Baum in seiner Listennotation ausgeben.

3. § [**Programmierprojekt**] In diesem Projekt wollen wir einen Crossreference-
    (Querverweis-Listen-) Generator erzeugen. Nehmen wir an, wir hätten eine Datei
    mit Text vorliegen (Lincoln's Rede von Gettysburg ist ein prima Kandidat!). Wir
    wollen die Datei einlesen und eine alphabetisch geordnete Liste der Worte der Datei
    in folgendem Format ausgeben:

Wort	Anzahl des Vorkommens	Zeilen an denen das Wort erscheint

Nehmen Sie an, Ihr Crossreference-Generator unterscheide nicht zwischen Groß-
und Kleinschreibung, d.h. *Did* und *did* sind dasselbe (englische) Wort.

Läßt man den Crossreference-Generator beispielsweise auf die ersten zwei Zeilen
des Gedichts *Jabberwocky* von Lewis Carroll los, so erzeugt er folgendes:

1 Twas brillig and the slithy toves
2 Did gyre and gimble in the wabe

Wort	Zähler	Zeilen
and	2	1 2
brillig	1	1
did	1	2
gimble	1	2
gyre	1	2
in	1	2
slithy	1	1
the	2	1 2
toves	1	1
twas	1	2
wabe	1	2
Gesamt	11	

KAPITEL 6

GRAPHEN

6.1. DER ABSTRAKTE DATENTYP GRAPH

6.1.1. Einführung

Der erste schriftliche Beweis für den Gebrauch von Graphen stammt aus dem Jahr 1736, als nämlich Leonhard Euler das nun klassische "Königsberger Brückenproblem" mit Hilfe von Graphen löste. In Königsberg fließt die Pregel um die Insel Kneiphof herum. Es gibt dort vier Landgebiete, in Abbildung 6.1. mit A bis D gekennzeichnet, die durch die Pregel getrennt werden. Sieben Brücken, mit a bis g gekennzeichnet, verbinden die Landzonen. Die Problemstellung der Königsberger Brücken lautet wie folgt: Ist es möglich, beginnend auf einer der Landzonen, zum Ausgangspunkt zurück zu gelangen, indem man jede der Brücken nur einmal überquert?

Ein möglicher Spaziergang wäre der folgende:

- Starten von Landzone B

- Über die Brücke a nach Insel A laufen

- Die Brücke e zu Zone D benutzen

- Die Brücke g nach C nehmen

- Die Brücke d nach A nehmen

- Die Brücke b nach B nehmen

- Die Brücke f nach D nehmen

Dieser Spaziergang führt jedoch nicht über jede Brücke, und man kommt auch nicht wieder zum Ausgangspunkt auf Landzone B zurück. Wir fordern Sie daher auf, selbst nach einer Lösung für dieses Problem zu suchen. Sie werden schnell feststellen, genau wie Euler damals, daß die Einwohner von Königsberg nicht mit nur einmaligem Überqueren jeder Brücke auskommen und zum Ausgangspunkt zurück gelangen. Euler löste das Problem mit einem Graphen (eigentlich einem Multigraphen), indem er die Landzonen als Ecken und die Brücken als Kanten darstellte.

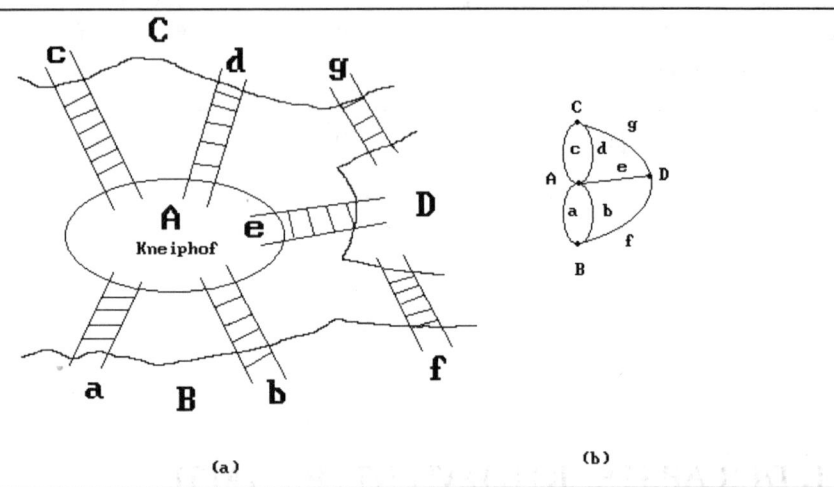

Abbildung 6.1: Die Brücken von Königsberg

Euler hat den Grad einer Ecke als die Zahl der Kanten, die zu ihm gehören, definiert (wir werden auf diese Begriffe weiter unten eingehen). Er zeigte daraufhin, daß es genau dann (und nur dann) einen Gang gibt, der an jeder Ecke beginnen kann und jeweils einmal über jede Kante führt, um schließlich zum Ausgangspunkt zurückzukehren, wenn der Grad einer jeden Ecke gerade ist. Ein Gang, der diese Voraussetzung erfüllt, wird seither *Eulerscher Gang* genannt. Es existiert aber ein solcher Gang für die Königsberger Brücken Problemstellung nicht, da alle Ecken einen ungeraden Grad aufweisen.

    Seit dieser ersten Anwendung wurden Graphen in vielfältiger Weise für Anwendungen eingesetzt, z.B. bei Analysen von Stromkreisen, zum Auffinden des kürzesten Weges, bei der Projektplanung und der Identifizierung chemischer Verbindungen. Graphen zählen wohl zu den am meisten verwendeten mathematischen Strukturen.

6.1.2. Definitionen

Ein Graph G besteht aus zwei endlichen Mengen, einer nicht leeren Menge von *Ecken* (Vertex, Knoten, Kreuzungspunkten) und einer möglicherweise leeren Menge von *Kanten* (Edge). $V(G)$ und $E(G)$ stehen für die jeweiligen Eck- und Kantenmengen von G. Wir können wahlweise auch $G = (V, G)$ schreiben, um eine Menge darzustellen.

    Ein Graph heißt *ungerichtet*, wenn die die Kanten darstellenden Paare von Ecken ungeordnet sind, zum Beispiel stellen die Paare (v_0, v_1) und (v_1, v_0) dieselbe Kante dar.

In einem *gerichteten* Graphen ist jede Kante ein geordnetes Paar von Ecken. Beispielsweise stellt das Paar $<v_0, v_1>$ eine Kante dar, wobei v_0 das *Ende* und v_1 den *Anfang* darstellt. Daher stellen $<v_0, v_1>$ und $<v_1, v_0>$ zwei verschiedene Kanten in einem gerichteten Graphen dar.

Abbildung 6.2 zeigt drei Beispielgraphen. Wir stellen die Ecken als Kreise mit der Numerierung von 0 bis $n - 1$ dar, wobei n die Anzahl der aktuell benutzten Ecken bezeichnet. Für einen ungerichteten Graphen stellen wir die Kanten als Linien oder Kurven dar. Für einen gerichteten Graphen werden die Kanten als Pfeile vom Anfang zum Ende dargestellt. Die Graphen G_1 und G_2 sind ungerichtet, der Graph G_3 hingegen ist ein gerichteter Graph.

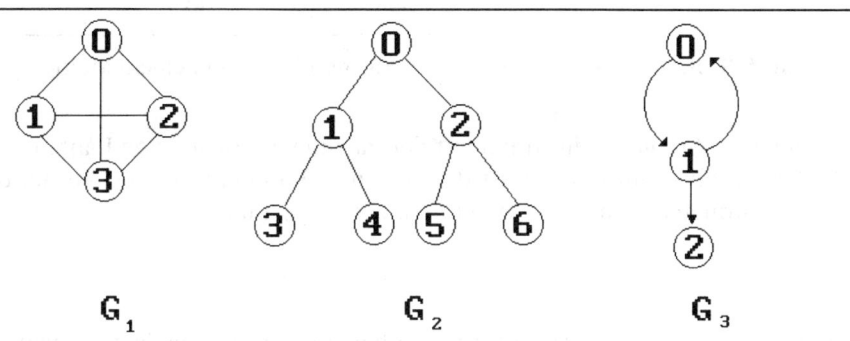

Abbildung 6.2: Drei Beispielgraphen

Die Mengendarstellung von jedem dieser Graphen ist wie folgt:

$V(G_1), = \{0, 1, 2, 3\}$ $E(G_1), = \{(0, 1), (0, 2), (0, 3), (1, 2), (1, 3), (2, 3)\}$
$V(G_2), = \{0, 1, 2, 3, 4, 5, 6\}$ $E(G_2), = \{(0, 1), (0, 2), (1, 3), (1, 4), (2, 5), (2, 6)\}$
$V(G_3), = \{0, 1, 2\}$ $E(G_3), = \{<0, 1>, <1, 0>, <1, 2>\}$

Sie werden bemerken, daß es sich bei Graph G_2 um einen Baum handelt, die Graphen G_1 und G_3 jedoch keine Bäume darstellen. Wir können Bäume als eine Sonderform von Graphen definieren, doch müssen hierfür noch mehr Begriffe geschaffen werden.

Da wir die Kanten und Ecken eines Graphen als Menge definieren, werden den Graphen folgende Einschränkungen auferlegt:

1. Ein Graph darf nicht über eine Kante verfügen, die von der Ecke i zu sich selbst zurückführt. Das heißt, daß die Kanten (v_i, v_i) und $<v_i, v_i>$ nicht erlaubt sind. Diese Kanten nennt man *Eigenschleifen* (*self loops*). Wenn wir Eigenschleifen zulassen, dann entstehen graphenähnliche Strukturen, wie die in Abbildung 6.3(a) dargestellte.

2. Ein Graph darf auch nicht mehrfach die selbe Kante aufweisen. Ohne diese Einschränkung erhalten wir ein Datenobjekt, das wir als *Multigraph* bezeichnen (siehe Abbildung 6.3(b)).

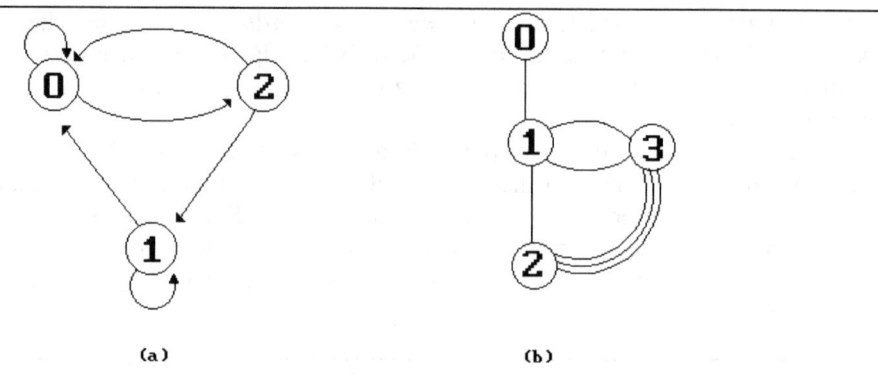

(a)   (b)

Abbildung 6.3: Beispiele eines Graphen mit Eigenschleifen und einem Multigraphen

Ein *vollständiger Graph* ist ein Graph mit der maximalen Anzahl von Kanten. Für einen ungerichteten Graphen mit n Ecken ist die maximale Kantenanzahl die Anzahl der verschiedenen, ungeordneten Paare (v_i, v_j), mit $i \neq j$. Diese Anzahl ist:

$$n(n-1)/2$$

Für einen gerichteten Graphen mit n Ecken beläuft sich die maximale Anzahl von Kanten auf:

$$n\,(n-1)$$

Wenn wir die Graphen in Abbildung 6.2 untersuchen, können wir erkennen, daß G_1 ein vollständiger Graph mit vier Ecken ist und G_2 sowie G_3 nicht vollständig sind.

Wenn (v_0, v_1) eine Kante in einem ungerichteten Graphen ist, dann sind die Ecken v_0 und v_1 *benachbart*, und die Kante (v_0, v_1) liegt auf den Ecken v_0 und v_1 auf. Beispielsweise sind in Graph G_2 die Ecken 3, 4 und 0 benachbart zu Ecke 1; und die Kanten (0, 2), (2, 5) und (2, 6) liegen auf Ecke 2. Wenn $<v_0, v_1>$ eine gerichtete Kante ist, dann ist die Ecke v_0 benachbart *zu* Ecke v_1, während v_1 benachbart *von* v_0 ist. Die Kante $<v_0, v_1>$ liegt auf v_0 und v_1. In G_3 sind die auf Ecke 1 aufliegenden Kanten $<0, 1>$, $<1, 0>$ und $<1, 2>$.

Ein *Teilgraph* von G ist ein Graph G' der Art, daß $V(G') \subseteq V(G)$ und $E(G') \subseteq E(G)$. Abbildung 6.4 zeigt einige Teilgraphen von G_1 und G_3.

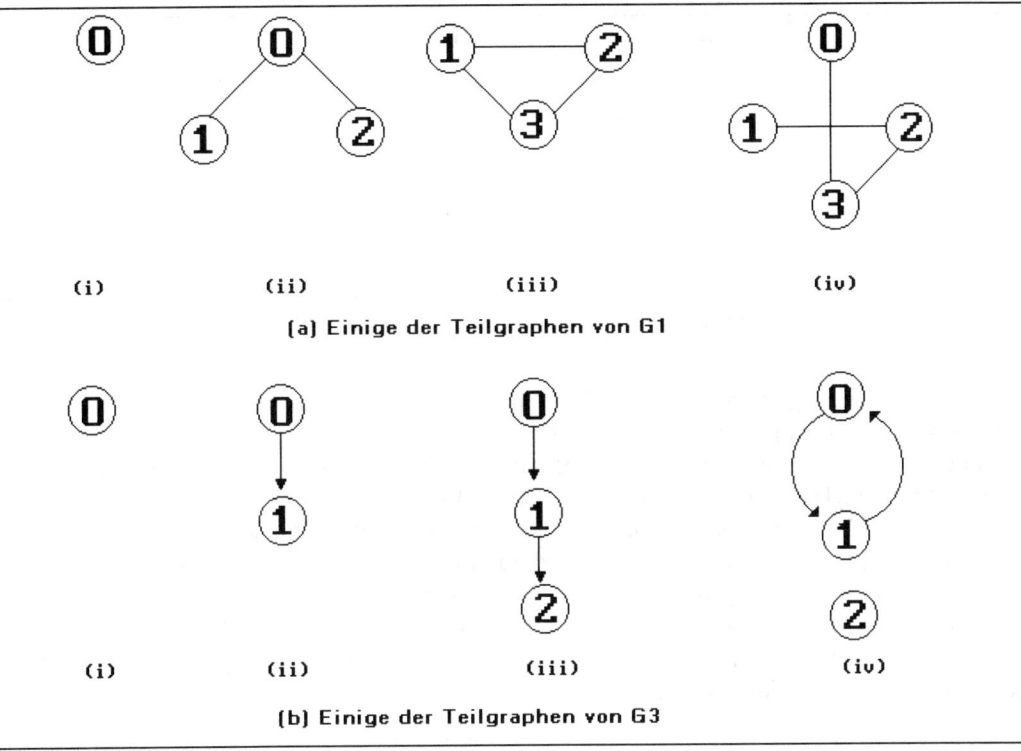

(i)　　　　(ii)　　　　(iii)　　　　(iv)

(a) Einige der Teilgraphen von G1

(i)　　　　(ii)　　　　(iii)　　　　(iv)

(b) Einige der Teilgraphen von G3

Abbildung 6.4: Teilgraphen von G_1 und G_3

Ein *Weg* von Ecke v_p zu Ecke v_q in einem Graphen G ist eine Folge von Ecken, v_p, v_{i_1}, v_{i_2}, $\cdots$, v_{i_n}, v_q, so daß (v_p, v_{i_1}), (v_{i_1}, v_{i_2}), $\cdots$, (v_{i_n}, v_q) Kanten in einem ungerichteten Graphen sind. Wenn G' ein gerichteter Graph ist, dann besteht der Weg aus $<v_p, v_{i_1}>$, $<v_{i_1}, v_{i_2}>$, $\cdots$, $<v_{i_n}, v_q>$. Die *Länge* eines Weges ist gleich der Anzahl seiner Kanten.

Ein *einfacher Weg* ist ein Weg, in dem alle Ecken, außer möglicherweise der ersten und der letzten, verschieden sind. Wir können einen Weg durch einfaches Auflisten der Ecken schreiben. Zum Beispiel kann der Weg (0, 1), (1, 3), (3, 2) als 0, 1, 3, 2 geschrieben werden. Im Graphen G_1 in Abbildung 6.2 haben die Wege 0, 1, 3, 2 und 0, 1, 3, 1 die Länge drei. Der erste ist ein einfacher Weg, der zweite ist kein einfacher Weg. Im Graphen G_3 handelt es sich bei 0, 1, 2 um einen *einfach gerichteten Weg*.

Ein *Kreis* ist ein einfacher Weg, in dem die erste und die letzte Ecke gleich sind. Zum Beispiel handelt es sich bei 0, 1, 2, 0 um einen Kreis in G_1 und bei 0, 1, 0 um einen Kreis in G_3. Bei gerichteten Graphen wird normalerweise der Zusatz "gerichtet" vor die Begriffe Kreis und Weg gesetzt.

In einem ungerichteten Graphen G sind zwei Ecken v_0 und v_1 *zusammenhängend*, wenn ein Weg G von v_0 nach v_1 führt. Da G ungerichtet ist, heißt das, daß es ebenfalls einen Weg von v_1 nach v_0 geben muß. Ein ungerichteter Weg ist dann zusammenhängend, wenn für jedes Paar verschiedener Ecken v_i, v_j ein Weg von v_i nach v_j in G führt, zum Beispiel sind G_1 und G_2 zusammenhängend, während der Graph G_4 in Abbildung 6.5 nicht zusammenhängend ist.

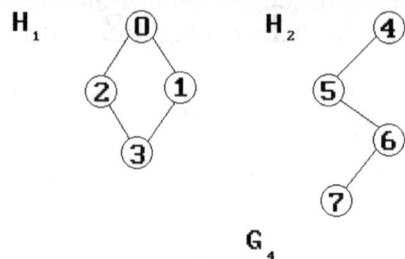

Abbildung 6.5: Ein Graph mit zwei zusammenhängenden Komponenten

Eine *Zusammenhangs-Komponente* oder einfach eine *Komponente* eines ungerichteten Graphen ist ein maximal zusammenhängender Teilgraph, zum Beispiel: G_4 hat zwei Komponenten, H_1 und H_2. Bei einem *Baum* handelt es sich um einen Graphen, der zusammenhängend und azyklisch ist (er besitzt keine Kreise).

Ein gerichteter Graph ist *stark zusammenhängend*, wenn für jedes Eckenpaar v_i v_j in $V(G)$ ein gerichteter Weg von v_i nach v_j und auch von v_j nach v_i existiert. Graph G_3 ist nicht stark zusammenhängend, da von Ecke 2 nach Ecke 1 kein Weg führt. Eine *stark zusammenhängende Komponente* ist also ein maximaler Teilgraph, der stark zusammenhängend ist, zum Beispiel hat G_3 zwei stark zusammenhängende Komponenten, wie in Abbildung 6.6 dargestellt.

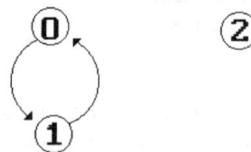

Abbildung 6.6: Stark zusammenhängende Komponenten von G_3

Der *Grad* einer Ecke ist die Anzahl der auf der Ecke aufliegenden Kanten, zum Beispiel ist der Grad von Ecke 0 in G_4 2. Für einen gerichteten Graphen definieren wir den *inneren Grad* einer Ecke v als die Anzahl der Kanten, die v als Anfang aufweisen und den *äußeren Grad* als die Anzahl der Kanten, die v als Ende aufweisen. Zum Beispiel hat Ecke 1 von G_3 einen inneren Grad von 1, einen äußeren Grad von 2 und den Grad 3. Wenn d_i den Grad einer Ecke i in einem Graphen G mit n Ecken und e Kanten darstellt, so ist die Anzahl der Kanten:

$$e = (\sum_{0}^{n-1} d_i) / 2$$

Im weiteren Text dieses Kapitels werden wir uns auf einen gerichteten Graphen als *Digraphen* (*Digraph - directed graph*) beziehen. Wenn wir den Begriff *Graph* benutzen, so gehen wir davon aus, daß es sich um einen ungerichteten Graphen handelt. Da wir nun die gesamte Terminologie, die wir benötigen, definiert haben, betrachten wir den Graphen als einen ADT. Die daraus folgende Spezifizierung wird in Struktur 6.1 aufgeführt.

Struktur *Graph* ist

    Objekte: eine nichtleere Menge bestehend aus Ecken und einer Menge ungerichteter Kanten, wobei jede Kante ein Paar Ecken darstellt.

    Funktionen:

        für alle *graph* $\in$ *Graph*, v, v_1 und $v_2 \in$ *Ecken* gilt:

Graph Create()	::=	**return** einen leeren Graphen
Graph InsertVertex(*graph*, v)	::=	**return** einen Graphen mit eingefügtem v. v besitzt keine aufliegenden Kanten.
Graph InsertEdge(*graph*, v_1, v_2)	::=	**return** einen Graphen mit einer neuen Kante zwischen v_1 *und* v_2.
Graph DeleteVertex(*graph*, v)	::=	**return** einen Graphen, in dem v und alle aufliegenden Kanten entfernt sind
Graph DeleteEdge(*graph*, v_1, v_2)	::=	**return** einen Graphen, in dem die Kante (v_1, v_2) entfernt ist. Belasse die vorkommenden Knoten im Graph.
Boolsch IsEmpty(*graph*)	::=	**if** (*graph* == leerer Graph) **return** *TRUE* **else return** *FALSE*.
List Adjacent(*graph*, v)	::=	**return** eine Liste aller Ecken. die zu v benachbart sind.

Struktur 6.1: Abstrakter Datentyp *Graph*

Die in Struktur 6.1. aufgeführten Operationen bilden eine Basismenge, insofern, als daß man hiermit einen beliebigen Graphen erzeugen und einige elementare Tests durchführen kann. In den letzten Abschnitten dieses Kapitels werden wir Funktionen kennenlernen, die einen Graphen durchqueren (erste Suche in die Tiefe oder Breite) und die bestimmen, ob ein Graph besondere Eigenschaften aufweist (zusammenhängend, 2-zusammenhängend, planar).

6.1.3. Darstellung von Graphen

Obwohl mehrere Darstellungen für Graphen möglich sind, werden wir nur auf die drei meistbenutzten eingehen: Nachbarschaftsmatrizen, Nachbarschaftslisten und Nachbarschaftsmultilisten.

Nachbarschaftsmatrizen

Sei $G = (V, E)$ ein Graph mit n Ecken mit $n \geq 1$. Die Nachbarschaftsmatrix von G ist ein zweidimensionales Feld $n \times n$, genannt *adj_mat*. Falls die Kante (v_i, v_j) ($<v_i, v_j>$ im Falle eines Digraphen) in $E(G)$ existiert, ist *adj_mat*$[i][j] = 1$. Wenn es keine solche Kante in

$E(G)$ gibt, dann ist *adj_mat*[*i*][*j*] = 0. Die Nachbarschaftsmatrizen für die Graphen G_1, G_3 und G_4 sind in Abbildung 6.7 dargestellt. Die Nachbarschaftsmatrix für einen ungerichteten Graphen ist symmetrisch, da die Kante (v_i, v_j) genau dann in $E(G)$ enthalten ist, wenn die Kante (v_j, v_i) auch ein Element von $E(G)$ ist. Dagegen braucht die Nachbarschaftsmatrix für einen Digraphen nicht symmetrisch zu sein. (Dies gilt für G_3.) Bei ungerichteten Graphen können wir durch das Speichern nur des oberen oder unteren Dreiecks Platz sparen. (Wir haben Dreiecksmatrizen und andere platzsparende Darstellungen in den Übungen von Kapitel 2 untersucht.)

	0	1	2	3
0	0	1	1	1
1	1	0	1	1
2	1	1	0	1
3	1	1	1	0

G_1

	0	1	2
0	0	1	0
1	1	0	1
2	0	0	0

G_3

	0	1	2	3	4	5	6	7
0	0	1	1	0	0	0	0	0
1	1	0	0	1	0	0	0	0
2	1	0	0	1	0	0	0	0
3	0	1	1	0	0	0	0	0
4	0	0	0	0	0	1	0	0
5	0	0	0	0	1	0	1	0
6	0	0	0	0	0	1	0	1
7	0	0	0	0	0	0	1	0

G_4

Abbildung 6.7: Nachbarschaftsmatrizen für G_1, G_3 und G_4

Wir können aus der Nachbarschaftsmatrix leicht entnehmen, ob es eine Kante zur Verbindung zweier Ecken gibt. Auch die Bestimmung des Eckengrades ist eine leicht zu lösende Aufgabe. In einem ungerichteten Graphen ist der Grad jeder Ecke *i* die Summe seiner Zeilen:

$$\sum_{j=0}^{n-1} adj_mat[i][j]$$

In einem gerichteten Graphen ist die Zeilensumme der äußere Grad, während die Spaltensumme den inneren Grad ergibt.

Nehmen wir einmal an, wir möchten Fragen beantworten wie: Wieviele Kanten gibt es in *G*? oder: Ist *G* zusammenhängend? Hierfür müßten wir (möglicherweise) alle Kanten des Graphen untersuchen. Verwenden wir Nachbarschaftsmatrizen, so beanspruchen alle dafür in Frage kommenden Algorithmen mindestens $O(n^2)$ Zeit, da wir $n^2 - n$ Einträge der Matrix untersuchen müssen (die *n* diagonalen Einträge gleich Null können ausgeschlossen werden; bei einem ungerichteten Graphen müssen nur halb so viele Einträge untersucht werden, da in diesem Fall die Nachbarschaftsmatrix symmetrisch ist), um die Anzahl der Kanten des Graphen zu bestimmen. Für *dünn besetzte Graphen* (d.h. Graphen mit einer geringen Anzahl Kanten (*sparse graphs*)), sind die meisten Terme der Nachbarschaftsmatrix gleich Null, und wir möchten natürlich die Arbeit, $O(n^2)$ Positionen einer Nachbar-schaftsmatrix zu untersuchen, vermeiden. In der Tat dürfen wir erwarten, die voran-gegangenen Fragestellungen in wesentlich kürzerer Zeit beantworten zu können, sagen wir in der Zeit $O(e + n)$, wobei e die Anzahl der Kanten in G und $e << n^2/2$ ist. Hierfür müssen wir die Darstellung als Nachbarschaftsmatrix durch eine Darstellung als Nachbarschaftsliste (sequentiell oder verkettet) ersetzen.

Nachbarschaftslisten

In dieser Darstellung ersetzen wir die n Zeilen der Nachbarschaftsmatrix durch n verkettete Listen, eine für jede Ecke in G. Die Knotenstruktur dieser Listen muß mindestens ein Eck- und ein Verkettungsfeld enthalten. Für jede gegebene Liste i enthalten die Knoten in der Liste diejenigen Ecken, die benachbart zu Ecke i sind. Abbildung 6.8 zeigt die Nachbarschaftslisten für G_1, G_3 und G_4. Sie bemerken, daß jede Liste einen Kopfknoten aufweist und daß die Listen fortlaufend numeriert sind. Somit können wir schnell auf die Nachbarschaftsliste einer jeden Ecke zugreifen.

Die C-Deklarationen für die Darstellung von Nachbarschaftslisten sind folgende:

```
#define MAX_VERTICES 50 /*Max. Anzahl der Ecken*/
typedef struct node *node_pointer;
typedef struct node {
        int vertex;
        struct node *link;
        } node;
node_pointer graph[MAX_VERTICES];
int n = 0; /* Momentan benutzte Ecken */
```

Im Falle eines ungerichteten Graphen mit n Ecken und e Kanten erfordert diese Darstellung n Kopfknoten und $2e$ Listenknoten. Jeder Listenknoten besitzt zwei Felder. Oft kann man die Knoten sequentiell auf die Nachbarschaftsliste packen, womit der Einsatz von Zeigern eliminiert wird. In diesem Fall kann ein Feld $node[]$ verwendet werden. $node[i]$ bezeichnet den Startpunkt der Liste für Ecke i, $0 \le i < n$ und $node[n]$ wird auf $n + 2e + 1$ gesetzt. Die zu Ecke i benachbarten Ecken werden in $node[i]$, $\cdots$, $node[i + 1] - 1$ mit $0 \le i < n$ gespeichert. Abbildung 6.9 zeigt eine solche sequentielle Darstellung für den Graphen G_4 der Abbildung 6.5.

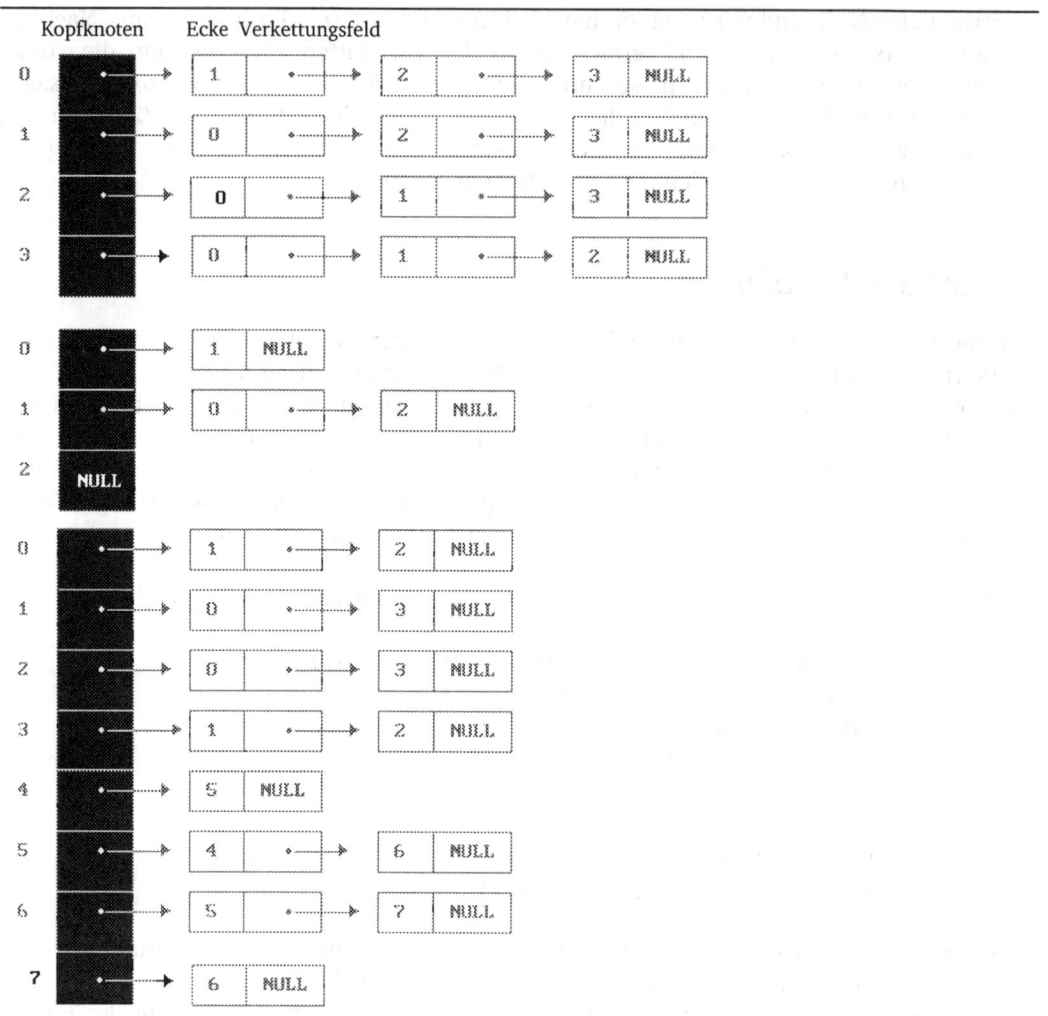

Abbildung 6.8: Nachbarschaftslisten für G_1, G_3 und G_4

[0] 9	[8] 23	[16] 2
[1] 11	[9] 1	[17] 5
[2] 13	[10] 2	[18] 4
[3] 15	[11] 0	[19] 6
[4] 17	[12] 3	[20] 5
[5] 18	[13] 0	[21] 7
[6] 20	[14] 3	[22] 6
[7] 22	[15] 1	

Abbildung 6.9: Sequentielle Darstellung des Graphen G_4

Wir können den Grad einer Ecke in einem ungerichteten Graphen dadurch bestimmen, daß wir einfach die Anzahl der Knoten in seiner Nachbarschaftsliste zählen. Damit erhalten wir auch die Anzahl der Kanten der Ecke. Das heißt, wenn in Graph G n Ecken existieren, dann können wir die Gesamtzahl der Kanten in G in der Zeit $O(n + e)$ bestimmen. Für einen Digraphen kann man den äußeren Grad einer jeden Ecke durch Abzählen der Knoten seiner Nachbarschaftsliste bestimmen. Das heißt, daß wir auch die Gesamtzahl der Kanten in einem Digraph in der Zeit $O(n + e)$ bestimmen können. Leider ist die Bestimmung des inneren Grades der Ecke eines Digraphen komplizierter. Wir lösen dieses Problem und das hiermit in Beziehung stehende Problem des Auffindens aller zu einer Ecke benachbarten Ecken über die Führung einer zweiten Listenmenge. Diese Listen werden *inverse Nachbarschaftslisten* (*inverse adjacency lists*) genannt. Wie dies für die Nachbarschaftslisten galt, enthalten auch die inversen Nachbarschaftslisten eine Liste für jede Ecke. Jede Liste enthält jedoch einen Knoten für jede Ecke, die der Ecke benachbart ist, den die Liste darstellt. Abbildung 6.10 zeigt die inverse Nachbarschaftsliste für G_3.

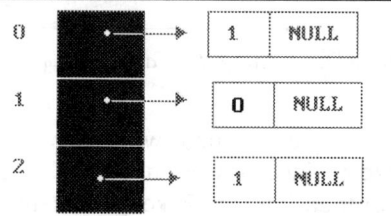

Abbildung 6.10: Inverse Nachbarschaftsliste von G_3

Indem man die Knotenstruktur der Nachbarschaftsliste verändert, erhält man eine zweite Lösungsmöglichkeit für das Problem, den inneren Grad der Ecken ausfindig zu machen. Abbildung 6.11 zeigt eine vereinfachte Darstellung der Knotenstruktur, die in der Darstellung der dünn besetzten Matrizen aus Abschnitt 4.7 Anwendung findet. Jeder Knoten hat nun vier Felder und stellt eine Kante dar. In Abbildung 6.12 wird die Darstellung von G_3 mit der Struktur der Abbildung 6.11 gezeigt. Wir gehen davon aus, daß die Kopfknoten sequentiell gespeichert werden.

Ende	Anfang	Spaltenverbinder für Anfang	Zeilenverbinder für Ende

Abbildung 6.11: Andere Knotenstruktur für die Nachbarschaftslisten

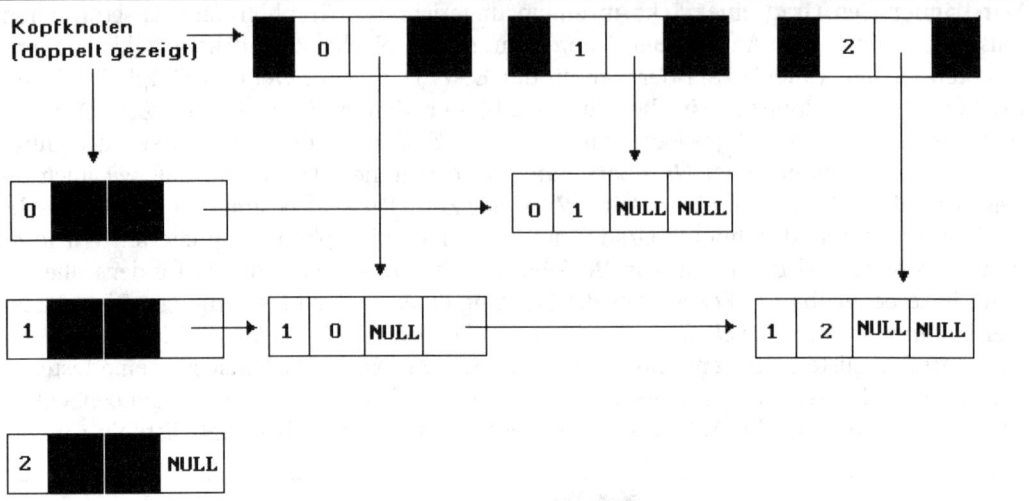

Abbildung 6.12: Orthogonale Darstellung des Graphen G_3

Bevor wir zur dritten Darstellung übergehen, würden wir gerne nochmals auf die Listen, wie sie in Abbildung 6.8 gezeigt sind, hinweisen. Für jeden Graphen haben wir die Knoten in jeder der Listen so angeordnet, daß die Ecken in aufsteigender Folge erscheinen. Dies ist so nicht unbedingt nötig, und Ecken können gleichwohl in jeder Reihenfolge erscheinen. Folglich sind die Nachbarschaftslisten der Abbildung 6.13 genauso gültig als Darstellung von G_1 wie die Listen in Abbildung 6.8(a).

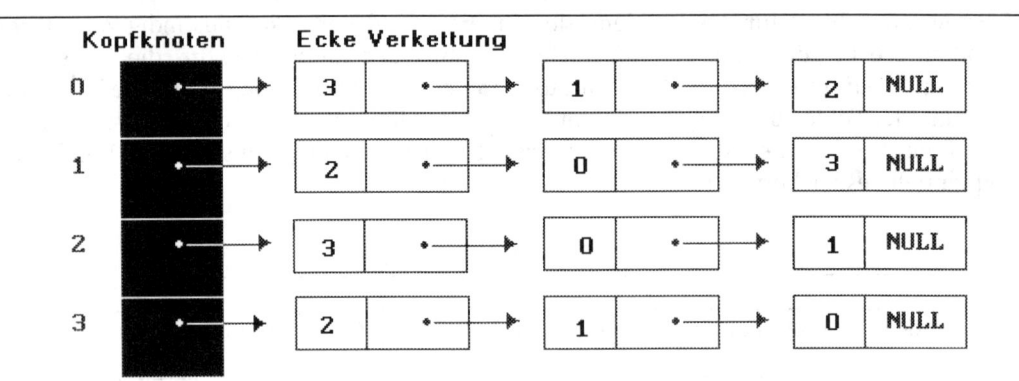

Abbildung 6.13: Nachbarschaftsliste von G_1 mit anderer Reihenfolge

Nachbarschaftsmultilisten

In der Darstellung benachbarter Listen eines ungerichteten Graphen stellen wir jede Kante (v_i, v_j) durch zwei Einträge dar. Ein Eintrag steht auf der Liste für v_i und der andere auf der Liste für v_j. Wie wir sehen werden, müssen wir in einigen Situationen den zweiten Eintrag einer Kante leicht finden können und als untersucht markieren. Unterhält man die Listen als *Multilisten*, das sind Listen, in denen die Knoten auf mehrere Listen verteilt wurden, so vereinfacht man dieses Verfahren. Für jede Kante gibt es genau einen Knoten, doch ist dieser Knoten auf der Nachbarschaftsliste für jede der beiden ihr zugehörigen Ecken. Abbildung 6.14 zeigt die neue Knotenstruktur.

marked	vertex1	vertex2	path1	path2

Abbildung 6.14: Knotenstruktur für Nachbarschaftsmultilisten

Die C-Deklarationen zur Erzeugung dieser Struktur sind folgende:

```
typedef struct edge *edge_pointer;
typedef struct edge {
        short int marked;
        int vertex1;
        int vertex2;
        edge_pointer path1;
        edge_pointer path2;
        } edge;
edge_pointer graph[MAX_VERTICES];
```

Abbildung 6.15 zeigt die Nachbarschaftsmultiliste für G_1. In dieser Abbildung ist das *marked*-Feld in jedem Knoten ausgefüllt dargestellt.

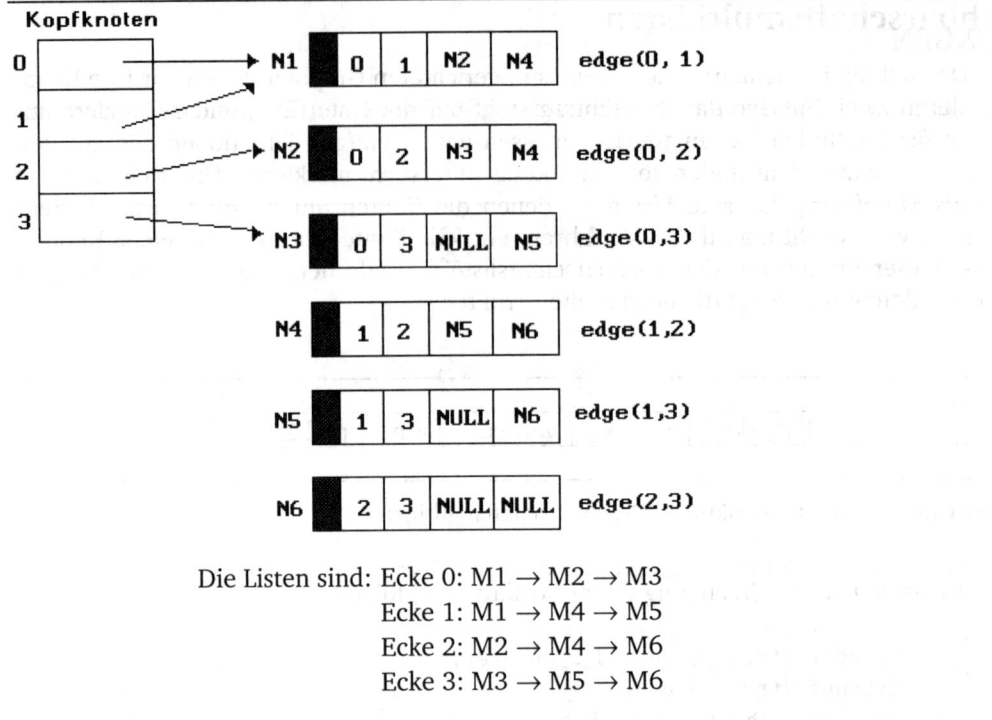

Die Listen sind: Ecke 0: M1 → M2 → M3
Ecke 1: M1 → M4 → M5
Ecke 2: M2 → M4 → M6
Ecke 3: M3 → M5 → M6

Abbildung 6.15: Nachbarschaftsmultilisten für G_1

Gewichtete Kanten

Bis hierher haben wir nur Graphen mit ungewichteten Kanten berücksichtigt. Es gibt jedoch viele Anwendungen, wo den Kanten eines Graphen Gewichte zugeordnet sind. Diese Gewichte können die Entfernung von einer Ecke zu einer anderen sein oder die Kosten darstellen, die der Weg, von einer zu einer benachbarten Ecke zu gehen, verursacht. Um mit dieser Situation umgehen zu können, müssen wir unsere Darstellungen verändern. In einer Nachbarschaftsmatrix ersetzen wir die 1, die wir zum Kennzeichnen einer Kante verwendet haben, durch das Gewicht der Kante. Was die Nachbarschaftslisten und Multilisten anbelangt, so müssen wir ein *Gewichtsfeld* zu der Knotenstruktur hinzufügen. Einen Graphen mit gewichteten Kanten nennt man ein *Netzwerk*. Wir werden noch näher auf Netzwerke eingehen, wenn wir zu minimalen spannenden Bäumen und damit zusammenhängenden Themenbereichen kommen.

ÜBUNGEN

1. Verfügt der Multigraph von Abbildung 6.16 über einen Eulerschen Gang? Wenn dies so ist, finden Sie ihn heraus.

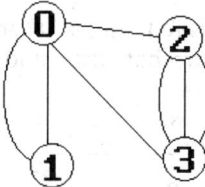

Abbildung 6.16: Ein Multigraph

2. Bestimmen Sie für den Digraph der Abbildung 6.17 :

    (a)   den inneren und äußeren Grad jeder Ecke

    (b)   seine Nachbarschaftsmatrix

    (c)   seine Nachbarschaftslistendarstellung

    (d)   seine Nachbarschaftsmultilistendarstellung

    (e)   seine stark zusammenhängenden Komponenten

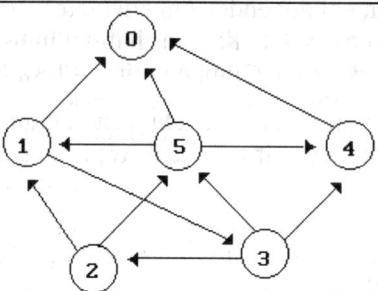

Abbildung 6.17: Ein Digraph

3. Arbeiten Sie eine geeignete Darstellung für Graphen aus, so daß man sie auf Datenträgern speichern kann. Schreiben Sie eine Funktion, die einen solchen Graphen einliest und die ihre eigene Nachbarschaftsmatrix erzeugt. Schreiben Sie noch eine Funktion, die Nachbarschaftslisten direkt von der Disketteneingabe erzeugt.

4.   Zeichnen Sie die vollständigen, ungerichteten Graphen mit einer, zwei, drei, vier und fünf Ecken. Beweisen Sie, daß die Anzahl der Kanten in einem vollständigen Graphen mit n Ecken gleich $n(n-1)/2$ ist.

5.   Ist der gerichtete Graph in Abbildung 6.18 stark zusammenhängend? Listen Sie alle einfachen Wege auf.

6.   Zeigen Sie, wie der Graph in Abbildung 6.18 aussehen würde, wenn er durch seine Nachbarschaftsmatrix, Nachbarschaftsliste und Nachbarschaftsmultiliste darzustellen wäre.

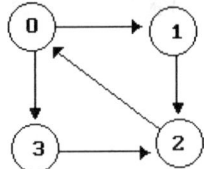

Abbildung 6.18: Ein gerichteter Graph

7.   Für einen ungerichteten Graphen G mit n Ecken und e Kanten zeigen Sie bitte, daß:

$$\sum_{i=0}^{n-1} d_i = 2e$$

wobei d_i der Grad der Ecke i ist.

8.   (a) G sei ein zusammenhängender ungerichteter Graph mit n Ecken. Zeigen Sie, daß G mindestens $n-1$ Kanten haben muß und daß alle zusammenhängenden ungerichteten Graphen mit $n-1$ Kanten Bäume sind.

      (b)   Wie groß ist die minimale Anzahl von Kanten in einem stark zusammenhängenden Digraphen mit n Ecken? Was für eine Form haben solche Digraphen?

9.   Für einen ungerichteten Graphen G mit n Ecken ist zu beweisen, daß die folgenden Aussagen äquivalent sind:

      (a) G ist ein Baum.

      (b) G ist zusammenhängend, aber bei Wegfall irgendeiner Kante ist der resultierende Graph nicht zusammenhängend.

      (c)   Für zwei beliebige, unterschiedliche Ecken $u \in V(G)$ und $v \in V(G)$, gibt es genau einen einfachen Weg von u nach v.

      (d) G enthält keine Kreise und besitzt $n-1$ Kanten.

10. Schreiben Sie eine C-Funktion, die folgendes leistet:

    (a) Eingabe der Anzahl der Ecken in einem ungerichteten Graphen und seiner Kanten eine nach der anderen.

    (b) Aufbau der verketteten Nachbarschaftslistendarstellung des Graphen. Sie dürfen davon ausgehen, daß keine Kante zweimal eingegeben wurde. Bestimmen Sie die Zeitkomplexität Ihrer Funktion als Funktion der Anzahl von Ecken und Kanten.

11. Schreiben Sie eine C-Funktion, die inverse Nachbarschaftslisten für einen Graphen erzeugt, indem Sie die Nachbarschaftslisten aus Übung 10 verwenden. Erzeugen Sie eine weitere Funktion, welche die Nachbarschaftslisten und die inversen Nachbarschaftslisten des Graphen ausgibt.

6.2. ELEMENTARE OPERATIONEN AUF GRAPHEN

Als wir in Kapitel 5 die binären Bäume besprochen haben, wiesen wir darauf hin, daß Baumtraversierungen die meistbenutzten Operationen waren. Daher haben wir Preorder-, Inorder-, Postorder- und Level-order-Baumtraversierungen definiert und implementiert. Eine analoge Situation stellt sich im Falle der Graphen. Gegeben sei ein ungerichteter Graph $G = (V, E)$ und eine Ecke v in $V(G)$. Nun möchten wir alle Ecken in G, die von v aus zu erreichen sind, aufsuchen, das heißt, alle Ecken, die mit v zusammenhängend sind. Wir werden uns zwei Arten von Vorgehensweisen ansehen: *Tiefenerstsuche* (*depth first search*) und *Breitenerstsuche* (*breadth first search*). Die Tiefenerstsuche ist ähnlich der Preorder-Baumtraversierung, während die Breitenerstsuche einer Level-order-Baumtraversierung ähnelt. In unserer Untersuchung der Tiefen- und Breitenerstsuche setzen wir voraus, daß für die Graphen die verkettete Nachbarschaftslistendarstellung verwendet wird. In den Übungen untersuchen wir den Einsatz anderer Darstellungen.

6.2.1. Tiefenerstsuche (Deph First Search)

Wir beginnen die Suche, indem wir die Startecke v aufsuchen. In dieser einfachen Anwendung besteht das Aufsuchen in der Ausgabe des Eckfeldes des Knotens. Danach wählen wir eine noch nicht aufgesuchte Ecke w aus der Nachbarschaftsliste von v aus und führen eine Tiefenerstsuche bei w durch. Wir behalten unsere aktuelle Position in der Nachbarschaftsliste von v, indem wir sie auf einem Stapel ablegen. Schließlich erreicht unsere Suche eine Ecke u, die keine unaufgesuchten Ecken in ihrer Nachbarschaftsliste aufweist. An dieser Stelle nehmen wir eine Ecke vom Stapel und fahren mit der Bearbeitung ihrer Nachbarschaftsliste fort. Die zuvor aufgesuchten Ecken werden abgelegt; nichtaufgesuchte Ecken werden aufgesucht und auf den Stapel plaziert. Die Suche endet mit dem leeren Stapel. Gleichwohl dies nach einer komplizierten Funktion klingt, ist sie einfach rekursiv zu implementieren. Wie weiter oben bereits erwähnt, ähnelt sie der Preorder-Baumtraversierung, da eine Ecke aufgesucht wird, und dann mit dem nächsten, unaufgesuchten Nachfolger fortgefahren wird. Die rekursive Implementierung der Tiefenerstsuche ist in *dfs* präsentiert (Programm 6.1). Diese Funktion setzt ein globales Feld *visited[MAX_VERTICES]* ein, das mit *FALSE* initialisiert wird. Wird eine Ecke *i* aufgesucht, so ändert man *visited[i]* in *TRUE*. Die Deklarationen lauten folgendermaßen:

```
#define FALSE 0
#define TRUE 1
short int visited[MAX_VERTICES];
```

```
void dfs(int v)
{
/* Tiefenerstsuche in einem Graphen beginnend mit Ecke v.*/
    node_pointer w;
    visited[v] = TRUE;
    printf("%5d",v);
    for (w = graph[v]; w; w = w->link)
        if (!visited[w->vertex])
            dfs(w->vertex);
}
```

Programm 6.1: Tiefenerstsuche

Beispiel 6.1:

Wir möchten eine Tiefenerstsuche des Graphen *G* in Abbildung 6.19(a) durchführen. Abbildung 6.19(b) führt die Nachbarschaftslisten für diesen Graphen auf. Wenn wir diese Suche bei Ecke v_0 beginnen, dann werden die Ecken von *G* in der folgenden Reihenfolge aufgesucht: v_0, v_1, v_3, v_7, v_4, v_5, v_2, v_6.

Durch Prüfen der Abbildungen 6.19(a) und (b) kann verifiziert werden, daß *dfs*(v_0) alle mit v_0 zusammenhängenden Ecken aufsucht. Das bedeutet, alle aufgesuchten Ecken zusammen mit allen Kanten in *G*, die auf diesen Ecken liegen, bilden eine zusammenhängende Komponente von *G*. □

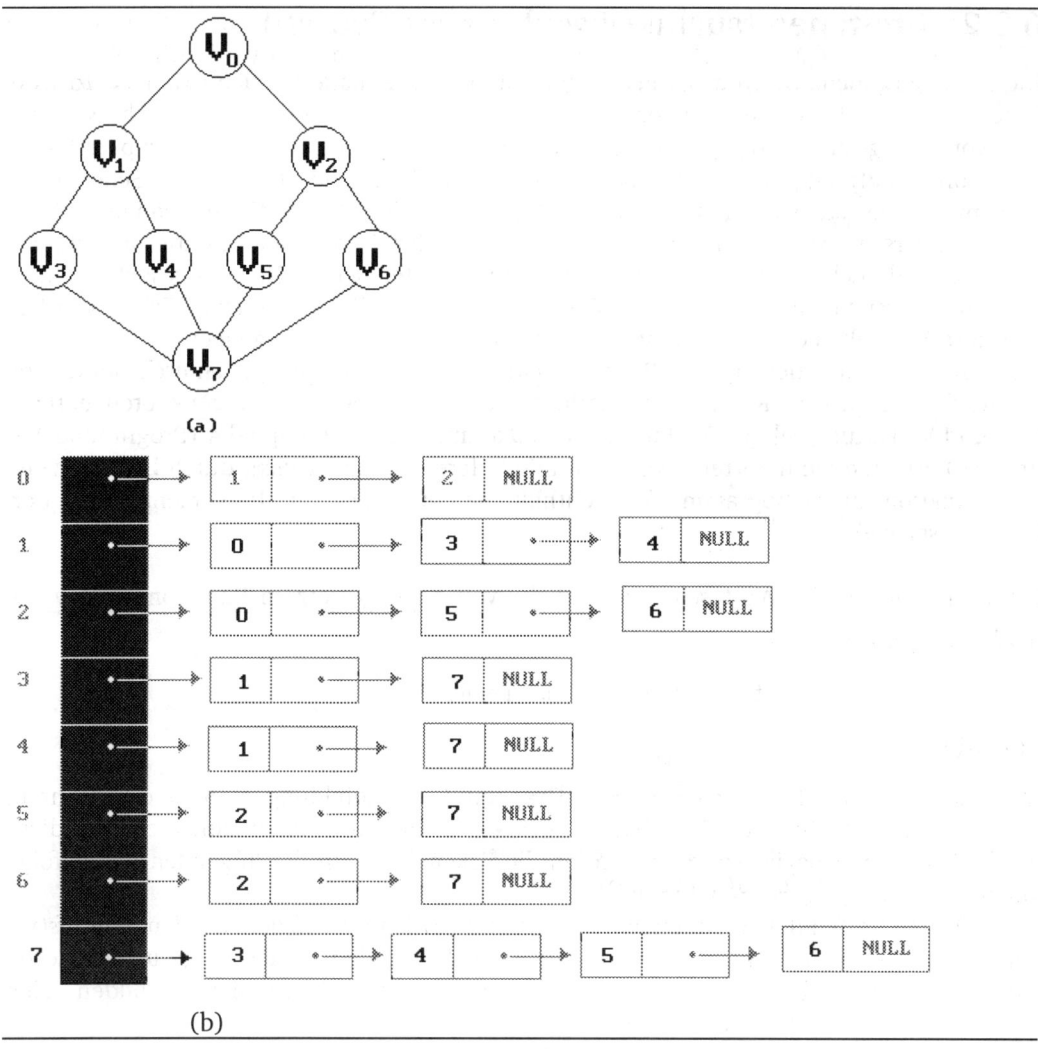

Abbildung 6.19: Der Graph *G* und seine Nachbarschaftslisten

Analyse von *dfs*: Wenn wir *G* durch seine Nachbarschaftsliste darstellen, können wir die zu *v* benachbarten Ecken durch Folgen einer Kette von Verknüpfungen bestimmen. Da *dfs* jeden Knoten in den benachbarten Listen höchstens einmal untersucht, ist die Zeit zur Ausführung der Suche $O(e)$. Wenn wir *G* durch seine Nachbarschaftsmatrix darstellen, dann erfordert das Bestimmen aller zu *v* benachbarten Ecken die Zeit $O(n)$. Da wir höchstens *n* Ecken besuchen, beträgt die Gesamtzeit $O(n^2)$. □

6.2.2. Breitenerstsuche (Breadth First Search)

Die Breitenerstsuche beginnt bei Ecke v und markiert sie als aufgesucht. Dann wird jede Ecke in der Nachbarschaftsliste von v aufgesucht. Sind alle Ecken in der Nachbarschaftsliste von v aufgesucht worden, werden alle unaufgesuchten Ecken in der Nachbarschaftsliste von v aufgesucht, die Nachbarn der ersten Ecke sind. Um dieses Schema zu implementieren, stellen wir die Ecke bei Besuch jeweils in eine Warteschlange. Sobald eine Nachbarschaftsliste fertig ist, wird eine Ecke aus der Warteschlange entfernt und man fährt fort, jede Ecke in ihrer Nachbarschaftsliste zu untersuchen. Nichtaufgesuchte Ecken werden aufgesucht und dann in die Warteschlange gestellt, aufgesuchte Ecken werden ignoriert. Wir haben die Suche dann beendet, wenn die Warteschlange leer ist.

Zur Implementierung der Breitenerstsuche setzen wir eine dynamisch verkettete Warteschlange, wie in Kapitel 4 beschrieben, ein. Jeder Warteschlangenknoten enthält Eck- und Verkettungsfelder. Die Funktionen *addq* und *deleteq* in Kapitel 4 (Programme 4.8 und 4.9) arbeiten dann korrekt, wenn wir alle Referenzen auf *element* durch **int** ersetzen. Die Funktion *bfs* (Programm 6.2) enthält den C-Code zur Implementierung der Breitenerstsuche.

Die Definition für die Warteschlange und die von *bfs* eingesetzten Funktionsprototypen lauten:

```
typedef struct queue *queue_pointer;
typedef struct queue {
        int vertex;
        queue_pointer link;
        } queue;
void addq(queue_pointer *, queue_pointer *, int);
int deleteq(queue_pointer *);
```

```
void bfs(int v)
{
/* Breitenerstsuche eines Graphen, beginnend mit Knoten v.
Das globale Feld visited wird mit 0 initialisiert. Die Warte-
schlangenoperationen sind ähnlich denen in Kapitel 4. */
    node_pointer w;
    queue_pointer front,rear;
    front = rear = NULL; /* Initialisiere die Warteschlange */
    printf("%5d",v);
    visited[v] = TRUE;
    addq(&front, &rear, v);
    while (front) {
        v = deleteq(&front);
        for (w = graph[v]; w; w = w->link)
            if (!visited[w->vertex]) {
                printf("%5d", w->vertex);
                addq(&front,&rear,w->vertex);
                visited[w->vertex] = TRUE;
            }
    }
}
```

Programm 6.2: Breitenerstsuche eines Graphen

Analyse von *bfs*: Da jede Ecke genau einmal in die Warteschlange gesetzt wird, wird die **while**-Schleife höchstens n-mal wiederholt. Für die Darstellung der Nachbarschaftsliste besitzt diese Schleife Gesamtkosten von $d_0 + \cdots + d_{n-1} = O(e)$, wobei $d_i = degree\ (v_i)$. Für die Darstellung der Nachbarschaftsmatrix benötigt die **while**-Schleife die Zeit $O(n)$ für jede aufgesuchte Ecke. Daher beträgt die Gesamtzeit $O(n^2)$. Wie dies für *dfs* galt, bilden alle aufgesuchten Ecken zusammen mit allen zugehörigen Kanten eine zusammenhängende Komponente von G. □

6.2.3. Zusammenhangskomponenten

Wir können die beiden elementaren Graphsuchen zur Erzeugung zusätzlicher interessanterer Graphoperationen einsetzen. Lassen Sie uns zur Veranschaulichung das Problem betrachten, ob ein ungerichteter Graph zusammenhängend ist oder nicht. Wir können diese Operation durchführen, indem wir einfach *dfs*(0) oder *bfs*(0) aufrufen und dann bestimmen, ob es unaufgesuchte Ecken gibt, zum Beispiel endet der Aufruf *dfs*(0) beim Graphen G_4 in Abbildung 6.5 ohne Aufsuchen der Ecken 4, 5, 6 und 7. Wir können daher folgern, daß der Graph G_4 nicht zusammenhängend ist. Die Rechenzeit für diese Operation ist $O(n + e)$, wenn Nachbarschaftslisten verwendet werden.

Ein hiermit eng verknüpftes Problem ist das Auflisten der zusammenhängenden Komponenten eines Graphen. Dies kann leicht durchgeführt werden, wenn man wiederholt entweder *dfs*(v) oder *bfs*(v) aufruft, wobei v eine unaufgesuchte Ecke ist. Die Funktion *connected* (Programm 6.3) führt diese Operation aus. Obwohl wir *dfs* benutzt haben, kann *bfs* ohne Unterschied der Zeitkomplexität eingesetzt werden.

```
void connected(void)
{
/* Bestimme die zusammenhängenden Komponenten eines Graphen */
int i;
for (i = 0; i < n; i++)
    if(!visited[i]) {
        dfs(i);
        printf("\n");
    }
}
```

Programm 6.3: Zusammenhängende Komponenten

Analyse von *connected*: Wenn G durch seine Nachbarschaftsliste dargestellt wird, dann ist die Gesamtzeit, die von *dfs* gebraucht wird, O(e). Da die **for**-Schleife die Zeit O(n) braucht, ist die Gesamtzeit, die zur Generierung aller zusammenhängenden Komponenten benötigt wird O($n + e$).

Wenn G durch seine Nachbarschaftsmatrix dargestellt wird, dann ist die zur Bestimmung der zusammenhängenden Komponenten benötigte Zeit O(n^2). $\square$

6.2.4. Spannende Bäume

Wenn Graph G zusammenhängend ist, dann sucht eine Tiefen- oder Breitenerstsuche beginnend an einer beliebigen Ecke alle Ecken in G auf. Die Suche teilt die Kanten in G implizit in zwei Mengen: T (für Baumkanten (Tree)) und N (für nicht zum Baum gehörende Kanten). T ist die Menge der Kanten, die bei der Suche benutzt oder durchlaufen worden sind, und N ist die Menge der Restkanten. Wir können die Menge der Baumkanten bestimmen, indem wir zur if-Anweisung von *dfs* oder *bfs* eine Anweisung hinzufügen, welche die Kante (v, w) in eine verkettete Liste von Kanten einfügt. (T stellt den Kopf dieser verketteten Liste dar.) Die Kanten in T bilden einen Baum, der alle Ecken von G enthält. Ein *spannender Baum* ist ein Baum, der nur aus Kanten in G besteht und alle Ecken in G enthält. Abbildung 6.20 zeigt einen Graphen und drei seiner spannenden Bäume.

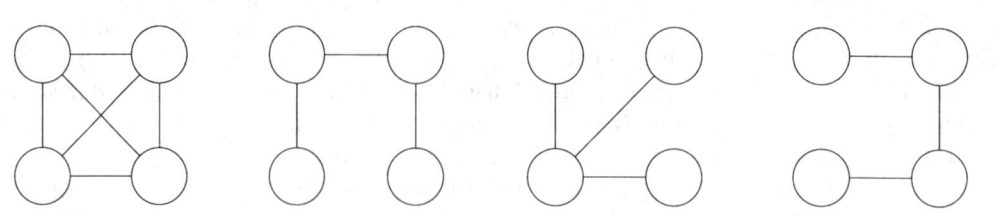

Abbildung 6.20: Ein kompletter Graph und drei seiner spannenden Bäume

Wie wir soeben ausgeführt haben, können wir entweder *dfs* oder *bfs* zur Erzeugung eines spannenden Baumes verwenden. Wird *dfs* verwendet, wird der resultierende spannende Baum als *Tiefenerstspannender Baum* (*depth first spanning tree*) bezeichnet. Wird *bfs* benutzt, wird der resultierende spannende Baum als *Breitenerstspannender Baum* (*breadth first spanning tree*) bezeichnet. Abbildung 6.21 zeigt die spannenden Bäume, die das Ergebnis einer Tiefenerst- und Breitenerstsuche sind beginnend mit Ecke v_0 im Graphen der Abbildung 6.19.

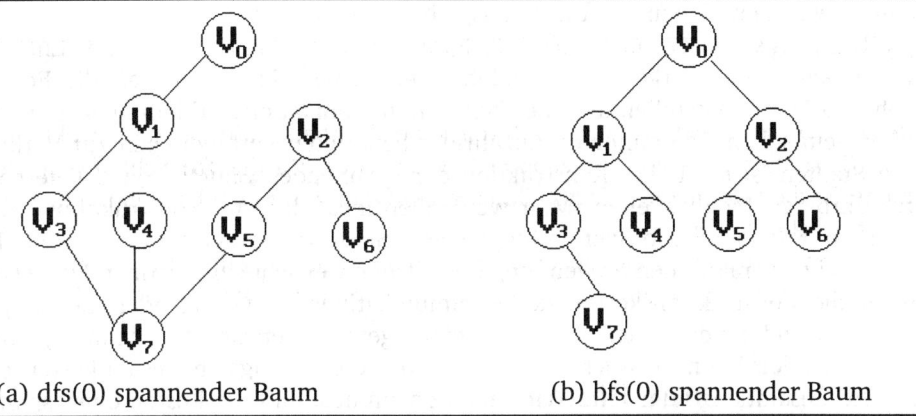

(a) dfs(0) spannender Baum   (b) bfs(0) spannender Baum

Abbildung 6.21: *dfs*-und *bfs*-spannende Bäume für den Graphen in Abbildung 6.19

Nehmen wir nun an, wir fügen eine Kante (v, w), die nicht zum Baum gehört, in einen beliebigen spannenden Baum T ein. Das Ergebnis ist ein Kreis, der aus der Kante (v, w) und allen Kanten auf dem Weg von w nach v in T besteht. Fügen wir beispielsweise dem *dfs* spannenden Baum der Abbildung 6.21(a) die Kante $(7, 6)$ hinzu, so ergibt sich der Kreis 7, 6, 2, 5, 7. Wir können diese Eigenschaft der spannenden Bäume nutzen, um eine linear unabhängige Menge von Stromkreisgleichungen für ein elektrisches Netzwerk zu erhalten.

Beispiel 6.2

[*Erzeugung von Stromkreisgleichungen*]: Um Stromkreisgleichungen zu erhalten, müssen wir zunächst einen spannenden Baum für das elektrische Netzwerk aufbauen. Dann fügen wir die nicht zum Baum gehörenden Kanten in den spannenden Baum jeweils nacheinander ein. Das Hinzufügen jeder dieser Kanten erzeugt einen Kreis. Daraufhin wenden wir Kirchhoffs zweites Gesetz auf diesen Kreis an, um eine Stromkreisgleichung zu erhalten. Die auf diesem Weg erhaltenen Kreise sind linear unabhängig (wir können keinen dieser Kreise durch Linearkombinationen der restlichen Kreise erhalten), da jeder eine nicht zum Baum gehörige Kante enthält, die nicht schon in einem anderen Kreis enthalten ist. Daraus folgt, daß die Stromkreisgleichungen ebenfalls linear unabhängig sind. Wir können hiermit tatsächlich zeigen, daß die Kreise durch einzelnes Hinzufügen der nicht zum Baum gehörenden Kanten in dem spannenden Baum eine Kreisbasis bilden.

Das bedeutet, daß wir alle anderen Kreise des Graphen bilden können, indem wir eine Linearkombination der Kreise aus der Basis verwenden. $\square$

Wir möchten noch eine zweite Eigenschaft der spannenden Bäume untersuchen. Ein spannender Baum ist ein *minimaler Teilgraph G'* von G, so daß $V(G') = V(G)$ und G' zusammenhängend ist. Wir definieren einen minimalen Teilgraphen als einen Graphen mit der geringsten Anzahl von Kanten. Jeder zusammenhängende Graph mit n Ecken muß mindestens $n - 1$ Kanten haben, und alle zusammenhängenden Graphen mit $n - 1$ Kanten sind Bäume. Daraus folgern wir, daß ein spannender Baum $n - 1$ Kanten besitzt. (In den Übungen wird diese Eigenschaft noch ausgiebiger untersucht).

Das Konstruieren minimaler Teilgraphen wird häufig bei dem Entwurf von Kommunikationsnetzwerken angewendet. Nehmen wir einmal an, daß die Ecken eines Graphen G Städte darstellen und die Kanten Kommunikationsverbindungen zwischen den Städten sein sollen. Die minimale Anzahl der benötigten Verbindungen zur Verknüpfung von n Städten ist $n - 1$. Die Konstruktion der spannenden Bäume von G liefert uns alle durchführbaren Möglichkeiten. Man weiß allerdings, daß die Konstruktions- und Baukosten für Kommunikationsverbindungen von Stadt zu Stadt meist variieren. Deshalb werden bei der praktischen Anwendung den Kanten Gewichte zugeordnet. Diese Gewichte können die Konstruktionskosten der Kommunikationsverbindung oder die Länge einer solchen Verbindung darstellen. Wenn wir einen gewichteten Graphen nehmen, wollen wir den spannenden Baum aussuchen, der entweder die niedrigsten Gesamtkosten oder die geringste Gesamtlänge darstellt. Wir gehen davon aus, daß die Kosten eines spannenden Baumes gleich der Summe der Kosten der Kanten dieses Baumes ist. Die erforderlichen Algorithmen zum Errechnen der Minimumkosten mit Hilfe der spannenden Bäume werden in einem späteren Abschnitt erläutert.

6.2.5. 2-zusammenhängende Komponenten und Artikulationen

Die bislang durchgeführten Operationen sind schlicht Erweiterungen der Tiefen- und Breitenerstsuche. Die nächste Operation, der wir uns zuwenden, ist komplexer und erfordert noch zusätzliche Fachbegriffe. Wir beginnen mit der Annahme, daß G ein ungerichteter, zusammenhängender Graph sei.

Eine *Artikulation* (trennender Punkt, *articulation point*) ist eine Ecke v von G, so daß das Entfernen von v zusammen mit ihren aufliegenden Kanten einen Graphen G' erzeugt, der mindestens zwei zusammenhängende Komponenten besitzt, zum Beispiel besitzt der zusammenhängende Graph von Abbildung 6.22 vier Artikulationen, nämlich die Ecken 1, 3, 5 und 7.

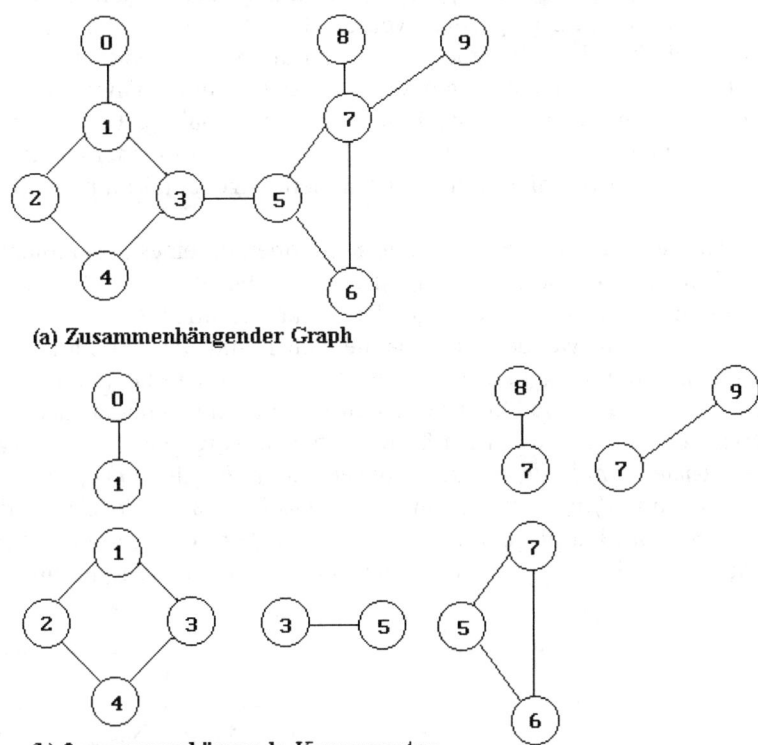

(a) Zusammenhängender Graph

(b) 2-zusammenhängende Komponenten

Abbildung 6.22: Ein zusammenhängender Graph und seine 2-zusammenhängenden Komponenten

Ein *2-zusammenhängender Graph* (*biconnected graph*) ist ein zusammenhängender Graph, der keine Artikulationen aufweist. Beispielsweise ist der Graph in Abbildung 6.19 2-zusammenhängend, während der Graph in Abbildung 6.22 dies offensichtlich nicht ist. In vielen Graphenanwendungen sind Artikulationen unerwünscht. Nehmen wir zum Beispiel an, daß der Graph der Abbildung 6.22(a) ein Kommunikationsnetzwerk darstellt. In solchen Graphen stellen die Ecken Kommunikationsstationen dar und die Kanten Kommunikationsverbindungen. Nun nehmen wir an, daß eine der Stationen, die eine Artikulation ist, fehlt. Das Ergebnis ist ein Kommunikationsverlust nicht nur zu und von dieser einzigen Station, sondern auch zwischen bestimmten anderen Stationspaaren.

Eine *2-zusammenhängende Komponente* (*biconnected component*) eines zusammenhängenden ungerichteten Graphen ist ein *maximaler 2-zusammenhängender Teilgraph* (*maximal biconnected subgraph*) H von G. Mit maximal meinen wir, daß G keinen anderen Teilgraphen enthält, der 2-zusammenhängend ist und außerdem H selbst enthält. Zum

Beispiel enthält der Graph in Abbildung 6.22(a) die sechs 2-zusammenhängenden Komponenten, die in Abbildung 6.22(b) gezeigt werden. Der 2-zusammenhängende Graph der Abbildung 6.19 enthält jedoch lediglich eine 2-zusammenhängende Komponente: den ganzen Graphen. Es läßt sich leicht zeigen, daß zwei 2-zusammenhängende Komponenten desselben Graphen nicht mehr als eine Ecke gemeinsam haben. Das heißt, daß keine Kante in zwei oder mehr als zwei 2-zusammenhängenden Komponenten eines Graphen vorkommen kann. Also partitionieren die 2-zusammenhängenden Komponenten von G die Kanten von G.

Wir können die 2-zusammenhängenden Komponenten eines zusammenhängenden, ungerichteten Graphen G unter Verwendung eines beliebigen tiefenerstspannenden Baumes von G finden. Zum Beispiel erzeugt der Funktionsaufruf $dfs(3)$, auf den Graphen der Abbildung 6.22(a) angewendet, den spannenden Baum der Abbildung 6.23(a). Wir haben den Baum in Abbildung 6.23(b) nachgezeichnet, um seine Baumstruktur besser hervorzuheben. Die in jeder Abbildung außen an den Ecken stehenden Zahlen geben die Reihenfolge an, in der die Ecken bei der Tiefenerstsuche aufgesucht werden. Wir nennen diese Zahl die *Tiefenerstzahl* (*depth first number*) oder *dfn* der Ecke, zum Beispiel ist $dfn(3)=0$, $dfn(0)=4$ und $dfn(9)=8$. Beachten Sie, daß Ecke 3 als Vorgänger der Ecken 0 und 9 eine niedrigere *dfn* hat als jede einzelne dieser Ecken! Generell gilt: Wenn u und v zwei Ecken sind und u ein Vorgänger von v im tiefenerstspannenden Baum ist, dann gilt $dfn(u) < dfn(v)$.

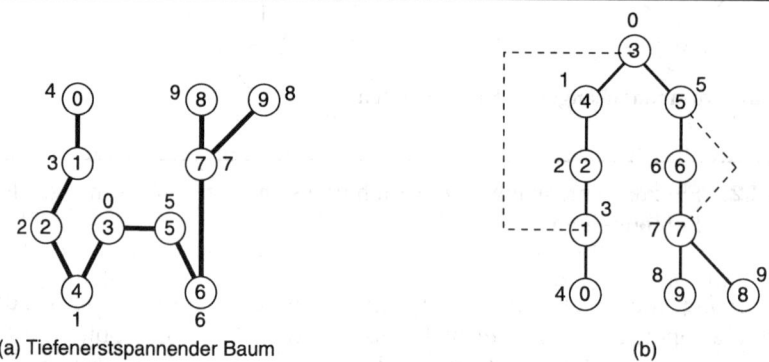

(a) Tiefenerstspannender Baum   (b)

Abbildung 6.23: Tiefenerstspannender Baum der Abbildung 6.22(a)

Die unterbrochenen Linien in Abbildung 6.23(b) stellen nicht zum Baum gehörende Kanten dar. Eine nicht zum Baum gehörende Kante (u, v) ist genau dann eine *Hinterkante*, wenn entweder u ein Vorgänger von v oder v ein Vorgänger von u ist. Es folgt aus der Definition von der Tiefenerstsuche, daß alle nicht zum Baum gehörenden Kanten Hinterkanten sind. Das heißt, daß die Wurzel eines tiefenerstspannenden Baumes genau dann eine Artikulation ist, wenn sie mindestens zwei Nachkommen hat. Des weiteren ist jede beliebige andere Ecke u genau dann eine Artikulation, wenn sie mindestens einen Nachkommen w hat, derart, daß wir keinen Vorgänger von u über einen Weg erreichen können, der nur aus w, seinen Nachfolgern und einer einzigen Hinterkante besteht. Diese Feststellungen führen uns zur Definition eines Wertes *low* (niedrig) für jede Ecke, so daß *low*(*u*) die niedrigste von *u* über einen Weg von Nachfolgern, gefolgt von mindestens einer Hinterkante, zu erreichende Tiefenerstzahl ist:

$$low(u) = \min\{dfn(u), \min\{low(w) \,|\, w \text{ ist ein Nachkomme von } u\},$$
$$\min\{dfn(w) \,|\, (u, w) \text{ ist eine Hinterkante}\}\}$$

Daher können wir sagen, daß *u* genau dann eine Artikulation ist, wenn es sich bei *u* entweder um die Wurzel des spannenden Baumes handelt und zwei oder mehrere Nachkommen vorhanden sind, oder *u* keine Wurzel ist und *u* einen Nachkommen *w* hat, so daß $low(w) \geq dfn(u)$ ist. Abbildung 6.24 zeigt die *dfn*- und *low*-Werte für jede Ecke des spannenden Baumes aus Abbildung 6.23(b). Aus dieser Tabelle können wir schließen, daß Ecke 1 eine Artikulation ist, da sie einen Nachkommen 0 hat, so daß $low(0) = 4 \geq dfn(1) = 3$. Ecke 7 ist ebenfalls eine Artikulation, da $low(8) = 9 \geq dfn(7) = 7$, genauso wie Ecke 5, da $low(6) = 5 \geq dfn(5) = 5$ ist. Schließlich stellen wir fest, daß die Wurzel, Ecke 3, eine Artikulation ist, weil sie mehr als einen Nachkommen besitzt.

Ecke	0	1	2	3	4	5	6	7	8	9
dfn	4	3	2	0	1	5	6	7	9	8
low	4	3	0	0	0	5	5	7	9	8

Abbildung 6.24: *dfn*- und *low*-Werte für *dfs*-spannenden Baum mit *root* = 3

Wir können nun einfach *dfs* zum Berechnen von *dfn* und *low* für jede Ecke eines zusammenhängenden, ungerichteten Graphen modifizieren. Das Ergebnis ist *dfnlow* (Programm 6.4). Wir rufen also die Funktion mit dem Befehl *dfnlow*(*x*, −1) auf, wobei *x* die Startecke für die Tiefenerstsuche ist. Die Funktion benutzt ein *MIN2*-Makro, das den kleineren ihrer beiden Parameter zurück gibt. Die Ergebnisse werden als zwei globale Variablen, *dfn* und *low*, zurück gegeben. Wir benutzen auch eine globale Variable *num* zum Erhöhen von *dfn* und *low*. Die Funktion *init* (Programm 6.5) enthält den Code zum korrekten Initialisieren von *dfn*, *low* und *num*. Die globalen Vereinbarungen lauten:

```
#define MIN2(x,y) ((x) < (y) ? (x) : (y))
short int dfn[MAX_VERTICES];
short int low[MAX_VERTICES];
int num;
```

```
void dfnlow(int u, int v)
{
/* Bererechne dfn und low und führe eine Tiefenerstsuche beginnend bei
Ecke u durch, v ist der Vorfahre von u (falls vorhanden) */
    node_pointer ptr;
    int w;
    dfn[u] = low[u] = num++;
    for (ptr = graph[u]; ptr; ptr = ptr->link) {
        w = ptr->vertex;
        if (dfn[w] < 0) { /* w ist eine unaufgesuchte Ecke */
            dfnlow(w,u);
            low[u] = MIN2(low[u],low[w]);
        }
        else if (w != v)
            low[u] = MIN2(low[u],dfn[w]);
    }
}
```

Programm 6.4: Bestimmen von *dfn* und *low*

```
void init(void)
{
    int i;
    for (i = 0; i < n; i++) {
        visited[i] = FALSE;
        dfn[i] = low[i] = -1;
    }
    num = 0;
}
```

Programm 6.5: Initialisieren von *dfn* und *low*

Wir können die Kanten des zusammenhängenden Graphen in ihre 2-zusammenhängenden Komponenten aufteilen, indem wir *dfnlow* etwas Code hinzufügen. Wir wissen, daß *low*[w] nach dem Rücksprung vom Funktionsaufruf *dfnlow*(w, u) berechnet wurde. Wenn *low*[w] ≥ *dfn*[u] ist, dann haben wir eine neue 2-zusammenhängende Komponente identifiziert. Wir können alle Kanten einer 2-zusammenhängenden Komponente ausgeben, wenn wir zum Speichern der Kanten einen Stapel einsetzen, sobald wir zum ersten Mal auf sie treffen. Die Funktion *bicon* (Programm 6.6) enthält den Code. Dieselbe Initialisierungsfunktion (Programm 6.5) wird hier eingesetzt, und der Funktionsaufruf ist *bicon*(x, −1), wobei x die Wurzel des spannenden Baumes ist.

```
void bicon(int u, int v)
{
/* Berechne dfn und low, gib die Kanten von G über ihre 2-zusammenhängenden
Komponenten aus, v ist der Vorgänger (falls vorhanden) der u (falls
vorhanden) im resultierenden spannenden Baum. Es wird angenommen, daß alle
Einträge von dfn[] auf -1 initialisiert wurden, num auf 0 initialisiert wurde
und der Stapel leer ist */
    node_pointer ptr;
    int w,x,y;
    dfn[u] = low[u] = num++;
    for (ptr = graph[u]; ptr; ptr = ptr->link) {
        w = ptr->vertex;
        if (v != w && dfn[w] < dfn[u])
            add(&top,u,w); /* Füge Kante zu Stapel hinzu */
            if (dfn[w] <0) { /* w wurde nicht aufgesucht */
                bicon(w,u);
                low[u] = MIN2(low[u],low[w]);
                if (low[w] >= dfn[u]) {
                    printf("Neue 2-zusammenhängende Komponente: ");
                    do { /* Lösche Kante vom Stapel */
                        delete(&top, &x, &y);
                        printf(" <%d,%d>",x,y);
                    } while (!((x == u) && (y == w)));
                    printf("\n");
                }
            }
            else if (w != v) low[u] = MIN2(low[u],dfn[w]);
    }
}
```

Programm 6.6: 2-zusammenhängende Komponenten eines Graphen

Analyse von _bicon_: Die Funktion _bicon_ setzt voraus, daß der zusammenhängende Graph mindestens zwei Ecken besitzt. Technisch ist ein Graph mit einer Ecke und ohne Kanten 2-zusammenhängend. Jedoch behandelt unsere Implementierung diesen besonderen Fall nicht. Die Komplexität von _bicon_ ist O($n + e$). Wir überlassen den Beweis der Korrektheit dieser Aussage einer Übung. □

ÜBUNGEN

1. Schreiben Sie *dfs* neu, wobei die Graphendarstellung mit Nachbarschaftsmatrizen erfolgen soll.

2. Schreiben Sie *bfs* neu, so daß Nachbarschaftsmatrizen benutzt werden.

3. *G* sei ein zusammenhängender ungerichteter Graph. Zeigen Sie, daß keine Kante von *G* in zwei oder mehreren 2-zusammenhängenden Komponenten von *G* sein kann. Kann eine Ecke von *G* in mehr als einer 2-zusammenhängenden Komponente vorkommen?

4. *G* sei ein zusammenhängender Graph und *T* ein beliebiger seiner tiefenerst-spannenden Bäume. Zeigen Sie, daß jede Kante von *G*, die nicht in *T* vorkommt, eine Hinterkante bezüglich *T* ist.

5. Schreiben Sie die notwendigen Stapeloperationen zur vollständigen Implementierung der *bicon* Funktion. Benutzen Sie eine dynamisch verkettete Darstellung für den Stapel.

6. Beweisen Sie, daß die *bicon* Funktion zur korrekten Unterteilung der Kanten eines zusammenhängenden Graphen in seine 2-zusammenhängenden Komponenten dient.

7. Ein *2-partiter Graph* ist ein ungerichteter Graph, dessen Ecken in zwei disjunkte Mengen V_1 und $V_2 = V \setminus V_1$ aufgeteilt werden können mit den folgenden Eigenschaften:

    *   keine zwei Ecken in V_1 sind in *G* benachbart

    *   keine zwei Ecken in V_2 sind in *G* benachbart

    Der Graph G_4 in Abbildung 6.5 ist 2-partit. Eine mögliche Partitionierung von *V* ist $V_1 = \{0, 3, 4, 6\}$ und $V_2 = \{1, 2, 5, 7\}$. Schreiben Sie eine Funktion zur Bestimmung, ob es sich um einen 2-partiten Graphen handelt. Wenn der Graph 2-partit ist, sollte Ihre Funktion die Unterteilung der Ecken in zwei disjunkte Mengen V_1 und V_2 ergeben, so daß beide gelisteten Eigenschaften erfüllt sind. Zeigen Sie, daß bei Darstellung von *G* durch seine Nachbarschaftslisten die Funktion über eine Berechnungszeit von $O(n + e)$ verfügt, wobei $n = |V(G)|$ und $e = |E(G)|$ gilt ($|\,|$ ist die Kardinalität der Menge, d.h. die Anzahl der Elemente in ihr).

8. Zeigen Sie, daß jeder Baum ein 2-partiter Graph ist.

9. Beweisen Sie, daß ein Graph genau dann 2-partit ist, wenn er keine Kreise ungerader Länge enthält.

10. Wenden Sie Tiefenerst- und Breitenerstsuchverfahren auf den vollständigen Graphen mit vier Ecken an. Listen Sie die Ecken in der Reihenfolge auf, wie sie aufgesucht werden.

11. Zeigen Sie, wie *dfs* bei Verwendung in *connected* modifiziert werden muß, um eine Liste aller neu aufgesuchten Ecken zu erzeugen.

12. Beweisen Sie, daß bei Anwendung von *dfs* auf einen zusammenhängenden Graphen die Kanten von *T* einen Baum bilden.

13. Beweisen Sie, daß bei Anwendung von *bfs* auf einen zusammenhängenden Graphen die Kanten von *T* einen Baum bilden.

14. Eine Kante (u, v) eines zusammenhängenden Graphen G ist genau dann eine *Brücke*, wenn ihre Löschung aus G einen Graphen erzeugt, der nicht mehr zusammenhängend ist. Im Graphen der Abbildung 6.22 sind die Kanten $(0, 1)$, $(3, 5)$, $(7, 8)$ und $(7, 9)$ Brücken. Schreiben Sie eine Funktion, mit der die Brücken im Graphen gefunden werden. Ihre Funktion sollte eine Zeitkomplexität von $O(n + e)$ haben. (Hinweis: Nehmen Sie *bicon* als Startpunkt.)

15. Unter Verwendung eines vollständigen Graphen mit n Ecken sollen Sie zeigen, daß die Anzahl der spannenden Bäume mindestens $2^{n-1} - 1$ beträgt.

6.3. SPANNENDE BÄUME MIT MINIMALEN KOSTEN

Die *Kosten* eines spannenden Baumes in einem gewichteten, ungerichteten Graphen ist gleich der Summe der Kosten (Gewichte) der Kanten im spannenden Baum. Ein *Minimumkosten-spannender Baum* ist ein spannender Baum mit den geringsten Kosten. Drei verschiedene Algorithmen können angewendet werden, um zum spannenden Baum für Minimumkosten eines zusammenhängenden, ungerichteten Graphen zu gelangen. Alle drei verwenden eine Strategie für den Aufbau des Algorithmus, die Greedy-Methode (greedy = gierig, gefräßig) genannt wird. Man kennt die drei Algorithmen jeweils als den Kruskal-, Prim- und Sollin-Algorithmus.

Bei der Greedy-Methode wird die optimale Lösung in Etappen aufgebaut. In jeder Etappe fällen wir eine Entscheidung, welche die beste Entscheidung (unter Einsatz einiger Kriterien) zu dieser Zeit ist. Da wir diese Entscheidung später nicht mehr ändern können, müssen wir sicher sein, daß die Entscheidung zu einer durchführbaren Lösung führt. Die Greedy-Methode kann auf eine große Anzahl von Programmierproblemen angewendet werden. Typischerweise basiert die Wahl eines Elements in jeder Etappe auf den beiden Kriterien: Entweder die geringsten Kosten oder den größten Gewinn. Eine durchführbare Lösung muß sich innerhalb der durch das Problem spezifizierten Bedingungen realisieren lassen.

Für spannende Bäume nehmen wir das Kriterium der geringsten Kosten. Unsere Lösung muß den folgenden Bedingungen gehorchen:

(1) Wir dürfen nur Kanten innerhalb des Graphen benutzen.

(2) Wir dürfen genau $n - 1$ Kanten einsetzen.

(3) Wir dürfen keine Kanten verwenden, die einen Kreis erzeugen würden.

Der Kruskal-Algorithmus

Der Kruskal-Algorithmus errichtet einen spannenden Baum der Minimumkosten T durch schrittweises Hinzufügen von Kanten an T. Bei diesem Algorithmus werden die in T einzufügenden Kanten aus einer nichtabsteigenden Kostenfolge ausgesucht. Eine Kante wird dann T hinzugefügt, wenn sie mit den Kanten, die bereits in T vorhanden sind, keinen Kreis bildet. Da G zusammenhängend ist und $n > 0$ Ecken besitzt, werden genau $n - 1$ Kanten in T eingefügt.

Beispiel 6.3:

Wir wollen einen spannenden Baum der Minimumkosten aus dem Graphen der Abbildung 6.25(a) konstruieren. Abbildung 6.26 zeigt sowohl die Reihenfolge, in der die einzufügenden Kanten berücksichtigt werden, als auch das Ergebnis und die gegebenenfalls durchgeführten Änderungen im spannenden Baum. Beispielsweise wird Kante (0, 5) als erste zum Einfügen berücksichtigt. Da sie offensichtlich keinen Kreis erzeugen kann, wird sie dem Baum hinzugefügt. Das Ergebnis ist der Baum in Abbildung 6.25(c). Desgleichen wird die Kante (2, 3) als nächste berücksichtigt. Sie wird ebenfalls dem Baum hinzugefügt, und das Ergebnis ist in Abbildung 6.25(d) zu sehen. So wird weiter verfahren, bis der spannende Baum $n - 1$ Kanten besitzt (Abbildung 6.25(h)). Die Kosten des spannenden Baumes betragen 99. $\square$

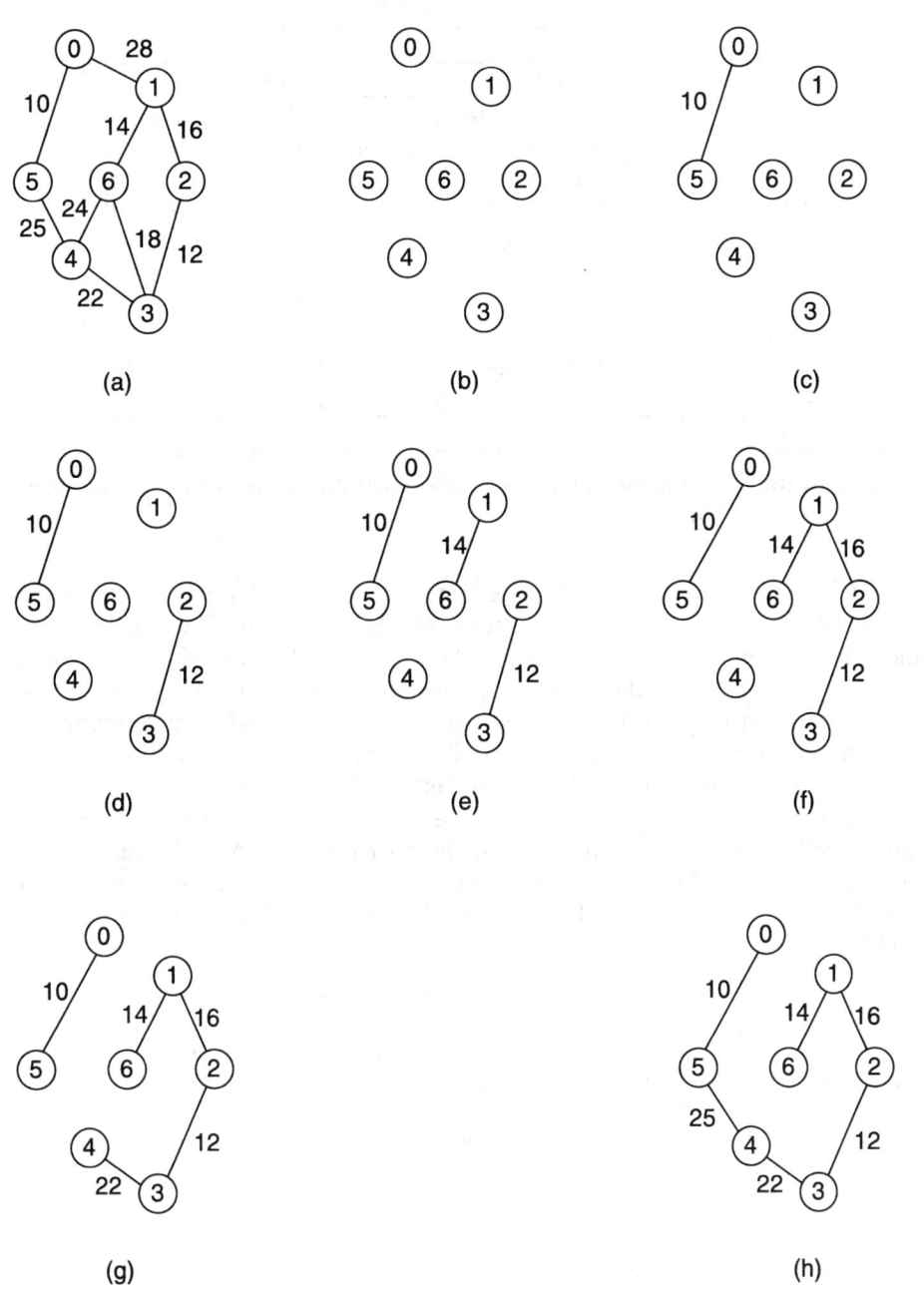

Abbildung 6.25: Etappen im Kruskal-Algorithmus

Kante	Gewicht	Ergebnis	Abbildung
----	---	Anfangszustand	Abbildung 6.25(b)
(0,5)	10	Zum Baum hinzugefügt	Abbildung 6.25(c)
(2,3)	12	Hinzugefügt	Abbildung 6.25(d)
(1,6)	14	Hinzugefügt	Abbildung 6.25(e)
(1,2)	16	Hinzugefügt	Abbildung 6.25(f)
(3,6)	18	Verworfen	
(3,4)	22	Hinzugefügt	Abbildung 6.25(g)
(4,6)	24	Verworfen	
(4,5)	25	Hinzugefügt	Abbildung 6.25(h)
(0,1)	28	Nicht berücksichtigt	

Abbildung 6.26: Zusammenfassung des Kruskal-Algorithmus, angewendet auf Abbildung 6.25(a)

Programm 6.7 stellt eine formale Beschreibung des Kruskal-Algorithmus dar. (Wir wollen das Schreiben der C-Funktion einer Übung überlassen). Gehen wir davon aus, daß E anfangs die Menge aller Kanten von G darstellt. Zur Implementierung von Kruskals Algorithmus müssen wir in der Lage sein, eine Kante mit Minimumkosten zu bestimmen und diese Kante zu löschen. Wir können beide Operationen effizient durchführen, wenn wir die Kanten in E als sortierte, sequentielle Listen führen. Wie wir in Kapitel 7 sehen werden, können wir die Kanten in E in der Zeit $O(e \log e)$ sortieren. Es ist so lange nicht notwendig, die Kanten in E zu sortieren, wie wir die nächste Kante mit den geringsten Kosten schnell auffinden können. Ein Min-Heap ist für diese Aufgabe ideal geeignet, da wir die Kante, die mit den geringsten Kosten als nächste an die Reihe kommt, in der Zeit $O(\log e)$ bestimmen und löschen können. Die Konstruktion eines Heap selbst erfordert die Zeit $O(e)$.

```
T = {};
while (T weniger als n-1 Kanten enthält && E nicht leer ist) {
    wähle eine Kante minimaler Kosten (v,w) aus E;
    lösche (v,w) aus E;
    if ((v,w) keinen Kreis in T erzeugt)
        füge (v,w) zu T hinzu;
    else
        verwerfe (v,w);
}
if (T weniger als n-1 Kanten enthält)
    printf("Kein spannender Baum\n");
```

Programm 6.7: Kruskal-Algorithmus

Zum Prüfen, ob die neue Kante (v, w) keinen Kreis in T bildet und zum Hinzufügen dieser Kante an T können wir die in Abschnitt 5.9 besprochenen Operationen zur Auffindung von

Vereinigungen verwenden. Das bedeutet, daß wir jede zusammenhängende Komponente in T als eine Menge betrachten, welche die Ecken dieser Komponente enthalten. Zu Anfang ist T leer, und jede Ecke von G befindet sich in einer anderen Menge (siehe Abbildung 6.25(b)). Vor Hinzufügen einer Kante (v, w) gehen wird durch die Suchoperation zur Bestimmung, ob v und w in derselben Menge enthalten sind. Wenn dies zutrifft, sind die beiden Ecken schon zusammenhängend und die Kante (v, w) würde einen Kreis bilden. Zum Beispiel könnte man die Kante (3, 2) nehmen, und es ergäben sich die Mengen {0}, {1, 2, 3}, {5}, {6}. Da die Ecken 3 und 2 bereits in derselben Menge enthalten sind, wird die Kante (3, 2) zurückgewiesen. Die nächste zu untersuchende Kante ist (1, 5). Da die Ecken 1 und 5 in verschiedenen Mengen enthalten sind, wird die Kante angenommen. Diese Kante verbindet die beiden Komponenten {1, 2, 3} und {5}. Daher führen wir eine Vereinigung von diesen beiden Mengen durch und erhalten die Menge {1, 2, 3, 5}.

Da die Vereinigungssuchoperationen weniger Zeit als das Auswählen und Löschen von Kanten (Zeile 3 und 4) erfordern, bestimmen diese letzteren Operationen die Gesamtrechenzeit des Kruskal-Algorithmus. Daraus folgt, daß die Gesamtrechenzeit gleich O($e \log e$) ist. Das Theorem 6.1 beweist, daß das Programm 6.7 einen minimalen spannenden Baum von G erzeugt.

Theorem 6.1: Sei G ein ungerichteter, zusammenhängender Graph. Der Kruskal-Algorithmus erzeugt einen spannenden Baum minimaler Kosten.

Beweis: Wir müssen zeigen, daß:

(a)   Kruskals Methode einen spannenden Baum erzeugt, wenn ein spannender Baum überhaupt exisitiert.

(b)   Der erzeugte spannende Baum die Minimalkosten darstellt.

Bei (a) ist zu beachten, daß der Kruskal-Algorithmus nur die Kanten, die Kreise erzeugen, zurückweist. Wir wissen bereits, daß das Löschen einer einzelnen Kante aus einem Kreis in einem zusammenhängenden Graphen einen Graphen erzeugt, der ebenfalls zusammenhängend ist. Daraus folgt, daß bei anfänglich zusammenhängendem G die Kantenmengen von T und E immer einen zusammenhängenden Graphen bilden. Also ergibt sich, wenn G anfangs zusammenhängend ist, kann der Algorithmus nicht mit $E=\{\}$ und $|\ T\ | < n - 1$ enden.

Wir wollen jetzt zeigen, daß der konstruierte spannende Baum T Minimalkosten aufweist. Da G eine endliche Anzahl spannender Bäume hat, muß mindestens einer dabei sein, der Minimalkosten aufweist. Sei U ein derartiger Baum. Sowohl T als auch U besitzen genau $n - 1$ Kanten. Wenn $T = U$ ist, dann hat T Minimalkosten, und es gibt nichts zu beweisen. Nehmen wir also an, daß $T \neq U$ sei. Sei k, $k>0$ die Anzahl der Kanten von T, die nicht in U enthalten sind (k ist auch die Anzahl der Kanten in U, die nicht in T enthalten sind).

Wir werden durch Umwandeln von U in T zeigen, daß T und U dieselben Kosten haben. Diese Umwandlung erfolgt in k Schritten. Bei jedem Schritt wird die Anzahl der nicht in U enthaltenen T Kanten um genau 1 reduziert. Darüber hinaus werden die Kosten von U als Ergebnis der Umwandlung nicht verändert. Im Ergebnis hat U nach k

Umwandlungsschritten dieselben Kosten wie U am Anfang und enthält exakt die Kanten, die T enthält. Diese Tatsache impliziert, daß T minimale Kosten trägt.

Bei jedem Umwandlungsschritt fügen wir eine Kante e von T nach U hinzu und entfernen eine Kante f von U. Wir wählen die Kanten e und f folgendermaßen:

(1)   Sei e die Kante geringster Kosten von T, die nicht in U enthalten ist. Eine derartige Kante muß existieren, da $k > 0$ ist.

(2)   Fügen wir e zu U hinzu, erzeugen wir einen einzelnen Kreis. Sei f eine Kante auf diesem Kreis, die nicht in T ist. Wir wissen, daß mindestens eine der Kanten auf diesem Kreis nicht in T ist, da T keine Kreise enthält.

Sind e und f auf diese Weise ausgewählt worden, so folgt, daß $V = U + \{e\} - \{f\}$ ein spannender Baum ist und daß T genau $k - 1$ nicht in V enthaltene Kanten besitzt. Wir müssen zeigen, daß die Kosten von V gleich den Kosten von U sind. Es ist klar, daß sich die Kosten von V aus den Kosten von U plus der Kosten der Kante e minus der Kosten der Kante f zusammensetzen. Die Kosten von e können nicht geringer als die Kosten von f sein, da sonst der spannende Baum V geringere Kosten als der Baum U aufweisen müßte. Das ist nicht möglich. Wenn e höhere Kosten als f hat, dann wird f vor e entsprechend dem Kruskal-Algorithmus berücksichtigt. Da T diese Kante nicht enthält, muß sie gemäß diesem Algorithmus schon verworfen worden sein. Daher muß f zusammen mit den Kanten von T, deren Kosten geringer oder gleich der Kosten f sind, einen Kreis bilden. Durch die Wahl von e sind alle erwähnten Kanten auch in U. Daraus folgt, daß U einen Kreis enthält. Da U jedoch einen spannenden Baum darstellt, kann kein Kreis enthalten sein. Also führt die Annahme, daß e höhere Kosten als f hat, zu einem Widerspruch. Das bedeutet, daß e und f dieselben Kosten darstellen müssen. Also hat V dieselben Kosten wie U. $\square$

Der Prim-Algorithmus

Beim Prim-Algorithmus wird wie im Kruskal-Algorithmus der spannende Baum minimaler Kosten konstruiert, indem jeweils eine Kante hinzugefügt wird. In jedem Stadium des Algorithmus bildet jedoch die Menge der ausgewählten Kanten einen Baum. Im Kruskal-Algorithmus bildet hingegen die Menge der ausgewählten Kanten in jedem Stadium einen Wald. Der Prim-Algorithmus beginnt mit einem Baum T, der eine einzige Ecke enthält. Bei dieser kann es sich um eine beliebige der Ecken im Ursprungsgraphen handeln. Danach fügen wir eine Kante der geringsten Kosten (u, v) zu T hinzu, so daß $T \cup \{(u, v)\}$ auch ein Baum ist. Diese Schritte zur Hinzufügung von Kanten werden solange wiederholt, bis T $n - 1$ Kanten enthält. Zur Überprüfung, ob die hinzugefügte Kante nicht einen Kreis bildet, wählen wir bei jedem Schritt die Kante (u, v), so daß genau einer von u oder v in T enthalten ist. Das Programm 6.8 bietet eine formale Beschreibung des Prim-Algorithmus. T ist die Menge der Baumkanten, und TV ist die Menge der Baumecken, das heißt der Ecken, die aktuell im Baum enthalten sind. In Abbildung 6.27 wird der Verlauf des Prim-Algorithmus gezeigt, und zwar für den Graphen aus Abbildung 6.25(a).

```
T = {};
TV = {0}; /* Beginne mit Ecke 0 ohne Kanten */
while (T weniger als n-1 Kanten enthält) {
    sei (u, v) eine Kante minimaler Kosten, die Element von TV und
    nicht Element von TV ist;
    if (es keine solche Kante gibt)
        break;
    füge v zu TV hinzu;
    füge (u, v) zu T hinzu;
}
if (T weniger als n-1 Kanten enthält)
    printf("Kein spannender Baum\n");
```

Programm 6.8: Der Prim-Algorithmus

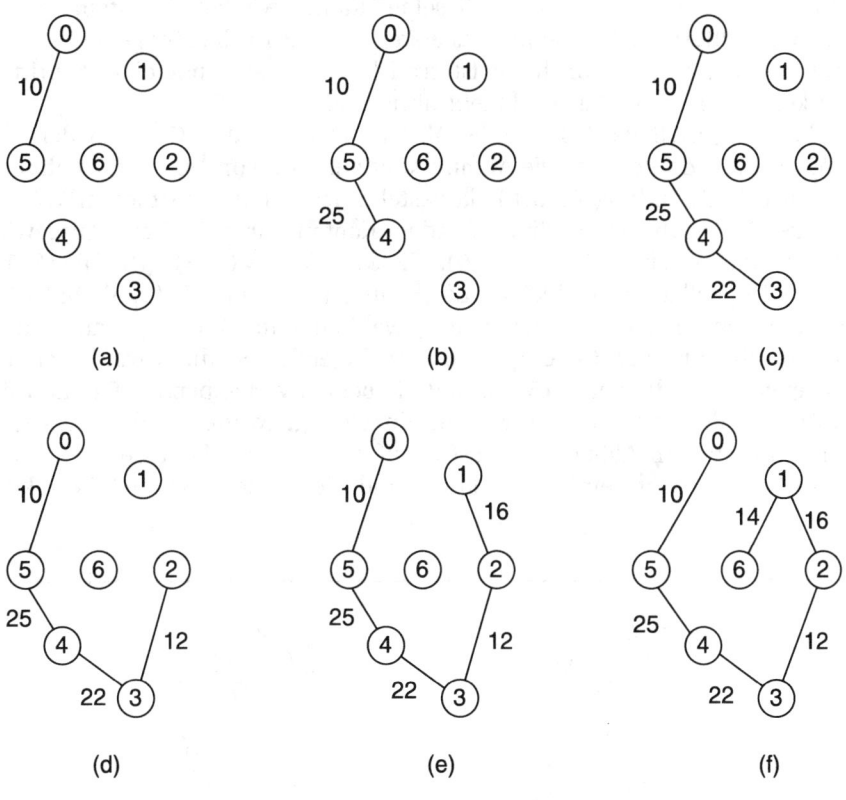

(a)   (b)   (c)

(d)   (e)   (f)

Abbildung 6.27: Stadien im Prim-Algorithmus

Zur Implementierung des Prim-Algorithmus gehen wir davon aus, daß jede nicht in *TV* enthaltene Ecke *v* eine Begleitecke *near(v)* hat, so daß *near(v)* ∈ *TV* ist, und

$cost(near(v), v)$ ein Minimalwert in der Auswahl aller Möglichkeiten für $near(v)$ ist. (Wir gehen davon aus, daß $cost(v, w) = \infty$ ist, wenn $(v, w) \notin E$ ist). In jedem Stadium wählen wir v so aus, daß $cost(near(v))$ das Minimum darstellt und $v \notin TV$ ist. Bei Anwendung dieser Strategie kann man den Prim-Algorithmus in der Zeit $O(n^2)$ implementieren, wobei n die Anzahl der Ecken in G darstellt. Asymptotisch schnellere Implementierungen sind ebenfalls möglich. Eine davon ergibt sich aus der Anwendung der Fibonacci-Heaps, die wir in Kapitel 9 untersuchen.

Der Sollin-Algorithmus

Im Gegensatz zu den Algorithmen von Kruskal und Prim werden beim Sollin-Algorithmus bei jedem Schritt mehrere Kanten zum Einfügen in T ausgewählt. Am Anfang eines Schritts bilden die ausgewählten Kanten zusammen mit allen n Graphenecken einen spannenden Wald. Im Laufe eines Schritts wählt man eine Kante für jeden Baum in diesem Wald. Diese Kante ist die Kante minimaler Kosten, die exakt eine Ecke im Baum besitzt. Da zwei Bäume im Wald dieselbe Kante wählen könnten, müssen wir Mehrfachkanten entfernen. Am Beginn des ersten Schritts ist die Menge der ausgewählten Kanten leer. Das Ende des Algorithmus ist erreicht, wenn am Ende eines Schritts nur ein Baum oder keine Kanten zur Auswahl mehr übrig sind.

In Abbildung 6.28 wird der Sollin-Algorithmus, auf den Graphen der Abbildung 6.25(a) angewendet, dargestellt. Die Anfangskonfiguration von Null ausgewählten Kanten ist dieselbe wie in Abbildung 6.25(b) dargestellt. Jeder Baum in diesem Wald ist eine einzelne Ecke. Im nächsten Stadium werden Kanten für jede Ecke ausgewählt. Die ausgewählten Kanten sind $(0, 5)$, $(1, 6)$, $(2, 3)$, $(3, 2)$, $(4, 3)$, $(5, 0)$, $(6, 1)$. Nach Entfernen der Doppelkanten verbleiben die Kanten $(0, 5)$, $(1, 6)$, $(2, 3)$ und $(4, 3)$. Wir addieren diese Kanten zur Menge der ausgewählten Kanten und erzeugen damit den Wald, wie in Abbildung 6.28(a) dargestellt. Im folgenden Stadium wählt der Baum mit der Eckenmenge $(0, 5)$ die Kante $(5, 4)$, und die beiden verbleibenden Bäume wählen die Kante $(1, 2)$. Nachdem diese beiden Kanten hinzugefügt worden sind, ist der spannende Baum vollständig, wie in Abbildung 6.28(b) aufgezeigt. Wir überlassen die Entwicklung des Sollin-Algorithmus in eine C-Funktion und den Nachweis der Korrektheit den Übungen.

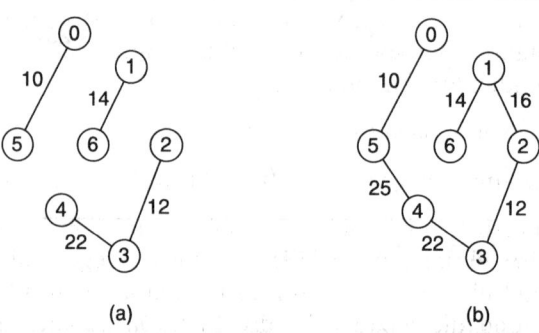

(a) (b)

Abbildung 6.28: Stadien beim Sollin-Algorithmus

ÜBUNGEN

1. Beweisen Sie, daß der Prim-Algorithmus geeignet ist, einen spannenden Baum minimaler Kosten für jeden ungerichteten, zusammenhängenden Graphen zu suchen.

2. Verfeinern Sie den Prim-Algorithmus (Programm 6.8) in eine C-Funktion, mit der ein spannender Baum minimaler Kosten gefunden wird. Die Komplexität Ihrer Funktion soll $O(n^2)$ sein, wobei n die Anzahl der Ecken im Graphen wiedergibt. Zeigen Sie, daß dies der Fall ist.

3. Beweisen Sie, daß mit dem Sollin-Algorithmus ein spannender Baum minimaler Kosten für jeden zusammenhängenden, ungerichteten Graphen gefunden wird.

4. Welche maximale Anzahl von Stadien gibt es beim Sollin-Algorithmus? Stellen Sie dies als Funktion der Anzahl der Ecken n des Graphen dar.

5. Schreiben Sie eine C-Funktion, die zur Suche eines spannenden Baumes minimaler Kosten dient, wobei der Sollin-Algorithmus eingesetzt wird. Wie ist die Komplexität Ihrer Funktion?

6. Schreiben Sie eine C-Funktion, die einen spannenden Baum minimaler Kosten unter Verwendung des Kruskal-Algorithmus ausfindig macht. Sie können die *union*- und *find*-Funktionen aus Kapitel 5 verwenden sowie die *sort*-Funktion aus Kapitel 1 oder die Min-Heap-Funktionen aus Kapitel 5.

7. Zeigen Sie, daß wenn T einen spannenden Baum für einen ungerichteten Graphen G darstellt, das Hinzufügen einer Kante e mit $e \notin E(T)$ und $e \in E(G)$ zu T einen einzigen Kreis erzeugt.

6.4. KÜRZESTE WEGE UND TRANSITIVER ABSCHLUß

Nehmen wir an, daß wir einen Graphen haben, der das Autobahnsystem eines Staates oder eines Landes darstellt. Die in diesem Graph enthaltenen Ecken stellen die Städte dar, und die Kanten stellen Abschnitte der Autobahn dar. Jede Kante erhält eine Gewichtung, die die Distanz zwischen den beiden durch die Kante zusammenhängenden Städte repräsentiert. Ein Autofahrer, der von der Stadt A zur Stadt B fahren möchte, wäre an der Beantwortung der folgenden Fragen interessiert:

(1)   Gibt es einen Weg von A nach B?

(2)   Wenn es mehr als einen Weg von A nach B gibt, welcher der Wege ist der kürzeste?

In diesem Abschnitt untersuchen wir mehrere Probleme im Hinblick auf das Auffinden der kürzesten Wege. Man definiert die Länge eines Weges als die Summe der Kantengewichtungen und nicht etwa der Anzahl Kanten auf dem Weg. Die Startecke des Weges ist der Anfang und die letzte Ecke das Ziel. Da es auch Einbahnstraßen gibt, werden die Graphen gerichtet. Wenn nicht anders angegeben, geht man davon aus, daß alle Gewichtungen positiv seien.

6.4.1. Ein Startpunkt - alle Ziele

In diesem Problem sei ein gerichteter Graph $G = (V, E)$, eine Gewichtungsfunktion $w(e)$ mit $w(e) > 0$ für die Kanten von G und eine Anfangsecke v_0 gegeben. Wir wollen den kürzesten Weg von v_0 zu jeder der restlichen Ecken G bestimmen. Als Beispiel betrachen wir den Graphen der Abbildung 6.29(a). Wenn v_0 die Anfangsecke ist, dann ist der kürzeste Weg von v_0 nach v_1: v_0, v_2, v_3, v_1. Die Länge dieses Weges ist $10 + 15 + 20 = 45$. Obwohl es drei Kanten auf diesem Weg gibt, ist er kürzer als der Weg $v_0 v_1$, der eine Länge von 50 besitzt. In Abbildung 6.29(b) sind die kürzesten Wege von v_0 bis v_1, v_2, v_3 und v_4 in nicht absteigender Reihenfolge der Weglänge aufgelistet. Es gibt keinen Weg von v_0 nach v_5.

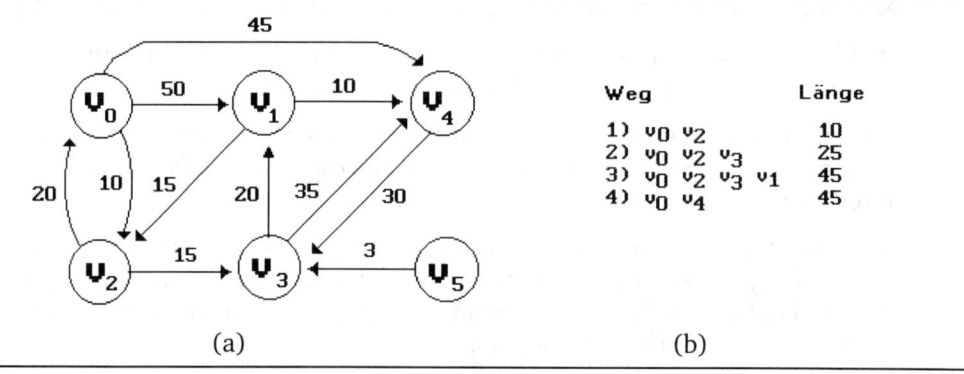

Weg	Länge
1) v_0 v_2	10
2) v_0 v_2 v_3	25
3) v_0 v_2 v_3 v_1	45
4) v_0 v_4	45

(a)   (b)

Abbildung 6.29: Graph und kürzeste Wege von v_0 aus

Wir können einen Greedy-Algorithmus zur Generierung der kürzesten Wege in der in Abbildung 6.29(b) angegebenen Reihenfolge einsetzen. Sei S kennzeichnend für die Menge Ecken einschließlich v_0, deren kürzeste Wege bereits gefunden wurden. Für ein w, das nicht in S enthalten ist, sei $distance[w]$ die Länge des kürzesten Weges, der bei v_0 beginnt, ausschließlich über Ecken in S geht und bei w endet. Wenn die Wege in nicht-absteigender Reihenfolge der Länge erzeugt werden, führt dies zu den folgenden Beobachtungen:

(1)   Wenn der nächstkürzeste Weg zu Ecke u führt, dann ist der Weg ausgehend von v_0 nach u nur durch die in S enthaltenen Ecken möglich, zum Beweis dessen müssen wir zeigen, daß alle Zwischenecken auf dem kürzesten Weg ausgehend von v_0 nach u schon in S enthalten sind. Wir gehen davon aus, daß es eine Ecke w auf diesem Weg gibt, die nicht in S enthalten ist. Dann enthält der Weg von v_0 nach u auch einen Weg von v_0 nach w, der eine geringere Länge als die Länge des Weges von v_0 nach u aufweist. Da wir annehmen, daß die kürzesten Wege in nichtabsteigender Reihenfolge der Weglänge erzeugt werden, müssen wir zuvor einen Weg von v_0 nach w erzeugt haben. Dies ist offensichtlich ein Widerspruch. Daher kann es keine Zwischenecke, die nicht in S enthalten ist, geben.

(2)   Die Ecke u wird so gewählt, daß sie die Minimaldistanz $distance[u]$ unter allen nicht in S enthaltenen Ecken aufweist. Dies folgt aus der Definition von $distance$ und Beobachtung (1). Wenn es mehrere nicht in S enthaltene Ecken mit derselben Distanz gibt, dann können wir eine beliebige davon auswählen.

(3)   Haben wir nun u einmal gewählt und den kürzesten Weg von v_0 nach u erzeugt, wird u zu einem Element von S. Das Hinzufügen von u zu S kann die Distanz der kürzesten Wege, die bei v_0 beginnen und die nur durch in S enthaltenen Ecken laufen und bei einer Ecke w enden, die nicht aktuell in S enthalten ist, verändern. Ändert sich die Distanz, so haben wir einen kürzeren Weg von v_0 zu w gefunden. Dieser Weg geht durch u. Die Zwischenecken auf diesem Weg sind in S enthalten, und seine Teilwege von u nach w können so gewählt werden, als ob keine Zwischenecken existierten. Die Länge des kürzeren Weges ist $distance[u] + length$ $(<u, w>)$.

Wir schreiben diese Beobachtungen zusammen mit dem Algorithmus zur Bestimmung der kürzesten Wege von v_0 zu allen anderen Ecken in G Edsger Dijkstra zu. Wenn wir den Dijkstra-Algorithmus also implementieren wollen, gehen wir davon aus, daß die n Ecken von 0 bis $n - 1$ numeriert seien. Wir stellen die Menge S durch ein Feld $found$ dar, wobei $found[i] = FALSE$ ist, wenn Ecke i nicht in S enthalten ist und $found[i] = TRUE$ ist, wenn Ecke i in S enthalten ist. Wir stellen den Graphen durch seine Kostennachbarschaftsmatrix dar, wobei $cost[i][j]$ die Gewichtung der Kante $<i, j>$ darstellt. Wenn die Kante $<i, j>$ nicht in G enthalten ist, dann setzen wir $cost[i][j]$ auf eine große Zahl. Die Wahl dieser Zahl ist willkürlich, obwohl zwei Einschränkungen für ihren Wert gelten:

(1)   Die Zahl muß größer als ein beliebiger Wert in der Kostenmatrix sein.

(2)   Die Zahl muß so gewählt sein, daß die Feststellung $distance[u] + cost[u][w]$ nicht einen Überlauf im Vorzeichenbit hervorruft.

Aufgrund der Einschränkung (2) stellt INT_MAX (definiert in $<limits.h>$) eine schlechte Wahl für nichtexistierende Kanten dar. Bei $i = j$ können wir $cost[i][j]$ auf eine beliebige nicht negative Zahl setzen, ohne daß der Ausgang der Operation beeinträchtigt würde. Das Programm 6.9 enthält Musterdeklarationen, die den Graphen der Abbildung 6.29(a) erzeugen. Wir können leicht diese Deklarationen modifizieren, wenn der Graph von einer Datei oder einer Tastatur aus einzugeben ist oder auf andere Art erzeugt werden muß. In diesen Fällen sollte die den Graphen erzeugende Funktion die größte Gewichtung verfolgen, so daß die Gewichtung der nicht existierenden Kanten korrekt definiert werden kann. Die Funktion $shortest\_path$ (Programm 6.10) enthält unsere Implementierung des Dijkstra-Algorithmus. Diese Funktion benutzt $choose$ (Programm 6.11) zur Rückgabe einer Ecke u, die die geringste Entfernung von Startecke v aufweist.

```
#define MAX_VERTICES 6 /* Maximalzahl von Ecken */
int cost[][MAX_VERTICES] =
            {{    0,    50,    10, 1000,    45, 1000},
             {1000,     0,    15, 1000,    10, 1000},
             {  20, 1000,     0,    15, 1000, 1000},
             {1000,    20, 1000,     0,    35, 1000},
             {1000, 1000,    30, 1000,     0, 1000},
             {1000, 1000, 1000,     3, 1000,    0}}};
int distance[MAX_VERTICES];
short int found[MAX_VERTICES];
int n = MAX_VERTICES;
```

Programm 6.9: Deklarationen für den Algorithmus des kürzesten Weges

```
void shortestpath(int v, int cost[][MAX_VERTICES],
int distance[], int n, short int found[])
{
/* distance[i] stellt den kürzesten Weg von Ecke v zu i dar,
found[i] enthält eine 0, wenn der kürzeste Weg von Ecke i
noch nicht gefunden wurde und eine 1, wenn er gefunden wurde.
cost ist die Nachbarschaftsmatrix */
    int i,u,w;
    for (i = 0; i < n; i++) {
        found[i] = FALSE;
        distance[i] = cost[v][i];
    }
    found[v] = TRUE;
    distance[v] = 0;
    for (i = 0; i < n-2; i++) {
        u = choose(distance,n,found);
        found[u] = TRUE;
        for (w = 0; w < n; w++)
            if (!found[w])
                if (distance[u] + cost[u][w] < distance[w])
                    distance[w] = distance[u] + cost[u][w];
    }
}
```

Programm 6.10: Ein Startpunkt - kürzeste Wege

```
int choose(int distance[], int n, short int found[])
{
/* Finde die kürzeste Distanz, die noch nicht geprüft wurde */
   int i, min, minpos;
   min = INT_MAX;
   minpos = -1;
   for (i = 0; i < n; i++)
      if (distance[i] < min && !found[i]) {
         min = distance[i];
         minpos = i;
      }
   return minpos;
}
```

Programm 6.11: Die Kante der geringsten Kosten auswählen

Analyse von _shortestpath_: Die von einem Algorithmus benötigte Zeit bei einem Graphen mit n Ecken ist $O(n^2)$. Hierbei ist zu beachten, daß die erste **for**-Schleife die Zeit $O(n)$ braucht. Die zweite **for**-Schleife wird $n-2$-mal ausgeführt. Jede Schleifenausführung erfordert die Zeit $O(n)$, um die nächste Ecke auszuwählen und _dist_ zu aktualisieren. Also ist die Gesamtzeit für diese Schleife $O(n^2)$. Bei jedem beliebigen Algorithmus für den kürzesten Weg muß also jede Kante des Graphen mindestens einmal untersucht werden, da jede davon den kürzesten Weg darstellen könnte. Daraus folgt, daß die Mindestzeit für einen solchen Algorithmus $O(e)$ beträgt. Da wir den Graphen als Nachbarschaftsmatrix der Kosten dargestellt haben, benötigt man die Zeit $O(n^2)$ lediglich zur Bestimmung der Kanten von G. Daher besitzt jeder Algorithmus für den kürzesten Weg, der mit dieser Darstellung ausgeführt wird, eine Zeitkomplexität von $O(n^2)$. In den Übungen werden mehrere Variationen zur Beschleunigung des Algorithmus untersucht, doch bleibt die asymptotische Zeitkomplexität $O(n^2)$. Im Falle von Graphen mit wenigen Kanten schafft man es unter Verwendung von Fibonacci-Heaps zusammen mit einer Nachbarschaftslistendarstellung, den Greedy-Algorithmus für das Problem "Ein Startpunkt - alle Ziele" effizienter zu implementieren. Darauf werden wir in Kapitel 9 näher eingehen. □

Beispiel 6.4:

Wir betrachten den Digraphen mit acht Ecken in Abbildung 6.30(a) und seine Kostennachbarschaftsmatrix. (Abbildung 6.30(b)). Wir möchten den kürzesten Weg von Boston (Ecke 4) nach einer beliebigen anderen Stadt in diesem Graphen herausfinden. In Abbildung 6.31 werden die gewählten Ecken sowie die Distanzwerte bei jeder Wiederholung der verschachtelten **for**-Schleifen gezeigt. Beachten Sie, daß der Algorithmus aufhört, wenn sich nur sieben der acht Ecken in S befinden. Aufgrund der Definition der Distanz, ist die Distanz der letzten Ecke, in diesem Falle Los Angeles, korrekt, da der kürzeste Weg von Boston zu allen anderen Städten schon gefunden wurde. □

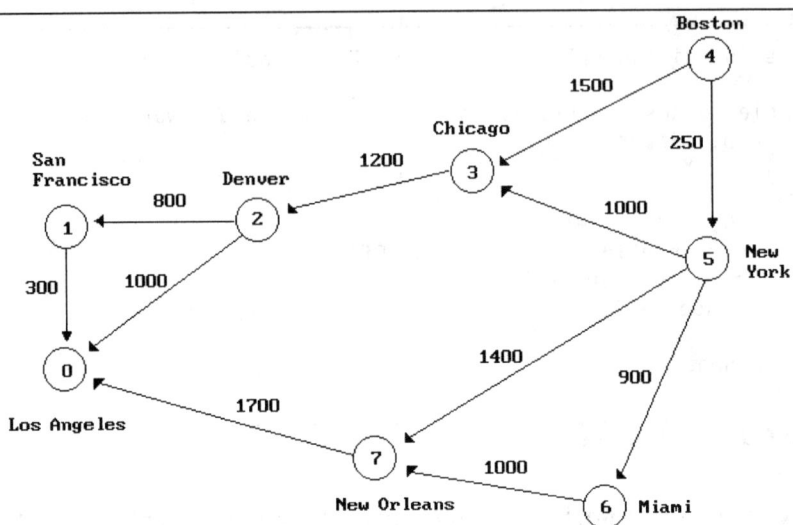

(a) Digraph für hypothetische Flugrouten

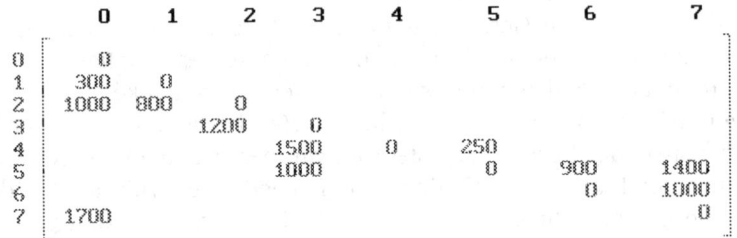

(b) Kostennachbarschaftsmatrix

Abbildung 6.30: Digraph für Flugrouten

Iteration	S	Ecke gewählt	Entfernung LA [0]	SF [1]	DEN [2]	CHI [3]	BOST [4]	NY [5]	MIA [6]	NO [7]
Anfang	--	----	$+\infty$	$+\infty$	$+\infty$	1250	0	250	$+\infty$	$+\infty$
1	{4}	5	$+\infty$	$+\infty$	$+\infty$	1250	0	250	1150	1650
2	{4,5}	6	$+\infty$	$+\infty$	$+\infty$	1250	0	250	1150	1650
3	{4,5,6}	3	$+\infty$	$+\infty$	2450	1250	0	250	1150	1650
4	{4,5,6,3}	7	3350	$+\infty$	2450	1250	0	250	1150	1650
5	{4,5,6,3,7}	2	3350	3250	2450	1250	0	250	1150	1650
6	{4,5,6,3,7,2}	1	3350	3250	2450	1250	0	250	1150	1650
	{4,5,6,3,7,2,1}									

Abbildung 6.31: Ablauf von *shortestpath* auf dem Digraph der Abbildung 6.30

6.4.2. Kürzeste Wege für alle Paare

In dem Problem der kürzesten Wege für alle Paare müssen wir die kürzesten Wege zwischen allen Eckpaaren v_i, v_j mit $i \neq j$ suchen. Wir könnten dieses Problem durch den Einsatz von *shortestpath* mit jeder der Ecken von $V(G)$ als dem Anfang lösen. *Da G n Ecken hat und shortestpath* eine Zeitkomplexität von $O(n^2)$ besitzt, wäre die erforderliche Gesamtzeit $O(n^3)$. Wir können jedoch einen konzeptionell einfacheren Algorithmus, der korrekt funktioniert, auch dann erhalten, wenn einige der Kanten von G negative Gewichtungen besitzen. (Dies setzt voraus, daß G keine Kreise mit negativer Länge hat.) Obwohl dieser Algorithmus immer noch eine Rechenzeit von $O(n^3)$ hat, ist sein konstanter Faktor kleiner. Bei diesem neuen Algorithmus wird die dynamische Programmiermethode eingesetzt.

Wir stellen den Graphen G durch seine Kostennachbarschaftsmatrix mit $cost[i][j] = 0$ für $i = j$ dar. Wenn die Kante $<i, j>$ mit $i \neq j$ nicht in G enthalten ist, dann setzen wir $cost[i][j]$ auf eine ausreichend große Zahl mit denselben Einschränkungen, wie sie in der vorhergehenden Problematik besprochen wurden. Sei $A^k[i][j]$ die Kosten des kürzesten Weges von i nach j, wobei nur die Zwischenecken mit einem Index $\leq k$ eingesetzt werden. Dann sind die Kosten des kürzesten Weges von i nach j gleich $A^{n-1}[i][j]$, da keine Ecke von G einen Index hat, der größer ist als $n - 1$. Des weiteren gilt: $A^{-1}[i][j] = cost[i][j]$, da die einzigen zugelassenen Wege von i nach j keine Zwischenecken besitzen.

Die Grundidee in allen Paaralgorithmen ist, mit der Matrix A^{-1} zu beginnen und nach und nach die Matrizen A^0, A^1, $A^2, \cdots, A^{n-1}$ zu generieren. Wenn wir A^{k-1} bereits gefunden haben, dann können wir A^k dadurch erhalten, daß wir erkennen, daß eine der beiden unten genannten Regeln für ein beliebiges Eckenpaar i, j gilt:

(1)   Der kürzeste Weg von i nach j, der durch keine Ecke mit einem größeren Index als k geht, verläuft nicht durch die Ecke mit dem Index k, und deshalb sind dessen Kosten gleich $A^{k-1}[i]j]$.

(2)   Der kürzeste Weg verlaufe über Ecke k. Solch ein Weg besteht aus einem Weg von i nach k, der von einem anderen von k nach j gefolgt wird. Keiner dieser beiden Wege geht durch eine Ecke mit einem größeren Index als $k - 1$. Daraus folgt, daß ihre Kosten $A^{k-1}[i][k]$ und $A^{k-1}[k][j]$ sind.

Diese Regeln liefern folgende Formeln für $A^k[i][j]$:

$$A^k[i][j] = \min\{A^{k-1}[i][j], A^{k-1}[i][k] + A^{k-1}[k][j]\}, \mathrm{k} \geq 0$$

und

$$A^{-1}[i][j] = cost[i][j]$$

Beispiel 6.5:

In Abbildung 6.32 wird ein Digraph mit seiner A^{-1}-Matrix dargestellt. Für diesen Graphen gilt $A^1[0][2] \neq \min\{A^1[0][2], A^0[0][1] + A^0[1][2]\} = 2$. Stattdessen ist $A^1[0][2] = -\infty$, weil die Länge des Weges

$$0, 1, 0, 1, 0, 1, \ldots, 0, 1, 2$$

beliebig klein gehalten werden kann. Diese Situation tritt auf, weil es einen Kreis $0, 1, 0$ gibt, der eine negative Länge (-1) besitzt. $\square$

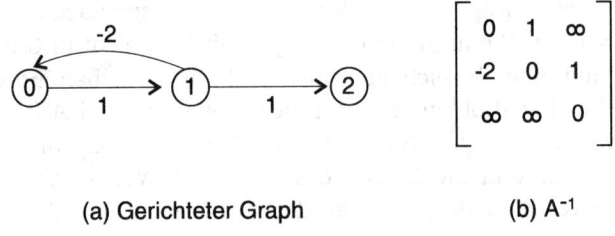

(a) Gerichteter Graph   (b) A^{-1}

Abbildung 6.32: Ein Graph mit negativem Kreis

Die Funktion *allcosts* (Programm 6.12) berechnet $A^{n-1}[i][j]$. Die Rechenoperationen werden direkt mit dem Feld *distance* ausgeführt, welches folgendermaßen definiert wird:

```
int distance[MAX_VERTICES][MAX_VERTICES];
```

```
void allcosts(int cost[][MAX_VERTICES],
                int distance[][MAX_VERTICES], int n)
{
/* Bestimme die Entfernung zwischen allen Paaren von Ecken,
cost ist die Nachbarschaftsmatrix, distance ist die Matrix der
Entfernungen */
    int i,j,k;
    for (i = 0; i < n; i++)
        for (j = 0; j < n; j++)
            distance[i][j] = cost[i][j];
    for (k = 0; k < n; k++)
        for (i = 0; i < n; i++)
            for (j = 0; j < n; j++)
                if (distance[i][k] + distance[k][j] < distance[i][j])
                    distance[i][j] =
                    distance[i][k] + distance[k][j];
}
```

Programm 6.12: Die Funktion für die kürzesten Wege zwischen allen Paaren

Der Grund dafür, daß diese Rechenoperationen am Platz ausgeführt werden können ist, daß $A^k[i,k] = A^{k-1}[i,k]$ und $A^k[k,j] = A^{k-1}[k,j]$ und somit die sofortige Berechnung das Ergebnis nicht verändert.

Analyse von *allcosts*: Dieser Algorithmus ist besonders leicht zu analysieren, weil der Schleifenablauf von den Daten in der Distanzmatrix unabhängig ist. Die Gesamtzeit für *allcosts* beträgt $O(n^3)$. In einer Übung werden die benötigten Erweiterungen zur Erzeugung der $<i,j>$-Wege mit diesen Längen untersucht. Wir können den Algorithmus beschleunigen, indem wir das Wissen um die Tatsache einsetzen, daß die innerste **for**-Schleife nur dann ausgeführt wird, wenn $distance[i][k]$ und $distance[k][j]$ nicht gleich ∞ sind. $\square$

Beispiel 6.6:

Wenn der Graph der Abbildung 6.33(a) eingesetzt wird, so erhält man die Kostenmatrix der Abbildung 6.33(b). Die Abbildung 6.34 zeigt die Anfangsmatrix A^{-1} und die Matrizen A^0, A^1, A^2. $\square$

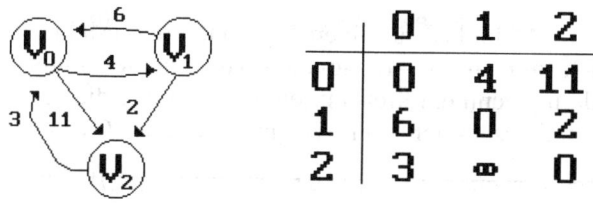

	0	1	2
0	0	4	11
1	6	0	2
2	3	∞	0

(a) Digraph G (b) Kostennachbarschaftsmatrix von G

Abbildung 6.33: Der gerichtete Graph und seine Kostenmatrix

A^{-1}	0	1	2
0	0	4	11
1	6	0	2
2	3	∞	0

A^0	0	1	2
0	0	4	11
1	6	0	2
2	3	7	0

A^1	0	1	2
0	0	4	6
1	6	0	2
2	3	7	0

A^2	0	1	2
0	0	4	6
1	5	0	2
2	3	7	0

Abbildung 6.34: Die von *allcosts* erzeugten Matrizen A^k für Abbildung 6.33(a)

6.4.3. Transitiver Abschluß

Wir möchten diesen Abschnitt mit einem Problem beschließen, das eng mit dem des "kürzesten Weges zwischen allen Paaren" zusammenhängend ist. Wir gehen davon aus, daß wir es mit einem gerichteten Graphen G mit ungewichteten Kanten zu tun haben. Wir wollen feststellen, ob es für alle Werte von i und j einen Weg von i nach j gibt. Zwei Fälle interessieren uns: Der erste Fall erfordert positive Weglängen, der zweite nur nichtnegative Weglängen. Diese Fälle sind als *transitiver Abschluß* und *reflexiver, transitiver Abschluß* eines Graphen bekannt. Wir definieren sie folgendermaßen:

Definition: Die *transitive Abschlußmatrix* A^+ eines gerichteten Graphen G ist eine Matrix mit $A^+[i][j] = 1$, wenn ein Weg mit der Länge > 0 von i nach j führt, ansonsten ist $A^+[i][j] = 0$. $\square$

Definition: Die *reflexive, transitive Abschlußmatrix* A^* eines gerichteten Graphen G ist eine Matrix mit $A^*[i][j] = 1$, wenn ein Weg mit der Länge ≥ 0 von i nach j führt, ansonsten ist $A^*[i][j] = 0$. $\square$

In Abbildung 6.35 wird A^+ und A^* für einen Digraphen dargestellt. Es ist klar erkennbar, daß A^+ und A^* sich nur in der Diagonalen voneinander unterscheiden. Daher ist $A^+[i][i] = 1$ genau dann, wenn ein Kreis mit einer Länge > 1 die Ecke i enthält. Hingegen ist $A^*[i][i]$ immer Eins, da es immer einen Weg mit der Länge 0 von i nach i gibt.

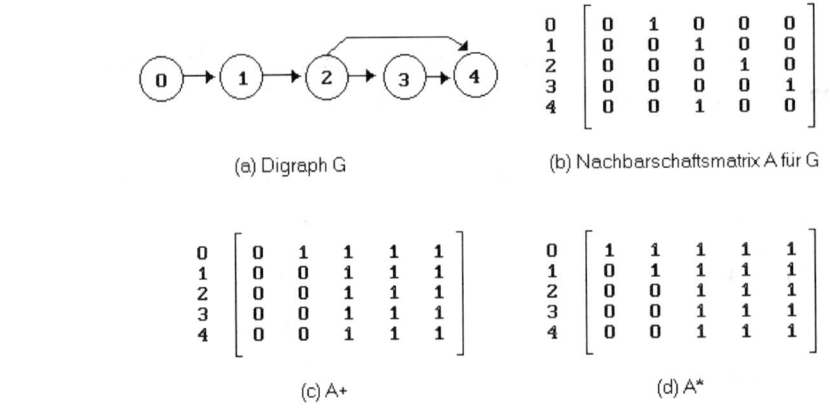

(a) Digraph G   (b) Nachbarschaftsmatrix A für G

(c) A+   (d) A*

Abbildung 6.35: Der Graph G und seine Nachbarschaftsmatrix A, A^+, A^*

Wir können leicht A^+ mit Hilfe von *allcosts* ausfindig machen. Wir modifizieren zuerst *cost*, so daß $cost[i][j] = 1$ ist, wenn $<i, j>$ eine Kante von G ist und $cost[i][j] = +\infty$ ist, wenn $<i, j>$ nicht in G enthalten ist. Ist *allcosts* beendet, erhalten wir A^+ von *distance* durch die Bedingung, daß $A^+[i][j] = 1$ ist, dann und nur dann, wenn $distance[i][j] < +\infty$ ist. Wir erhalten danach A^*, indem alle diagonalen Elemente von A^+ auf 1 gesetzt werden. Die Gesamtzeit beträgt $O(n^3)$. Wir können diesen Algorithmus vereinfachen, indem die **if**-Anweisung in den verschachtelten **for**-Schleifen geändert wird zu:

```
distance[i][j] = distance[i][j] || distance[i][k] &&
                 distance[k][j]
```

und *distance* als Nachbarschaftsmatrix des Graphen initialisiert wird. Mit dieser Modifikation wird *distance* gleich A^+, wenn *allcosts* beendet worden ist. Für einen ungerichteten Graphen könnte die (reflexive) transitive Abschlußmatrix in der Zeit $O(n^2)$ errechnet werden, wenn man zuerst die zusammenhängenden Komponenten errechnet.

ÜBUNGEN

1. Schreiben Sie eine C-Funktion, womit der Benutzer Graphen eingeben kann. Die Graphen sollen in eine Nachbarschaftsmatrix $cost[i][j]$ geschrieben werden, wobei die nichtexistierenden Kanten so initialisiert werden, daß die Kosten sowohl mit *shortestpath* als auch mit *allcosts* berechenbar sind.

2. Schreiben Sie *shortestpath* neu, so daß sowohl die Wege als auch die Entfernungen für jeden der kürzesten Wege generiert werden.

3. Benutzen Sie die Konzepte des Algorithmus vom kürzesten Weg (Programm 6.10), um einen Minimalspannbaum-Algorithmus ausfindig zu machen, der im schlechtesten Fall die Zeit $O(n^2)$ benötigt.

4. Verwenden Sie *shortestpath* zur Längenbestimmung der kürzesten Wege von Ecke 0 zu allen restlichen Ecken im Digraph der Abbildung 6.36. Erzeugen Sie die Wege in absteigender Reihenfolge der Länge.

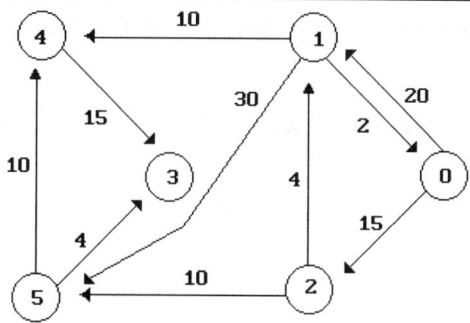

Abbildung 6.36: Beispiel eines Digraphen

5. Schreiben Sie *shortestpath* neu, indem Sie die folgenden Annahmen einsetzen:

   (a) *G* wird durch seine Nachbarschaftslisten dargestellt. Jeder Knoten in der Liste besitzt die Felder *vertex*, *cost* und *link*, wobei das Feld *cost* die Länge der entsprechenden Kante hat und *n* die Anzahl der Ecken von *G* ist.

   (b) Anstatt *S* (die Menge der Ecken, für die wir die kürzesten Wege gefunden haben) zu benutzen, nehmen Sie $T = V(G) \setminus S$. Stellen Sie *T* als zusammenhängende Liste dar.

6. Erklären Sie anhand des Digraphen von Abbildung 6.37, warum *shortestpath* nicht richtig funktioniert. Welches ist der kürzeste Weg zwischen den Ecken v_0 und v_6?

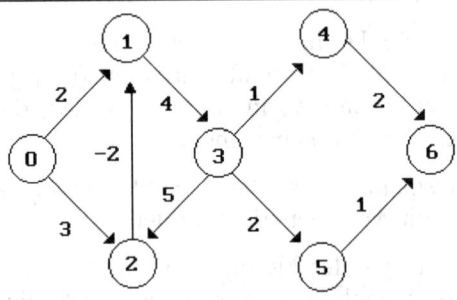

Abbildung 6.37: Der Digraph, bei dem *shortestpath* nicht richtig funktioniert

7. Nehmen Sie den vollständigen Graphen mit *n* Ecken, und zeigen Sie, daß die maximale Anzahl der einfachen Wege zwischen zwei Ecken $O((n - 1)!)$ ist.

8. Modifizieren Sie *allcosts* derart, daß jeder der Wege sowie die Länge der Wege ausgegeben wird.

9. Zeigen Sie, daß $A^+ = A^* \times A$ ist, wobei die Matrixmultiplikation definiert wird als:

$$a_{ij}^+ = \bigvee_{k=1}^{n} a_{ik}^* \wedge a_{kj}$$

   wobei $\vee$ die logische *oder*-Operation und $\wedge$ die logische *und*-Operation darstellt.

10. Führen Sie entsprechende Schritte aus, um die Matrizen A^* und A^+ für den Digraphen der Abbildung 6.36 zu erhalten.

11. Schreiben Sie eine C-Funktion, um den reflexiven, transitiven Abschluß eines ungerichteten Graphen mit n Ecken in der Zeit $O(n^2)$ zu berechnen. Beginnen Sie mit der Nachbarschaftsmatrix des Graphen und verfahren Sie entsprechen, um seine zusammenhängenden Komponenten zu erhalten.

12. Führen Sie das vorangegangene Beispiel aus für den Fall des transitiven Abschluß.

6.5. AKTIVITÄTSNETZWERKE

6.5.1. Aktivität-auf-Ecken-Netzwerke (Activity On Vertex) (AOV)

Wir können jedes Projekt, bis auf die einfachsten, in verschiedene Unterprojekte - *activities* genannt - unterteilen. Das gesamte Projekt ist dann erfolgreich abgeschlossen, wenn jede einzelne Aktivität beendet worden ist, zum Beispiel muß ein Student, der für einen Abschluß in Informatik arbeitet, mehrere Kurse erfolgreich absolvieren. In diesem Fall stellt das Projekt das abgeschlossene Hauptstudium, und die Aktivitäten stellen die einzelnen Kurse dar. In Abbildung 6.38(a) werden die für ein Informatikhauptstudium notwendigen Kurse an einer hypothetischen Universität aufgelistet. Einige davon können unabhängig voneinander belegt werden, bei anderen müssen Voraussetzungen erfüllt worden sein. Beispielsweise kann ein Student den Datenstrukturkurs nicht ohne vorherigen Abschluß der Kurse für Anfängerprogrammierkenntnisse und verschiedene mathematische Fächer besuchen. Daher definieren die Voraussetzungen die Vorrangsrelationen zwischen den Kursen. Wir können diese Relationen klarer als gerichteten Graphen darstellen, dessen Ecken die Kurse repräsentieren und die gerichteten Kanten die Voraussetzungen. Dieser Graph besitzt genau dann eine Kante $<i, j>$, wenn i eine Voraussetzung für den Kurs j darstellt.

Kursnummer	Kursname	Voraussetzungen
C1	Programmieren Grundlagen	Keine
C2	Diskrete Mathematik	Keine
C3	Datenstrukturen	C1, C2
C4	Analysis I	Keine
C5	Analysis II	C4
C6	Lineare Algebra	C5
C7	Analyse von Algorithmen	C3, C6
C8	Assembler	C3
C9	Betriebssysteme	C7, C8
C10	Programmiersprachen	C7
C11	Compilerbau	C10
C12	Künstliche Intelligenz	C7
C13	Berechenbarkeitstheorie	C7
C14	Parallele Algorithmen	C13
C15	Numerik	C5

(a) Notwendige Kurse für ein Informatikhauptstudium an einer hypothetischen Universität

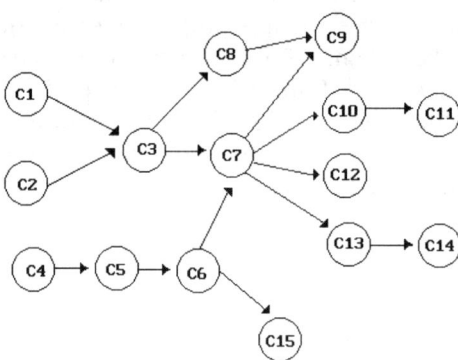

(b) Darstellung im AOV-Netzwerk: Kurse als Ecken und Voraussetzungen als Kanten

Abbildung 6.38: Ein AOV-Netzwerk

Definition: Ein *Aktivität-auf-Ecken-* (*activity on vertex*) oder AOV-Netzwerk ist ein gerichteter Graph G, in dem die Ecken Aufgaben oder Aktivitäten und die Kanten Vorrangsrelationen zwischen den Aufgaben darstellen. □

Definition: Die Ecke i in einem AOV Netzwerk G ist genau dann ein *Vorgänger* der Ecke j, wenn ein gerichteter Weg von Ecke i nach Ecke j verläuft. Ecke i ist genau dann ein *unmittelbarer Vorgänger* von Ecke j, wenn $<i, j>$ eine Kante in G darstellt. Wenn i ein

Vorgänger von j ist, dann ist j ein Nachfolger von i. Wenn i ein unmittelbarer Vorgänger von j ist, dann ist j ein unmittelbarer Nachfolger von i. □

Abbildung 6.38(b) stellt das AOV-Netzwerk entsprechend der Kurse der Abbildung 6.38(a) dar. $C3$ und $C6$ sind unmittelbare Vorgänger von $C7$. $C9$, $C10$, $C12$ und $C13$ sind unmittelbare Nachfolger von $C7$. $C14$ ist ein Nachfolger, aber kein unmittelbarer Nachfolger von $C3$. Wenn ein AOV-Netzwerk ein durchführbares Projekt darstellt, müssen die Vorrangsrelationen sowohl transitiv als auch irreflexiv sein.

Definition: Eine Relation • heißt transitiv, wenn für alle drei Größen $i, j, k, i • j$ und $j • k$ $\Rightarrow i • k$ gilt. Eine Relation • ist irreflexiv auf einer Menge S, wenn $i • i$ falsch für alle Elemente i in S ist. Eine *partielle Ordnung* (*partial order*) ist eine Vorrangsrelation, die sowohl transitiv als auch irreflexiv ist. □

Wir können leicht einsehen, daß die Vorrangsrelation, die als Definition von der Kantenmenge in bezug auf die Eckenmenge in Abbildung 6.38(b) dargestellt ist, transitiv ist. Die Untersuchung, ob die Vorrangsrelation irreflexiv ist, wird schwieriger, doch sie ist von entscheidender Bedeutung. Wenn die Vorrangsrelation nicht irreflexiv ist, dann gibt es eine Aktivität, die ein Vorgänger von sich selbst darstellt und daher abgeschlossen werden muß, bevor sie begonnen werden kann. Dies ist offenbar nicht möglich. Wenn keine unvereinbaren Bedingungen dieser Art vorhanden sind, dann ist das Projekt durchführbar.

Wir können zeigen, daß eine Vorrangsrelation irreflexiv ist, indem wir zeigen, daß das Netzwerk keine gerichteten Kreise enthält. Ein gerichteter Graph ohne Kreise ist ein gerichteter, azyklischer Graph (*directed acyclic graph* - dag). Zusätzlich zum Testen der Durchführbarkeit eines AOV erzeugt unser Algorithmus ebenfalls eine lineare Reihenfolge $v_{i_0}, v_{i_1}, \cdots, v_{i_{n-1}}$ der Ecken (Aktivitäten) im Netzwerk, die man als topologische Reihenfolge kennt.

Definition: Eine *topologische Reihenfolge* ist eine lineare Reihenfolge der Ecken eines Graphen, so daß für zwei beliebige Ecken gilt: Wenn i in dem Netzwerk ein Vorgänger von j ist, dann nimmt i eine Stelle in der linearen Reihenfolge vor j ein. □

Eine topologische Reihenfolge der Kurse in Abbildung 6.38(b) ergibt einen Studiengang, der den Abschlußanforderungen für Informatik erfolgreich gerecht wird. Es gibt hier verschiedene Möglichkeiten der topologischen Reihenfolge für das Netzwerk in Abbildung 6.38(b) einschließlich:

C1, C2, C4, C5, C3, C6, C8, C7, C10, C13, C12, C14, C15, C11, C9

und

C4, C5, C2, C1, C6, C3, C8, C15, C7, C9, C10, C11, C12, C13, C14

Ein Algorithmus, der die Aufgaben in topologischer Reihenfolge sortiert, ist geradlinig. Wir beginnen damit, eine Ecke in einem Netzwerk, die keine Vorgänger hat, aufzulisten. Wir löschen dann diese Ecke und alle Kanten, die von ihr ausgehen, aus dem Netzwerk. Wir wiederholen diese beiden Schritte solange, bis entweder alle Ecken aufgelistet sind oder aber alle verbleibenden Ecken Vorgänger haben und wir keine davon mehr löschen können. In diesem Fall hat das Netzwerk einen Kreis und das Projekt ist nicht ausführbar. Das Programm 6.13 enthält die formale Beschreibung für das topologische Sortieren.

```
for (i = 0; i < n; i++) {
    if jede Ecke einen Vorgänger hat {
        fprintf(stderr,"Netzwerk hat einen Kreis.\n");
        exit(1);
    }
    Nimm eine Ecke v ohne Vorgänger;
    output v;
    Lösche v und alle von v ausgehenden Kanten aus dem Netzwerk;
}
```

Programm 6.13: Topologisches Sortieren

Beispiel 6.7:

Wir werden das Programm 6.13 einsetzen, um eine topologische Reihenfolge für das Netzwerk der Abbildung 6.39 ausfindig zu machen. Die erste ausgewählte Ecke ist v_0, da es sich hierbei um die einzige handelt, die keinen Vorgänger besitzt. Ecke v_0 und die Kanten $<v_0, v_1>$, $<v_0, v_2>$, $<v_0, v_3>$ werden gelöscht. In dem hieraus resultierenden Netzwerk (Abbildung 6.39(b)) haben v_1, v_2 und v_3 keinen Vorgänger. Eine beliebige hiervon kann in der topologischen Reihenfolge die nächste Ecke sein. Wir gehen davon aus, daß v_3 gewählt wurde. Das Löschen von v_3 und der Kanten $<v_3, v_5>$ und $<v_3, v_4>$ erzeugt das Netzwerk, das in Abbildung 6.39(c) dargestellt ist. Entweder v_1 oder v_2 können als nächstes gewählt werden. Abbildungen 6.39(d) bis 6.39(g) zeigen den weiteren Verlauf des Algorithmus. □

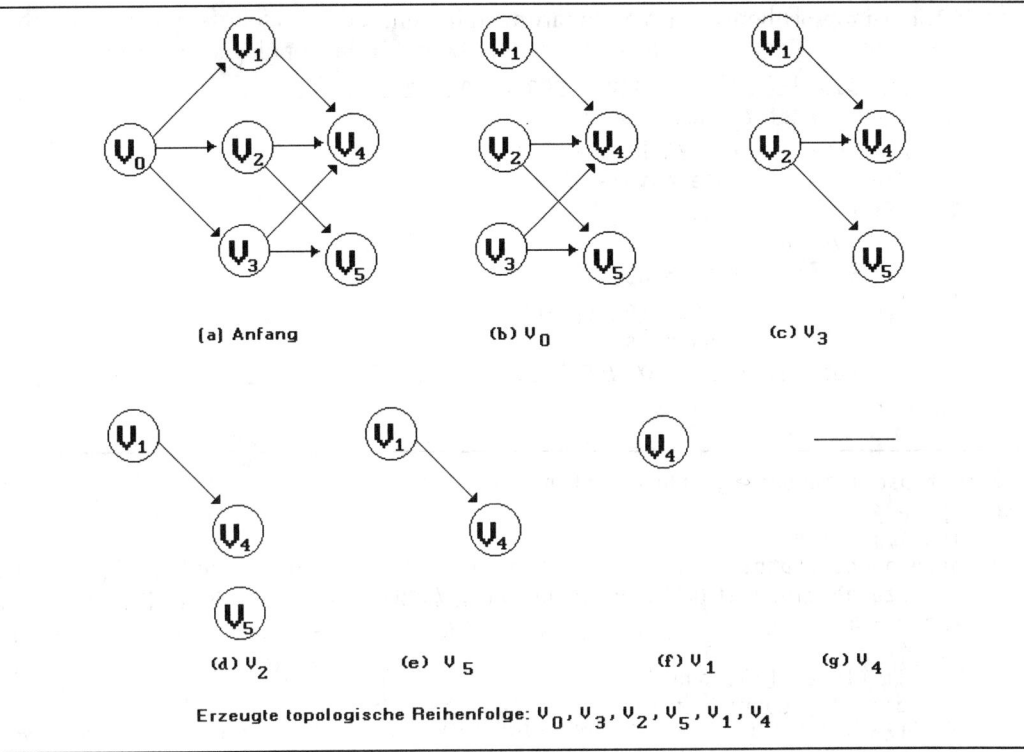

(a) Anfang   (b) v_0 (c) v_3

(d) v_2 (e) v_5 (f) v_1 (g) v_4

Erzeugte topologische Reihenfolge: v_0, v_3, v_2, v_5, v_1, v_4

Abbildung 6.39: Programm 6.13 wird mit einem AOV-Netzwerk simuliert

Bevor das Programm 6.13 in eine C-Funktion umgewandelt wird, müssen wir die Darstellung des AOV-Netzwerks spezifizieren. Wie immer hängt die Darstellung davon ab, welche Operationen wir vorzunehmen beabsichtigen. Hier müssen wir

(1)   bestimmen, ob eine Ecke Vorgänger hat.

(2)   eine Ecke und alle ihre aufliegenden Kanten löschen.

Wir können die erste Operation effizient bewältigen, indem wir die Anzahl der unmittelbaren Vorgänger jeder Ecke als Zähler führen. Die zweite Operation wird dann einfach implementiert, wenn das Netzwerk durch seine Nachbarschaftslisten dargestellt wird. Wir können dann das Löschen aller auf einer Ecke v aufliegenden Kanten durch stetiges Reduzieren des Vorgängerzählers aller Ecken auf ihrer Nachbarschaftsliste vornehmen. Immer dann, wenn der Zähler einer Ecke auf Null angelangt ist, wird die Ecke auf eine Liste der Ecken mit dem Zählerstand Null plaziert. Wir verwenden diese Liste zur Auswahl der nächsten Ecke. Die vollständige C-Funktion zur Durchführung des topologischen Sortiervorgangs bei einem Netzwerk heißt *topsort* (Programm 6.14). Für diese Funktion geht man davon aus, daß das Netzwerk durch seine Nachbarschaftslisten dargestellt wird. Die Anfangsknoten dieser Listen enthalten also Zähler- und Verkettungsfelder.

Die bei *topsort* benutzten Vereinbarungen lauten:

```
typedef struct node *node_pointer;
typedef struct node {
        int vertex;
        node_pointer link;
        } node;
typedef struct {
        int count;
        node_pointer link;
        } hdnodes;
hdnodes graph[MAX_VERTICES];
```

```
void topsort(hdnodes graph[], int n)
{
    int i,j,k,top;
    node_pointer ptr;
    /* Erzeuge einen Stapel von Ecken ohne Vorgänger */
    top = -1;
    for (i = 0; i < n; i++)
        if (!graph[i].count) {
        graph[i].count = top;
        top = i;
    }
    for (i = 0; i < n; i++)
        if (top == -1) {
            fprintf(stderr,"\nNetzwerk hat einen Kreis. Sort
                beendet. \n");
            exit(1);
        }
        else {
            j = top;    /* Entstapele eine Ecke */
            top = graph[top].count;
            printf("v%d, ",j);
            for (ptr = graph[j].link; ptr; ptr = ptr->link) {
            /* Erniedrige den Zähler der Nachfolgerecken von j */
                k = ptr->vertex;
                graph[k].count--;
                if (!graph[k].count) {
                /* Füge Ecke k zum Stapel hinzu */
                    graph[k].count = top;
                    top = k;
                }
            }
        }
}
```

Programm 6.14: Topologischer Sortiervorgang

Die Zählerfelder (*count*) beinhalten den inneren Grad der Ecke. Die Verkettung (*link*) ist ein Zeiger, der auf den ersten Knoten der Nachbarschaftsliste weist. Jeder Knoten besitzt zwei Felder, *vertex* und *link*. Wir können leicht im Moment der Eingabe die Zählerfelder hinaufsetzen. Wird $<i, j>$ eingegeben, dann erhöht man den Zähler von Ecke j. Man verwendet einen Stapel, um die Ecken, deren Zähler Null ist, zu speichern. Man hätte auch eine Warteschlange einsetzen können, doch ist ein Stapel einfacher zu implementieren. Wir verknüpfen den Stapel durch das Zählerfeld der Kopfknoten, da dieses nach Erreichen des Zählerstandes Null keinen Nutzen mehr hat. Abbildung 6.40 zeigt die Darstellung der Nachbarschaftsliste des Netzwerks von Abbildung 6.39(a).

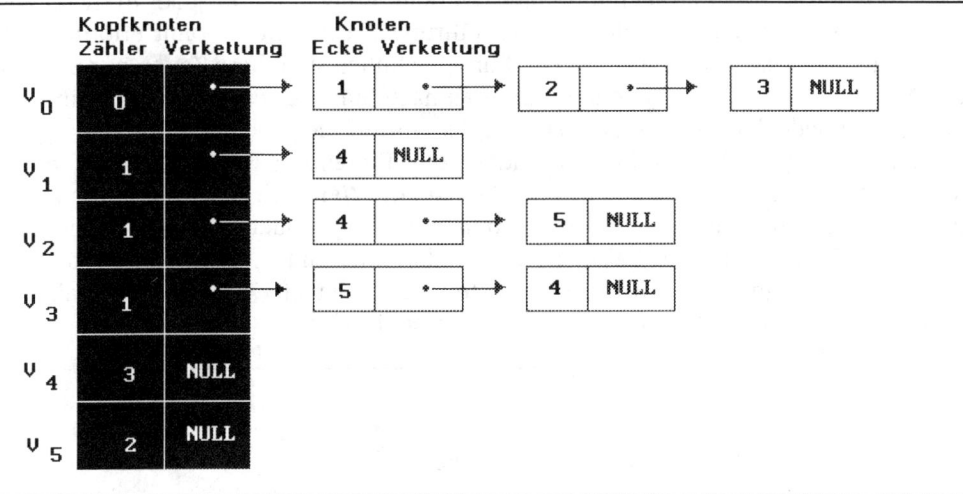

Abbildung 6.40: Nachbarschaftslistendarstellung der Abbildung 6.39(a)

Analyse von *topsort*: Als Ergebnis der kritischen Auswahl von Datenstrukturen ist *topsort* sehr effizient. Die erste **for**-Schleife benötigt die Zeit O(n) bei einem Netzwerk mit n Ecken und e Kanten. Die zweite **for**-Schleife wird n-mal wiederholt. Die **if**-Klausel wird in konstanter Zeit ausgeführt; die **for**-Schleife in der **else**-Klausel benötigt die Zeit O(d_i), wobei d_i den äußeren Grad der Ecke i darstellt. Da diese Schleife bei jeder ausgegebenen Ecke einmal durchlaufen wird, ist die Gesamtzeit für diesen Teil des Algorithmus:

$$O((\sum_{i=0}^{n-1} d_i) + n) = O(e + n)$$

Daher ist die asymptotische Rechenzeit des Algorithmus gleich O($e + n$). Sie ist linear in der Größenordnung des Problems! □

6.5.2. Aktivität-auf-Kanten-Netzwerke (Activity On Edge) (AOE)

Ein *Aktivität-auf-Kanten-* oder AOE-Netzwerk (*activity on edge*) ist ein Netzwerk, das eine enge Verbindung zum AOV-Netzwerk besitzt. Die gerichteten Kanten des Graphen stellen Aufgaben oder Aktivitäten dar, die für ein Projekt ausgeführt werden müssen. Die Ecken stellen Ereignisse dar, die die Beendigung bestimmter Aktivitäten angeben. Folglich findet ein Ereignis nur dann statt, wenn alle eingegebenen Aktivitäten beendet wurden. In Abbildung 6.41(a) wird ein AOE-Netzwerk für ein hypothetisches Projekt mit 11 Aufgaben oder Aktivitäten $a_0, \cdots, a_{10}$ gezeigt. Es gibt neun Ereignisse, $v_0, \cdots, v_8$. Wir können die Ereignisse v_0 und v_8 jeweils als "Startprojekt" und "Endprojekt" interpretieren. Die Abbildung 6.41(b) liefert Interpretationen für einige der neun Ereignisse. Die jeder Aktivität zugeordnete Zahl ist die benötigte Zeit zur Durchführung der Aktivität. Somit erfordert Aktivität a_0 6 Tage, während a_{10} 4 Tage braucht. Für gewöhnlich sind diese Zeiten nur Schätzwerte. Die Aktivitäten a_0, a_1 und a_2 können simultan nach Start des Projektes ausgeführt werden. Wir können jedoch a_3, a_4, a_5 nicht starten, da wir auf die jeweiligen Ereignisse v_1, v_2 und v_3 warten müssen. Wir können, nachdem das Ereignis v_4 eingetreten ist, a_6 und a_7 ausführen (nachdem wir a_3 und a_4 beendet haben). Wenn wir den Aktivitäten zusätzliche Einschränkungen auferlegen müssen, können wir Scheinaktivitäten mit der Zeit Null einführen. Wollen wir zum Beispiel die Aktivitäten a_6 und a_7 nicht starten lassen, bevor nicht beide Ereignisse v_4 und v_5 eingetreten sind, können wir eine Scheinaktivität a_{11} hinzufügen, die durch die Kante $<v_5, v_4>$ dargestellt wird.

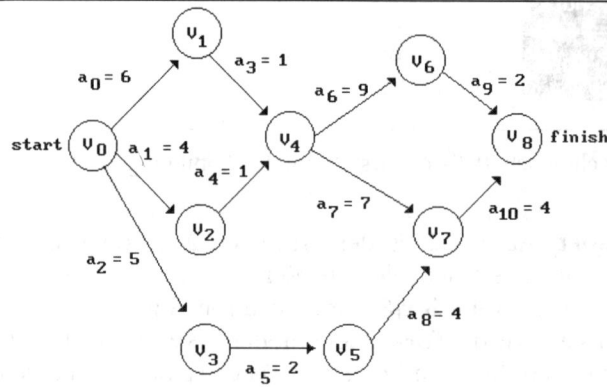

(a) AOE-Netzwerk. Aktivitätsgraph eines hypothetischen Projekts

Ereignis	Interpretation
v_0	Start des Projekts
v_1	Vollzug von Aktivität a_0
v_4	Vollzug der Aktivitäten a_3 und a_4
v_7	Vollzug der Aktivitäten a_7 und a_8
v_8	Ende des Projekts

(b) Interpretation einiger der Ereignisse des Aktivitätsgraphs von (a)

Abbildung 6.41: Ein AOE-Netzwerk

AOE-Netzwerke haben sich als sehr nützlich für die Vorauswertung vieler Projektarten erwiesen. Diese Vorauswertung beinhaltet nicht nur die Bestimmung der zur Durchführung des Projektes erforderlichen Mindestzeit, sondern auch eine Bewertung der Aktivitäten, deren Dauer zur Reduzierung der Gesamtfertigstellungszeit verkürzt werden sollte. Die intelligentesten Techniken, die zur Auswertung von Netzwerken bislang entwickelt worden sind, umfassen PERT (performance evaluation and review technique) - Leistungsbewertungs- und Prüfungstechnik, CPM (critical path method) - Methode des kritischen Weges und RAMPS (resource allocation and multiproject scheduling) - Ressourcenzuordnung und Multiprojekt-Veranschlagung.

Da wir in einem AOE-Netzwerk Aktivitäten parallel zueinander ausführen können, ist die erforderliche Mindestzeit zur Fertigstellung des Projektes die Länge des längsten Weges ausgehend von der Startecke zur Endecke. (Wir gehen davon aus, daß die Länge eines Weges die Summe der Zeiten ist, die die Aktivtitäten auf diesem Weg erfordern.) Ein *kritischer Weg* ist ein Weg, der die größte Länge in Anspruch nimmt, zum Beispiel ist der Weg v_0, v_1, v_4, v_7, v_8 ein kritischer Weg im Netzwerk der Abbildung 6.41(a). Die Länge dieses Weges beträgt 18. Ein Netzwerk kann mehr als einen kritischen Weg haben. Im Netzwerk der Abbildung 6.41(a) ist der Weg v_0, v_1, v_4, v_6, v_8 auch ein kritischer Weg.

Die *früheste Zeit*, wann ein Ereignis v_i auftreten kann, ist die Länge des längsten Weges ausgehend von Start v_0 bis Ecke v_i. Zum Beispiel ist die früheste Zeit, zu der Ereignis v_4 eintreten kann, 7. Die früheste Zeit, zu der ein Ereignis eintreten kann, bestimmt die früheste Startzeit für alle Aktivitäten, die von den Eckkanten als Ergebnis dieser Ecke hinterlassen werden. Wir kennzeichnen diese Zeit als *early(i)* für Aktivität a_i. Beispielsweise ist *early(6)* = *early(7)* = 7.

Die *späteste Zeit*, *late(i)* der Aktivität a_i, ist als die späteste Zeit definiert, zu der die Aktivität gestart werden kann, ohne die Projektdauer zu erhöhen. Zum Beispiel ist in Abbildung 6.41(a) *early(5)* = 5 und *late(5)* = 8, *early(7)* = 7 und *late(7)* = 7.

Eine *kritische Aktivität* ist eine Aktivität, für die *early(i)* = *late(i)* gilt. Die Differenz zwischen *late(i)* und *early(i)* ist ein Maß dafür, wie kritisch eine Aktivität ist. Sie gibt die Zeit an, inwieweit eine Aktivität verzögert oder verlangsamt werden kann, ohne die Gesamtzeit zur Beendigung des Projekts zu erhöhen. Zum Beispiel können wir zwei Tage zu der erforderlichen Zeit für die Beendigung der Aktivität a_5 addieren, ohne die Projektzeit zu beeinträchtigen. Es ist offensichtlich, daß alle Aktivitäten auf einem kritischen Weg einen strategischen Wert haben, und daß die Verringerung der erforderlichen Zeit für nichtkritische Aktivitäten keinen Einfluß auf die Projektdauer hat. Eine Analyse des kritischen Weges identifiziert kritische Aktivitäten, so daß wir unsere Ressourcen auf die Verkürzung der Projektdauer konzentrieren können. Die Methode des kritischen Weges hat sich als wertvoll bei der Bewertung von Projektdurchführungen und bei der Identifizierung von Engpässen erwiesen.

Wir können auch eine Analyse des kritischen Weges mit Hilfe eines AOV-Netzwerks durchführen. Die Länge eines Weges ist die Summe der Aktivitätszeiten der Ecken auf diesem Weg. Für jede Aktivität oder jede Ecke könnten wir analog die Mengen *early(i)* und *late(i)* definieren. Da die Aktivitätszeiten nur Annäherungswerte darstellen, sollte das Projekt in den verschiedenen Stadien seiner Vollendung neu kalkuliert werden, da genauere Schätzwerte der Aktivitäten zur Verfügung stehen. Diese Veränderungen der Aktivitätszeiten könnten nichtkritische Aktivitäten zu kritischen machen und umgekehrt.

Bevor wir die Diskussion in bezug auf Aktivitäts-Netzwerke beenden, wollen wir einen Algorithmus entwerfen, der *early(i)* und *late(i)* für alle Aktivitäten in einem AOE-

Netzwerk berechnet. Sobald wir diese Größen kennen, ist es einfach, die kritischen Aktivitäten zu identifizieren. Um die kritischen Wege zu identifizieren, löschen wir einfach alle nichtkritischen Aktivitäten im AOE-Netzwerk und generieren dann alle Wege ausgehend von der Startecke zur Endecke in dem neuen Netzwerk.

Kalkulation der frühesten Zeiten

Es ist leichter, die frühesten und spätesten Aktivitätszeiten zu errechnen, wenn man zunächst die Zeit des frühesten Ereignisses $earliest(j)$ und die Zeit des letzten Ereignisses $latest(j)$ für alle Ereignisse j im Netzwerk feststellt. Wenn dann Aktivität a_i von der Kante $<k, l>$ dargestellt wird, können wir $early(i)$ und $late(i)$ aus den folgenden Gleichungen bestimmen:

$$early(i) = earliest[k] \tag{6.1}$$

$$late(i) = latest[l] - duration\ of\ activity\ a_i \tag{6.2}$$

Wir berechnen die Zeiten $earliest[j]$ und $latest[j]$ in zwei Stufen: Eine Vorwärtsstufe und eine Rückwärtsstufe. Während der Vorwärtsstufe starten wir mit $earliest[0] = 0$ und berechnen die restlichen Startzeiten mit der Formel:

$$earliest[j] = \max_{i \in P(j)} \left\{ earliest[i] + Dauer\ von <i, j> \right\} \tag{6.3}$$

wobei $P(j)$ die Menge der unmittelbaren Vorgänger von j ist. Wenn wir diese Berechnung in topologischer Reihenfolge ausführen, sind die frühen Zeiten aller Vorgänger von j vor der Berechnung von $earliest[j]$ berechnet worden. Wir können mit Leichtigkeit einen Algorithmus erhalten, der dies leistet, durch die folgende Anweisung am Ende der **else**-Klausel in *topsort*:

```
if (earliest[k] < earliest[j] + ptr->duration)
        earliest[k] = earliest[j] + ptr->duration;
```

Wir gehen davon aus, daß $earliest[]$ auf Null initialisiert wird und daß *duration* ein anderes Feld in der Knotenstruktur der Nachbarschaftsliste mit der Aktivitätsdauer darstellt. Mit dieser Modifikation wird die Berechnung von Gleichung (6.3) parallel zur Erzeugung einer topologischen Sortierung ausgeführt. Die Funktion $earliest[j]$ wird immer dann aktualisiert, wenn die $earliest[j]$ einer der Vorgänger bekannt wird (das heißt, wenn i zur Ausgabe bereit ist).

Um zu zeigen, wie der modifizierte topologische Sortieralgorithmus arbeitet, wollen wir diesen anhand des Netzwerks der Abbildung 6.41(a) ausprobieren. Abbildung 6.42(a) stellt die Nachbarschaftsliste für das Netzwerk dar. Die Reihenfolge der Knoten auf dieser Liste bestimmt die Reihenfolge, in der der Algorithmus die Ecken untersucht. Am Anfang ist die frühe Startzeit für alle Ecken Null, und die Startecke befindet sich allein auf dem Stapel. Beginnt die Bearbeitung der Nachbarschaftsliste für diese Ecke, wird die frühe Startzeit aller zu v_0 benachbarten Ecken aktualisiert. Da die Ecken 1, 2, 3 sich nun auf dem Stapel befinden, sind alle Vorgänger hiervon verarbeitet, und die Gleichung (6.3) ist für diese Ecken berechnet worden. Danach wird $earliest[5]$ bestimmt. Während die Ecke v_5 verarbeitet wird, wird $earliest[7]$ auf 11 aktualisiert. Dies ist jedoch noch nicht der Endwert von *earliest*[7], da wir die Gleichung (6.3) noch nicht für alle Vorgänger von v_7 berechnet haben. (Beispielsweise wurde v_4 noch nicht untersucht.) Das macht aber nichts, da wir v_7 bis zur Verarbeitung aller seiner Vorgänger nicht stapeln können. Nun wird *earliest*[4] auf 5 aktualisiert und schließlich auf 7. Danach erhalten wir die Werte von *earliest*[6] und *earliest*[7]. Am Ende wird *earliest*[8] zu 18, der Länge eines kritischen Weges, bestimmt. Sie können schnell verifizieren, ob bei Auflegen einer Ecke auf einen Stapel seine frühe Zeit korrekt berechnet wurde. Das Einfügen der neuen Anweisung in *topsort* ändert nicht die asymptotische Rechenzeit nicht; sie bleibt O($n + e$).

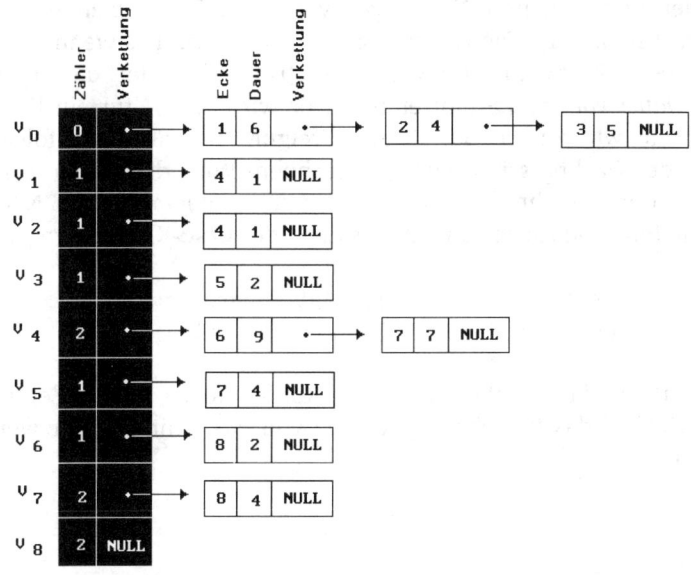

(a) Nachbarschaftsliste für Abbildung 6.41(a)

Earliest	[0]	[1]	[2]	[3]	[4]	[5]	[6]	[7]	[8]	Stapel
Anfang	0	0	0	0	0	0	0	0	0	[0]
Output v_0	0	6	4	5	0	0	0	0	0	[3, 2, 1]
Output v_3	0	6	4	5	0	7	0	0	0	[5, 2, 1]
Output v_5	0	6	4	5	0	7	0	11	0	[2, 1]
Output v_2	0	6	4	5	5	7	0	11	0	[1]
Output v_1	0	6	4	5	7	7	0	11	0	[4]
Output v_4	0	6	4	5	7	7	16	14	0	[7, 6]
Output v_7	0	6	4	5	7	7	16	14	16	[6]
Output v_6	0	6	4	5	7	7	16	14	18	[8]
Output v_8										

(b) Berechnung von *earliest*

Abbildung 6.42: Berechnung von *earliest* aus der topologischen Sortierung

Kalkulation der spätesten Zeiten

In der Rückwärtsstufe berechnen wir die Werte von *latest*[i], indem wir ein Verfahren analog zur Vorwärtsstufe anwenden. Wir starten mit *latest*[n − 1] = *earliest*[n − 1] unter Einsatz der Gleichung:

$$latest[j] = \max_{i \in S(j)} \{latest[i] + Dauer \; von \; <j,i>\} \tag{6.4}$$

wobei $S(j)$ die Menge der zur Ecke j benachbarten Ecken darstellt. Das bedeutet, daß $S(j)$ die Menge der unmittelbaren Nachfolger von j ist. Wir setzen die Anfangswerte für *latest*[i] auf *earliest*[n − 1]. Die Gleichung (6.4) sagt aus, daß wenn $<j, i>$ eine Aktivität ist und die späteste Startzeit für Ereignis i *latest*[i] ist, dann darf das Ereignis j nicht später als *latest*[i] − *Dauer von* $<j, i>$ eintreten. Bevor wir *latest*[j] für ein Ereignis j berechnen können, müssen wir zuerst das letzte Ereignis für alle nachfolgenden Ereignisse (Ereignisse in der Nachbarschaft von j) berechnen. Wir erhalten diese Zeiten in gleicher Weise wie bei der Berechnung der frühen Zeiten, indem inverse Nachbarschaftslisten erstellt und die folgende Anweisung an das Ende der **else**-Klausel in *topsort* gesetzt wird:

```
if (latest[k] > latest[j] - ptr->duration)
    latest[k] = latest[j] - ptr->duration;
```

Anfänglich enthält das Zählerfeld eines Kopfknotens den äußeren Eckengrad. In Abbildung 6.43 wird das Berechnungsschema von *latest* für das Netzwerk der Abbildung 6.41(a) erklärt.

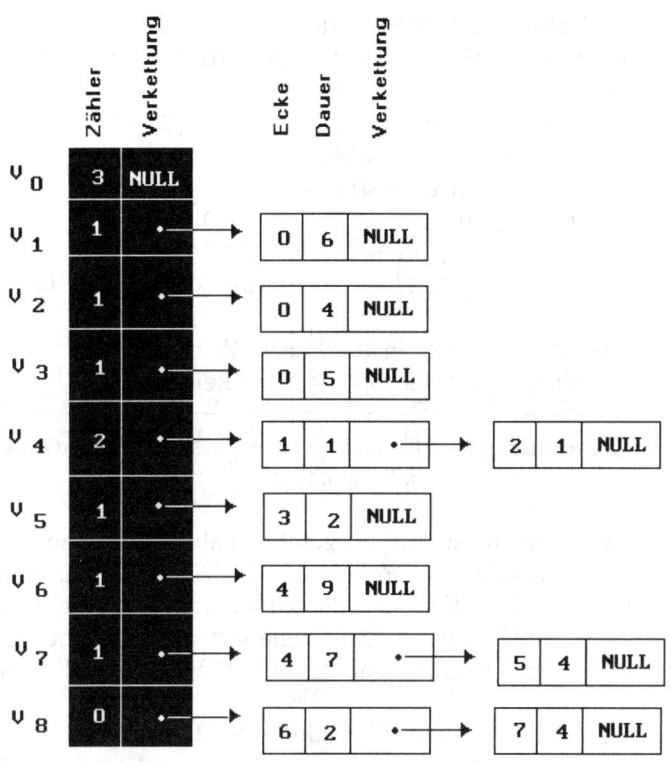

(a) Invertierte Nachbarschaftsliste für das AOE-Netzwerrk aus Abbildung 6.41(a)

Latest	[0]	[1]	[2]	[3]	[4]	[5]	[6]	[7]	[8]	Stapel
Anfang	18	18	18	18	18	18	18	18	18	[8]
Output v_8	18	18	18	18	18	18	16	14	18	[7, 6]
Output v_7	18	18	18	18	7	10	16	14	18	[5, 6]
Output v_5	18	18	18	18	7	10	16	14	18	[3, 6]
Output v_3	3	18	18	8	7	10	16	14	18	[6]
Output v_6	3	18	18	8	7	10	16	14	18	[4]
Output v_4	3	6	6	8	7	10	16	14	18	[2, 1]
Output v_2	2	6	6	8	7	10	16	14	18	[1]
Output v_1	0	6	6	8	7	10	16	14	18	[0]

(b) Berechnung von *latest*

Abbildung 6.43: Berechnung von *latest* für das AOE-Netzwerk der Abbildung 6.41(a)

$latest[8] = earliest[8] = 18$

$latest[6] = \min\{earliest[8] - 2\} = 16$

$latest[7] = \min\{earliest[8] - 4\} = 14$

$latest[4] = \min\{earliest[6] - 9; earliest[7] - 7\} = 7$

$latest[1] = \min\{earliest[4] - 1\} = 6$

$latest[2] = \min\{earliest[4] - 1\} = 6$

$latest[5] = \min\{earliest[7] - 4\} = 10$

$latest[3] = \min\{earliest[5] - 2\} = 8$

$latest[0] = \min\{earliest[1] - 6; earliest[2] - 4; earliest[3] - 5\} = 0$

(c) Berechnung von *latest* nach Gleichung (6.4)
mit umgekehrter topologischer Reichenfolge

Abbildung 6.43 (Fortsetzung):   Berechnung von *latest* für das AOE-Netzwerk der Abbildung 6.41(a)

Wenn wir bereits den Vorwärtsschritt ausgeführt haben und nun eine topologische Reihenfolge der Ecken vorhanden ist, können wir die Werte von *latest*[i] direkt mit der Gleichung (6.4) berechnen. Man führt die Berechnungen in umgekehrter, topologischer Reihenfolge aus. Da die in Abbildung 6.42(b) generierte topologische Reihenfolge v_0, v_3, v_5, v_2, v_1, v_4, v_7, v_6, v_8 ist, berechnet man die *latest*[i]-Werte in der Reihenfolge 8, 6, 7, 4, 1, 2, 5, 3, 0.

Sobald die Werte von *earliest* (Abbildung 6.42) und *latest* (Abbildung 6.43) vorliegen, kann man sie zur Zeitberechnung von *early*(i) und *late*(i) und dem kritischen Grad jeder Aufgabe einsetzen. In Abbildung 6.44 sind diese Informationen zusammengefaßt aufgelistet. Beachten Sie, daß a_0, a_3, a_6, a_7, a_9 und a_{10} kritische Aktivitäten sind! Löschen wir alle nichtkritischen Aktivitäten aus dem Netzwerk heraus, so erhalten wir den Graphen der Abbildung 6.45. Alle Wege von v_0 bis v_8 sind in diesem Graphen kritische Wege, und es gibt im ursprünglichen Netzwerk keine kritischen Wege, die im Graphen der Abbildung 6.45 nicht als Wege vorhanden sind.

Als letzte Anmerkung zu Aktivitäts-Netzwerken wäre zu sagen, daß *topsort* nur gerichtete Kreise in einem Netzwerk erkennt. Es können andere Fehler im Netzwerk vorhanden sein, z.B. Ecken, die von der Startecke aus nicht erreichbar sind (Abbildung 6.46). Wird bei einem solchen Netzwerk eine Analyse des kritischen Weges ausgeführt, so werden mehrere Ecken mit *earliest*[i] = 0 vorhanden sein. Da wir davon ausgehen, daß alle Aktivitätszeiten größer als Null sind, kann nur die Startecke *earliest*[i] = 0 erhalten. Folglich können wir die Analyse des kritischen Weges auch zur Erkennung von diesem Typ Fehler in der Projektplanung anwenden.

Aktivität	Früh	Spät	Spät–Früh	Kritisch
a_0	0	0	0	ja
a_1	0	2	2	nein
a_2	0	3	3	nein
a_3	6	6	0	ja
a_4	4	6	2	nein
a_5	5	8	3	nein
a_6	7	7	0	ja
a_7	7	7	0	ja
a_8	7	10	3	nein
a_9	16	16	0	ja
a_{10}	14	14	0	ja

Abbildung 6.44: Frühe, späte und kritische Werte

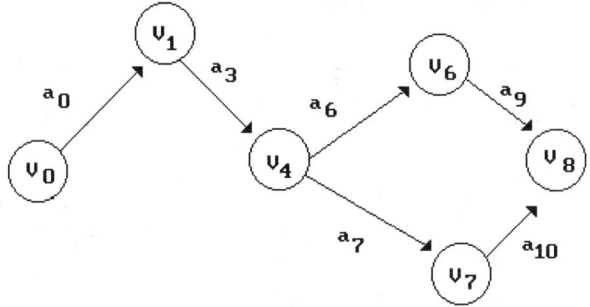

Abbildung 6.45: Graph mit gelöschten, nichtkritischen Aktivitäten

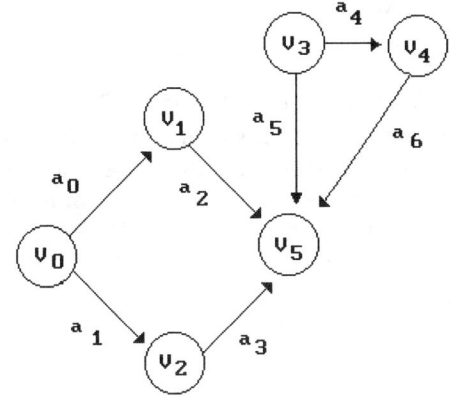

Abbildung 6.46: AOE-Netzwerk mit unerreichbaren Aktivitäten

ÜBUNGEN

1. Definiert die folgende Menge von Vorrangsrelationen (<) eine partielle Ordnung
    der Elemente 0 bis 4? Erklären Sie Ihre Antwort.

    $$0<1; \ 1<4; \ 1<2; \ 2<3; \ 2<4; \ 4<0$$

2. (a) Sie sollen für das AOE-Netzwerk der Abbildung 6.47 die *early*- und *late*-
         Startzeiten für jede Aktivität herausfinden unter Anwendung der Vorwärts-
         Rückwärts-Methode.

    (b) Zu welcher Zeit kann das Projekt frühestens aufhören?

    (c) Welche Aktivitäten sind die kritischen?

    (d) Gibt es eine einzelne Aktivität, deren Beschleunigung zu einer Verkürzung
         der Projektlänge führen würde?

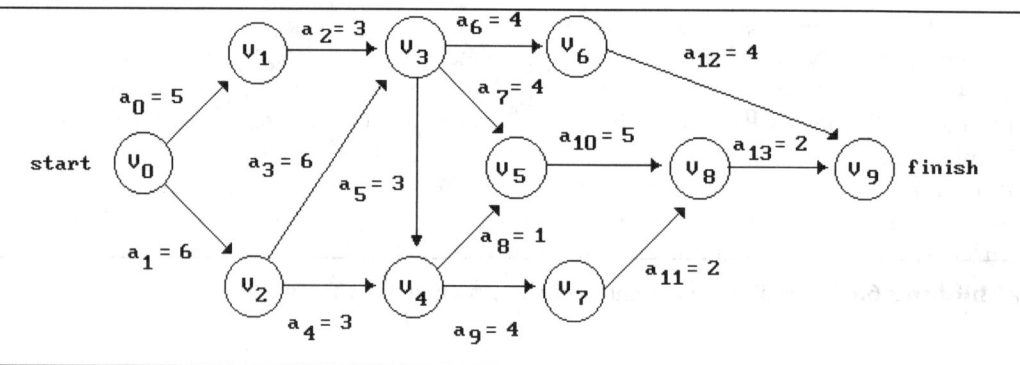

Abbildung 6.47: Ein AOE-Netzwerk

3. §[**Programmierprojekt**] Schreiben Sie ein C-Programm, bei dem der Benutzer
    ein AOE-Netzwerk eingeben kann. Das Programm soll die Zeiten *early(i)* und *late(i)*
    und den kritischen Grad für jede Aktivität berechnen und ausgeben. Sollte das
    Projekt nicht durchführbar sein, so soll dies angegeben werden. Wenn es
    durchführbar ist, dann sollte es die kritischen Aktivitäten in einem angemessenen
    Format ausgeben.

6.6. LITERATUR UND AUSGEWÄHLTE REFERENZEN

Die Originalfassung von Euler über das Königsberger Brückenproblem ist eine interessante Lektüre. Sie wurde neu aufgelegt unter dem Titel: *"Leonhard Euler and the Koenigsberg Bridges"*, *Scientific American*, vol. 189, no. 1, 1953, pp. 66 - 70.

Der Algorithmus für 2-zusammenhängende Komponenten wird R. Tarjan zugeschrieben. Dieser Algorithmus zusammen mit dem Algorithmus in linearer Zeit zur Suche nach stark zusammenhängenden Komponenten eines gerichteten Graphen erschien in R. Tarjan, *"Depth-first search and linear graph algorithms"*, im *SIAM Journal of Computing*, vol. 1 no. 2, 1972, pp. 146-149.

Der Algorithmus für spannende Bäume minimaler Kosten von Prim war zuerst von Jarnik im Jahre 1930 angeregt und dann von Prim im Jahre 1957 wiederentdeckt worden. Da eigentlich alle Quellenangaben bezüglich dieses Algorithmus auf Prim zurückgehen, nennen wir ihn weiterhin den Prim-Algorithmus. In ähnlicher Weise wurde der sogenannte Sollin-Algorithmus zuerst von Boruvka im Jahre 1926 angeregt und von Sollin mehrere Jahre später wiederentdeckt. Um etwas Interessantes über die Geschichte des Problems spannender Bäume minimaler Kosten zu erfahren, kann man R. Graham und P. Hell lesen, *"On the history of the minimum spanning tree problem"*, Annals of the History of Computing, vol. 7, no. 1, 1985, pp. 43-57.

Zusätzliche Graphen-Algorithmen kann man nachlesen in A. Aho, J. Hopcroft und J. Ullman, *The Design and Analysis of Computer Algorithms*, Addison-Wesley, Reading, Mass., 1974; N. Deo, *Graph Theory with Applications to Engineering and Computer Science*, Prentice-Hall, Englewood Cliffs, N.J., 1974; E. Lawler, *Combinatorial Optimization*, Holt, Reinhart und Winston, New York, 1976; L. Ford und D. Fulkerson, *Flows in Networks* Princeton University Press, Princeton, N.J., 1962; T.C. Hu, *Integer Programming and Network Flows*, Addison-Wesley, Reading, Mass., 1970; S. Baase, *Computer Algorithms: Introduction to Design and Analysis*, Addison-Wesley, Reading, Mass., 1988; und M. Paull, *Algorithm Design: A Recursion Transformation Network*, Wiley InterScience, New York, 1988.

6.7. WEITERE ÜBUNGEN

1. Eine *Inzidenzmatrix* ist eine weitere Matrixdarstellung eines Graphen. In dieser Darstellung nehmen wir für jede Ecke des Graphen eine Zeile der Matrix und für jede Kante eine Spalte. Wenn Kante j auf Ecke i aufliegt, gilt *incidence*$[i][j] = 1$; sonst ist es gleich 0. Die Inzidenzmatrix für den Graphen der Abbildung 6.19(a) wird in Abbildung 6.48 dargestellt. Wir haben die Kanten der Abbildung 6.19(a) von links nach rechts und von oben nach unten numeriert, zum Beispiel ist (v_0, v_1) die Kante 0, (v_0, v_2) die Kante 1 und so weiter. Schreiben Sie *dfs* neu, so daß es auf einen Graphen, der von seiner Inzidenzmatrix dargestellt wird, angewendet werden kann.

```
          0 1 2 3 4 5 6 7 8 9
      0 ⎡ 1 1 0 0 0 0 0 0 0 0 ⎤
      1 ⎢ 1 0 1 1 0 0 0 0 0 0 ⎥
      2 ⎢ 0 1 0 0 1 1 0 0 0 0 ⎥
      3 ⎢ 0 0 1 0 0 0 1 0 0 0 ⎥
      4 ⎢ 0 0 0 1 0 0 0 1 0 0 ⎥
      5 ⎢ 0 0 0 0 1 0 0 0 1 0 ⎥
      6 ⎢ 0 0 0 0 0 1 0 0 0 1 ⎥
      7 ⎣ 0 0 0 0 0 0 1 1 1 1 ⎦
```

Abbildung 6.48: Inzidenzmatrix des Graphen der Abbildung 6.19(a)

2.   Es sei *ADJ* die Nachbarschaftsmatrix des Graphen $G = (V, E)$ und *INC* sei die Inzidenzmatrix. Unter welchen Bedingungen wird

$$ADJ = INC \times INC^T - I$$

wobei INC^T die transponierte Matrix von *INC* ist? Die Matrixmultiplikation wird in Übung 9, Abschnitt 6.4 definiert. *I* ist die Einheitsmatrix.

3.   Der *Durchmesser eines Baumes* ist der größte Abstand zwischen zwei beliebigen Ecken. Schreiben Sie für einen zusammenhängenden, ungerichteten Graphen eine C-Funktion, die einen spannenden Baum mit dem Mindestdurchmesser sucht. Beweisen Sie die Korrektheit Ihrer Funktion!

4.   Der *Radius eines Baumes* ist der größte Abstand vom Wurzel- bis zum Blattknoten. Schreiben Sie für einen zusammenhängenden, ungerichteten Graphen eine C-Funktion, die einen spannenden Baum mit dem Mindestradius sucht. Beweisen Sie die Korrektheit Ihrer Funktion!

5.   § [**Programmierprojekt**] Schreiben Sie ein C-Programm zur Manipulation von Graphen! Ihr Programm sollte dem Benutzer auch erlauben, Graphen willkürlich einzugeben, Graphen auszugeben und die zusammenhängenden Komponenten, Artikulationen und Brücken zu bestimmen. Es sollte ebenfalls die spannenden Bäume ausgeben. Gleichfalls sollten Sie die Fähigkeit zur Gewichtung von Kanten vorsehen.

KAPITEL 7

SORTIEREN

7.1. SUCHEN UND LISTENVERIFIKATION

7.1.1. Einführung

Obwohl das Hauptthema dieses Kapitels das Sortieren ist, wollen wir mit zwei Problemkreisen, dem Suchen und der Listenverifikation beginnen, um zu zeigen, warum effektive Sortiermethoden so wichtig sind. Erinnern Sie sich, daß wir in Kapitel 1 zwei Suchtechniken, das sequentielle und das binäre Suchen, vorgestellt haben. Wir benutzten einfache Felder von ganzen Zahlen, um die Suchtechniken zu erläutern, aber wir haben die Rechenzeiten dieser Techniken nicht formal untersucht. In diesem Kapitel beginnen wir mit dem Suchen in komplizierteren Strukturen.

Nehmen wir an, wir hätten eine Sammlung von Informationen, eine Menge von Objekten betreffend. Paßt diese Sammlung ohne weiteres in den verfügbaren Speicher, so nennen wir sie eine *Liste*; muß sie extern gespeichert werden, nennen wir sie eine *Datei*. Die Information über eines der Objekte der Sammlung wird ein *Satz* genannt, und innerhalb eines Satzes spalten wir die Information in kleinere Bestandteile, in *Felder*, auf. Die Struktur eines Satzes hängt vollständig von der Art der Anwendung ab. Ist unsere Liste beispielsweise ein Telefonbuch, würden wir einen Satz *person* mit den Feldern für den Namen, die Adresse und die Telefonnummer definieren. Wenn andererseits unsere Liste eine einfache Menge von Zahlen ist, so hätten wir nur ein Feld für die Darstellung der jeweiligen Zahl. Wenn man eine Liste von Sätzen durchsucht, will man die Sätze oft anhand eines bestimmten Feldes, das den Satz identifiziert, untersuchen. Dieses Feld ist dann das

Schlüsselfeld (*key*), kurz *Schlüssel*, oder der *Ordnungsbegriff*. Da für verschiedene Anwendungen dieselbe Liste verwendet werden kann, hängt auch der Schlüssel von der speziellen Anwendung ab. Liegt zum Beispiel die Telefonbuchliste vor, und wir suchen die Telefonnummer 470815, so ist das Telefonnummernfeld der Schlüssel. Wollen wir andererseits wissen, ob sich Otto Norm im Verzeichnis befindet, so ist das Namensfeld der Schlüssel.

Die Effizienz einer Suchstrategie hängt von den Annahmen ab, die wir über die Anordnung der Sätze in der Liste machen. Sind die Sätze nach dem Schlüsselfeld geordnet, so kann die Liste sehr effizient durchsucht werden. Befinden sich die Sätze andererseits in zufälliger Reihenfolge, so müssen wir mit der Suche an einem Ende der Liste beginnen und jeden Satz untersuchen, bis sich der gewünschte findet oder wir das andere Ende der Liste erreicht haben. Diese letztere Strategie wird beim sequentiellen Suchen angewandt.

7.1.2. Sequentielles Suchen

Nehmen wir an, es liegt die Liste *list* und der Suchschlüssel *searchnum* vor. Wir wollen diejenigen Sätze herausfinden, deren Schlüsselfelder mit *searchnum* übereinstimmen. Wenn die Liste *list* über n Sätze verfügt, wobei $list[i].key$ den Schlüssel von Satz i bezeichnet, können wir die Liste durch Überprüfung der Schlüssel $list[0].key, \cdots list[n-1].key$ in dieser Reihenfolge durchsuchen, bis wir den richtigen Satz gefunden haben oder bis alle Sätze überprüft wurden. Die Funktion *seqsearch* (Programm 7.1) enthält die Details. Es werden die folgenden Deklarationen benutzt:

```
#define MAX_SIZE 1000 /* Maximale Größe der Liste + 1 */
        typedef struct {
        int key;
        /* Andere Felder */
        } element;
    element list[MAX_SIZE];
```

```
int seqsearch(element list[], int searchnum, int n)
{
/* Durchsuche einen Array list mit n Zahlen. Gib i zurück, wenn
list[i].key = searchnum. Gib -1 zurück, wenn sich searchnum
nicht in der Liste befindet */
    int i;
    list[n].key = searchnum;
    for (i = 0; list[i].key != searchnum; i++)
        ;
    return ((i < n ) ? i : -1);
}
```

Programm 7.1: Sequentielles Suchen

Analyse von *seqsearch*: Vor dem Beginn der Suche wird *searchnum* in *list*[n].*key* plaziert. Diese Position dient als Flagge, die das Ende der Liste signalisiert. Durch Vermeidung der Überprüfung, ob das Ende der Liste erreicht ist, also $i > n - 1$, können wir die Schleifenstruktur vereinfachen. Wenn die Suche erfolglos ist, so ist $i = n$, und es wird der Wert −1 zurückgegeben. Deshalb erfordert eine erfolglose Suche $n + 1$ Vergleiche und ergibt so eine Rechenzeit von O(n) im schlechtesten Fall. Die Anzahl der Schlüsselvergleiche bei einer erfolgreichen Suche hängt von der Position des Schlüssels in der Liste ab. Sind die Schlüssel unterschiedlich und es ist *searchnum* = *list*[i].*key*, so wurden $i + 1$ Vergleiche gemacht. Die durchschnittliche Anzahl von Vergleichen bei einer erfolgreichen Suche ist:

$$\sum_{i=0}^{n-1}(i+1)/n = (n+1)/2 \qquad \square$$

7.1.3. Binäres Suchen

Anders als bei der sequentiellen Suche, die keine Annahme über die Reihenfolge der Schlüssel macht, setzt die binäre Suche voraus, daß die Liste nach einem Schlüssel sortiert ist, so daß *list*[0].*key* ≤ *list*[1].*key* ≤ $\cdots$ ≤ *list*[n − 1].*key* gilt. Wie schon in Kapitel 1 angesprochen, beginnt die Suche mit dem Vergleich von *searchnum* und *list*[middle].*key*, wobei *middle* = $(n - 1)/2$ ist. Die Vergleichsfunktion COMPARE wurde in Kapitel 1 definiert. Es gibt drei mögliche Ergebnisse:

(1) ***searchnum < list[middle].key:*** In diesem Fall verwerfen wir die Sätze zwischen *list*[middle] und *list*[n − 1] und fahren mit der Suche zwischen *list*[0] und *list*[middle − 1] fort.

(2) ***searchnum = list[middle].key:*** In diesem Fall ist die Suche erfolgreich beendet.

(3) ***searchnum > list[middle].key:*** In diesem Fall verwerfen wir die Sätze zwischen *list*[0] und *list*[middle] und fahren mit der Suche zwischen *list*[middle + 1] und *list*[n − 1] fort.

Auf diese Weise ist nach einem Vergleich die Suche entweder abgeschlossen, oder die Größe des noch nicht durchsuchten Teils ist nahezu halbiert. Nach j Schlüsselvergleichen hat der noch nicht durchsuchte Teil nur noch höchstens die Größe $\lceil n/2^j \rceil$, was bedeutet, daß diese Methode im schlechtesten Fall O(log n) Schlüsselvergleiche erfordert. Die Funktion *binsearch* (Programm 7.2) implementiert das soeben besprochene Vorgehen. Wir übergeben als Parameter die Anzahl der Elemente n, anstatt der oberen und unteren Schranken, wie wir es bei der binären Suchfunktion in Kapitel 1 taten. (Die obere und untere Schranke wird als $n - 1$ und 0 angenommen.)

```
int binsearch(element list[], int searchnum, int n)
{
/* Durchsuche list[0], ..., list[n-1] */
    int left = 0, right = n-1, middle;
    while (left <= right) {
        middle = (left + right) / 2;
        switch (COMPARE(list[middle].key, searchnum)) {
            case -1 : left = middle + 1;
                          break;
            case 0 : return middle;
            case 1 : right = middle - 1;
        }
    }
    return -1;
}
```

Programm 7.2: Binäres Suchen

Analyse von *binsearch*: In *binsearch* wird immer der mittlere Schlüssel der aktuellen Teilliste mit dem gesuchten Schlüssel (*searchnum*) verglichen. Da es nur drei Ergebnisse bei jedem Vergleich gibt, können wir zur Beschreibung des Suchprozesses einen binären Entscheidungsbaum einsetzen. Nehmen Sie zum Beispiel an, die zu durchsuchende Liste laute (4, 15, 17, 26, 30, 46, 48, 56, 58, 82, 90, 95). Abbildung 7.1 zeigt die Darstellung dieser Liste als binären Entscheidungsbaum. Die Schlüssel erscheinen innerhalb der Knoten und die Listenindizes außerhalb. Ein Weg von der Wurzel zu irgendeinem Knoten des Baumes stellt eine Folge von Vergleichen dar, die *binsearch* durchführt, um entweder *searchnum* zu finden oder festzustellen, daß der Suchschlüssel nicht vorhanden ist. Man kann aus der Tiefe des Baumes leicht erkennen, daß *binsearch* nicht mehr als $O(\log n)$ Vergleiche durchführt. □

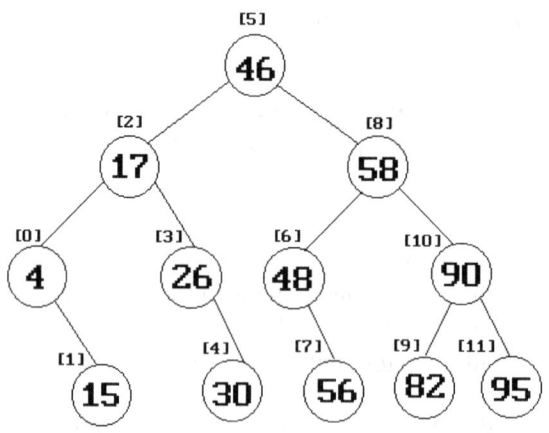

Abbildung 7.1: Entscheidungsbaum für binäres Suchen

Wenn wir noch einmal das Beispiel des Telefonbuchs heranziehen, müssen wir feststellen, daß weder die sequentielle noch die binäre Suche der Suchmethode entsprechen, die Menschen bei der Suche in einem Verzeichnis im allgemeinen anwenden. Wenn wir nach einem Namen suchen, der mit W anfängt, so beginnen wir unsere Suche eher am Ende des Verzeichnisses als in der Mitte. Eine Suchmethode, die auf dieser Interpolation basiert, würde mit dem Vergleich des Schlüssels $f[i].key$ beginnen, wobei $i = ((k - f[l].key)/(f[u].key - f[l].key))*n$ ($f[l].key$ und $f[u].key$ sind die Werte des kleinsten und des größten Schlüssels der Datei; k ist der gesuchte Schlüssel). Die interpolierende Suche kann nur bei einer geordneten Datei angewendet werden. Das Verhalten eines solchen Algorithmus wird eindeutig von der Verteilung der Schlüssel in der Datei abhängen.

7.1.4. Listenverifikation

Typischerweise werden Listen verglichen, um zu testen, ob sie gleich sind oder um Unterschiede zu bestimmen. Daher ist das Problem der Listenverifikation ein Fall der wiederholten Suche in einer Liste, wobei jeder Schlüssel der anderen Liste einmal als Suchbegriff dient. Da Organisationen oft gleiches Material aus verschiedenen Quellen erhalten, taucht das Problem der Listenverifikation häufig auf. Zum Beispiel erhält der Internal Revenue Service (IRS) die Erklärung der Arbeitgeber über Gehalt und Sozialabgaben jedes ihrer Arbeitnehmer. Ähnlich müssen die Arbeitnehmer ihre Steuererklärung mit Angaben zu Einnahmen und Abgaben abliefern. Natürlich möchte der IRS gerne überprüfen, ob sich die Listen dieser beiden Quellen in Bezug auf die Personen und deren Angaben entsprechen. Wir haben schon gezeigt, daß eine geordnete Liste die Effizienz eines solchen Suchprozesses steigert. Beschleunigt sie aber auch den Prozeß der Listenverifikation? Um diese Frage zu beantworten, müssen wir sowohl Funktionen zur Listenverifikation für zufällige als auch für geordnete Listen entwickeln. Für jede Funktion nehmen wir an, daß wir zwei Listen $list1$ und $list2$ mit den Schlüsseln $list1[i].key$ mit $0 \leq i < n$ und $list2[j].key$ mit $0 \leq j < m$ vorliegen haben. Zusätzlich nehmen wir an, daß der Prozeß der Listenverifikation drei Arten von Fehlern erkennt und ausgibt:

(1)   Ein Satz mit dem Schlüssel $list1[i].key$ erscheint in der ersten Liste, aber es gibt keinen Satz mit demselben Schlüssel in der zweiten Liste ($list2$).

(2)   Ein Satz mit dem Schlüssel $list2[j].key$ erscheint in der zweiten Liste, aber es gibt keinen Satz mit demselben Schlüssel in der ersten Liste ($list1$).

(3)   Es gilt zwar $list1[i].key = list2[j].key$, aber die Sätze unterscheiden sich in mindestens einem Feld.

Die Funktion $verify1$ (Programm 7.3) nimmt an, daß beide Listen zufällig aufgebaut sind. Wir können leicht überprüfen, daß diese Funktion eine asymptotische Rechenzeit von $O(mn)$ im schlechtesten Fall hat. Die Funktion $verify2$ (Programm 7.4) beginnt mit den selben Eingaben wie $verify1$, sortiert die beiden Listen jedoch vor deren Überprüfung. Ihre Rechenzeit für den schlechtesten Fall beträgt $O(tsort(n) + tsort(m) + m + n)$, wobei $tsort(n)$ die Zeit ist, die n Sätze in $list1$ zu sortieren und $tsort(m)$ die Zeit ist, die m Sätze in $list2$ zu sortieren. Wie wir in diesem Kapitel zeigen werden, ist es möglich, n Sätze in der Zeit $O(n \log n)$ zu sortieren, so daß die Rechenzeit für den schlechtesten Fall von $verify2$ sich zu $O(max\{n \log n, m \log m\})$ ergibt.

```
void verify1(element list1[], element list2[], int n, int m)
/* Vergleiche die ungeordneten Listen list1 and list2 */
{
    int i,j;
    int marked[MAX_SIZE];

    for (i = 0; i < m; i++)
        marked[i] = FALSE;
    for (i = 0; i < n; i++)
        if ((j = seqsearch(list2,list1[i].key,m)) < 0)
            printf("%d ist nicht in Liste 2\n",list1[i].key);
        else
        /* Prüfe jedes der anderen Felder von list1[i] und
        list2[j], und gib alle Unterschiede aus */
            marked[j] = TRUE;
    for (i = 0; i < m; i++)
        if (!marked[i])
            printf("%d ist nicht in Liste 1\n",list2[i].key);
}
```

Programm 7.3: Verifizieren mit sequentiellem Suchen

```
void verify2(element list1[], element list2[], int n, int m)
/* Gleiche Aufgabe wie verify1, aber list1 und list2 sind sortiert */
{
    int i,j;
    sort(list1,n);
    sort(list2,m);
    i = j = 0;
    while (i < n && j < m)
        if (list1[i].key < list2[j].key) {
            printf("%d ist nicht in Liste 2\n",list1[i].key);
            i++;
        }
        else if (list1[i].key == list2[j].key) {
        /* Vergleiche list1[i] und list2[j] in jedem anderen Feld
        und berichte über jeden Unterschied */
            i++;   j++;
        }
        else {
            printf("%d ist nicht in Liste 1\n", list2[j].key);
            j++;
        }
    for(; i < n; i++)
        printf("%d ist nicht in Liste 2\n",list1[i].key);
    for (; j < m; j++)
        printf("%d ist nicht in Liste 1\n",list2[j].key);
}
```

Programm 7.4: Schnelles Verifizieren zweier Listen

ÜBUNGEN

1. Die sequentielle Suche kann verbessert werden, indem der i-te Satz und der 0. Satz nach erfolgreicher Suche vertauscht werden. Dies führt zu einer besseren Leistung bei weiteren Suchvorgängen nach demselben Schlüssel. Schreiben Sie eine sequentielle Suchfunktion, die diese Variation enthält!

2. Die sequentielle Suche kann auch verbessert werden, indem die Sätze zwischen 0 und $i-1$ einen Platz nach rechts geschoben werden, und der i-te Satz an die 0. Position gesetzt wird. Diese *Rechtsverschiebung* wird nur nach einer erfolgreichen Suche vorgenommen. Diese Variation erlaubt es häufig gesuchten Schlüsseln, sich am Anfang der Liste zu sammeln. Schreiben Sie eine Funktion für diese Variation!

3. Angenommen, wir haben eine sortierte Liste mit den 20 Zahlen 2, 4, $\cdots$, 40. Zeichnen Sie den binären Entscheidungsbaum für diese Liste! Der Baum sollte die möglichen Vergleichsabfolgen bei einer binären Suche widerspiegeln. Wie viele Vergleiche braucht man, um festzustellen, daß sich die 30 in der Liste befindet? Wie viele braucht man, um festzustellen, daß sich 21 nicht in der Liste befindet?

4. Programmieren Sie die interpolierende Suche und vergleichen Sie ihre Leistung mit der des binären Suchens! Benutzen Sie für den Vergleich eine Folge von Zahlen, die von einem uniformen Zufallsgenerator bestimmt werden. Sortieren Sie die sich ergebende Folge, und messen Sie die durchschnittliche Suchzeit für erfolgreiches Suchen, indem Sie nach jeder Zahl der Folge suchen. Nehmen Sie an, daß eine erfolgreiche Suche nach einer beliebigen Zahl Ihrer Folge mit gleich großer Wahrscheinlichkeit vorkommt. Wiederholen Sie das Experiment mit einem exponentiellen Zufallsgenerator!

7.2. DEFINITIONEN

Wir haben zwei wichtige Anwendungen für das Sortieren kennengelernt: (1) Hilfe zum Suchen in und (2) zum Vergleich von Listen. Das Sortieren wird ebenfalls bei der Lösung einer Reihe anderer komplexerer Probleme angewandt. Tatsächlich schätzt man, daß 25 Prozent aller Rechenzeit mit Sortieren verbracht wird, wobei manche Organisationen mehr als 50 Prozent ihrer Rechenzeit mit dem Sortieren von Listen verbringen. Das zeigt die immense Wichtigkeit für die Entwicklung effizienter Sortieralgorithmen. Unglücklicherweise gibt es keine einzelne Sortiertechnik, die für alle Anfangszustände und Listengrößen die "Beste" ist. Deshalb untersuchen wir verschiedene Techniken, und geben an, unter welchen Umständen sie den anderen überlegen ist.

Lassen Sie uns zunächst das vorliegende Problem formalisieren: Wir haben eine Liste von Sätzen vorliegen $(R_0, R_1, \cdots, R_{n-1})$, in der jeder Satz R_i über einen Schlüssel K_i verfügt. Zusätzlich ist auf den Schlüsseln eine Ordnungsrelation $(<)$ gegeben, so daß für zwei Schlüssel x und y entweder $x = y$ oder $x < y$ oder $x > y$ gilt. Diese Ordnungsrelation ist transitiv, d.h. für beliebige drei Werte x, y und z folgt aus $x < y$ und $y < z$ sofort $x < z$. Wir definieren das Sortierproblem als Finden einer Permutation σ, für die $K_{\sigma(i-1)} \leq K_{\sigma(i)}$ mit $0 < i \leq n-1$ gilt. Die gesuchte Reihenfolge ist dann $(R_{\sigma(0)}, R_{\sigma(1)}, \cdots, R_{\sigma(n-1)})$.

Da eine Liste mehrere identische Schlüssel haben kann, ist die Permutation nicht eindeutig bestimmt. In manchen Anwendungen suchen wir die eindeutig bestimmte Permutation σ_s, die folgende Eigenschaften hat:

(1) [**sortiert**] $K_{\sigma(i-1)} \leq K_{\sigma(i)}$ für $0 < i \leq n - 1$

(2) [**stabil**] Wenn $i < j$ und $K_i = K_j$ in der Eingabeliste ist, dann steht R_i vor R_j in der sortierten Liste.

Eine Sortiermethode, welche die Permutation σ_s erzeugt, ist *stabil*. Stabilität ist nur ein Kriterium zur Unterscheidung zwischen Sortiermethoden. Zusätzlich können wir Sortierungen sowohl nach der Lokation als auch nach der verwendeten Sortiertechnik charakterisieren. Unter Lokation verstehen wir den Ort, an dem das Sortieren ausgeführt wird. So verstehen wir unter *internem Sortieren* ein Sortieren, das sich bei genügend kleinen Listen vollständig im Arbeitsspeicher abspielt, während *externes Sortieren* gebraucht wird, wenn die Informationsmenge die Kapazität des Hauptspeichers übersteigt. Im letzten Fall muß die Datei stückchenweise in den Arbeitsspeicher geladen werden, bis sie vollständig sortiert ist.

In Kapitel 1 entwickelten wir die als Sortieren durch Auswahl bekannte interne Sortiermethode. In diesem Kapitel werden wir die folgenden zusätzlichen internen Sortiermethoden entwickeln: Sortieren durch Einfügen, Schnellsortieren (Quicksort), Heap-Sortieren (Heapsort), Sortieren durch Mischen (Mergesort) und Wurzelsortieren (Radixsort). Anschließend folgt eine Untersuchung des externen Sortierens.

7.3. SORTIEREN DURCH EINFÜGEN

Das Sortieren durch Einfügen ähnelt dem Vorgehen eines Kartenspielers, wenn er ein neues Blatt aufnimmt: Die Karten treffen einzeln ein, und jede wird einsortiert, bevor die nächste Karte aufgenommen wird. Ähnlich dazu geben wir vor, die Sätze einer Liste immer nur einzeln hinzuzunehmen. So fügen wir Satz R_i in eine geordnete Folge von Sätzen $R_0, R_1, \cdots, R_{i-1}$ ($K_0 \leq K_1 \leq \cdots \leq K_{i-1}$) ein, so daß die neue Folge der Länge i ebenfalls geordnet ist. Wir beginnen mit der geordneten Folge R_0 und fügen dann nacheinander die Sätze $R_1, R_2, \cdots, R_{n-1}$ ein. Da jedes Einfügen eine geordnete Folge hinterläßt, können wir eine Liste mit n Sätzen durch $n - 1$ Einfügungen sortieren. Diese Strategie wird von *insertion_sort* (Programm 7.5) implementiert. Der Funktionsaufruf lautet *insertion_sort(list, n);*.

```
void insertion_sort(element list[], int n)
/* Sortiere die Liste list durch Einfügen */
{
    int i,j;
    element next;
    for (i = 1; i < n; i++) {
        next = list[i];
        for (j = i-1; j >= 0 && next.key < list[j].key; j--)
            list[j+1] = list[j];
        list[j+1] = next;
    }
}
```

Programm 7.5: Die Funktion *insertion_sort*

Analyse von *insertion_sort*: Im schlechtesten Fall finden in der inneren **for**-Schleife i Vergleiche statt, bevor es zur Einfügung kommt. Daher ist die Rechenzeit für das Einfügen eines Satzes in die geordnete Liste $O(i)$. Da die äußere Schleife für $i = 1, 2, \cdots, n - 1$ durchlaufen wird, ist die Zeit für den schlechtesten Fall:

$$O(\sum_{i=0}^{n-1} i) = O(n^2) \quad \square$$

Wir können die Rechenzeit des Sortierens durch Einfügen ebenfalls über die Untersuchung der relativen Unordnung der Eingabeliste abschätzen. Zur Bestimmung der relativen Unordnung, bestimmen wir, in welchem Maß jeder Satz "aus der Reihe fällt" (*left out of order - LOO*). Das wird wie folgt definiert:

$$R_i \text{ ist genau dann LOO, wenn } R_i < \max_{0 \leq j < i} \{R_j\}$$

Offensichtlich wird der Einfügeschritt nur für die Sätze ausgeführt, die LOO sind. Wenn k die Anzahl der Sätze LOO ist, dann ist die Rechenzeit $O((k + 1)n)$, und die Zeit des schlechtesten Falls ist immer noch $O(n^2)$.

Beispiel 7.1:

Angenommen, es ist $n = 5$, und die Eingabesequenz ist $(5, 4, 3, 2, 1)$. (Beachten Sie, daß nur das Schlüsselfeld dargestellt ist!) Nach jedem Einfügeschritt haben wir:

i	[0]	[1]	[2]	[3]	[4]
-	5	4	3	2	1
1	4	5	3	2	1
2	3	4	5	2	1
3	2	3	4	5	1
4	1	2	3	4	5

Da sich die Liste bei jedem neu einzufügenden Satz R_i in die geordnete Liste $R_0, \cdots, R_{i-1}$ in umgekehrter Reihenfolge befindet, muß die gesamte Liste eine Position nach rechts verschoben werden. Daher stellt diese Eingabeliste das Verhalten des schlechtesten Falls des Sortierens durch Einfügen dar. □

Beispiel 7.2:

Angenommen, es ist $n = 5$, und die Eingabesequenz ist $(2, 3, 4, 5, 1)$. Nach jeder Iteration haben wir:

i	[0]	[1]	[2]	[3]	[4]
-	**2**	3	4	5	1
1	**2**	**3**	4	5	1
2	**2**	**3**	**4**	5	1
3	**2**	**3**	**4**	**5**	1
4	**1**	**2**	**3**	**4**	**5**

In diesem Beispiel ist nur R_4 LOO, und die Zeit für $i = 1, 2$ und 3 ist $O(1)$; für $i = 4$ ist die Zeit $O(n)$. □

Da die Rechenzeit des Sortierens durch Einfügen $O((k + 1)n)$ ist, bietet sich diese Methode an, wenn nur wenige Sätze LOO sind, d.h. $k << n$. Wir können auch leicht nachprüfen, daß das Sortierverfahren stabil ist. Diese Tatsachen zusammen mit der Einfachheit dieser Methode empfehlen dieses Verfahren für kleine Listen, also etwa für $n \leq 20$.

Variationen

1. **Binäres Sortieren durch Einfügen:** Wir können die Anzahl von Vergleichen beim Sortieren durch Einfügen weiter reduzieren, indem wir die sequentielle Suchtechnik in *insertion_sort* durch das binäre Suchen ersetzen. Die Anzahl der Verschiebungen von Sätzen bleibt unverändert.

2. **Listenorientiertes Sortieren durch Einfügen:** Die Elemente der Liste werden anstatt in der einfachen Feldform als dynamisch verkettete Listen dargestellt. Die Anzahl der Satzverschiebungen wird dadurch Null, da nur noch die Verkettungsfelder aktualisiert werden müssen. Allerdings müssen wir die sequentielle Suchmethode aus *insertion_sort* beibehalten.

ÜBUNGEN

1. C erlaubt uns den Gebrauch von Zeigern auf Funktionen als Übergabeparameter einer Funktion. Erzeugen Sie zwei Funktionen *ascending* und *descending*, die jeweils zwei Parameter x und y haben. Die Funktion *ascending* gibt *TRUE* zurück, falls $x < y$ und sonst *FALSE*. Die Funktion *descending* gibt *TRUE* zurück, falls $x > y$ und sonst *FALSE*. Überarbeiten Sie das Sortieren durch Einfügen, und erzeugen sie eine generische Suchmethode, die entweder in nichtabsteigender oder in nichtaufsteigender Reihenfolge sortiert, indem sie einen Zeiger auf eine dieser zwei Funktionen übergibt.

2. Schreiben Sie *insertion_sort* neu, so daß sie das binäre Suchen einsetzt.

3. Überarbeiten Sie *insertion_sort*, so daß die sortierte Liste als verkettete Liste zurückgegeben wird. Die Anfangsliste sei ein Array von Sätzen. Jeder Satz hat das zusätzliche Feld *link*, das für die Verkettung gebraucht wird.

4. Überarbeiten Sie *insertion_sort*, so daß sowohl Eingabe- als auch Ausgabelisten als dynamisch verkettete Listen dargestellt werden.

7.4. SCHNELLSORTIEREN (QUICKSORT)

Wir wenden unsere Aufmerksamkeit nun einem Sortierschema mit besonders gutem durchschnittlichen Verhalten zu. Das Schnellsortierverfahren wurde von C. A. R. Hoare entwickelt und hat unter allen Sortiermethoden, die wir untersuchen werden, das beste Durchschnittsverhalten. Beim Sortieren durch Einfügen wurde der momentan das Einfügen bestimmende Schlüssel K_i (auch Pivot-Schlüssel genannt) an der richtigen Stelle der sortierten Teildatei $(R_0, \cdots, R_{i-1})$ eingefügt. Das Schnellsortieren unterscheidet sich vom Sortieren durch Einfügen dadurch, daß der Pivot-Schlüssel K_i an die richtige Stelle in Bezug auf die ganze Datei gesetzt wird. Wenn also der Schlüssel K_i an die Stelle $s(i)$ gesetzt wird, dann gilt $K_j \leq K_{s(i)}$ für $j < s(i)$ und $K_j \geq K_{s(i)}$ für $j > s(i)$. Daher ist die Originaldatei nach einer Positionierung in zwei neue Teildateien gespalten, bestehend aus den Sätzen $R_0, \cdots, R_{s(i)-1}$ und $R_{s(i)+1}, \cdots, R_{n-1}$. Da auch in der vollständig sortierten Folge alle Sätze der linken Teildatei links von $s(i)$ erscheinen und alle Sätze der rechten Teildatei rechts von $s(i)$, können diese Teildateien unabhängig voneinander sortiert werden. Die Funktion *quicksort* (Programm 7.6) ist unsere rekursive Version von Hoares Schnellsortier-Algorithmus. Der Funktionsaufruf lautet *quicksort*(*list*, 0, $n - 1$);

```
void quicksort(element list[], int left, int right)
/* Sortiere list[left], ..., list[right] in nichtabsteigender
Reihenfolge der Schlüsselfelder. list[left].key wird als Pivot-
Schlüssel gewählt. Es wird angenommen, daß list[left].key <=
list[right+1].key gilt. */
{
    int pivot,i,j;
    element temp;
    if (left < right) {
        i = left;     j = right + 1;
        pivot = list[left].key;
        do {
        /* Suche nach Schlüsseln aus der linken und rechten Teilliste,
        tausche Elemente, die nicht in der richtigen Reihenfolge sind,
        aus, bis sich die linken und rechten Schranken treffen
        oder überkreuzen */
            do
                i++;
            while (list[i].key < pivot);
            do
                j--;
            while (list[j].key > pivot);
            if (i < j)
                SWAP(list[i],list[j],temp);
        } while (i < j);
        SWAP(list[left],list[j],temp);
        quicksort(list,left,j-1);
        quicksort(list,j+1,right);
    }
}
```

Programm 7.6: Rekursive *quicksort*-Funktion

Beispiel 7.3:

Die Eingabedatei habe 10 Sätze mit den Schlüsseln (26, 5, 37, 1, 61, 11, 59, 15, 48, 19).
Abbildung 7.2 zeigt den Zustand der Datei nach jedem Aufruf von *quicksort*. Die eckigen
Klammern zeigen die Teildateien an, die noch sortiert werden müssen. □

R_0	R_1	R_2	R_3	R_4	R_5	R_6	R_7	R_8	R_9	left	right
[26	5	37	1	61	11	59	15	48	19]	0	9
[11	5	19	1	15]	26	[59	61	48	37]	0	4
[1	5]	11	[19	15]	26	[59	61	48	37]	0	1
1	5	11	[19	15]	26	[59	61	48	37]	3	4
1	5	11	15	19	26	[59	61	48	37]	6	9
1	5	11	15	19	26	[48	37]	59	[61]	6	7
1	5	11	15	19	26	37	48	59	[61]	9	9
1	5	11	15	19	26	37	48	59	61		

Abbildung 7.2: Simulation von *quicksort*

Analyse von *quicksort*: Das Verhalten des Algorithmus im schlechtesten Fall wird in Übung 2 untersucht und ist $O(n^2)$. Allerdings könnte unter glücklichen Umständen nach jeder korrekten Positionierung die linke Teildatei genau so groß sein wie die rechte. Dies würde uns zum Sortieren von zwei Teildateien der ungefähren Größe $n/2$ führen. Die Zeit zur Positionierung eines Satzes in jeder Liste der Größe n benötigt die Zeit $O(n)$. Sei $T(n)$ die Zeit, die nötig ist, eine Datei mit n Sätzen zu sortieren. Wenn die Datei, nachdem ein Element richtig eingeordnet ist, sich in zwei ungefähr gleich große Teile spaltet, haben wir:

$$T(n) \leq cn + 2T(n/2) \text{ mit einer Konstanten } c$$
$$\leq cn + 2(cn/2 + 2T(n/4))$$
$$\leq 2cn + 4T(n/4)$$
$$\vdots$$
$$\leq cn \log_2 n + nT(1) = O(n \log_2 n)$$

Lemma 7.1 zeigt, daß die durchschnittliche Rechenzeit der Schnellsortierung $O(n \log_2 n)$ ist. Überdies zeigen experimentelle Ergebnisse, daß, soweit es die durchschnittliche Rechenzeit angeht, diese Methode die schnellste der internen Sortiermethoden ist, die wir untersuchen werden.

Lemma 7.1: Sei $T_{avg}(n)$ die zu erwartende Sortierzeit für eine Datei mit n Sätzen mit *quicksort*. Dann gibt es eine Konstante k, so daß $T_{avg}(n) \leq kn \log_e n$ mit $n \geq 2$ gilt.

Beweis: Mit dem Aufruf *quicksort*$(0, n-1)$ wird K_0 an die Stelle j gesetzt. Das führt zu der Aufgabe, zwei Teillisten der Größe j und $n-j-1$ zu sortieren. Die dafür zu erwartende Sortierzeit beträgt $T_{avg}(j) + T_{avg}(n-j-1)$. Der Rest des Algorithmus braucht höchstens die Zeit cn mit einer Konstanten c. Da j mit gleicher Wahrscheinlichkeit jeden der Werte von 0 bis $n-1$ annehmen kann, haben wir:

$$T_{avg}(n) \leq cn + \frac{1}{n} \sum_{j=0}^{n-1} (T_{avg}(j) + T_{avg}(n-j-1)) = cn + \frac{2}{n} \sum_{j=0}^{n-1} T_{avg}(j), \ n \geq 2 \qquad (7.1)$$

Wir können $T_{avg}(0) \leq b$ und $T_{avg}(1) \leq b$ mit einer geeigneten Konstanten b annehmen. Wir werden nun zeigen, daß $T_{avg}(n) \leq kn \log_e n$ für $n \geq 2$ und $k = 2(b+c)$ gilt. Der Beweis geht per vollständiger Induktion über n.

Induktionsverankerung: Für $n = 2$ erhalten wir aus Gleichung (7.1):

$$T_{avg}(2) \leq 2c + 2b \leq kn \log_e 2$$

Induktionsannahme: Wir nehmen an, es gilt $T_{avg}(n) \leq kn \log_e n$ für $1 \leq n < m$.

Induktionsschritt: Aus Gleichung 7.1 und der Induktionsannahme erhalten wir:

$$T_{avg}(m) \le cm + \frac{4b}{m} + \frac{2}{m}\sum_{j=2}^{m-1}T_{avg}(j) \le cm + \frac{4b}{m} + \frac{2k}{m}\sum_{j=2}^{m-1}j\log_e j \qquad (7.2)$$

Da $j\log_e j$ eine monoton wachsende Funktion von j ist, liefert Gleichung (7.2):

$$T_{avg}(m) \le cm + \frac{4b}{m} + \frac{2k}{m}\int_2^m x\log_e x\,dx \le cm + \frac{4b}{m} + \frac{2k}{m}\left[\frac{m^2\log_e m}{2} - \frac{m^2}{4}\right]$$

$$= cm + \frac{4b}{m} + km\log_e m - \frac{km}{2} \le km\log_e m, \text{ für } m \ge 2 \qquad \square$$

Anders als beim Sortieren durch Einfügen, wobei zusätzlicher Speicherplatz nur für einen Satz angelegt werden mußte, braucht das Schnellsortieren Platz für den Stapel zur Implementation der Rekursion. Im Fall, daß die Dateien in gleiche Teile aufgespalten werden, wie in obiger Analyse, ist die maximale Rekursionstiefe log *n*, so daß die Stapelgröße O(log *n*) ist. Der schlechteste Fall tritt dann auf, wenn die Datei sich auf jeder Ebene der Rekursion in eine linke Teildatei der Größe *n* – 1 und eine rechte Teildatei der Größe 0 aufspaltet. In diesem Fall wird die Tiefe der Rekursion *n* und erfordert einen Stapel der Größe O(*n*). Die Stapelgröße des schlechtesten Fall kann um einen Faktor 4 reduziert werden, wenn man beachtet, daß rechte Teildateien mit einer Größe kleiner als zwei Sätzen nicht gestapelt zu werden brauchen. Eine asymptotische Reduktion der Stapelgröße kann erreicht werden, wenn man *kleinere Teildateien zuerst sortiert*. Dann wird der zusätzliche Platz für den Stapel höchstens zu O(log *n*).

Variation

Schnellsortieren mit einem Median von Drei: Unsere Version des Schnellsortierens
nahm immer den Schlüssel des ersten Satzes der aktuellen Teilliste als Pivot-Schlüssel. Eine bessere Wahl für den Pivot-Schlüssel besteht im Median des ersten, mittleren und letzten Schlüssels der aktuellen Teilliste; also *pivot* = *median*{K_{left}, $K_{(left+right)/2}$, K_{right}}. Zum Beispiel ist *median*{10, 5, 7} = 7 und *median*{10, 7, 7,} = 7.

ÜBUNGEN

1. Erzeugen Sie eine Abbildung ähnlich der Abbildung 7.2 für den Fall, daß die zu sortierende Eingabedatei (12, 2, 16, 30, 8, 28, 4, 10, 20, 6, 18) ist.

2. (a) Zeigen Sie, daß *quicksort* die Zeit O(n^2) benötigt, wenn die Eingabedatei bereits sortiert ist.

   (b) Zeigen Sie daß die Zeitkomplexität des schlechtesten Falls von *quicksort* O(n^2) ist.

   (c) Warum ist in *quicksort* die Ungleichung *list*[*left*].key $\leq$ *list*[*right* + 1] notwendig?

3. Schreiben Sie eine iterative Version von *quicksort*, die mit dem Median von Drei arbeitet, um den Pivot-Schlüssel zu bestimmen. Zeigen Sie, daß diese für eine bereits sortierte Datei die Zeit O($n \log n$) benötigt.

4. Zeigen Sie, daß die Rekursion in *quicksort* (Programm 7.6) mit einem Stapel der Größe O($\log n$) ausgeführt werden kann, wenn kleinere Teildateien zuerst sortiert werden.

5. Das Schnellsortieren ist nicht stabil. Geben Sie ein Beispiel für eine Eingabedatei, bei der die Reihenfolge von Sätzen mit gleichen Schlüsseln nicht erhalten bleibt.

7.5. OPTIMALE SORTIERZEIT

Die zwei bisher betrachteten Sortiermethoden haben eine Rechenzeit von O(n^2) im schlechtesten Fall. An dieser Stelle mögen sie sich die Frage nach der bestmöglichen Zeit stellen: "Wie schnell kann man hoffen, eine Liste mit n Objekten zu sortieren?" Wenn wir die Frage auf Algorithmen beschränken, die nur Vergleiche und Austausch von Schlüsseln erlauben, dann zeigt das Theorem, das wir in diesem Abschnitt beweisen werden, daß die bestmögliche Zeit O($n \log_2 n$) ist.

Unser Beweis erfordert einen Entscheidungsbaum, der den Sortierprozeß veranschaulicht. Jeder Knoten des Baumes stellt einen Vergleich zweier Schlüssel dar, und jeder Zweig ist das Ergebnis eines Vergleichs. So stellt dann jeder Weg durch den Baum eine Folge von Berechnungen dar, die der Sortieralgorithmus vornehmen könnte.

Beispiel 7.4:

Der Entscheidungsbaum für *insertion_sort* mit den Sätzen R_0, R_1 und R_2 ist auf Abbildung 7.3 gezeigt. Jeder Knoten ist mit den Permutationen der Sätze an dieser Stelle beschriftet. Die Beschriftung der Wurzel [0, 1, 2] bezeichnet die Eingabepermutation. In das Innere des Knotens haben wir den ersten Vergleich von *insertion_sort* geschrieben. Der linke Zweig wird genommen, wenn $K_0 \leq K_1$ ist, während der rechte Zweig bei $K_0 > K_1$ gewählt wird. Die Satzpermutation bleibt gleich, wenn man den linken Zweig nimmt, ändert sich beim rechten Zweig aber zu [1, 0, 2]. Die Blattknoten sind mit I bis IV numeriert und sind die einzigen Stellen, an denen der Algorithmus enden kann. Daher kann man mit dem Algorithmus aus der Eingabefolge nur sechs Permutationen erhalten. Da alle sechs unterschiedlich sind und $3! = 6$ ist, folgt, daß dieser Algorithmus über genügend Blätter verfügt, um einen gültigen Sortieralgorithmus für drei Sätze darzustellen. Die maximale Tiefe dieses Baumes ist 3. Abbildung 7.4 gibt die sechs verschiedenen Permutationen der Schlüssel 7, 9, 10 und die Permutationen, um die Schlüssel zu sortieren an. Dies zeigt, daß alle sechs Ausgabepermutationen möglich sind. Der Entscheidungsbaum der Abbildung 7.3 ist kein voller Binärbaum der Tiefe 3 und hat damit weniger als $2^3 = 8$ Blätter. $\square$

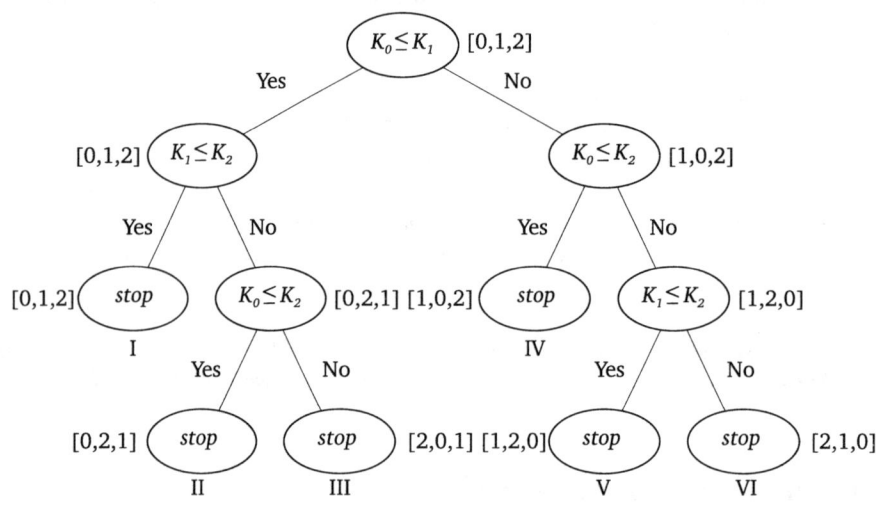

Abbildung 7.3: Entscheidungsbaum für das Sortieren durch Einfügen

Blatt	Permutation	Beispieleingabeschlüssel, die sich aus der Permutation ergeben
I	0 1 2	(7, 9, 10)
II	0 2 1	(7, 10, 9)
III	2 0 1	(9, 10, 7)
IV	1 0 2	(9, 7, 10)
V	1 2 0	(10, 7, 9)
VI	2 1 0	(10, 9, 7)

Abbildung 7.4: Die sechs Permutationen von 7, 9, 10

Theorem 7.1: Jeder Entscheidungsbaum, der n verschiedene Elemente sortiert, hat mindestens die Höhe $\log_2(n!) + 1$.

Beweis: Wenn n Elemente sortiert werden, gibt es $n!$ mögliche Ergebnisse. Daher muß jeder Entscheidungsbaum mindestens $n!$ Blätter haben. Ein Entscheidungsbaum ist aber auch ein Binärbaum, der höchstens 2^{k-1} Blätter haben kann, wenn seine Höhe k ist. Deshalb muß die Höhe mindestens $\log_2 n! + 1$ sein. $\square$

Korollar: Jeder Algorithmus, der nur über Vergleiche sortiert, muß eine Zeitkomplexität von $O(n \log_2 n)$ im schlechtesten Fall haben.

Beweis: Wir müssen zeigen, daß es für jeden Entscheidungsbaum mit $n!$ Blättern einen Weg der Länge $cn \log_2 n$ mit einer geeigneten Konstanten c gibt. Nach dem Theorem gibt es einen Weg der Länge $\log_2 n!$. Nun gilt:

$$n! = n(n-1)(n-2), \cdots, (3)(2)(1) \geq (n/2)^{n/2}$$

Also ist $\log_2 n! \geq (n/2)\log_2(n/2) = O(n \log_2 n)$. $\square$

7.6. SORTIEREN DURCH MISCHEN

7.6.1. Mischen

Bevor wir den Algorithmus des Sortierens durch Mischen von n Sätzen betrachten, lassen Sie uns überlegen, wie man zwei sortierte Listen zu einer einzigen sortierten Liste zusammenfügen oder "zusammenmischen" kann. Wir werden hierfür zwei unterschiedliche Algorithmen untersuchen. Der erste, Programm 7.7, ist sehr einfach und benutzt $O(n)$ zusätzlichen Speicherplatz. Er mischt die sortierte Liste $(list[i], \cdots, list[m])$ mit $(list[m + 1], \cdots, list[n])$ zur sortierten Liste $(sorted[i], \cdots, sorted[n])$.

```
void merge(element list[], element sorted[], int i, int m, int n)
/* Mische zwei sortierte Listen: list[i],....,list[m], und
list[m+1],...., list[n]. Diese Listen werden zu der sortierten
Liste: sorted[i],...., sorted[n] zusammengefügt*/
{
    int j,k,t;
    j = m+1;        /* Index für die zweite Teilliste */
    k = i;          /* Index für die sortierte Liste */

    while (i <= m && j <= n) {
        if (list[i].key <= list[j].key)
            sorted[k++] = list[i++];
        else
            sorted[k++] = list[j++];
    }
    if (i > m)
    /* sorted[k],...., sorted[n] = list[j],...., list[n] */
        for (t = j; t <= n; t++)
            sorted[k+t-j] = list[t];
    else
    /* sorted[k],...., sorted[n] = list[i],...., list[m] */
        for (t = i; t <= m; t++)
            sorted[k+t-i] = list[t];
}
```

Programm 7.7: Zusammenfügen zweier sortierter Listen

Analyse von *merge*: Bei jeder Iteration der **while-**Schleife wird ein Satz an die sortierte Liste angefügt, d.h. k wächst um 1. Die Gesamtzahl von hinzugefügten Sätzen ist $n - i + 1$. Das bedeutet, daß die **while-**Schleife mindestens $n - i + 1$-mal iteriert wird. Deshalb ist die gesamte Rechenzeit $O(n - i + 1)$. Haben die Sätze die Länge M, so ist diese Zeit in Wirklichkeit $O(M(n - i + 1))$. Ist M größer als 1, kann eine verkettete Liste die von *sorted* zusätzlich benötigten $n - i + 1$ Sätze vermeiden. Allerdings muß dann Platz für die $n - i + 1$ Verkettungsfelder angelegt werden. Mit dieser Darstellung ist die Rechenzeit aber nicht länger von M abhängig; sie ist einfach $O(n - i + 1)$. $\square$

Der zweite Algorithmus für das Zusammenfügen, den wir betrachten wollen, ist komplexer als Programm 7.7. Allerdings benötigt er nur $O(1)$ zusätzlichen Speicher. Mit der Annahme, daß $i = 1$ ist, wird die Anzahl der Sätze in den beiden zu mischenden Listen zu n. In unserer Untersuchung werden wir weiter vereinfachend annehmen, daß n eine Quadratzahl ist und die Anzahl der Sätze in jeder der beiden Listen ein Vielfaches von $\sqrt{n}$ ist. Die Entwicklung des vollständigen Algorithmus ohne diese Annahmen überlassen wir als Übung.

Wir gehen davon aus, daß $n = 36$ ist und jede der beiden Dateien über 18 Sätze verfügt. Die erste Zeile der Abbildung 7.5 zeigt einen Beispielfall. Es sind nur die Satzschlüssel gezeigt. Wir nehmen an, die sortierte Folge sei 0, 1, $\cdots$, a, b, $\cdots$, z. Der vertikale Strich trennt die zwei sortierten Dateien mit der Größe von 18 Sätzen. Jede Datei kann als eine Folge von sortierten Blöcken der Größe von $\sqrt{n} = 6$ Sätzen betrachtet werden. Der erste Schritt des $O(1)$-Mischens besteht darin, einen Block mit $\sqrt{n}$ Sätzen mit den größten Schlüsseln aufzubauen. Dies geschieht durch Untersuchen der zwei sortierten

Dateien von rechts nach links. Aus diesem Durchlauf ersehen wir, daß die $\sqrt{n}$ größten Schlüssel diejenigen sind, die in der zweiten Zeile der Abbildung 7.5 mit einem Rahmen versehen sind.

0 2 4 6 8a c e g i j k l m n t w z | 1 3 5 7 9 b d f h o p q r s u v x y

0 2 4 6 8a c e g i j k l m n t | w z | 1 3 5 7 9 b d f h o p q r s | u v x y |

0 2 4 6 8a | c e g i j k | u v x y w z | 1 3 5 7 9 b | d f h o p q | r s l m n t

u v x y w z | c e g i j k | 0 2 4 6 8a | 1 3 5 7 9 b | d f h o p q | l m n r s t

u v x y w z 0 2 4 6 8a | 1 3 5 7 9 b | c e g i j k | d f h o p q | l m n r s t

0 v x y w z u 2 4 6 8a | 1 3 5 7 9 b | c e g i j k | d f h o p q | l m n r s t

0 1 x y w z u 2 4 6 8a | v 3 5 7 9 b | c e g i j k | d f h o p q | l m n r s t

0 1 2 y w z u x 4 6 8a | v 3 5 7 9 b | c e g i j k | d f h o p q | l m n r s t

Abbildung 7.5: Die ersten acht Zeilen des Beispiels für Mischen mit dem Speicherplatz O(1)

Als nächstes werden die Sätze der zweiten Datei, die sich in demselben Block wie die Sätze mit den größten Schlüsseln befinden, mit derselben Anzahl von Sätzen ausgetauscht, die sich links von denen der ersten Datei in diesem Satz befinden. Das Ergebnis findet sich in der Konfiguration von Zeile 3 der Abbildung. Die senkrechten Striche unterteilen die n Sätze in Blöcke von $\sqrt{n}$ aufeinanderfolgenden Sätzen. Beachten Sie, daß nun die $\sqrt{n}$ Sätze mit den größten Schlüsseln einen einzigen Block bilden. Dieser Block wird nun mit dem ganz links liegenden ausgetauscht, und der ganz rechte Block wird sortiert, so daß sich die Zeile 4 ergibt. Die $\sqrt{n}$ – 1 Blöcke, ohne den mit den größten Schlüsseln, werden anhand ihres jeweils rechts außen liegenden Satzes sortiert, was zur Situation in Zeile 5 führt. Damit sind die Vorarbeiten abgeschlossen, die für den eigentlichen Vorgang des Zusammenfügens notwendig sind.

Der eigentliche Mischvorgang besteht aus einigen Teilschritten, in denen jeweils zwei Satzsegmente gemischt werden. Das erste Segment ist die längste sortierte Folge von Sätzen, beginnend bei Block 2. Wie Sie sehen, endet dies immer an einer Blockgrenze. Die zweite Folge besteht lediglich aus dem nächsten Block. Im Fall der Zeile 5 bestehen beide Segmente aus nur je genau einem Block. Ein Teilschritt des Mischens benutzt drei Marker, die in Zeile 5 mit dem Symbol • angezeigt sind. Der ganz linke markiert die Position, an die der nächste Satz hingehört. Der zweite bezeichnet den nächsten noch nicht verarbeiteten Satz des ersten Segments, und der dritte Marker zeigt auf den nächsten noch nicht verarbeiteten Satz des zweiten Segments. Anfangs werden diese Marker jeweils auf den ersten Satz des ganz linken Blocks, des ersten und des zweiten Segments gesetzt. Die zwei Segmente werden gemischt, indem die zwei Schlüssel, die von Marker 2 und 3 bezeichnet werden, verglichen werden und dann der kleinere der beiden (sind sie gleich groß, wird der Satz des ersten Segments genommen) mit ausgetauscht werden. Folgen wir dem ersten Austausch, gelangen wir zu Zeile 6. Die Zeilen 7 und 8 zeigen die Konfiguration nach den nächsten zwei Austauschvorgängen. Dieser Austausch hält an, bis alle Teile des ersten Segments eingeordnet sind. Im Falle unseres Beispiels werden acht neue Sätze eingeordnet, bis der aktuelle Mischschritt beendet ist. Die erste Zeile der Abbildung 7.6 zeigt die Konfiguration nach Einordnung (Mischen) der Sätze 3, 4, und 5; die zweite Zeile zeigt die Konfiguration nach Einordnung der Sätze mit den Schlüsseln 6, 7 und 8; die dritte Zeile zeigt den Status nach vollständiger Einordnung des ersten Segments an.

```
              •    •          •
0 1  2 3  4 5  u x  w6  8 a |v y  z 7  9 b|c e  g i  j k|d f  h o  p q|l m  n r  s t

                   •    •          •
0 1  2 3  4 5  6 7  8 u  wa |v y  z x  9 b|c e  g i  j k|d f  h o  p q|l m  n r  s t

                   • •            •
0 1  2 3  4 5  6 7  8 9  aw |v y  z x  u b|c e  g i  j k|d f  h o  p q|l m  n r  s t

                     •              •
0 1  2 3  4 5  6 7  8 9  aw  v y  z x  u b  c e  g i  j k|d f  h o  p q|l m  n r  s t

                              •      • •        •
0 1  2 3  4 5  6 7  8 9  a b  c d  e f  g h  i j  k v  z u |y x  w o  p q|l m  n r  s t

                              •              •      •
0 1  2 3  4 5  6 7  8 9  a b  c d  e f  g h  i j  k v  z u  y x  w o  p q|l m  n r  s t

                                   •      • •        •
0 1  2 3  4 5  6 7  8 9  a b  c d  e f  g h  i j  k l  m n  o p  q y  x w |v z  u r  s t

0 1  2 3  4 5  6 7  8 9  a b  c d  e f  g h  i j  k l  m n  o p  q r  s t |v z  u y  x w
```

Abbildung 7.6: Die letzten acht Zeilen des Beispiels zum O(1)-Mischen

Die folgenden Beobachtungen erlauben uns den Schluß, daß der Einfügevorgang eines Teilschritts immer wie oben beschrieben ablaufen kann, ohne mehr Speicher zu beanspruchen, als auch zum Austausch zweier Sätze nötig wäre:

(1)   Es gibt $\sqrt{n}$ Sätze von der Anfangsposition des ersten Markers bis zu der des zweiten Markers.

(2)   Das zweite Segment hat $\sqrt{n}$ Sätze.

(3)   Wegen der Regel des durchbrochenen Satzes und der anfänglichen Sortierung der Blöcke nach ihren letzten Sätzen, wird das erste Segment völlig vor dem zweiten eingeordnet werden.

Wenn ein Teilschritt des Mischens vollendet ist, sind die $\sqrt{n}$ Sätze mit den größten Schlüsseln in Reihenfolge, und die erste Markierung zeigt auf den ersten dieser Sätze. Der dritte Marker zeigt auf den ersten noch nicht eingeordneten Satz in dem zweiten Segment. Dieser Satz steht am Anfang des ersten Segments für den nächsten Teilschritt des Mischens. Dieses Segment ist das längste sortierte Segment, das an diesem Satz anfängt. Dies endet immer an einer Blockgrenze. Der nächste Block bildet das zweite Segment. Im Fall unseres Beispiels beginnt das erste Segment am Satz mit dem Schlüssel b und das zweite beginnt am Satz mit dem Schlüssel d. Die Zeile 4 der Abbildung 7.6 zeigt die Anfangspositionen der drei Marker. Zeile 5 zeigt die Konfiguration nach vollständigem Mischen des ersten Segments.

Das erste Segment für den nächsten Mischschritt fängt an dem Satz an, auf den der dritte Marker zeigt. Wir finden hier den Anfang einer langen sortierten Sequenz, die aus drei Sätzen besteht. Der nächste Block bildet die zweite Sequenz. Die Anfangspositionen der drei Marker für den dritten Sortierungsschritt sind in der sechsten Zeile der Abbildung gezeigt. Zeile 7 zeigt den Status nach Ende dieses Teilschritts. Jetzt besteht die längste sortierte Sequenz, angefangen am dritten Marker, aus den Sätzen mit den Schlüsseln r, s und t. Da es keinen nächsten Block gibt, ist das nächste Segment leer. Der letzte Mischschritt führt zu der Konfiguration der Zeile 8. Da das zweite Segment, mit dem begonnen werden soll, leer ist, kann der letzte Mischschritt mit zwei Markern durchgeführt werden, die pro Schritt jeweils eine Position nach rechts verschoben werden. Es werden dann einfach die markierten Sätze ausgetauscht.

Sobald ein Teilschritt des Mischens ausgeführt ist, befindet sich der Block der Sätze mit den größten Schlüsseln am rechten Ende. Dieser Block kann dann mit einem Algorithmus des Speicherplatzbedarfs O(1), wie das Sortieren durch Einfügen, sortiert werden. Die im soeben beschriebenen Mischverfahren mit Speicherplatz O(1) auftretenden Schritte sind in Programm 7.8 zusammengefaßt.

/* Schritte im O(1)-Mischen, wenn die Gesamtzahl n der Sätze eine Quadratzahl ist und die Anzahl der Sätze jeder zu mischenden Datei ein Vielfaches von $\sqrt{n}$ beträgt */

Schritt 1: Finde die $\sqrt{n}$ Sätze mit den größten Schlüsseln. Dies geschieht durch Absuchen der beiden zu mischenden Dateien von rechts nach links.

Schritt 2: Tausche die Sätze in der zweiten Datei, die in Schritt 1 gefunden wurden mit denen aus, die sich gerade links von denen befinden, die im ersten Schritt in der ersten Datei gefunden wurden, so daß die $\sqrt{n}$ Sätze mit den größten Schlüsseln einen durchgehenden Block bilden.

Schritt 3: Vertausche den Block mit den $\sqrt{n}$ größten Sätzen mit dem ganz links liegenden Block (wenn es nicht schon der ganz linke Block ist). Sortiere den ganz rechten Block.

Schritt 4: Ordne alle Blöcke, außer dem mit den größten Sätzen, in eine nicht absteigende Reihenfolge der letzten Schlüssel jedes Blocks.

Schritt 5: Führe so viele Mischschritte aus wie nötig, um die $\sqrt{n}$ – 1 Blöcke außer dem mit den größten Schlüsseln zu mischen.

Schritt 6: Sortiere den Block mit den größten Schlüsseln.

Programm 7.8: Mischen mit Speicherbedarf O(1)

In der Komplexitätsanalyse sehen wir, daß die Schritte 1 und 2 und der Austausch von Schritt 3 jeweils eine Rechenzeit O($\sqrt{n}$) und eine Speicherkomplexität O(1) haben. Das Sortieren in Schritt 3 kann in der Zeit O(n) und auf dem Speicherplatz O(1) durchgeführt werden, wenn das Sortieren durch Einfügen benutzt wird. Der Schritt 4 kann in der Zeit O(n) und auf Platz O(1) ausgeführt werden, wenn das Sortieren durch Auswahl (Kapitel 1) verwendet wird. Beachten Sie, daß das Sortieren durch Auswahl m Sätze mit O(m^2) Schlüsselvergleichen und O(m) Satzverschiebungen sortiert! Wird bei der Implementation von Schritt 4 des Programms 7.8 das Sortieren durch Auswahl benutzt, so kann jeder Block von $\sqrt{n}$ Sätzen als ein einziger Block mit dem Schlüssel des letzten Satzes dieses Blocks betrachtet werden. Also bewegt jede Verschiebung in der Sortierung durch Auswahl tatsächlich einen Block der Größe $\sqrt{n}$. Die Anzahl der Schlüsselvergleiche ist O(n), und da die Anzahl der Blockverschiebungen O($\sqrt{n}$) ist, beträgt die Zeit hierfür O(n). Beachten Sie, daß die Zeit O($n^{1,5}$) wird, wenn anstatt des Sortierens durch Auswahl das Sortieren durch Einfügen verwendet wird, da dann O(m^2) Satzverschiebungen bei der Sortierung von m Sätzen stattfinden! Deshalb ist in dieser Anwendung das Sortieren durch Auswahl dem Sortieren durch Einfügen vorzuziehen. Die Gesamtzahl der Teilschritte ist höchstens $\sqrt{n}$ – 1. Das Ende des ersten Segments in jedem Teilschritt kann in einer Zeit proportional zur Anzahl der Blöcke in dem Segment gefunden werden, da wir nur den ersten Block zu finden brauchen, dessen letzter Schlüssel größer ist als der erste Schlüssel des nächsten Blocks. Die Zeit für jeden Teilschritt ist deshalb linear in der Anzahl der zu mischenden Sätze. Deshalb ist die Gesamtzeit für Schritt 5 O(n). Das Sortieren in Schritt 6 kann in der Zeit O(n) durchgeführt werden, ganz gleich ob Sortieren durch Auswahl oder durch Einfügen benutzt wird. Werden die Schritte von Programm 7.8 wie oben implementiert, ist die Gesamtzeit O(n) und der zusätzlich benötigte Speicherplatz ist O(1).

Wir sind nun in der Lage, einen Algorithmus zum Sortieren durch Mischen zu entwickeln, der auf einer ungeordneten Liste arbeitet. Es sind sowohl iterative als auch rekursive Implementationen möglich, und wir werden beide Versionen entwickeln. Die iterative Version benutzt die einfache Funktion von *merge*, während die rekursive Version die verkettete Listendarstellung von *merge* wie oben beschrieben benutzt. Wir beginnen mit der iterativen Version.

7.6.2. Iteratives Sortieren durch Mischen

Bei der iterativen Version gehen wir davon aus, daß die Eingabesequenz n sortierte Listen aufweist, jede mit der Länge 1. Wir mischen diese Listen paarweise und erhalten so $n/2$ Listen der Länge 2. (Wenn n ungerade ist, hat eine Liste die Länge 1). Dann werden die $n/2$ Listen wieder paarweise gemischt usw., bis wir eine einzige Liste erhalten. Der iterative Algorithmus ist einfacher zu implementieren, wenn wir zuerst eine Funktion schreiben, die einen einzelnen Mischdurchgang durchführt. Die Funktion *merge_pass* (Programm 7.9) zeigt die Details. Beachten Sie, daß diese Funktion *merge* (Programm 7.7) aufruft, um die sortierten Teillisten zu mischen! Die endgültige Sortierung findet sich in *merge_sort* (Programm 7.10). Der Funktionsaufruf lautet *merge_sort(list, n)*;

```
void merge_pass(element list[], element sorted[], int n, int length)
{
/* Führt einen Durchgang des Sortierens durch Mischen aus. Er mischt
benachbarte Paare von Teildateien von list in sorted. n ist die Anzahl
der Listenelemente, length ist die Länge der Teildatei */
    int i,j;
    for (i = 0; i <= n - 2 * length; i += 2 * length)
        merge(list,sorted,i,i + length - 1,i + 2 * length - 1);
    if (i + length < n)
        merge(list,sorted,i,i + length - 1,n - 1);
    else
        for (j = i; j < n; j++)
            sorted[j] = list[j];
}
```

Programm 7.9: *merge_pass*

```
void merge_sort(element list[], int n)
/* Führt Sortieren durch Mischen auf einer Datei aus */
{
    int length = 1; /* Länge der momentan zu mischenden Blöcke */
    element extra[MAX_SIZE];

    while (length < n) {
        merge_pass(list,extra,n,length);
        length *= 2;
        merge_pass(extra,list,n,length);
        length *= 2;
    }
}
```

Programm 7.10: *merge_sort*

Analyse von *merge_sort*: Ein Sortieren durch Mischen besteht aus mehreren Durchläufen über die Eingabesätze. Der erste Durchlauf mischt Listen der Länge 1, der zweite mischt Listen der Länge 2 und der i-te Lauf mischt Listen der Länge 2^{i-1}. Daher ist die Gesamtzahl von Durchläufen $\lceil \log_2 n \rceil$. Wie *merge* gezeigt hat, können wir zwei sortierte Listen in linearer Zeit zusammenmischen, was bedeutet, daß jeder Durchlauf die Zeit $O(n)$ benötigt. Da $\lceil \log_2 n \rceil$ Durchläufe gebraucht werden, ist die gesamte Rechenzeit $O(n \log n)$. □

Beispiel 7.5:

Die Eingabeliste sei (26, 5, 77, 1, 61, 11, 59, 15, 48, 19). Abbildung 7.7 illustriert die in jedem Durchlauf zu mischenden Teillisten. □

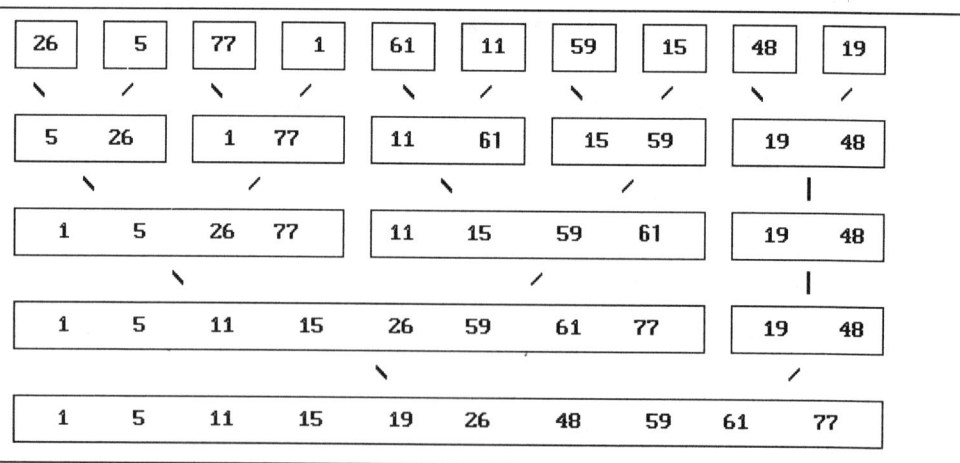

Abbildung 7.7: Mischbaum für das iterative Sortieren durch Mischen

7.6.3. Rekursives Sortieren durch Mischen

Bei der rekursiven Version modifizieren wir unsere Satzstruktur so, daß sie an das Verkettungsfeld angepaßt wird. Die neue Struktur ist definiert als:

```
typedef struct {
          int key;
          /* other fields */
          int link;
          } element;
```

Wir nehmen an, daß sich *list*[*i*].*link* und *list*[*i*].*key* auf die *link*- und *key*-Felder in Satz *i* mit $0 \leq i \leq n - 1$ beziehen. Beachten Sie, daß wir das Verkettungsfeld als Integer anstatt als dynamischen Zeiger implementiert haben! Zu Anfang ist *list*[*i*].*link* = -1, was bedeutet, daß sich jeder Satz in einer Kette befindet, die nur aus ihm selbst besteht. Die Funktion *rmerge* (Programm 7.11) implementiert das rekursive Sortieren durch Mischen; *rmerge* gibt eine Integer zurück, die auf den Anfang der sortierten Liste zeigt. Der größte Teil des tatsächlichen Sortierens wird von *listmerge* (Programm 7.12) ausgeführt. Diese Funktion nimmt die zwei sortierten Ketten *first* und *second* und gibt eine Integer zurück, die auf den Anfang der neuen sortierten Kette zeigt, welche die Ketten *first* und *second* enthält. Anders als bei der iterativen Implementation werden bei der rekursiven die Listen nicht physikalisch neu angeordnet. Sollte dies notwendig sein, können wir eines der Schemata aus Abschnitt 7.9 einsetzen. Der Funktionsaufruf lautet *start* = *rmerge*(*list*, 0, *n* − 1);.

```
int rmerge(element list[], int lower, int upper)
/* Sortiere die Listen list[lower],...., list[upper]. Das
Verknüpfungsfeld jedes Satzes ist zu Anfang auf -1 gesetzt */
{
    int middle;
    if (lower >= upper)
        return lower;
    else {
        middle = (lower + upper) / 2;
        return listmerge(list,rmerge(list,lower,middle),
                              rmerge(list,middle+1,upper));
    }
}
```

Programm 7.11: Rekursives Sortieren durch Mischen

```
int listmerge(element list[], int first, int second)
/* Mische die durch first und second angezeigten Listen */
{
    int start = n;
    while (first != -1 && second != -1)
        if (list[first].key <= list[second].key) {
        /* Schlüssel in Liste first ist kleiner, verkette dieses
        Element mit start, und lasse start auf first zeigen */
            list[start].link = first;
            start = first;
            first = list[first].link;
        }
        else {
        /* Schlüssel in Liste second ist kleiner, verkette dieses
        Element mit der teilweise sortierten Liste */
            list[start].link = second;
            start = second;
            second = list[second].link;
        }
    /* Verschiebe den Rest */
    if (first == -1)
        list[start].link = second;
    else
        list[start].link = first;
    return list[n].link; /* start of the new list */
}
```

Programm 7.12: Mischen von verketteten Listen

Analyse von *rmerge*: Man kann leicht verifizieren, daß diese Version des Sortierens durch Mischen mit verketteten Listen eine stabile Sortierfunktion ergibt und daß seine Rechenzeit O($n \log n$) beträgt. □

Beispiel 7.6:

Die Eingabeliste sei (26, 5, 77, 1, 61, 11, 59, 15, 48, 19). Bei jedem Aufruf der Rekursion wird die aktuelle von links nach rechts indizierte Liste in zwei Teillisten geteilt, die jeweils von *left* nach $\lfloor (left + right)/2 \rfloor$ und von $\lfloor (left + right)/2 \rfloor + 1$ nach *right* indiziert sind. Diese Teillisten werden rekursiv sortiert und die Ergebnisse werden später zusammengemischt. Abbildung 7.8 zeigt die Aufteilung und das Mischen für die Beispieldaten. Sie werden bemerken, daß die zu mischenden Teillisten sich von denen, die bei der iterativen Implementation erzeugt werden (Abbildung 7.7), unterscheiden. Abbildung 7.9 zeigt die Werte in *start* und in den Feldern *key* und *link* nach Beendigung des Sortierens. □

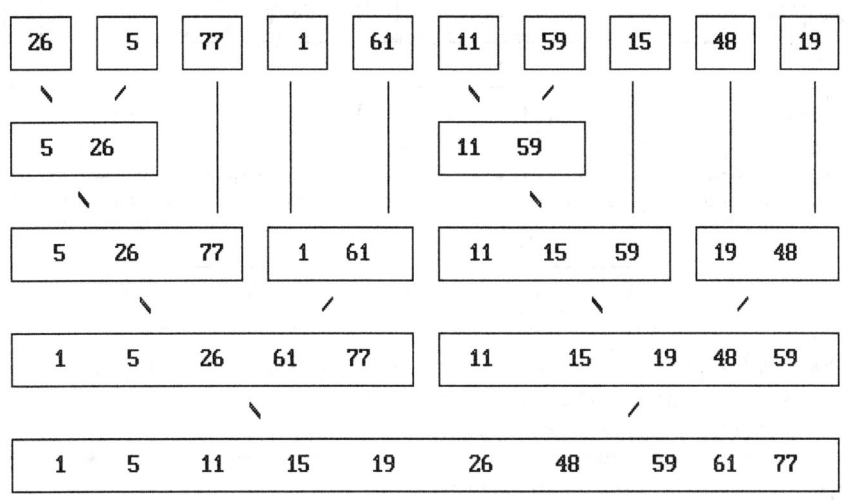

Abbildung 7.8: Aufteilung der Teillisten für das rekursive Sortieren durch Mischen

$start = 3$

i	R_0	R_1	R_2	R_3	R_4	R_5	R_6	R_7	R_8	R_9
key	26	5	77	1	61	11	59	15	48	19
link	8	5	−1	1	2	7	4	9	6	0

Abbildung 7.9: Simulation von *merge_sort*

Variation

Natürliches Sortieren durch Mischen: Wir können *merge_sort* so modifizieren, daß die vorherrschende Ordnung der Eingabeliste berücksichtigt wird. In dieser Implementation machen wir einen Durchlauf über die Daten, um die Folgen von Sätzen, die sich bereits in richtiger Reihenfolge befinden, zu bestimmen. Das Sortieren durch Mischen benutzt dann die schon anfangs geordneten Teillisten für die restlichen Durchläufe. Abbildung 7.10 zeigt die Ergebnisse eines natürlichen Sortierens durch Mischen für die Eingabesequenz aus Beispiel 7.6.

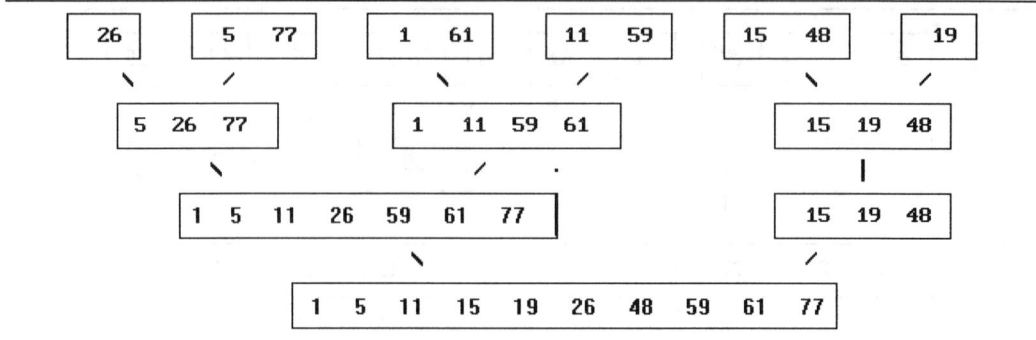

Abbildung 7.10: Sortieren durch Mischen mit sortierten Teillisten

ÜBUNGEN

1. Schreiben Sie eine Funktion, um die Sätze $(x_0, \ldots, x_{n-1})$ zirkulär nach rechts um p Positionen mit $0 \le p \le n$ zu verschieben. Ihre Funktion sollte eine Zeitkomplexität von $O(n)$ und eine Speicherkomplexität von $O(1)$ besitzen. (Hinweis: Benutzen Sie drei Segmentumkehrungen!)

2. Die zwei sortierten Dateien $(x_0, \ldots, x_m)$ und $(x_{m+1}, \ldots, x_{n-1})$ sollen zur sortierten Datei $(x_0, \ldots, x_{n-1})$ zusammengemischt werden. Es sei $s = \lfloor \sqrt{n} \rfloor$.

    (a) Nehmen Sie an, eine dieser Dateien habe weniger als s Sätze. Schreiben Sie eine Funktion, um die beiden sortierten Dateien in der Zeit $O(n)$ zu mischen, wobei nur zusätzlicher Speicher von $O(1)$ benötigt wird. Zeigen Sie, daß Ihre Funktion über diese Komplexitäten verfügt. (Hinweis: Wenn die erste Liste weniger als s Elemente hat, dann finden Sie die Position q in der fertigen Datei des ersten Elements der ersten Datei; führen Sie dann eine zirkuläre Verschiebung um $q - 1$ Positionen wie in der vorherigen Übung durch. Diese zirkuläre Verschiebung betrifft nur die Sätze der ersten Datei und die ersten $q - 1$ Sätze der zweiten Datei. Nach dieser Verschiebung befinden sich die ersten q Sätze bereits in ihrer endgültigen eingeordneten Position. Wiederholen Sie diesen Vorgang mit den zweiten, dritten, usw. Elementen der anfänglich ersten Datei.)

    (b) Nehmen Sie an, beide Dateien haben mindestens s Elemente. Schreiben Sie einen Mischalgorithmus mit derselben asymptotischen Komplexität wie bei (a). Zeigen Sie, daß Ihre Funktion tatsächlich über diese Komplexitäten verfügt. (Hinweis: Teilen Sie die erste Datei so auf, daß der erste Block s_1 Sätze mit $0 \le s_1 < s$ hat und der Rest s Sätze. Teilen Sie die zweite Datei so auf, daß der letzte Block s_2 Sätze mit $0 \le s_2 < s$ hat. Wenn $s_1 \ne 0$ gilt, dann vergleichen Sie die ersten Blöcke der beiden Dateien, um die s_1 Sätze mit den kleinsten Schlüsseln zu finden. Führen Sie einen Austausch wie in Schritt 2 des Programms 7.8 durch, so daß diese s_1 Sätze sich im ganz linken Block der ersten Datei befinden. Wenn $s_2 \neq 0$ gilt, dann führen Sie einen ähnlichen Prozeß durch, so daß sich die s_2 Sätze mit den größten Schlüsseln im ganz rechten Block der zweiten Datei befinden. Nun werden der ganz linke Block der Größe s_1 und der ganz rechte Block der Größe s_2 sortiert. Anschließend kann man diese vergessen. Die übrigen Blöcke der ersten und zweiten Datei können mit der Mischfunktion von Teil (a) in sortierte Folge gebracht werden. Programm 7.8 kann für dieses Mischen benutzt werden.)

(c) Benutzen Sie die Funktionen von (a) und (b), um eine Funktion mit Zeit $O(n)$ und Speicher $O(1)$ zu bilden, die zwei Dateien beliebiger Größe mischt.

(d) Vergleichen Sie die Laufzeit der Mischfunktion von (c) mit der des Programms 7.7. Benutzen Sie $i = 1$, $m = n/2$ und die Werte $n = 100, 250, 500, 1000, 2000, 5000, 10.000$. Benutzen Sie bei jedem Wert von n ein zufällig erzeugtes Paar von Dateien und bestimmen Sie die durchschnittliche Zeit, die zum Mischen benötigt wird. Stellen Sie diese für beide Mischfunktionen graphisch dar. Welche Schlußfolgerungen können Sie ziehen?

(e) Modifizieren Sie Ihre Funktion für Teil (b), so daß sie nicht die Funktion aus (a) benutzt, um die Sätze in der ersten und zweiten Datei in sortierter Folge zu ordnen. Stattdessen werden die letzten und ersten Blöcke der jeweils ersten und zweiten Datei sortiert. Um die größten s Sätze zu finden, müssen wir die letzten zwei Blöcke der ersten Datei und den letzten Block der zweiten Datei betrachten. Programmieren Sie diese Funktion und bestimmen Sie die Laufzeiten mit den Daten von (d). Fügen Sie diese zu dem Graphen von (d) hinzu.

(f) Programmieren Sie die Mischfunktion mit dem Speicher $O(1)$, wie sie von Huang und Langston (siehe 'Literatur und ausgewählte Referenzen') in ihrer Arbeit beschrieben wird. Diese Funktion beginnt mit der Teilung der ersten Datei wie in (b). Die zweite Datei wird in Blöcke der Größe s zerteilt, bis auf den letzten Block, dessen Größe s_2 so gewählt ist, daß $s \leq s_2 < 2*s$ gilt. Die s größten Sätze werden bestimmt und in den ganz rechten Block der ersten Datei plaziert. Dieser wird Mischpuffer genannt. Der ganz rechte Block der zweiten Datei (d.h. der mit der Größe s_2) wird sortiert. Wenn $s_1 > 0$ gilt, wird der ganz linke Block der ersten Datei mit dem ganz linken Block der zweiten Datei unter Benutzung der letzten s_1 Positionen des Mischpuffers gemischt. Ein Austausch der s_1 ganz linken Sätze mit denen in den ganz rechts liegenden s_1 Positionen im Mischpuffer führt zu der Verschiebung der s_1 kleinsten Sätze in ihre endgültige Position und füllt ebenfalls den Mischpuffer mit den s größten Sätzen. Nun können wir die ersten s_1 Sätze vergessen und fortfahren mit der Verschiebung des Mischpuffers zu dem ganz linken Block der Größe s und die übrigen Blöcke nach ihrem jeweils letzten Satz sortieren. Einer dieser Blöcke hat die Größe s_2. Das Sortieren der Blöcke muß darauf Rücksicht nehmen. Bestimmen Sie die Laufzeiten dieser Funktion mit den Daten aus (d). Fügen Sie auch diese Ergebnisse zu dem Graphen von (d) hinzu. Welche Schlußfolgerungen können Sie ziehen?

3.   Ist *merge_sort* stabil?

4.   Angenommen, wir benutzen Programm 7.8 für eine Funktion zum Sortieren durch Mischen. Führt diese Funktion zu einer stabilen Sortierung?

5.   Schreiben Sie einen Algorithmus, um ein natürliches Sortieren durch Mischen durchzuführen. Wieviel Zeit benötigt dieser Algorithmus für eine bereits sortierte Liste? Wie hoch ist im schlechtesten Fall die Rechenzeit des neuen Algorithmus?

7.7. HEAP-SORTIERUNG

Während das Sortieren durch Mischen, wie es im vorigen Abschnitt untersucht wurde, sowohl im schlechtesten Fall wie auch im durchschnittlichen Verhalten eine Rechenzeit von $O(n \log n)$ zeigt, benötigt es zusätzlichen Speicherplatz proportional zu der Anzahl der Sätze in den zu sortierenden Dateien. Benutzt man den $O(1)$-Mischalgorithmus, läßt sich der zusätzliche Bedarf auf $O(1)$ reduzieren. Dieser Algorithmus ist jedoch deutlich langsamer als der ursprüngliche. Die Sortiermethode, die wir jetzt untersuchen werden, das Heap-Sortieren, benötigt nur eine feste Menge an zusätzlichem Speicher und wird gleichzeitig im schlechtesten und durchschnittlichen Fall nur die Rechenzeit $O(n \log n)$ brauchen. Während die Heap-Sortierung etwas langsamer läuft als das Sortieren durch Mischen mit zusätzlichem Speicher von $O(n)$, ist es jedoch schneller als das Sortieren durch Mischen mit zusätzlichem Speicher von $O(1)$.

Bei der Heap-Sortierung benutzen wir die Max-Heap-Struktur, die in Kapitel 5 eingeführt wurde. Die Lösch- und Einfügealgorithmen, die mit Max-Heaps verbunden sind, führen direkt zu einer Sortiermethode in der Zeit $O(n \log n)$. Die n Sätze werden zunächst in einen leeren Heap eingefügt. Als nächstes werden die Sätze einer nach dem anderen aus dem Heap entnommen. Es ist möglich, einen Heap mit n Sätzen mit der Funktion *adjust* (Programm 7.13) schneller aufzubauen. Diese Funktion verwendet einen binären Baum T, dessen linker und rechter Teilbaum die Eigenschaften eines Heaps erfüllen müssen, mit Ausnahme der Wurzel, und paßt T so an, daß der gesamte binäre Baum die Eigenschaften eines Heaps erfüllt. Ist die Tiefe des Baumes mit der Wurzel i gleich d, wird die **while**-Schleife höchstens d-mal ausgeführt. Daher ist die Rechenzeit von *adjust* $O(d)$.

```
void adjust(element list[], int root, int n)
/* Passe den binären Baum an die Heap-Bedingungen an */
{
    int child,rootkey;
    element temp;
    temp = list[root];
    rootkey = list[root].key;
    child = 2 * root;        /* left child */
    while (child <= n) {
        if ((child < n) &&
        (list[child].key < list[child+1].key))
            child++;
        if (rootkey > list[child].key) /* Vergleiche die Wurzel
                                          und max. Nachfolger */
            break;
        else {
            list[child / 2] = list[child];
                            /* Verschiebe zum Vorgänger */
            child *= 2;
        }
    }
    list[child/2] = temp;
}
```

Programm 7.13: Anpassen eines Max-Heaps

Um die Liste zu sortieren, müssen wir $n - 1$ Durchläufe über die Liste machen. Bei jedem Durchlauf tauschen wir den ersten Satz im Heap mit dem letzten Satz aus. Da der erste Satz immer den größten Schlüssel enthält, befindet sich dieser Satz bereits in seiner sortierten Position. Wir erniedrigen nun die Größe des Heaps und passen ihn neu an. Zum Beispiel plazieren wir im ersten Durchgang den Satz mit dem größten Schlüssel an die n-te Position; im i-ten Durchgang plazieren wir den Satz mit dem i-t größten Schlüssel an die Position $n - i + 1$. Die Funktion *heapsort* (Programm 7.14) implementiert die soeben beschriebene Strategie. Der Funktionsaufruf lautet *heapsort*(*list*, *n*);

```
void heapsort(element list[], int n)
/* Führe eine Heap-Sortierung auf einem Feld durch */
{
    int i,j;
    element temp;

    for (i = n/2; i > 0; i--)
        adjust(list,i,n);
    for (i = n-1; i > 0; i--) {
        SWAP(list[1],list[i+1],temp);
        adjust(list,1,i);
    }
}
```

Programm 7.14: Heap-Sortierung

Analyse von *heapsort*: Nehmen wir an, es ist $2^{k-1} \le n < 2^k$, so daß der Baum k Ebenen hat und die Anzahl der Knoten auf jeder Ebene i 2^{i-1} ist. In der ersten **for**-Schleife des Programms 7.14 ruft *heapsort* jeweils einmal *adjust* für jeden Knoten mit einem Nachfolger auf. Deshalb ist die Zeit, die diese Schleife benötigt, die Summe über alle Ebenen von der Anzahl von Knoten auf dieser Ebene mal der maximalen Entfernung, die der Knoten verschoben werden kann. Das ist nicht mehr als:

$$\sum_{i=1}^{k} 2^{i-1}(k-i) = \sum_{i=1}^{k} 2^{k-i-1}i \le n \sum_{i=1}^{k-1} \frac{i}{2^i} < 2n = O(n)$$

In der zweiten **for**-Schleife ruft *heapsort adjust* $n - 1$-mal mit der maximalen Tiefe von $\lceil \log_2(n + 1) \rceil$ auf. Deshalb ist die Rechenzeit dieser Schleife $O(n \log n)$. Also ist die gesamte Rechenzeit $O(n \log n)$. □

Beispiel 7.7:

Die Eingabeliste sei (26, 5, 77, 1, 61, 11, 59, 15, 48, 19). Der ursprüngliche binäre Baum ist in Abbildung 7.11 gegeben. Seine Umwandlung in einen Max-Heap wird in Abbildung 7.12 gezeigt. Der Sortierprozeß wird in Abbildung 7.13 dargestellt. Durchgezogene Kreise zeigen die Sätze, die in ihre sortierte Position gebracht wurden; die übrigen Sätze definieren den aktuellen Max-Heap. □

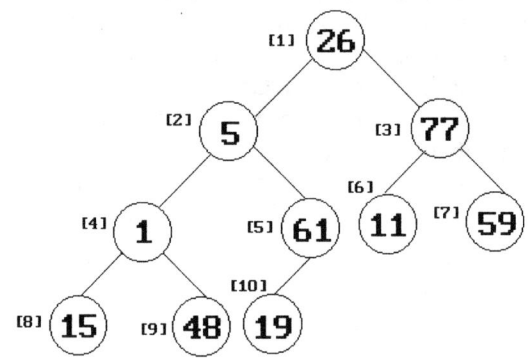

Abbildung 7.11: Ein Feld in seiner Ansicht als binärer Baum

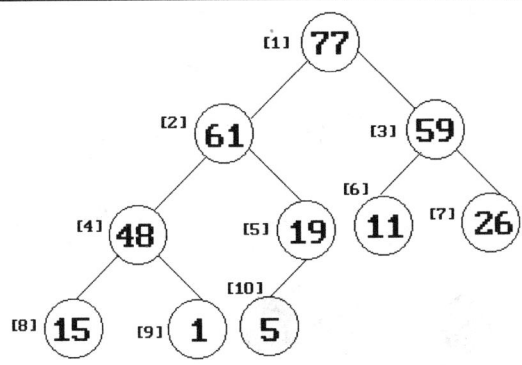

Abbildung 7.12: Der Max-Heap nach der ersten **for**-Schleife von *heapsort*

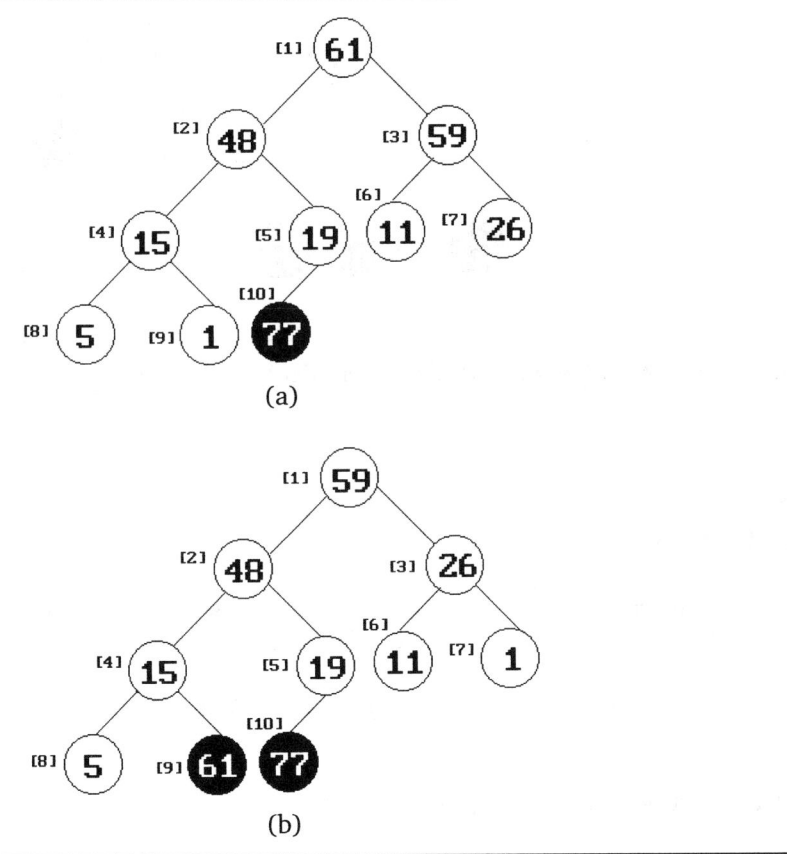

Abbildung 7.13: Beispiel der Heap-Sortierung

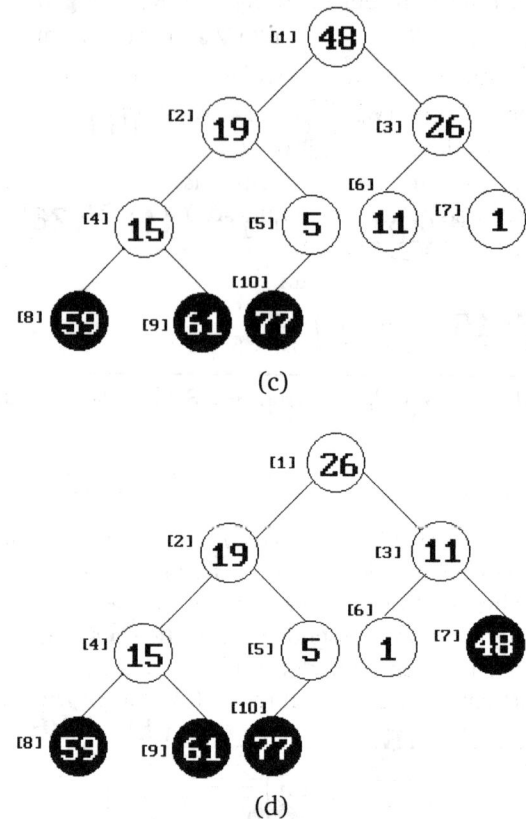

(c)

(d)

Abbildung 7.13 (Fortsetzung): Beispiel der Heap-Sortierung

ÜBUNGEN

1. *heapsort* ist nicht stabil. Geben Sie ein Beispiel einer Eingabeliste, in der die Reihenfolge gleicher Schlüssel nicht erhalten bleibt.

2. Führen Sie die Heap-Sortierung von Abbildung 7.13 zu Ende!

7.8. WURZEL-SORTIERUNG

Bis jetzt nahmen wir an, daß die zu sortierenden Sätze nur einen einzigen Schlüssel besitzen. Lassen Sie uns nun ein Problem untersuchen, bei dem Sätze mit mehreren Schlüsseln sortiert werden. Diese Schlüssel werden mit K^0, K^1, $\cdots$, K^{r-1} bezeichnet, wobei K^0 der höchstwertigste Schlüssel ist und K^{r-1} der niederwertigste. K_i^j bezeichne den

Schlüssel K^j von Satz R_i. Eine Liste der Sätze $R_0, \cdots, R_{n-1}$ ist genau dann lexikographisch nach den Schlüsseln $K^0, K^1, \cdots, K^{r-1}$ sortiert, wenn $(K_i^0, K_i^1, ..., K_i^{r-1}) \leq (K_{i+1}^0, K_{i+1}^1, ..., K_{i+1}^{r-1})$ gilt mit $0 \leq i < n - 1$, wobei ein r-Tupel $(x_0, x_1, ..., x_{r-1})$ genau dann kleiner oder gleich einem r-Tupel $(y_0, ..., y_{r-1})$ ist, wenn entweder $x_i = y_i$ mit $0 \leq i \leq j$ und $x_{j+1} < y_{j+1}$ für ein $j < r - 1$ oder $x_i = y_i$ mit $0 \leq i < r$.

Zum Beispiel können wir das Problem, ein Kartenspiel zu sortieren, als eine Sortierung nach zwei Schlüsseln, der Farbe und des Werts, betrachten, wobei die Schlüssel die folgenden Ordnungsrelationen erfüllen:

K^0 [Farbe]: ♣ < ♦ < ♥ < ♠*
K^1 [Wert]: $2 < 3 < 4 < \cdots < 10 < B < D < K < As$

So hat ein sortiertes Kartenspiel die Reihenfolge:

$$2♣, \cdots, As♣, \cdots, 2♠, \cdots, As♠$$

Im Beispiel des Kartensortierens hätten wir nach der Sortierung nach der Farbe (K^0) vier Stapel von Karten, die jeweils alle Karten einer Farbe enthielten. Abbildung 7.14 ist ein Beispiel der Stapelanordnung. Nun können wir die vier Stapel unabhängig voneinander nach ihren Werten sortieren. Abschließend werden die vier Stapel so aufeinandergelegt, daß der Kreuz-Stapel sich unten befindet und der Pik-Stapel oben. Wir nennen ein Sortieren nach dieser Art ein MSD-Sortieren (Most Significant Digit).

Abbildung 7.14: Anordnung der Karten nach dem ersten Durchgang des MSD-Sortierens

Der zweite Ansatz beginnt mit dem niederwertigsten Schlüssel und ist als LSD-Sortieren (Least Significant Digit) bekannt. Nach dem Sortieren nach einem Schlüssel werden die Stapel zu einem einzigen Stapel zusammengelegt, der dann nach dem nächstniederwertigsten Schlüssel sortiert wird. Dieser Vorgang wird wiederholt, bis der Stapel nach dem höchstwertigsten Schlüssel sortiert ist. Benutzen wir unser Kartenbeispiel, bedeutet das Sortieren nach dem niederwertigsten Schlüssel, daß wir die Karten zunächst nach ihren Werten sortieren. Abbildung 7.15 ist ein Beispiel für die Anordnung der Karten nach dem ersten Durchgang. Dann werden die Stapel zusammengelegt mit den Assen unten und den

---

* Amerikanische Sortierung der Karten

Zweien oben. Dann werden die Karten nach Farbe neu sortiert. Die im zweiten Durchgang angewendete Sortiermethode muß unbedingt stabil sein, da sonst die Ergebnisse des ersten Durchgangs zunichte gemacht werden. Der LSD-Ansatz ist einfacher als das MSD-Sortieren, da wir die Stapel nicht einzeln unabhängig voneinander sortieren brauchen. Das bedeutet, daß das LSD-Sortieren typischerweise einen geringeren Overhead als das MSD-Sortieren hat.

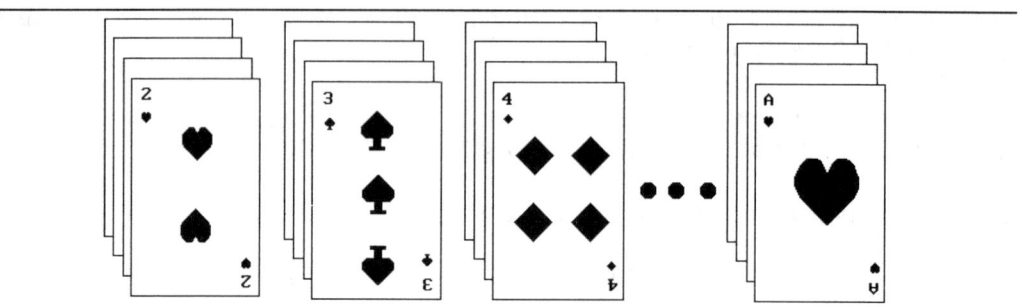

Abbildung 7.15: Anordnung der Karten nach dem ersten Durchgang des LSD-Sortierens

Die Begriffe LSD oder MSD zeigen nur die Reihenfolge an, in der die Schlüssel sortiert werden; sie bestimmen nicht, wie sie sortiert werden. Im allgemeinen werden beide Sortierungen implementiert, indem man zunächst "Behälter" für die unterschiedlichen Schlüssel schafft, zum Beispiel werden bei der MSD-Sortierung der Karten zunächst vier Behälter für die vier Farben erzeugt. Nachdem die Karten in den entsprechenden Behältern abgelegt wurden, benutzen wir ein Sortieren durch Einfügen, um jeden der Behälter zu ordnen. Im Falle des LSD-Sortierens würden wir 13 Behälter für die 13 Werte aufstellen. Nachdem wir die Karten in die richtigen Behälter gebracht haben, würden wir sie in eine Folge bringen und vier Behälter für die Farben erstellen und die Karten mit einer stabilen Sortiermethode einsortieren. Wenn die Ausdehnung in den Schlüsseln $O(n)$ beträgt, erfordert ein Behältersortieren nur die Zeit $O(n)$, womit es eine sehr schnelle Sortiermethode ist.

Wir können LSD- und MSD-Sortieren auch anwenden, wenn wir nur einen logischen Schlüssel vorliegen haben, indem wir diesen Schlüssel als Zusammensetzung mehrerer Schlüssel betrachten. Zum Beispiel hat ein Integer mehrere Ziffern, die so angeordnet sind, daß die ganz rechts liegende Ziffer die niederwertigste und die ganz links liegende die höchstwertigste ist. Wenn unsere Integer im Bereich $0 \leq K \leq 999$ liegen, können wir entweder ein MSD- oder ein LSD-Sortieren mit drei Schlüsseln (K^0, K^1, K^2) durchführen, wobei K^0 die Ziffer der Hunderter, K^1 die der Zehner und K^2 die der Einer bezeichnet. Da alle Schlüssel im Bereich $0 \leq K^i \leq 9$ liegen, benötigt das Sortieren nach jedem Schlüssel nur Zehn Behälter. Allerdings ist das LSD-Sortieren einfacher zu implementieren, da es nicht die Verwaltung unabhängiger Stapel erfordert.

Beim *Wurzel-Sortieren* zerlegen wir den Suchschlüssel in Ziffern, indem wir eine Wurzel r verwenden. Wenn $r = 10$ ist, erhalten wir die bekannte Basis 10 oder die Dezimalzerlegung wie oben beschrieben. $r = 2$ entspricht der binären Zerlegung des Schlüssels. Mit der Wurzel r werden r Behälter zur Sortierung jeder Ziffer benötigt.

Lassen Sie uns nun eine LSD-Wurzel-Sortierung entwickeln. Wir nehmen an, die Sätze $R_0, \cdots, R_{n-1}$ haben Schlüssel, die d-Tupel $(x_0, x_1, \cdots, x_{d-1})$ mit $0 \leq x_i < r$ sind. Wir nehmen ebenfalls an, daß jeder Satz ein Verknüpfungsfeld hat und daß die Eingabeliste als dynamisch verkettete Liste gespeichert ist. Wir implementieren die Behälter als Warteschlangen, wobei *front*[i] mit $0 \leq i < r$ auf den ersten Satz in Behälter i zeigt und *rear*[i] mit $0 \leq i < r$ auf den letzten Satz in Behälter i. Die Funktion *radix_sort* (Programm 7.15) implementiert die LSD-Wurzel-Sortierung. Sie nimmt an, daß die Eingabe aus einer verketteten Liste von Sätzen besteht, und sie erzeugt eine sortierte verkettete Liste. Die folgenden Deklarationen gelten für den Fall $r = 10$ und $d = 3$:

```
#define MAX_DIGIT 3 /* Zahlen zwischen 0 und 999*/
#define RADIX_SIZE 10
typedef struct list_node *list_pointer;
typedef struct list_node {
            int key[MAX_DIGIT];
            list_pointer link;
            } list_node;
```

```
list_pointer radix_sort(list_pointer ptr)
/* Wurzel-Sortieren mit einer verketteten Liste */
{
    list_pointer front[RADIX_SIZE], rear [RADIX_SIZE];
    int i, j, digit;
    for (i = MAX_DIGIT-1; i >= 0; i--) {
        for (j = 0; j < RADIX_SIZE; j++)
            front[j] = rear[j] = NULL;
        while (ptr) {
            digit = ptr->key[i];
            if (!front[digit])
                front[digit] = ptr;
            else
                rear[digit]->link = ptr;
            rear[digit] = ptr;
            ptr = ptr->link;
        }
        /* Erstelle die verkettete Liste neu für den nächsten Durchlauf */
        ptr = NULL;
        for (j = RADIX_SIZE-1; j >= 0; j--)
            if (front[j]) {
                rear[j]->link = ptr;  ptr = front[j];
            }
    }
    return ptr;
}
```

Programm 7.15: LSD-Wurzel-Sortieren

Analyse von *radix_sort*: Die Funktion *radix_sort* macht *MAX_DIGIT* Durchgänge über die Daten, jeder Durchgang braucht die Zeit O(*RADIX_SIZE*). Die gesamte Rechenzeit ist O(*MAX_DIGIT*(*RADIX_SIZE* + *n*)). □

Die Wahl der Wurzel bestimmt die Rechenzeit des Wurzel-Sortierens. Ein Wurzel-Sortieren mit der Wurzel 2 und Zahlen zwischen 1 und 100 Milliarden würde schrecklich lange dauern, während eine Wurzel von 10 und Zahlen von 0 · · · 999 ein gutes Ergebnis bringt. Im allgemeinen werden wir unsere Wurzel über den Wert von *n* und den Wert des größten Schlüssels sorgfältig wählen müssen.

Beispiel 7.8:

Die Eingabesequenz sei (179, 208, 306, 93, 859, 984, 55, 9, 271, 33). Die Wurzel sei 10 und da alle Zahlen im Bereich [0 · · · 999] liegen, ist die Anzahl der Ziffern 3. Die Listenelemente sind mit $R_0, \cdots, R_9$ bezeichnet. Abbildung 7.16 illustriert das Sortieren bei jedem Durchgang.

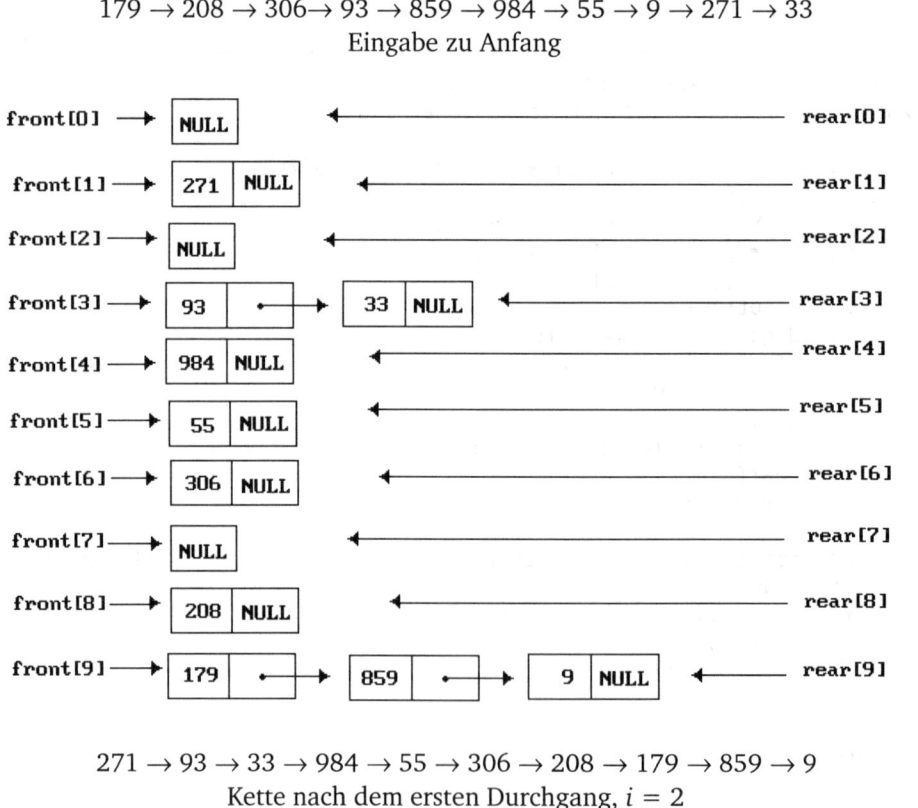

$179 \rightarrow 208 \rightarrow 306 \rightarrow 93 \rightarrow 859 \rightarrow 984 \rightarrow 55 \rightarrow 9 \rightarrow 271 \rightarrow 33$
Eingabe zu Anfang

$271 \rightarrow 93 \rightarrow 33 \rightarrow 984 \rightarrow 55 \rightarrow 306 \rightarrow 208 \rightarrow 179 \rightarrow 859 \rightarrow 9$
Kette nach dem ersten Durchgang, $i = 2$

Abbildung 7.16: Simulation von *radix_sort*

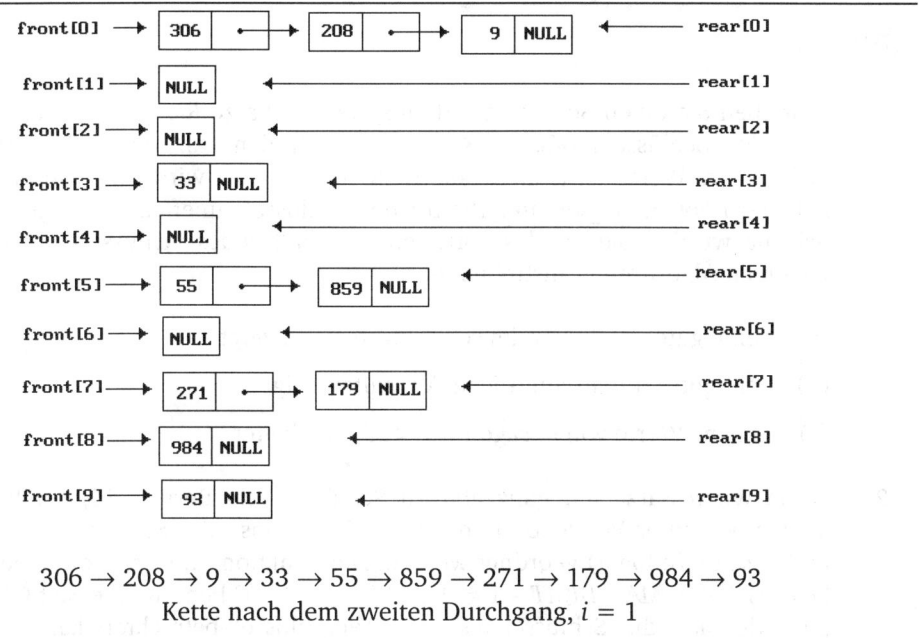

$$306 \rightarrow 208 \rightarrow 9 \rightarrow 33 \rightarrow 55 \rightarrow 859 \rightarrow 271 \rightarrow 179 \rightarrow 984 \rightarrow 93$$
Kette nach dem zweiten Durchgang, $i = 1$

Abbildung 7.16 (Fortsetzung): Simulation von *radix_sort*

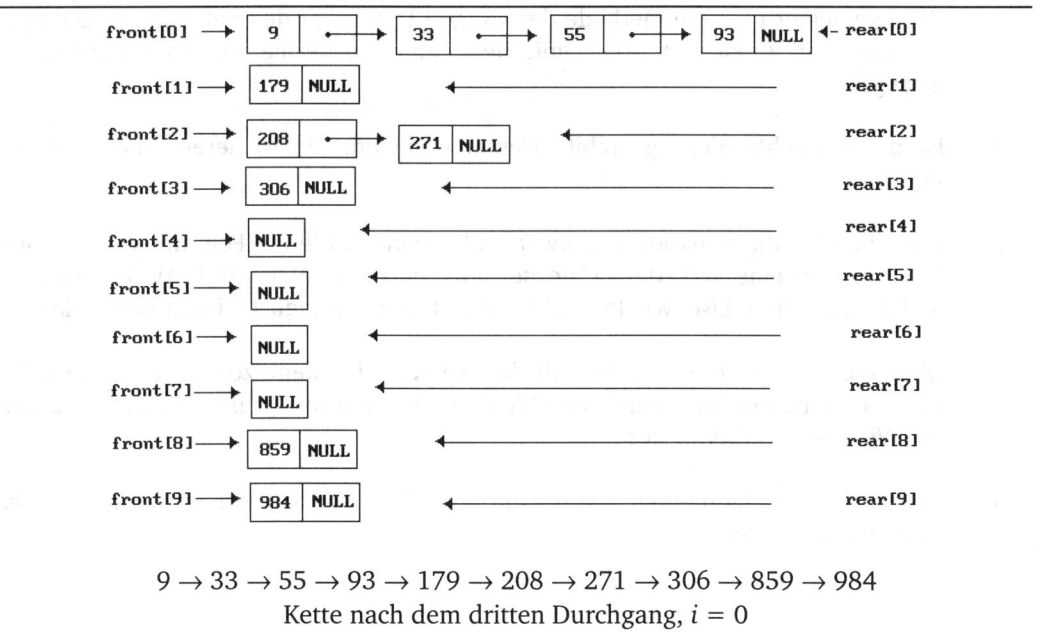

$$9 \rightarrow 33 \rightarrow 55 \rightarrow 93 \rightarrow 179 \rightarrow 208 \rightarrow 271 \rightarrow 306 \rightarrow 859 \rightarrow 984$$
Kette nach dem dritten Durchgang, $i = 0$

Abbildung 7.16 (Fortsetzung): Simulation von *radix_sort*

ÜBUNGEN

1. Schreiben Sie einen Sortieralgorithmus, der die Sätze $R_0, \cdots, R_{n-1}$ lexikographisch nach den Schlüsseln $(K_0, \cdots, K_{r-1})$ ordnet für den Fall, daß jeder Schlüssel viel mehr als n Werte annehmen kann. In diesem Fall wird das Sortierschema mit Behältern von *radix_sort* innerhalb jedes Schlüssels uneffektiv (warum?). Welches Schema würden Sie für das Sortieren innerhalb jedes Schlüssels benutzen, wenn wir einen Algorithmus anstreben, der:

   (a)   eine gutes Verhalten im schlechtesten Fall zeigt.

   (b)   ein gutes durchschnittliches Verhalten zeigt.

   (c)   kleine Werte von n, sagen wir <15, bearbeitet.

2. Wenn wir n Sätze mit ganzzahligen Schlüsseln im Bereich $[0, n^2]$ haben, dann können sie unter Verwendung des Heap-Sortierens oder Sortierens durch Mischen in der Zeit O($n \log n$) geordnet werden. Die Funktion *radix_sort* mit einem einzigen Schlüssel, d.h. *MAX_DIGIT* $- 1 = 1$ und Wurzel $= n^2$ benötigt die Zeit O(n^2). Zeigen Sie, wie man die Schlüssel als zwei Teilschlüssel betrachten kann, so daß die Wurzel-Sortierung nur die Zeit O(n) braucht, um die n Sätze zu sortieren. (Hinweis: Jeder Schlüssel K_i kann als $K_i = K_i^0 n + K_i^1$ geschrieben werden, wobei K_i^0 und K_i^1 Integer im Bereich $[0, n - 1]$ sind.)

3. Verallgemeinern Sie die Methode der vorigen Übung für den Fall von ganzzahligen Schlüsseln im Bereich $[0, n^p]$, womit Sie zu einer Sortiermethode in der Zeit O(pn) gelangen.

4. Ist die Wurzel-Sortierung stabil? Nehmen Sie an, Sie sortieren eine Liste von Zahlen.

5. Schreiben Sie die Funktionen *convert* und *reconvert*, die ein Feld mit ganzzahligen Schlüsseln in eine verkettete Liste der von *radix_sort* benötigten Art konvertieren und die verkettete Liste wieder rückwärts in ihre ursprüngliche Form konvertieren.

6. Überarbeiten Sie *radix_sort*, so daß die Wurzel 2 ist. Benutzen Sie das Makro *BIT* zur Entnahme der Bits. Versuchen Sie diese Version mit Schlüsseln vom Typ *long int*. Wie schnell arbeitet sie?

7. Unter welchen Bedingungen wäre ein MSD-Wurzel-Sortieren effizienter als das LSD-Wurzel-Sortieren?

7.9. LISTEN- UND TABELLEN-SORTIEREN

Außer dem Wurzel-Sortieren und dem rekursiven Sortieren durch Mischen erfordern alle bisher untersuchten Sortiermethoden umfangreiche Datenverschiebungen, da nach den Vergleichen jedesmal Verschiebungen ganzer Sätze erfolgen. Sind die Sätze sehr groß, verlangsamt dies den Sortierprozeß. Deshalb modifizieren wir unsere Sortiermethoden hinsichtlich minimaler Datenverschiebungen, wenn es gilt Listen mit umfangreichen Sätzen zu sortieren. Wie schon bei den Betrachtungen zum rekursiven Sortieren durch Mischen angesprochen, kann die Datenverschiebung durch die verkettete Listendarstellung minimiert werden. Das Sortieren ordnet die Listen dann nicht physikalisch um, sondern ändert lediglich die Verkettungsfelder, so daß sie die neue Reihenfolge zeigen. Für die meisten Anwendungen ist das ausreichend. Soll die sortierte Liste zum Beispiel auf einem externen Datenträger gespeichert werden, können die Sätze in der richtigen Reihenfolge übertragen werden, indem die Verkettungsfelder verfolgt werden. In manchen Anwendungen müssen allerdings auch die Sätze selbst physikalisch neu angeordnet werden. Doch auch in diesen Fällen kann eine beträchtliche Ersparnis an Aufwand erreicht werden, indem zunächst eine Sortierung auf einer verketteten Liste ausgeführt wird und erst anschließend eine physikalische Umordnung der Sätze entsprechend ihrer neuen Reihenfolge erfolgt. Wir können diese Umordnung in linearer Zeit erledigen, wenn etwas zusätzlicher Speicher benutzt wird. In diesem Abschnitt untersuchen wir drei Methoden für die Umordnung von Listen in ihre sortierte Reihenfolge, die ersten beiden erfordern eine verkettete Listendarstellung, während die dritte eine Hilfstabelle einsetzt, die indirekt die Sätze der Liste referenziert. Wir beginnen mit dem Sortieren über die verketteten Listen.

Angenommen, die verkettete Liste wurde sortiert und *start* zeige auf den Satz mit dem kleinsten Schlüssel. Das Verkettungsfeld dieses Satzes zeigt auf den Satz mit dem zweitkleinsten Schlüssel usw.. (Siehe Beispiel 7.6, das eine Sortierung mit einer verketteten Liste mit dem rekursiven Sortieren durch Mischen zeigte.) Um diese Sätze physikalisch in eine nichtabsteigende Reihenfolge zu bringen, vertauschen wir zuerst die Sätze R_0 und R_{start}. Jetzt hat R_0 den kleinsten Schlüssel. Allerdings sind die übrigen Sätze nun nicht mehr korrekt verkettet, wenn *start* $\neq 0$ ist. Deshalb müssen wir den Satz finden, der die 0 in seinem Verkettungsfeld trägt und dieses Feld so ändern, daß es auf *start* zeigt. Daraufhin ändern wir *start*, so daß es auf das Verkettungsfeld von R_0 zeigt und tauschen die Sätze R_1 und R_{start} aus. Nach $n - 1$ Iterationen befindet sich die Liste in aufsteigender Reihenfolge.

Da die korrekte Neuverkettung der Liste nach jeder Iteration die Kenntnis des Vorgängers jedes Satzes erfordert, sollten wir eine doppelt verkettete Liste verwenden. Die Funktion *list_sort*1 (Programm 7.16) sortiert eine verkettete Liste, indem sie diese zuerst in ihre doppelt verkettete Version umwandelt. Anschließend wird jeder Satz an seine korrekte Position gebracht. Der Funktionsaufruf lautet *list_sort*1(*list*, $n - 1$, *start*);. Wir benutzen folgende Deklarationen:

```
typedef struct {
        int key;
        int link;
        int linkb;   /* Rückwärtsverkettung */
        } element;
```

```
void list_sort1(element list[], int n, int start)
/* start ist ein Zeiger auf die Liste der n sortierten Elemente, die über
die Verkettungsfelder verknüpft sind. Es wird angenommen, das Feld linkb sei
schon vorhanden. Die Elemente werden neu angeordnet, so daß die resultieren-
den Elemente list[0],..., list[n-1] aufeinanderfolgend und sortiert sind. */
{
    int i,last,current;
    element temp;

    last = -1;
    for (current = start; current != -1;
    current = list[current].link) {
    /* Stelle die Rückwärtsverkettung der Liste auf */
        list[current].linkb = last;
        last = current;
    }
    for (i = 0; i < n-1; i++) {
    /* Verschiebe list[start] an die Position i und halte die
    Liste aufrecht */
        if (start != i) {
            if (list[i].link+1)
                list[list[i].link].linkb = start;
            list[list[i].linkb].link = start;
            SWAP(list[start],list[i],temp);
        }
        start = list[i].link;
    }
}
```

Programm 7.16: *list_sort*1

Analyse von *list_sort*1: Sind n Sätze in der Liste, so beträgt die Zeit für die Umwandlung in eine doppelt verkettete Liste $O(n)$. Das eigentliche Sortieren beginnt nicht vor der zweiten **for**-Schleife. Diese Schleife wird $n - 1$-mal durchlaufen, wobei jedesmal nicht mehr als zwei Sätze ausgetauscht werden. Wenn jeder Satz m Worte lang ist, so betragen die Kosten pro Austausch $3m$. Deshalb ist die Gesamtzeit $O(mn)$. □

Beispiel 7.9:

Die Eingabeliste sei (26, 5, 77, 1, 61, 11, 59, 15, 48, 19). Nach einem rekursiven Sortieren durch Mischen ist die Liste wie in Abbildung 7.17 verkettet. Die Liste mit den Rückwärtsverkettungen *linkb* findet sich auf Abbildung 7.18. Abbildung 7.19 zeigt die Liste, nachdem der erste Satz an seine korrekte Position gebracht wurde, und Abbildung 7.20 zeigt die Liste nach den nächsten drei Iterationen. Die Änderungen sind in den Abbildungen 7.19 und 7.20 fett markiert. □

start = 3

i	R_0	R_1	R_2	R_3	R_4	R_5	R_6	R_7	R_8	R_9
key	26	5	77	1	61	11	59	15	48	19
link	8	5	−1	1	2	7	4	9	6	0
linkb										

Abbildung 7.17: Verkettete Liste nach einer Listensortierung

start = 3

i	R_0	R_1	R_2	R_3	R_4	R_5	R_6	R_7	R_8	R_9
key	26	5	77	1	61	11	59	15	48	19
link	8	5	−1	1	2	7	4	9	6	0
linkb	9	3	4	−1	6	1	8	5	0	7

Abbildung 7.18: Doppelt verkettete Liste als Ergebnis von Abbildung 7.15

start = 1

i	$\mathbf{R_0}$	R_1	R_2	$\mathbf{R_3}$	R_4	R_5	R_6	R_7	R_8	R_9
key	**1**	5	77	**26**	61	11	59	15	48	19
link	**1**	5	−1	**8**	2	7	4	9	6	**3**
linkb	**−1**	3	4	**9**	6	1	8	5	3	7

Abbildung 7.19: Konfiguration nach der ersten Iteration der **for**-Schleife der Funktion
*list_sort*1

$i = 2$
$start = 5$

i	R_0	R_1	R_2	R_3	R_4	R_5	R_6	R_7	R_8	R_9
key	1	5	77	26	61	11	59	15	48	19
link	1	5	−1	8	2	7	4	9	6	3
linkb	−1	3	4	9	6	1	8	5	3	7

$i = 3$
$start = 7$

i	R_0	R_1	$\boldsymbol{R_2}$	R_3	R_4	$\boldsymbol{R_5}$	R_6	R_7	R_8	R_9
key	1	5	**11**	26	61	**77**	59	15	48	19
link	1	5	**7**	8	5	**−1**	4	9	6	3
linkb	−1	3	**1**	9	6	**4**	8	5	3	7

$i = 4$
$start = 9$

i	R_0	R_1	R_2	$\boldsymbol{R_3}$	R_4	R_5	R_6	$\boldsymbol{R_7}$	R_8	R_9
key	1	5	11	**15**	61	77	59	**26**	48	19
link	1	5	7	**9**	5	−1	4	**8**	6	7
linkb	−1	3	1	**5**	6	4	8	**9**	7	7

Abbildung 7.20: Beispiel für *list_sort*1

Obwohl es viele Möglichkeiten gibt, *list_sort*1 zu modifizieren, ist die Variation von M. D. MacLaren von besonderem Interesse, da sie ohne Rückwärtsverkettungen auskommt. Bei diesem Algorithmus (Programm 7.17) wird das Verkettungsfeld des neuen R_i auf *start* gesetzt, nachdem die Sätze R_{start} und R_i ausgetauscht wurden. Das zeigt, daß der Originalsatz verschoben wurde. Da immer *start* $\geq i$ gelten muß, können die Sätze auf korrekte Weise neu geordnet werden. Der Funktionsaufruf lautet *list_sort*2(*list*, $n -$ 1, *start*);.

```
void list_sort2(element list[], int n, int start)
/* Listensortierung mit nur einem Verkettungsfeld */
{
    int i,next;
    element temp;
    for (i = 0; i < n-1; i++) {
        while(start < i)
            start = list[start].link;
        next = list[start].link; /* Sichere den Index des
                                    nächstgrößeren Schlüssels*/
        if (start != i) {
            SWAP(list[i],list[start],temp);
            list[i].link = start;
        }
        start = next;
    }
}
```

Programm 7.17: *list_sort2*

Analyse von *list_sort2*: Die Folge der Satzverschiebungen bei *list_sort2* ist identisch mit denen bei *list_sort1*. Deshalb werden im schlechtesten Fall $3(n-1)$ Satzverschiebungen ausgeführt. Da die **while**-Schleife jeden Satz nicht mehr als einmal prüft, sind die Gesamtkosten der Schleife $O(n)$. Deshalb hat *list_sort2* im schlechtesten Fall die Komplexität $O(mn)$. □

Obwohl *list_sort1* und *list_sort2* dieselbe asymptotische Zeitkomplexität zeigen und dieselbe Anzahl von Satzverschiebungen machen, ist *list_sort2* etwas schneller als *list_sort1*, da jedesmal, wenn zwei Sätze ausgetauscht werden *list_sort1* mehr zu tun hat als *list_sort2*. Zusätzlich erfordert *list_sort1* ein zusätzliches Verkettungsfeld und ist deshalb *list_sort2* unterlegen, was den Speicherplatz betrifft.

Beispiel 7.10:

Die Eingabeliste sei (26, 5, 77, 1, 61, 11, 59, 15, 48, 19). Nach dem rekursiven Sortieren durch Mischen haben wir die Konfiguration der Abbildung 7.21 vorliegen. Die Konfiguration nach jeder der ersten zwei Iterationen der **for**-Schleife ist in Abbildung 7.22 gezeigt, und Abbildung 7.23 zeigt die Konfiguration nach den nächsten drei Iterationen. Das Sortieren wird in dieser Weise fortgeführt, bis alle Sätze sich in ihrer endgültigen Position befinden. □

start = 3

i	R_0	R_1	R_2	R_3	R_4	R_5	R_6	R_7	R_8	R_9
key	26	5	77	1	6	11	59	15	48	19
link	8	5	–1	1	2	7	4	9	6	0

Abbildung 7.21: Konfiguration nach einem rekursiven Sortieren durch Mischen

$i = 0$
$start = 1$

i	R_0	R_1	R_2	R_3	R_4	R_5	R_6	R_7	R_8	R_9
key	**1**	5	77	**26**	61	11	59	15	48	19
link	**3**	5	−1	**8**	2	7	4	9	6	0

$i = 1$
$start = 5$

i	R_0	R_1	R_2	R_3	R_4	R_5	R_6	R_7	R_8	R_9
key	1	5	77	26	61	11	59	15	48	19
link	3	5	−1	8	2	7	4	9	6	0

Abbildung 7.22: Konfigurationen nach den Iterationen $i = 0$ und 1 von *list_sort2*

$i = 2$
$start = 7$

i	R_0	R_1	R_2	R_3	R_4	R_5	R_6	R_7	R_8	R_9
key	1	5	**11**	26	61	**77**	59	15	48	19
link	3	5	**5**	8	2	**−1**	4	9	6	0

$i = 3$
$start = 9$

i	R_0	R_1	R_2	R_3	R_4	R_5	R_6	R_7	R_8	R_9
key	1	5	11	**15**	61	77	59	**26**	48	19
link	3	5	5	**7**	2	−1	4	**8**	6	0

$i = 4$
$start = 0$

i	R_0	R_1	R_2	R_3	R_4	R_5	R_6	R_7	R_8	R_9
key	1	5	11	15	**19**	77	59	26	48	**61**
link	3	5	5	7	**9**	−1	4	8	6	**2**

Abbildung 7.23: Konfigurationen nach den Iterationen $I = 2$, 3 und 4 von *list_sort2*

Die Listen-Sortiertechnik ist für das Schnellsortieren oder das Heap-Sortieren nicht gut geeignet. Beim Heap-Sortieren ist die sequentielle Darstellung des Heaps essentiell für die Arbeitsweise des Sortierens. Wir können die übermäßige Datenverschiebung bei diesen Sortierungen, aber auch bei den Sortierungen, die gut mit der Listen-Sortiertechnik arbeiten, jedoch auch vermeiden, indem wir eine Hilfstabelle benutzen, die indirekt die

Sätze in der Liste referenziert. Diese Tabelle wird als *int table*[*MAX_SIZE*] definiert, aber wir bezeichnen sie in der folgenden Analyse als t. Zu Beginn der Sortierung ist $t[i] = i$ mit $0 \leq i \leq n - 1$. Wenn der Sortieralgorithmus einen Austausch von R_i und R_j erfordert, dann werden die Tabelleneinträge $t[i]$ und $t[j]$ ausgetauscht; die Originalliste wird nicht geändert. Nach der Sortierung ist $R_{t[0]}$ der Satz mit dem kleinsten Schlüssel, $R_{t[n-1]}$ ist der Satz mit dem größten Schlüssel und im allgemeinen ist $R_{t[i]}$ der Satz mit dem i-ten kleinsten Schlüssel. Deshalb ist die Liste $R_{t[0]}$, $R_{t[1]}$, $\cdots$, $R_{t[n-1]}$ (siehe Abbildung 7.22) sortiert. Diese Tabelle genügt für viele Anwendungen, die eine geordnete Liste erfordern, einschließlich des binären Suchens. Allerdings müssen für manche Anwendungen die Sätze wieder physikalisch neu geordnet werden, entsprechend der von t angezeigten Permutation.

Der Algorithmus zur Neuanordnung der Sätze entsprechend der Permutation $t[0]$, $t[1]$, $\cdots$, $t[n-1]$ ist eine sehr interessante Anwendung eines mathematischen Theorems: Jede Permutation besteht aus unverbundenen Zyklen. Der Zyklus für ein beliebiges Element i besteht aus i, $t[i]$, $t^2[i]$, $\cdots$, $t^k[i]$, wobei $t^j[i] = t[t^{j-1}[i]]$, $t^0[i] = i$ und $t^k[i]$ i. So besitzt die Permutation t in Abbildung 7.24 zwei Zyklen, der erste umfaßt R_0 und R_4 und der zweite R_3, R_2 und R_1. Die Funktion *table_sort* (Programm 7.18) benutzt diese Zyklenaufteilung einer Permutation. Zunächst folgt man dem Zyklus, der R_0 enthält und verschiebt alle Sätze an ihre korrekte Position. Als nächstes wird der Zyklus, der R_1 enthält, untersucht, wenn R_1 nicht schon in dem Zyklus von R_0 enthalten war. Nachfolgend werden die Zyklen von R_2, R_3, $\cdots$, R_{n-2} der Reihe nach untersucht. Das Ergebnis ist eine physikalisch sortierte Liste

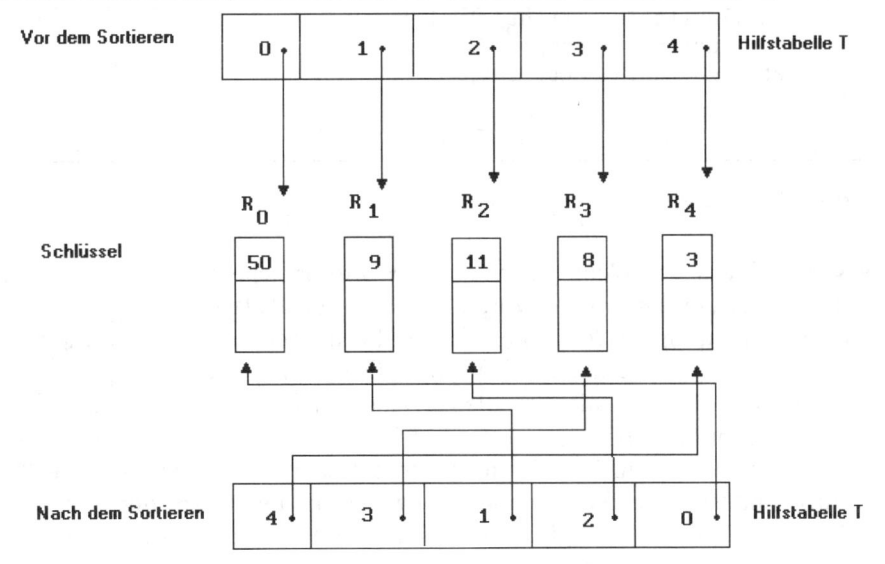

Abbildung 7.24: Tabellensortierung

Da jeder Zyklus in der Sortierung als trivial oder nichttrivial klassifiziert werden kann, benutzt die Sortierung zwei unterschiedliche Strategien. Ein trivialer Zyklus, d.h. einer, für den $t[i] = i$ gilt, ist leicht zu bearbeiten, da der Satz mit dem i-ten kleinsten Schlüssel sich bereits an der richtigen Position befindet, und so wird keine Neuanordnung fällig. Ein nichttrivialer Zyklus, d.h. einer, für den $t[i] \neq i$ gilt, erfordert mehr Arbeit. Zuerst wird R_i an eine temporäre Position *temp* verschoben, dann wird der Satz bei $t[i]$ nach i verschoben. Als nächstes wird der Satz bei $t[t[i]]$ nach $t[i]$ verschoben. Wir wiederholen diesen Vorgang bis wir das Ende des Zyklus $t^k[i]$ erreicht haben. Danach wird *temp* nach $t^{k-1}[i]$ verschoben. Der Funktionsaufruf lautet *table_sort(list, n – 1, table)*;.

```
void table_sort(element list[], int n, int table[])
{
/* Arrangiere list[0],..., list[n-1] neu nach der Folge
list[table[0]],..., list[table[n-1]] */
    int i,current,next;
    element temp;
    for (i = 0; i < n-1; i++)
        if (table[i] != i) {
        /* Nichttrivialer Zyklus beginnend bei i */
            temp = list[i];
            current = i;
            do {
                next= table[current];
                list[current] = list[next];
                table[current] = current;
                current = next;
            } while (table[current] != i);
            list[current] = temp;
            table[current] = current;
        }
}
```

Programm 7.18: *table_sort*

Analyse von *table_sort*: Wenn jeder Satz m Worte Speicherplatz braucht, dann wird ein zusätzlicher Speicherplatz von m Worten für *temp* plus Platz für die Indexvariablen i, j und k benötigt. Um zu einem Schätzwert für die Rechenzeit zu gelangen, überlegen wir uns, daß die **for**-Schleife $n – 1$-mal ausgeführt wird. Wenn für irgendeinen Wert von i $t[i] \neq i$ gilt, dann haben wir einen nichttrivialen Zyklus, der $k > 1$ Sätze R_i, $R_{t[i]}$, $\cdots$, $R_{t^{k-1}[i]}$ umfaßt. Die Neuordnung dieser Sätze erfordert $k + 1$ Satzverschiebungen. Da sich kein Satz in zwei verschiedenen nichttrivialen Zyklen befinden kann, werden diese Sätze im Laufe des Algorithmus nicht noch einmal bewegt. Sei k_j die Anzahl der Sätze in einem nichttrivialen Zyklus, der bei R_j beginnt, wenn im Algorithmus $i = j$ ist. In einem trivialen Zyklus gilt $k_j = 0$. Dann ist die Anzahl der Satzverschiebungen:

$$\sum_{j=0,k_j \neq 0}^{n-1} (k_j + 1)$$

Da die Sätze eines nichttrivialen Zyklus verschieden sind, gilt $\sum k_j \leq n$. Daher ist die Gesamtzahl der Satzverschiebungen maximal, wenn $\sum k_j = n$ gilt und es $\lfloor n/2 \rfloor$ Zyklen gibt. Ist n gerade, so enthält jeder Zyklus zwei Sätze. Andernfalls enthält ein Zyklus drei Sätze und die anderen jeweils zwei. In jedem Fall ist die Anzahl der Satzverschiebungen $\lfloor 3n/2 \rfloor$. Da die Verschiebung eines Satzes die Zeit O(m) kostet, ist die gesamte Rechenzeit O(mn). □

Im Vergleich von *list_sort2* und *table_sort* sehen wir, daß im schlechtesten Fall *list_sort2* $3(n-1)$ Satzverschiebungen notwendig macht, während *table_sort* nur $\lfloor 3n/2 \rfloor$ braucht. Für große Werte von m können wir eine effizientere Sortierung auf einer verketteten Liste erreichen, wenn wir zunächst einen Durchgang über die Liste machen, um eine Tabelle zu erzeugen. Das braucht die Zeit O(n). Dann wird *table_sort* eingesetzt, um die Sätze entsprechend der Tabelle umzuordnen.

Beispiel 7.11:

Angenommen, *table_sort* beginnt mit der Konfiguration aus Abbildung 7.25(a). Es gibt in der durch die Tabelle spezifizierten Permutation zwei nichttriviale Zyklen. Der erste ist R_0, R_2, R_7, R_5, R_0. Der zweite ist R_3, R_4, R_6, R_3. Während der ersten Iteration der **for**-Schleife wird dem Zyklus R_0, $R_{t[0]}$, $R_{t^2[0]}$, R_0 gefolgt. Der Satz R_0 wird an einen vorübergehenden Platz *temp* verschoben; $R_{t[0]}$, (R_2), wird an die Position R_0 gebracht; $R_{t^2[0]}$, (R_7), wird nach R_2 bewegt; R_5 wird nach R_7 verschoben, und schließlich wird *temp* nach R_5 bewegt. So haben wir nach der ersten Iteration die Konfiguration von Abbildung 7.25(b).

	R_0	R_1	R_2	R_3	R_4	R_5	R_6	R_7
key	35	14	12	42	26	50	31	18
table	2	1	7	4	6	0	3	5

(a) Anfangskonfiguration

key	12	14	18	42	26	35	31	50
table	0	1	2	4	6	5	3	7

(b) Konfiguration nach Neuordnung des ersten Zyklus

key	12	14	18	26	31	35	42	50
table	0	1	2	3	4	5	6	7

(c) Konfiguration nach Neuanordnung des zweiten Zyklus

Abbildung 7.25: Tabellen für Beispiel 7.11

Da bei den Sätzen $i = 1$ und $i = 2$ $t[i] = i$ gilt, sind R_1 und R_2 bereits an der richtigen Position. Bei $i = 3$ wird der nächste nichttriviale Zyklus entdeckt und die Sätze in diesem Zyklus (R_3, R_4, R_6, R_3) werden an ihre korrekte Position geschoben. Danach liegt die Konfiguration aus Abbildung 7.25(c) vor. Da für die übrigen Werte von i $t[i] = i$ gilt, sind alle nichttrivialen Zyklen bearbeitet. $\square$

ÜBUNGEN

1. Verfolgen Sie die übrigen Iterationen bei dem Beispiel für *list_sort*1.

2. Verfolgen Sie die übrigen Iterationen bei dem Beispiel für *list_sort*2.

3. Überarbeiten Sie die Sortierung durch Auswahl (Programm 1.3 aus Kapitel 1), so daß sie eine Liste erzeugt, die entweder mit *list_sort*1 oder *list_sort*2 bearbeitet werden kann.

4. Überarbeiten Sie *quicksort*, so daß es eine Tabelle erzeugt, die eine sortierte Reihenfolge der Liste enthält. Die Sätze werden während der Sortierung nicht physikalisch bewegt; stattdessen zeigt *table*[i] auf den Satz, der an Position *i* wäre, wenn die Sätze physikalisch bewegt worden wären. Benutzen Sie *table_sort*, um die Sätze in die durch *table* angezeigte Reihenfolge zu bringen.

5. Wiederholen Sie Übung 4 mit *insertion_sort*.

6. Führen Sie Übung 4 für den Fall der Sortierung durch Auswahl durch.

7. Wiederholen Sie Übung 4 mit *heap_sort*.

8. Wiederholen Sie Übung 4 mit *merge_sort* (Programm 7.10).

7.10. ZUSAMMENFASSUNG DES INTERNEN SORTIERENS

Unter den verschiedenen untersuchten Sortiermethoden gibt es keine, von der man sagen könnte, sie sei die beste. Einige Methoden sind gut für kleine n, andere sind gut für große n. Das Suchen durch Einfügen arbeitet gut, wenn die Liste bereits teilweise geordnet ist. Wegen des geringen Overheads ist diese Methode ebenfalls die beste für kleine n. Das Sortieren durch Mischen hat das beste Verhalten im schlechtesten Fall, erfordert aber mehr Speicherplatz als das Heap-Sortieren und hat einen etwas größeren Overhead als das Schnellsortieren. Das Schnellsortieren hat das beste Durchschnittsverhalten, jedoch ist sein Verhalten im schlechtesten Fall $O(n^2)$. Das Verhalten des Wurzel-Sortierens hängt von der Größe der Schlüssel und der Wahl der Wurzel ab.

Abbildung 7.26 zeigt die durchschnittlichen Laufzeiten von *insertion_sort*, *quicksort*, *merge_sort* und *heap_sort*. Abbildung 7.27 ist die graphische Darstellung dieser Zeiten. Wie man sieht, ist *insertion_sort* bis zu einem n von etwa 20 die schnellste Methode. Für Werte von n zwischen etwa 20 und 45 ist *quicksort* die schnellste. Deshalb bietet es sich an, in der Praxis *insertion_sort*, *quicksort* und *merge_sort* so zu kombinieren, daß *merge_sort* die Funktion *quicksort* für Teillisten einer Größe unter 45 benutzt und *quicksort* die Funktion *insertion_sort* für Teillisten unter einer Größe von etwa 20 benutzt.

Zeiten in Hundertstelsekunden

n	quick	merge	heap	insert
0	0,041	0,027	0,034	0,032
10	1,064	1,524	1,482	0,775
20	2,343	3,700	3,680	2,253
30	3,700	5,587	6,153	4,430
40	5,085	7,800	8,815	7,275
50	6,542	9,892	11,583	10,892
60	7,987	11,947	14,427	15,013
70	9,587	15,893	17,427	20,000
80	11,167	18,217	20,517	25,450
90	12,633	20,417	23,717	31,767
100	14,275	22,950	26,775	38,325
200	30,775	48,475	60,550	148,300
300	48,171	81,600	96,657	319,657
400	65,914	109,829	134,971	567,629
500	84,400	138,033	174,100	874,600
600	102,900	171,167	214,400	
700	122,400	199,240	255,760	
800	142,160	230,480	297,480	
900	160,400	260,100	340,000	
1000	181,000	289,450	382,250	

Abbildung 7.26: Durchschnittszeiten für Sortiermethoden

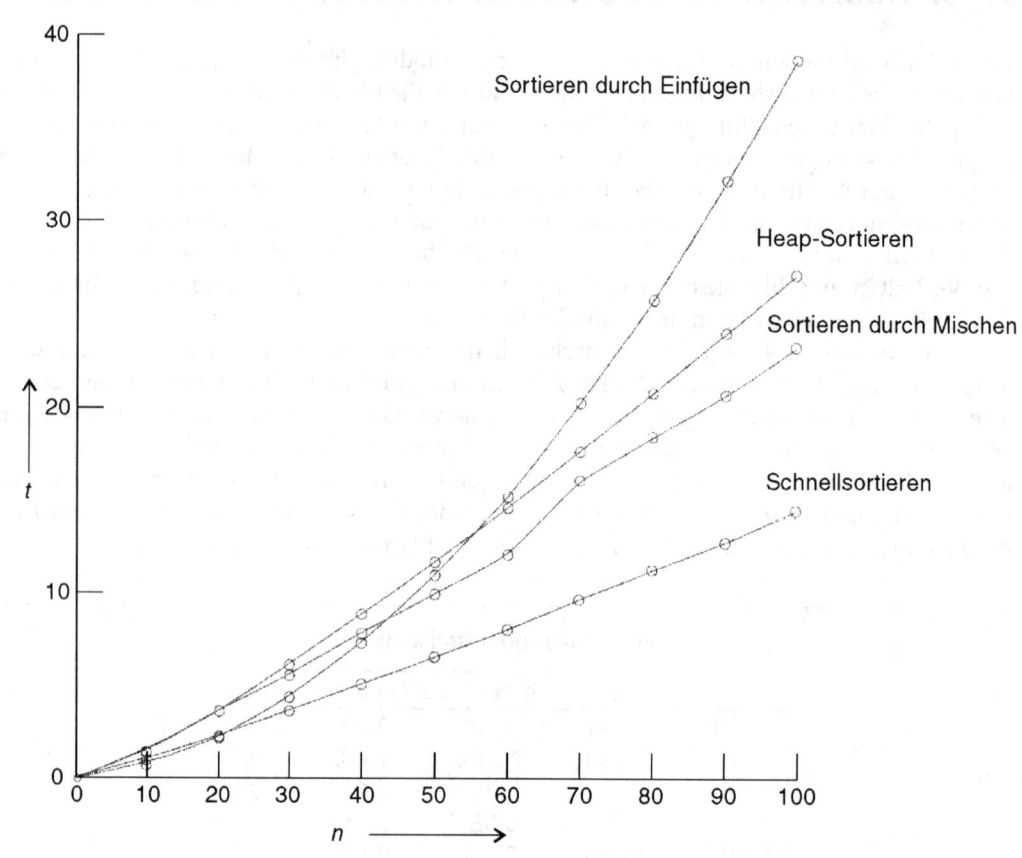

Abbildung 7.27: Graph der Durchschnittszeiten

ÜBUNGEN

1. Das Ziel dieser Aufgabe ist es, einen zusammengesetzten Algorithmus zu erstellen, der im schlechtesten Fall gut arbeitet. Die Kandidaten für diesen Algorithmus sind:

    (a) Sortieren durch Einfügen

    (b) Schnellsortieren

    (c) Sortieren durch Mischen

    (d) Heap-Sortieren

    Beginnen Sie damit, diese Algorithmen in C zu programmieren. Nehmen Sie in jedem Fall an, daß n Integer zu sortieren sind. Im Fall des Schnellsortierens benutzen sie die Methode des Medians von 3. Im Fall des Sortierens durch Mischen benutzen Sie den iterativen Algorithmus (als Extra-Übung können Sie die Laufzeiten der iterativen mit der rekursiven Version des Sortierens durch Mischen vergleichen und bestimmen, welchen Nachteil die rekursive Version in einer Sprache und auf einem Compiler Ihrer Wahl hat). Prüfen Sie die Korrektheit Ihrer Programme mit einigen Testdaten! Da in diesem Buch recht detaillierte und funktionierende Algorithmen gegeben sind, sollte dieser Teil der Aufgabe keinen großen Aufwand darstellen. In jedem Fall haben Sie bis zu diesem Schritt noch keine Punkte verdient.

    Um hinreichend genaue Laufzeiten zu erhalten, müssen Sie die Genauigkeit ihrer Systemuhr kennen. Bestimmen Sie diese durch Lesen des entsprechenden Handbuchs. Die Genauigkeit sei δ. Machen Sie nun einen Vortest zur Bestimmung der ungefähren Laufzeiten Ihrer vier Sortierfunktionen mit $n = 5, 10, 20, 30, 40, 50$ und 100. Sie werden feststellen, daß die Zeiten für viele Werte von n Null sind; die anderen Zeiten werden sich im Bereich der Genauigkeit der Systemuhr abspielen.

    Um ein Ereignis zu stoppen, das sich im Bereich der Genauigkeit der Systemuhr abspielt, müssen Sie es viele Male wiederholen und durch die Anzahl der Wiederholungen dividieren. Sie sollten Zeiten erhalten, deren Genauigkeit im Bereich eines Prozents liegt.

    Wir benötigen für jede der vier Methoden Daten für den schlechtesten Fall. Die Daten des schlechtesten Falls für das Sortiern durch Einfügen sind einfach zu erzeugen. Nehmen Sie einfach die Folge $n, n - 1, n - 2, \cdots, 1$. Die Daten für den schlechtesten Fall des Sortierens durch Mischen erhalten Sie durch Arbeiten von hinten nach vorne. Beginnen Sie mit dem letzten Mischschritt Ihres Algorithmus und lassen Sie diesen am schwersten arbeiten. Dann nehmen Sie den zweitletzten usw.. Gehen Sie nach diesem System vor und entwickeln Sie ein Programm, das Daten für den schlechtesten Fall des Sortierens durch Mischen für jeden der obigen Werte von n erzeugt.

Die Erzeugung von Daten für den schlechtesten Fall des Heap-Sortierens ist am schwersten. Deshalb sollten wir dafür einen Zufallsgenerator für Permutationen verwenden (in Programm 7.19 ist einer gegeben). Sie sollten zufällige Permutationen der gewünschten Größe erzeugen und die Zeit, die das Heap-Sortieren dafür benötigt, aufnehmen. Das Maximum dieser Zeiten ist eine Annäherung an den schlechtesten Fall. Sie werden für kleine Werte von n eine größere Anzahl von Zufallspermutationen benutzen können als für große Werte. Es sollten aber für keinen Wert von n weniger als zehn Permutationen getestet werden. Benutzen Sie dieselbe Technik für die Ermittlung von Daten für den schlechtesten Fall des Schnellsortierens.

```
void permute(element list[], int n)
/* Zufallspermutationen */
{
  int i,j;
  element temp;

  for (i = n-1; i >= 1; i--) {
    j = rand() % (n-1) + 1;
    SWAP(list[j],list[i],temp);
  }
}
```

Programm 7.19: Generator für Zufallspermutationen

Nachdem die Testdaten festgelegt wurden, sind wir bereit, unser Experiment durchzuführen. Bestimmen Sie die Zeiten für den schlechtesten Fall! Aus diesen Zeiten bekommen Sie eine ungefähre Vorstellung, wann ein Algorithmus besser arbeitet als der andere. Verengen Sie nun den Umfang Ihres Experiments, und bestimmen Sie genau, bei welchem n ein Algorithmus den anderen aussticht. Für manche Algorithmen mag dieser Wert Null sein, zum Beispiel ist für alle n das Schnellsortieren langsamer als alle anderen drei Algorithmen.

Stellen Sie Ihre Ergebnisse in einer Grafik zusammen. Sehen Sie das n^2-Verhalten des Sortierens durch Einfügen und des Schnellsortierens und das $n\log n$ Verhalten der anderen zwei Algorithmen für entsprechend große n (etwa $n > 20$)? Wenn nicht, dann stimmt etwas nicht mit Ihrem Test oder der Systemuhr oder beidem. Bestimmen Sie für jedes n den schnellsten Sortieralgorithmus (indem Sie einfach Ihre Grafik betrachten). Schreiben Sie einen zusammengesetzten Algorithmus mit der bestmöglichen Leistung für alle n. Stoppen Sie diesen Algorithmus, und fügen Sie diese Daten Ihrer zuvor erstellten Grafik hinzu.

Ein Wort der **VORSICHT**: Wenn Sie einen Zentralcomputer, der viele Prozesse bearbeitet, benutzen, so sollten Sie die letzten Läufe Ihres Experiments in etwa zur gleichen Uhrzeit durchführen. Auf diesen Rechnern variiert die gestoppte Zeit nämlich erheblich mit der Stärke der Auslastung. Der Vergleich von Laufzeiten eines Sortierens durch Einfügen um zwei Uhr mittags und um zwei Uhr nachts ist nicht sehr aussagekräftig.

WAS AUSGEGEBEN WERDEN SOLL

Sie sollten einen Bericht abgeben, der die Genauigkeit der Systemuhr; die Anzahl der Zufallspermutationen für das Heap-Sortieren; die Daten des schlechtesten Falls für das Sortieren durch Mischen und wie sie erzeugt wurden; eine Tabelle der Zeiten für die oben genannten Werte von n; die Zeiten für die genauere Bestimmung von n; die Grafik und eine Tabelle der Zeiten für den zusammengesetzten Algorithmus enthält. Zusätzlich sollte Ihr Bericht das vollständige Listing Ihres Programms enthalten (einschließlich der Sortierfunktionen und des Hauptprogrammes für die Zeitnahme und die Erzeugung der Testdaten).

2. Wiederholen Sie die vorige Übung für den Fall des Durchschnittsverhaltens. Daten für den durchschnittlichen Fall sind nahezu unmöglich zu erzeugen. Also benutzen Sie Zufallspermutationen. Allerdings sollten Sie diesmal eine Permutation nicht mehrfach sortieren, um Ungenauigkeiten der Uhr auszugleichen. Stattdessen verwenden Sie jede Permutation nur einmal, und nehmen Sie die Zeit, die für alle zusammen gebraucht wird (für ein festes n).

3. Wir können die verschiedenen Sortiermethoden auch vergleichen, indem wir die Anzahl der Vergleiche und Vertauschungen, die für verschiedene Typen von Eingabedaten ausgeführt werden, bestimmen. In diesem Experiment wollen wir die Anzahl der Vergleiche und Vertauschungen für die folgenden Sortierungen und Muster von Eingabedaten bestimmen:

Sortierung	Muster der Eingabedaten
Sortieren durch Einfügen	Geordnet
Heap-Sortieren	Nahezu geordnet
Schnellsortieren	Rückwärts geordnet
Sortieren durch Mischen	Zufällig
Wurzel-Sortieren	
Sortieren durch Auswahl (s. Kapitel 1)	

Um dieses Experiment durchzuführen, müssen Sie:

(a) Jede der im Text gegebenen Funktionen so modifizieren, daß Vergleiche und Vertauschungen gezählt werden können.

(b) Angemessene Muster von Eingabedaten erzeugen.

(c) Ihr Experiment auf Listen der Größe $n = 50, 100, 200, \cdots, 5000$ durchführen.

GEBEN SIE AUS:

(i) Ein Listing Ihres Programms.

(ii) Eine Tabelle, die die Leistung der verschiedenen Sortierungen bei verschiedenen Mustern der Eingabe zeigt.

(iii)   Eine kurze Zusammenfassung der Unterschiede.

7.11. EXTERNES SORTIEREN

7.11.1. Einführung

In diesem Abschnitt betrachten wir Techniken zur Sortierung großer Dateien. Es wird angenommen, daß die Dateien so umfangreich sind, daß sie nicht vollständig in den Arbeitsspeicher eines Rechners geladen werden können, was das interne Sortieren unmöglich macht. Wir nehmen an, die zu sortierende Datei befinde sich auf einem Plattenspeicher. Die meisten Vorschläge, die für das Sortieren auf der Platte gemacht werden, können auch für den Fall einer Speicherung auf Band angewendet werden. Bei jedem Lese- oder Schreibvorgang von oder zu einer Platte spielen folgende Zeiten eine Rolle:

(1)   *Suchzeit*: Die Zeit, die benötigt wird, den Lese-/Schreibkopf auf die richtige Spur der Platte zu positionieren. Sie hängt davon ab, über wie viele Spuren sich der Kopf zu bewegen hat.

(2)   *Latenzzeit*: Die Zeit, bis sich der richtige Sektor der Spur unter dem Kopf befindet.

(3)   *Übertragungszeit*: Die Zeit zur Übertragung der Daten von/zu der Platte.

Wir werden den Begriff *Block* für die Einheit von Daten benutzen, die pro Zugriff von der Platte oder auf sie geschrieben werden. Ein Block wird meistens aus mehreren Sätzen bestehen.

Die am meisten verbreitete Methode für das Sortieren auf externen Speichermedien ist das Sortieren durch Mischen. Diese Methode besteht im Wesentlichen aus zwei Phasen. Als erstes werden Segmente der Eingabedatei mit guten internen Sortiermethoden vorgeordnet. Diese sortierten Segmente, auch *Läufe* (runs) genannt, werden nach ihrer Erzeugung in den externen Speicher geschrieben. Als zweites werden die in der ersten Phase erzeugten Läufe entsprechend des Musters des Mischbaumes aus Abbildung 7.7 miteinander gemischt, bis nur noch ein Lauf übrig ist. Da die Funktion *merge* (Programm 7.7) nur die führenden Sätze der zwei zu mischenden Läufe im Arbeitsspeicher benötigt, ist es möglich, große Läufe miteinander zu mischen. Die anderen internen Sortierungen dieses Kapitels auf das externe Sortieren anzupassen, ist viel schwieriger.

Wir werden ein Beispiel benutzen, um die grundlegenden externen Sortierprozesse zu illustrieren und die verschiedenen Einflüsse auf die Rechenzeit zu analysieren. Eine Datei, die 4500 Sätze $A_1, \ldots, A_{4500}$ enthält, soll auf einem Rechner sortiert werden, der in der Lage ist, maximal 750 Sätze im internen Speicher zu sortieren. Die Eingabedatei liegt auf einer Platte und hat eine Blockgröße von 250 Sätzen. Wir haben eine andere Platte zur Verfügung, die als Zwischenablage dienen kann. Es darf nicht auf die Platte mit den Eingabedaten geschrieben werden. Eine Möglichkeit, das Sortieren mit dem obigen Ansatz zu verwirklichen, ist die folgende:

(1)   Sortiere intern drei Blöcke gleichzeitig (d.h. 750 Sätze), und erhalte sechs Läufe R_1 - R_6. Es kann eine Methode wie Heap-Sortieren oder Schnellsortieren benutzt

werden. Die sechs Läufe werden dann auf die Platte der Zwischenablage geschrieben (Abbildung 7.28).

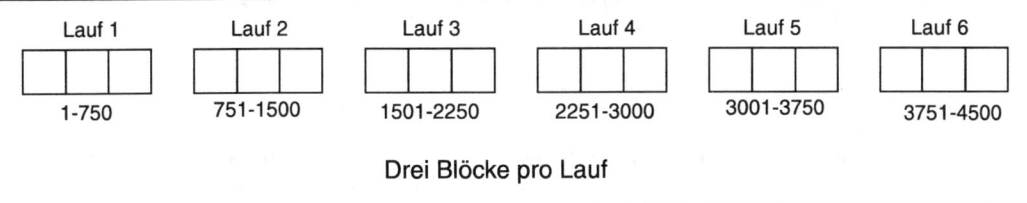

Drei Blöcke pro Lauf

Abbildung 7.28: In Blöcke zusammengefaßte Läufe nach dem internen Sortieren

(2)   Reserviere drei Blöcke des internen Speichers, wobei jeder 250 Sätze enthalten kann. Zwei dieser Blöcke werden als Eingabepuffer und der dritte als Ausgabepuffer benutzt. Mische die Läufe R_1 und R_2. Dies wird ausgeführt, indem zunächst ein Block jeder dieser Läufe in den Eingabepuffer geschrieben wird. Es werden die Blöcke der Läufe vom Eingabepuffer in den Ausgabepuffer gemischt. Wird der Ausgabepuffer voll, so wird er auf Platte geschrieben. Leert sich ein Eingabepuffer, wird er mit einem anderen Block desselben Laufs gefüllt. Nachdem die Läufe R_1 und R_2 miteinander gemischt wurden, werden R_3 und R_4 und schließlich R_5 und R_6 gemischt. Das Ergebnis dieses Durchgangs sind drei Läufe, die jeweils 1500 sortierte Sätze oder sechs Blöcke enthalten. Zwei dieser Läufe werden nun mit Hilfe der Eingabe-/Ausgabepuffer wie oben beschrieben zu einem Lauf mit 3000 Sätzen gemischt. Schließlich wird dieser mit dem übriggebliebenen Lauf mit 1500 Sätzen gemischt und erhält so die gewünschte sortierte Datei (Abbildung 7.29).

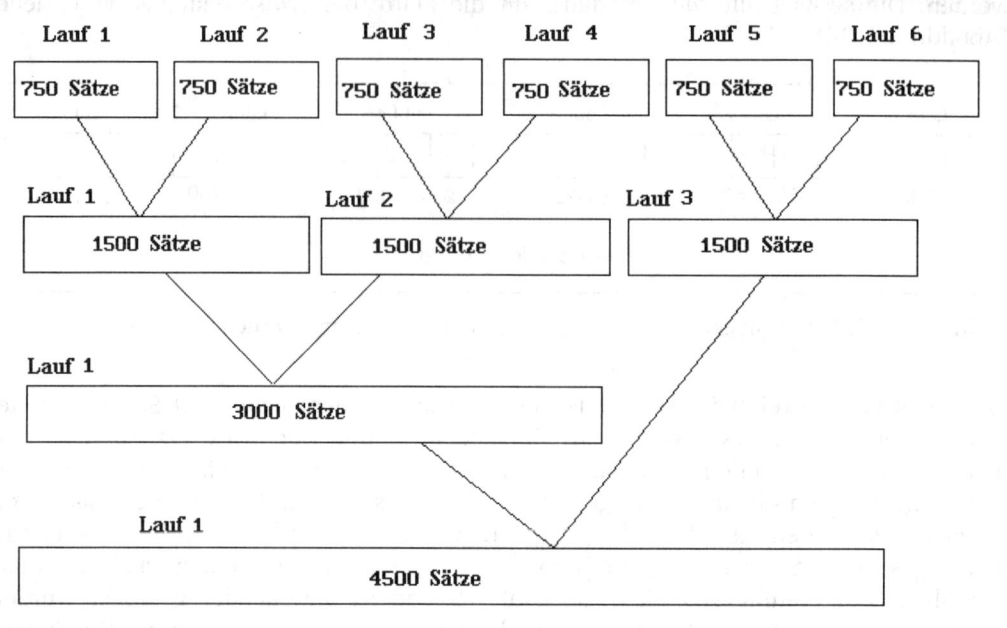

Abbildung 7.29: Zusammenmischen der sechs Läufe

Zur Bestimmung der Zeit, die das externe Sortieren benötigt, verwenden wir die folgende Notation:

t_s = Maximale Suchzeit

t_l = Maximale Latenzzeit

t_{rw} = Zeit, einen Block von 250 Sätzen zu lesen oder zu schreiben

t_{IO} = $t_s + t_l + t_{rw}$

t_{IS} = Zeit zur internen Sortierung von 750 Sätzen

nt_m = Zeit für einen Mischdurchgang von n Sätzen vom Eingabe- zum Ausgabepuffer

Wir werden annehmen, daß jedesmal, wenn von der Platte ein Block gelesen oder darauf geschrieben wird, die maximale Such- und Latenzzeit auftritt. Obwohl das im allgemeinen nicht stimmt, erleichtert es doch die Analyse. Die Rechenzeiten für die verschiedenen Operationen sind in Abbildung 7.30 gegeben.

Operation	Zeit
(1) Lese 18 Blöcke Eingabe, $18t_{IO}$, internes Sortieren, $6t_{IS}$, schreibe 18 Blöcke, $18t_{IO}$	$36t_{IO} + 6t_{IS}$
(2) Mische Läufe 1 - 6 paarweise	$36t_{IO} + 4500t_m$
(3) Mische zwei Läufe von 1500 Sätzen, 12 Blöcke	$24t_{IO} + 3000t_m$
(4) Mische einen Lauf von 3000 Sätzen mit einem Lauf von 1500 Sätzen	$36t_{IO} + 4500t_m$
Gesamtzeit	$132t_{IO} + 12.000t_m + 6t_{IS}$

Abbildung 7.30: Rechenzeit für das Beispiel der Sortierung auf Platte

Beachten Sie, daß der Beitrag der Suchzeit reduziert werden kann, indem man aufeinanderfolgende Blöcke auf dieselbe oder benachbarte Spuren schreibt. Eine genaue Betrachtung der endgültigen Rechenzeit zeigt, daß sie hauptsächlich von der Anzahl der Durchläufe über die Daten abhängt. Zusätzlich zum ersten Durchlauf über die Daten für das interne Sortieren, erfordert das Mischen der Läufe 2-2/3 Durchläufe über die Daten (Ein Durchlauf für das Mischen der sechs Läufe à 750 Sätzen, zwei Drittel eines Durchlaufs für das Mischen zweier Läufe à 1500 Sätzen und ein Durchlauf für das Mischen eines Laufs der Länge 3000 und eines der Länge 1500). Da ein voller Durchlauf über 18 Blöcke geht, ist die Eingabe- und Ausgabezeit $2 \times (2\text{-}2/3 + 1) \times 18t_{IO} = 132t_{IO}$.

Der Vorfaktor von 2 entsteht dadurch, daß jeder Satz, der gelesen wird, auch wieder geschrieben werden muß. Die Zeit zum Mischen beträgt $2 \cdot 2/3 \times 4500 t_m = 12.000 t_m$. Wegen dieses engen Zusammenhangs zwischen gesamter Rechenzeit und der Anzahl der Durchläufe über die Daten, wird sich die weitere Analyse hauptsächlich mit der Anzahl dieser Durchläufe beschäftigen. Ein weiterer beachtenswerter Punkt bei der obigen Sortierung ist, daß kein Versuch unternommen wurde, die Fähigkeit des Rechners, Eingabe-/Ausgabeoperationen parallel zur CPU-Tätigkeit auszuführen und somit zeitlich überlappend zu arbeiten, zu nutzen. Im Idealfall würden wir den größten Anteil der Ein-/Ausgabeoperationen mit der CPU-Tätigkeit überlappen lassen, so daß sich dann eine Bearbeitungszeit von ungefähr $132 t_{IO} \approx 12.000 t_m + 6 t_{IS}$ ergeben würde.

Wenn wir zwei Platten hätten, so könnten wir auf die eine schreiben, während wir von der anderen lesen und gleichzeitig die Pufferladungen im Arbeitsspeicher mischen. In diesem Falle würde eine passende Wahl der Puffergrößen und des Bearbeitungsschemas zu einer Zeit von fast $66 t_{IO}$ führen. Diese Parallelausführung verdient besondere Beachtung, wenn das Sortieren in einer Rechnerumgebung, die nicht auf ein Multitasking eingestellt ist, stattfindet. In dieser Situation läuft die CPU während der Ein-/Ausgabeoperation leer, wenn sie nicht extra auf parallele Arbeit von Ein-/Ausgabe und CPU-Tätigkeit eingestellt ist. Allerdings ist in einer Multitasking-Umgebung diese Parallelausführung nicht ganz so kritisch, da die CPU noch andere Programme bearbeiten kann (falls im System zu dieser Zeit noch andere Jobs anstehen), während das Sortierprogramm auf die Vollendung der Ein-/Ausgabeoperation wartet. Jedoch ist es selbst in vielen Multitasking-Systemen aufgrund der Struktur des Betriebsystems oft nicht möglich, Eingabe, Ausgabe und interne Berechnung parallel laufen zu lassen.

Der Rest dieses Abschnitts wird sich mit folgenden Themen beschäftigen: (1) Verringerung der Anzahl der Durchläufe über die Daten, (2) effiziente Nutzung der Programmpuffer, so daß sich Eingabe, Ausgabe und CPU-Tätigkeit so weit wie möglich überlappen, (3) Erzeugung der Läufe und (4) Mischen der Läufe.

7.11.2. *k*-Weg-Mischen

Der 2-Weg-Mischalgorithmus *merge* ist der gerade beschriebenen Mischfunktion (Abbildung 7.29) nahezu identisch. Allgemein hat der, der Abbildung 7.29 entsprechende Mischbaum, bei m Läufen $\lceil \log_2 m \rceil + 1$ Ebenen bei insgesamt $\lceil \log_2 m \rceil$ Durchläufen über die Daten. Die Anzahl der Durchläufe kann durch ein Mischen höherer Ordnung verkleinert werden, d.h. ein k-Weg-Mischen mit $k \geq 2$. Hierbei werden gleichzeitig k Läufe miteinander gemischt. Abbildung 7.31 illustriert ein 4-Weg-Mischen von 16 Läufen. Die Anzahl der Datendurchläufe ist nun 2 gegenüber 4 Durchläufen bei einem 2-Weg-Mischen. Allgemein erfordert ein k-Weg Mischen von m Läufen höchstens $\lceil \log_k m \rceil$ Durchläufe über die Daten (Abbildung 7.32). So kann die Zeit für die Ein- und Ausgabe durch Mischen höherer Ordnung reduziert werden.

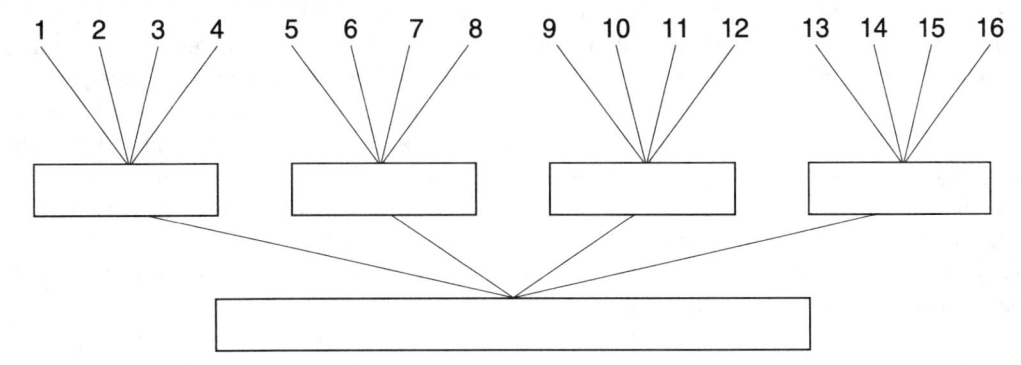

Abbildung 7.31: Ein 4-Weg-Mischen von 16 Läufen

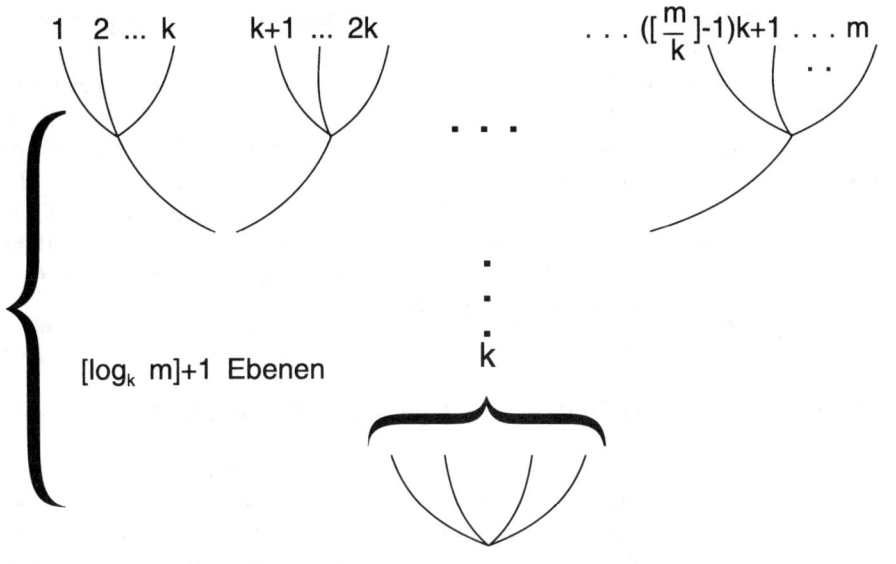

Abbildung 7.32: Ein k-Weg-Mischen

Der Einsatz eines Mischens höherer Ordnung hat allerdings einige andere Auswirkungen auf das Sortieren. Zunächst ist zu bemerken, daß k Läufe der Größe $S_1, S_2, \ldots, S_k$ nicht länger intern in der Zeit $O(\sum_l^k S_i)$ gemischt werden können. Beim k-Weg-Mischen ist wie beim 2-Weg-Mischen der nächste auszugebende Satz der mit dem kleinsten Schlüssel. Der kleinste muß nun aus k Möglichkeiten herausgesucht werden und es kann der führende Satz in irgendeinem der k Läufe sein. Der direkteste Weg, k Läufe zu mischen, wäre es, $k - 1$ Vergleiche zu machen, um den nächsten auszugebenden Satz zu bestimmen. Die Rechenzeit dafür ist $O((k-1)\sum_l^k S_i)$. Da $\log_k m$ Durchläufe gemacht werden, ist die

Gesamtzahl von Schlüsselvergleichen $n(k - 1)\log_k m = n(k - 1)\log_2 m / \log_2 k$, wobei n die Anzahl der Sätze in der Datei ist. Daher wächst die Anzahl der Schlüsselvergleiche um den Faktor $(k - 1)/\log_2 k$ an. So wie k wächst, wird die Reduktion der Ein-/Ausgabezeit überlagert von einem Anwachsen der CPU-Zeit beim k-Weg-Mischen. Für große k (sagen wir $k \geq 6$) können wir eine signifikante Reduktion an Vergleichen zur Auffindung des nächstkleineren Elements durch Verwendung eines Verliererbaumes mit k Blättern erreichen (Kapitel 5). In diesem Fall ist die pro Ebene des Mischbaumes von Abbildung 7.32 benötigte Gesamtzeit $O(n \log_2 k)$. Da die Anzahl der Ebenen in diesem Baum $O(\log_k m)$ ist, wird die asymptotische, interne Rechenzeit $O(n \log_2 k \log_k m) = O(n \log_2 m)$. Die interne Rechenzeit ist unabhängig von k.

Geht man zu höheren Ordnungen des Mischens, erspart man sich einiges an Ein- und Ausgabe. Es gibt keinen signifikanten Verlust an interner Bearbeitungszeit. Doch obwohl die interne Bearbeitungszeit relativ unsensitiv auf die Ordnung des Mischens reagiert, ist die Abnahme an Ein- und Ausgabezeit nicht so groß, wie sie durch die Reduktion zu $\log_k m$ Durchläufen angezeigt wird. Das ist deshalb so, weil die Anzahl der Eingabepuffer, die für ein k-Weg-Mischen benötigt werden, mit k anwächst. Obwohl $k + 1$ Puffer ausreichend sind, werden wir im nächsten Abschnitt sehen, daß der Einsatz von $2k + 2$ Puffern günstiger ist. Da der intern verfügbare Speicher fest und unabhängig von k ist, muß dann die Puffergröße verkleinert werden, wenn k größer wird. Dies wiederum bedeutet eine Verkleinerung der Blockgröße auf der Platte. Eine reduzierte Blockgröße führt aber bei jedem Durchlauf über die Daten zu einer größeren Anzahl von zu lesenden und zu schreibenden Blöcken. Das bedeutet ein potentielles Anwachsen der Ein-/Ausgabezeit aus dem wachsenden Anteil von Such- und Latenzzeiten bei dem Lesen und Schreiben der Blöcke. Daher wird über einem bestimmten Wert von k die Ein-/Ausgabezeit trotz der Reduzierung von Durchläufen über die Daten tatsächlich anwachsen. Die optimale Wahl für k hängt offensichtlich von Plattenparametern und der Menge an für Puffer verfügbarem internen Speicher ab.

7.11.3. Pufferbehandlung bei parallelem Arbeiten

Wenn beim k-Weg-Mischen k Läufe zusammengefügt werden, benötigen wir offensichtlich mindestens k Eingabepuffer und einen Ausgabepuffer zur Ausführung. Dies ist allerdings dann nicht genug, wenn Eingabe, Ausgabe und internes Mischen parallel ausgeführt werden sollen, zum Beispiel muß das interne Mischen angehalten werden, wenn der Ausgabepuffer gerade ausgeschrieben wird, da es keinen Ort gibt, wohin gemischte Sätze geschrieben werden können. Das läßt sich leicht durch die Verwendung von zwei Ausgabepuffern verhindern. Während ein Puffer ausgegeben wird, können gemischte Sätze in den zweiten geschrieben werden. Werden die Puffergrößen sorgfältig gewählt, so ist die Zeit für das Ausgeben des einen Puffers genauso groß wie die von der CPU benötigte Zeit, den anderen Puffer zu füllen. Mit nur k Eingabepuffern muß das interne Mischen ebenfalls angehalten werden, wenn ein Puffer leer wird und ein anderer Block des entsprechenden Laufs eingelesen werden muß. Diese Verzögerung bei der Eingabe kann ebenso durch Verwendung von $2k$ Eingabepuffern überwunden werden. Diese $2k$ Eingabepuffer müssen jedoch geschickt genutzt werden, damit die Situation, daß die Verarbeitung aufgrund fehlender Sätze irgendeines Laufs gestoppt werden muß, vermieden wird. Einfach zwei Puffer pro Lauf zuzuweisen löst das Problem nicht. Um das einzusehen, betrachten Sie das folgende Beispiel:

Beispiel 7.12:

Nehmen Sie an, ein 2-Weg-Mischen findet mit vier Eingabepuffern $in[i]$, $1 \leq i \leq 4$, und zwei Ausgabepuffern $ou[1]$ und $ou[2]$ statt. Jeder Puffer kann zwei Sätze speichern. Die ersten paar Sätze des ersten Laufs haben die Schlüssel 1, 3, 5, 7, 8, 9. Die ersten paar Sätze des zweiten Laufs haben die Schlüssel 2, 4, 6, 15, 20, 25. Die Puffer $in[1]$ und $in[3]$ sind Lauf 1 zugewiesen. Die übrigen zwei Eingabepuffer sind Lauf 2 zugewiesen. Wir beginnen das Mischen mit dem Einlesen einer Pufferladung von jedem der beiden Läufe. Zu diesem Zeitpunkt haben die Puffer die Konfiguration von Abbildung 7.33(a). Jetzt werden die Läufe 1 und 2 mit den Sätzen der Puffer $in[1]$ und $in[2]$ gemischt. Parallel dazu wird die nächste Pufferladung von Lauf 1 eingelesen. Wir nehmen an, die Pufferlängen wurden so gewählt, daß die Zeiten für Eingabe, Ausgabe und Erzeugung eines Ausgabepuffers gleich sind, so daß wir die Situation von Abbildung 7.33(b) haben, wenn $ou[1]$ voll ist. Als nächstes wird gleichzeitig $ou[1]$ ausgegeben, $in[4]$ von Lauf 2 gefüllt und in den Puffer $ou[2]$ die Ergebnisse des Mischens geschrieben. Wenn $ou[2]$ voll ist, liegt die Situation von Abbildung 7.33(c) vor. Fahren wir in dieser Weise fort, so landen wir bei der Konfiguration der Abbildung 7.33(e). Nun beginnen wir die Ausgabe von $ou[2]$, die Eingabe von Lauf 1 in $in[3]$ und das Schreiben der Ergebnisse des Mischens in $ou[1]$. Während des Mischens erschöpfen sich alle Sätze von Lauf 1 noch bevor $ou[1]$ voll wird. Die Erzeugung der zusammengemischten Ausgabe muß nun verzögert werden, bis die Eingabe einer anderen Pufferladung von Lauf 1 vollendet ist. □

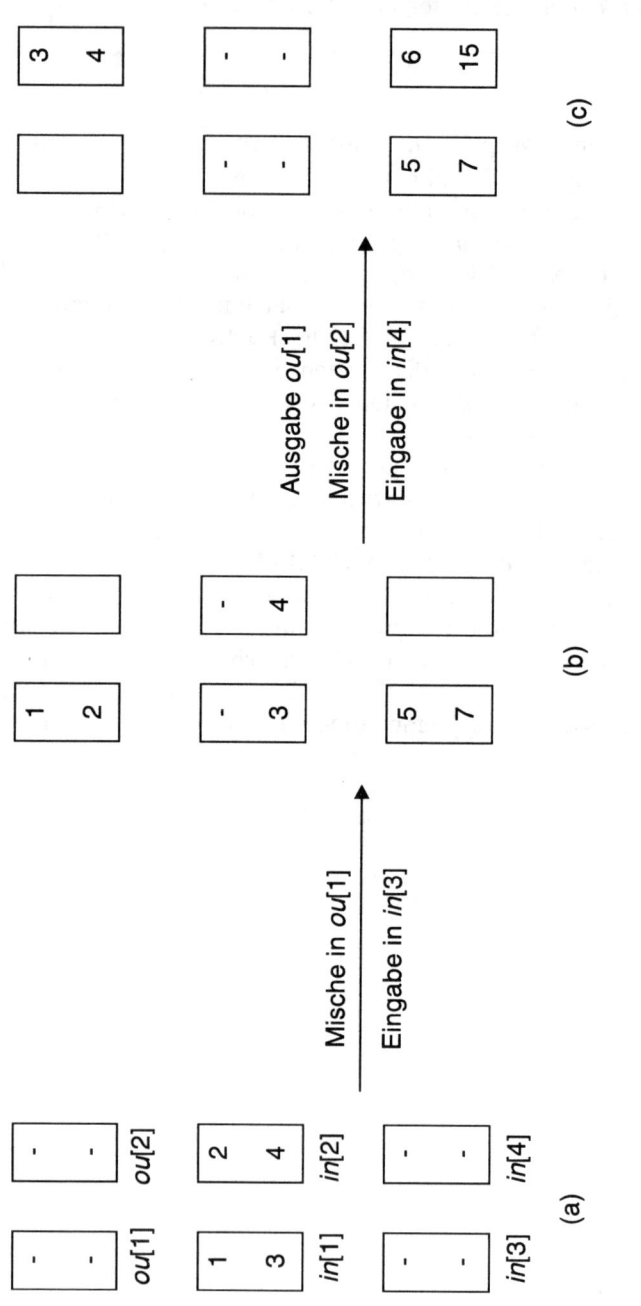

Abbildung 7.33: Ein Beispiel, das zeigt, daß zwei festgelegte Puffer pro Lauf nicht für kontinuierlich paralleles Arbeiten genügen

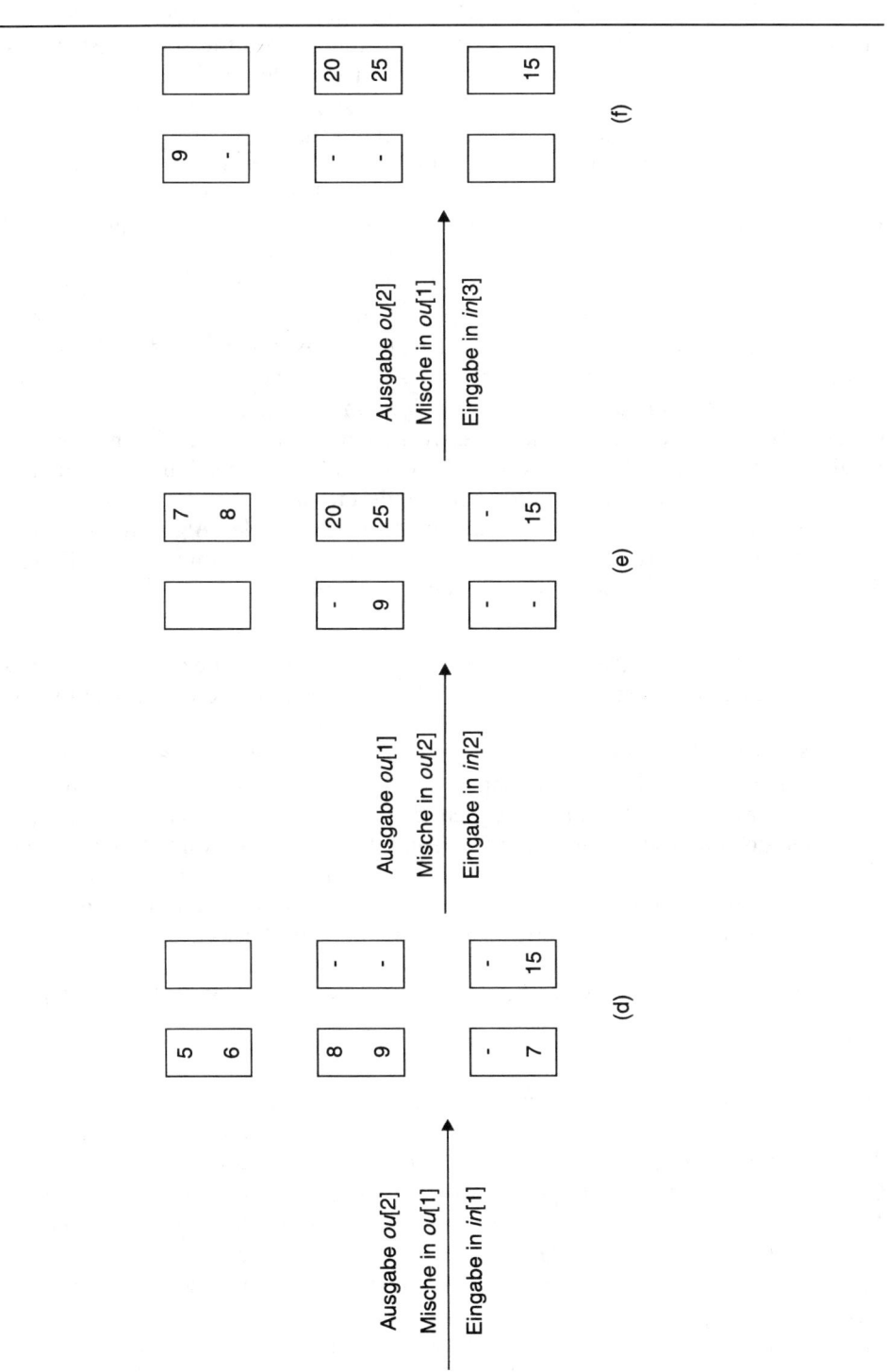

Abbildung 7.33 (Fortsetzung): Beispiel

Das Beispiel 7.12 verdeutlicht, daß wir einem Lauf nicht einfach zwei Puffer zuweisen können, wenn $2k$ Puffer zur Verfügung stehen. Stattdessen müssen die Puffer schwimmend zugewiesen werden, d.h. jeder einzelne Puffer kann je nach Bedarf einem beliebigen Lauf zugewiesen werden. In der Strategie der Pufferzuweisung werden wir beschreiben, wie für jeden Lauf zu jedem Zeitpunkt mindestens ein Puffer mit Daten aus diesem Lauf zur Verfügung stehen wird. Die übrigen Puffer werden nach einem Prioritätensystem gefüllt; d.h. der Lauf, dem bei dem k-Weg-Mischen zuerst die Sätze ausgehen werden, ist der erste Lauf aus dem der nächste Puffer gefüllt wird. Man kann einfach vorhersagen, welchem Lauf zuerst die Sätze ausgehen werden, indem man die Schlüssel der zuletzt gelesenen Sätze der k Läufe vergleicht. Der kleinste Schlüssel bestimmt den Lauf. Wir werden bei gleichen Schlüsseln annehmen, daß der Mischprozeß zuerst den Satz des Laufs mit dem kleinsten Index mischt. Das bedeutet, wenn der Schlüssel des zuletzt gelesenen Satzes des Laufs i gleich dem Schlüssel des zuletzt gelesenen Satzes des Laufs j ist und $i < j$ gilt, dann werden die von i gelesenen Sätze vor denen von j erschöpft sein. So kann es vorkommen, daß wir zu irgendeinem Zeitpunkt möglicherweise mehr als zwei Pufferladungen von einem bestimmten Lauf haben, aber nur einen teilweise gefüllten Puffer eines anderen Laufs. Alle Pufferladungen desselben Laufs werden in eine Warteschlange eingereiht. Bevor wir den Algorithmus zum Gebrauch der Puffer formal vorstellen, machen wir noch folgende Annahmen über die Fähigkeiten des Rechnersystems, das parallele Arbeiten betreffend:

(1)   Wir haben zwei Plattenlaufwerke und die Ein-/Ausgabewege sind so beschaffen, daß man gleichzeitig auf die eine Platte schreiben und von der anderen lesen kann.

(2)   Während der Datenübertragung zwischen den Ein-/Ausgabegeräten und einem internen Speicherbereich kann die CPU keine Zugriffe auf diesen Bereich vornehmen. So ist es nicht möglich, den Anfang eines Puffers zu füllen, während er gerade ausgeschrieben wird. Wenn das möglich wäre, könnte man durch Koordination der Übertragungs- und Mischrate mit nur einem Ausgabepuffer auskommen. In der Zeit, in der der erste Satz für den neuen Ausgabeblock bestimmt wird, könnte bereits der erste Satz des vorherigen Blocks ausgegeben werden.

(3)   Um die Untersuchung zu vereinfachen, nehmen wir an, Eingabe- und Ausgabepuffer haben dieselbe Größe.

Mit diesen Annahmen im Hintergrund geben wir eine informale Beschreibung des durch die bisher beschriebene Strategie erhaltenen Algorithmus und werden seine Arbeitsweise dann an einem Beispiel demonstrieren. Unser Algorithmus, Programm 7.20, mischt k Läufe mit $k \geq 2$ über ein k-Weg-Mischen. Es werden $2k$ Eingabepuffer und zwei Ausgabepuffer benutzt. Jeder Puffer ist ein zusammenhängender Speicherblock. Die Eingabepuffer werden in k Warteschlangen angeordnet, eine Warteschlange für jeden Lauf. Es wird angenommen, daß jeder Ein-/Ausgabepuffer groß genug ist, um einen Block von Sätzen zu speichern. Leere Puffer werden auf einen verketteten Stapel gelegt. Der Algorithmus nimmt ebenfalls an, daß das Ende eines jeden Laufs einen Signalsatz mit einem sehr großen Schlüssel ($+\infty$) enthält. Es wird angenommen, daß alle Sätze außer den Signalsätzen einen kleineren Schlüssel tragen. Wenn die Blockgrößen und damit die

Puffergrößen so gewählt werden, daß die Zeit zur Füllung eines Ausgabepuffers mit gemischten Sätzen gleich der Zeit zum Lesen eines Blocks ist, können fast alle Eingaben, Ausgaben und Berechnungen parallel ausgeführt werden. Es wird ebenfalls angenommen, daß im Fall gleicher Schlüssel der k-Weg-Mischalgorithmus zuerst die Sätze des Laufs mit dem kleineren Index ausgibt.

/* Schritte im Pufferalgorithmus */

Schritt 1: Initialisieren von k verketteten Warteschlangen, einlesen des ersten Blocks jedes der k Läufe in diese Warteschlangen.
Lege die verbleibenden k Eingabeblöcke auf einen verketteten Stapel von freien Eingabeblöcken.
Setze *ou* auf Null.

Schritt 2: Es sei *lastkey*[i] der letzte von Lauf i eingelesene Schlüssel. *nextrun* sei der Lauf, bei dem *lastkey* minimal ist. Wenn *lastkey*[*nextrun*] $\neq +\infty$ ist, dann starte die Eingabe des nächsten Blocks des Laufs *nextrun*.

Schritt 3: Benutze die Funktion *kwaymerge*, um die Sätze aus den k Eingabewarteschlangen in den Ausgabepuffer *ou* zu mischen. Das Mischen wird fortgeführt, bis entweder der Ausgabepuffer voll wird oder ein Satz mit dem Schlüssel $+\infty$ nach *ou* gemischt wird. Wenn während dieses Mischens ein Eingabepuffer leer wird, bevor der Ausgabepuffer voll ist oder ein $+\infty$ auftaucht, schiebt *kwaymerge* den nächsten Puffer derselben Warteschlange vor und gibt den leeren Puffer an den Stapel der leeren Puffer zurück. Wird allerdings ein Eingabepuffer leer und wird gleichzeitig der Ausgabepuffer voll oder ein $+\infty$ taucht auf, so verbleibt der leere Puffer in der Warteschlange, und *kwaymerge* schiebt nicht den nächsten Puffer der Warteschlange vor, besser gesagt, das Mischen endet.

Schritt 4: Warte auf die Beendigung noch laufender Ein-/Ausgabeoperationen

Schritt 5: Wurde ein Eingabepuffer gelesen, füge ihn zur Warteschlange des entsprechenden Laufs hinzu.

Schritt 6: Wenn *lastkey*[*nextrun*] $\neq +\infty$ ist, dann beginne den nächsten Block des Laufs *nextrun* in einen freien Puffer zu lesen.

Schritt 7: Beginne in den Ausgabepuffer *ou* zu schreiben. Setze *ou* = 1 – *ou*.

Schritt 8: Wenn kein Satz mit dem Schlüssel $+\infty$ in den Ausgabepuffer geschrieben wurde, gehe zu Schritt 3 zurück. Andernfalls warte auf das Ende des laufenden Schreibvorgangs, und beende dann.

Programm 7.20: Der Pufferalgorithmus

Wir machen bei Programm 7.20 die folgenden Beobachtungen:

(1) Für große k kann die Warteschlange, die zuerst leer sein wird, durch $\log_2 k$ Vergleiche ermittelt werden, indem anstatt $k - 1$ Vergleiche nach jedem Einlesen einer Pufferladung zu machen, ein Auswahlbaum für $last[i]$ mit $1 \leq i \leq k$ aufgebaut wird. Die Änderung in der Rechenzeit wird nicht signifikant sein, da diese Auswahl aus der Warteschlange nur einen sehr kleinen Teil der Gesamtzeit des Algorithmus ausmacht.

(2) Bei großen k benutzt die Funktion *kwaymerge* einen Verliererbaum, wie in Kapitel 5 untersucht.

(3) Alle Ein-/Ausgaben, außer dem Lesen der ersten k Blöcke und dem Schreiben des letzten Blocks werden zeitgleich mit den Berechnungen ausgeführt. Da wir nach dem Mischen von k Läufen möglicherweise einen neuen Satz von k Läufen mischen wollen, kann das Einlesen des nächsten Satzes beginnen, während das letzte Mischen der vorliegenden Sätze von Läufen stattfindet, d.h. wenn in Schritt 6 $lastkey[nextrun] = +\infty$ ist, beginnen wir damit, die ersten Blöcke der nächsten Sätze von Läufen, einen nach dem anderen, einzulesen. In diesem Fall ist über das gesamte Sortieren der Datei das Einlesen der ersten k Blöcke und die Ausgabe des allerletzten Blocks die einzige Zeit, in der nicht überlappend gearbeitet wird.

(4) Der Algorithmus nimmt an, daß alle Blöcke die gleiche Länge haben. Dadurch kann es nötig sein, ein paar Dummysätze in den letzten Block jedes Laufs nach dem Signalsatz mit dem Schlüssel $+\infty$ einzufügen.

Beispiel 7.13:

Um die Arbeitsweise des obigen Algorithmus zu demonstrieren, wollen wir ihn schrittweise während eines dreiwegigen Mischens von den drei Läufen der Abbildung 7.34 verfolgen. Jeder Lauf besteht aus vier Blöcken mit jeweils zwei Sätzen; der letzte Schlüssel im vierten Block jedes Laufs ist $+\infty$. Wir haben sechs Eingabepuffer und zwei Ausgabepuffer. Abbildung 7.35 zeigt den Status der Warteschlangen der Eingabepuffer, den Lauf, von dem der nächste Block gelesen wird und den Ausgabepuffer, der zu Beginn jeder Iteration der Schleife von Schritt 3 bis 8 des Algorithmus ausgegeben wird.

Lauf 1	20 25	26 28	29 30	33 $+\infty$
Lauf 2	23 29	34 36	38 60	70 $+\infty$
Lauf 3	24 28	31 33	40 43	50 $+\infty$

Abbildung 7.34: Drei Läufe

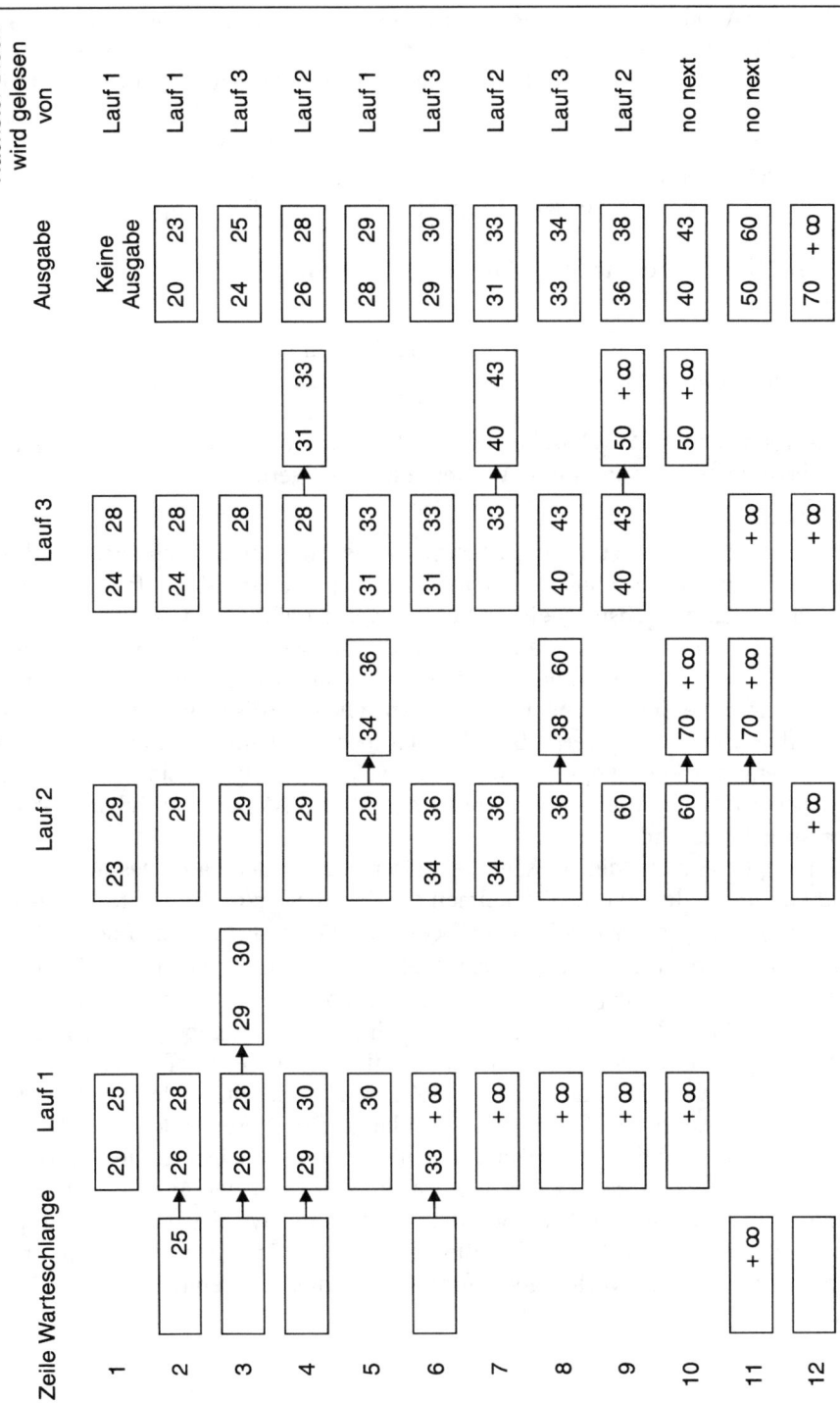

Abbildung 7.35: Pufferbeispiel

Aus Zeile 5 der Abbildung 7.35 geht hervor, daß es während des k-Weg-Mischens nötig ist, die Abfrage "ist der Ausgabepuffer voll?" vor die Abfrage "ist der Eingabepuffer leer?" zu stellen, da der nächste Eingabepuffer für den Lauf möglicherweise noch nicht eingelesen wurde und so kein nächster Puffer in der Warteschlange steht. In den Zeilen 3 und 4 sind alle sechs Eingabepuffer in Gebrauch, und der Stapel der leeren Puffer ist leer. $\square$

Wir beenden unsere Untersuchung der Pufferbehandlung mit dem Korrektheitsbeweis des Programms 7.20. Dies wird formal im Theorem 7.2 behauptet.

Theorem 7.2: Folgendes trifft für Programm 7.20 zu:

(1)   In Schritt 6 ist immer ein Puffer verfügbar, in den der nächste Block eingelesen werden kann.

(2)   Während des k-Weg-Mischens in Schritt 3 wurde der nächste Block immer rechtzeitig gelesen und in die Warteschlange eingereiht.

Beweis: (1) Jedesmal, wenn wir zu Schritt 6 des Algorithmus gelangen, sind höchstens $k + 1$ Pufferladungen im Speicher, wovon eine sich im Ausgabepuffer befindet. In jeder Warteschlange kann höchstens ein Puffer teilweise gefüllt sein. Wenn für das nächste Lesen kein Puffer verfügbar ist, dann müssen die übrigen k Puffer voll sein. Das bedeutet aber, daß alle teilweise gefüllten Puffer leer sein müssen (Andernfalls wären mehr als $k + 1$ Pufferladungen im Speicher). Aus der Art, wie das Mischen aufgebaut ist, folgt, daß nur ein Puffer sowohl nicht verfügbar als auch leer sein kann. Dies kann genau nur dann passieren, wenn der Ausgabepuffer voll wird und gleichzeitig ein Eingabepuffer leer. Doch $k > 1$ widerspricht dem. Also gibt es immer mindestens einen verfügbaren Puffer, wenn Schritt 6 ausgeführt wird.

(2) Angenommen, die Aussage sei falsch. R_i sei der Lauf, dessen Warteschlange während *kwaymerge* leer wird. Wir nehmen an, daß der letzte gemischte Schlüssel nicht $+ \infty$ war, da sonst *kwaymerge* das Mischen beenden würde anstatt einen neuen Puffer für R_i zu holen. Das bedeutet, es gibt noch mehr Blöcke mit Sätzen für Lauf R_i in der Eingabedatei und *lastkey*$[i] \neq +\infty$. Konsequenterweise wurde bisher für jeden ausgegebenen Block gleichzeitig ein anderer eingelesen. Eingabe und Ausgabe schritten also mit derselben Geschwindigkeit voran, und die Anzahl der verfügbaren Datenblöcke ist immer k. Es wird zwar ein neuer Block eingelesen, aber er wird nicht in die Warteschlange eingereiht bis zu Schritt 5. Da die Warteschlange für R_i zuerst leer wurde, sichert die Auswahlregel für das Lesen des nächsten Laufs, daß es höchstens einen Datenblock für jeden der verbleibenden $k - 1$ Läufe gibt. Weiterhin kann der Ausgabepuffer zu diesem Zeitpunkt nicht voll sein, da diese Bedingung abgefragt wurde, bevor der Eingabepuffer leer wurde. Deshalb sind weniger als k Blöcke von Daten im Speicher. Dies steht jedoch im Widerspruch zu unserer vorherigen Feststellung, daß es genau k Datenblöcke geben muß. $\square$

7.11.4. Erzeugen von Läufen

Mit den konventionellen Sortiermethoden wie jenen aus diesem Kapitel ist es lediglich möglich, Läufe zu erzeugen, die so groß sind wie die Anzahl der Sätze, die in den internen Speicher passen. Benutzt man einen Verliererbaum, kann man dies besser machen. Tatsächlich kann der Algorithmus, den wir vorstellen werden, durchschnittlich doppelt so lange Läufe produzieren wie die konventionellen Sortiermethoden. Dieser Algorithmus wurde von Walters, Painter und Zalk entwickelt. Zusätzlich zur Fähigkeit, längere Läufe zu erzeugen, erlaubt dieser Algorithmus die parallele Eingabe, Ausgabe und interne Verarbeitung. Diese parallele Arbeitsweise ist mit den meisten internen Sortierungen dieses Kapitels nicht möglich. Das Heap-Sortieren stellt eine Ausnahme dar.

Wir beschreiben den Algorithmus zur Lauferzeugung so, als ob das Einlesen, die Ausgabe und die interne Verarbeitung sich nicht überlappen würden. Es ist offensichtlich, daß diese effektiv überlappend arbeiten können, wenn getrennte Eingabe- und Ausgabepuffer verwendet werden. Dieser Algorithmus nimmt an, daß es im internen Speicher genug Platz zum Aufbau eines Verliererbaumes für k Sätze gibt, wobei k die Anzahl der Knoten im Baum ist. Zur Konstruktion des Baumes benutzen wir die folgenden C-Deklarationen für den Fall $k = 16$.

```
#define k 16                    /* Knoten im Baum */
typedef struct {
        int key;
        int run;
        } element;
typedef struct {
        element data;
        int loser;
        } tree_node;
tree_node tree[k];
```

Jede der k Satzpositionen hat eine Laufnummer *tree*[i].*data.run* mit $0 \leq i < k$. Dieses Feld erlaubt es uns, zu bestimmen, ob *tree*[i].*data.run* als Teil des momentan erzeugten Laufs ausgegeben werden darf. Wann immer ein Turniergewinner ausgegeben wird, wird ein neuer Satz eingelesen (falls es einen gibt), und das Turnier wird neu ausgespielt. *run_generation* (Programm 7.21) implementiert die Strategie des Verliererbaumes. Die Funktion benutzt eine Funktion *open_input* (Programm 7.22), um die Eingabedatei zu prüfen. Die in *run_generation* benutzten Variablen haben die folgende Bedeutung:

tree[i].*data*, $0 \leq i < $ k	k Sätze im Baum
tree[i].*data.key*	Schlüssel des Satzes *tree*[i].*data*
tree[i].*data.run*	Laufnummer, zu der *tree*[i].*data* gehört
tree[i].*loser*	Verlierer des an Knoten i gespielten Turniers
current_run	Laufzahl des aktuellen Laufs
winner	Position des Gesamtgewinners des Turniers, [0]
winner_run	Laufzahl für *tree*[*winner*].*data*
max_runs	Anzahl der zu erzeugenden Läufe
last_key	Schlüssel des zuletzt ausgegebenen Satzes

```
void run_generation(char *in_name, char *out_name)
{
/* Erzeuge Läufe mit einem Verliererbaum */

    int winner = 0, winner_run = 0, current_run = 0;
    int max_runs = 0, last_key = INT_MAX;
    int i, parent, loser, temp;
    FILE *in, *out;

    in = open_input(in_name);
    out = fopen(out_name,"wb");
    for (i = 1; i < k; i++) {
    /* Baue den Baum mit Dummyknoten auf */
        tree[i].data.key = 0;
        tree[i].data.run = 0;
        tree[i].loser = i;
    }
    tree[winner].data.run = 0;

    for (;;) {
        if (winner_run != current_run) {
            if (winner_run > max_runs) {
            /*Letzter Satz erreicht, schließe Dateien und return*/
                fclose(in); fclose(out);
                return;
            }
            current_run = winner_run;
        }

        if (winner_run) {
        /* Unterdrücke die Ausgabe von Dummysätzen */
            fwrite(&tree[winner].data, sizeof(element),1,out);
            last_key = tree[winner].data.key;
        }
        fread(&tree[winner].data,sizeof(element),1,in);
        if(feof(in)) { /* signal to end proccessing */
            winner_run = max_runs + 1;
            tree[winner].data.run = winner_run;
        }
        else {
            if (tree[winner].data.key < last_key) {
                winner_run++;
                tree[winner].data.run = winner_run;
                max_runs = winner_run;
            }
            else
                tree[winner].data.run = current_run;
        }
        /* Passe den Baum an */
        parent = (k + winner) / 2;
        while (parent) {
            loser = tree[parent].loser;
            if (tree[loser].data.run < winner_run ||
```

```
            (tree[loser].data.run == winner_run &&
                    tree[loser].data.key < tree[winner].data.key))
            {
                temp = winner;
                winner = tree[parent].loser;
                tree[parent].loser = temp;
                winner_run = tree[winner].data.run;
            }
            parent /= 2;
        }
    }
}
```

Programm 7.21: Laufgeneration mit einem Verliererbaum

```
FILE *open_input(char *source_name)
{
    FILE *source;
    source = fopen(source_name, "rb");
    if (!source) {
        fprintf(stderr, "File %s cannot be opened for input\n"
                                        ,source_name);
        exit(1);
    }
    return source;
}
```

Programm 7.22: Die Funktion *open_input*

Die **for(;;)**-Schleife in *tree_runs* spielt wiederholt das Turnier, gibt Sätze aus und restrukturiert den Baum. Um den Baum korrekt aufzubauen, erzeugen wir einen fiktiven Lauf mit der Nummer 0. (Die **for**-Schleife vor der **for(;;)**-Schleife tut dies.) Dadurch erhalten wir *tree[i].data.run* = 0 für jeden der k Sätze. Da alle Sätze bis auf einen genau einmal ein Verlierer sein müssen, baut die Initialisierung von *tree[i].loser* = *i* einen Verliererbaum mit *tree[0].data* als Gewinner auf. Nach dieser Initialisierung kann die **for(;;)**-Schleife den Verliererbaum für Lauf 1 korrekt aufbauen. Der Test *if(winner_run)* unterdrückt die Ausgabe der k fiktiven Sätze, aus denen Lauf 0 besteht. Wir benutzen die Variable *last_key*, um zu bestimmen, ob wir den neuen Eingabesatz *tree[winner].data* als Teil des aktuellen Laufs ausgeben dürfen oder nicht. Wenn *tree[winner].data.key* < *last_key* ist, dann ist *tree[winner].data* kleiner als der letzte ausgegebene Satz. Deshalb können wir ihn nicht als Teil des aktuellen Laufs ausgeben. Wenn der Baum neu angepaßt wird, gewinnt ein Satz mit einer kleineren Laufzahl über einen Satz mit einer höheren Laufzahl. Das sichert die Ausgabe der Sätze aus dem Baum in nichtabsteigender Reihenfolge ihrer Schlüssel. Wir benutzen *max_runs*, um den Algorithmus zu beenden. Deshalb führen wir einen Satz mit der Laufzahl *max_runs* + 1 ein, sobald wir keine Eingaben mehr haben. Wenn dieser Satz bereit zur Ausgabe ist, dann wird der Algorithmus beendet. Wir können leicht zeigen, daß nur ein Lauf erzeugt wird, wenn die Eingabedatei bereits sortiert ist.

Analyse von *run_generation*: Im Durchschnitt ist die Laufgröße von *tree_runs* fast 2*k*. Die Zeit, die für die Erzeugung aller Läufe einer Eingabedatei mit *n* Sätzen benötigt wird, ist O(*n* log *k*). Wir können den Algorithmus etwas beschleunigen, indem wir den Verliererbaum explizit mit den ersten *k* Sätzen der Eingabedatei initialisieren, anstatt mit *k* fiktiven Sätzen. In diesem Fall kann die **if**-Anweisung für die Unterdrückung der Ausgabe dieser Sätze weggelassen werden. □

7.11.5. Optimales Mischen von Läufen

Die Läufe, die von *run_generation* erzeugt werden, sind im allgemeinen nicht von gleicher Länge. Wenn Läufe verschieden lang sind, dann liefert die bisher angewendete Mischstrategie (d.h. komplette Durchläufe über die Sammlung der Läufe) nicht minimale Mischzeiten. Nehmen wir zum Beispiel an, wir haben vier Läufe der Länge 2, 4, 5 und 15. Die Abbildung 7.36 zeigt zwei mögliche Wege, diese Läufe mit einer Serie von 2-Weg-Mischungen zusammenzufügen. Die runden Knoten stellen ein 2-Weg-Mischen mit den Daten der Nachfolgerknoten als Eingabe dar. Die quadratischen Knoten sind die ursprünglichen Läufe. Wir beziehen uns auf die runden Knoten als *interne Knoten* und auf die quadratischen Knoten als *externe Knoten*. Jede Figur ist ein Mischbaum.

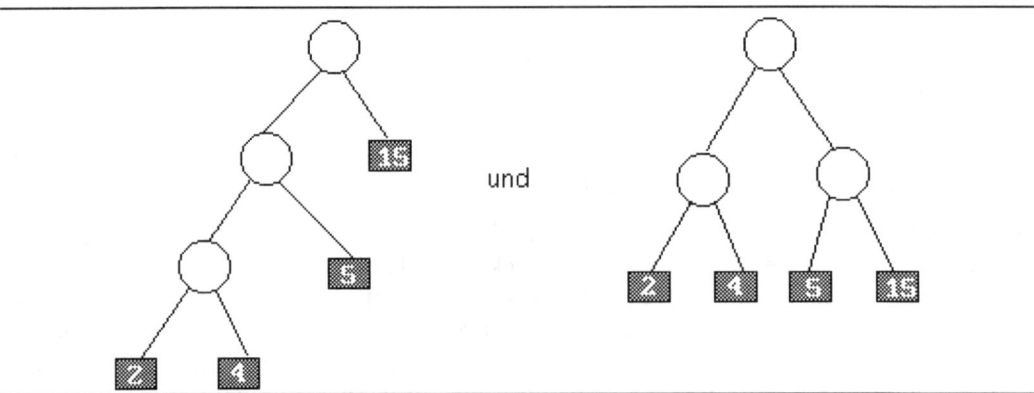

und

Abbildung 7.36: Beispielbäume

Beim ersten Mischbaum beginnen wir mit dem Mischen der Läufe der Länge 2 und 4 und erhalten einen Lauf der Länge 6. Als nächstes mischen wir diesen Lauf mit dem Lauf der Länge 5 und erhalten einen Lauf der Länge 11. Schließlich mischen wir diesen mit dem Lauf der Länge 15, um den gewünschten, sortierten Lauf der Länge 26 zu bekommen. Mischen wir entsprechend des ersten Baumes, werden manche Sätze nur einmal, andere jedoch bis zu dreimal gemischt. Beim zweiten Mischbaum wird jeder Satz genau zweimal gemischt. Das entspricht der Strategie, in der wir wiederholt vollständige Durchläufe über die Daten machen.

    Die Anzahl der Mischungen, die einen einzelnen Satz erfassen, wird durch die Entfernung des entsprechenden, externen Knotens von der Wurzel bestimmt, zum Beispiel werden die Sätze in dem Lauf der Länge 15 im ersten Baum der Abbildung 7.36 nur einmal und im zweiten Baum zweimal gemischt. Da die Zeit für eine Mischen linear in der

Anzahl der beteiligten Sätze ist, erhalten wir die Gesamtzeit für das Mischen durch Aufsummieren der Produkte von Lauflänge und dem Abstand zwischen der Wurzel und dem entsprechenden externen Knoten. Wir nennen diese Summe die *gewichtete, externe Weglänge*. Für die zwei Bäume der Abbildung 7.36 sind die entsprechenden gewichteten, externen Weglängen:

$$2 \cdot 3 + 4 \cdot 3 + 5 \cdot 2 + 15 \cdot 1 = 43$$

und

$$2 \cdot 2 + 4 \cdot 2 + 5 \cdot 2 + 15 \cdot 2 = 52$$

Die Kosten eines k-Weg-Mischens von n Läufen der Länge q_i mit $1 \leq i \leq n$ werden minimiert durch den Einsatz eines Mischbaumes vom Grad k, der eine minimale, gewichtete, externe Weglänge aufweist. Obwohl wir explizit nur den Fall $k = 2$ betrachten werden, können wir leicht auf den Fall $k > 2$ verallgemeinern (siehe Übungen).

Eine sehr schöne Lösung des Problems, einen binären Baum mit minimaler, gewichteter, externer Weglänge zu finden wurde von D. Huffman gegeben. Wir geben seinen Algorithmus einfach wieder und überlassen den Korrektheitsbeweis zur Übung. Die folgenden Typdeklarationen werden angenommen:

```
typedef struct tree_node *tree_pointer;
typedef struct tree_node {
        tree_pointer left_child;
        int              weight;
        tree_pointer right_child;
} tree_node;
tree_pointer tree;
int n;
```

Die Funktion *huffman* (Programm 7.23) beginnt mit n erweiterten binären Bäumen, die jeweils einen Knoten haben. Diese befinden sich im Feld *heap*[]. Jeder Knoten im Baum hat drei Felder: *weight*, *left_child* und *right_child*. Der einzelne Knoten in jedem der ersten erweiterten binären Bäume hat ein Gewicht von einem der q_i's. Während des Verlaufs des Algorithmus ist für jeden beliebigen Baum in *heap* mit dem Wurzelknoten *tree* und einer Tiefe größer als 1 *tree* $->$ *weight* die Summe aller Gewichte aller externer Knoten in *tree*. Die Funktion *huffman* benutzt die Funktionen *least* und *insert*; *least* findet alle Bäume in *heap* mit minimalem Gewicht und entfernt sie aus *list*; *insert* fügt einen neuen Baum zu *list* hinzu. Dies sind einfach die *delete-min-* und *insert*-Operationen auf einem Min-Heap. Wie in Abschnitt 7.7 besprochen, können diese in linearer Zeit ausgeführt werden.

```
void huffman(tree_pointer heap[], int n)
{
/* heap ist eine Liste von n binären Bäumen mit einem Knoten */
   tree_pointer tree;
   int i;
   /* Initialisiere den Min-Heap */
   initialize(heap, n);
   /* Erzeuge einen neuen Baum durch Kombinationen der Bäume mit
   den kleinsten Gewichten, bis kein Baum mehr übrig bleibt */

   for (i = 1; i < n; i++) {
       tree = (tree_pointer)    malloc(sizeof(tree_node));
       if (IS_FULL(tree)) {
           fprintf(stderr, "Der Speicher ist voll\n");
           exit(1);
       }
       tree->left_child = least(heap, n-i+1);
       tree->right_child = least(heap, n-i);
       tree->weight = tree->left_child->weight +
                                     tree->right_child->weight;
       insert(heap,n-i-1,tree);
   }
}
```

Programm 7.23: Die Huffman-Funktion

Wir schildern den Weg, auf dem dieser Algorithmus arbeitet anhand eines Beispiels. Angenommen wir haben die Gewichte $q_1 = 2$, $q_2 = 3$, $q_3 = 5$, $q_4 = 7$, $q_5 = 9$ und $q_6 = 13$. Die Folge von Bäumen, die wir bekommen ist in Abbildung 7.37 gegeben (die Zahl in einem runden Knoten stellt die Summe der Gewichte der externen Knoten in diesem Teilbaum dar).

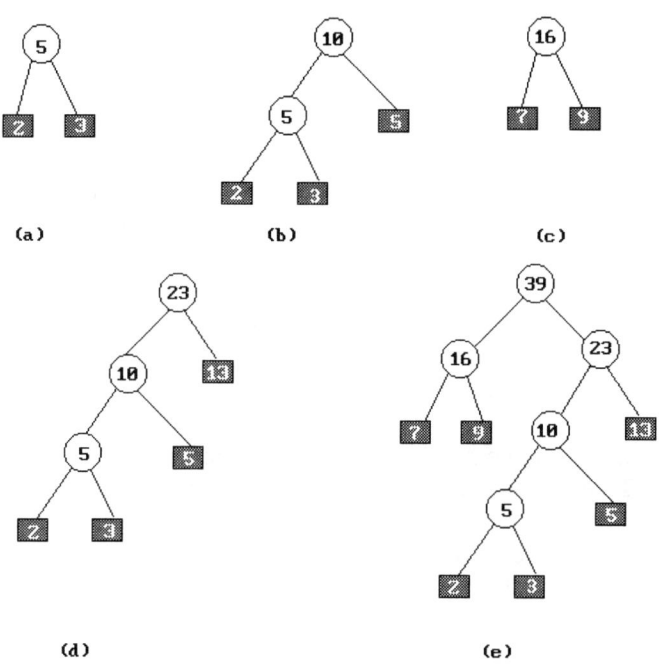

(a)   (b)   (c)

(d)   (e)

Abbildung 7.37: Konstruktion eines Huffman-Baumes

Die gewichtete, externe Weglänge des Baumes ist:

$$2 \cdot 4 + 3 \cdot 4 + 5 \cdot 3 + 13 \cdot 2 + 7 \cdot 2 + 9 \cdot 2 = 93$$

Im Vergleich dazu hat der beste vollständige, binäre Baum eine Weglänge von 95.

Analyse von *huffman*: Die Initialisierung des Heaps beansprucht die Zeit O(n). Die **for**-Schleife wird $n - 1$-mal ausgeführt. Jeder Aufruf von *least* und *insert* erfordert nur die Zeit O(log n). Daher ist die asymptotische Rechenzeit für diesen Algorithmus O(n log n). □

ÜBUNGEN

1. (a) Auf einem Rechner mit einer Speicherkapazität von S Sätzen ($S \ll n$) sollen
n Sätze sortiert werden. Nehmen Sie an, daß die gesamte Kapazität von S
Sätzen für Ein-/Ausgabepuffer benutzt werden kann. Die Eingabedatei
befindet sich auf einer Platte und besteht aus m Läufen. Nehmen Sie für
jeden Plattenzugriff die Suchzeit t_s und die Latenzzeit t_l an. Die
Übertragungszeit ist t_t pro Satzübertragung. Wie hoch ist die gesamte
Eingabezeit für Phase II des externen Sortierens, wenn ein k-Weg-Mischen
verwendet wird mit einer Aufteilung des internen Speichers in E/A-Puffer
derart, daß eine Überlappung der Eingabe, Ausgabe und der internen
Berechnung möglich ist, wie im Algorithmus *buffering*?

   (b) Die CPU-Zeit zum Mischen aller Läufe zusammen sei t_{CPU} (wir können
annehmen, daß sie unabhängig von k und daher eine Konstante ist). Es sei
$t_s = 80 \; ms$, $t_l = 20 \; ms$, $n = 200.000$, $m = 64$, $t_t = 10^{-3} \; s/Satz$, $S = 2000$.
Erstellen Sie einen groben Graphen für die Zeit zum Einlesen t_{input} gegen k.
Wird es immer einen Wert für k geben, für den $t_{CPU} \approx t_{input}$ ist?

2. Modifizieren Sie *run_generation* so, daß sie den Verliererbaum mit den ersten k
Sätzen initialisiert anstatt mit k fiktiven Sätzen.

3. (a) Zeigen Sie, daß die Funktion *huffman* in korrekter Weise einen binären Baum
mit minimaler externer Weglänge erzeugt!

   (b) Wenn n Läufe mit einem m-Weg-Mischen verbunden werden, kann Huffman's
Methode zu folgender Regel verallgemeinert werden: Füge zunächst $(1 -
n)\%(m - 1)$ Läufe der Länge Null zur Menge der Läufe hinzu. Dann mische
die m kürzesten verbleibenden Läufe bis nur noch ein Lauf übrig bleibt.
Zeigen Sie, daß diese Regel ein optimales Mischmuster für das m-Weg-
Mischen ergibt!

7.12. LITERATUR UND AUSGEWÄHLTE REFERENZEN

Eine umfassende Untersuchung des Sortierens findet man in D. Knuth, *The Art of
Computer Programming: Sorting and Searching*. vol. 3, Addison-Wesley, Reading,
Massachusetts, 1973.

Zwei andere nützliche Quellen für das Sortieren sind H. Lorin, *Sorting and Sort
Systems*, Addison-Wesley, Reading, Massachusetts, 1975, und R. Rich, *Internal Sorting
Methods Illustrated with PL/1 Programs*, Prentice-Hall, Englewood Cliffs, NJ, 1972.

Zwei Quellen für das Schnellsortieren sind C. A. R. Hoare, "Quicksort," *The
Computer Journal*, vol. 5, 1962, pp. 10-15, und R. Sedgewick, "*The analysis of quick sort
programs*," *Acta Informatica*, vol. 7, 1976-1977, pp. 327-355.

Die Abbildungen 7.26 und 7.27 sind dem Buch von S. Sahni, *Software Development in Pascal*, Camelot Publishing Co., 1985 entnommen.

Der Mischalgorithmus in linearer Zeit und dem Speicher $O(1)$ ist der Veröffentlichung von B. Huang and M. Langston, *"Practical in-place merging,"* CACM, vol. 31, no. 3, 1988, pp. 348-352 entnommen.

Eine tiefgehende Analyse der Rechenzeiten verschiedener Sortiertechniken kann gefunden werden bei G. H. Gonnet, *Handbook of Algorithms and Data Structures*, Addison-Wesley, Reading, Massachusetts, 1984, und S. Baase, *Computer Algorithms: Introduction to Design and Analysis*, Addison-Wesley, Reading, Massachusetts, 1987.

7.13. WEITERE ÜBUNGEN

1. **[Sortieren durch Zählen]** Eine der einfachsten bekannten Sortiermethoden entsteht aus der Beobachtung, daß die Position eines Satzes in einer sortierten Liste gleich der Anzahl der Sätze mit kleineren Schlüsseln ist. Jedem Satz ist ein Zählfeld zugeordnet, das für die Bestimmung der Anzahl der Sätze benutzt wird, die diesem Satz in der sortierten Liste vorausgehen müssen. Schreiben Sie einen Algorithmus, der die Inhalte für jedes dieser Zählfelder in den Sätzen einer ungeordneten Liste bestimmt. Zeigen Sie, daß alle diese Zähler durch höchstens $n(n-1)/2$ Schlüsselvergleiche ermittelt werden können, wenn die Liste n Sätze hat.

2. Schreiben Sie eine Funktion ähnlich *table_sort*, um die Sätze einer Liste, in der jeder Satz ein ausgefülltes Zählfeld der ihm in der sortierten Liste vorhergehenden Sätze (siehe vorige Übung) hat, neu anzuordnen.

3. **[Sortieren durch Vertauschen]** Eine andere einfache Sortiertechnik arbeitet mit dem Austausch von Elementen, die sich nicht in der richtigen Reihenfolge befinden. Diese Sortierung wird auch Bubble-Sort genannt, da nach jeder Iteration das momentan größte Element an die höchste, unsortierte Position in der Liste empor "blubbert". Schreiben Sie eine Funktion, die das Sortieren durch Vertauschen implementiert. Wie hoch ist die Rechenzeit?

4. **[Sortieren durch Vertauschen]** Wir können aus der Tatsache, daß das Sortieren durch Vertauschen nur sehr wenige Austauschvorgänge macht, wenn sich die Eingabesequenz in nahezu sortierter Reihenfolge befindet, einen Nutzen ziehen. Dies erfordert eine "Austauschflagge" in der äußeren Schleife. Diese Flagge zeigt *TRUE*, wenn während der vorliegenden Iteration ein Austausch vorgenommen wurde und *FALSE*, falls nicht. Die Sortierung ist beendet, wenn das Ende der Liste erreicht ist oder die Flagge *FALSE* zeigt. Überarbeiten Sie das Sortieren durch Vertauschen, um diese Variation einzuarbeiten.

5.   **[Schüttelsortieren]** (Shakesort) Dies ist ebenfalls eine Variante des Sortierens durch Vertauschen, wobei der Satz mit dem größten Schlüssel während der ersten Iteration an die letzte Listenposition "geblubbert" wird. Bei der zweiten Iteration, wird der Satz mit dem kleinsten Schlüssel an die erste Position gesetzt. Die Sortierung wechselt in dieser Weise, bis die Liste sortiert ist. Schreiben Sie eine Funktion, die das Schüttelsortieren durchführt. Wie hoch ist ihre Rechenzeit?

6.   Tabellieren Sie den Zustand der Liste $L = (12, 2, 16, 30, 8, 28, 4, 10, 20, 6, 18)$ nach jeder Phase der folgenden Algorithmen:

   (a)   *insertion_sort*

   (b)   *quicksort*

   (c)   *merge_sort*

   (d)   *heapsort*

   (e)   *radix_sort* mit der Wurzel 10

7.   Angenommen, Sie arbeiten im Einwohnermeldeamt einer kleinen Stadt, in der die Anzahl der Personen (Sätze), etwa 3000, klein genug ist, um in den internen Speicher eines Rechners zu passen. Alle Menschen dieser Stadt sind in Deutschland geboren. Für jede Person dieser Stadt gibt es einen Datensatz. Jeder Satz enthält:

   (a)   Das Bundesland, in dem die Person geboren wurde

   (b)   Den Geburtsort

   (c)   Den Namen der Person

   Wie würden Sie eine Liste all dieser Personen in dieser Stadt aufbauen? Die Liste soll nach Bundesländern geordnet werden. Innerhalb der Bundesländer sollen die Personen nach den Geburtsorten gelistet sein, die alphabetisch geordnet sind. Rechtfertigen Sie jede Annahme, die Sie machen!

KAPITEL 8

HASHING

8.1. DER ABSTRAKTE DATENTYP SYMBOLTABELLE

Wir alle haben schon einmal ein Wörterbuch benutzt, und viele von uns haben ein Textverarbeitungssystem, das mit einem begrenzten Wörterbuch ausgestattet ist, also eine Rechtschreibhilfe. In diesem Kapitel behandeln wir das Wörterbuch als einen ADT. Beispiele von Wörterbüchern findet man in vielen Anwendungen, einschließlich der Rechtschreibprüfung, dem Thesaurus, dem Daten-Wörterbuch aus den Datenbankmanagement-Anwendungen und den Symboltabellen, die durch den Lader, den Assembler und den Compiler generiert werden.

In der Informatik benutzen wir im allgemeinen eher den Begriff Symboltabelle als Wörterbuch, wenn wir uns auf den ADT beziehen. Aus dieser Sicht definieren wir die Symboltabelle als eine *Menge von Namen-Attributs-Paaren*. Die Eigenschaften der Namen und Attribute variieren je nach Anwendung. In einem Thesaurus ist zum Beispiel der Name ein Wort, und das Attribut ist eine Liste von Synonymen für das Wort; in einer Symboltabelle für einen Compiler ist der Name ein Bezeichner, und die Attribute schließen einen Anfangswert und eine Liste von Zeilen, die den Bezeichner benutzen, ein.

Im allgemeinen möchten wir die folgenden Operationen für jede Symboltabelle durchführen können:

(1) bestimmen, ob ein besonderer Name in der Tabelle ist
(2) die Attribute des Namens wiedergewinnen
(3) die Attribute des Namens modifizieren
(4) einen neuen Namen und seine Attribute einfügen
(5) einen Namen und seine Attribute löschen

Die Struktur 8.1 enthält die gesamte Spezifikation der Symboltabelle ADT.

Struktur *SymbolTable(SymTab)* ist
   Objekte: Ein Satz aus Namensattribute-Paaren mit eindeutigen Namen.
   Funktionen:
     für alle *name* ∈ *Name, attr* ∈ *Attribute, symtab* ∈ *SymbolTable, max_size* ∈ *Integer*.

SymTab Create(*max_size*)	::=	kreiert die leere Symboltabelle mit der maximalen Größe *max_size*
Boolsch IsIn(symtab,name)	::=	**if** (*name* ist in *symtab*) **return** *TRUE* **else return** *FALSE*
Attribute Find(symtab,name)	::=	**if** (*name* ist in *symtab*) **return** das korrespondierende Attribut **else return** Nullattribut
SymTab Insert(*symtab,name,attr*)	::=	**if**(*name* ist in *symtab*) ersetze das vorhandene Attribut durch *attr* **else** setze das Paar (*name,attr*) in *symtab* ein
SymTab Delete(symtab,name)	::=	**if** (*name* ist nicht in *symtab*) **return** **else** lösche (*name, attr*) aus *symtab*.

Struktur 8.1: Der abstrakte Datentyp *Symboltabelle*

Obwohl in Struktur 8.1 verschiedene Operationen aufgelistet sind, gibt es nur drei Grundoperationen bei Symboltabellen: Suchen, Einfügen und Löschen. Aus diesem Grunde müssen wir bei der Wahl der Darstellung einer Symboltabelle sicherstellen, daß wir diese Operationen effizient durchführen können. Wir können z.B. den binären Suchbaum, der in Abschnitt 5.7 eingeführt wurde, benutzen, um eine Symboltabelle darzustellen. Enthält unser Suchbaum *n* Elemente, so wird im schlechtesten Fall die Komplexität für diese Operationen O(*n*) sein. In Kapitel 10 führen wir verschiedene Verbesserungen des binären Suchbaumes ein, welche die Zeit für eine Operation auf O(log *n*) reduzieren. In diesem Kapitel untersuchen wir eine Technik der Such-, Einfüge- und Löschoperationen, bei der ein gutes Laufzeitverhalten zu erwarten ist. Die Technik ist zurückzuführen auf das *Hashing*. Im Gegensatz zu Suchbaum-Methoden, die den Vergleich der Elemente bei einer Suche zugrundelegen, benutzt Hashing hierfür eine Formel, die *Hash-Funktion* genannt wird. Wir teilen die Diskussion des Hashing in die Behandlung des *statischen Hashing* und des *dynamischen Hashing* auf.

8.2. STATISCHES HASHING

8.2.1. Hash-Tabellen

Beim *statischen Hashing* speichern wir die Bezeichner in einer festen Größentabelle, die *Hash-Tabelle*. Wir benutzen eine arithmetische Funktion f, um eine Adresse oder Position des Bezeichners x in der Tabelle zu bestimmen. $f(x)$ gibt somit den Hash (die Adresse) von x in der Tabelle an. Die Hash-Tabelle ht befindet sich auf sequentiellen Speicherplätzen, die in b Eimer (buckets) aufgeteilt (partitioniert) sind, $ht[0], \ldots, ht[b-1]$. Jeder Eimer hat s Plätze (slots). Gewöhnlich ist $s=1$, das bedeutet, daß jeder Eimer genau einen Satz enthält. Wir benutzen die Hash-Funktion $f(x)$, den Bezeichner x in eine Adresse der Hash-Tabelle zu transformieren. So bildet $f(x)$ den Satz der möglichen Bezeichner auf die Zahlen 0 bis $b-1$ ab. Wenn wir die Länge der Bezeichner auf sechs Stellen beschränken, wobei die erste Stelle ein Buchstabe und die verbleibenden Stellen ein Buchstabe oder eine Ziffer ist, dann gibt es $T = \sum_{i=0}^{5} 26 \times 36^i > 1{,}6 \times 10^9$ einzelne mögliche Werte für x. Wie auch immer, keine vernünftige Anwendung wird so viele Bezeichner haben. Wir benutzen T, genauso wie b und s, um die *Bezeichner-* und die *Lade-Dichte* der Hash-Tabelle zu bestimmen. Später werden wir diese Statistiken benutzen, um die Effektivität der Hash-Operationen abzuschätzen.

Definition: Die *Bezeichner-Dichte* einer Hash-Tabelle ist das Verhältnis n/T, wobei n die Zahl der Bezeichner in der Tabelle ist. Die *Lade-Dichte* oder der *Lade-Faktor* in der Hash-Tabelle ist $\alpha = n/(sb)$. $\square$

Da die Zahl der Eimer b in einer Hash-Tabelle gewöhnlich um einige Größenordnungen geringer als die Gesamtzahl der möglichen Bezeichner T ist, muß die Hash-Funktion f die verschiedenen Bezeichner dem gleichen Eimer zuordnen. Zwei Bezeichner i_1 und i_2 heißen *synonym* im Hinblick auf f, wenn $f(i_1) = f(i_2)$. Wir geben eindeutige Synonyme in den gleichen Eimer ein, solange dort freie Plätze vorhanden sind. Es kommt zu einem *Überlauf*, wenn wir einen neuen Bezeichner i in einen vollen Eimer eingeben wollen. Es gibt eine *Kollision*, wenn wir zwei nicht identische Bezeichner dem gleichen Eimer zuordnen. Ist die Größe der Eimer = 1, werden sich Kollisionen und Überläufe gleichzeitig ereignen.

Beispiel 8.1:

Betrachten Sie die Hash-Tabelle ht mit $b = 26$ Sätzen und $s = 2$ Feldern. Wir haben $n = 10$ bestimmte Bezeichner, von denen jede eine C-Bibliotheks-Funktion repräsentiert. Diese Tabelle hat einen Lade-Faktor α von $10/52 = 0{,}19$. Die Hash-Funktion muß jede der möglichen Bezeichner einer der Zahlen von 0 bis 25 zuordnen. Wir können eine ziemlich einfache Hash-Funktion konstruieren, indem wir die Buchstaben a - z mit den Zahlen 0 - 25 jeweils verbinden und dann die Hash-Funktion $f(x)$ als den ersten Buchstaben von x definieren. Unter Benutzung dieser Methode werden die Bibliotheks-Funktionen **acos, define, float, exp, char, atan, ceil, floor, clock,** und **ctime** jeweils in die Eimer 0,

3, 5, 4, 2, 0, 2, 5, 2, und 2 verteilt. Bild 8.1 zeigt die ersten 8 Bezeichner, die in die Hash-Tabelle eingetragen wurden.

	Feld 0	Feld 1
0	**acos**	**atan**
1		
2	**char**	**ceil**
3	**define**	
4	**exp**	
5	**float**	**floor**
6		
. . .		
25		

Abbildung 8.1: Hash-Tabelle mit 26 Eimern und zwei Feldern pro Eimer.

Die Bezeichner **acos** und **atan** sind Synonyme wie **float** und **floor** sowie **ceil** und **char**. Der nächste Bezeichner **clock** wird in den Eimer $ht[2]$ eingetragen. Da dieser Eimer voll ist, haben wir einen Überlauf. Wo in der Tabelle können wir **clock** so plazieren, daß wir es notfalls abrufen können? Wir behandeln verschiedene Lösungen des Überlauf-Problems in den Abschnitten 8.2.3 und 8.2.4 □

Für einen Moment sei angenommen, daß sich kein Überlauf ereignet. Dann ist die erforderliche Zeit für das Einfügen, das Löschen oder das Suchen eines Bezeichners unter Benutzung der Hashing-Abhängigkeit nur die Zeit, die zur Berechnung der Hash-Funktion und zum Suchen eines Eimers benötigt wird. Da die Eimer-Größe gewöhnlich klein ist, können wir eine sequentielle Suche nach einem Bezeichner innerhalb eines Eimers benutzen. Also hängt die erforderliche Zeit für das Einfügen bzw. Löschen von oder Suchen nach Bezeichnern nicht von der Zahl der benutzten Bezeichner n ab, sondern ist $O(1)$.

Unsere Wahl der Hash-Funktion in Beispiel 8.1 ist für die meisten Anwendungen nicht gut geeignet, da eine große Anzahl von Kollisionen und Überläufen wahrscheinlich ist. So haben wir zum Beispiel gerade gesehen, daß viele C-Funktionen mit dem gleichen Buchstaben beginnen; das gleiche gilt für verschiedene Variablennamen. Idealerweise würden wir eine Hash-Funktion wählen, die sowohl leicht zu berechnen ist, als auch wenig Kollisionen verursacht. Da unglücklicherweise das Verhältnis b/T für gewöhnlich klein ist, können wir Kollisionen nicht völlig vermeiden.

8.2.2. Hash-Funktionen

Eine Hash-Funktion f transformiert einen Bezeichner x in eine Eimeradresse in der Hash-Tabelle. Wie oben bemerkt, möchten wir eine Hash-Funktion, die einfach zu berechnen ist und gleichzeitig die Zahl der Kollisionen minimiert. Obgleich die Hash-Funktion, die wir in Beispiel 8.1 benutzten, einfach zu berechnen war, da nur der erste Buchstabe eines Bezeichners benutzt wurde, führt dies zu schlimmen Konsequenzen. Wir wissen, daß sich diese Bezeichner, sei es, daß sie Variablennamen in einem Programm repräsentieren, Begriffe in einem Wörterbuch, oder Namen eines Telefonbuches, sich um bestimmte Buchstaben des Alphabetes häufen. Um Kollisionen zu vermeiden, sollte die Hash-Funktion von allen Buchstaben des Bezeichners abhängen. Weiterhin sollte sie keine systematischen Fehler haben (ungestört sein), d.h. wenn man zufällig einen Bezeichner x aus dem Raum aller Bezeichner (das ist die Gesamtheit aller möglichen Bezeichner) auswählt, beträgt die Wahrscheinlichkeit , daß $f(x) = i$ ist, $1/b$ für alle Eimer i. Das bedeutet für ein zufälliges x die gleiche Chance, in irgendeinen der b Eimer zu gelangen. Wir nennen eine Hash-Funktion, die dieser Eigenschaft genügt, eine *uniforme Hash-Funktion*.

Es gibt verschiedene Arten von Hash-Funktionen, und wir werden vier von diesen beschreiben. Wir gehen davon aus, daß die Bezeichner auf geeignete Weise in numerische Äquivalente transformiert wurden. (Später werden wir eine einfache Transformation beschreiben.)

Mitte des Quadrats

Die Hash-Funktion *Mitte des Quadrats* wird häufig bei Anwendungen in Symboltabellen benutzt. Wir berechnen die Funktion f_m durch Quadrieren des Bezeichners und benutzen dann eine passende Anzahl von Bits aus der "Mitte des Quadrats", um die Adresse des Eimers zu erhalten. (Wir nehmen an, daß der Bezeichner in ein Rechner-Wort paßt.) Da die mittleren Bits des Quadrates gewöhnlich von allen Buchstaben des Bezeichners abhängen, haben wir eine hohe Wahrscheinlichkeit, daß verschiedene Bezeichner verschiedene Hash-Adressen produzieren werden, selbst wenn einige der Buchstaben übereinstimmen. Die Zahl der Bits, die benutzt werden, um eine Eimeradresse zu erhalten, hängt von der Tabellengröße ab. Benutzen wir r Bits, so ist der Bereich der Werte 2^r. Aus diesem Grunde sollte die Größe der Hash-Tabelle eine Zweierpotenz sein, wenn wir diese Methode benutzen.

Division

Eine zweite einfache Hash-Funktion erhalten wir unter Benutzung des Modulo-Operators (**%**). Bei dieser Methode dividieren wir den Bezeichner x durch irgendeine Zahl M und benutzen den Rest als Hash-Adresse für x. Die Hash-Funktion ist:

$$f_D(x) = x \text{ \% } M$$

Dies liefert Eimeradressen von 0 bis $M - 1$, wobei M die Tabellengröße ist. Die Wahl von M ist kritisch. Erinnern Sie sich, daß die Tabellengröße eine Zweierpotenz sein muß, wenn wir die Funktion f_m nach der Methode der *Mitte des Quadrats* benutzen. In der Divisions-Funktion hängt $f_D(x)$ nur von den niederwertigen Bits von x ab, wenn M eine Zweierpotenz ist. Solch eine Wahl von M führt zu einer einseitigen Benutzung der Hash-Tabelle, wenn verschiedene der benutzten Bezeichner die gleiche Vorsilbe haben. Ist M durch zwei teilbar, so werden ungerade Schlüssel ungeraden Eimern und gerade Schlüssel geraden Eimern zugeordnet. Deshalb führt ein gerades M zu einer einseitigen Benutzung der Tabelle, wenn die Mehrheit der Bezeichner gerade bzw. ungerade ist.

Seien $X = x_1x_2$ und $Y = x_2x_1$ zwei Bezeichner, die beide aus den Buchstaben x_1 und x_2 bestehen. Hat die interne binäre Darstellung von x_1 den Wert $C(x_1)$ und die für x_2 den Wert $C(x_2)$, dann ist der Zahlenwert von X $2^6C(x_1)+C(x_2)$ und der von Y $2^6C(x_2)+C(x_1)$, wenn jeder Buchstabe durch sechs Bits repräsentiert wird. Wenn p ein Primfaktor von M ist, dann gilt

$$(f_D(X) - f_D(Y)) \text{ \% } p = (2^6 C(x_1) \text{ \% } p + C(x_2) \text{ \% } p$$
$$- 2^6 C(x_2) \text{ \% } p - C(x_1) \text{ \% } p) \text{ \% } p$$

Wenn $p = 3$, dann ist

$$(f_D(X) - f_D(Y)) \text{ \% } p = (64 \text{ \% } C(x_1) \text{ \% } 3 + C(x_2) \text{ \% } 3$$
$$- 64 \text{ \% } 3C(x_2) \text{ \% } 3 - C(x_1) \text{ \% } 3) \text{ \% } 3$$
$$= C(x_1) \text{ \% } 3 + C(x_2) \text{ \% } 3 - C(x_2) \text{ \% } 3 - C(x_1) \text{ \% } 3$$
$$= 0 \text{ \% } 3$$

d.h., daß Permutationen des gleichen Buchstabensatzes den Abstand 3 voneinander haben. Wenn also viele Bezeichner Permutationen voneinander sind, folgt daraus eine ungleichmäßige Belegung der Tabelle, da $64 \text{ \% } 3 = 1$ ist. Das gleiche Verhalten ist zu erwarten, wenn 7 die Zahl M teilt, da ebenfalls $64 \text{ \% } 7 = 1$ gilt.

Diese Schwierigkeiten können vermieden werden, wenn M eine Primzahl ist. Dann sind die einzigen Faktoren von M die Zahl M und 1. Knuth hat gezeigt, daß $X \text{ \% } M$ dazu neigt, eine einfache Überlagerung der Buchstaben in X zu sein, wenn M Teiler von $r^k \pm a$ ist, wobei k und a kleine Zahlen und r die Basis des Buchstabensatzes (im obigen Beispiel $r = 64$) ist. Aus diesem Grunde wäre eine gute Wahl: *Eine Primzahl M, die $r^k \pm a$ für kleines k und a nicht teilt.* Die Erfahrung zeigt, daß es in der Praxis ausreicht, die Zahl M so zu wählen, daß sie keine Primfaktoren kleiner als 20 besitzt.

Faltung

Bei dieser Methode teilen wir den Bezeichner x in verschiedene Abschnitte auf. Alle Abschnitte, bis auf den letzten, haben die gleiche Länge. Dann addieren wir die Abschnitte, um die Hash-Adresse für x zu erhalten. Es gibt zwei Möglichkeiten, diese Addition durchzuführen. Bei der ersten Methode verschieben wir alle Abschnitte bis auf den letzten, so daß das niederwertigste Bit jedes Abschnitts über dem korrespondierenden Bit des letzten Abschnitts steht. Dann addieren wir die Abschnitte und erhalten $f(x)$. Diese

Methode heißt *Schiebe-Faltung*. Sei zum Beispiel angenommen, wir hätten den Bezeichner x in die folgenden Abschnitte zerlegt: $x_1 = 123$, $x_2 = 203$, $x_3 = 241$, $x_4 = 112$, $x_5 = 20$. Durch Schiebe-Faltung werden x_1 bis x_4 an x_5 ausgerichtet und addiert. Als Ergebnis erhalten wir die Hash-Adresse 699.

Die zweite Methode, bekannt als *Faltung an den Grenzen*, dreht jeden zweiten Abschnitt vor dem Addieren um. Sei zum Beispiel angenommen, daß der Bezeichner x in die gleichen Abschnitte aufgeteilt ist wie bei der Schiebe-Faltung. Benutzt man nun die Faltung an den Grenzen, so kehrt man den zweiten und vierten Abschnitt um, das ist $x_2 = 302$ und $x_4 = 211$ und addiert die Abschnitte. Dabei erhalten wir die Hash-Adresse 897.

Ziffern-Analyse

Die letzte Methode, die wir besprechen, die *Ziffern-Analyse*, wird bei statischen Dateien benutzt. In einer *statischen Datei* sind alle Bezeichner von vornherein bekannt. Bei dieser Methode transformieren wir die Bezeichner unter Benutzung einer Basis r in Zahlen. Dann prüfen wir die Ziffernfolge jedes Bezeichners und löschen die Stellen mit der "ungleichmäßigsten Ziffernverteilung". Wir fahren mit dem Löschen der Stellen solange fort, bis die Anzahl der verbleibenden Ziffern klein genug ist, eine Adresse im Bereich der Hash-Tabelle anzugeben. Die Stellen, die zur Berechnung der Hash-Tabelle benutzt werden, müssen für alle Bezeichner die gleichen sein und deren Verteilung darf weder abnorm hohe Spitzen noch Täler besitzen (die Standardabweichung muß klein sein).

In Abschnitt 8.2.4 vergleichen wir die verschiedenen Methoden, eine Hash-Adresse zu generieren. Die gebräuchlichste dieser Methoden für den allgemeinen Anwendungszweck ist die Divisionsmethode mit einem Teiler M, der keine Primfaktoren kleiner als 20 besitzt.

8.2.3. Behandlung von Überläufen

Lineare offene Adressierung

Es gibt zwei Methoden, Kollisionen und Überläufe in einer statischen Hash-Tabelle aufzudecken; beide Methoden benutzen eine unterschiedliche Datenstruktur zur Darstellung der Hash-Tabelle. In diesem Abschnitt behandeln wir die einfachste Methode, die auf *lineare offene Adressierung* oder *lineares Sondieren* zurückzuführen ist; im nächsten Abschnitt führen wir dann das *Verketten* ein.

Bei der linearen offenen Adressierung wird die Hash-Tabelle als eindimensionales Array, das von 0 bis zur gewünschten Tabellengröße – 1 indiziert ist, dargestellt. Bestandteil dieses Arrays ist ein **struct**, das mindestens ein Schlüsselfeld enthält. Da die Schlüssel für gewöhnlich Wörter sind, benutzen wir eine Zeichenkette, sie zu bezeichnen. Die C-Deklarationen, um eine Hash-Tabelle *ht* mit einem Platz pro Eimer zu definieren, lauten:

```
#define MAX_CHAR  10 /*Maximale Anzahl von Buchstaben
                          in einem Bezeichner*/
#define TABLE_SIZE 13 /* Maximale Größe = Primzahl */
typedef struct {
            char key[MAX_CHAR];
            /* andere Felder */
            } element;
element hash_table[TABLE_SIZE];
```

Bevor wir ein Element in diese Tabelle eintragen, müssen wir die Tabelle initialisieren, um den Zustand, in dem alle Felder leer sind, zu erhalten. Dies erlaubt uns, Überläufe und Kollisionen aufzudecken, wenn wir Elemente in die Tabelle eintragen. Die offensichtliche Wahl für ein leeres Feld ist die leere Zeichenkette, da sie niemals ein zulässiger Schlüssel in irdendeiner Anwendung sein wird. *init_table* (Programm 8.1) zeigt die Initialisierungsfunktion.

```
void init_table(element ht[])
  {
    int i;
    for (i = 0; i < TABLE_SIZE; i++)
        ht[i].key[0] = NULL;
  }
```

Programm 8.1: Initialisierung einer Hash-Tabelle

Um ein neues Element in die Hash-Tabelle einzufügen, konvertieren wir das Schlüsselfeld in eine natürliche Zahl und wenden dann eine der Hash-Funktionen, die wir in Abschnitt 8.2.2 besprochen haben, an. Wir können einen Schlüssel in eine Zahl transformieren, indem wir jeden Buchstaben in eine Zahl konvertieren und anschließend diese Zahlen addieren. (Anscheinend ist das die gebräuchlichste Transformationstechnik, ungeachtet der Tatsache, daß dies keine uniforme Hash-Funktion produziert.) Die Funktion *transform* (Programm 8.2) benutzt diese einfache Methode. (Die Übungen untersuchen weitere Alternativen.) Um die Hash-Adresse eines transformierten Schlüssels zu finden, benutzt *hash* (Programm 8.2) die Divisions-Methode.

```
int transform(char *key)
{
/* Einfache Additionsmethode, eine Zahl aus dem Bereich der
natürlichen Zahlen zu erhalten */
    int number = 0;
    while (*key)
        number += *key++;
    return number;
}

int hash(char *key)
{
/* Transformiert key in eine natürliche Zahl und gibt dieses
Resultat modulo der Tabellengröße zurück*/
    return(transform(key) % TABLE_SIZE);
}
```

Programm 8.2: Bildung einer Hash-Funktion

Wir sind nun bereit, Elemente in die Hash-Tabelle einzutragen. Wenn der Platz, auf den die Hash-Adresse zeigt, leer ist, speichern wir einfach das neue Element dort. Sollte jedoch das neue Element in einen vollen Eimer eingetragen werden, so müssen wir einen anderen (freien) Eimer finden. Die einfachste Lösung ist, das neue Element in den nächstgelegenen freien Eimer zu plazieren. Wir beziehen uns auf diese Methode, Überläufe zu behandeln durch *lineares Sondieren* oder *lineare offene Adressierung*. Diese Technik sei an einer 13-Sätze-Tabelle mit einem Platz pro Eimer illustriert. Als unsere Daten benutzen wir die Worte **for**, **do**, **while**, **if**, **else** und **function**. Abbildung 8.2 zeigt den Hash-Wert für jedes Wort, benutzt man das oben diskutierte vereinfachte Schema. Trägt man die ersten fünf Worte in die Tabelle ein, führt dies zu keinen Problemen, da sie verschiedene Hash-Adressen besitzen. Der letzte Bezeichner **function** jedoch bekommt den gleichen Platz zugewiesen wie **if**. Benutzt man einen zyklischen Umlauf, so ist der nächste verfügbare Platz bei $ht[0]$, in dem wir **function** bereits plaziert haben(Abbildung 8.3).

Bezeichner	Additive Transformation	x	Hash
for	102 + 111 + 114	327	2
do	100 + 111	211	3
while	119 + 104 + 105 + 108 + 101	537	4
if	105 + 102	207	12
else	101 + 108 + 115 + 101	425	9
function	102 + 117 + 110 + 99 + 116 + 105 + 111 + 110	870	12

Abbildung 8.2: Additive Transformation

[0]	**function**
[1]	
[2]	**for**
[3]	**do**
[4]	**while**
[5]	
[6]	
[7]	
[8]	
[9]	**else**
[10]	
[11]	
[12]	**if**

Abbildung 8.3: Hash-Tabelle mit linearer Sondierung (13 Eimer, 1 Platz pro Eimer)

Um das lineare Sondieren zu implementieren, berechnen wir zunächst $f(x)$ für den Bezeichner x und prüfen dann die Hash-Tabellenfelder $ht[(f(x)+j)$ **%** $TABLE\_SIZE]$, $0 \leq j \leq TABLE\_SIZE$ in dieser Reihenfolge. Vier Ergebnisse können aus den Prüfungen der Hash-Tabellenfelder folgen:

(1) Der Eimer enthält x. In diesem Fall ist x bereits in der Tabelle. Abhängig von der Applikation können wir entweder schlicht einen doppelten Bezeichner melden, oder wir können die Informationen in den anderen Feldern des Elementes aktualisieren.

(2) Der Eimer enthält die leere Zeichenkette. In diesem Fall ist der Eimer leer, und wir dürfen ein neues Element einsetzen.

(3) Der Eimer enthält einen von x verschiedenen, nichtleeren String. In diesem Fall testen wir das nächste Feld.

(4) Wir kommen zum Ausgangseimer $ht[f(x)]$ zurück ($j = TABLE\_SIZE$). In diesem Fall wurde der Ausgangseimer zum zweitenmal und alle übrigen Eimer einmal geprüft. Die Tabelle ist voll, wir melden eine Fehlerbedingung und verlassen die Routine.

Die Einfüge-Strategie, die wir gerade besprochen haben ist in *linear_insert* (Programm 8.3) implementiert.

```
void linear_insert(element item, element ht[])
{
/* Fügt ein Element unter Benutzung des linearen Sondierens in die
Tabelle ein und bricht ab, wenn die Tabelle voll ist */
    int i, hash_value;
    hash_value = hash(item.key);
    i = hash_value;
    while (strlen(ht[i].key)) {
        if (!strcmp(ht[i].key, item.key)) {
            fprintf(stderr,"Doppelter Eintrag\n");
            exit(1);
        }
        i = (i+1) % TABLE_SIZE;
        if (i == hash_value) {
            fprintf(stderr,"Die Tabelle ist voll\n");
            exit(1);
        }
    }
    ht[i] = item;
}
```

Programm 8.3: Lineares Einfügen die Hash-Tabelle

Unser vorheriges Beispiel zeigte, daß die Bezeichner zu einer Anhäufung (Cluster) tendieren, wenn man das lineare Sondieren zur Unterdrückung der Überläufe benutzt. Dazu kommt, daß benachbarte Anhäufungen dazu neigen, sich zu vereinigen, wodurch die Suchzeit anwächst. Nehmen wir zum Beispiel an, wir würden die C-Funktionen **acos**, **atoi**, **char**, **define**, **exp**, **ceil**, **cos**, **float**, **atol**, **floor**, und **ctime** in eine Hash-Tabelle mit 26 Eimern in dieser Reihenfolge einfügen. Zum Zwecke der Illustration gehen wir davon aus, daß die Hash-Funktion den ersten Buchstaben jedes Funktionsnamens benutzt. Abbildung 8.4 zeigt die Satznummer, den im Satz enthaltenen Bezeichner und die Anzahl der Vergleiche, die zum Einfügen der Bezeichner erforderlich sind. Beachten Sie, daß wir $ht[0], \ldots, ht[8]$ prüfen, also insgesamt neun Vergleiche durchführen müssen, bevor wir **atol** einfügen können! Das ist viel schlechter als der schlechteste Fall bei den Suchbaumstrategien, die wir in Kapitel 10 behandeln werden. Wenn wir jede der Variablen in ht genau einmal suchen, wird die Zahl der geprüften Sätze im Durchschnitt $35/11 = 3,18$ pro Bezeichner sein. Analysen des linearen Sondierens zeigen, daß die durchschnittliche Zahl der Schlüsselvergleiche p, die bei der Suche nach einem Datensatz erforderlich ist, annähernd $(2 - \alpha)/(2 - 2\alpha)$ ist, wobei α die Ladedichte ist. Im obigen Beispiel ist $\alpha = 11/26 = 0,42$ und $p = 1,36$. Das ist ein Hinweis darauf, daß bei einer Ladedichte von 0,42 die Durchschnittsanzahl von 1,36 Vergleichen benötigt wird. Obwohl wir wissen, daß die Durchschnittsanzahl der Vergleiche klein ist, kann die Anzahl also im schlechtesten Fall groß werden.

Eimer	x	gesuchte Eimer
0	**acos**	1
1	**atoi**	2
2	**char**	1
3	**define**	1
4	**exp**	1
5	**ceil**	4
6	**cos**	5
7	**float**	3
8	**atol**	9
9	**floor**	5
10	**ctime**	9
. . .		
25		

Abbildung 8.4: Hash-Tabelle mit linearer Sondierung (26 Eimer, 1 Platz pro Eimer)

Wir haben gerade gesehen, daß lineare offene Adressierung Anhäufungen von Bezeichnern schafft. Diese Anhäufungen neigen dazu, sich zu vereinen und somit größere Cluster zu bilden, wenn wir weiter Bezeichner in die Tabelle eintragen. Wir können das Wachstum dieser Cluster zum Teil verringern und damit die Durchschnittszahl der Vergleiche durch Anwendung der *quadratischen Sondierung* reduzieren. Während das lineare Sondieren Eimer $(f(x) + i)$ **%** b, $0 \leq i \leq b - 1$ durchsucht, wobei b die Anzahl der Eimer in der Tabelle ist, benutzen wir beim quadratischen Sondieren eine quadratische Funktion von i als Aufwärtszähler. Im besonderen führen wir die Suche durch, indem wir die Sätze $f(x)$, $(f(x) + i^2)$ **%** b und $(f(x) - i^2)$ **%** b für $1 \leq i \leq (b - 1)/2$ prüfen. Wenn b eine Primzahl der Form $4j + 3$ (j eine ganze Zahl) ist, prüft die oben beschriebene quadratische Suche jeden Satz in der Tabelle. (Zum Beweis verweisen wir den interessierten Leser an den Radke-Artikel, der in 'Literatur und ausgewählte Referenzen' angeführt wird.) In Abbildung 8.5 sind einige Primzahlen der Form $4j + 3$ aufgelistet.

Primzahl	j	Primzahl	j
3	0	43	10
7	1	59	14
11	2	127	31
19	4	251	62
23	5	503	125
31	7	1019	254

Abbildung 8.5: Einige Primzahlen der Form $4j + 3$

Wir können die Anhäufungen (Cluster), die in Verbindung mit der linearen Sondierung auftreten, auch reduzieren, indem wir eine Serie von Hash-Funktionen $f_1, f_2, \cdots, f_b$ anwenden. Diese Methode wird *Rehashing* genannt. Wir prüfen die Sätze $f_i(x)$ für $1 \leq i \leq b$. Eine dritte Methode zur Handhabung des Überlaufes, das *Zufallssondieren*, wird in den Übungen erklärt.

Verkettungen

Lineares Sondieren und seine verschiedenen Variationen haben eine eingeschränkte Leistung, weil das Einfügen der Bezeichner einen Vergleich dieser mit den verschiedenen Hash-Werten erfordert. In der Hash-Tabelle von Abbildung 8.4 mußten wir zunächst die Sätze $ht[0]$ bis $ht[8]$ prüfen, bevor wir **atol** einfügen konnten, obwohl nur die ersten beiden Bezeichner mit **atol** kollidierten; der Rest konnte unmöglich im gleichen Eimer wie **atol** sein. Wir hätten auf die meisten dieser Vergleiche verzichten können, wenn wir eine Liste von Synonymen für jeden Satz erhalten hätten. Um ein neues Element einzufügen, haben wir lediglich die Hash-Adresse $f(x)$ zu berechnen und die Bezeichner in der Liste von $f(x)$ zu prüfen. Da wir die Größen der Listen nicht im voraus kennen, sollten wir sie als verkettete Listen implementieren. Wir benötigen nun zusätzlichen Platz für ein Verkettungsfeld. Da wir M Listen haben werden, wobei M die gewünschte Tabellengröße ist, richten wir einen Kopfknoten für jede Kette ein. Diese Kopfknoten benötigen nur ein Verkettungsfeld, so daß sie kleiner als die anderen Knoten sind. Wir sichern die Kopfknoten in aufsteigender Reihenfolge, $0, \cdots, M-1$, so daß wir beliebig auf die Listen zugreifen können. Die für den Aufbau der verketteten Hash-Tabelle erforderlichen C-Vereinbarungen sind:

```
#define MAX_CHAR  10 /* Maximale Bezeichnergröße*/
#define TABLE_SIZE 13 /* Primzahl */
#define IS_FULL(ptr) (!(ptr))
typedef struct {
        char key[MAX_CHAR];
        /* andere Felder */
        } element;


typedef struct list *list_pointer;
typedef struct list {
        element  item;
        list_pointer link;
        } list;
list_pointer hash_table[TABLE_SIZE];
```

Die Funktion *chain_insert* (Programm 8.4) realisiert die Verkettungs-Strategie. Die Funktion berechnet zuerst die Hash-Adresse für den Bezeichner. Dann prüft sie die Bezeichner in der Liste für den ausgewählten Satz. Wurde der Bezeichner gefunden, drucken wir eine Fehlermeldung und verlassen die Routine. Befindet sich der Bezeichner nicht in der Liste, fügen wir ihn am Ende der Liste ein. War die Liste leer, ändern wir den Kopfknoten, um auf eine neue Einsprungstelle zu zeigen.

```
void chain_insert(element item, list_pointer ht[])
{
/* Einfügen des Schlüssels in die Tabelle durch Verkettung */
    int hash_value = hash(item.key);
    list_pointer ptr,trail=NULL,lead=ht[hash_value];
    for (; lead; trail = lead, lead = lead->link)
        if (!strcmp(lead->item.key,item.key)) {
            fprintf(stderr, "Der Schlüssel ist in der Tabelle");
            exit(1);
        }
    }
    ptr = (list_pointer)malloc(sizeof(list));
    if (IS_FULL(ptr)) {
        fprintf(stderr, "Der Speicher ist voll\n");
        exit(1);
    }
    ptr->item = item;
    ptr->link = NULL;
    if (trail)
        trail->link = ptr;
    else
        ht[hash_value] = ptr;
}
```

Programm 8.4: Ketten werden in die Hash-Tabelle eingefügt

Abbildung 8.6 zeigt die verkettete Hash-Tabelle entsprechend der linearen Tabelle aus Abbildung 8.4. Die Zahl der erforderlichen Vergleiche (Sondierungen) für jeden der Bezeichner ist nun genau Eins für **acos**, **char**, **define**, **exp** und **float**; sie ist jeweils Zwei für **atoi**, **ceil**, und **float**; sie ist jeweils Drei für **atol** und **cos** und Vier für **ctime.** Die Durchschnittszahl für Vergleiche ist nun 21/11 = 1,91. Die erwartete Zahl der Bezeichnervergleiche für eine verkettete Tabelle ist $\sim 1 + \alpha/2$, wobei α die Ladedichte n/b (b = Zahl der Kopfknoten). Für $\alpha = 0,42$, ist die erwartete Anzahl der Vergleiche 1,21; für $\alpha = 1$ liegt sie ungefähr bei 1,5.

[0] -> **acos** -> **atoi** -> **atol**
[1] -> *NULL*
[2] -> **char** -> **ceil** -> **cos** -> **ctime**
[3] -> **define**
[4] -> **exp**
[5] -> **float** -> **floor**
[6] -> *NULL*
· · ·
[25] ->*NULL*

Abbildung 8.6: Hash-Ketten entsprechend Abbildung 8.4

Die Ergebnisse dieses und des letzten Abschnittes legen es nahe, daß die Leistung einer Hash-Tabelle lediglich von der Methode, den Überlauf zu handhaben - Verkettung oder lineares Sondieren - abhängt. Soweit eine uniforme Hash-Funktion benutzt wird, ist die Leistung unabhängig von der Hash-Funktion. Obwohl dies richtig ist, wenn wir zufällig Bezeichner aus dem Bezeichnerraum auswählen, ist es im praktischen Gebrauch nicht richtig. In der Praxis ist unsere Wahl der Bezeichner nicht zufällig, da wir häufig Bezeichner benutzen, die einen gemeinsamen Zusatz oder eine gemeinsame Vorsilbe besitzen oder die einfach Permutationen anderer Bezeichner sind. Somit erwarten wir in der Praxis, daß die Wahl einer Hash-Funktion die Leistung einer Hash-Tabelle beeinflußt. Die Tabelle aus Abbildung 8.7 stellt die Resultate einer empirischen Studie, die von Lum, Yuen und Dodd geleitet wurde, dar. Die Werte in jeder Spalte geben die Durchschnittszahl der Eimer-Zugriffe wieder, die bei Suchen in acht verschiedenen Tabellen mit je 33.575, 24.050, 4909, 3072, 2241, 930, 762 und 500 Bezeichnern durchgeführt wurden. Wie erwartet, leistet Verkettung mehr als lineare offene Adressierung. Testet man die Leistung der verschiedenen Hash-Funktionen, sehen wir, daß Division im allgemeinen am besten abschneidet. Deshalb ist dies für eine allgemeine Anwendung die bevorzugte Methode. Der Divisor sollte eine Primzahl sein, obwohl es ausreicht, eine Zahl zu wählen, die keine Primfaktoren kleiner als 20 besitzt. Beachten Sie, daß die Tabelle auch die theoretisch erwartete Zahl der Eimerzugriffe basierend auf zufälligen Schlüsseln angibt.

$\alpha = n/b$	0,50		0,75		0,90		0,95	
Hash-Funktion	Kette	Offen	Kette	Offen	Kette	Offen	Kette	Offen
Mitte d. Quadr.	1,26	1,73	1,40	9,75	1,45	37,14	1,47	37,53
Division	1,19	4,52	1,31	7,20	1,38	22,42	1,41	25,79
Schiebefaltung	1,33	21,75	1,48	65,10	1,40	77,01	1,51	118,57
Grenzfaltung	1,39	22,97	1,57	48,70	1,55	69,63	1,51	97,56
Ziffernanalyse	1,35	4,55	1,49	30,62	1,52	89,20	1,52	125,59
theoretisch	1,25	1,50	1,37	2,50	1,45	5,50	1,48	10,50

(Entnommen aus V. Lum, P. Yuen und M. Dodd, *CACM*, 1971, Vol. 14, No. 4)

Abbildung 8.7: Durchschnittliche Anzahl der Eimer-Zugriffe pro wiedergefundenem Bezeichner.

8.2.4. Theoretische Bewertung von Überlauftechniken

Die experimentelle Bewertung der Hash-Techniken zeigen, daß sie mehr leisten als konventionelle Techniken wie z.B. binäre Suchbäume. Trotzdem kann die Hash-Methode im schlimmsten Fall sehr schlecht abschneiden. Im schlechtesten Fall kann das Einfügen in eine Hash-Tabelle mit n Bezeichnern die Zeit $O(n)$ in Anspruch nehmen. In diesem Abschnitt stellen wir eine Wahrscheinlichkeitsanalyse für die erwartete Leistung der Verkettungsmethode vor und geben, ohne Beweis, die Resultate ähnlicher Analysen für andere Überlaufbehandlungsmethoden an. Zunächst formalisieren wir, was wir unter erwarteter Leistung verstehen.

Sei $ht[b]$ eine Hash-Tabelle mit b Eimern. Jeder Eimer habe einen Platz. Sei f eine uniforme Hash-Funktion mit dem Wertebereich $[0, b - 1]$. Wenn wir n Bezeichner x_1, $x_2, \cdots, x_n$ in die Hash-Tabelle eintragen, dann gibt es b^n verschiedene Hash-Sequenzen $f(x_1), f(x_2), \cdots, f(x_n)$. Angenommen, diese kommen mit gleicher Wahrscheinlichkeit vor. Sei nun S_n die erwartete Anzahl der Schlüsselvergleiche, die benötigt werden, ein zufällig gewähltes x_i mit $1 \le i \le n$ zu lokalisieren. Dann ist S_n die durchschnittliche Anzahl von Vergleichen, die benötigt werden, den j-ten Schlüssel x_j zu finden, wobei über alle Schlüssel x_j $(1 \le j \le n)$ und alle b_n Hash-Sequenzen gemittelt wird und wir annehmen, daß alle j und jede Hash-Sequenz gleich wahrscheinlich sind. Sei U_n die erwartete Zahl der Schlüsselvergleiche für die Suche nach einem Bezeichner, der nicht in der Hash-Tabelle ist. Diese Hash-Tabelle enthält n Bezeichner. Die Größe U_n kann auf die gleiche Weise definiert werden wie S_n.

Theorem 8.1: Sei $\alpha = n/b$ die Ladedichte einer Hash-Tabelle beim Gebrauch einer uniformen Hash-Funktion f. Dann gilt[*] :

(1)   für lineare offene Adressierung:

$$U_n \approx \frac{1}{2}\left[1 + \frac{1}{(1-\alpha)^2}\right]$$

$$S_n \approx \frac{1}{2}\left[1 + \frac{1}{1-\alpha}\right]$$

(2)   für Rehash-Methode, Zufallsprüfung und quadratische Prüfung gilt:

$$U_n \approx 1/(1-\alpha)$$

$$S_n \approx -\left[\frac{1}{\alpha}\right]\log_e(1-\alpha)$$

(3)   für Verkettungen:

$$U_n \approx \alpha$$

$$S_n \approx 1 + \alpha/2$$

Beweis: Genaue Herleitungen von U_n und S_n sind recht kompliziert und finden sich in Knuth's Buch *The Art of Computer Programming: Sorting and Searching*. Hier präsentieren wir eine Herleitung der Näherungsformeln für Verkettungen. Nehmen Sie zunächst einmal an, daß wir den Bezeichner x mit $f(x) = i$ einfügen möchten und die Kette i, mit Ausnahme des Kopfknotens, k Knoten besitzt. Liegt x nicht auf der Kette, sind k Vergleiche

---

[*] Die Abschätzungen in (1) und (2) gelten nur, falls α nicht zu dicht bei Eins liegt

durchzuführen. Befindet sich x vom Kopfknoten j Knoten entfernt, so sind j, $1 \le j \le k$, Vergleiche durchzuführen. Wenn die n Bezeichner gleichmäßig über die b möglichen Ketten verteilt sind, ist die erwartete Zahl in jeder Kette $n/b = \alpha$. Da U_n gleich der erwarteten Anzahl der Bezeichner in einer Kette ist, gilt $U_n = \alpha$. Wenn wir den i-ten Bezeichner x_i in die Tabelle einfügen, ist die erwartete Zahl in irgendeiner Kette $(i-1)/b$. Deshalb ist die Zahl der für das Einfügen benötigten Vergleiche, nachdem alle n Bezeichner eingetragen sind $1 + (i-1)/b$. (Das setzt voraus, daß neue Einträge am Ende der Kette vorgenommen werden.) Deshalb gilt:

$$S_n = \frac{1}{n} \sum_{i=1}^{n} \left\{ 1 + (i-1)/b \right\} = 1 + \frac{n-1}{2b} \approx 1 + \frac{\alpha}{2} \qquad \square$$

ÜBUNGEN

1. Warum liefert *transform* (Programm 8.2) eine nicht gleichmäßig arbeitende Hash-Funktion? Welche Transformation würden Sie vorschlagen?

2. Erzeugen Sie eine C-Funktion *linear_search*, die -1 zurückgibt, wenn sich ein Bezeichner x nicht in der Hash-Tabelle befindet und die die Eimeradresse x zurückgibt, wenn x in der Tabelle vorhanden ist.

3. Schreiben Sie eine C-Funktion, die den Bezeichner x von einer Hash-Tabelle löscht, die eine Hash-Funktion f und lineare offene Adressierung benutzt, um Kollisionen zu vermeiden. Zeigen Sie, daß das Problem nicht gelöst wird, indem man das vorher durch x besetzte Feld einfach mit einer leeren Zeichenkette belegt. Wie müssen Sie *linear_search* modifizieren, damit eine korrekte Suche stattfindet, wenn Löschen erlaubt ist? Wo kann ein neuer Bezeichner eingefügt werden?

4. (a) Zeigen Sie, daß bei Durchführung der quadratischen Sondierung in der Folge $(f(x) + q^2)$, $(f(x) + (q-1)^2)$, $\cdots$, $(f(x) + 1)$, $f(x)$, $(f(x) - 1)$, $\cdots$, $(f(x) - q^2)$ mit $q = (b-1)/2$ die Differenz der Adressen mod b zweier unmittelbar nacheinander zu untersuchenden Eimer die folgenden Werte annimmt:

    $$b-2, b-4, b-6, \cdots, 5, 3, 1, 1, 3, 5, \cdots, b-6, b-4, b-2$$

    (b) Schreiben Sie einen Algorithmus, um die Bezeichner x in eine Hash-Tabelle mit b Eimern einzufügen. Benutzen Sie quadratisches Sondieren, um Überläufe zu verhindern.

5. [Morris 1968] Bei der Zufallssondierung wird die Suche nach einem Bezeichner x in einer Hash-Tabelle mit b Eimern durchgeführt, indem man die Eimer $f(x)$, $(f(x) + S(i))$ % b mit $1 \le i \le b - 1$ prüft, wobei $S(i)$ eine Pseudozufallszahl ist. Der Zufallszahlengenerator muß jede Zahl von 1 bis $b - 1$ genau einmal generieren.

(a)   Zeigen Sie, daß für eine Tabelle der Größe 2^r der folgende Algorithmus Zahlen mit dieser Eigenschaft generiert:

Setzen Sie jedesmal, wenn die Suchroutine aufgerufen wird, R auf 1. Bei aufeinander folgenden Aufrufen einer Zufallszahl rechnen Sie wie folgt:

$$R := R * 5$$
$$R := niederwertigen \ (r + 2) \ \text{Bits von } R$$
$$S(i) := R/4$$

(b)   Schreiben Sie einen Algorithmus, der obigen Zufallszahlengenerator einschließt, um einen Bezeichner in die Hash-Tabelle einzufügen und verwenden Sie die Zufallssondierung und die Hash-Funktion nach der quadratischen Mitte f_m.

Für diese Methode kann gezeigt werden, daß der zu erwartende Wert für die durchschnittliche Anzahl der Vergleiche, die benötigt werden, um x zu suchen $-(1/\alpha)\log(1-\alpha)$ ist, wobei α der Ladefaktor ist.

6.   Schreiben Sie einen Algorithmus, der alle Bezeichner einer Hash-Tabelle in lexikographischer Ordnung auflistet. Gehen Sie von einer Hash-Funktion f mit $f(x)$ = erster Buchstabe von x aus und benutzen Sie die lineare Prüfung. Wieviel Zeit benötigt Ihr Algorithmus?

7.   Sei die binäre Darstellung des Bezeichners x gleich $x_1 x_2$. Bezeichne $|x|$ die Zahl der Bits in x und sei das erste Bit von x_1 gleich Eins. Sei $|x_1| = \lceil |x|/2 \rceil$ und $|x_2| = \lfloor |x|/2 \rfloor$. Betrachten Sie die folgende Hash-Funktion:

$$f(x) = \text{mittlere } k \text{ Bits von } (x_1 \text{ XOR } x_2)$$

wobei XOR der exklusive Oder-Operator ist. Ist dies eine uniforme Hash-Funktion, wenn die Bezeichner zufällig dem Raum der zulässigen C-Bezeichner entnommen wurden? Welche Aussage können Sie über das Verhalten dieser Hash-Funktion bei Benutzung einer realen Symboltabelle treffen?

8.   [T. Gonzalez] Entwerfen Sie die Darstellung einer Symboltabelle, die Ihnen das Suchen, Einfügen und Löschen eines Bezeichners x in der Zeit O(1) erlaubt. Nehmen Sie an, daß $0 \leq x < m$ und daß $m + n$ Speicherplätze verfügbar sind, wobei n die Anzahl der Einfügungen ist. (Hinweis: Benutzen Sie zwei Felder $a[n]$ und $b[m]$, wobei $a[i]$ der i-te in die Tabelle eingefügte Bezeichner sein wird. Wenn x der i-te in die Tabelle eingefügte Bezeichner ist, dann ist $b[x] = i$.) Schreiben Sie Algorithmen zum Suchen, Einfügen und Löschen von Bezeichnern. Beachten Sie, daß Sie zu Beginn weder a noch b auf 0 setzen können, da dies O($n + m$) Zeit benötigt und daß x eine natürliche Zahl ist.

9. [T. Gonzalez] Seien $S = \{x_1, x_2, \cdots, x_n\}$ und $T = \{y_1, y_2, \cdots, y_r\}$ zwei Mengen. Angenommen, es gelte $0 \leq x_i < m$ mit $1 \leq i \leq n$ und $0 \leq y_i < m$ mit $0 \leq i \leq r$. Benutzen Sie die Idee von Übung 8, und schreiben Sie einen Algorithmus, um herauszufinden, wann $S \subseteq T$ ist. Ihr Algorithmus sollte die Zeit $O(r + n)$ benötigen. Da $S = T$ genau dann, wenn $S \subseteq T$ und $T \subseteq S$ ist, impliziert dies, daß in linearer Zeit die Gleichheit der beiden Mengen getestet werden kann. Wieviel Speicherplatz benötigt Ihr Algorithmus?

10. [T. Gonzalez] Benutzen Sie die Idee von Übung 9, und schreiben Sie einen Algorithmus der Komplexität $O(n + m)$, um die Funktion des Algorithmus *verify2* aus Abschnitt 7.1 auszuführen. Wieviel Speicherplatz benötigt Ihr Algorithmus?

11. Zeigen Sie, daß unter Benutzung der linear offenen Adressierung gilt:

$$S_n = \frac{1}{n} \sum_{i=0}^{n-1} U_i$$

Benutzen Sie diese Gleichung und die Approximation:

$$U_n \approx \frac{1}{2}\left[1 + \frac{1}{(1-\alpha)^2}\right] \text{ mit } \alpha = \frac{n}{b}$$

Zeigen Sie, daß:

$$S_n \approx \frac{1}{2}\left[1 + \frac{1}{(1-\alpha)}\right]$$

12. [Guttag] Der folgende Satz von Operationen definiert eine Symboltabelle, die für eine Sprache mit Blockstruktur benötigt wird. Schreiben Sie eine Spezifikation für diesen Datentyp im Stil der Struktur 8.1.

INIT	Erzeugt eine leere Tabelle
ENTERB	Zeigt an, wenn in einen neuen Block eingefügt wurde
ADD	Plaziert einen Bezeichner und seine Attribute in der Tabelle
LEAVEB	Löscht alle Bezeichner, die im innersten Block definiert wurden
RETRIEVE	Gibt die Attribute des zuletzt definierten Bezeichners zurück
ISINB	Gibt wahr zurück, wenn der Bezeichner im innersten Block definiert wurde, sonst wird falsch zurückgegeben

13. § [Programmierprojekt] Entwickeln Sie ein menügesteuertes, benutzerfreundliches Programm, das die Lagerliste von Widgets, Inc. verwaltet. Widgets, Inc., unterhält die folgenden Informationen für ihre Güter:

- 5-stellige Artikel-Nummer (den Schlüssel)

- 10-stelliges Textfeld für die Beschreibung des Artikels

- Status der Nachbestellung

- Lagerbestand des Artikels

Sie müssen die Versorgungsliste führen, indem Sie die verkettete Hash-Tabelle benutzen. Weiterhin müssen die Beschäftigten von Widgets, Inc. befähigt werden, die folgenden Operationen durchzuführen:

(a)   Einen neuen Artikel im Lagerbestand zu ergänzen

(b)   Einen Artikel aus dem Lagerbestand löschen

(c)   Einen Artikel suchen

(d)   Den Schlüssel eines Artikels verändern

(e)   Eines der verbleibenden Felder ändern

8.3. DYNAMISCHES HASHING

Eine der wichtigsten Software-Klassen ist das Datenbank-Management-System oder DBMS. In einem DBMS gibt der Benutzer eine Abfrage ein, indem er eine Sprache wie z.B. SQL anwendet, das System übersetzt diese und gibt die Resultate zurück. Schneller Zugriff ist erforderlich, da ein DBMS typischerweise dazu benutzt wird, umfangreiche Informationsmengen zu verwalten. Eine andere wichtige Eigenschaft eines DBMS ist, daß die Informationsmenge im Laufe der Zeit sehr stark variieren kann. Verschiedene Datenstrukturen wurden vorgeschlagen, Daten in einem DBMS zu speichern. In diesem Abschnitt untersuchen wir eine Erweiterung des Hashing, die von einem DBMS benutzt werden kann.

Traditionelle Hash-Methoden, wie sie in den vorhergehenden Abschnitten beschrieben wurden, sind nicht ideal, da wir statisch einen bestimmten Teil des Speichers belegen mußten, um die Hash-Tabelle zu speichern. Diese Hash-Tabelle wird benötigt, um auf die Eimer zu zeigen, welche die Bezeichner enthalten oder sie können bereits durch die Bezeichner selber besetzt sein. In beiden Fällen belegen wir einen großen Teil des Speichers, um die Tabelle zu erhalten; wir verschwenden also Speicherplatz. Wenn wir nun wenig Speicherplatz belegen, so haben wir die gesamte Datei zu restrukturieren, wenn die Daten die Kapazität der Hash-Tabelle überschreiten. Das ist ein sehr zeitraubender Prozeß. *Dynamisches Hashing*, auch als *erweitertes Hashing* bezeichnet, behält die schnelle Suchzeit des konventionellen Hashing, während es die Technik so erweitert, daß sie sich einer anwachsenden und schrumpfenden Dateigröße ohne Probleme anpassen kann.

Wir nehmen an, daß eine Datei F eine Sammlung von R Sätzen ist. Jeder Satz hat ein Schlüsselfeld K, durch das er gekennzeichnet wird. Sätze sind in Eimern oder in Seiten, wie sie beim dynamischen Hashing genannt werden, gespeichert und haben die Kapazität p. Der von uns zu entwickelnde Algorithmus soll die Seitenzugriffe minimieren, da Seiten für gewöhnlich auf einer Platte gespeichert werden und die Zeit für das Laden in den Arbeitsspeicher bei jeder Operation der dominierende Anteil ist. Das Maß für den benutzten Speicherplatz ist das Verhältnis zwischen der Anzahl der Sätze n und dem gesamten Raum mp, wobei m die Zahl der Seiten ist.

8.3.1. Dynamisches Hashing mit Verzeichnissen

Betrachten Sie ein Beispiel, bei dem der Bezeichner aus zwei Zeichen besteht und jedes Zeichen durch 3 Bits repräsentiert wird. Abbildung 8.8 stellt eine Liste einiger dieser Bezeichner dar.

Bezeichner	Binäre Darstellung
a0	100 000
a1	100 001
b0	101 000
b1	101 001
c0	110 000
c1	110 001
c2	110 010
c3	110 011

Abbildung 8.8: Einige Bezeichner, die 3 Bit pro Zeichen erfordern

Wir würden diese Bezeichner gerne in eine Tabelle mit vier Seiten einsetzen. Jede Seite kann nicht mehr als zwei Bezeichner erhalten, und die Seiten sind jeweils indiziert durch die 2-Bit-Sequenzen 00, 01, 10, 11. Wir benutzen von jedem Bezeichner die beiden niederwertigsten Bits, um die Seitenadresse jedes Bezeichners zu bestimmen. Abbildung 8.9(a) stellt die Plazierung von a0, b0, c2, a1, b1 und c3 in die Tabelle dar. Beachten Sie, daß wir die Bits vom niederwertigsten zum hochwertigsten auswählen. Die Verzweigung bei der Wurzel ist durch das niederwertigste Bit bestimmt. Ist dieses Bit 0, so nimmt man den oberen Zweig. Andernfalls nimmt man den unteren Zweig. Die Verzweigung bei der nächsten Stufe ist bestimmt durch das zweitniederwertigste Bit usw.. a0 und b0 sind auf der ersten Seite, da deren niederwertige Bits 0 und 0 sind. Die zweite Seite enthält nur c2. Um diese Seite zu erhalten, verzweigen wir zunächst beim niederwertigsten Bit von c2 (das ist 0) und dann beim nächsten Bit (das ist 1). Die dritte Seite enthält a1 und b1. Um diese Seite zu erhalten, verzweigen wir zunächst beim niederwertigsten Bit von a1 oder b1. Dieses Bit ist 1 für a1 und b1. Als nächstes verzweigen wir beim nächsten Bit, das für beide 0 ist. Die letzte Seite enthält c3 mit dem Bitmuster 11. Wir benutzen den Begriff *Trie* zur Bezeichnung eines Binärbaumes, in dem wir einen Bezeichner durch die Abfolge einer Bitsequenz identifizieren. (Wir werden Binärbäume detaillierter in Kapitel 10 beschreiben.) Beachten Sie, daß dieser Trie Knoten besitzt, die immer genau in zwei Richtungen entsprechend 0 oder 1 verzweigen! Nur die Blattknoten des Binärbaumes enthalten Zeiger auf eine Seite.

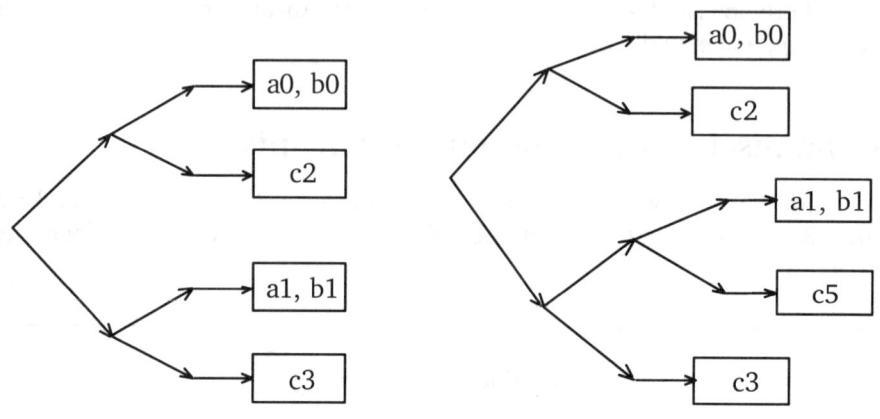

(a) Zwei-Level Binärbaum auf 4 Seiten   (b) Einfügen von c5 mit Überlauf

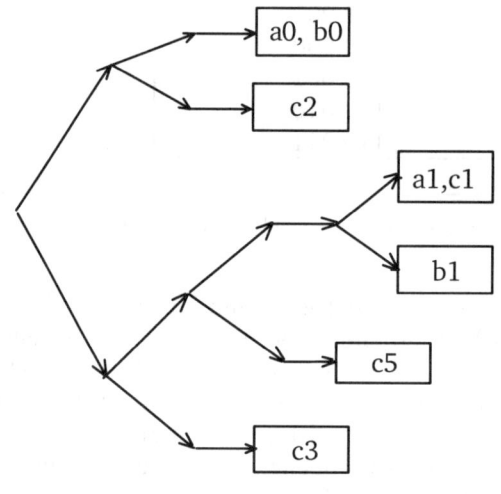

(c) Einfügen von c1 mit Überlauf

Abbildung 8.9: Ein Trie zum Speichern von Bezeichnern

Nehmen Sie nun an, wir würden versuchen einen Bezeichner, sagen wir c5, in Abbildung 8.9(a) einzufügen. Die beiden niederwertigsten Bits von c5 sind 0 und 1, das bedeutet, daß wir sie auf der dritten Seite plazieren sollten. Da aber eine Seite nur zwei Bezeichner enthalten kann, kommt es zu einem Überlauf. Wenn das geschieht, nehmen wir eine neue Seite hinzu und erhöhen die Tiefe des Baumes. Dies wird in Abbildung 8.9(b) gezeigt. Wenn wir nun den Bezeichner c1 einfügen, erreichen wir damit einen Überlauf der Seite, die a1 und b1 enthält. Wir erhalten eine neue Seite und teilen die Bezeichner unter den beiden Seiten hinsichtlich ihrer vier Bits niedriger Ordnung.

An diesem Beispiel kann man ersehen, daß es zwei Hauptprobleme gibt. Erstens hängt die Zugriffszeit einer Seite von der zur Unterscheidung benötigten Bitzahl ab. Zweitens ist der Baum auch verschoben, wenn die Bezeichner eine verschobene Verteilung haben. Diese beiden Faktoren erhöhen die Auffindzeit. Fagin und andere führen zur Lösung dieser Probleme eine Methode ein, die sie als *erweiterbares Hashing* bezeichnen. Um eine verschobene Verteilung der Bezeichner zu vermeiden, wird eine Hash-Funktion benutzt. Diese Funktion nimmt den Schlüssel und produziert einen Zufallssatz aus Binärziffern. Um eine lange Suche entlang des Trie zu vermeiden, wird der Trie auf ein Verzeichnis abgebildet.

Ein Verzeichnis ist eine Tabelle aus Zeigern auf Seiten. Im Fall, daß k Bits benötigt werden, um die Bezeichner zu unterscheiden, hat das Verzeichnis 2^k Einträge mit den Indizes $0, \cdots, 2^k - 1$. Um die Seite für einen Bezeichner zu finden, benutzen wir die natürliche Zahl, deren binäre Darstellung mit den letzten k Bits des Bezeichners übereinstimmt. Die Seite, auf die dieser Verzeichniseintrag zeigt, ist die Gesuchte. Abbildung 8.10 zeigt die drei Verzeichnisse entsprechend der drei Tries in Abbildung 8.9. Das erste Verzeichnis enthält vier Einträge, die von 0 bis 3 indiziert sind (Die binäre Darstellung der Indizes wird in Abbildung 8.10 gezeigt). Jeder Eintrag enthält einen Zeiger auf eine Seite. Dieser Zeiger ist in der Abbildung als Pfeil dargestellt. Der Buchstabe über jedem Zeiger ist ein Seitenlabel. Die Seitenlabels erhält man durch Kennzeichnung der Seiten in Abbildung 8.9(a) von oben nach unten, beginnend mit dem Label a. Die Seiteninhalte werden unmittelbar hinter den Seitenzeigern aufgeführt. Um den Zusammenhang zwischen dem Verzeichnis und dem Trie zu sehen, beachten Sie, daß wenn wir die Bits im Index des Verzeichnisses benutzen, um dem Weg im Trie zu folgen (beginnend mit dem Bit niedrigster Wertigkeit), wir die Seite erreichen, auf die der entsprechende Verzeichniseintrag zeigt.

$$
\begin{array}{lll}
00 \xrightarrow{\ a\ } a0, b0 & 000 \xrightarrow{\ a\ } a0, b0 & 0000 \xrightarrow{\ a\ } a0, b0 \\
01 \xrightarrow{\ c\ } a1, b1 & 001 \xrightarrow{\ c\ } a1, b1 & 0001 \xrightarrow{\ c\ } a1, c1 \\
10 \xrightarrow{\ b\ } c2 & 010 \xrightarrow{\ b\ } c2 & 0010 \xrightarrow{\ b\ } c2 \\
11 \xrightarrow{\ d\ } c3 & 011 \xrightarrow{\ e\ } c3 & 0011 \xrightarrow{\ f\ } c3 \\
 & 100 \xrightarrow{\ a\ } & 0100 \xrightarrow{\ a\ } \\
 & 101 \xrightarrow{\ d\ } c5 & 0101 \xrightarrow{\ e\ } c5 \\
 & 110 \xrightarrow{\ b\ } & 0110 \xrightarrow{\ b\ } \\
 & 111 \xrightarrow{\ e\ } & 0111 \xrightarrow{\ f\ } \\
 & & 1000 \xrightarrow{\ a\ } \\
 & & 1001 \xrightarrow{\ d\ } b1 \\
 & & 1010 \xrightarrow{\ b\ } \\
 & & 1011 \xrightarrow{\ f\ } \\
 & & 1100 \xrightarrow{\ a\ } \\
 & & 1101 \xrightarrow{\ e\ } \\
 & & 1110 \xrightarrow{\ b\ } \\
 & & 1111 \xrightarrow{\ f\ } \\
\end{array}
$$

(a) 2 Bits   (b) 3 Bits   (c) 4 Bits

Abbildung 8.10: In Verzeichnisse zusammengefallene Tries

Das zweite Verzeichnis enthält acht Einträge, die von 0 bis 7 indiziert sind, und das dritte besitzt 16 Einträge, indiziert von 0 bis 15. Seite a des zweiten Verzeichnisses (Abbildung 8.10(b)) besitzt zwei Verzeichniseinträge (000 und 100), die auf sie zeigen. Die Seiteninhalte sind nur einmal aufgeführt. Seite b besitzt zwei Zeiger, Seite c und d einen Zeiger und Seite e zwei Zeiger, die darauf zeigen. In Abbildung 8.10(c) sind jeweils sechs Seiten mit den folgenden Zeigernummern: 4, 4, 1, 1, 2 und 4 aufgeführt.

Durch die Verwendung eines Verzeichnisses zur Darstellung eines Tries kann die Bezeichnertabelle dynamisch anwachsen und schrumpfen. Das setzt natürlich voraus, daß uns das Betriebssystem ohne große Probleme mehr Seiten hergibt oder in den verfügbaren Speicher zurücknehmen kann. Zusätzlich erfordert der Zugriff auf jede Seite nur zwei Schritte. Beim ersten Schritt benutzen wir die Hash-Funktion, um die Adresse des Verzeichniseintrages zu finden, und im zweiten Schritt erhalten wir die Seite, die mit der Adresse verbunden ist.

Unglücklicherweise kann das Verzeichnis sehr stark anwachsen, wenn die Schlüssel nicht gleichmäßig unter den Seiten aufgeteilt sind. Trotzdem zeigen die meisten der Einträge auf die gleichen Seiten. Um das zu verhindern, können wir nicht die Bitsequenz der Schlüssel selbst benutzen. Stattdessen übersetzen wir die Bits in eine Zufallssequenz.

Das geschieht unter Benutzung einer *uniformen Hash-Funktion*, wie wir sie im vorigen Abschnitt behandelt haben. Wir benötigen aber im Gegensatz zum vorherigen Abschnitt eine Familie von Hash-Funktionen, weil wir zu jedem Zeitpunkt unterschiedliche Bitzahlen zur Unterscheidung des neuen Schlüssels benötigen können. Eine Lösung ist die Familie:

$$hash_i : key \rightarrow \left\{ 0 \ldots 2^{i-1} - 1 \right\}, 1 \leq i \leq d$$

wobei $hash_i$ sich von $hash_{i-1}$ nur durch eine Null oder Eins als dem neuen führenden Bit unterscheidet, d.h. die niederwertigen $i - 1$ Bits stimmen überein. Also könnte $hash(key, i)$ eine Funktion sein, die aus dem Bezeichner *key* eine Zufallszahl aus i Bits produziert.

Einige Schwierigkeiten sind mit dieser Methode verbunden. Sei zum Beispiel angenommen, daß eine durch i Bits gekennzeichnete Seite überläuft. Wir belegen eine neue Seite und verteilen durch Rehashing die Bezeichner auf diese zwei Seiten. Die Bezeichner auf beiden Seiten haben die gleichen unterwertigsten i Bits. Wir beziehen uns auf diese Seiten als *Buddies*. Wenn die Zahl der Bezeichner in zwei Buddy-Seiten nicht größer als die Kapazität einer einzelnen Seite ist, dann führen wir die zwei Seiten in eine zusammen.

Angenommen, eine Seite, die nur p Sätze enthalten kann, enthält nun p Sätze, und es soll ein neuer Satz hinzugefügt werden. Das Betriebssystem weist eine neue Seite zu. Alle $p + 1$ Schlüssel sind durch Rehashing neu verteilt, benutzen ein weiteres Bit und werden auf zwei Seiten aufgeteilt. Wenn die Zahl der benutzten Bits größer als die Tiefe (die Zahl der Bits oder $\log_2$ der Verzeichnisgröße) des Verzeichnisses ist, wird das ganze Verzeichnis in der Größe verdoppelt, und seine Tiefe wächst um Eins an. Wenn alle $p + 1$ Sätze auf eine der beiden Seiten verteilt sind, muß die Aufteiloperation wiederholt werden. Zum Glück tritt dieser Fall recht selten auf. Wenn das geschieht, kann die Tiefe des Verzeichnisses reduziert werden, indem man einen komprimierten Trie benutzt, wie er in Kapitel 10 besprochen wird.

Programm 8.5 enthält ein Pseudo-C-Programm, das viele Details zur Implementierung der Verzeichnisversion zum dynamischen Hashing erfüllt.

```
#include <stdio.h>
#include <alloc.h>
#include <stdlib.h>
#define WORD_SIZE  5 /* maximale Zahl der Verzeichnisbits */
#define PAGE_SIZE 10 /* maximale Seitengröße */
#define DIRECTORY_SIZE 32 /* maximale Verzeichnisgröße */
typedef struct page *paddr;
typedef struct page {
        int local_depth; /* Höhe der Seite im Trie */
        char *name[PAGE_SIZE];
        int num_idents; /* Zahl der Bezeichner auf einer Seite */
        } page;

typedef struct {
        char *key;              /* Zeiger auf string */
        /* andere Felder */
        } brecord;
int global_depth; /* Trie-Höhe */
paddr directory[DIRECTORY_SIZE]; /* Zeiger auf die Seiten */

paddr hash(char *, short int);
paddr buddy(paddr);
short int pgsearch( char *, paddr);
int convert(paddr);
void enter(brecord, paddr);
void pgdelete(char *, paddr);
paddr find(brecord, char *);
void insert(brecord, char *);
int size(paddr);
void coalesce(paddr, paddr);
void delete(brecord, char *);

paddr hash(char *key, short int precision)
{
    /* *key wird mit Hilfe einer uniformen Hash-Funktion "kodiert", und die
    niederwertigsten Bits werden als Seitenadresse zurückgegeben */
}

paddr buddy(paddr index)
{
    /* Entnimmt eine Adresse aus der Seite und gibt das Buddy der Seite
    zurück, d.h. das führende Bit ist komplementiert */
}

int size(paddr ptr)
{
    /* Gibt die Zahl der Bezeichner der Seite zurück */
}

void coalesce(paddr ptr, paddr buddy)
{
    /* Kombiniert die Seite ptr und sein Buddy in eine einzelne Seite */
}
```

```
short int pgsearch(char *key, paddr index)
{
    /* Durchsucht eine Seite nach einem Schlüssel, falls gefunden, wird 1
    zurückgegeben, andernfalls 0 */
}

int convert(paddr ptr)
{
    /* Ermittelt den Index der Seite ptr in directory, d.h.
    directory[convert(ptr)==ptr */
}

void enter(brecord r, paddr ptr)
{
    /* Fügt einen neuen Satz in die Seite ein, auf die ptr zeigt */
}

void pgdelete(char *key, paddr ptr)
{
    /* Löscht den Satz mit dem Schlüssel key aus der Seite ptr */
}

short int find(char *key, paddr *ptr)
{
    /* Gibt 0 zurück, wenn der Schlüssel nicht gefunden wurde und 1, wenn er
    gefunden wurde. Weiterhin wird ein Zeiger (in ptr) auf die gesuchte Seite
    zurückgegeben. Nehmen Sie an, daß ein leeres Verzeichnis eine Seite
    besitzt. */

    paddr index;
    int intindex;

    index = hash(key, global_depth);
    intindex = convert(index);
    *ptr = directory[intindex];
    return pgsearch(key, ptr);
}

void insert(brecord r, char *key)
{
    paddr ptr;
    if find(key, &ptr) {
        fprintf(stderr, "Der Schlüssel ist schon in der Tabelle.\n");
        exit(1);
    }
    if (ptr->num_idents != PAGE_SIZE) {
        enter(r,ptr);
        ptr->num_idents++;
    }
    else {
        /* Splittet die Seite in zwei, fügt den neuen Schlüssel ein und
        erneuert global_depth falls erforderlich. Wenn dies dazu führt,
        daß global_depth WORD_SIZE überschreitet, wird ein Fehler gemeldet
```

```
        und abgebrochen. */
    };
}

void delete(brecord r, char *key)
{
/* Finde und lösche den Satz r aus der Datei */
    paddr ptr;
    if (!find(key, &ptr)) {
        fprintf(stderr,"Schlüssel ist nicht in der Tabelle.\n");
        return; /* nicht-fataler Fehler */
    }
    pgdelete(key,ptr);
    if (size(ptr) + size(buddy(ptr)) <= PAGE_SIZE)
        coalesce(ptr,buddy(ptr));
}

void main(void)
{
}
```

Programm 8.5: Dynamisches Hashing

8.3.2. Analyse des dynamischen Verzeichnis-Hashing

Die wichtigste Eigenschaft der Verzeichnis-Version des erweiterten Hashing ist die Garantie, nur zwei Plattenzugriffe zu benötigen, um eine Seite aufzufinden. Also ist die Leistung sehr gut. Trotzdem kostet diese Leistung Speicherplatz. Erinnern Sie sich, daß das Hinzufügen von Bezeichnern, die nicht gleichmäßig verteilt sind, die Verzeichnisgröße verdoppeln kann. Da viele Zeiger auf die gleiche Seite zeigen können, verschwenden wir viel Speicherplatz.

Ein zweites Kriterium für die Beurteilung von Hash-Methoden ist die Ausnutzung des Speicherplatzes. Diese ist definiert als das Verhältnis der Zahl der in der Tabelle gespeicherten Sätze dividiert durch den insgesamt belegten Platz. Verschiedene Forscher (Fagin, Larson und Mendelson) haben dieses für verschiedene Variationen des dynamischen Hashing analysiert. Sie haben alle ähnliche Schlußfolgerungen gezogen; nämlich, daß ohne spezielle Strategien zur Behandlung des Überlaufes die Ausnutzung ungefähr 69 Prozent beträgt. Jede ihrer Untersuchungen ist sehr komplex und bezieht Annahmen bezüglich der Verteilung der Bezeichner ein. Hier wollen wir der Ableitung nach Mendelson folgen.

$L(k)$ stehe für die erwartete Zahl der Blattknoten, die benötigt werden, um k Sätze aufzunehmen. Wenn alle Sätze in eine einzige Seite passen, ist $L(k) = 1$. Den interessanten Fall haben wir dann, wenn k die Größe der Seite überschreitet. In diesem Fall haben die Anzahlen der Sätze in zwei Teilbäumen der Wurzel eine symmetrische Binomialverteilung. Daraus folgt, daß es j Schlüssel im linken Teilbaum und $k-j$ im Rechten gibt, jeder mit einer gegebenen Wahrscheinlichkeit:

$$\binom{k}{j}(1/2)^k$$

Dies impliziert, daß die Zahl der Blattseiten im linken Teilbaum $L(j)$ und die Zahl im rechten Teilbaum $L(k-j)$ ist. Also kann man $L(k)$ durch die folgende Formel ausdrücken:

$$L(k) = \frac{1}{2^k} \sum_{j=0}^{k} \binom{k}{j} \{L(j) + L(k-j)\} = 2^{1-k} \sum_{j=0}^{k} \binom{k}{j} L(j)$$

Mendelson ging noch weiter und zeigte, daß:

$$L(k) \sim \frac{k}{p \ln 2}$$

Daraus folgt, daß die Speicherauslastung gleich der Zahl der Sätze, dividiert durch das Produkt der Seitengröße p und der Zahl der Blattknoten $L(k)$ ist oder daß:

$$Auslastung = \frac{k}{pL(k)} \sim \ln 2 \sim 0{,}69$$

Um zu sehen, daß Mendelson's Abschätzung vernünftig ist, nehmen Sie an, daß es keine Überlaufstrategie außer Verdopplung der Verzeichnisgröße gebe. Wir haben eine volle Seite mit p Sätzen und versuchen den $p + 1$-sten Satz einzufügen, was einen Überlauf bewirkt. Mit einer uniformen Hash-Funktion haben wir nun zwei Seiten, von denen jede etwa $p/2$ Bezeichner enthält oder eine Auslastung des Platzes von 50 Prozent. Da der Prozeß des Einfügens und Löschens eine Weile fortwährt, würden wir erwarten, daß eine neu aufgeteilte Seite zum Schluß halbvoll ist. Also sollte die Platzausnutzung zum Schluß mindestens 50 Prozent sein, aber sicherlich weniger als 100 Prozent.

Wenn eine Seite überläuft, könnte es die Verzeichnisgröße verdoppeln. Um dies zu vermeiden, führen wir das Konzept der Überlaufseiten ein. Statt das Verzeichnis anwachsen zu lassen, bedingt ein Überlauf eine Belegung auf einer neuen Seite. Der Zeiger auf diese Seite wird auf der Hauptseite gespeichert. Statt die neuen Bezeichner in die Hauptseite zu speichern, plazieren wir sie eher in die Überlaufseite. Wie wir sehen werden, erhöht dies die Speicherauslastung, aber auf Kosten einer anwachsenden Suchzeit.

Gehen Sie davon aus, daß eine Überlaufseite von derselben Größe wie eine reguläre Seite sei und daß beide Seiten mit p Sätzen gefüllt sind, insgesamt $2p$ Sätzen. Nehmen Sie an, es ereignet sich ein Überlauf. Wir erhalten eine neue Seite und verteilen die Schlüssel unter die drei Seiten. Die Auslastung ist $2p/3p$ oder 66 Prozent. Nehmen Sie auf der anderen Seite an, daß die Überlaufseite eine Kapazität von $p/2$ hat statt von p. Wenn wir die Schlüssel wie oben verteilen, dann ist eine Gesamtheit von $3p/2$ Sätzen verteilt über eine Kapazität von $2p$. Das ergibt eine Auslastung von $3/4 = 75$ Prozent. Wir sehen also, daß, obwohl Überlaufseiten die Auslastung erhöhen, sie auch die Suchzeit anwachsen lassen.

Die Bestimmung der idealen Größe für eine Überlaufseite wurde von Larson und anderen erforscht. Larson schloß unter der Voraussetzung, daß eine Platzauslastung unter 80

Prozent ausreichend sei, daß dann die Größe der Überlaufseiten stark variieren kann, sagen wir von p bis $p/2$. Trotzdem, eine höhere Platzauslastung erfordert eine sukzessiv kleinere Größe der Überlaufseiten, da die Auslastung zu oszillieren beginnt und die Zugriffszeit signifikant steigt. Um mit diesem Problem fertig zu werden, können wir die Platzauslastung der Datei überwachen, so daß, wenn der vorher festgesetzte Betrag, sagen wir ein Verhältnis von 80 Prozent, erreicht wird, der Algorithmus die Spaltung wiederaufnimmt.

Wir können die Größe des Verzeichnisses auch in Form der Anzahl der Sätze n, die in der Datei gespeichert sind, analysieren. Fagin schätzte diese als:

$$2\left\lceil \log \frac{n}{p\ln 2} \right\rceil$$

Abbildung 8.11 enthält eine Tabelle von Flajolet; sie zeigt die zu erwartenden Verzeichnisgrößen für verschiedene Anzahlen von Sätzen n und Seitengrößen p. Wir würden zum Beispiel ein Verzeichnis der Größe 62.500 benötigen, um eine Million Sätze bei einer Seitengröße von 50 zu speichern. Das ist eine ganze Menge und zeigt, daß das Verzeichnis möglicherweise nur unter Benutzung von Hilfsspeicher (virtueller Platte -> Platte) benutzt werden kann.

n	p					
	5	10	20	50	100	200
10^3	1,5K	0,3K	0,1K	0,0K	0,0K	0,0K
10^4	25,6K	4,8K	1,7K	0,5K	0,2K	0,00K
10^5	424,1K	68,2K	16,8K	4,1K	2,0K	1,0K
10^6	6,9M	1,02M	0,26M	62,5K	16,8K	8,1K
10^7	111,11M	11,64M	2,25M	0,52M	0,26M	0,13M

Abbildung 8.11: Verzeichnisgröße bei n Sätzen und Seitengröße p

In dem Falle, daß die Hash-Funktion die Bezeichner nicht gleichmäßig über die Seiten verteilt, sind weitreichendere Techniken erforderlich. Lomet schlägt vor, daß wir bei der Verzeichnis-Methode die Seiten nicht als feste Seiten betrachten, sondern ihnen erlauben, anzuwachsen. Also kann jede gegebene Seite aus verschiedenen Unterseiten gebildet werden. Falls mehr Bezeichner auf diese Seite abgebildet werden, wird ihr Speicher erweitert. Das führt zu verschiedenen Strategien hinsichtlich der Verwaltung der Bezeichner innerhalb der Seite. Die einfachste Strategie ist, die Bezeichner in der Reihenfolge zu behalten, wie sie in die Tabelle eingetragen wurden. Trotzdem verbraucht die sequentielle Suche Zeit, besonders wenn die Bezeichnerliste lang wird. Eine alternative Strategie ist, jede Unterseite als eine dynamische Hash-Struktur ohne Verzeichnis zu behandeln. Wir beschreiben diese Verwaltung in Abschnitt 8.3.3.

Simulation

Ein wichtiger Weg, die Leistung einer Datenstruktur zu messen, ist, eine Reihe von Experimenten auszuführen. Jedes Experiment benutzt die Algorithmen zur Implementierung der Datenstruktur. Verschiedene Verteilungen der Bezeichner wurden in die Algorithmen eingegeben, und das resultierende Verhalten ist tabelliert. Im Fall des dynamischen Hashing würden wir die (1) Zugriffszeit, (2) Einfügezeit und (3) die gesamte Speicherplatzauslastung überwachen. Die Faktoren, die diese Attribute beeinflussen sind (1) die Zahl der Sätze, (2) die Seitengröße, (3) die Verzeichnisgröße, (4) die Größe des Hauptspeichers, um das Verzeichnis und die Bezeichner aufzunehmen und (5) die Zeit, die erforderlich ist, Seitenfehler zu verarbeiten.

Fagin und andere haben eine Reihe von solchen Experimenten durchgeführt. Sie fanden, daß in allen Fällen erweitertes Hashing von der Leistung her zuletzt genauso gut oder besser arbeitete als B-Bäume, einem bekannten Konkurrenten. Im Falle von Zugriffszeit und Einfügezeit war erweitertes Hashing klar überlegen. In Bezug auf Platzauslastung waren die beiden Methoden ungefähr gleich.

8.3.3. Dynamisches Hashing ohne Verzeichnisse

Abschnitt 8.3.2 setzte voraus, daß ein Verzeichnis existierte, welches auf Seiten zeigte. Ein Kritikpunkt an dieser Methode ist, daß sie immer mindestens eine Ebene von Indirektion erfordert. Wenn wir annehmen, daß wir einen zusammenhängenden Adreßraum haben, der groß genug ist, alle Sätze aufzunehmen, können wir ohne Verzeichnis auskommen. Im Endeffekt überlassen wir es dem Betriebssystem, den Adreßraum in Seiten aufzuspalten und den Datenaustausch von und zum Speicher zu übernehmen. Diese Methode wird als *Hashing ohne Verzeichnisse* oder *lineares Hashing* bezeichnet.

Betrachten Sie den Trie in Abbildung 8.9(a), der zwei Ebenen besitzt und vier Seiten indiziert. Bei der neuen Methode sind die 2-Bit-Adressen die aktuellen Adressen dieser Seiten (tatsächlich sind sie ein Offset von einer Basis-Adresse). Also liefert die Hash-Funktion die aktuelle Adresse einer Seite, die den Schlüssel enthält. Überdies muß jeder Wert, der von der Hash-Funktion erzeugt wurde, auf eine aktuelle Seite zeigen. Im Gegensatz zur Verzeichnis-Methode, wo verschiedene Verzeichnis-Einträge auf eine einzelne Seite zeigen können, muß bei der verzeichnislosen Methode genau eine Seite für jede mögliche Adresse existieren. Abbildung 8.12 zeigt einen einfachen Trie und seine Abbildung auf einen zusammenhängenden Speicher ohne Verzeichnis.

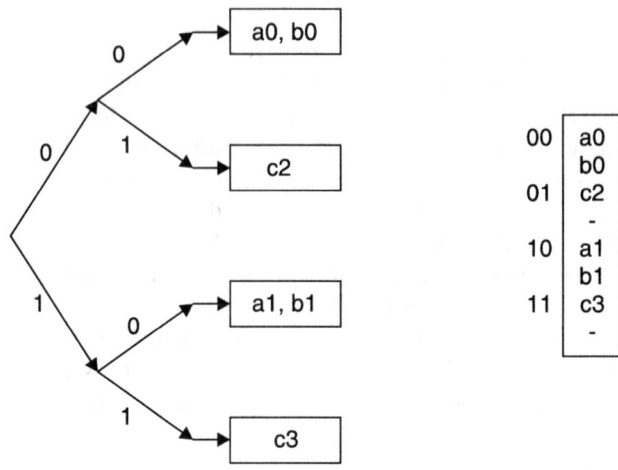

Abbildung 8.12:   Ein Trie, abgebildet auf einen zusammenhängenden Speicher ohne Verzeichnis

Was geschieht nun, wenn eine Seite überläuft? Wir können die Größe des Adreß-raumes verdoppeln, aber das ist verschwenderisch. Stattdessen fügen wir immer, wenn sich ein Überlauf ereignet, eine neue Seite am Ende der Datei hinzu und verteilen die Bezeichner auf die Originalseite und die neuen Seite. Das kompliziert etwas die Handha-bung der Familie der Hash-Funktionen. Trotzdem würde die Tabelle verdoppelt, wenn wir einfach ein Bit zum Ergebnis der Hash-Funktion addieren würden. Durch Hinzufügen einer einzelnen Seite muß die Hash-Funktion unterscheiden zwischen Seiten, die durch r Bits und solchen, die durch $r + 1$ Bits adressiert sind. Wir werden gleich zeigen, wie das gemacht wird.

Abbildung 8.13 liefert ein Beispiel für verzeichnisloses Hashing nach zwei Einfügungen. Zu Beginn haben wir vier Seiten, jede adressiert durch 2 Bits (Abbildung 8.13(a)). Zwei dieser Seiten sind voll, und zwei Seiten besitzen je einen Bezeichner. Wenn c5 eingefügt wird, wird es auf der Seite mit der Adresse 10 untergebracht (Abbildung 8.13(b)). Da diese Seite voll ist, wird ein Überlauf-Knoten angelegt, um c5 zu halten. Zur gleichen Zeit fügen wir eine Seite am Ende des Speichers hinzu, "rehashen" die Bezeichner auf der ersten Seite noch einmal und teilen sie dann zwischen der ersten und der neuen Seite auf. Unglücklicherweise gelangt keiner der neuen Bezeichner auf die neue Seite. Die erste Seite und die neue Seite sind nun durch drei Bits adressiert, nicht durch zwei Bits, wie in Abbildung 8.13(b) gezeigt. Beim nächsten Schritt fügen wir den Bezeichner c1 ein. Da er auf dieselbe Seite wie c5 gelangt, benutzen wir einen anderen Überlauf-Knoten, um ihn zu speichern. Wir fügen eine weitere Seite am Ende der Datei hinzu und "rehashen" die Bezeichner in die zweite Seite. Wieder gelangt keiner auf die neue Seite. (Beachten Sie, daß dies größtenteils daraus resultiert, daß keine uniforme Hash-Funktion benutzt wurde.) Nun sind die ersten beiden Seiten und die zwei neuen Seiten alle mit drei Bits adressiert. Eventuell wird sich die Zahl der Seiten verdoppeln und dabei eine Phase vollenden. Dann beginnt eine neue Phase.

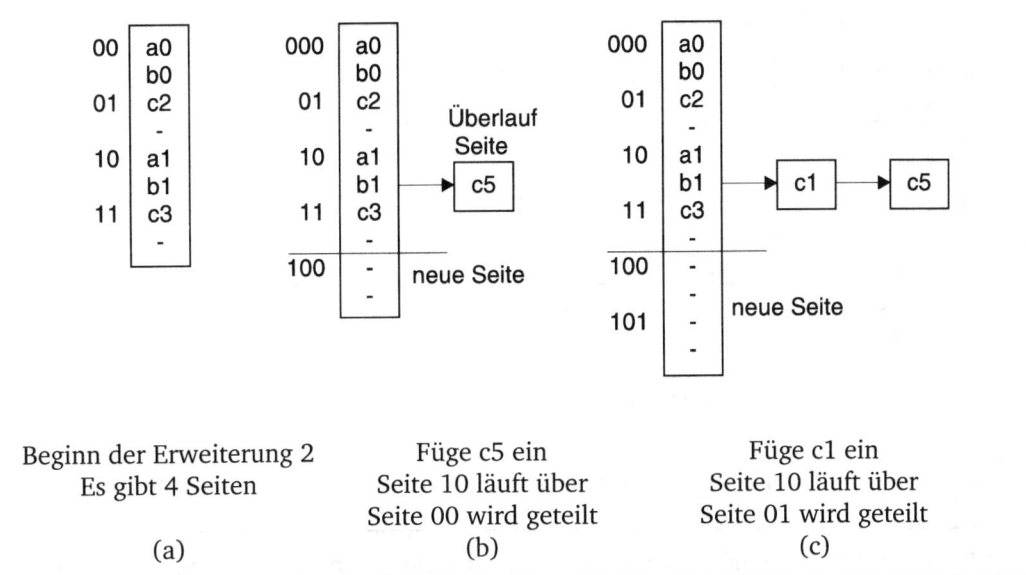

Beginn der Erweiterung 2
Es gibt 4 Seiten

(a)

Füge c5 ein
Seite 10 läuft über
Seite 00 wird geteilt

(b)

Füge c1 ein
Seite 10 läuft über
Seite 01 wird geteilt

(c)

Abbildung 8.13: Ein Beispiel mit zwei Einfügungen

Betrachten Sie Abbildung 8.14, die den Zustand einer Datei-Expansion während der r-ten Phase zu einer Zeit q zeigt. Zu Beginn der r-ten Phase gibt es 2^r Seiten, alle durch r Bits adressiert. In der Abbildung wurden q neue Seiten hinzugefügt. Die Seiten links der q-Linie sind schon gesplittet. Die Seiten zwischen der q- und r-Linie warten darauf, gesplittet zu werden, und die Seiten rechts der r-Linie wurden während dieser Prozeßphase hinzugefügt. Jede Seite in diesem Dateiabschnitt ist durch $r + 1$ Bits adressiert. Beachten Sie, daß die q-Linie anzeigt, welche Seite als nächstes gesplittet wird. Die aktuell modifizierte Hash-Funktion ist in Programm 8.6 angegeben. Alle Seiten kleiner als q erfordern $r + 1$ Bits. Die Funktion $hash(key,r)$ ist im Bereich $\{0, 2^{r-1}\}$, so daß wir mit $r + 1$ Bits "rehashen", falls das Ergebnis kleiner als q ist. Dies führt entweder zu Seiten links von q oder oberhalb von $2^r - 1$. Die verzeichnislose Methode erfordert immer Überläufe.

Man sieht, daß eine Suche häufig nur einen Zugriff erfordert, insbesondere dann, wenn sich der Bezeichner des Suchobjekts in der Seite befindet, welche durch die Hash-Funktion direkt adressiert wird. Jedoch können andere Suchen erheblich mehr als zwei Zugriffe erfordern, insbesondere bei einem Entlanglaufen an einer Überlauf-Kette. Wenn eine neue Seite hinzugefügt wird und die Bezeichner über zwei Seiten verteilt werden, werden alle Bezeichner einschließlich der Überläufe "rehasht".

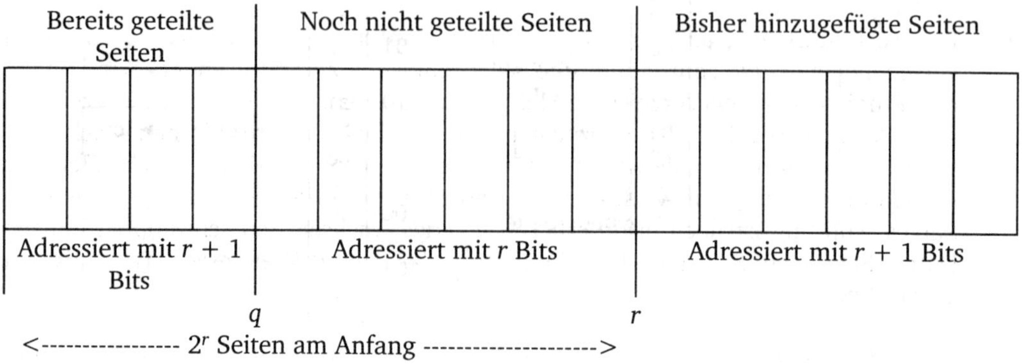

Bereits geteilte Seiten	Noch nicht geteilte Seiten	Bisher hinzugefügte Seiten
Adressiert mit $r + 1$ Bits	Adressiert mit r Bits	Adressiert mit $r + 1$ Bits

q r

<----------------- 2^r Seiten am Anfang --------------------->

Angenommen man befindet sich in Phase r, dann sind 2^r Seiten mit r Bits indiziert

Abbildung 8.14: Während der r-ten Phase der Expansion bei der verzeichnislosen Methode

Wir sollten auch herausstellen, daß die Platzauslastung bei dieser Methode nicht gut ist. Wie man aus Abbildung 8.13 ersehen kann, sind einige Extra-Seiten leer und doch werden noch Überlaufseiten benutzt. Litwin hat gezeigt, daß die Platzauslastung annähernd 60 Prozent beträgt. Er bietet eine alternative Strategie an, die wir in den Übungen verfolgen werden. Der Begriff *kontrolliertes Splitting* bezieht sich nur auf das Splitting der *nächsten Seite*, wenn die Speicherauslastung einen vordefinierten Betrag übersteigt. Litwin schlägt vor, bis zum Erreichen von 80 Prozent Auslastung, mit dem Überlauf anderer Seiten fortzufahren.

```
if (hash(key,r) < q)
        page = hash(key,r+1);
    else
        page = hash(key,r);
    wenn benötigt, dann folgen Überlauf-Zeiger;
```

Programm 8.6: Modifizierte Hash-Funktion

Ein natürlicher Weg, Überläufe zu behandeln, ist die Benutzung einer der bereits diskutierten traditionellen Hashing-Methoden, so zum Beispiel die offene Adressierung. Erinnern Sie sich, daß bei der offenen Adressierung die Datei linear von dem Punkt aus, an dem der Bezeichner zugewiesen wurde, durchsucht wird, entweder nach einem Bezeichner oder nach einer offenen Stelle.

Aus dem Beispiel kann man ersehen, daß die längsten Überlauf-Ketten bei solchen Seiten auftreten, die sich nahe am Ende oder in der Expansionsphase befinden, da diese Seiten als letzte geteilt werden. Im Gegensatz dazu sind solche Seiten, die früh geteilt werden, im allgemeinen weniger voll.

ÜBUNGEN

1. Der Text führt aus, daß eine nichtuniforme Verteilung von Schlüsseln zu einem verschobenen Verzeichnis führt und Verzeichnis-Platz verschwendet. Wir können das Problem bei der Verzeichnis-Methode vermeiden, wenn wir das Verzeichnis eher als einen Wald aus Tries statt wie eine Tabelle speichern. Ein neuer Schlüssel wird einem der Tries zugewiesen, und dann werden alle Knoten durchlaufen, bis ein Blattknoten erreicht wird. Der Blattknoten zeigt auf die Seite des gewünschten Satzes. Splitting ist noch erforderlich. Die Tries wachsen und schrumpfen je nach Datei. Schreiben Sie die Algorithmen für das Unterhalten eines Tries als ein Verzeichnis.

2. Sei beim erweiterten Hashing ein Verzeichnis der Größe d gegeben, und angenommen, zwei Zeiger zeigen auf dieselbe Seite. Wieviele Bits niedriger Ordnung benutzen alle Bezeichner gemeinsam? Wenn vier Zeiger auf die gleiche Seite zeigen, wieviele Bits haben die Bezeichner dann gemeinsam?

3. Wir können Überläufe beim dynamischen Verzeichnis-Hashing behandeln, indem wir erlauben, eine Seite in so viele Seiten wie nötig aufzuteilen, um alle einer Seite zugewiesenen Bezeichner unterzubringen. Der Verzeichnisgröße weisen wir eine Schranke zu. Wenn dieses Limit irgendwann erreicht wird, wachsen die Seiten nur noch an. Modifizieren Sie die Algorithmen in Programm 8.5, um diese Strategie zu implementieren.

4. Beweisen Sie, daß beim dynamischen Verzeichnis-Hashing durch eine Anzahl von Zeigern auf eine Seite gezeigt werden kann, die eine Zweierpotenz ist.

5. Wir haben nicht viel darüber gesprochen, wie die Bezeichner auf einer Seite für schnelles Auffinden zu organisieren sind. Betrachten Sie eine ungeordnete Liste, eine geordnete Liste und Hashing, und vergleichen Sie deren Vorteile.

6. Die Funktion *insert* ist, bis auf ein paar Zeilen Pseudocode, beinahe vollständig. Ersetzen Sie den Pseudocode durch konkreten C-Code, der alle Bezeichner auf Seite p in den *temp*-Bereich befördert und dann die Bezeichner jeweils in die Seiten p oder q "rehasht".

7. Programm 8.5 enthält eine Referenz zu einer Funktion *coalesce*, welche die Bezeichner zweier Seiten in einer Seite vereinigt. Schreiben Sie eine C-Version dieser Funktion unter Benutzung der bisher definierten Typen und Funktionen.

8. Nehmen Sie die Formel nach Mendelson für die Anzahl der Blattseiten, die erforderlich sind, k Sätze bei der dynamischen Verzeichnis-Methode zu speichern, und leiten Sie formal die Annäherung ab, daß $L(k)$ ungefähr gleich $k/(p \ln 2)$ ist, wobei p die Seitengröße bedeutet.

9.   Larson hat vorgeschlagen, beim verzeichnislosen dynamischen Hashing die offene Adressierung zu benutzen, um Überläufe zu behandeln. Das Problem besteht darin, daß solche Seiten, die gerade zu splitten sind, die meisten Überläufe vorweisen, diese Seiten werden aber zusammenhängend gespeichert. Stattdessen hat Larson vorgeschlagen, daß Seiten abwechselnd gesplittet werden, so daß sich neben einer ungesplitteten eine gesplittete Seite befindet. Zeigen Sie, wie die Hash-Funktion umgeschrieben werden muß, um dieses Verfahren zu behandeln.

8.4. LITERATUR UND AUSGEWÄHLTE REFERENZEN

Es gibt verschiedene interessante und aufschlußreiche Arbeiten zu Hash-Tabellen. Einige von diesen sind: R. Morris, "*Scatter storage techniques*," *CACM*, vol. 11, no. 1, 1968, pp. 38-44; V. Lum, P. Yuen, and M. Dodd, "*Key to address transform techniques: A fundamental performance study on large existing formatted files*," *CACM*, vol. 14, no. 4, 1971, pp. 228-239; J. Bell, "*The quadratic quotient method: A hash code eliminating secondary clustering*," *CACM*, vol. 13, no. 2, 1970, pp. 107-109; A. Day, "*Full table quadratic searching for scatter storage*," *CACM*, vol. 13, no. 8, 1970, pp. 481-482; D. Severance, "*Identifier search mechanisms: A survey and generalized model*," *ACM Computing Surveys*, vol. 6, no. 3, 1974, pp. 175-194; W. Mauer and T. Lewis, "*Hash table methods*," *ACM Computing Surveys*, vol. 7, no. 1, 1975, pp. 5-20; D. Knuth, *The Art of Computer Programming: Sorting and Searching*, Addison-Wesley, Reading, Massachusetts, 1973; R. Brent, "*Reducing the retrieval time of scatter storage techniques*," *CACM*, vol. 16, no. 2, 1973, pp. 105-109; V. Lum, "*General performance analysis of key-to-address transformation methods using an abstract file concept*," *CACM*, vol. 16, no. 10, 1973, pp. 603-612; und C. E. Radke, "*The use of quadratic residue research*", *CACM*, vol. 13, no. 2, 1970, pp. 103-105.

In der Literatur war Larson der erste, der die Methode, die dynamisches Hashing genannt wird, einführte. Litwin folgte. Fagin und andere nannten ihre Methode erweitertes Hashing. Fagin benutzte ein Verzeichnis-Verfahren, das die Größe bei Expansion verdoppelte. Larson benutzte eine verkettete Baumstruktur als Darstellung für das Verzeichnis mit Zeigern auf Seiten in den Blattknoten. Die Quellen sind: P. Larson, "*Dynamic hashing*," *BIT*, vol. 18, 1978, pp. 184-201; W. Litwin, "*Virtual hashing: a dynamically changing hashing*," *Proc. Int. conf. on very large databases*, Berlin, 1978, pp. 517-523; und R. Fagin, J. Nievergelt, N. Pippenger and H.R. Strong, "*Extendible hashing - a fast access method for dynamic files*," *ACM Trans. on Database Systems*, vol. 4, no. 3, 1979, pp. 315-344.

Einen exzellenten Überblick zu dynamischen Hash-Techniken und Variationen findet man in R.J. Enbody and H.C. Du, "*Dynamic Hashing Schemes*," *ACM Computing Surveys*, vol. 20, no 2, 1988, pp. 85-113.

Einige andere Veröffentlichungen zum dynamischen Hashing sind: P. Flajolet, "*On the performance evaluation of extendible hashing and trie searching*," *Acta Informatica*, 20, 1983, pp. 345-369; D.B. Lomet, "*Bounded index exponential hashing*," *ACM Trans. on Database Systems*, vol. 8, no. 1, 1983, pp. 136-165; H. Mendelson, "*Analysis of extendible hashing*," *IEEE Trans. on Software Engineering*, vol. 8, no. 6, 1982, pp. 611-619; und K. Ramamohanarao and J.W. Lloyd, "*Dynamic hashing schemes*," *The Computer Journal*, vol. 25, no. 4, 1982, pp. 478-485.

Scholl führt zwei Methoden ein, die Speicherauslastung zu verbessern durch Verschieben des Splittens der Seiten und interner Handhabung der Überläufe. Dies führt zu einer Entkopplung zwischen Speicherauslastung und Zugriffszeit. M. Scholl, "*New file organizations based on dynamic hashing,*" *ACM Trans. of Database Systems*, vol. 6, no. 1, 1981, pp. 194-211.

KAPITEL 9

HEAP-STRUKTUREN

9.1. MIN-MAX-HEAPS

9.1.1. Definition

Eine *doppelt endende Prioritätswarteschlange* ist eine Datenstruktur, die folgende Operationen ermöglicht:

(1)   Ein Element mit einem beliebigen Schlüssel einfügen.

(2)   Ein Element mit dem größten Schlüssel löschen.

(3)   Ein Element mit dem kleinsten Schlüssel löschen.

Wenn nur das Einfügen und einer der beiden Löschvorgänge ermöglicht wird, können wir einen Min-Heap oder einen Max-Heap (siehe Kapitel 5) verwenden. Ein Min-Max-Heap ermöglicht alle gerade beschriebenen Operationen.

Definition: Ein *Min-Max-Heap* ist ein vollständiger binärer Baum, so daß jedes Element, solange der Baum nicht leer ist, über ein Feld verfügt, das *Schlüssel* genannt wird. Die Ebenen dieses Baumes sind jeweils abwechselnd Min-Ebenen und Max-Ebenen. Die Wurzel (Root) befindet sich auf einer Min-Ebene. Angenommen, x wäre ein beliebiger Knoten in einem Min-Max-Heap. Wenn x sich auf einer Min-Ebene befindet, so besitzt das

Element von x den kleinsten Schlüssel von allen Elementen im Teilbaum mit der Wurzel x. Wir nennen diesen Knoten einen *Min*-Knoten. Entsprechend, wenn x sich auf einer Max-Ebene befindet, weist das Element in x den maximalen Schlüssel von allen Elementen des Teilbaumes mit der Wurzel x auf. Diesen Knoten nennen wir *Max*-Knoten. □

Abbildung 9.1 zeigt ein Beispiel für einen aus zwölf Elementen bestehenden Min-Max-Heap. Der Wert in jedem Knoten ist der Schlüssel des Elements in diesem Knoten. Beachten Sie, daß wir die Feld-Darstellung, die in Abschnitt 5.2 erläutert wurde, verwenden.

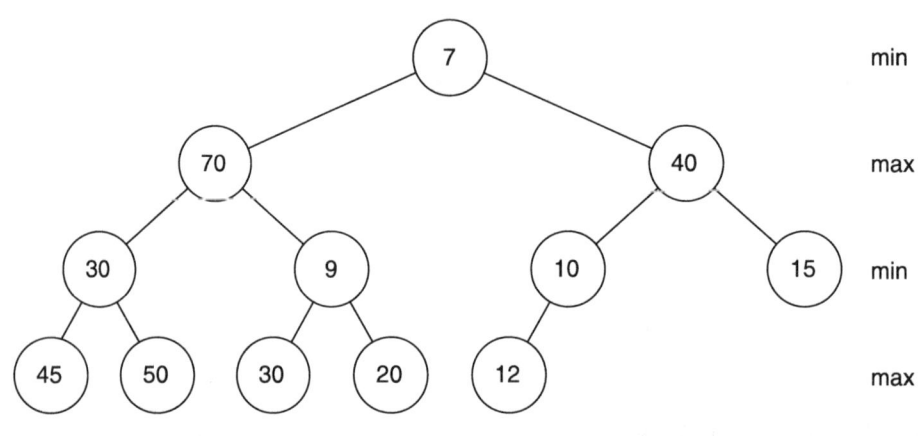

Abbildung 9.1: Ein aus zwölf Elementen bestehender Min-Max-Heap

9.1.2. Einfügen in einen Min-Max-Heap

Nehmen wir an, daß wir das Element mit dem Schlüssel 5 in diesen Min-Max-Heap einfügen möchten. Nach den Einfügungen werden wir einen aus 13 Elementen bestehenden Min-Max-Heap haben. Dieser nimmt die Form an, die in Abbildung 9.2 zu sehen ist. Wie im Falle der Heaps folgt der Einfüge-Algorithmus für Min-Max-Heaps dem Weg von dem neuen Knoten j aus bis zu der Wurzel. Wenn wir den neuen Schlüssel 5 mit dem Schlüssel 10, der sich neben j befindet, vergleichen, sehen wir, daß, da der Knoten mit dem Schlüssel 10 sich auf einer Min-Ebene befindet, und $5 < 10$ ist, 5 garantiert kleiner ist als alle Schlüssel der Knoten, die sich sowohl auf Max-Ebenen als auch auf dem Weg von j zur Wurzel befinden. Daher müssen die Eigenschaften des Min-Max-Heaps nur in Bezug auf Min-Knoten auf dem Weg von j zur Wurzel überprüft werden. Zuerst wird das Element mit dem Schlüssel 10 zu Knoten j bewegt. Dann wird das Element mit dem Schlüssel 7 auf die vorherige Position von 10 verschoben. Schließlich wird das neue Element mit dem Schlüssel 5 in die Wurzel eingefügt. Der Min-Max-Heap, der aus der Einfügung resultiert, wird in Abbildung 9.3 (a) gezeigt.

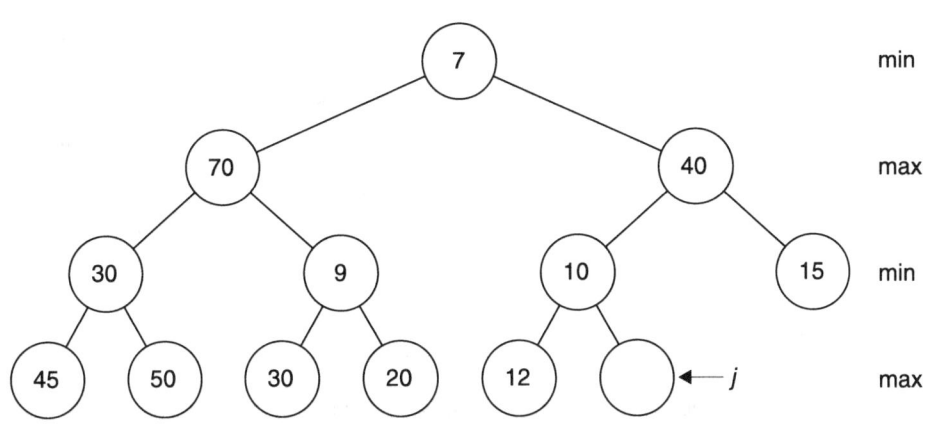

Abbildung 9.2: Der Min-Max-Heap von Abbildung 9.1 mit dem neuen Knoten *j*

Als nächstes nehmen wir an, daß wir ein Element mit dem Schlüssel 80 in den Min-Max-Heap der Abbildung 9.1 einfügen möchten. Der daraus resultierende Min-Max-Heap besitzt 13 Elemente und hat die Form, die in Abbildung 9.2 gezeigt wird. Da 80 > 10 ist und 10 sich auf einer Min-Ebene befindet, können wir sicher sein, daß 80 größer ist als alle Schlüssel in Knoten, die sich sowohl auf Min-Ebenen als auch auf dem Weg von *j* zur Wurzel befinden. Daher müssen die Eigenschaften des Min-Max-Heaps nur bezüglich der Max-Knoten auf dem Weg von *j* zur Wurzel überprüft werden. Auf der Abbildung 9.1 befindet sich nur ein derartiger Knoten in dem Min-Max-Heap. Dieser Knoten hat den Schlüssel 40. Das Element mit dem Schlüssel 40 wird zu *j* bewegt, und das neue Element in den Knoten eingefügt, der zuvor von diesem Element besetzt war. Der daraus resultierende Min-Max-Heap ist in Abbildung 9.3(b) zu sehen.

Die vorstehenden Einfügungsbeispiele führen zu der Einfügefunktion *min_max_insert* (Programm 9.1). Die C-Deklarationen, die notwendig sind, um den Min-Max-Heap zu erstellen, lauten wie folgt:

```
#define MAX_SIZE  100 /* Maximale Größe des Heaps plus 1 */
#define FALSE 0
#define TRUE 1
#define SWAP (x,y,t) ((t) = (x), (x) = (y), (y) = (t))
typedef   struct {
              int key;
              /* Andere Felder */
              } element;
element heap[MAX_SIZE];
```

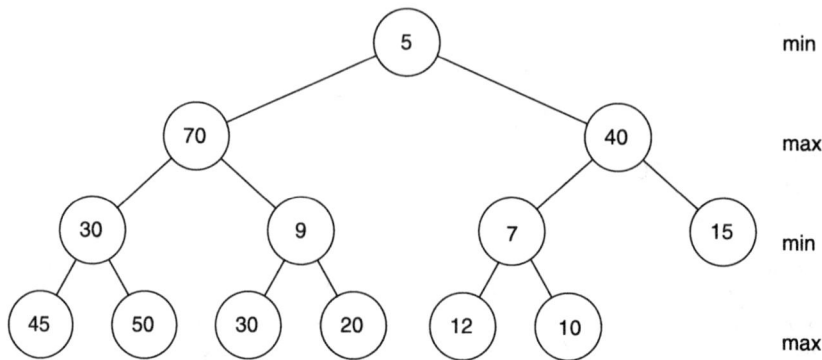

(a) Min-Max-Heap der Abbildung 9.1 nach Einfügung von 5

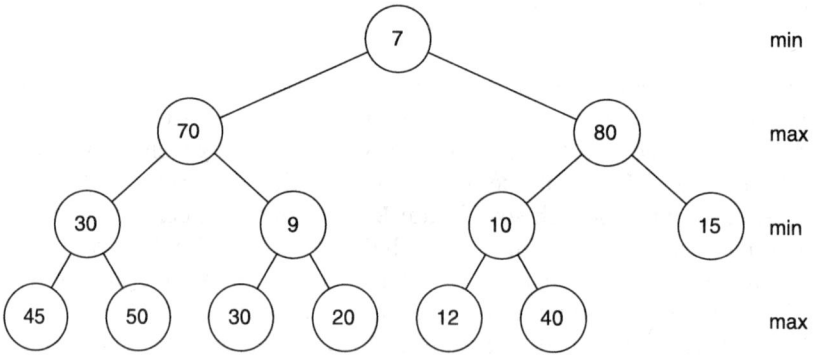

(b) Min-Max-Heap der Abbildung 9.1 nach Einfügung von 80

Abbildung 9.3: Einfügen in einen Min-Max-Heap

Beachten Sie, daß wir einen Min-Max-Heap in einem eindimensionalen Feld speichern, wobei wir die Standarddarstellung eines vollständigen binären Baumes (siehe Abschnitt 5.3) verwenden. Die Funktion *min_max_insert* benutzt die Funktionen *verify_max*, *verify_min* und *level*. Die Funktion *level* stellt fest, ob sich ein Knoten auf einer Min- oder Max-Ebene eines Min-Max-Heaps befindet; sie gibt *FALSE* bei einer Min-Ebene und *TRUE* bei einer Max-Ebene zurück. Die Funktion *verify_max* (Programm 9.2) beginnt mit einem Max-Knoten *i* und folgt dem Weg für Max-Knoten von *i* zur Wurzel des Min-Max-Heaps. Sie sucht den korrekten Knoten, in den *item* eingefügt werden soll. Dieser Knoten hat die Eigenschaft, daß alle Max-Knoten, die sich oberhalb von ihm und auf dem Weg zur Wurzel befinden, Schlüssel haben, die mindestens dem Wert von *item.key* entsprechen. Außerdem sind die Schlüssel aller Max-Knoten unterhalb dieses Knotens und auf dem Weg von *i* zu der Wurzel kleiner als der Schlüssel von *item.key*. Während des Suchvorgangs werden Max-Knoten mit Schlüsseln, die kleiner als *item.key* sind, eine Ebene tiefer angesiedelt.

```
void min_max_insert(element heap[], int *n, element item)
{
/* Füge item in den Min-Max-Heap ein */
    int parent;
    (*n) ++;
    if (*n == MAX_SIZE) {
        fprintf(stderr,"Der Heap ist voll\n");
        exit(1);
    }
    parent = (*n)/2;
    if (!parent)
    /* Heap ist leer, füge item in die erste Position ein */
        heap[1] = item;
    else switch(level(parent)) {
        case FALSE: /* Min-Ebene */
            if (item.key < heap[parent].key) {
                heap[*n] = heap[parent];
                verify_min(heap,parent,item);
            }
            else
                verify_max(heap,*n,item);
            break;
        case TRUE: /* Max-Ebene */
            if (item.key > heap[parent].key) {
                heap[*n] = heap[parent];
                verify_max(heap,parent,item);
            }
            else
                verify_min(heap,*n,item);
    }
}
```

Programm 9.1: Wie man Einfügungen in einen Min-Max-Heap vornimmt

Die Funktionen *verify_min* und *verify_max* sind ähnlich, wobei *verify_min* allerdings bei einem Min-Knoten *i* beginnt und dem Weg der Min-Knoten von *i* zur Wurzel folgt. Um die Eigenschaften des Min-Max-Heaps zu bewahren, wird *item* in einen dieser Min-Knoten eingefügt. Wir überlassen Ihnen die formale Entwicklung von *verify_min* und *level* als Übung.

```
void verify_max(element heap[], int i, element item)
{
/* Folge dem Knoten vom Max-Knoten i zur Wurzel und füge item am
richtigen Platz ein */
insert item into its proper place */
    int grandparent = i/4;
    while (grandparent)
        if (item.key > heap[grandparent].key) {
            heap[i] = heap[grandparent];
            i = grandparent;
            grandparent /= 4;
        }
        else
            break;
    heap[i] = item;
}
```

Programm 9.2: Die Funktion *verify_max*

Analyse von *min_max_insert*: Es fällt uns nicht schwer, die Korrektheit von *min_max_insert* festzustellen. Da ein Min-Max-Heap mit n Elementen außerdem $O(\log n)$ Ebenen hat, beträgt die Komplexität der Funktion *min_max_insert* $O(\log n)$. $\square$

9.1.3. Löschen eines Min-Elements

Werfen wir nun einen Blick auf das Löschen aus einem Min-Max-Heap. Wenn wir das Element mit dem kleinsten Schlüssel löschen möchten, so befindet sich dieses Element an der Wurzel. Im Falle des Min-Max-Heaps aus Abbildung 9.1 soll das Element mit der Zahl 7 von uns gelöscht werden. Nach dem Löschen werden wir einen Min-Max-Heap erhalten, der aus 11 Elementen besteht. Seine Form zeigt Abbildung 9.4. Der Knoten mit der Zahl 12 wird im Heap gelöscht, und das Element mit der Zahl 12 wird wieder in den Heap eingefügt. Genau wie beim Löschen aus Min- oder Max-Heaps wird das Wiedereinfügen ausgeführt, indem die Knoten der Abbildung 9.4 von der Wurzel abwärts bis zu den Blättern geprüft werden.

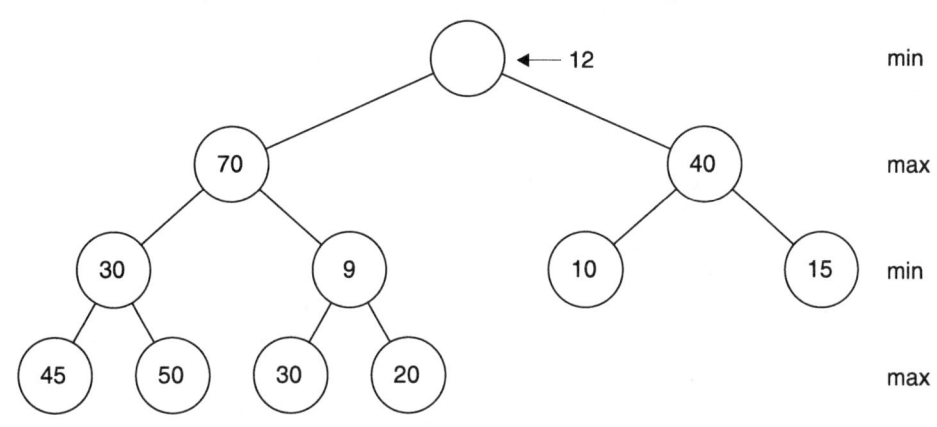

Abbildung 9.4: Die Form von Abbildung 9.1 nach Löschen eines Min-Elements

Es ist ein alltäglicher Vorgang, daß wir ein Element *item* in einen Min-Max-Heap namens *heap* wieder einfügen sollen, dessen Wurzel leer ist. Wir betrachten nun die beiden Fälle:

(1) *Die Wurzel hat keine Nachfolger.* In diesem Falle soll *item* in die Wurzel eingefügt werden.

(2) *Die Wurzel hat mindestens einen Nachfolger.* Nun befindet sich der kleinste Schlüssel des Min-Max-Heaps in einer Ebene der Nachfolger der ersten oder zweiten Generation nach der Wurzel. Wir bestimmen, welcher dieser Knoten den kleinsten Schlüssel aufweist. Legen wir hierfür Knoten k zugrunde. Die folgenden Möglichkeiten müssen erwogen werden:

(a) $item.key \leq heap[k].key$. *item* kann in die Wurzel eingefügt werden, da sich kein Element in *heap* befindet, dessen Schlüssel kleiner als *item.key* ist.

(b) $item.key > heap[k].key$, und k ist ein Nachfolger der Wurzel. Da es sich bei k um einen Max-Knoten handelt, hat er keine Nachfolger mit einem Schlüssel, die größer als $heap[k].key$ ist. Daraus folgt, daß Knoten k keine Nachfolger hat, deren Schlüssel größer als *item.key* ist. So kann das Element $heap[k]$ zur Wurzel bewegt und *item* in Knoten k eingefügt werden.

(c) $item.key > heap[k].key$ und k ist ein Nachfolger in der zweiten Generation nach der Wurzel. In diesem Falle wird $heap[k]$ ebenfalls zur Wurzel bewegt. Angenommen, *parent* wäre der Vorgänger von k. Wenn $item.key > heap[parent].key$ ist, dann sollen $heap[parent]$ und *item* gegeneinander ausgetauscht werden. Dies stellt sicher, daß der Max-Knoten *parent* den größten Schlüssel im Teilbaum mit der Wurzel *parent* enthält. An dieser Stelle sind wir mit dem Problem konfrontiert, wie *item* in einen Teil-Heap mit der Wurzel k eingefügt werden kann. Die Wurzel dieses Min-Max-Teil-Heaps ist momentan leer. Das Ganze ähnelt ziemlich unserer Ausgangssituation, als wir *item* in den Min-Max-Heap *heap* mit Wurzel 1 einfügen sollten, und

Knoten 1 zunächst leer war. Aus diesem Grunde wiederholen wir den oben beschriebenen Vorgang.

In unserem Beispiel ist $x.key = 12$, und der kleinste Schlüssel der ersten und zweiten Nachfolgegeneration des Wurzelknotens beträgt 9. Nehmen wir an, daß k den Knoten bezeichnet, der diesen Schlüssel enthält und daß p sein Vorgänger ist. Da $9 < 12$ und k ein Nachfolger in der zweiten Generation der Wurzel ist, haben wir mit Fall 2(c) zu tun. Das Element mit dem Schlüssel 9 (d.h. $h[k]$) wird zur Wurzel bewegt. Da $x.key = 12 < 70 = h[p].key$ ist, tauschen wir x und $h[p]$ nicht aus. Die gegenwärtige Konfiguration ist in Abbildung 9.5 zu sehen. Nun müssen wir x in den Min-Max-Teil-Heap mit der Wurzel k erneut einfügen. Der kleinste Schlüssel unter den Nachfolgern der ersten und zweiten Generation des Knotens k ist 20. Da $12 < 20$ ist, haben wir mit Fall 2(a) zu tun, und das Element x wird in $h[k]$ eingefügt.

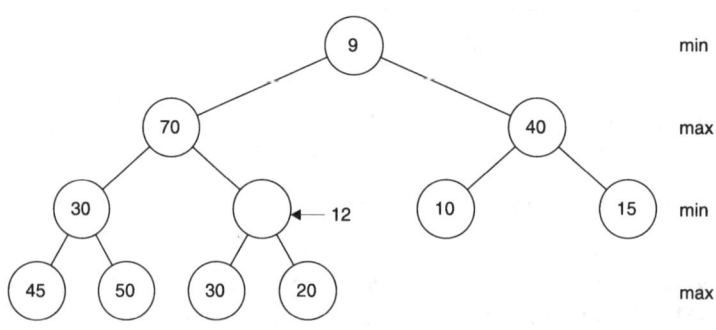

Abbildung 9.5: Abbildung 9.4, nachdem das Element mit dem Schlüssel 9 bewegt worden ist

Die Funktion *delete_min* (Programm 9.3) implementiert das Löschen des Knotens mit dem kleinsten Schlüssel im Min-Max-Heap. Diese Funktion verwendet eine *min-child-grandchild*(i)-Funktion, um den Nachfolger der ersten oder zweiten Generation des Knotens i mit dem kleinsten Schlüssel zu bestimmen. Wenn die Nachfolger sowohl der ersten als auch der zweiten Generation von i den kleinsten Schlüssel aufweisen, sollte *min-child-grandchild* die Adresse des Nachfolgers der ersten Generation wiedergeben, da dies weitere Iterationen der **for**-Schleife von *delete_min* verhindert. Beachten Sie, daß dieser Vorgang, obwohl *delete_min* nicht ausdrücklich nach dem Fall $n = 1$ sucht, korrekt ausgeführt wird und aus diesem Löschvorgang ein leerer Min-Max-Heap resultiert!

```
element delete_min(element heap[], int *n)
{
/* Löschen Sie das kleinste Element im Min-Max-Heap */
    int i, last, k, parent;
    element temp, x;

    if (!(*n)) {
        fprintf(stderr, "Der Heap ist leer\n");
        heap[0].key = INT_MAX; /* Falscher Schlüssel in heap[0] */
        return heap[0];
    }
    heap[0] = heap[1]; /* Sichere das Element */
    x = heap[(*n)--];
    /* Finde Ort, um x einzufügen */
    for (i = 1, last = (*n) /2; i <= last;) {
        k = min_child_grandchild(i, *n);
        if (x.key <= heap[k].key) break;
        /* Fall 2(b) oder 2(c) */
        heap[i] = heap[k];
        if (k <= 2*i+1) {    /* 2(b) */
            i = k;
            break;
        }
        /* Fall 2(c), k ist Nachfolger 2. Generation von i */
        parent = k/2;
        if (x.key > heap[parent].key)
            SWAP(heap[parent], x, temp);
        i = k;
    } /* for */
    heap[i] = x;
    return heap[0];
}
```

Programm 9.3: Funktion, um das Element mit dem kleinsten Schlüssel zu löschen

Analyse von _delete_min_: Bei jeder Iteration der **for**-Schleife von _delete_min_ wird ein gleichbleibender Arbeitsaufwand geleistet. Auch bewegt sich i bei jeder Iteration zwei Ebenen weiter nach unten (außer möglicherweise bei der letzten). Da es sich bei einem Min-Max-Heap um einen vollständigen binären Baum handelt, gibt es $O(\log n)$ Ebenen in _heap_. Daher ist die Komplexität von _delete_min_ $O(\log n)$. $\square$

Die Funktion zum Löschen des Elementes mit dem größten Schlüssel ähnelt _delete_min_. Wir überlassen Ihnen die Ausarbeitung dieser Funktion zur Übung.

Übungen

1. Schreiben Sie die *verify_min*-Funktion, die im Zusammenhang mit dem Einfügen in einen Min-Max-Heap definiert wurde.

2. Schreiben Sie die *level*(i)-Funktion, die feststellt, ob sich Knoten i eines Min-Max-Heaps auf einer Min- oder Max-Ebene befindet.

3. Schreiben Sie die *min_child_grandchild*(i, n)-Funktion, die den Nachfolger der ersten oder zweiten Generation des Knotens i eines Min-Max-Heaps mit dem kleinsten Schlüssel ergibt. Sie können davon ausgehen, daß i mindestens einen direkten Nachfolger hat. n ist die gegenwärtige Größe des Min-Max-Heaps.

4. Schreiben Sie eine *delete_max*-Funktion, um das Element mit dem größten Schlüssel in einem Min-Max-Heap zu löschen. Ihre Funktion sollte in der Zeit O(log n) für einen Min-Max-Heap mit n Elementen laufen.

5. Schreiben Sie eine Funktion, die einen Min-Max-Heap mit n-Elementen initialisiert. Benutzen Sie zum Einfügen eine Reihe von Anpassungen, wie bei der Initialisierung eines Min- (oder Max-) Heaps beschrieben (siehe Abschnitte 5.6 und 7.7). Zeigen Sie, daß Ihre Funktion die Zeit O(n) statt der Zeit O(n log n) benötigt, wobei letztere zutrifft, wenn die Initialisierung durch n Einfügungen in einen ursprünglich leeren Heap ausgeführt wird.

9.2. DEAPS

9.2.1. Definition

Ein *Deap* ist ein doppelt endender Heap, der die Operationen Insert, Delete-Min und Delete-Max der doppelt endenden Prioritätswarteschlange ermöglicht. Wie im Falle des Min-Max-Heaps benötigen diese Operationen bei einem Heap logarithmische Zeit. Jedoch ist der Heap um einen konstanten Faktor schneller, und die Algorithmen sind einfacher.

Definition: Ein *Deap* ist ein vollständiger binärer Baum, der entweder leer ist oder die folgenden Eigenschaften hat:

(1)   Die Wurzel enthält kein Element.

(2)   Der linke Teilbaum ist ein Min-Heap.

(3)   Der rechte Teilbaum ist ein Max-Heap.

(4)   Wenn der rechte Teilbaum nicht leer ist, sei i ein beliebiger Knoten im linken Teilbaum. Ferner sei j der entsprechende Knoten im rechten Teilbaum. Wenn ein solches j nicht existiert, dann sei j der Knoten im rechten Teilbaum, der dem Vorgänger von i entspricht. Der Schlüssel in Knoten i ist kleiner oder gleich dem Schlüssel in j. □

Ein Beispiel für einen Heap aus 11 Elementen ist in Abbildung 9.6 zu sehen. Die Wurzel des Min-Heaps enthält die Zahl 5, während die des Max-Heaps die Zahl 45 enthält. Der Knoten des Min-Heaps mit Schlüssel 10 entspricht dem Knoten des Max-Heaps mit Schlüssel 25, während der Knoten des Min-Heaps mit Schlüssel 15 dem Knoten des Max-Heaps mit Schlüssel 20 entspricht. Bei dem Knoten mit dem Schlüssel 9 ist der Knoten j, der unter Eigenschaft (4) der Deap-Definition definiert wurde, der Knoten des Max-Heaps mit der Zahl 40.

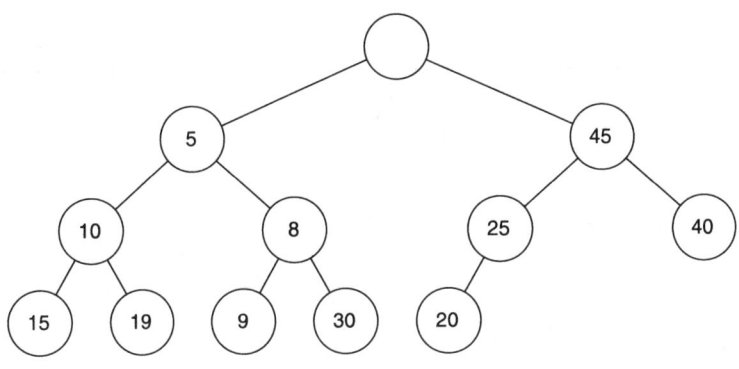

Abbildung 9.6: Ein Deap aus 11 Elementen

Aufgrund der Definition eines Deaps ist es offensichtlich, daß sich in einem Deap mit n Elementen mit $n > 1$, das Min-Element in der Wurzel des Min-Heaps befindet, während das Max-Element in der Wurzel des Max-Heaps enthalten ist. Wenn $n = 1$ ist, sind die Min- und Max-Elemente identisch und befinden sich in der Wurzel des Min-Heaps. Da es sich bei einem Deap um einen vollständigen binären Baum handelt, kann er als implizite Datenstruktur in einem eindimensionalen Feld gespeichert werden und zwar weitgehend auf die gleiche Weise wie Min-, Max- und Min-Max-Heaps. Im Falle eines Deaps wird Position 1 des Feldes nicht benutzt (wir können die Indizierung des Feldes ganz einfach mit 2 anstelle von 1 beginnen lassen). Nehmen wir an, n bezeichnet die letzte besetzte Stelle dieses Feldes. Dann beträgt die Anzahl der Elemente im Deap $n - 1$. Falls es sich bei i um einen Knoten im Min-Heap handelt, hat der entsprechende Knoten im Max-Heap den Wert $i + 2^{\lfloor \log_2 i \rfloor - 1}$. Daher ergibt sich das in Eigenschaft (4) der Definition eingeführte j zu:

$$j = i + 2^{\lfloor \log_2 i \rfloor - 1};$$
wenn $j > n$ ist: $j = j \, / \, 2$ (in C: if (j > n) j/ = 2;)

Beachten Sie, daß wenn Eigenschaft (4) der Deap-Definition durch alle Blattknoten i des Min-Heaps abgedeckt wird, sie auch durch alle verbleibende Knoten des Min-Heaps abgedeckt ist!

Die Operationen mit doppelendigen Prioritätswarteschlangen sind bei einem Deap besonders einfach zu implementieren. Die Komplexität jedes Rechenvorgangs ist an die Höhe des Deaps, welche sich logarithmisch aufgrund der Anzahl der Elemente im Deap entwickelt, gebunden.

9.2.2. Einfügen in einen Deap

Nehmen wir an, daß wir ein Element mit dem Schlüssel 4 in den Deap von Abbildung 9.6 einfügen wollen. Nach dieser Einfügung wird der Deap aus 12 Elementen bestehen und somit die in Abbildung 9.7 gezeigte Form annehmen. J zeigt auf den neuen Knoten im Deap.

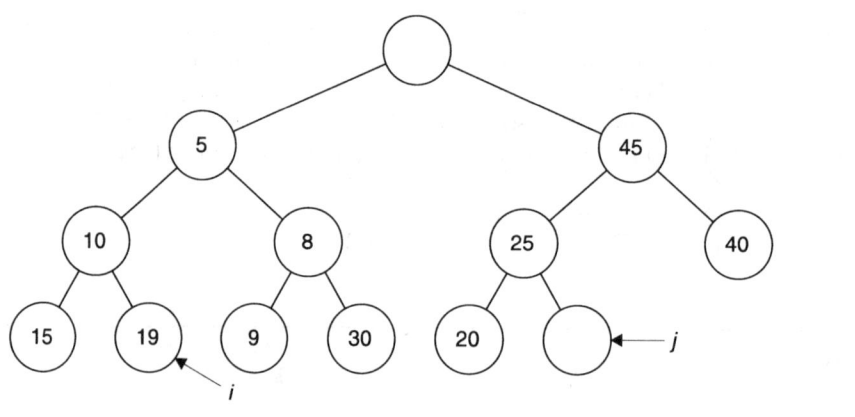

Abbildung 9.7: Die Form eines Deaps aus 12 Elementen

Der Einfügevorgang beginnt mit dem Vergleich des Schlüssels 4 mit dem Schlüssel im entsprechenden Knoten von j, i, im Min-Heap. Dieser Knoten enthält eine 19. Um Eigenschaft (4) zu erfüllen, bewegen wir 19 zu Knoten j. Wenn wir nun den Einfüge-Algorithmus für Min-Heaps benutzen, um 4 auf Position i einzufügen, erhalten wir den Deap in Abbildung 9.8.

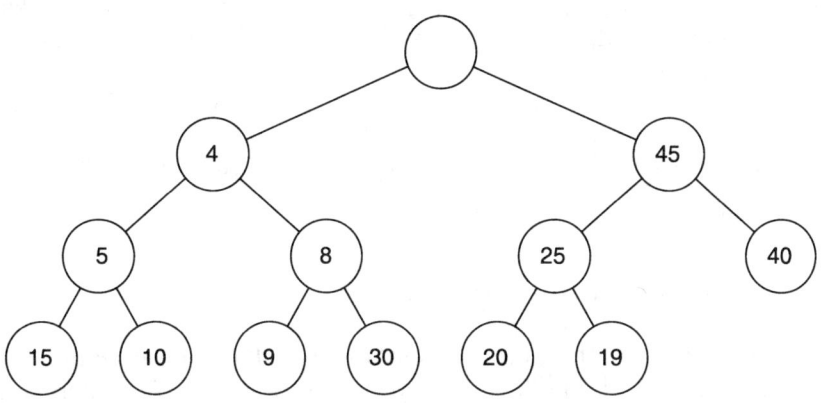

Abbildung 9.8: Der Deap von Abbildung 9.6 nach Einfügen des Schlüssels 4

Wenn wir anstelle der Zahl 4 die Zahl 30 in den Deap von Abbildung 9.6 einfügen wollten, hätte der daraus resultierende Deap die gleiche Form wie der aus Abbildung 9.7. Wenn wir 30 mit dem Schlüssel 19 im entsprechendem Knoten i vergleichen, erkennen wir, daß Eigenschaft (4) durch Benutzung des Einfüge-Algorithmus für Max-Heaps erfüllt wird, um 30 auf Position j einzufügen. Dies führt zu dem Deap in Abbildung 9.9.

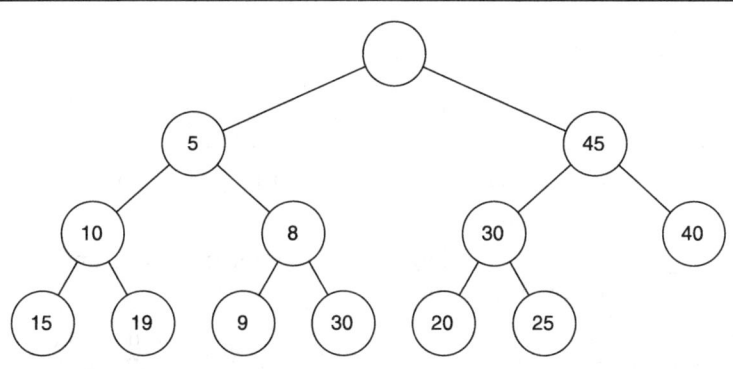

Abbildung 9.9: Der Deap von Abbildung 9.6 nach Einfügen des Schlüssels 30

Der Fall, in dem der neue Knoten, j, ein Knoten des Min-Heaps ist, entspricht dem gerade besprochenen Fall. Die Funktion *deap_insert* (Programm 9.4) führt den Einfügevorgang aus. Der Datentyp *Deap* wird definiert als:

```
element deap [MAX_SIZE]
```

Die Position des letzten Elements im Deap ist n, und $n = 1$ bezeichnet einen leeren Deap.

```
void deap_insert(element deap[], int *n, element x)
{
/* Füge x in den Deap ein */
    int i;
    (*n) ++;
    if (*n == MAX_SIZE) {
        fprintf(stderr, "Der Heap ist voll\n");
        exit(1);
    }
    if (*n == 2)
        deap[2] = x; /* Füge in den leeren Deap ein */
    else switch(max_heap(*n)) {
        case FALSE:  /* *n ist eine Position auf der Min-Seite */
            i = max_partner(*n);
            if (x.key > deap[i].key)  {
                deap[*n] = deap[i];
                max_insert(deap,i,x);
            }
            else
                min_insert(deap,*n,x);
            break;
        case TRUE: /* *n ist eine Position auf der Max-Seite */
            i = min_partner(*n);
            if (x.key < deap[i].key) {
                deap[*n] = deap[i];
                min_insert(deap,i,x);
            }
            else
                max_insert(deap,*n,x);
    }
}
```

Programm 9.4: Eine Funktion, um ein Element in einen Deap einzufügen

Die Funktion *deap_insert* benutzt die folgenden Funktionen, deren Implementierung wir Ihnen in der folgenden Übung überlassen:

(1)   *max_heap(n)*. Diese Funktion zeigt genau dann *TRUE* an, wenn n eine Position im Max-Heap des Deaps einnimmt.

(2)   *min_partner(n)*. Diese Funktion berechnet den Min-Heap-Knoten, der dem Vorgänger der Max-Heap-Position n entspricht. Dieser ergibt sich zu $n - 2^{\lfloor \log_2 n \rfloor - 1}$.

(3)   *max_partner(n)*. Diese Funktion berechnet den Max-Heap-Knoten, der dem Vorgänger der Min-Heap-Position n entspricht. Dieser ergibt sich zu $(n + 2^{\lfloor \log_2 n \rfloor - 1}) / 2$.

(4)   *min_insert* und *max_insert*. Diese Funktionen fügen jeweils ein Element auf einer spezifizierten Position in einen Min- und Max-Heap ein. Dies geschieht, indem der Weg von dieser Position aus in Richtung auf die Wurzel des entsprechenden Heaps benutzt wird. Elemente werden je nach Bedarf nach unten bewegt, bis der korrekte

Platz, an dem das neue Element eingefügt werden soll, gefunden ist. Dieser Vorgang unterscheidet sich von dem im Kapitel 5 zur Einfügung in einem Min- oder Max-Heap verwendeten Vorgang nur dergestalt, daß die Wurzel sich nun auf Position 2 oder 3 statt auf Position 1 befindet.

Analyse von *deap_insert*: Die Korrektheit dieser Funktion kann leicht ermittelt werden. Ihre Komplexität beträgt O(log *n*), da die Höhe des Deaps O(log *n*) ist. □

9.2.3. Löschen eines Min-Elements

Betrachten Sie nun die Delete-Min-Operation! Eine Beschreibung des Löschvorgangs wird in Programm 9.5 gegeben. Die Strategie besteht darin, zuerst das Löschen des Elements aus der Wurzel des Min-Heaps in das Löschen eines Elements auf einer Blattposition im Min-Heap umzuwandeln. Dies geschieht dadurch, daß man im Min-Heap einem Weg von der Wurzel zu den Blättern folgt, was sicherstellt, daß die Eigenschaften des Min-Heaps auf den nachfolgenden Heap-Ebenen erfüllt werden. Dieser Vorgang bewirkt, daß die leere Position, die sich ursprünglich in der Wurzel des Min-Heaps befand, auf einen Blattknoten *p* verschoben wird. Dieser Blattknoten wird dann mit dem Element *t* ausgefüllt, welches sich ursprünglich auf der letzten Position des Heaps befand. Die Einfügung von *t* auf Position *p* des Min-Heaps geschieht mit Hilfe von *deap_insert*. Allerdings wird die Spezifikation von *max_partner*(*i*) umgewandelt in

$$j = i + 2^{\lfloor \log_2 i \rfloor - 1};$$

$$\text{if } (j > n) \; j /= 2;$$

wobei die Einfügung den Deap nicht vergrößert. Die Funktion *modified_deap_insert* führt diese Einfügung aus. Wir überlassen Ihnen das Schreiben dieser Funktion als Übung.

Nehmen wir beispielsweise an, daß wir das kleinste Element des Deaps aus Abbildung 9.6 entfernen möchten. Um dies durchzuführen, plazieren wir zuerst das letzte Element (das mit Schlüssel 20) des Deaps in ein temporäres Element *temp*, da der Löschvorgang diesen Knoten aus der Heap-Struktur entfernt. Als nächstes füllen wir den Leerplatz, den wir in der Wurzel des Min-Heaps geschaffen haben (Knoten 2) durch Entfernen des kleinsten Elements. Um diesen Leerplatz zu füllen, bewegen wir uns auf dem Weg von der Wurzel bis zu einem Blattknoten. Bevor die jeweilige Bewegung ausgeführt wird, plazieren wir das kleinere Element der Nachfolger des aktuellen Knotens in den aktuellen Knoten. Dann bewegen wir uns zu dem Knoten, in dem das bewegte Element unmittelbar zuvor vorhanden war. Bei diesem Beispiel bewegen wir zuerst 8 zu Knoten 2. Dann bewegen wir 9 zu dem Knoten, der zuvor von 8 besetzt war. Nun haben wir ein leeres Blatt und setzen anschließend 20 auf diesen Platz. Wir vergleichen 20 mit dem Schlüssel 40 beim Max-Gegenstück. Da 20 < 40 , ist ein Austausch nicht nötig, und wir fahren fort, indem wir 20 in den Min-Heap einfügen, wobei wir bei der leeren Position beginnen. Diese Operation führt zu dem Deap in Abbildung 9.10.

```
element deap_delete_min(element deap[], int *n)
{
/* Löschen sie das kleinste Element im Heap */
   int i,j;
   element temp;
   if (*n < 2) {
       fprintf(stderr, "Der Deap ist leer\n");
       /* Gib Fehlercode an Anwender */
       deap[0].key = INT_MAX;
       return deap[0];
   }
   deap[0] = deap[2];  /* Sichere Min-Element */
   temp = deap[(*n)--];
   for (i = 2; i*2 <= *n; deap[i] = deap[j], i = j) {
       /* Finde Knoten mit kleinerem Schlüssel */
       j = i*2;
       if (j+1 <= *n) {
           if (deap[j].key > deap[j+1].key)
               j++;
       }
   }
   modified_deap_insert(deap,i,temp);
   return deap[0];
}
```

Programm 9.5: Das Löschen der Min-Funktion

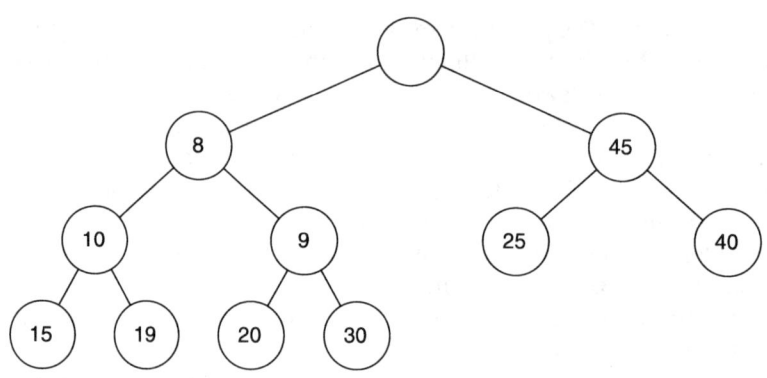

Abbildung 9.10: Deap aus Abbildung 9.6 nach Löschen eines Min-Elements

Analyse von *deap_delete_min*: Wir können recht einfach überprüfen, daß *deap_delete_min* korrekt arbeitet, unabhängig davon, ob sich die letzte Position des Deaps im Min- oder Max-Heap befand. Die Komplexität beträgt O(log n), da die Höhe des Deaps O(log n) beträgt. □

Die *deap_delete_max*-Operation wird auf ähnliche Weise ausgeführt.

Übungen

1. Vervollständigen Sie die *deap_insert*-Funktion (Programm 9.4), indem Sie alle Funktionen schreiben, die darin benötigt werden. Prüfen Sie die Einfügefunktion, indem Sie sie auf einem Computer laufen lassen. Erzeugen Sie Ihre eigenen Testdaten!

2. Vervollständigen Sie die Funktion *deap_delete_min* (Programm 9.5), indem Sie alle darin benutzten Funktionen schreiben. Überprüfen Sie die Korrektheit Ihrer Funktion, indem Sie sie auf einem Computer laufen lassen, benutzen Sie dabei Testdaten Ihrer Wahl.

3. Schreiben Sie eine Funktion, um einen Heap mit n Elementen zu initialisieren. Ihre Funktion muß in der Zeit O(n) laufen. Zeigen Sie, daß sie diese Laufzeit tatsächlich einhält. (Tip: Benutzen Sie eine Reihe von Anpassungen, um ein neues Element einzufügen, wie in den Abschnitten 5.6 und 7.7 erläutert.)

4. Schreiben Sie die Funktionen, die nötig sind, um alle Operationen bei doppelendigen Prioritätswarteschlangen für einen Min-Max-Heap und für einen Deap durchzuführen.

    (a) Benutzen Sie entsprechende Testdaten, um die Korrektheit Ihrer Funktionen zu überprüfen.

    (b) Erstellen Sie eine beliebige Liste von n Elementen und eine beliebige Sequenz mit Insert-, Delete-Min- und Delete-Max-Operationen der Länge m. Erstellen Sie die Sequenz so, daß sich die Wahrscheinlichkeit, eine Einfügung vorzunehmen, auf etwa 0,5, und die Wahrscheinlichkeit, daß irgendein Typ gelöscht werden kann, auf annähernd 0,25 beläuft. Initialisieren Sie einen Min-Max-Heap und einen Deap, welche n Elemente in der ersten beliebigen Liste enthalten sollen. Messen Sie nun die Zeit, die für die Ausführung der m-Operationen benötigt wird, wobei Sie sowohl den Min-Max-Heap als auch den Deap benutzen. Teilen Sie diese Zeit durch m, um die Durchschnittszeit pro Operation zu ermitteln. Führen Sie dies mit n=100, 500, 1000, 2000, $\cdots$, 5000 durch. Setzen Sie m auf 5000. Geben Sie Ihre Rechenzeiten tabellarisch an.

    (c) Was können Sie auf der Grundlage Ihrer Experimente über die relativen Vorteile der beiden Entwürfe für doppelendige Prioritätswarteschlangen aussagen?

5.   Ermitteln Sie die genaue Anzahl der Schlüsselvergleiche im ungünstigsten Falle, die
      im Laufe jeder Operation bei doppelendigen Prioritätswarteschlangen auftreten
      können, wenn ein Min-Max-Heap verwendet wird. Ermitteln Sie dies ebenfalls für
      den Fall, daß ein Deap benutzt wird. Was können Sie über die erwartete Leistung
      im ungünstigsten Falle dieser beiden Methoden aussagen? Können Sie sich
      vorstellen, wie die Anzahl der Vergleiche im ungünstigsten Falle reduziert werden
      kann, indem ein binärer Suchbaum verwendet wird (wobei allerdings die Anzahl
      der Elementbewegungen nicht reduziert werden soll)?

9.3. LINKSAUSGERICHTETE BÄUME

Im vorangegangenen Abschnitt erweiterten wir die Definition einer Prioritätswarteschlange, indem wir die Forderung erhoben, daß sowohl Max- als auch Min-Löschoperationen erlaubt sein müßten. In diesem Abschnitt betrachten wir eine andere Erweiterung dieses Begriffs. Nehmen wir an, daß wir zusätzlich zu den normalen Operationen bei Prioritätswarteschlangen gefordert wären, die Combine-Operation zu ermöglichen. Diese verlangt von uns, daß wir zwei Prioritätswarteschlangen zu einer einzigen Prioritätswarteschlange zusammenfassen. Eine Anwendungsmöglichkeit hierfür ist gegeben, wenn der Server einer Prioritätswarteschlange runtergefahren wird. Zu diesem Zeitpunkt ist es notwendig, die Prioritätswarteschlange mit der eines funktionierenden Servers zu verbinden.

Nehmen wir an, daß n für die Gesamtanzahl der Elemente in den beiden vorrangigen Warteschlangen, die miteinander verbunden werden sollen, steht. Wenn Heaps benutzt werden, um Prioritätswarteschlangen darzustellen, erfordert der Verbindungsvorgang die Zeit $O(n)$. Bei Benutzung eines linksausgerichteten Baumes werden für den Kombinationsvorgang und die normalen Operationen bei Prioritätswarteschlangen logarithmische Zeiten benötigt.

Um einen linksausgerichteten Teilbaum zu definieren, ist es notwendig, das Konzept eines erweiterten binären Baumes (*extended binary tree*) einzuführen. Ein erweiterter binärer Baum ist ein binärer Baum, in dem alle leeren, binären Teilbäume durch einen viereckigen Knoten ersetzt wurden. Abbildung 9.11 zeigt zwei Beispiele für binäre Bäume. Die entsprechenden erweiterten binären Bäume sind in Abbildung 9.12 zu sehen. Die viereckigen Knoten in einem erweiterten binären Baum werden *externe Knoten* (*external nodes*) genannt. Die (runden) Originalknoten des binären Baumes werden *interne Knoten* (*internal nodes*) genannt.

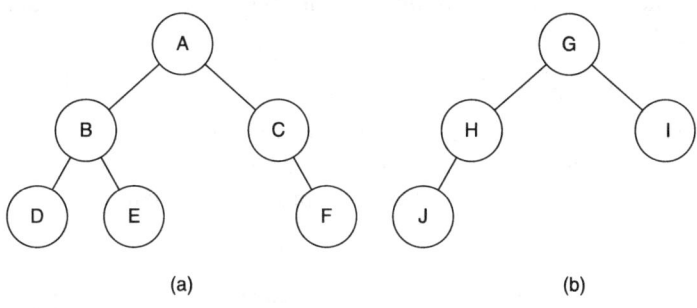

(a)   (b)

Abbildung 9.11: Zwei binäre Bäume

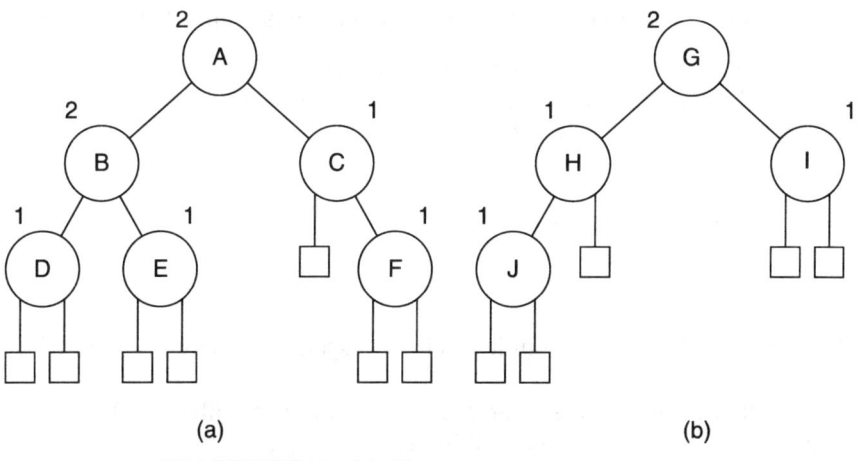

(a)   (b)

Abbildung 9.12: Erweiterte binäre Bäume, entsprechend Abbildung 9.11

Nehmen wir an, x sei ein Knoten in einem erweiterten binären Baum. Hierbei bezeichnen *left_child*(x) und *right_child*(x) jeweils den linken und den rechten Nachfolger des internen Knotens x. Wir definieren *shortest*(x), um die Länge des kürzesten Weges von x zu einem externen Knoten zu ermitteln. Man kann unschwer erkennen, daß *shortest*(x) zu der folgenden Rekursion führt:

$$shortest(x) = \begin{cases} 0, \text{ falls } x \text{ ein externer Knoten ist} \\ 1 + \min \left\{ shortest(left\_child(x)), \ shortest(right\_child(x)) \right\} \text{ sonst} \end{cases}$$

Die Zahl oberhalb der internen Knotens x aus Abbildung 9.12 ist der Wert von *shortest*(x).

Definition: Ein linksausgerichteter Baum ist ein binärer Baum, bei dem für jeden internen Knoten x gilt:

$$shortest\,(left\_child(x)) \geq shortest\,(right\_child(x)) \qquad \square$$

Der binäre Baum von Abbildung 9.11(a), der dem erweiterten binären Baum von Abbildung 9.12(a) entspricht, ist kein linksausgerichteter Baum, da $shortest(left\_child(\text{C})) = 0$ ist, während $shortest(right\_child(\text{C})) = 1$ ist. Der binäre Baum von Abbildung 9.11(b) ist ein linksausgerichteter Baum.

Lemma 9.1: Sei x die Wurzel eines linksausgerichteten Baumes, der n (interne) Knoten besitzt.

(a) $n \geq 2^{shortest\,(x)} - 1$

(b)   Der Weg von der ganz rechten Wurzel zu einem externen Knoten ist der kürzeste Weg von einer Wurzel zu einem externen Knoten. Seine Länge beträgt $shortest(x)$.

Beweis: (a) Aus der Definition von $shortest(x)$ folgt, daß keine externen Knoten auf den ersten $shortest(x)$ Ebenen des linksausgerichteten Baumes vorhanden sind. Daher verfügt der linksausgerichtete Baum über wenigstens

$$\sum_{i=1}^{shortest\,(x)} 2^{i-1} = 2^{shortest\,(x)} - 1$$

interne Knoten.

(b) Dies folgt direkt aus der Definition eines linksausgerichteten Baumes. $\square$

Wir stellen linksausgerichtete Bäume mit Knoten dar, die über die Felder *left_child*, *right_child*, *shortest* und *data* verfügen. Wir nehmen an, daß *data* ein **strukt** ist, das zumindest ein *key*-Feld aufweist. Wir sollten beachten, daß wir das Konzept eines externen Knotens eingeführt haben, um zu klaren Definitionen zu gelangen. Die externen Knoten sind niemals bei der Darstellung eines linksausgerichteten Baumes zu sehen. Vielmehr wird das entsprechende Nachfolgerfeld eines Vorgängers eines externen Knotens auf *NULL* gesetzt. Die C-Deklarationen sind folgende:

```
typedef  struct {
         int key;
         /* Andere Felder */
         } element;
typedef  struct  leftist *leftist_tree;
         struct  leftist {
                 leftist_tree left_child;
                 element data;
                 leftist_tree right_child;
                 int shortest;
                 } ;
```

Definition: Ein *min-leftist tree* (*max-leftist tree*) ist ein linksausgerichteter Baum, in dem der Schlüsselwert eines jeden Knotens nicht größer (kleiner) als die Schlüsselwerte seiner Nachfolger (falls vorhanden) ist. Mit anderen Worten, ein linksausgerichteter Min-(Max-) Baum ist ein linksausgerichteter Baum, der auch ein Min-(Max-)Baum ist. □

Abbildung 9.13 veranschaulicht zwei linksausgerichtete Min-Bäume. Die Zahl innerhalb eines Knotens x ist der Schlüssel des Elements in x, und die Nummer außerhalb x ist *shortest*(x). Die Operationen Insert, Delete-Min (Delete-Max) und Combine können in logarithmischer Zeit ausgeführt werden, wobei ein linksausgerichteter Min-(Max-) Baum verwendet wird. Von nun an benutzen wir für unsere Erläuterungen linksausgerichtete Min-Bäume.

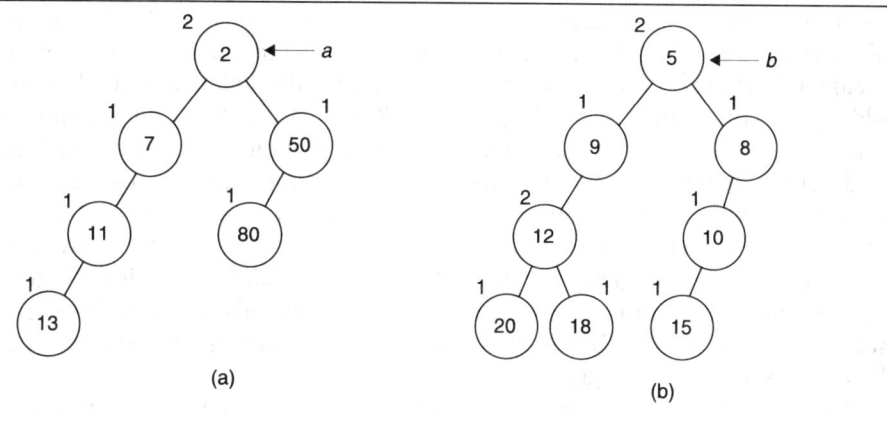

(a)

(b)

Abbildung 9.13: Beispiele für linksausgerichtete Min-Bäume

Wir können die Operationen Insert und Delete-Min durchführen, indem wir die Combine-Operation benutzen. Um ein Element x in einen linksausgerichteten Min-Teilbaum a einzufügen, erstellen wir zuerst einen linksausgerichteten Min-Baum b, der nur das Element x enthält. Dann kombinieren wir die linksausgerichteten Min-Bäume a und b. Um das Min-Element aus einem nichtleeren, linksausgerichteten Min-Baum a zu löschen, kombinieren wir den linksausgerichteten Min-Baum $a->left\_child$ und $a->right\_child$ und löschen den Knoten a.

Der Kombinationsvorgang selbst ist einfach. Nehmen wir an, daß wir die linksausgerichteten Min-Bäume a und b miteinander kombinieren wollen. Zuerst erhalten wir einen neuen binären Baum, der alle Elemente in a und b enthält, wobei in a und/oder b immer der am weitesten rechts liegende aller möglichen Wege benutzt wird. Dieser binäre Baum hat die Eigenschaft, daß der Schlüssel in jedem Knoten nicht größer ist als die Schlüssel seiner Nachfolger (falls vorhanden). Als nächstes tauschen wir die linken und rechten Teilbäume der Knoten aus, soweit dies notwendig ist, um diesen binären Baum in einen linksausgerichteten Baum zu verwandeln. Die Operationen Insert und Delete-Min können beide durch Benutzung der Operation Combine ausgeführt werden. Um ein Element x in einen linksausgerichteten Min-Baum a einzufügen, erstellen wir einen linksausgerichteten Min-Baum b, der das Einzelelement x enthält. Dann kombinieren wir die linksausgerichteten Min-Bäume a und b. Um das Min-Element aus einem nichtleeren, linksausgerichteten Min-Baum a zu löschen, kombinieren wir den linksausgerichteten Min-Baum $a->left\_child$ und $a->right\_child$ und löschen den Knoten a.

Betrachten Sie das Beispiel einer Kombination des linksausgerichteten Min-Baumes a und b von Abbildung 9.13. Um einen binären Baum zu erhalten, der alle die Elemente in a und b enthält und die geforderte Beziehung zwischen den Schlüsseln der Vorgänger und Nachfolger erfüllt, vergleichen wir zuerst die Schlüssel in den Wurzeln 2 und 5. Da 2 < 5 ist, sollte der neue binäre Baum die Zahl 2 in seiner Wurzel enthalten. Wir lassen den linken Teilbaum a unverändert und kombinieren den rechten Teilbaum von a mit dem gesamten binären Baum b. Der daraus resultierende binäre Baum wird zu dem neuen rechten Teilbaum a. Wenn der rechte Teilbaum a und der binäre Teilbaum b miteinander kombiniert werden, bemerken wir, daß 5 < 50 ist. Daher sollte sich 5 in der Wurzel des kombinierten Baumes befinden. Nun fahren wir fort, die Teilbäume mit Wurzel 8 und 50 zu kombinieren. Da 8 < 50 ist, und 8 keinen rechten Teilbaum hat, können wir den Teilbaum mit Wurzel 50 zum rechten Teilbaum von 8 machen. Dies liefert uns den binären Baum in Abbildung 9.14(a). Daher ist das Ergebnis der Kombination des rechten Teilbaumes von a mit dem Baum b der Baum in Abbildung 9.14(b). Wenn dieser zum rechten Teilbaum von a wird, erhalten wir den binären Baum in Abbildung 9.14(c). Um diesen in einen linksausgerichteten Baum zu verwandeln, beginnen wir bei der letzten veränderten Wurzel (d.h. 8) und verfolgen den Weg zurück zu der Gesamtwurzel, wobei wir sicherstellen, daß $shortest(left\_child()) \geq shortest(right\_child())$ ist. Diese Ungleichheit gilt für 8, aber nicht für 5 und 2. Wenn man einfach den linken und rechten Teilbaum an diesem Knoten austauscht, bleibt diese Ungleichheit bestehen. Das Ergebnis ist der linke Teilbaum in Abbildung 9.14(d).

Die Funktion $min\_combine$ (Programm 9.6) enthält den Code, um zwei linksausgerichtete Bäume zu kombinieren. Diese Funktion benutzt die rekursive Funktion min_union (Programm 9.7), um zwei nichtleere, linksausgerichtete Bäume endgültig miteinander zu kombinieren. Die Funktion min_union verbindet die beiden Schritte miteinander:

(1)   Erstellen eines binären Baumes, der alle Elemente enthält, wobei sichergestellt sein muß, daß die Wurzel eines jeden Teilbaumes den kleinsten Schlüssel, der sich in diesem Teilbaum befindet, enthält.

(2)   Sicherstellen, daß jeder Knoten über einen linken Teilbaum verfügt, dessen Wert $shortest$ größer oder gleich dem Wert des entsprechenden rechten Teilbaumes ist.

Analyse von $min\_combine$: Da min_union sich entlang der rechten Wege in den beiden linksausgerichteten Bäumen, die miteinander kombiniert werden, bewegt, und da die Länge dieser Wege sich bezüglich der Anzahl der Elemente in jedem Baum höchstens logarithmisch verhält, vollzieht sich die Kombination zweier linksausgerichteter Bäume mit einer Gesamtsumme von n Elementen in der Zeit O(log n). □

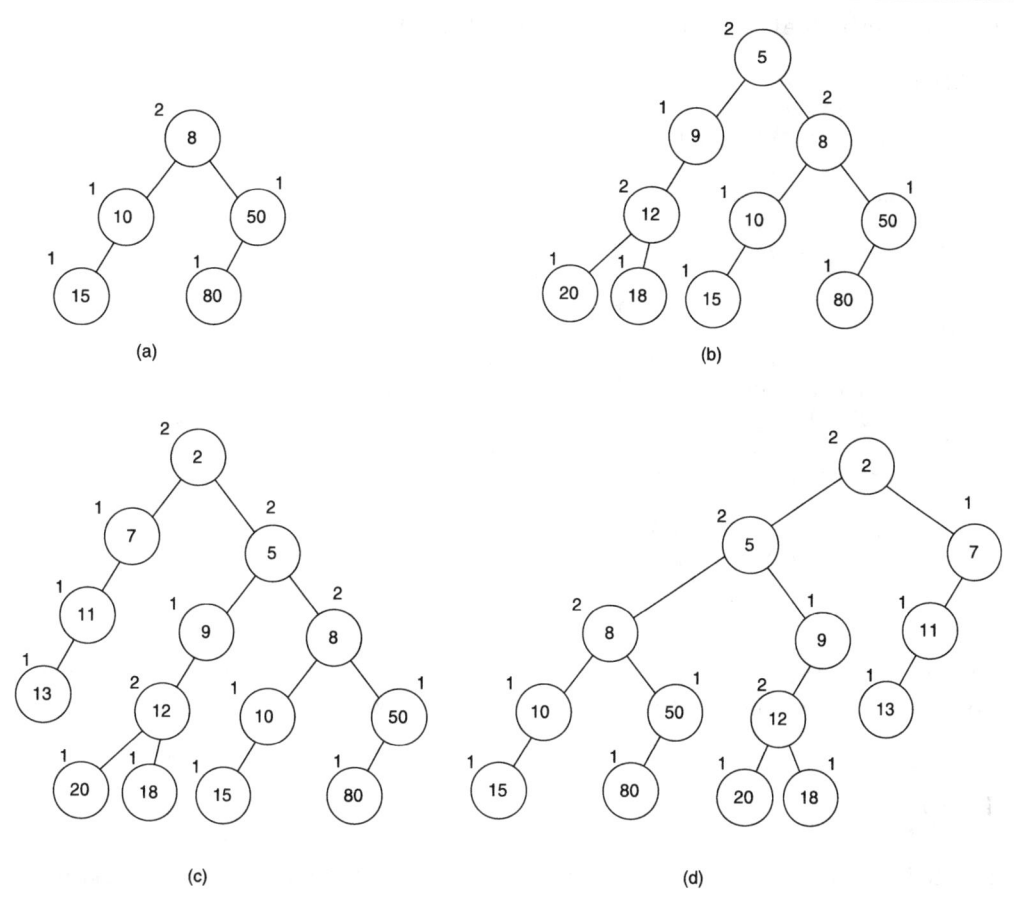

Abbildung 9.14: Kombination der linksausgerichteten Min-Teilbäume aus Abbildung 9.13

```
void min_combine(leftist_tree *a, leftist_tree *b)
{
/* Kombiniere die beiden linksausgerichteten Min-Bäume *a und *b.
Der daraus resultierende linksausgerichtete Min-Baum wird in *a
zurückgegeben, und *b wird auf NULL gesetzt */
    if (!*a)
        *a = *b;
    else if (*b)
        min_union(a,b);
    *b = NULL;
}
```

Programm 9.6: Kombinieren zweier linksausgerichteter Bäume

```
void min_union(leftist_tree *a, leftist_tree *b)
{
/* Kombiniere zwei nichtleere linksausgerichtete Min-Bäume */
    leftist_tree temp;
    /* Lege a als Baum mit der kleineren Wurzel fest */
    if ((*a)->data.key > (*b)->data.key)
        SWAP(*a,*b,temp);
    /* Erstelle binäre Bäume, so daß der kleinste Schlüssel eines
    jeden Teilbaumes sich in der Wurzel befindet */
    if (!(*a)->right_child)
        (*a)->right_child = *b;
    else
        min_union(&(*a)->right_child, b);
    /* Eigenschaft des linksausgerichteten Baumes */
    if (!(*a)->left_child) {
        (*a)->left_child = (*a)->right_child;
        (*a)->right_child = NULL ;
    }
    else if ((*a)->left_child->shortest < (*a)->right_child->shortest)
        SWAP((*a)->left_child,(*a)->right_child, temp);
    (*a)->shortest = (!(*a)->right_child) ? 1 :
                            (*a)->right_child->shortest + 1;
}
```

Programm 9.7: Kombinieren von zwei linksausgerichteten Min-Bäumen

Übungen

1. Sei *t* ein beliebiger binärer Baum, der unter Verwendung der Knotenstruktur eines linken Teilbaumes dargestellt wird.

    (a) Schreiben Sie eine Funktion, um das *shortest*-Feld eines jeden Knotens in *t* zu initialisieren.

    (b) Schreiben Sie eine Funktion, um *t* in einen linksausgerichteten Baum zu verwandeln.

    (c) Bestimmen Sie die Komplexität jeder dieser Funktionen.

2. Schreiben Sie eine Funktion, um einen linksausgerichteten Min-Baum mit *n* Elementen zu initialisieren. Nehmen Sie an, daß die Knoten die gleiche Struktur aufweisen, wie sie im Text zugrunde gelegt wurde. Ihre Funktion muß in der Zeit O(*n*) laufen. Zeigen Sie, daß dies der Fall ist. Können Sie sich vorstellen, auf welche Weise diese Initialisierung in der Zeit O(*n*) erfolgen kann, und zwar so, daß der daraus resultierende linksausgerichtete Min-Baum auch ein vollständiger binärer Baum ist?

3. Schreiben Sie eine Funktion, um das Element in Knoten *x* aus dem linksausgerichteten Min-Teilbaum *a* zu löschen. Legen Sie zugrunde, daß jeder Knoten über die Felder *left_child*, *right_child*, *parent*, *shortest* und *data* verfügt. Das Feld *parent* eines Knotens zeigt auf seinen Vorgänger im linksausgerichteten Baum. Zeigen Sie, wie wir diesen Löschvorgang in der Zeit O(log *n*) durchführen können, wobei *n* die Anzahl der Elemente in *a* darstellt.

4. [Verzögerter Löschvorgang] Eine weitere Möglichkeit, um das Löschen beliebiger Elemente in einem linksausgerichteten Min-Baum zu bewerkstelligen, ist die Verwendung eines Feldes *deleted* anstelle des Vorgängerfeldes der vorangegangenen Übung. Wenn wir ein Element löschen, setzen wir dessen Feld *deleted* auf *TRUE*. Wir löschen den Knoten allerdings nicht physikalisch. Wenn wir die Operation *delete_min* ausführen, suchen wir zuerst nach dem nicht gelöschten Minimumelement, indem wir eine begrenzte Anzahl von Preorder-Suchvorgängen durchführen. Diese Preorder-Suche durchläuft lediglich die oberen Teile des Baumes, soweit es notwendig ist, um das Min-Element zu identifizieren. Alle gefundenen, gelöschten Elemente werden physikalisch gelöscht und deren Teilbäume miteinander kombiniert, um den neuen linksausgerichteten Min-Baum zu erhalten.

   (a) Schreiben Sie eine Funktion, um das Element in Knoten *x* des linksausgerichteten Min-Baumes *a* zu löschen.

   (b) Schreiben Sie eine weitere Funktion, um das Min-Element aus einem linksausgerichteten Min-Baum, in dem einige Elemente mit Hilfe der vorher beschriebenen Funktion gelöscht wurden, zu löschen.

   (c) Bestimmen Sie die Komplexität dieser letzten Funktion in Abhängigkeit von der Anzahl der vorgefundenen gelöschten Elemente und der Anzahl der Elemente im gesamten Baum.

5. [Schräge Heaps] Ein *schräger Heap* (*skewed heap*) ist ein Min-Baum, der bei linksausgerichteten Bäumen die Operationen Insert, Delete-Min und Combine in der amortisierten Zeit (siehe den nächsten Abschnitt zur Definition amortisierter Zeit) O(log *n*) pro Operation ermöglicht. Wie im Falle der linksausgerichteten Bäume werden Einfügungen und Löschungen mit Hilfe der Combine-Operation durchgeführt, wobei jeweils die rechten Wege in den beiden miteinander kombinierten Heaps verfolgt werden. Anders als bei linksausgerichteten Min-Bäumen jedoch tauschen wir die linken und rechten Teilbäume aller Knoten (außer dem letzten) miteinander aus, und zwar auf dem am weitesten rechts liegenden Weg im daraus resultierenden Heap.

   (a) Schreiben Sie die Funktionen Insert, Delete-Min und Combine für schräge Heaps.

   (b) Vergleichen Sie die Laufzeiten dieser Heaps mit denjenigen für die gleichen Operationen in einem linksausgerichteten Min-Baum. Benutzen Sie beliebige Sequenzen mit Insert-, Delete-Min- und Combine-Operationen.

9.4. BINOMISCHE HEAPS

9.4.1. Kostenamortisation

Ein binomischer Heap ist eine Datenstruktur, die die gleichen Funktionen, die von linksausgerichteten Bäumen geleistet werden (z.B. Insert, Delete-Min oder -Max und Combine), ermöglicht. Anders als linksausgerichtete Bäume, bei denen eine Einzeloperation in der Zeit $O(\log n)$ durchgeführt werden kann, können bestimmte Einzeloperationen, die an einem binomischen Heap vorgenommen werden, die Zeit $O(n)$ benötigen. Wenn wir jedoch einen Teil des Aufwandes für "teure" Operationen mit den "preiswerten" mitteln, beträgt die amortisierte Komplexität einer einzelnen Operation entweder $O(1)$ oder $O(\log n)$, je nach Art der Operation.

Lassen Sie uns das Konzept der Kostenamortisation näher betrachten (Die Begriffe *Kosten* und *Komplexität* haben hier dieselbe Bedeutung). Nehmen wir an, daß eine Sequenz I1, I2, D1, I3, I4, I5, I6, D2, I7 von Min-Einfüge- und -Löschoperationen ausgeführt wird. Setzen wir voraus, daß die eigentlichen Kosten jeder der sieben Einfügungen sich auf 1 beläuft. Hiermit meinen wir, daß jede Einfügung eine Zeiteinheit benötigt. Nehmen wir weiterhin an, daß die Min-Löschoperationen D1 und D2 jeweils einen Kostenfaktor von 8 und 10 haben. Die Gesamtkosten der Operationenfolge beläuft sich folglich auf 25.

In einem Amortisationsplan schichten wir einige der eigentlichen Kosten einer Operation auf andere Operationen um. Dies reduziert die Kosten, die für einige Operationen berechnet werden, und erhöht diejenigen anderer Operationen. Die amortisierten Kosten einer Operation sind die ihr zugeordneten Gesamtkosten. Der Kostentransferplan (Amortisationsplan) muß so aufgebaut sein, daß die Summe der amortisierten Kosten der Operationen größer oder gleich der Summe der entsprechenden tatsächlichen Kosten ist. Wenn wir eine Kosteneinheit eines Delete-Min-Vorgangs auf die Kosten der Einfügungen, die seit dem letzten Delete-Min-Vorgang (falls vorhanden) durchgeführt wurden, anrechnen, werden zwei Kosteneinheiten von D1 auf I1 und auf I2 übertragen (wobei die berechneten Kosten jedes Vorgangs um eine Einheit zunehmen), und vier Kosteneinheiten werden von D2 auf I3 bis I6 übertragen. Die amortisierten Kosten jedes der Vorgänge von I1 bis I6 belaufen sich auf zwei Einheiten, die Kosten von I7 entsprechen den tatsächlichen Kosten (z.B. eine Einheit), und die Kosten für die Vorgänge D1 und D6 belaufen sich auf sechs Einheiten. Die Summe der amortisierten Kosten beträgt 25, was der Summe der tatsächlichen Kosten entspricht.

Nehmen wir nun an, daß wir folgendes beweisen können: Gleich, welche Sequenz von Insert- und Delete-Min-Operationen ausgeführt wird, wir die Kosten auf eine Weise berechnen können, daß die amortisierten Kosten eines jeden Insert-Vorgangs nicht mehr als zwei Einheiten und die eines jeden Delete-Min-Vorgangs nicht mehr als sechs Einheiten betragen. Dies ermöglicht es uns, die Forderung zu erheben, daß die tatsächlichen Kosten jeder Insert-/Delete-Min-Sequenz nicht mehr als $2 * i + 6 * d$ betragen sollen, wobei i und d jeweils die Anzahl der Insert- und Delete-Min-Operationen in der Sequenz darstellen. Nehmen wir an, daß die tatsächlichen Kosten eines Delete-Min-Vorgangs nicht mehr als zehn Einheiten betragen, während sie sich bei Insert auf eine Einheit belaufen. Wenn wir tatsächliche Kosten benutzen, können wir folgern, daß die Sequenzkosten nicht mehr als $i + 10 * d$ betragen. Wenn wir diese beiden Formeln miteinander kombinieren, erhalten wir $\min\{2 * i + 6 * d, i + 10 * d\}$ als Formel für die Sequenzkosten. Wenn wir daher den Begriff der Kostenamortisation benutzen, ist es möglich, komprimiertere Formeln für die Komplexität einer Operationssequenz zu erhalten. Wir werden den Begriff Kostenamortisation verwenden, um zu zeigen, daß, obwohl einzelne Delete-Vorgänge bei einem binomischen Heap zeitaufwendig sein können, die Kosten einer Sequenz binomischer Heap-Operationen eigentlich recht niedrig sind.

9.4.2. Definition binomischer Heaps

Wie im Falle der Heaps und linksausgerichteten Bäume gibt es zwei Formen binomischer Heaps: Min und Max. Ein *binomischer Min-Heap* ist eine Sammlung von Min-Bäumen, wo hingegen ein *binomischer Max-Heap* eine Sammlung von Max-Bäumen ist. Wir werden nur binomische Min-Heaps explizit betrachten. Auf diese werden wir uns als *B-Heaps* beziehen. Abbildung 9.15 zeigt ein Beispiel für einen B-Heap, der in drei Min-Bäume unterteilt ist.

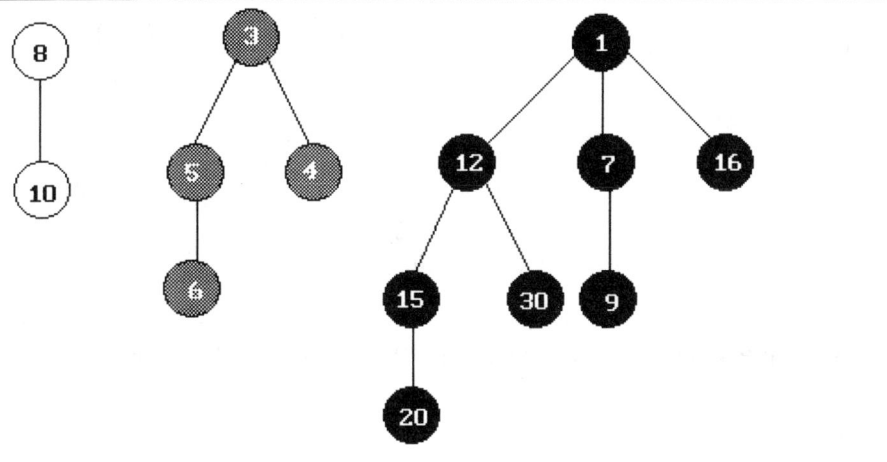

Abbildung 9.15: Ein B-Heap mit drei Min-Bäumen

Wenn wir *B-Heaps* benutzen, können wir Insert und Combine in tatsächlicher und amortisierter O(1)-Zeit ausführen, und einen Delete-Min-Vorgang in amortisierter Zeit O(log *n*). B-Heaps werden mit Hilfe von Knoten dargestellt, die die Felder *degree*, *child*, *left_link*, *right_link* und *data* aufweisen. *Degree* eines Knotens ist die Anzahl seiner Nachfolger; das *child*-Feld wird benutzt, um auf einen beliebigen seiner Nachfolger (falls vorhanden) zu zeigen; die Felder *left_link* und *right_link* werden verwendet, um doppelt verkettete, zirkuläre Listen von Knoten auf gleicher Ebene zu unterhalten. Alle Nachfolger eines Knotens bilden eine doppelt verkettete Liste, wobei der Knoten auf einen dieser Nachfolger zeigt. Außerdem sind die Wurzeln der Min-Bäume, die einen B-Heap enthalten, miteinander verbunden und bilden eine doppelt verkettete, zirkuläre Liste.

Auf den B-Heap ist dann ein einzelner Zeiger auf die Wurzel des Min-Baumes mit dem kleinsten Schlüssel gerichtet. In einer Übung untersuchen wir die Möglichkeit, alle doppelt verketteten, zirkulären Listen durch einfach verkettete, zirkuläre Listen zu ersetzen.

Abbildung 9.16 zeigt die Darstellung des Beispiels aus Abbildung 9.15. *child*-Felder werden mit Hilfe von unterbrochenen Pfeilen dargestellt. Um die Lesbarkeit dieser Abbildung zu verbessern, haben wir durchgezogene Pfeile benutzt, die in zwei Richtungen zeigen, um Knoten miteinander zu verbinden, die sich in derselben, doppelt verketteten, zirkulären Liste befinden. Wenn eine solche Liste nur einen Knoten enthält, haben wir solche Pfeile nicht benutzt. Jeder der Sätze mit den Schlüsseln {10}, {6}, {5, 4}, {20}, {15, 30}, {9}, {12, 7, 16} und {8, 1, 3} bezeichnet die Schlüssel in einer der doppelt verketteten, zirkulären Listen von Abbildung 9.16. Der Zeiger auf den B-Heap ist a. Beachten Sie, daß ein leerer B-Heap einen *NULL*-Zeiger besitzt!

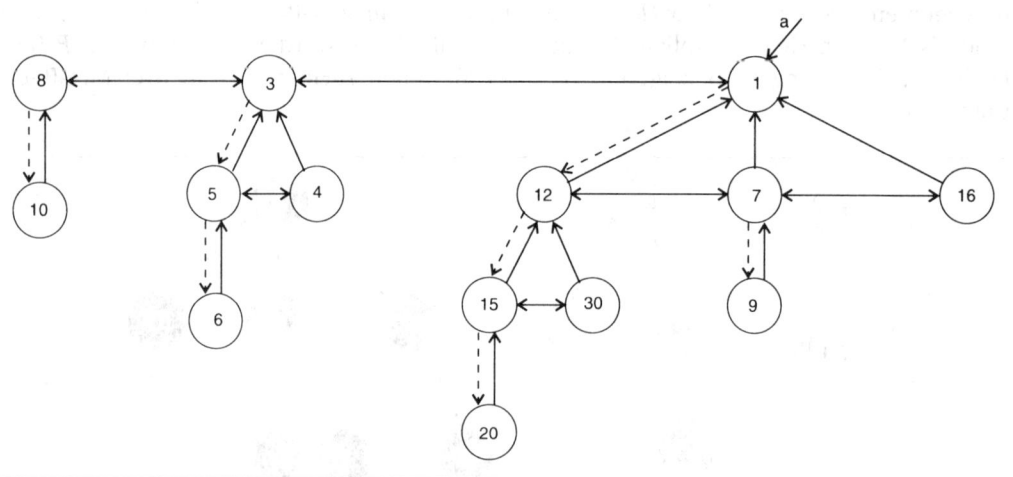

Abbildung 9.16: B-Heap von Abbildung 9.15 mit Zeigern auf Vorgänger und Bruder-Listen

9.4.3. Einfügen in einen binomischen Heap

Wir fügen ein Element x in einem B-Heap a ein, indem wir x in einen neuen Knoten schreiben und diesen Knoten dann in eine doppelt verkettete, zirkuläre Liste einsetzen, auf die a zeigt. Wir setzen a nur dann wieder zurück auf diesen neuen Knoten, wenn a *NULL* ist, oder wenn der Schlüssel von x kleiner als der Schlüssel in dem Knoten ist, auf den a zeigt. Es ist offensichtlich, daß wir diese Einfügeschritte in der Zeit $O(1)$ durchführen können.

9.4.4. Kombinieren

Um zwei nichtleere B-Heaps a und b zu kombinieren, kombinieren wir die beiden oberen doppelt verketteten, zirkulären Listen von a und b zu einer einzigen doppelt verketteten, zirkulären Liste. Der neue B-Heap-Zeiger ist entweder a oder b, abhängig davon, welcher den kleineren Schlüssel besitzt. Dies kann mit Hilfe eines einfachen Vergleichs ermittelt werden. Da zwei doppelt verkettete, zirkuläre Listen in der Zeit O(1) zu einer Liste zusammengefaßt werden können, benötigt ein Combine-Vorgang lediglich die Zeit O(1).

9.4.5. Löschen eines Min-Elements

Schauen wir uns nun die Operation Delete-Min an. Sei a der Zeiger des B-Heaps, in dem das Min-Element gelöscht werden soll. Wenn a NULL ist, dann ist der B-Heap leer, und eine Löschung kann vorgenommen werden. Nehmen wir an, daß a nicht NULL ist und auf den Knoten zeigt, der das Min-Element enthält. Dieser Knoten wird aus dessen doppelt verketteter, zirkulären Liste gelöscht. Der neue B-Heap besteht aus den übrigen Min-Bäumen und den Min-Teilbäumen der gelöschten Wurzel. Abbildung 9.17 zeigt, wie die Situation sich beim Beispiel von Abbildung 9.15 darstellt.

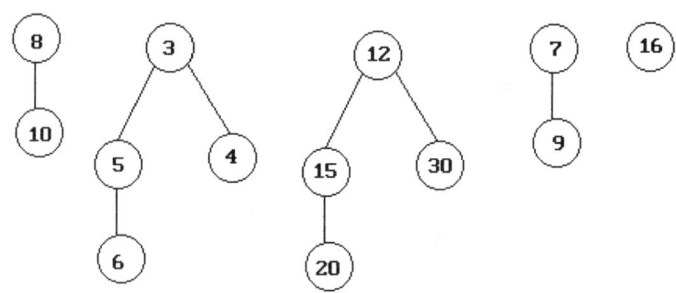

Abbildung 9.17: Der B-Heap von Abbildung 9.15 nach dem Löschen des Min-Elements

Bevor wir die doppelt verkettete, zirkuläre Liste der Wurzeln der Min-Bäume herstellen, bilden wir mehrmals hintereinander Paare von Min-Bäumen gleichen Grades (der Grad eines nichtleeren Min-Baumes ist der Grad seiner Wurzel). *Dieses Zusammenfügen von Min-Bäumen vollzieht sich, indem der Min-Baum, dessen Wurzel einen größeren Schlüssel hat, zu einem Teilbaum des anderen gemacht wird (Verbindungen werden willkürlich unterbrochen).* Wenn zwei Min-Bäume zusammengefügt werden, ist die Gradzahl des daraus resultierenden Min-Baumes um Eins größer als die Originalgradzahl jedes Min-Baumes, und die Anzahl der Min-Bäume vermindert sich um Eins. In unserem Beispiel können wir zuerst entweder die Min-Bäume mit den Wurzeln 8 und 7 oder diejenigen mit den Wurzeln 3 und 12 miteinander verbinden. Wenn das erste Paar zusammengefügt ist, wird der Min-Baum mit Wurzel 8 zu einem Teilbaum des Min-Baumes mit Wurzel 7. Nun verfügen wir über die Min-Baum-Sammlung der Abbildung 9.18. Es sind drei Min-Bäume mit dem Grad 2 in dieser Sammlung vorhanden. Wenn das Paar mit den Wurzeln 7 und 3 zwecks Zusammenfügen herausgenommen wird, ergibt sich die Min-Baum-Sammlung der Abbildung 9.19. Da die Min-Bäume in dieser Sammlung verschiedene Grade haben, wird der Vorgang des Zusammenfügens von Min-Bäumen hier beendet.

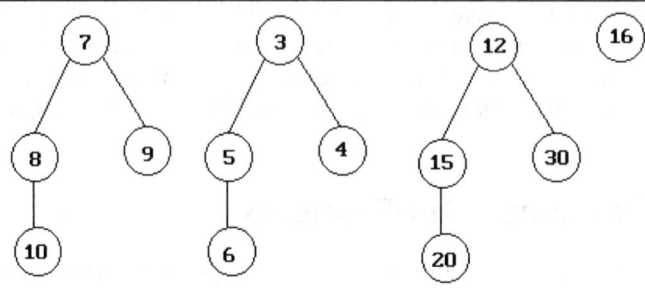

Abbildung 9.18: Der B-Heap der Abbildung 9.17 nach Zusammenfügen der zwei Min-Bäume mit Grad Eins

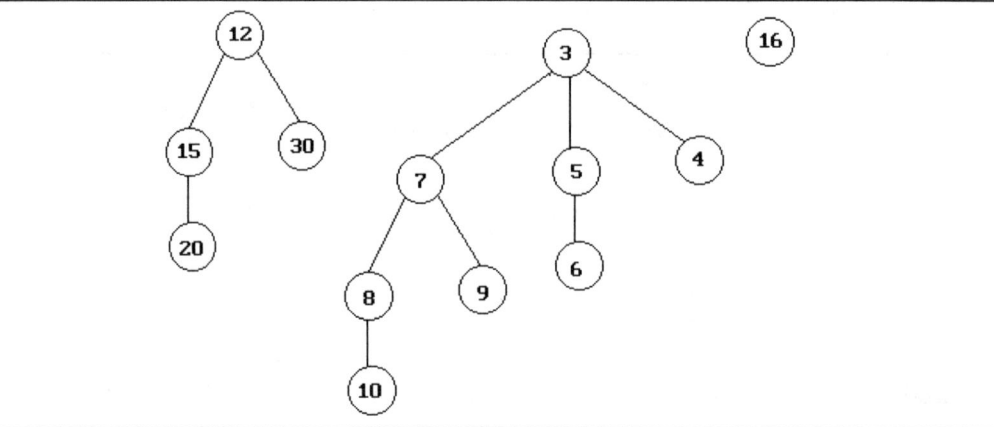

Abbildung 9.19: Der B-Heap von Abbildung 9.18 nach Verkettung von zwei Min-Bäumen mit Grad 2

Nachdem wir das Verknüpfen der Min-Bäume beendet haben, verbinden wir die Wurzeln der Min-Bäume, um eine doppelt verkettete, zirkuläre Liste zu bilden. Auch positionieren wir den Zeiger des B-Heaps neu, so daß er auf die Wurzel des Min-Baumes mit dem kleinsten Schlüssel weist. Die Schritte, die notwendig sind, um eine Delete-Min-Operation auszuführen, werden in Programm 9.8 zusammengefaßt.

{Lösche das Min-Element im B-Heap *a*, dieses Element wird in *x* zurückgegeben}

Schritt 1: [Behandlung des leeren B-Heaps] **if** (*a*= *NULL*) *deletion_error* **else** Ausführen der Schritte 2 - 4;

Schritt 2: [Löschen aus einem nichtleeren B-Heap] *x* = *a* –> *data*; *y* = *a* –> *child*; Lösche *a* aus dessen doppelt verketteten, zirkulären Liste; jetzt zeigt *a* auf einen beliebigen, verbleibenden Knoten in der daraus resultierenden Liste; falls ein solcher Knoten nicht vorhanden ist, setzen Sie *a* = *NULL*;

Schritt 3: [Verbindung der Min-Bäume] Betrachten Sie die Min-Bäume in den Listen *a* und *y*; fügen Sie Paare von Min-Bäumen gleichen Grades zusammen, bis alle übrigen Min-Bäume verschiedenen Grad haben;

Schritt 4: [Bilde eine Liste der Wurzeln der Min-Bäume] Verbinde die Wurzeln der übrigen Min-Bäume (falls vorhanden), damit sie eine doppelt verkettete, zirkuläre Liste bilden; stellen Sie *a* so ein, daß es auf die Wurzel mit dem kleinsten Schlüssel zeigt (falls vorhanden);

Programm 9.8: Die Schritte eines Delete-Min-Vorgangs

Die Schritte 1 und 2 benötigen die Zeit O(1). Schritt 3 wird ausgeführt, indem ein Feld *tree* benutzt wird, das von 0 bis zur größten möglichen Gradzahl *MAX_DEGREE* eines Min-Baumes indiziert ist. Ursprünglich sind alle Eingaben in dieses Feld *NULL*. Sei *s* die Anzahl der Min-Bäume in *a* und *y*. Die Listen *a* und *y*, die in Schritt 2 erstellt wurden, werden abgesucht. Für jeden Min-Baum *t* in den Listen *a* und *y*, die in Schritt 2 erstellt wurden, wird der Code von Programm 9.9 ausgeführt. Die Funktion *join_min_trees* macht aus dem Eingabebaum mit der größeren Wurzel einen Teilbaum des anderen Baumes. Der daraus resultierende Baum erscheint wieder im ersten Parameter. Zum Schluß enthält das Feld *tree* Zeiger auf die Min-Bäume, die in Schritt 4 miteinander verbunden werden sollen. Da jedesmal ein Paar Min-Bäume miteinander verbunden wird, verringert sich die Gesamtanzahl der Min-Bäume um 1, die Anzahl der Verkettungen beträgt bestenfalls *s* – 1. Daher beträgt die Komplexität von Schritt 3 O(*MAX_DEGREE* + *s*). Schritt 4 wird beendet, indem *tree* abgesucht und die gefundenen Min-Bäume miteinander verkettet werden. Während dieses Suchvorgangs können Min-Bäume mit den minimalen Schlüsseln ebenfalls ermittelt werden. Die Komplexität von Schritt 4 beträgt O(*MAX_DEGREE*).

```
for (degree = p->degree; tree[degree]; degree++) {
    join_min_trees(p,tree[degree]);
    tree[degree] = NULL;
}
tree[degree] = p;
```

Programm 9.9: Der Code zur Behandlung von Min-Baum *p*, der während des Scan-Vorgangs der Listen *a* und *y* gefunden wurde

9.4.6. Analyse

Definition: Der *binomische Baum B_k des Grades* k ist so aufgebaut, daß wenn $k = 0$ ist, der Baum exakt einen Knoten besitzt, und wenn $k > 0$ ist, er aus einer Wurzel besteht, deren Grad k ist, und dessen Teilbäume $B_0, B_1, \cdots, B_{k-1}$ sind. $\square$

Die Min-Bäume von Abbildung 9.15 sind jeweils B_1, B_2 und B_3. Man kann überprüfen, daß B_k genau 2^k Knoten besitzt. Wenn wir ferner mit einer Sammlung leerer B-Heaps beginnen, und nur die Operationen Insert, Combine und Delete-Min ausführen, sind die Min-Bäume in jedem B-Heap binomische Bäume. Aufgrund dieser Feststellungen können wir beweisen, daß wenn nur die Operationen Insert, Combine und Delete-Min ausgeführt werden, wir in der Lage sind, die Kosten in einem solchen Maße zu amortisieren, daß die amortisierten Kosten jeder Insert- und Combine-Operation O(1) und jeder Delete-Min-Operation O(log n) betragen.

Lemma 9.2: Sei a ein B-Heap mit n Elementen, der sich aus einer Sequenz von Insert-, Combine- und Delete-Min-Operationen ergibt, die an ursprünglich leeren B-Heaps vorgenommen wurden. Jeder Min-Baum in a hat einen Grad $\leq \log_2 n$. Daraus folgt, daß $MAX\_DEGREE \leq \lfloor \log_2 n \rfloor$ und die tatsächlichen Kosten einer Delete-Min-Operation O(log $n + s$) betragen.

Beweis: Da es sich bei jedem der Min-Bäume in a um einen binomischen Baum mit höchstens n Knoten handelt, kann deren Grad niemals größer als $\lfloor \log_2 n \rfloor$ sein. $\square$

Theorem 9.1: Wenn eine Sequenz von n Insert-, Combine- und Delete-Min-Operationen auf ursprünglich leere B-Heaps angewandt wird, können wir Kosten amortisieren, so daß die Komplexität der amortisierten Zeit jeder Insert- und Combine-Operation O(1), und die einer jeden Delete-Min-Operation O(log n) beträgt.

Beweis: Definieren wir für jeden B-Heap die Größen *#insert* (lies Anzahl der Einfügungen) und *last_size* auf die folgende Weise: Wenn ein ursprünglich leerer B-Heap erstellt wird, oder wenn eine Delete-Min-Operation an einem B-Heap vorgenommen wird, beträgt sein Wert für *#insert* Null. Jedes Mal, wenn eine Insert-Operation an einem B-Heap vorgenommen wird, vergrößert sich sein *#insert*-Wert um Eins. Wenn zwei B-Heaps miteinander kombiniert werden, ist der Wert *#insert* des daraus resultierenden B-Heaps die Summe der *#insert*-Werte der miteinander verbundenen B-Heaps. Daraus ergibt sich, daß *#insert* die Anzahl der Einfügungen zählt, die an B-Heaps oder B-Heap-Komponenten jeweils seit der letzten Delete-Min-Operation vorgenommen wurden. Wenn ein ursprünglich leerer B-Heap erstellt wird, beträgt sein *last_size*-Wert Null. Wenn ein Delete-Min-Vorgang an einem B-Heap vorgenommen wird, wird *last_size* auf die Anzahl der Min-Bäume, die seit der letzten Delete-Operation in ihm enthalten sind, eingestellt. Werden zwei B-Heaps miteinander kombiniert, ist der Wert *last_size* des daraus resultierenden B-Heaps die Summe der *last_size*-Werte derjenigen B-Heaps, die miteinander kombiniert wurden. Man kann nachprüfen, daß die Anzahl der Min-Bäume in einem B-Heap immer mit *#insert* + *last_size* identisch ist.

Betrachten Sie einen beliebigen Delete-Min-Vorgang in der Operationssequenz! Nehmen wir an, es handelt sich hierbei um den B-Heap a. Beachten Sie, daß die Gesamtanzahl der Elemente in allen B-Heaps höchstens n ist, da nur Insert-Vorgänge Elemente hinzufügen und höchstens n Einfügungen in einer Sequenz von n Operationen vorhanden sein können! Nehmen wir an, daß $u = a \rightarrow degree \le \log_2 n$ sei.

Nach Lemma 9.2 betragen die tatsächlichen Kosten dieses Delete-Min-Vorgangs $O(\log n + s)$. Der Term $\log n$ geht auf *MAX_DEGREE* zurück und steht für die benötigte Zeit bei der Initialisierung des Feldes *tree*, sowie für den Zeitaufwand für Schritt 4. Der Term s steht für die Zeit, die für das Absuchen der Listen a und y und für die Ausführung der höchsten $s - 1$ Verkettungen der Min-Bäume benötigt wird. Wir sehen, daß $s = \#insert + last\_size + u - 1$ ist. Wenn wir die Kosteneinheiten für *#insert* zu den Insert-Operationen, die zu dem Zählvorgang *#insert* beitragen, und die Einheiten für *last_size* zu den Delete-Min-Vorgängen, die zu dem Zählvorgang *last_size* beitragen, hinzuzählen (wobei jeder derartige Delete-Min-Vorgang mit einer Anzahl von Kosteneinheiten berechnet wird, die der Anzahl der zurückgelassenen Min-Bäume entspricht), so bleiben lediglich $u - 1$ der s Kosteneinheiten übrig. Da $u \le \log_2 n$ ist, und da die Anzahl der Min-Bäume in einem B-Heap, die unmittelbar auf einen Delete-Min-Vorgang folgen $\le \log_2 n$ ist, betragen die amortisierten Kosten eines Delete-Min-Vorgangs $O(\log_2 n)$.

Da das obenstehende Berechnungsschema höchstens eine Einheit zu den Kosten eines beliebigen Insert-Vorgangs hinzufügt, betragen die amortisierten Kosten eines Insert-Vorgangs $O(1)$. Der verwendete Amortisationsplan berechnet für einen Combine-Vorgang nichts zusätzlich. So betragen die tatsächlichen und amortisierten Kosten eines Combine-Vorgangs ebenfalls $O(1)$. $\square$

Aus dem vorstehenden Theorem und der Definition der Kostenamortisation folgt, daß die tatsächlichen Kosten einer beliebigen Sequenz von i Insert-, c Combine- und dm Delete-Min-Operationen $O(i + c + dm \log i)$ betragen

Übungen

1. Sei S ein ursprünglich leerer Stapel. Wir wollen zwei verschiedene Operationen an S vornehmen: $add(x)$ und $delete\_until(x)$. Diese werden wir folgt definiert:

   (a) $add(x)$ ... fügt das Elelement x in der Spitze des Stapels S ein. Diese Operation benötigt pro Aufruf die Zeit $O(1)$.

   (b) $delete\_until(x)$ ... löscht Elemente aus der Spitze des Stapels einschließlich dem ersten vorgefundenen x. Wenn p Elemente gelöscht werden, ist die benötigte Zeit $O(p)$.

   Untersuchen Sie eine beliebige Sequenz von n Stapeloperationen (add und $delete\_until$). Zeigen Sie, wie man die Kosten der add- und der $delete\_until$-Operationen amortisieren kann, so daß die amortisierten Kosten jedes Mal $O(1)$ betragen. Hiervon ausgehend ziehen Sie den Schluß, daß die benötigte Zeit für die Ausführung einer beliebigen Operationssequenz $O(n)$ ist.

2. Angenommen, x sei ein unsortiertes Feld mit n Elementen. Die Funktion $search(x, n, i, y)$ durchsucht x nach y durch Überprüfung von $x[i]$, $x[i + 1]$, ..., in Reihenfolge nach dem kleinsten j, für das $x[j] = y$ gilt. Falls kein solches j gefunden werden kann, wird j auf $n + 1$ festgelegt. Am Schluß setzt $search$ i auf j. Nehmen Sie an, die benötigte Zeit für die Überprüfung eines einfachen Elements von x betrage $O(1)$.

   (a) Wie hoch ist die Komplexität von $search$ im ungünstigsten Fall?

   (b) Angenommen, eine Sequenz von m Suchvorgängen wird ausgeführt, wobei mit $i = 0$ begonnen wird. Benutzen Sie einen Amortisationsplan, der die Kosten auf Elemente und Suchoperationen verteilt. Zeigen Sie, daß es immer möglich ist, Kosten so zu amortisieren, daß die amortisierten Kosten jedes Elements $O(1)$, und für jeden Suchvorgang ebenfalls $O(1)$ betragen. Hieraus schließen Sie, daß die Kosten der Sequenz mit m Suchvorgängen $O(m + n)$ betragen.

3. Beweisen Sie, daß der binomische Baum B_k 2^k Knoten, $k \geq 0$, besitzt.

4. Können alle Funktionen auf einem B-Heap in der gleichen Zeit vorgenommen werden, wenn einzeln verkettete, zirkuläre Listen statt doppelt verketteter, zirkulärer Listen verwendet werden? Beachten Sie, daß wir in einem beliebigen Knoten x aus einer einfach verketteten, zirkulären Listen löschen können, indem die Daten des nächsten Knotens hinüberkopiert werden und danach der nächste Knoten, statt des Knotens x, gelöscht wird.

5. Vergleichen Sie die Leistung linksausgerichteter Bäume und B-Heaps miteinander, unter der Voraussetzung, daß die einzig erlaubten Operationen $insert$ und $delete\_min$ sind. Um dies zu erreichen, führen Sie folgendes aus:

   (a) Erstellen Sie eine zufällige Liste von n Elementen und eine zufällige Sequenz von $insert$- und $delete\_min$-Operationen der Länge m. Die Anzahl der $delete\_min$- und $insert$-Vorgänge sollte annähernd gleich sein. Initialisieren Sie einen linksausgerichteten Min-Baum und einen B-Heap, welche n Elemente der ersten Zufallsliste enthalten sollen. Messen Sie nun die Zeit, die benötigt wird, um die m Operationen auszuführen, wobei der linksausgerichtete Min-Baum sowie der B-Heap verwendet werden sollen. Teilen Sie diese Zeit durch m, um die Durchschnittszeit pro Operation zu erhalten. Führen Sie dies mit $n = 100, 500, 1000, 2000, \cdots, 5000$ durch. Geben Sie m den Wert 5000. Erstellen Sie eine Tabelle Ihrer Rechenzeiten.

   (b) Machen Sie auf der Basis Ihrer Experimente einige Aussagen über die relativen Vorzüge der zwei Datenstrukturen!

9.5. FIBONACCI-HEAPS

9.5.1. Definition

Ein Fibonacci-Heap ist eine Datenstruktur, die alle drei Operationen für binomische Heaps ermöglicht: Insert, Delete-Min oder -Max und Combine, sowie die Operationen:

(1)   *delete*, löscht das Element in einem spezifizierten Knoten

(2)   *decrease key,* verringert den Schlüssel eines spezifizierten Knotens um einen gegebenen positiven Wert.

Die erste dieser Operationen kann in amortisierter Zeit $O(1)$ und die zweite in amortisierter Zeit $O(\log n)$ ausgeführt werden. Die Operationen für binomische Heaps können in den gleichen asymptotischen Zeiten ausgeführt werden, wobei ein Fibonacci-Heap oder auch ein binomischer Heap benutzt werden kann.

Es gibt zwei Varianten des Fibonacci-Heaps: Min und Max. Ein *Min-Fibonacci-Heap* ist eine Sammlung von Min-Bäumen, während ein *Max-Fibonacci-Heap* eine Sammlung von Max-Bäumen ist. Wir werden nur *Min-Fibonacci-Heaps* explizit betrachten. Auf diese werden wir uns als *F-Heaps* beziehen. B-Heaps sind ein Spezialfall der F-Heaps. Daher sind alle Beispiele für B-Heaps im vorhergehenden Abschnitt ebenfalls Beispiele für F-Heaps. Folglich werden wir in diesem Abschnitt auf diese Beispiele als F-Heap-Beispiele Bezug nehmen. Um einen F-Heap darzustellen, wird die Darstellung eines B-Heaps durch zwei zusätzliche Felder erweitert: *parent* und *child_cut* an jedem Knoten. Das Feld *parent* wird benutzt, um auf den Vorgänger des Knotens zu zeigen (falls vorhanden). Die Besonderheiten des Feldes *child_cut* werden später beschrieben. Die grundlegenden Operationen *insert*, *delete_min* und *combine* werden genau wie bei den B-Heaps ausgeführt. Betrachten wir nun die restlichen beiden Operationen.

9.5.2. Löschen aus einem F-Heap

Um einen beliebigen Knoten b im F-Heap a zu löschen, verfahren wir wie folgt:

(1)   Wenn $a = b,$ führen wir *delete_min* aus; andernfalls vollziehen Sie die Schritte 2, 3 und 4 weiter unten.

(2)   Löschen Sie b in der doppelt verketteten Liste, in der es sich befindet.

(3)   Kombinieren Sie die doppelt verkettete Liste der Nachfolger von b mit der doppelt verketteten Liste der Min-Baumwurzeln von a, um eine einzige, doppelt verkettete Liste zu erhalten. Bäume gleichen Grades werden nicht miteinander verkettet wie bei *delete_min*.

(4)   Verfahren Sie so mit Knoten b.

Wenn wir beispielsweise den Knoten mit der Zahl 12 im F-Heap aus Abbildung 9.15 löschen, erhalten wir den F-Heap der Abbildung 9.20. Die tatsächlichen Kosten eines beliebigen *delete*-Vorgangs betragen O(1); es sei denn, das Min-Element wird gelöscht. In diesem Falle entspricht die Löschzeit der Zeit für eine *delete_min*-Operation.

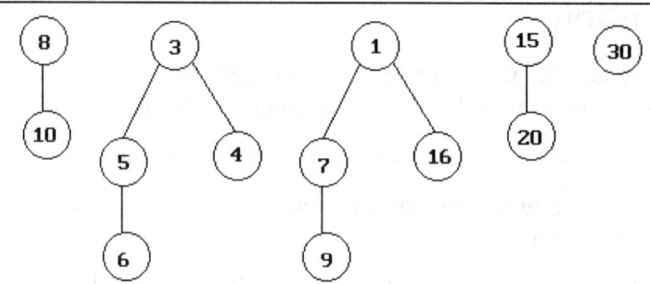

Abbildung 9.20: F-Heap von Abbildung 9.15 nach dem Löschen von 12

9.5.3. Verkleinern der Schlüssel

Um den Schlüssel im Knoten *b* zu verkleinern, verfahren wir wie folgt:

(1)   Wir verkleinern den Schlüssel in *b*.

(2)   Wenn *b* keine Wurzel eines Min-Baumes und sein Schlüssel kleiner als der seines Vorgängers ist, dann löschen Sie *b* aus seiner doppelt verketteten Liste und fügen ihn in die doppelt verkettete Liste einer Wurzel eines Min-Baumes ein.

(3)   Verändern Sie *a*, damit er auf *b* zeigt, falls der Schlüssel in *b* kleiner als in *a* ist.

Nehmen wir an, wir reduzieren den Schlüssel 15 im F-Heap aus Abbildung 9.15 um 4. Der daraus resultierende F-Heap ist in Abbildung 9.21 zu sehen. Die Kosten für die Verringerung eines Schlüssels betragen O(1).

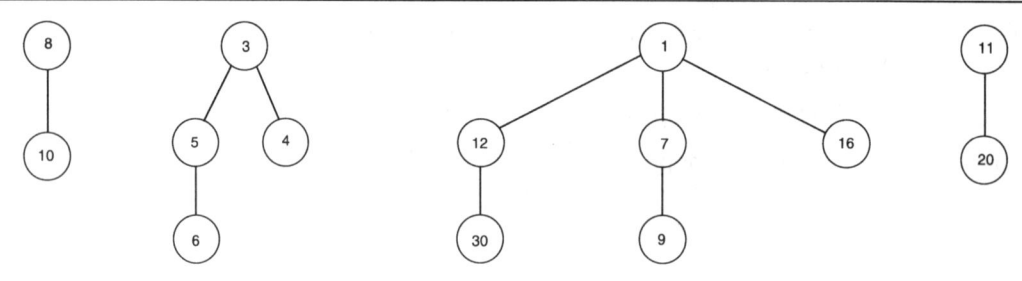

Abbildung 9.21: Der F-Heap von Abbildung 9.15 nach der Reduzierung von 15 um 4

9.5.4. Kaskadierender Schnitt

Nach Hinzufügen der Operationen Delete und Decrease-Key müssen die Min-Bäume in einem F-Heap keine binomischen Bäume mehr sein. Tatsächlich ist es möglich, Min-Bäume des Grades k zu haben, die nicht mehr als $k + 1$ Knoten besitzen. Daraus folgt, daß die Analyse von Theorem 9.1 nicht länger gültig ist. Die Analyse von Theorem 9.1 verlangt, daß jeder Min-Baum des Grades k eine exponentielle Anzahl (in k) von Knoten besitzt. Wenn die Operationen Decrease-Key und Delete wie oben beschrieben ausgeführt wurden, ist dies nicht länger gültig. Um sicherzustellen, daß jeder Min-Baum mit der Gradzahl k wenigstens c^k Knoten für ein geeignetes c hat, wobei $c > 1$ ist, muß auf jede Delete- und Decrease-Key-Operation ein *kaskadierender Schnitt* (*cascading cut*) folgen. Hierzu ergänzen wir jeden Knoten mit dem boolschen Feld *child_cut*. Der Wert dieses Feldes ist nur nützlich für Knoten, die keine Wurzel eines Min-Baumes bilden. In diesem Falle hat das Feld *child_cut* des Knotens x genau dann den Wert *TRUE*, wenn einer der Nachfolger von x seit dem Zeitpunkt abgeschnitten (d.h. entfernt) wurde, seit x zum Nachfolger des jeweiligen Vorgängers wurde. Das bedeutet, daß jedesmal, wenn zwei Min-Bäume im Laufe einer Delete-Min-Operation miteinander verbunden werden, das Feld *child_cut* der Wurzel mit dem größeren Schlüssel auf *FALSE* eingestellt werden sollte. Abgesehen davon wird jedesmal, wenn im Laufe einer Delete- oder Decrease-Key-Operation ein Knoten q gelöscht wird, welcher keine Wurzel eines Min-Baumes in dessen doppelt verketteter Liste ist (Schritt 2 von Delete und Decrease-Key), ein kaskadierender Schnitt ausgelöst. Während dieses Vorgangs überprüfen wir die Knoten auf dem Weg vom Vorgänger p des gelöschten Knotens q bis zum nächsten Vorfahren des gelöschten Knotens mit *child_cut* = *FALSE*. Falls kein solcher Vorfahre vorhanden ist, führt der Weg von p zu der Wurzel des Min-Baumes, der p enthält. Alle Knoten auf diesem Weg, die keine Wurzeln sind, mit dem *child_cut*-Feld *TRUE*, werden von der entsprechenden doppelt verketteten Liste gelöscht und zu der doppelt verketteten Liste der Wurzelknoten des Min-Baumes im F-Heap hinzugefügt. Falls der Weg einen Knoten mit einem *child_cut*-Feld *FALSE* enthält, wird dieses Feld in ein *TRUE*-Feld verwandelt.

Abbildung 9.22 liefert ein Beispiel für einen kaskadierenden Schnitt. Abbildung 9.22(a) zeigt den Min-Baum, der die Zahl 14 enthält, vor einer Decrease-Key-Operation, die diesen Schlüssel um 4 reduziert. Die Felder *child_cut* werden nur bei den Knoten auf dem Weg vom Vorgänger der Zahl 14 zu deren nächsten Vorfahren mit *child_cut* = *FALSE* angezeigt. Ein *TRUE*-Wert wird durch T symbolisiert. Während des Decrease-Key-Vorgangs, wird der Min-Baum mit der Wurzel 14 im Min-Baum von Abbildung 9.22(a) gelöscht und wird zu einem Min-Baum des F-Heaps. Seine Wurzel hat nun den Schlüssel 10. Hierbei handelt es sich um den ersten Min-Baum in Abbildung 9.22(b). Während der kaskadierende Schnitt ausgeführt wird, werden die Min-Bäume mit den Wurzeln 12, 10, 8 und 6 vom Min-Baum mit der Wurzel 2 abgetrennt. Daher wird der einzelne Min-Baum von Abbildung 9.22(a) zu sechs Min-Bäumen des daraus resultierenden F-Heaps. Der *child_cut*-Wert 4 wird zu *TRUE*. Alle anderen *child_cut*-Werte bleiben unverändert.

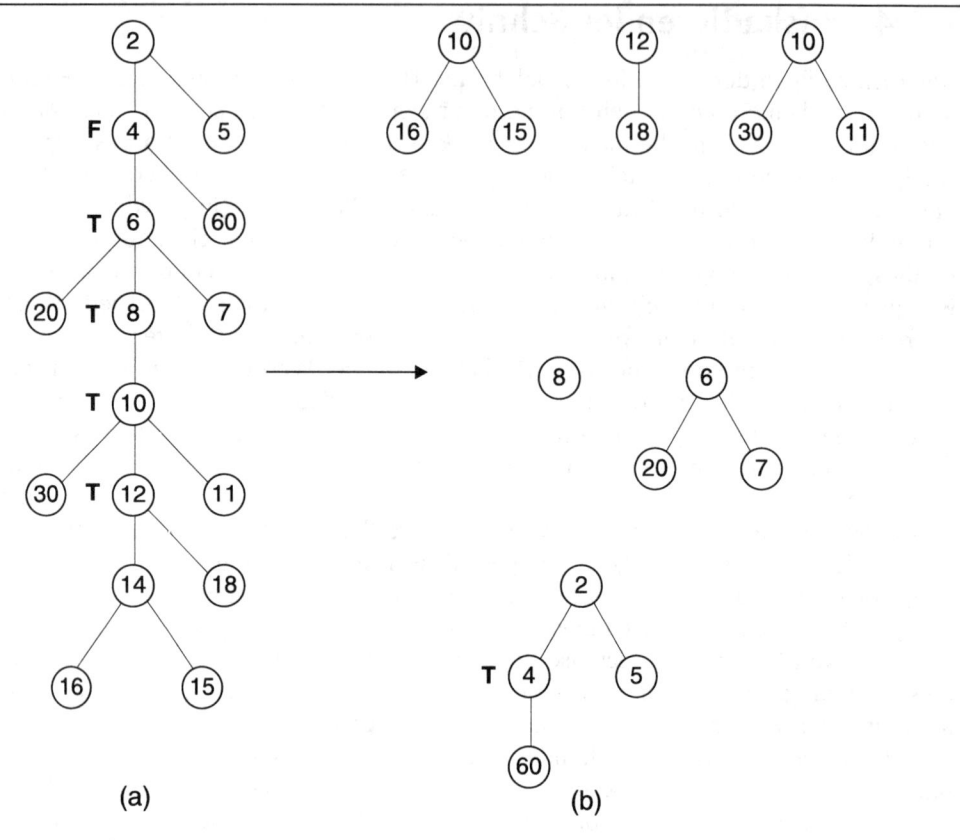

Abbildung 9.22: Ein kaskadierender Schnitt, der auf die Verringerung des Schlüssels 14 um 4 folgt

9.5.5. Analyse

Lemma 9.3: Sei a ein F-Heap mit n Elementen, der das Ergebnis einer Sequenz von Insert-, Combine-, Delete Min-, Delete- und Decrease-Key-Operationen ist, die an ursprünglich leeren F-Heaps vorgenommen wurden.

(a)   Sei b ein beliebiger Knoten in einem beliebigen Min-Baum von a. Der Grad von b beträgt höchstens $\log_\phi m$, wobei $\phi = (1 + \sqrt{5})/2$ und m die Anzahl der Elemente im Teilbaum mit der Wurzel b ist.

(b) $MAX\_DEGREE \leq \lfloor \log_\phi n \rfloor$, und die tatsächlichen Kosten für einen Delete-Min-Vorgang belaufen sich auf $O(\log n + s)$.

Beweis: Wir werden (a) durch Induktion über den Grad von b zeigen. Sei N_i die minimale Anzahl der Elemente im Teilbaum mit Wurzel b, wobei b den Grad i besitzt. Wir sehen, daß $N_0 = 1$ und $N_1 = 2$ ist. So gilt die Ungleichung von (a) für die Grade 0 und 1. Da $i > 1$ ist, sind $c_1, \cdots, c_i$ die i Nachfolger von b. Angenommen, daß c_j zu einem

Nachfolger von b vor c_{j+1} mit $j < i$ wurde. Daher war der Grad von b mindestens $k - 1$, als c_k mit $k \leq i$ zu einem Nachfolger von b wurde. Die einzige F-Heap-Operation, die einen Knoten zum Nachfolger eines anderen macht, ist Delete-Min. Hierbei wird, während zwei Min-Bäume miteinander verkettet werden, ein Min-Baum zu einem Teilbaum eines anderen Min-Baumes des gleichen Grades. Daher muß zum Zeitpunkt der Verkettung der Grad von c_k genau dem von b entsprechen. Nach dem Verkettungsvorgang kann der Grad infolge einer Delete- oder Decrease-Key-Operation kleiner werden. Nach einem solchen Verkettungsvorgang jedoch kann der Grad von c_k höchstens um 1 abnehmen, da der Versuch, einen zweiten Nachfolger von c_k abzuschneiden, zu einem kaskadierenden Schnitt bei c_k führt. Ein solcher Schnitt veranlaßt c_k, zur Wurzel eines Min-Baumes des F-Heaps zu werden. Daher beträgt der Grad d_k von c_k mindestens $\max\{0, k - 2\}$. So beträgt die Anzahl der Elemente in c_k mindestens N_{d_k}. Dies legt den folgenden Rechenschritt nahe:

$$N_i = N_0 + \sum_{k=0}^{i-2} N_k + 1 = \sum_{k=0}^{i-2} N_k + 2$$

Man kann zeigen (siehe Übungen), daß die Fibonacci-Zahlen der Gleichung

$$F_h = \sum_{k=0}^{h-2} F_k + 1, \text{ mit } h > 1, F_0 = 0, \text{ und } F_1 = 1$$

entsprechen.
Hieraus ergibt sich die Gleichung $N_i = F_{i+2}$, für $i \geq 0$. Da ferner $F_{i+2} \geq \phi^i$ für $N_i \geq \phi^i$ gilt, ergibt sich daraus $i \leq \log_\phi m$.

(b) ist eine direkte Konsequenz aus (a). $\square$

Theorem 9.2: Wenn eine Sequenz von n Insert-, Combine-, Delete-Min-, Delete- und Decrease-Key-Operationen auf einem ursprünglich leeren F-Heap angewandt wurde, können wir Kosten dergestalt amortisieren, daß die amortisierte Zeitkomplexität jeder Insert-, Combine- und Decrease-Key-Operation sich auf O(1) beläuft und die eines jeden Delete-Min- und Delete-Vorgangs auf O(log n). Die gesamte Zeitkomplexität der ganzen Sequenz ist die Summe der amortisierten Komplexitäten der einzelnen Operationen innerhalb der Sequenz.

Beweis: Der Beweis ähnelt dem von Theorem 9.1. Die Definition von *#insert* bleibt unverändert. Die Definition von *last_size* wird jedoch um die Anforderung erweitert, daß *last_size* nach jedem Delete- und Decrease-Key-Vorgang verändert wird, und zwar um die Nettosumme der Veränderungen der Anzahl der Min-Bäume im F-Heap (im Beispiel aus Abbildung 9.22 wird *last_size* um 5 erhöht). Mit dieser Modifikation sehen wir, daß zum Zeitpunkt einer Delete-Min-Operation $s = $ *#insert* $+$ *last_size* $+ u - 1$ ist. *#insert* Kosteneinheiten können, jeweils eine pro Operation, zu den *#insert* Einfügeoperationen, die Bestandteil dieser Berechnung sind, hinzugezählt werden, und die *last_size* Einheiten können zu den Delete-Min-, Delete- und Decrease-Key-Operationen, die Bestandteil dieses Berechnungsvorgangs sind, hinzugezählt werden. Dies führt zu einer zusätzlichen Berechnung von höchstens $\log_\phi n$ bei jeder beteiligten Delete-Min- und Delete-Operation und von einer Einheit bei jeder beteiligten Decrease-Key-Operation. Daraus ergibt sich, daß die amortisierten Kosten eines Delete-Min-Vorganges sich auf $O(\log n)$ belaufen.

Da die Gesamtanzahl der kaskadierenden Schnitte auf die Gesamtanzahl der Delete- und Decrease-Key-Operationen begrenzt ist (weil es sich hierbei um die einzigen Operationen handelt, bei denen *child_cut* auf *TRUE* eingestellt werden kann) können die Kosten dieser Schnitte über Delete- und Decrease-Key-Operationen amortisiert werden, wobei eine Einheit zu deren amortisierten Kosten hinzugezählt wird. Die amortisierten Kosten eines Löschvorgangs (außer Löschen des Min-Elements) werden zu $O(\log n)$, da dessen tatsächliche Kosten $O(1)$ betragen (abgesehen von den Kosten für die Sequenz der kaskadierenden Schnitte, die möglicherweise ausgeführt wird); höchstens eine Einheit wird hierzu aus der Amortisierung aller kaskadierenden Schnitte hinzugefügt, und höchstens $\log_\phi n$ Einheiten werden für einen Delete-Min-Vorgang berechnet.

Die amortisierten Kosten einer Decrease-Key-Operation betragen $O(1)$, da die tatsächlichen Kosten $O(1)$ betragen (außer den Kosten für den folgenden kaskadierenden Schnitt); höchstens eine Einheit wird aus der Amortisierung aller kaskadierenden Schnitte hinzugezählt, und höchstens eine Einheit wird für einen Delete-Min-Vorgang berechnet.

Die amortisierten Kosten eines Insert-Vorgangs betragen $O(1)$, wobei seine tatsächlichen Kosten sich auf 1 belaufen und höchstens eine Kosteneinheit für einen Delete-Min-Vorgang berechnet wird. Da der Amortisationsplan keinen Combine-Vorgang belastet, bleiben dessen tatsächliche und amortisierten Kosten die gleichen. Diese Kosten betragen $O(1)$. □

Aus dem vorstehenden Theorem folgt, daß die Komplexität einer beliebigen Sequenz von F-Heap-Operationen $O(i + c + dk + (dm + d)\log i)$ beträgt, wobei i, c, dk, dm und d jeweils die Anzahl der Insert-, Combine-, Decrease-Key-, Delete-Min- und Delete-Operationen innerhalb der Sequenz bezeichnen.

9.5.6. Anwendung von F-Heaps

Wir beenden diesen Abschnitt über F-Heaps, indem wir deren Anwendung auf den Algorithmus für "Ein Startpunkt - alle Ziele" aus Kapitel 6 betrachten. Sei S die Menge der Ecken, zu denen der kürzeste Weg ermittelt worden ist und *distance*(i) die Länge des kürzesten Weges von der Quellecke zu Ecke i, dargestellt mit $i \in \overline{S}$, und der nur die Ecken in S durchläuft. Bei jeder Iteration des Algorithmus für den kürzesten Weg müssen wir i mit $i \in S$ so bestimmen, daß *distance*(i) minimal ist und dieses i zu S hinzugezählt werden kann. Dies entspricht einer Delete-Min-Operation auf $\overline{S}$. Ferner können die *distance*-Werte der verbleibenden Ecken in $\overline{S}$ abnehmen. Dies enspricht einer Decrease-Key-Operation bei jeder der betroffenen Ecken. Die Gesamtanzahl der Decrease-Key-Operationen wird durch die Anzahl der Kanten im Graph begrenzt, die Anzahl der Delete-Min-Operationen beträgt $n - 2$. $\overline{S}$ beginnt mit $n - 1$ Ecken. Wenn wir $\overline{S}$ als F-Heap ausführen, wobei *distance* als Schlüssel benutzt wird, sind $n - 1$ Einfügungen notwendig, um den F-Heap zu initialisieren. Zusätzlich sind $n - 2$ Delete-Min-Operationen und höchstens e Decrease-Key-Operationen notwendig. Die Gesamtzeit für all diese Operationen ist die Summe der amortisierten Kosten für jeden Vorgang. Sie beträgt $O(n \log n + e)$. Der Rest des Algorithmus benötigt die Zeit $O(n)$. Daher wird ein F-Heap benutzt, um $\overline{S}$ darzustellen, wobei die Komplexität des Algorithmus für den kürzesten Weg zu O($n \log n + e$) wird. Hierbei handelt es sich um eine asymptotische Verbesserung gegenüber der Ausführung, die im Kapitel 6 erläutert wird, falls ein Graph nicht $\Omega(n^2)$ Kanten besitzt. Wenn dieser Algorithmus "Ein Startpunkt - alle Ziele" n-mal benutzt wird, jeweils einmal mit jedem der n Ecken im Graph als Quelle, dann können wir einen kürzesten Weg zwischen jedem Paar von Ecken in der Zeit O($n^2 \log n + ne$) finden. Dies stellt wiederum eine asymptotische Verbesserung gegenüber dem Algorithmus der dynamischen Programmierung mit der Zeit O(n^3) in Kapitel 6 dar, für Graphen, die nicht $\Omega(n^2)$ Kanten besitzen. Interessanterweise kann man anmerken, daß O($n \log n + e$) die bestmögliche Anwendung dieses Algorithmus aus Kapitel 6 ist, da der Algorithmus jede Kante überprüfen muß und dafür benutzt werden kann, n Zahlen zu sortieren (was die Zeit O($n \log n$) benötigt).

ÜBUNGEN

1. Beweisen Sie, daß alle Min-Bäume in den F-Heaps binomische Bäume sind, wenn wir mit leeren F-Heaps beginnen, und nur die Operationen Insert, Combine und Delete-Min ausführen.

2. Können alle Funktionen in einem F-Heap in der gleichen Zeit ausgeführt werden, wenn die einzeln verketteten, zirkulären Listen den doppelt verketteten, zirkulären Listen vorgezogen werden? Beachten Sie, daß wir x in einem beliebigen Knoten einer einfach verketteten, zirkulären Liste löschen können, indem die Daten des nächsten Knotens hineinkopiert werden und dann dieser Knoten anstelle des Knotens x gelöscht wird.

3. Zeigen Sie, daß es möglich ist, daß eine Sequenz von F-Heap-Operationen zu Min-Bäumen führen kann, die den Grad k und nur $k + 1$ ($k \geq 1$) Knoten haben, wenn wir mit leeren F-Heaps beginnen und keine kaskadierenden Schnitte ausführen!

4. Nehmen wir an, daß die Regel für einen kaskadierenden Schnitt verändert wird, so daß solch ein Schnitt nur dann durchgeführt wird, wenn ein Knoten einen dritten Nachfahren anstelle eines zweiten Nachfahren verliert. Hierfür wird das Feld *child_cut* verändert, so daß es den Wert 0, 1 und 2 haben kann. Wenn ein Knoten einen neuen Vorgänger bekommt, wird sein Feld *child_cut* auf 1 festgelegt. Jedesmal, wenn der Nachfolger eines Knotens abgetrennt wird (während einer Delete-Min- oder Decrease-Key-Operation) wird sein Feld *child_cut* um 1 vergrößert (es sei denn, das Feld hätte bereits den Wert 2). Falls das Feld *child_cut* bereits den Wert 2 hat, wird ein kaskadierender Schnitt ausgeführt.

   (a) Erzielen Sie eine rekursive Gleichung für N_i, der minimalen Anzahl der Knoten in einem Min-Baum des Grades i. Es wird angenommen, daß wir mit einem leeren F-Heap beginnen und alle Operationen (außer kaskadierenden Schnitten) wie im Text ausgeführt werden. Kaskadierende Schnitte werden wie oben beschrieben durchgeführt.

(b)   Lösen Sie die Rekursion von Teil (a), um eine untere Schranke für N_i zu bestimmen.

(c)   Stellt die modifizierte Regel für kaskadierende Schnitte sicher, daß die Minimalzahl der Knoten eines beliebigen Min-Baumes des Grades i sich exponentiell in i verhält?

(d)   Können Sie bei der neuen Regel für kaskadierende Schnitte die gleichen amortisierten Komplexitäten wie bei der Originalregel ermitteln? Beweisen Sie die Korrektheit Ihrer Antwort.

(e)   Beantworten Sie die Teile (c) und (d) unter der Annahme, daß kaskadierende Schnitte nur dann ausgeführt werden, nachdem k Nachfolger eines Knotens abgeschnitten worden sind. Hierbei ist k eine feste Konstante ($k = 2$ bei der im Text verwendeten Regel und $k = 3$ bei der zuvor in dieser Übung verwendeten Regel).

(f)   Wie verändert sich Ihrer Meinung nach die Leistung von F-Heaps, wenn größere Werte von k (siehe Teil (e)) benutzt werden?

5.   Schreiben Sie C-Funktionen, um folgende Operationen auszuführen:

(a)   Erstellen eines leeren F-Heap.

(b)   Einfügen eines Elements x in einen F-Heap.

(c)   Ausführen einer Delete-Min-Operation in einem F-Heap. Das gelöschte Element muß zur aufrufenden Funktion zurückgegeben werden.

(d)   Löschen des Elements in Knoten b eines F-Heaps a. Das gelöschte Element muß zur aufrufenden Funktion zurückgegeben werden.

(e)   Verringern des Schlüssels in Knoten d eines F-Heaps a um den positiven Wert c.

Beachten Sie, daß alle Operationen zu ordentlich strukturierten F-Heaps führen müssen! Ihre Funktionen für (d) und (e) müssen kaskadierende Schnitte ausführen. Prüfen Sie die Korrektheit Ihrer Arbeitsschritte, indem Sie sie auf Ihrem Computer laufen lassen, und benutzen Sie dabei angemessene Testdaten!

6.   Erbringen Sie für die Fibonacci-Zahlen F_k und die Zahlen N_i von Lemma 9.3 die folgenden Beweise:

(a) $F_h = \sum_{k=0}^{h-2} F_k + 1,\ h > 1$

(b) Benutzen Sie (a), um zu zeigen, daß $N_1 = F_{i+2}$, $i \geq 0$ ist.

(c) Benutzen Sie die Formel $F_k = \dfrac{1}{\sqrt{5}} \left(\dfrac{1+\sqrt{5}}{2} \right)^k - \dfrac{1}{\sqrt{5}} \left(\dfrac{1-\sqrt{5}}{2} \right)^k$, $k \geq 0$, um zu zeigen, daß $F_{k+2} \geq \phi^k$ ist, $k \geq 0$, wobei $\phi = (1 + \sqrt{5})/2$ ist.

7. Führen Sie den Algorithmus für den kürzesten Weg bei einem einzelnen Startpunkt von Kapitel 6 aus, wobei Sie die dort empfohlenen Datenstrukturen sowie F-Heaps benutzen. Benutzen Sie jedoch Nachbarschaftslisten anstelle einer Nachbarschaftsmatrix. Erzeugen Sie zehn miteinander verbundene, ungerichtete Graphen mit verschiedenen Kantendichten (sagen wir 10%, 20%, $\cdots$, 100% maximal), wobei im jeweiligen Falle $n = 100, 200, \cdots, 500$ ist. Ordnen Sie den Kanten beliebige Kosten zu (benutzen Sie einen gleichmäßigen Zufallszahlengenerator mit einem Wertebereich von [1, 1000]). Messen Sie die Laufzeit der beiden Implementierungen des Algorithmus für den kürzesten Weg. Bestimmen Sie für jedes n die Durchschnittszeiten!

9.6. LITERATUR UND AUSGEWÄHLTE REFERENZEN

Min-Max-Heaps wurden in: "*Min-max-heaps and generalized priority queues*" von M. Atkinson, J. Sack, N. Santoro und T. Strothotte in *Communications of the ACM*, pp. 996-1000, 29, 10. Oktober 1986 entwickelt. Diese Arbeit enthält ebenfalls Erweiterungen von Min-Max-Heaps.

Die Deap-Datenstruktur wurde von Svante Carlsson entwickelt. Die Referenz: "*The deap - A double-ended heap to implement double-ended priority queues*", *Information Processing Letters*, 26, pp. 33-36, 1987.

Linksausgerichtete Teilbäume wurden von C. Crane erfunden: *Linear lists and priority queues as balanced binary trees*, Technical report CS-72-259, Computer Science Dept., Stanford University, CA, 1972.

Weitere Erläuterungen zu linksausgerichteten Bäumen befinden sich in: *Data structures and network algorithms*, by R. Tarjan, SIAM, Philadelphia, PA, 1983.

Die Übung zu verzögerten Löschvorgängen ist von: "*Finding minimum spanning trees*," von D. Cheriton und R. Tarjan, *SIAM Jr on Computing*, 5, 1976, pp. 724-742.

B-Heaps und F-Heaps wurden von M. Fredmann und R. Tarjan erfunden. Ihre Arbeit wird im Aufsatz: "*Fibonacci-Heaps and their uses in improved network optimization algorithms*" dokumentiert, *JACM*, 34, 3. Juli 1987, pp. 596-615. Dieser Aufsatz beschreibt auch zahlreiche Varianten des grundlegenden F-Heap, wie sie hier erläutert wurden, sowie die Anwendung von F-Heaps bei Zuordnungsproblemen und dem Problem, einen Spannbaum für minimale Kosten zu ermitteln. Sie ermittelten, daß bei Benutzung von F-Heaps Spannbäume für minimale Kosten in der Zeit $O(e\,\beta(e, n))$ gefunden werden können, wobei $\beta(e, n) \leq \log^*n$ ist, wenn $e \geq n$ ist. $\log^*n = \min\{i \mid \log^{(i)}n \leq 1\}$, $\log^{(0)}n = n$ und $\log^{(i)}n = \log(\log^{(i-1)}n)$. Die Komplexität beim Ermitteln von Spannbäumen für minimale Kosten wurde weiter auf $O(e \log \beta(e, n))$ reduziert. Die Referenz hierfür: "*Efficient algorithms for finding minimum spanning trees in undirected and directed graphs*" von H. Gabow, Z. Galil, T. Spencer und R. Tarjan, *Combinatorica*, 6, 2, 1986, pp. 109-122.

KAPITEL 10

SUCHSTRUKTUREN

10.1. OPTIMALE BINÄRE SUCHBÄUME

Wir haben die binären Suchbäume in Kapitel 5 eingeführt. In diesem Abschnitt betrachten wir nun den Aufbau dieser Suchbäume für eine statische Menge von Bezeichnern. Das bedeutet, daß wir den Baum weder erweitern noch verkleinern. Wir führen lediglich Suchvorgänge aus.

Wir beginnen damit, daß wir die Verbindung zwischen einem binären Suchbaum und der binären Suchfunktion, die wir in Kapitel 7 betrachtet haben, untersuchen. In Kapitel 7 haben wir gezeigt, daß wir einen binären Suchbaum konstruieren könnten, der einer binären Suche in einer sortierten Liste entspräche (siehe Abbildung 7.1). Eine binäre Suche in der Liste (**do**, **if**, **while**) beispielsweise entspricht der Anwendung der Funktion *search*2 (Programm 5.17) auf den binären Suchbaum von Abbildung 10.1. Obwohl es sich hierbei um einen vollständigen binären Baum handelt, muß es sich nicht um den optimalen binären Suchbaum für diese Liste handeln, wenn nämlich die gesuchten Bezeichner mit unterschiedlicher Häufigkeit auftreten. Das heißt, daß die Wahrscheinlichkeit, daß wir einen bestimmten Bezeichner suchen, größer ist, als die Wahrscheinlichkeit, daß wir die anderen Bezeichner suchen.

Um einen optimalen binären Suchbaum für eine gegebene statische Liste zu finden, müssen wir uns zuerst für eine Kostenmessungsmethode für Suchbäume entscheiden. Angenommen, wir möchten einen Bezeichner auf Ebene k eines binären Suchbaumes, der die Funktion *search*2 benutzt, suchen. Wir wissen, daß *search*2 k Iterationen der **while**-Schleife durchführt. Im allgemeinen entspricht die Anzahl der Iterationen dieser Schleife der Ebene des von uns gesuchten Bezeichners. Da die **while**-Schleife die Rechenzeit der Suche bestimmt, bietet es sich an, die Ebene eines Knotens als Kostenfaktor zu benutzen.

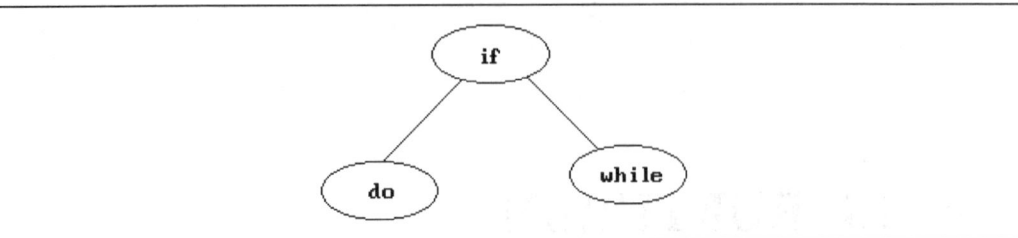

Abbildung 10.1: Binärer Suchbaum, der einer binären Suche in der Liste (**do**, **if**, **while**) entspricht

Betrachten Sie die beiden Suchbäume auf Abbildung 10.2! Der zweite Baum erfordert höchstens drei Vergleiche, damit entschieden werden kann, ob der von uns gesuchte Bezeichner sich in dem Baum befindet. Der erste binäre Baum mag Vergleiche erforderlich machen, da für jeden Bezeichner, der lexikographisch nach **for**, aber vor **void** kommt, vier Knoten überprüft werden müssen. Daher ist die Suchzeit im ungünstigsten Fall beim zweiten binären Baum besser als beim ersten Baum. Die Suche nach einem Bezeichner im ersten Baum erfordert einen Vergleichsvorgang bei **for**, jeweils zwei Vergleiche bei **do** und **while**, drei Vergleiche bei **void** und vier Vergleiche bei **if**. Wenn wir nach jedem Begriff mit gleicher Wahrscheinlichkeit suchen, beträgt die durchschnittliche Anzahl der Vergleiche für eine erfolgreiche Suche 2,4. Die durchschnittliche Anzahl der Vergleiche beim zweiten Baum beträgt nur 2,2. Daher verfügt der zweite Baum auch über ein besseres Durchschnittsverhalten.

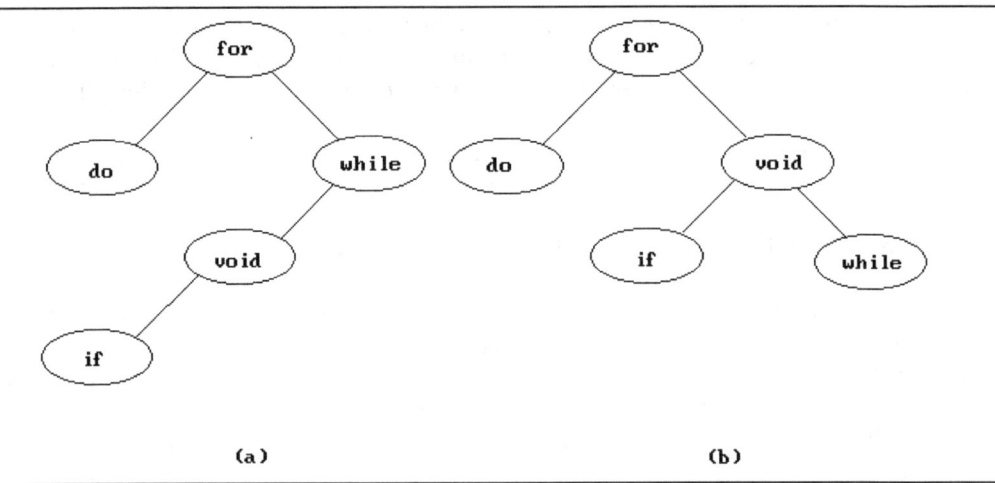

Abbildung 10.2: Zwei mögliche binäre Suchbäume

Wenn wir binäre Suchbäume bewerten, ist das Einfügen eines speziellen *viereckigen* Knotens an jeder Stelle, an der sich eine Nullverkettung befindet, von Nutzen. Wenn Sie dies bei dem Baum auf Abbildung 10.2 durchführen, ergeben sich die Bäume der Abbildung 10.3. Vergessen Sie nicht, daß jeder binäre Baum mit n Knoten über $n + 1$

Nullverkettungen verfügt und somit über $n + 1$ viereckige Knoten. Wir nennen diese Knoten *externe* Knoten, da es sich hierbei nicht um Bestandteile des Originalbaumes handelt. Die verbleibenden Knoten sind *interne* Knoten. Jedes Mal, wenn wir einen Bezeichner suchen, der sich nicht in einem binären Suchbaum befindet, endet die Suche an einem externen Knoten. Da all diese Suchvorgänge erfolglos sind, bezeichnen wir externe Knoten auch als *Fehlerknoten*. Ein binärer Baum mit hinzugefügten, externen Knoten ist ein *erweiterter binärer Baum* (*extended binary tree*). Abbildung 10.3 zeigt die erweiterten binären Bäume, die den Suchbäumen von Abbildung 10.2 entsprechen.

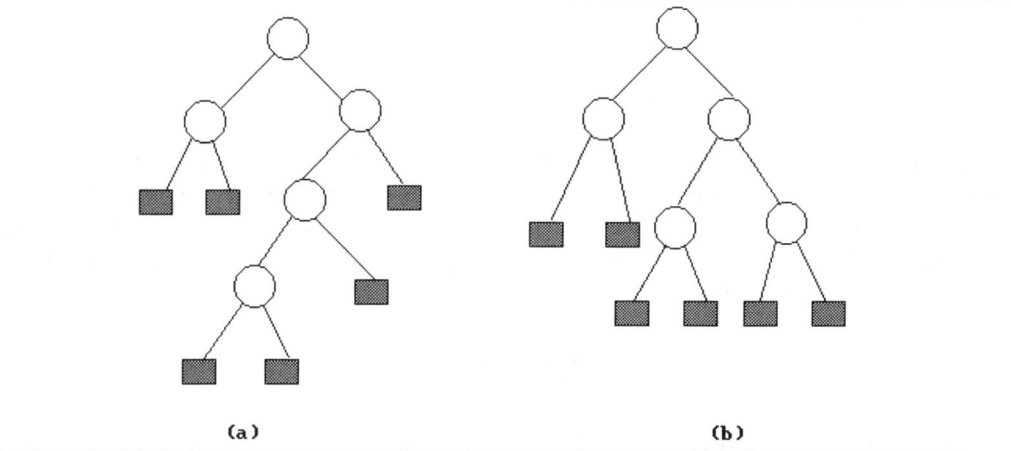

Abbildung 10.3: Erweiterte binäre Bäume, die den Suchbäumen von Abbildung 10.2 entsprechen

Wir definieren die *externe Weglänge* eines binären Baumes als die Summe der Weglängen aller Wege von der Wurzel bis zu einem externen Knoten. Dementsprechend ist die *interne Weglänge* die Summe der Weglängen aller Wege von der Wurzel bis zu einem externen Knoten. Die interne Weglänge I des Baumes auf Abbildung 10.3(a) ist beispielsweise:

$$I = 0 + 1 + 1 + 2 + 3 = 7$$

Seine externe Weglänge E beträgt:

$$E = 2 + 2 + 4 + 4 + 3 + 2 = 17$$

Übung 1 zeigt, daß die internen und externen Weglängen eines binären Baumes mit n internen Knoten mit der Formel $E = I + 2n$ in Beziehung gesetzt werden können. Daher enthalten binäre Bäume mit maximalem E ebenfalls maximales I. Was sind die möglichen maximalen und minimalen Werte für I bei allen binären Bäumen mit n internen Knoten? Der ungünstigste Fall tritt ganz klar dann auf, wenn der Baum verschoben ist, das heißt, daß der Baum eine Tiefe von n hat. In diesem Fall ist

$$I = \sum_{i=0}^{n-1} i = n(n-1)/2$$

Um Bäume mit minimalem I zu erhalten, müssen wir so viele interne Knoten so nahe wie möglich in der Nähe der Wurzel haben. Sie können höchstens zwei Knoten auf der Distanz 1, 4 auf der Distanz 2, 8 auf der Distanz 3, usw. haben. Im allgemeinen beträgt der kleinste Wert für I:

$$0 + 2*1 + 4*2 + 8*3 + \ldots +$$

Ein Baum mit der minimalen internen Weglänge ist der vollständige binäre Baum, der in Abschnitt 5.2. definiert ist. Wenn wir die Knoten in einem vollständigen binären Baum wie in Abschnitt 5.2. numerieren, sehen wir, daß die Distanz des Knotens i von der Wurzel $\lfloor \log_2 i \rfloor$ beträgt. Daher beträgt der kleinste Wert für I:

$$\sum_{i=1}^{n} \lfloor \log_2 i \rfloor = O(n \log_2 n)$$

Kehren wir nun zu unserem ursprünglichen Problem der Darstellung einer statischen Liste von Bezeichnern als binären Suchbaum zurück. Wenn der binäre Suchbaum die Bezeichner a_1, $a_2, \ldots,$ a_n enthält, wobei $a_1 < a_2 < \cdots < a_n$ ist und die Suchwahrscheinlichkeit für jedes a_i den Wert p_i hat, so belaufen sich die Gesamtkosten eines beliebigen Suchbaumes auf:

$$\sum_{i=1}^{n} p_i \cdot \text{Ebene}(a_i)$$

wenn ausschließlich erfolgreich gesucht wird. Da auch erfolgloses Suchen, d.h. Suchen nach nicht in der Tabelle enthaltenen Bezeichnern, durchgeführt wird, sollten wir die Kosten für diese Suchvorgänge in unserer Kostenkalkulation berücksichtigen. Erfolglose Suchvorgänge enden mit *NULL*, die von der Funktion *search2* zurückgegeben wird. Jeder Knoten mit einem Teilbaum *NULL* definiert einen Punkt, an dem solch eine Beendigung des Vorgangs stattfinden kann. Wenn wir jeden Teilbaum *NULL* durch einen Fehlerknoten ersetzen, können wir die Bezeichner, die sich nicht in dem binären Suchbaum befinden, in $n + 1$ Klassen E_i einteilen, mit $0 \le i \le n$. E_0 enthält alle Bezeichner x, so daß $x < a_1$ ist. E_i enthält alle Bezeichner x, so daß $a_i < x < a_{i+1}$ ist, $1 \le i < n$, und E_n enthält alle Bezeichner x mit $x > a_n$. Man kann leicht erkennen, daß bei allen Bezeichnern einer bestimmten Klasse E_i die Suche am gleichen Fehlerknoten endet; sie endet bei verschiedenen Fehlerknoten bei Bezeichnern in verschiedenen Klassen. Sie können die Fehlerknoten von 0 bis n durchnumerieren, wobei i der Fehlerknoten für Klasse E_i mit $0 \le i \le n$ ist. Falls q_i für die Wahrscheinlichkeit steht, daß der von uns gesuchte Bezeichner sich in E_i befindet, belaufen sich die Kosten für den Fehlerknoten auf:

$$\sum_{i=0}^{n} q_i \cdot (\text{Ebene (Fehlerknoten } i) - 1)$$

Deshalb belaufen sich die Gesamtkosten eines binären Suchbaumes auf:

$$\sum_{i=1}^{n} p_i \cdot \text{Ebene}(a_i) + \sum_{i=0}^{n} q_i \cdot (\text{Ebene (Fehlerknoten } i) - 1) \tag{10.1}$$

Ein *optimaler binärer Suchbaum* für die Menge der Bezeichner $a_1, \cdots, a_n$ ist einer, der Gleichung (10.1) gegenüber allen möglichen binären Suchbäumen bei dieser Menge von Bezeichnern minimiert. Da alle Suchvorgänge entweder erfolgreich oder erfolglos enden müssen, erhalten wir:

$$\sum_{i=1}^{n} p_i + \sum_{i=0}^{n} q_i = 1$$

Beispiel 10.1:

Abbildung 10.4 zeigt die möglichen binären Suchbäume für die Menge der Bezeichner $(a_1, a_2, a_3) = (\textbf{do}, \textbf{if}, \textbf{while})$. Wenn wir Bezeichner mit gleicher Wahrscheinlichkeit $p_i = a_j = 1/7$ für alle i und j suchen, erhalten wir:

> Kosten (Baum a) = 15/7; Kosten (Baum b) = 13/7
> Kosten (Baum c) = 15/7; Kosten (Baum d) = 15/7
> Kosten (Baum e) = 15/7

Wie erwartet, ist Baum b optimal. Wenn jedoch $p_1 = 0,5$, $p_2 = 0,1$, $p_3 = 0,05$, $q_0 = 0,15$, $q_1 = 0,1$, $q_2 = 0,05$ und $q_3 = 0,05$ ist, erhalten wir:

> Kosten (Baum a) = 2,65; Kosten (Baum b) = 1,9
> Kosten (Baum c) = 1,5; Kosten (Baum d) = 2,05
> Kosten (Baum e) = 1,6

Baum c ist bei dieser Zuordnung der p's und q's optimal. □

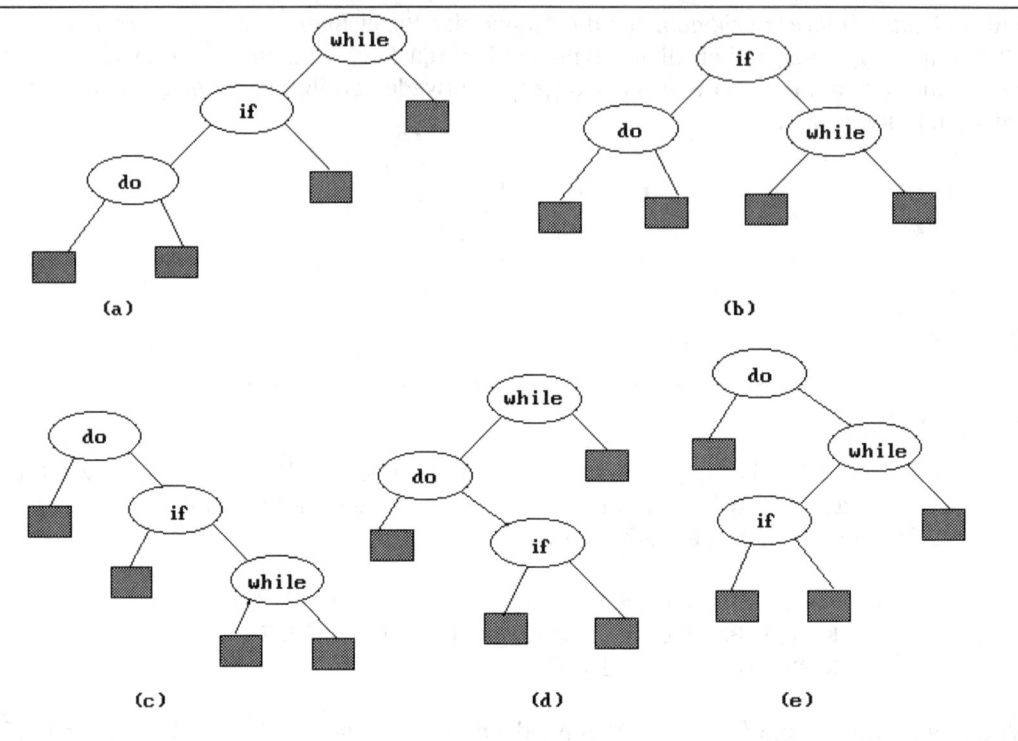

Abbildung 10.4: Binäre Suchbäume mit drei Bezeichnern

Wie ermitteln wir den optimalen Baum aller möglichen binären Suchbäume bei einer gegebenen Menge von Bezeichnern? Wir können wie bei Beispiel 10.1 vorgehen und ausdrücklich alle möglichen binäre Suchbäume erzeugen. Somit würden wir die Kosten eines jedes Baumes berechnen und den optimalen Baum bestimmen. Wir können die Kosten eines jeden binären Suchbaumes in der Zeit $O(n)$ für einen Baum mit n Knoten bestimmen. Falls $N(n)$ die Gesamtanzahl der unterschiedlichen binären Suchbäume mit N Bezeichnern ist, ist die Komplexität des Algorithmus $O(n\,N(n))$. Aus Abschnitt 5.10. wissen wir, daß $N(n) = O(4^n/n^{3/2})$ ist, was diesen Algorithmus, der mit roher Kraft arbeitet, unpraktisch für große n-Werte macht. Wir können jedoch einen recht effizienten Algorithmus finden, indem wir die Eigenschaften optimaler binärer Suchbäume betrachten.

Sei $a_1 < a_2 < ... < a_n$ für die n Bezeichner in einem binären Suchbaum. T_{ij} bezeichnet einen optimalen Suchbaum für $a_{i+1}, \cdots, a_j$, $i < j$. T_{ii} ist ein leerer Baum für $0 \leq i \leq j$, und T_{ij} ist für $i > j$ nicht definiert. c_{ij} bezeichnet die Kosten des Suchbaumes T_{ij}. Definitionsgemäß ist c_{ii} gleich Null. r_{ij} bezeichnet die Wurzel von T_{ij} und

$$w_{ij} = q_i + \sum_{k=i+1}^{j}(q_k + p_k)$$

bezeichnet die Gewichtung von T_{ij}. Definitionsgemäß ist $r_{ii} = 0$ und $w_{ii} = q_i$ mit $0 \leq i \leq n$. T_{0n} ist ein optimaler binärer Suchbaum für $a_1, \cdots, a_n$. Seine Kosten betragen c_{0n}, seine Gewichtung beträgt w_{0n}, und seine Wurzel ist r_{0n}.

Wenn T_{ij} ein optimaler binärer Suchbaum für $a_{i+1}, \cdots, a_j$ und $r_{ij} = k$ ist, dann erfüllt k die Ungleichung $i < k \leq j$. T_{ij} hat zwei Teilbäume L und R. L ist der linke Teilbaum und enthält die Bezeichner $a_{i+1}, \cdots, a_{k-1}$, und R ist der rechte Teilbaum und enthält die Bezeichner $a_{k+1}, \cdots, a_j$ (Abbildung 10.5). Die Kosten für c_{ij} von T_{ij} betragen

$$c_{ij} = p_k + \text{Kosten}(L) + \text{Kosten}(R) + \text{Gewicht}(L) + \text{Gewicht}(R), \qquad (10.2)$$

wobei Gewicht$(L) = $ Gewicht$(T_{i,k-1}) = w_{i,k-1}$ und Gewicht$(R) = $ Gewicht$(T_{kj}) = w_{kj}$ ist.

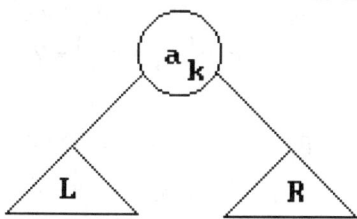

Abbildung 10.5: Ein optimaler binärer Suchbaum T_{ij}

Aus Gleichung (10.2) ist klar ersichtlich, daß c_{ij} nur dann minimal ist, wenn die Kosten$(L) = c_{i,k-1}$ und Kosten$(R) = c_{kj}$ sind. Andernfalls könnten wir entweder L oder R durch einen Teilbaum mit niedrigeren Kosten ersetzen und somit einen binären Suchbaum für $a_{i+1}, \cdots, a_j$ mit niedrigeren Kosten als c_{ij} erhalten. Dies widerspricht der Annahme, daß T_{ij} optimal ist. Daher wird Gleichung (10.2) zu:

$$\begin{aligned} c_{ij} &= p_k + c_{i,k-1} + c_{kj} + w_{i,k-1} + w_{kj} \\ &= w_{ij} + c_{i,k-1} + c_{kj} \end{aligned} \qquad (10.3)$$

Da T_{ij} optimal ist, folgt aus Gleichung (10.3), daß $r_{ij} = k$, so daß

$$w_{ij} + c_{i,k-1} + c_{kj} = \min_{i < l \leq j} \left\{ w_{ij} + c_{i,l-1} + c_{lj} \right\}$$

oder

$$c_{i,k-1} + c_{kj} = \min_{i < l \leq j} \left\{ c_{i,l-1} + c_{lj} \right\} \qquad (10.4)$$

ist. Gleichung (10.4) zeigt uns, wie wir T_{0n} und c_{0n} erhalten, wenn wir davon ausgehen, daß $T_{ii} = \phi$ und $c_{ii} = 0$ ist.

Beispiel 10.2:

Angenommen $n = 4$ und $(a_1, a_2, a_3, a_4) = (\textbf{do}, \textbf{for}, \textbf{void}, \textbf{while})$. Angenommen, $(p_1, p_2, p_3, p_4) = (3, 3, 1, 1)$ und $(q_0, q_1, q_2, q_3, q_4) = (2, 3, 1, 1, 1)$ (wir haben die ursprünglichen p's und q's aus Vereinfachungsgründen mit 16 multipliziert. Ursprünglich haben wir $w_{ii} = q_i$, $c_{ij} = 0$ und $r_{ii} = 0$ mit $0 \le i \le 4$). Wenn wir die Gleichungen (10.3) und (10.4) benutzen, erhalten wir:

$$w_{01} = p_1 + w_{00} + w_{11} = p_1 + q_1 + w_{00} = 8$$
$$c_{01} = w_{01} + \min\{c_{00} + c_{11}\} = 8$$
$$r_{01} = 1$$
$$w_{12} = p_2 + w_{11} + w_{22} = p_2 + q_2 + w_{11} = 7$$
$$c_{12} = w_{12} + \min\{c_{11} + c_{22}\} = 7$$
$$r_{12} = 2$$
$$w_{23} = p_3 + w_{22} + w_{33} = p_3 + q_3 + w_{22} = 3$$
$$c_{23} = w_{23} + \min\{c_{22} + c_{33}\} = 3$$
$$r_{23} = 3$$
$$w_{34} = p_4 + w_{33} + w_{44} = p_4 + q_4 + w_{33} = 3$$
$$c_{34} = w_{34} + \min\{c_{33} + c_{44}\} = 3$$
$$r_{34} = 4$$

Wenn wir $w_{i,i+1}$ und $c_{i,i+1}$ mit $0 \le i < 4$ kennen, können wir wiederum die Gleichungen (10.3) und (10.4) benutzen, um $w_{i,i+1}$, $c_{i,i+2}$ und $r_{i,i+2}$ mit $0 \le i < 3$ zu berechnen. Wir wiederholen diesen Vorgang, bis wir w_{04}, c_{04} und r_{04} erhalten. Die Tabelle auf Abbildung 10.6 zeigt die Ergebnisse dieser Berechnung. Aus der Tabelle ersehen wir, daß $c_{04} = 32$ die minimalen Kosten für einen binären Suchbaum von a_1 bis a_4 sind. Die Wurzel von Baum T_{04} ist a_2. Daher ist der linke Teilbaum T_{01} und der rechte Teilbaum T_{24}. T_{01} hat die Wurzel a_1 und die Teilbäume T_{00} und T_{11}. T_{24} hat die Wurzel a_3; sein linker Teilbaum ist daher T_{22} und sein rechter Teilbaum T_{34}. Mit den Daten aus der Tabelle ist es daher möglich, T_{04} zu rekonstruieren (Abbildung 10.7). □

$W_{00} = 2$ $C_{00} = 0$ $R_{00} = 0$	$W_{11} = 3$ $C_{11} = 0$ $R_{11} = 0$	$W_{22} = 1$ $C_{22} = 0$ $R_{22} = 0$	$W_{33} = 1$ $C_{33} = 0$ $R_{33} = 0$	$W_{44} = 1$ $C_{44} = 0$ $R_{44} = 0$
$W_{01} = 8$ $C_{01} = 8$ $R_{01} = 1$	$W_{12} = 7$ $C_{12} = 7$ $R_{12} = 2$	$W_{23} = 3$ $C_{23} = 3$ $R_{23} = 3$	$W_{34} = 3$ $C_{34} = 3$ $R_{34} = 4$	
$W_{02} = 12$ $C_{02} = 19$ $R_{02} = 1$	$W_{13} = 9$ $C_{13} = 12$ $R_{13} = 2$	$W_{24} = 5$ $C_{24} = 8$ $R_{24} = 3$		
$W_{03} = 14$ $C_{03} = 25$ $R_{03} = 2$	$W_{14} = 11$ $C_{14} = 19$ $R_{14} = 2$			
$W_{04} = 16$ $C_{04} = 32$ $R_{04} = 2$				

Die Berechnung wird zeilenweise von Zeile 0 bis Zeile 4 ausgeführt

Abbildung 10.6: Berechnung von c_{04} und r_{04}.

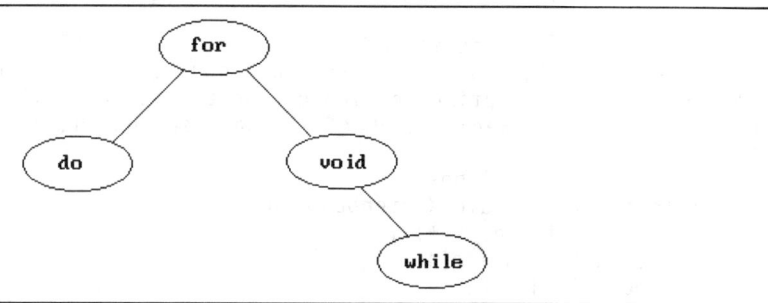

Abbildung 10.7: Optimaler Suchbaum für Beispiel 10.2

Beispiel 10.2 illustriert, wie wir die Gleichung (10.4) benutzen können, um die c's und r's zu bestimmen und wie T_{0n} wiederhergestellt werden kann, wenn wir die r's kennen. Untersuchen wir die Komplexität der Funktion, die die c's und r's bewertet. Die Bewertungsfunktion, die in Beispiel 10.2 beschrieben wird, verlangt von uns die Berechnung von c_{ij} für $(j - i) = 1, 2, \cdots, n$ in dieser Reihenfolge. Wenn $j - i = m$, ist c_{ij} $n - m + 1$-mal zu berechnen. Um jedes dieser c_{ij}'s zu berechnen, müssen wir das Minimum von m Größen finden (siehe Gleichung (10.4)). Daher können wir ein jedes solcher c_{ij} in der Zeit O(n) berechnen. Daher beträgt die Gesamtzeit für alle c_{ij}'s mit $j - i = m$ die Zeit O($nm - n^2$). Die Gesamtzeit, um alle c_{ij}'s und r_{ij}'s zu berechnen beträgt:

$$\sum_{m=1}^{n} (nm - m^2) = O(n^3)$$

Eigentlich können wir das ganze noch besser machen, indem wir die Ergebnisse verwenden, die D.E. Knuth erarbeitet hat. Er zeigt, daß wir das optimale l in Gleichung (10.4) finden können, indem wir die Suche auf die Bandbreite $r_{i,j-1} \le l \le r_{i+1,j}$

beschränken. In diesem Fall wird die Rechenzeit zu $O(n^2)$ (Übung 3). Die Funktion *obst* (Programm 10.1) benutzt dieses Ergebnis, um die Werte von w_{ij}, r_{ij} und c_{ij} mit $0 \leq i \leq j \leq n$ in der Zeit $O(n^2)$ zu erhalten. Wir können den eigentlichen Baum T_{0n} auf der Basis der Werte von r_{ij} in der Zeit $O(n)$ konstruieren. Dies überlassen wir Ihnen als Übung. Die Datentypen, die von *obst* verwendet werden, sind folgende:

```
#define MAX_SIZE 200 /*Maximale Anzahl der Bez. plus 1*/
#define MAX_CHAR  30 /*Maximalzahl Zeichen/Bez.*/
/* Menge der Bezeichner */
char words[MAX_SIZE][MAX_CHAR], *ptr = words[0];
int  q[MAX_SIZE];
int  p[MAX_SIZE];
int  cost[MAX_SIZE][MAX_SIZE];
int  root[MAX_SIZE][MAX_SIZE];
int  weight[MAX_SIZE][MAX_SIZE];
int n;   /* Nummer der Bezeichner */
```

```
void obst(int p[], int q[], int cost[][MAX_SIZE],
        int root[][MAX_SIZE], int weight[][MAX_SIZE], int n)
{
/* Gegeben sind n verschiedene Bezeichner a[1] ... a[n] und die
Wahrscheinlichkeiten p[1] ... p[n], und q[0] ... q[n]. Berechne die
Kosten c[i][j] des optimalen binären Suchbaumes für a[i] ... a[j]
mit 1 <= i <= j <= n. Berechne ebenfalls das Gewicht und die Wurzel des
Baumes */
    int i,j,k,m,min,minpos;
    /* Initialisiere die Knotenbäume 0 und 1 */
    for (i = 0; i < n; i++) {
        weight[i][i] = q[i];
        root[i][i] = 0;
        cost[i][i] = 0;
        cost[i][i+1] = weight[i][i+1] = q[i] + q[i+1] + p[i+1];
        root[i][i+1] = i+1;
    }
    weight[n][n] = q[n];
    root[n][n] = 0;
    cost[n][n] = 0;
    /* Berechne die übrigen Diagonalen */
    for (m = 2; m <= n; m++)
        for (i = 0; i <= n-m; i++) {
            j = i + m;
            weight[i][j] = weight[i][j-1] + p[j] + q[j];
            k = knuth_min(cost,root,i,j);
            /* knuth_min gibt einen Wert k im Bereich
            root[i][j-1] bis root[i+1][j] zurück, der
            cost[i][k-1] + cost[k][j] minimiert */
            cost[i][j] = weight[i][j] + cost[i][k-1]   + cost[k][j];
            root[i][j] = k;
        }
}
```

Programm 10.1: Funktion, um einen optimalen binären Suchbaum zu finden

ÜBUNGEN

1. (a)   Beweisen Sie durch Induktion, daß $E = I + 2n$, $n \geq 0$ ist, wenn T ein binärer Baum mit n internen Knoten, I seine interne Weglänge und E seine externe Weglänge ist.

    (b)   Benutzen Sie das Ergebnis von (a), und zeigen Sie, daß die durchschnittliche Anzahl von Vergleichen s in einem erfolgreichen Suchvorgang mit der durchschnittlichen Anzahl von Vergleichen u in einem nicht erfolgreichen Suchvorgang durch die Formel

    $$s = (1 + 1 / n)u - 1, \ n \geq 1$$

    verbunden ist.

2. Benutzen Sie die Funktion *obst*, und berechnen Sie w_{ij}, r_{ij} und c_{ij} mit $0 \leq i < j \leq 4$ für die Bezeichner $(a_1, a_2, a_3, a_4) = (\textbf{else}, \textbf{malloc}, \textbf{printf}, \textbf{scanf})$ mit $p_1 = 1/20$, $p_2 = 1/5$, $p_3 = 1/10$, $p_4 = 1/20$, $q_0 = 1/5$, $q_1 = 1/10$, $q_2 = 1/5$, $q_3 = 1/20$ und $q_4 = 1/20$. Benutzen Sie die r_{ij}'s, und konstruieren Sie optimale binäre Suchbäume.

3. (a)   Vervollständigen Sie die Funktion *obst* und liefern Sie den Code für die Funktion *knuth_min*.

    (b)   Zeigen Sie, daß die Rechenzeit für *obst* $O(n^2)$ beträgt.

    (c)   Schreiben Sie einen Algorithmus für die Konstruktion des optimalen binären Suchbaumes T_{0n}, wobei die Wurzeln r_{ij}, $0 \leq i < j \leq n$ gegeben sind. Zeigen Sie, daß dies in der Zeit $O(n)$ möglich ist.

4. Da oftmals nur die Näherungswerte von p und q bekannt sind, ist es ebenso sinnvoll, einen fast optimalen binären Suchbaum zu finden; das heißt, daß dessen Kosten, Gleichung (10.1), bei den gegebenen p's und q's fast minimal sind. Diese Übung untersucht einen $O(n \log n)$-Algorithmus, der fast optimale binäre Suchbäume erstellt. Die Heuristik des Suchbaumes, die wir studieren, ist folgende:

    Wählen Sie die Wurzel a_k, so daß $|w_{0,k-1} - w_{k,n}|$ so klein wie möglich ist. Wiederholen Sie diese Funktion, um den rechten und linken Teilbaum von a_k zu finden.

    (a)   Ermitteln Sie mit Hilfe dieser Heuristik den binären Suchbaum, der sich für die Liste in Übung 2 ergibt. Wie hoch sind seine Kosten?

    (b)   Schreiben Sie eine C-Funktion, die die obige Heuristik implementiert. Ihr Algorithmus sollte eine Zeitkomplexität von $O(n \log n)$ besitzen.

    Eine Leistungsanalyse dieser Heuristik kann in einer Arbeit von Melhorn gefunden werden.

10.2. AVL-BÄUME

Wir können dynamische Tabellen auch als binäre Suchbäume erstellen. In Kapitel 5
erläuterten wir, wie Elemente in binäre Suchbäume eingefügt und aus ihnen gelöscht
werden können. Abbildung 10.8 zeigt den binären Suchbaum, der entsteht, wenn die
Monate *Januar* bis *Dezember* in dieser Reihenfolge in einen ursprünglich leeren binären
Suchbaum eingegeben werden. Wir haben *add_node* (Programm 5.18) benutzt.

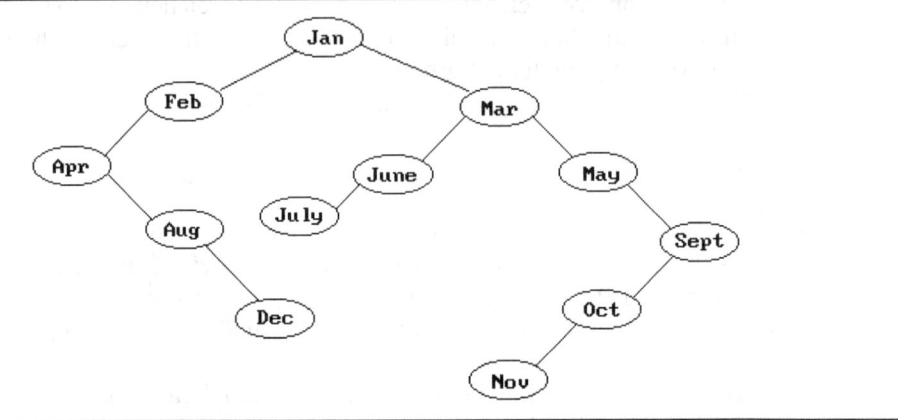

Abbildung 10.8: Binärer Suchbaum, den wir für die Monate des Jahres erhalten

Die maximale Anzahl an Vergleichen, die nötig ist, um einen beliebigen Bezeichner in dem
Baum in Abbildung 10.8 zu suchen, beträgt sechs (für *November*). Die durchschnittliche
Vergleichszahl beträgt (1 für *Januar* + 2 jeweils für *Februar* und *März* + 3 jeweils für
April, Juni und *Mai* + ... + 6 für *November*) = 42/12 = 3,5. Wenn wir die Monate in dem
Baum in der Reihenfolge *July, Februar, Mai, August, Januar, März, Oktober, April,
Dezember, Juni, November* und *September* eingeben, erhalten wir den Baum auf Abbildung
10.9. Dieser Baum ist gut ausgeglichen und enthält keinen Weg zu Blattknoten, der viel
länger als die anderen ist. Im Kontrast hierzu hat der Baum auf Abbildung 10.8 sechs Knoten auf dem Weg von der Wurzel bis *November*, jedoch nur drei Knoten auf dem Weg von
der Wurzel bis *April*. Der Baum auf Abbildung 10.9 weist noch andere Vorteile auf. Die
maximale Vergleichszahl, die notwendig ist um einen beliebigen Bezeichner zu suchen, ist
nun vier, und die Durchschnittsvergleichzahl ist 37/12 ≈ 3,1. Außerdem sind alle Bäume,
die zwischenzeitlich im Laufe der Konstruktion des Baumes auf Abbildung 10.9 erstellt
wurden, ebenfalls gut ausgeglichen. Nehmen wir an, daß wir nun die Monate in alphabetischer Ordnung in einen ursprünglich leeren Baum eingeben. Der Baum degeneriert zu einer Kette, wie in Abbildung 10.10 zu sehen ist. Die maximale Suchzeit beläuft sich nun
auf zwölf Bezeichnervergleiche, und der Durchschnitt beträgt 6,5. Daher entsprechen
binäre Suchbäume im ungünstigsten Fall der sequentiellen Suche in einer geordneten
Liste. Wenn wir jedoch die Bezeichner in beliebiger Reihenfolge eingeben, tendiert der
Baum zu einer ausgeglichenen Struktur wie in Abbildung 10.9. Wenn alle Permutationen
gleichermaßen möglich sind, dann können wir beweisen, daß die durchschnittliche Such-
und Einfügezeit bei einem binären Suchbaum mit n Knoten $O(\log n)$ beträgt.

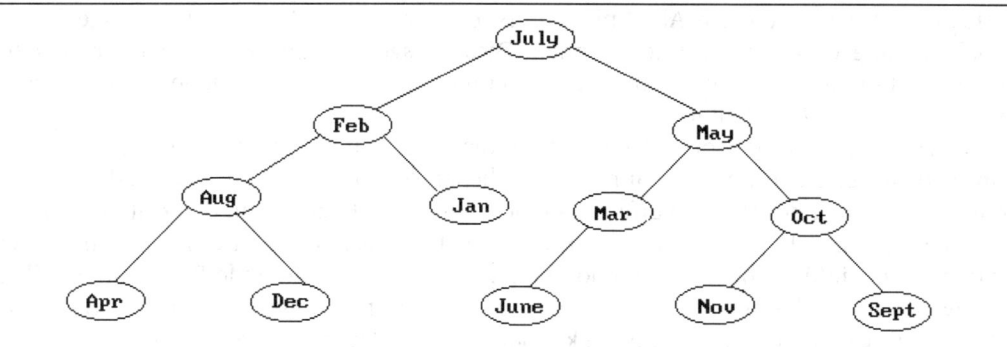

Abbildung 10.9: Ein ausgeglichener Baum für die Monate des Jahres

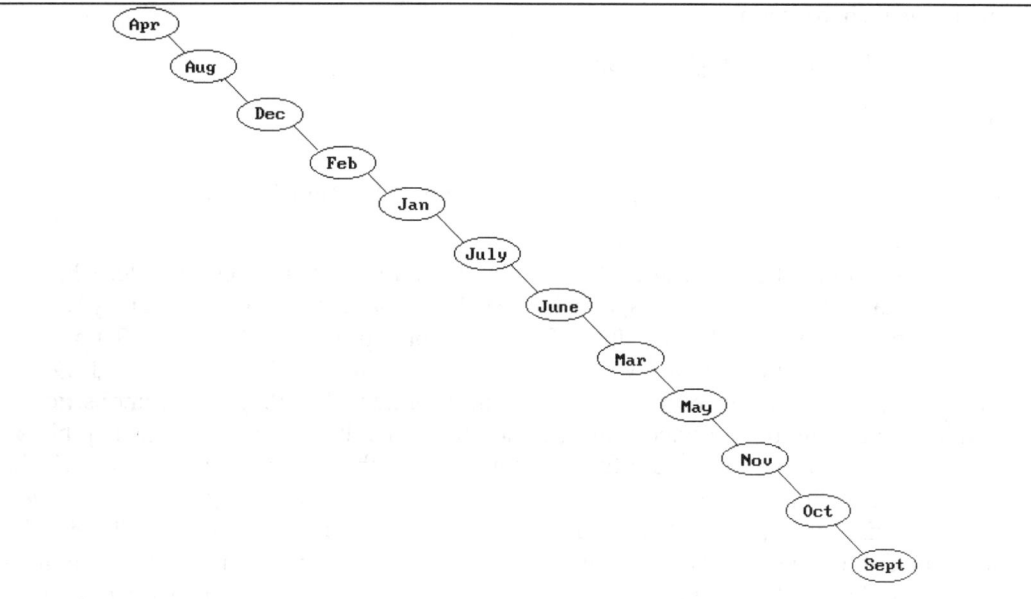

Abbildung 10.10: Degenerierter binärer Suchbaum

Aufgrund früherer Untersuchungen binärer Bäume wissen wir, daß wir die durchschnittliche und maximale Suchzeit minimieren können, wenn wir den binären Suchbaum jederzeit zu einem vollständigen, binären Suchbaum ausgleichen. Da wir es aber leider mit einer dynamischen Umgebung zu tun haben, suchen wir die Bezeichner, während wir den Baum aufbauen. Dies erschwert es, einen vollständigen binären Baum aufrechtzuerhalten, ohne daß ein beträchtlicher zeitlicher Mehraufwand für das Hinzufügen neuer Elemente notwendig wäre. Der erhöhte Zeitaufwand entsteht, weil wir manchmal möglicherweise den gesamten Baum neu strukturieren müssen, um eine neue Eintragung zu ermöglichen. Jedoch können wir einen ausgeglichenen Baum aufrechterhalten, der sicherstellt, daß die Suchzeit im Durchschnitt und im ungünstigsten Fall bei einem Baum mit n Knoten

O(log n) beträgt. In diesem Abschnitt untersuchen wir eine Methode, wie ausgeglichene binäre Bäume vergrößert werden können. Diese ausgeglichenen Bäume weisen befriedigende Such- und Einfügezeiten auf. Die Strukturen anderer ausgeglichener Bäume werden in späteren Kapiteln behandelt.

1962 führten Adelson-Velskii und Landis eine Struktur für binäre Bäume ein, die hinsichtlich der Höhe der Teilbäume ausgeglichen ist. Da die Bäume ausgeglichen sind, kann der Vorgang des Wiederauffindens eines beliebigen Elements in der Zeit O(log n) bei einem Baum mit n Knoten erfolgen. Wir können ebenfalls in der Zeit O(log n) ein Element in den Baum einfügen oder aus ihm löschen. Der daraus resultierende Baum bleibt höhenausgeglichen. Wir bezeichnen die von Adelson-Velskii und Landis eingeführten Bäume als *AVL-Bäume*. Genau wie binäre Bäume können wir AVL-Bäume rekursiv definieren.

Definition: Ein leerer binärer Baum ist höhenausgeglichen. Wenn T ein nicht leerer binärer Baum mit T_L und T_R als linken und rechten Teilbaum ist, dann ist T genau dann höhenausgeglichen, wenn

(1) T_L und T_R höhenausgeglichen sind

und

(2) $|h_L - h_R| \leq 1$, wobei h_L und h_R jeweils die Höhen von T_L und T_R sind. $\square$

Die Definition eines höhenausgeglichenen binären Baumes macht es erforderlich, daß jeder Teilbaum ebenfalls höhenausgeglichen ist. Der binäre Baum auf Abbildung 10.8 ist nicht höhenausgeglichen, da der linke Teilbaum von *April* eine Höhe von 0 und sein rechter Teilbaum eine Höhe von 2 hat. Der Baum auf Abbildung 10.9 ist höhenausgeglichen, im Gegensatz zum Baum auf Abbildung 10.10. Um zu demonstrieren, wie man einen Baum immer wieder ausgleichen muß, damit er höhenausgeglichen bleibt, konstruieren wir solch einen Baum für die Monate des Jahres. Dieses Mal werden wir die Monate in den Baum in der Reihenfolge *März, Mai, November, August, April, Januar, Dezember, Juli, Februar, Juni, Oktober* und *September* einfügen. Abbildung 10.11 zeigt das Wachstum des Baumes sowie die Umstrukturierung, die vorgenommen wird, damit er ausgeglichen bleibt. Die Zahlen neben jedem Knoten bezeichnen die Höhendifferenz zwischen dem linken und rechten Teilbaum des Knotens. Wir bezeichnen dies als den Ausgleichsfaktor des Knotens.

Definition: Der *Ausgleichsfaktor BF(T)* (Balancefaktor) eines Knotens T in einem binären Baum wird als $h_L - h_R$ definiert, wobei h_L und h_R jeweils die Höhe des linken und rechten Teilbaumes von T darstellen. Bei einem beliebigen Knoten T in einem AVL-Baum ist $BF(T) = -1, 0$ oder 1. $\square$

Das Einfügen von *März* und *Mai* führt zu den binären Suchbäumen (a) und (b) auf Abbildung 10.11. Wenn wir *November* zu dem Baum hinzufügen, wird die Höhe des rechten Teilbaumes von *März* zu 2, während die des linken Teilbaumes 0 beträgt. Der Baum ist nun unausgeglichen. Damit der Baum erneut ausgeglichen wird, führen wir eine Rotation aus. Die beiden grauen Knoten sind von dieser Rotation betroffen. Da der Baum rechts unausgeglichen ist, rotieren wir ihn nach links. So machen wir *März* zum linken

Nachfolger von *Mai* und *Mai* zur Wurzel des Baumes. Das Einfügen von *August* läßt den Baum ausgeglichen bleiben. Die nächste Einfügung *April* jedoch läßt den Baum jedoch wieder unausgeglichen werden. Da der Baum nun links unausgeglichen ist, rotieren wir die zwei grauen Knoten nach rechts. So machen wir *März* zum rechten Nachfolger von *August* und *August* zur Wurzel des Teilbaumes (Abbildung 10.11(e)). Beachten Sie, daß wir die beiden vorstehenden Rotationen ausführten, als der nächste Vorfahr des neuen Knotens einen Ausgleichsfaktor von ± 2 hatte. Das Einfügen von *Januar* erzeugt ebenfalls einen unausgeglichenen Baum. Dieses Mal jedoch ist die Rotation komplexer, da die Unausgewogenheit nicht nur eine Richtung betrifft. In diesem Falle müssen wir die drei schwarzen Knoten gemeinsam mit deren Teilbäumen rotieren. Wir machen *März* zur neuen Wurzel. *August* wird, gemeinsam mit seinem linken Teilbaum, zum linken Teilbaum von *März*. Der linke Teilbaum von *März* wird zum rechten Teilbaum von August. *Mai* und sein rechter Teilbaum, deren Bezeichner größer als *März* sind, werden zum rechten Teilbaum von *März*. Hätte *März* einen nicht leeren rechten Teilbaum, wäre dieser der linke Teilbaum von *Mai* geworden, da alle Bezeichner kleiner als *Mai* gewesen wären.

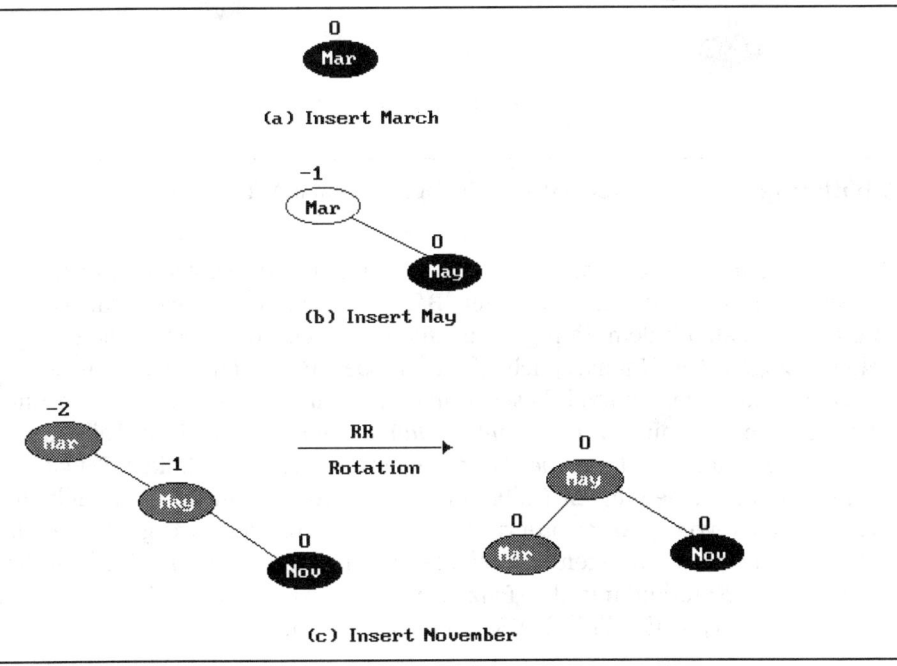

Abbildung 10.11: Einfügen in einen AVL-Baum

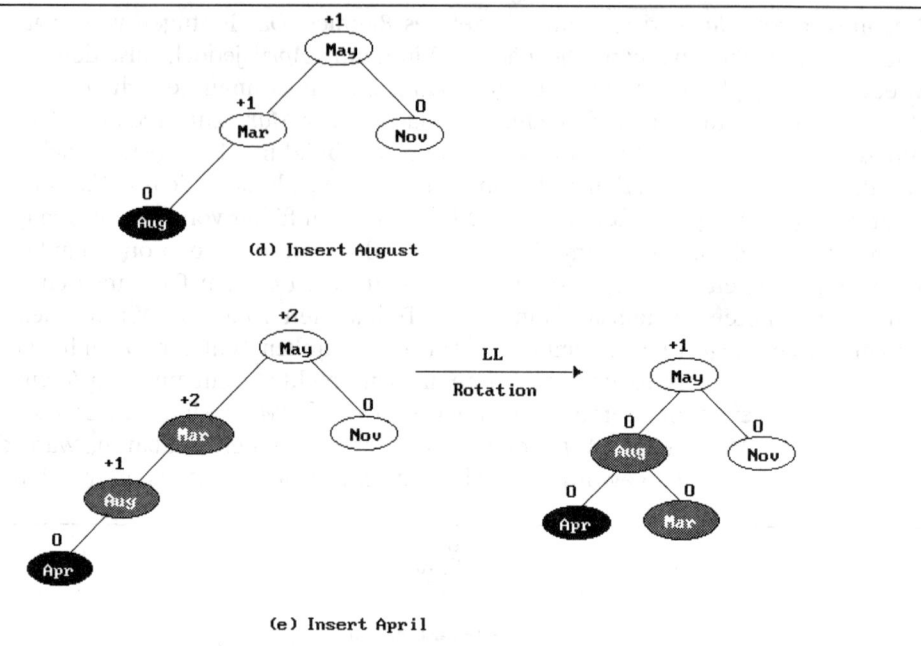

(d) Insert August

(e) Insert April

Abbildung 10.11 (Fortsetzung): Einfügen in einen AVL-Baum

Das Einfügen von *Dezember* und *Juli* macht kein Ausgleichen erforderlich. Wenn wir jedoch *Februar* einfügen, wird der Baum erneut unausgewogen. Der Vorgang des Ausgleichens ähnelt dem Einfügen von *Januar*. Wiederum werden die drei grauen Knoten miteinbezogen. Die Unausgeglichenheit tritt bei *August* auf. In diesem Falle machen wir *Dezember* zur neuen Wurzel dieses Teilbaumes. *August* wird mit seinem linken Teilbaum zum rechten Teilbaum von *Dezember*. *Januar* und sein rechter Teilbaum werden zum rechten Teilbaum von *Dezember*. Wir machen *Februar* zum linken Teilbaum von *Januar*. Wenn *Dezember* einen linken Teilbaum hätte, würde er zum rechten Teilbaum von *August*. Das Einfügen von *Juni* erfordert den gleichen Ausgleichsvorgang wie auf Abbildung 10.11(f). Auch das Einfügen von *Oktober* macht ein Ausgleichen erforderlich. In diesem Falle ist die Rotation mit der Plazierung von *November* in den Baum identisch. Das Einfügen von *September* läßt den Baum ausgeglichen.

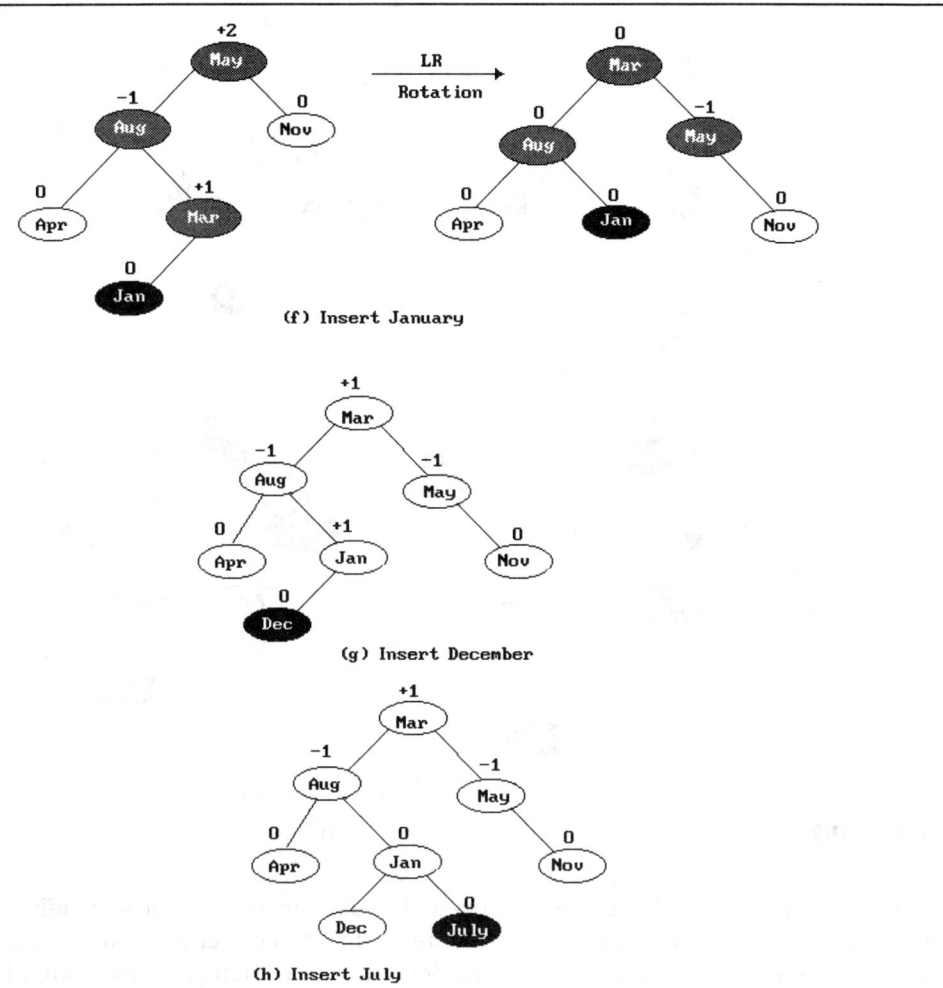

(f) Insert January

(g) Insert December

(h) Insert July

Abbildung 10.11 (Fortsetzung): Einfügen in einen AVL-Baum

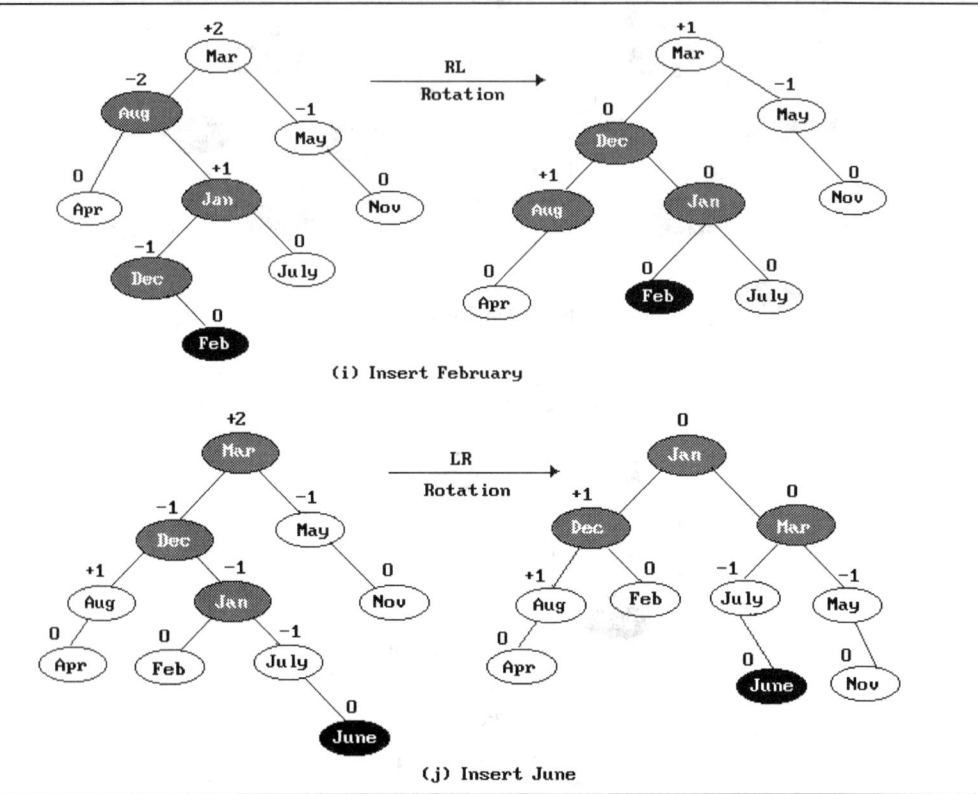

(i) Insert February

(j) Insert June

Abbildung 10.11 (Fortsetzung): Einfügen in einen AVL-Baum

Im vorstehenden Beispiel haben wir gesehen, daß das Hinzufügen eines Knotens zu einem ausgeglichenen binären Suchbaum dazu führen kann, daß dieser nicht mehr ausgeglichen ist. Wir haben das Ausgleichen für verschiedene Rotationsarten vorgenommen: *LL, RR, LR* und *RL* (Abbildung 10.11 jeweils für (e), (c), (f) und (i)). *LL* und *RR* sind symmetrisch, genau wie *LR* und *RL*. Diese Rotationen werden durch den nächsten Vorfahren A des eingefügten Knotens Y, dessen Ausgleichsfaktor ±2 wird, gekennzeichnet. Wir charakterisieren die Rotationsarten wie folgt:

LL: neuer Knoten Y wird in den linken Teilbaum des linken Teilbaumes von A eingefügt

LR: Y wird in den rechten Teilbaum des linken Teilbaumes von A eingefügt

RR: Y wird in den rechten Teilbaum des rechten Teilbaumes von A eingefügt

RL: Y wird in den linken Teilbaum des rechten Teilbaumes von A eingefügt.

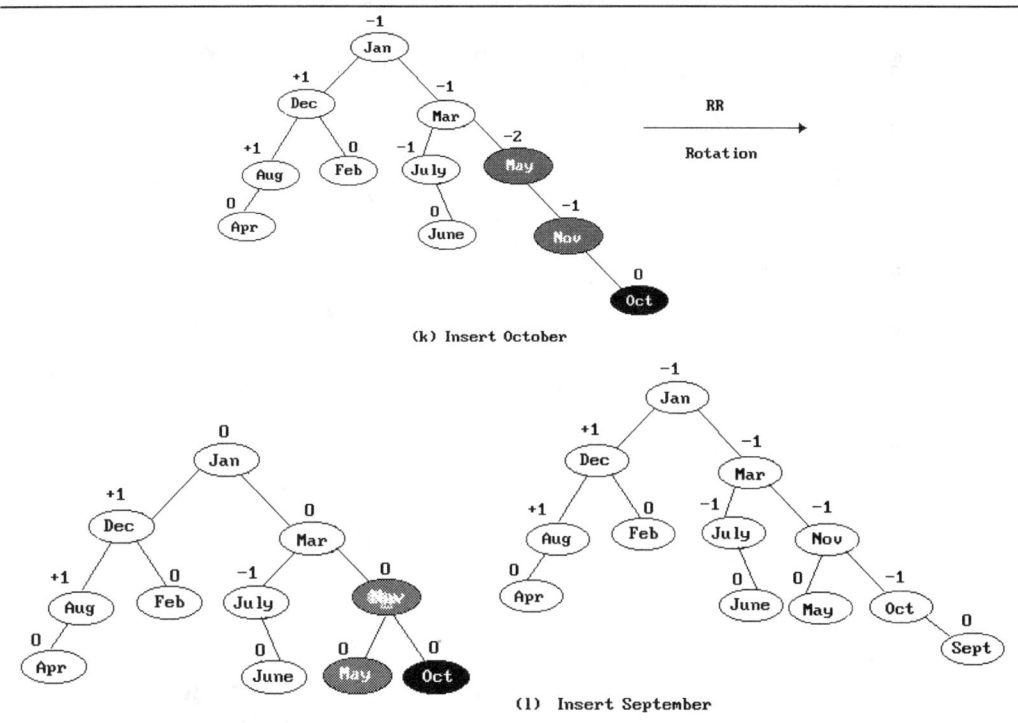

(k) Insert October

(l) Insert September

Abbildung 10.11 (Fortsetzung): Einfügen in einen AVL-Baum

Abbildung 10.12 zeigt die Rotationen für *LL*, *LR* und *RR* als Ausdruck abstrakter binärer Bäume. Die *RL*-Rotation ähnelt der *LR*-Rotation. Der Wurzelknoten in jedem der Bäume auf der Abbildung repräsentiert den nächsten Vorgänger, dessen Ausgleichsfaktor nach dem Einfügen ±2 ist. Wenn wir einen Moment nachdenken, zeigt sich, daß, wenn ein höhenausgeglichener Baum nach einer Einfügung unausgeglichen wird, diese vier Fälle die einzigen Möglichkeiten für ein erneutes Ausgleichen sind (wenn Sie ein Moment des Nachdenkens nicht überzeugt, dann versuchen Sie die Übung 1). Sowohl im Beispiel der Abbildung 10.11 als auch bei den Rotationen der Abbildung 10.12, bleibt die Höhe der Teilbäume, die nicht an der Rotation teilnehmen, unverändert. Dies bedeutet, daß wir, sobald wir den entsprechenden Teilbaum ausgeglichen haben, die restlichen Abschnitte des Baumes nicht zu überprüfen brauchen. Die einzigen Knoten, deren Ausgleichsfaktoren sich verändern können, befinden sich im gedrehten Teilbaum.

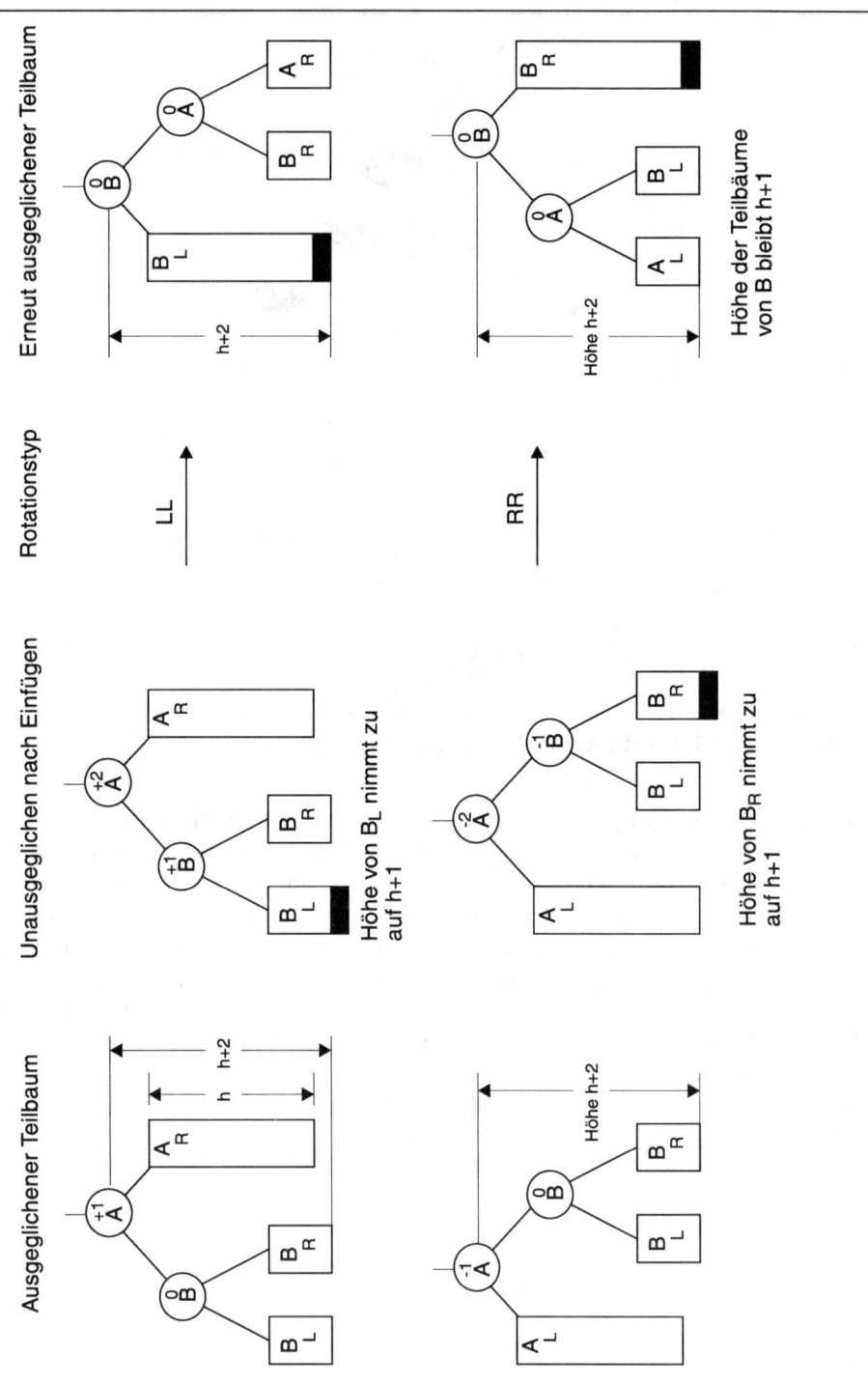

Abbildung 10.12: Rotationen zum Ausgleichen

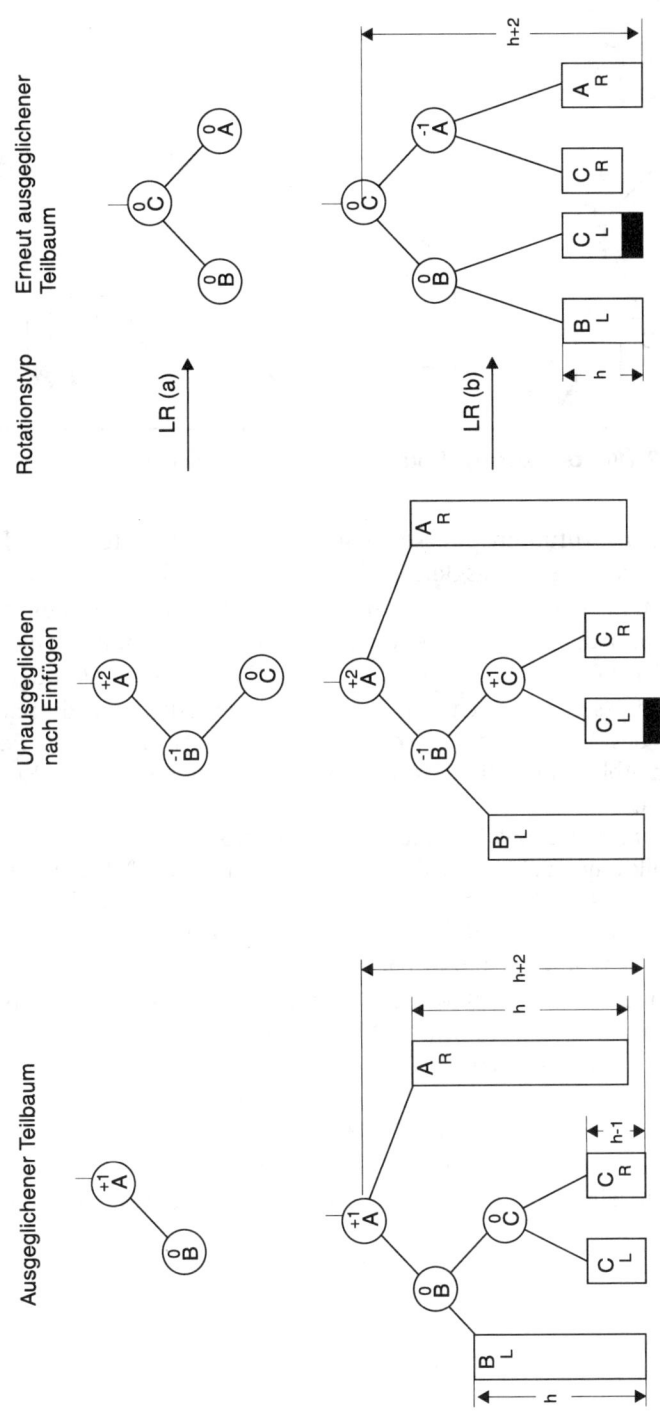

Abbildung 10.12 (Fortsetzung): Rotationen zum Ausgleichen

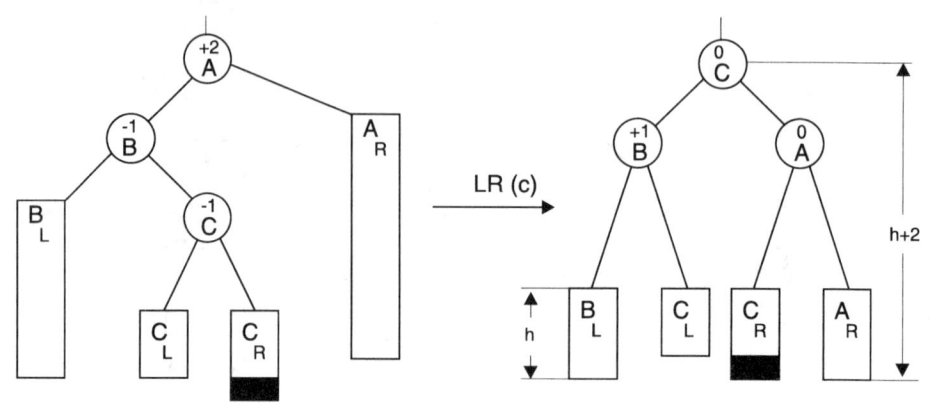

Abbildung 10.12 (Fortsetzung): Rotationen zum Ausgleichen

Um eine Rotation auszuführen, müssen wir zuerst den nächsten Vorfahren A des neu eingefügten Knotens, dessen Ausgleichsfaktor ±2 ist, lokalisieren. Der Ausgleichsfaktor eines Knotens kann nicht ±2 werden, wenn sein Ausgleichsfaktor vor dem Einfügen nicht ± 1 war. Deshalb kann die Einfügefunktion diese Information nutzen, um zu bestimmen, wann der Ausgleichsfaktor eines Knotens auf ±2 steigt. Um eine *LL*- oder *RR*-Rotation zu vervollständigen, müssen wir auch den Vorgänger von A kennen, da nach der Rotation einer der Zeiger des Vorgängers so verändert wird, daß er auf die neue Wurzel des Teilbaumes zeigt. Abbildung 10.12 zeigt die Veränderungen in den Knoten und deren Ausgleichsfaktoren.

     Was geschieht, wenn das Einfügen eines Knotens nicht zu einem unausgeglichenen Baum führt (Abbildung 10.11(a), (b), (d), (g), (h) und (l))? Während eine Neustrukturierung des Baumes nicht nötig ist, verändern sich die Ausgleichsfaktoren einiger Knoten. Angenommen, A ist der nächste Vorfahr des neuen Knotens mit Ausgleichsfaktor ± 1 vor dem Einfügen. Wenn der Baum nach dem Einfügen nicht unausgeglichen ist, selbst wenn die Weglänge um 1 erhöht wurde, muß der neue Ausgleichsfaktor von A 0 sein. Falls es keinen Vorfahren von A mit Ausgleichsfaktor ±1 gibt (wie in Abbildung 10.11(a), (b), (d), (g) und (l)), lassen wir A zur Wurzel werden. Die Ausgleichsfaktoren der Knoten von A bis zum Vorgänger des neuen Knotens verändern sich zu ±1 (siehe Abbildung 10.11(h), A = *Januar*). Beachten Sie, daß die Funktion zur Bestimmung von A in beiden Fällen die gleiche ist, so als ob ein erneutes Ausgleichen notwendig wäre! Die verbleibenden Einzelheiten des Einfüge-Ausgleichsvorgangs werden in *avl_insert* (Programm 10.2) dargelegt.

Die Funktion *left_rotation* (Programm 10.3) liefert den Code für die *LL-* und *LR-*
Rotationen. Der Code für die *RR-* und *RL-*Rotationen ist symmetrisch, und wir überlassen
Ihnen das als Übung. Die benötigten Typdefinitionen lauten:

```
#define    IS_FULL(ptr)   (!(ptr))
#define    FALSE 0
#define    TRUE 1
typedef    struct {
                int key;
                } element;
typedef    struct tree_node *tree_pointer;
           struct tree_node {
                      tree_pointer left_child;
                      element data;
                      short int bf;
                      tree_pointer  right_child;
                      } tree_node;
int unbalanced = FALSE;
tree_pointer root = NULL;
```

Der Zeiger auf den Baum *root* wird auf *NULL* gesetzt, bevor *avl_insert* erstmalig aufgerufen
wird. Ebenfalls setzen wir *unbalanced* auf *FALSE* **vor jedem Aufruf** von *avl_insert*. Die
Funktion wird mit *avl_insert* (&*root*, *x*, &*unbalanced*) aufgerufen.

```
void avl_insert(tree_pointer *parent, element x, int *unbalanced)
{
    if (!*parent) {
    /* Füge Element in 0-Baum ein */
        *unbalanced = TRUE;
        *parent = (tree_pointer)  malloc(sizeof(tree_node));
        if (IS_FULL(*parent)) {
            fprintf(stderr, "Der Speicher ist voll\n");
            exit(1);
        }
        (*parent)->left_child = (*parent)->right_child = NULL;
        (*parent)->bf = 0;
        (*parent)->data = x;
    }
    else if (x.key < (*parent)->data.key) {
        avl_insert(&(*parent)->left_child, x, unbalanced);
        if (*unbalanced)
        /* Linker Zweig ist größer geworden */
            switch ((*parent)->bf) {
                case -1: (*parent)->bf = 0;
                        *unbalanced = FALSE;
                        break;
                case  0: (*parent)->bf = 1;
                        break;
                case  1: left_rotation(parent,unbalanced);
            }
    }
    else if (x.key > (*parent)->data.key) {
        avl_insert(&(*parent)->right_child, x, unbalanced);
        if (*unbalanced)
            /* Rechter Zweig ist größer geworden */
            switch((*parent)->bf) {
                case 1 : (*parent)->bf = 0;
                        *unbalanced = FALSE;
                        break;
                case 0 : (*parent)->bf = -1;
                        break;
                case -1: right_rotation(parent, unbalanced);
            }
    }
    else {
        *unbalanced = FALSE;
        printf("Der Schlüssel ist schon im Baum");
    }
}
```

Programm 10.2: Einfügen in einen AVL-Baum

```
void left_rotation(tree_pointer *parent, int *unbalanced)
{
    tree_pointer grand_child, child;
    child = (*parent)->left_child;
    if (child->bf == 1) {
        /* LL-Rotation */
        (*parent)->left_child = child->right_child;
child->    right_child = *parent;
        (*parent)->bf = 0;
        (*parent) = child;
    }
    else {
    /* LR-Rotation */
        grand_child = child->right_child;
        child->right_child = grand_child->left_child;
        grand_child->left_child = child;
        (*parent)->left_child = grand_child->right_child;
        grand_child->right_child = *parent;
        switch(grand_child->bf) {
            case  1 : (*parent)->bf = -1;
                      child->bf = 0;
                      break;
            case 0:   (*parent)->bf = child->bf = 0;
                      break;
            case -1:  (*parent)->bf = 0;
                      child->bf = 1;
        }
        *parent = grand_child;
    }
    (*parent)->bf = 0;
    *unbalanced = FALSE;
}
```

Programm 10.3: Funktion für Linksrotationen

Um den Einfüge-Algorithmus wirklich zu verstehen, sollten Sie ihn auf das Beispiel von Abbildung 10.11 anwenden. Sobald Sie davon überzeugt sind, daß er den Baum ausgeglichen hält, stellt sich als nächstes die Frage, wieviel Zeit er benötigt, um eine Einfügung auszuführen. Eine Analyse des Algorithmus zeigt, daß die Zeit für das Einfügen eines neuen Bezeichners $O(h)$ beträgt, wenn h die Höhe des Baumes vor dem Einfügen ist. Dies verhält sich genauso wie bei unausgeglichenen binären Suchbäumen, obwohl der Overhead nun beträchtlich größer ist. Im Falle binärer Suchbäume jedoch könnte h gleich n sein (Abbildung 10.10), wenn sich n Knoten im Baum befänden, und die Einfügezeit im ungünstigsten Fall würde $O(n)$ betragen. Im Falle der AVL-Bäume beträgt die Einfügezeit im ungünstigsten Fall $O(\log n)$, da h höchstens $O(\log n)$ ist. Um dies einzusehen, nehmen wir an, N_h sei die minimale Knotenzahl in einem höhenausgeglichenen Baum mit der Höhe h. Im ungünstigsten Fall beträgt die Höhe eines der Teilbäume $h-1$ und die Höhe des anderen $h-2$. Beide Teilbäume sind jedenfalls höhenausgeglichen. Daher ist $N_h = N_{h-1} + N_{h-2} + 1$ und $N_0 = 0$, $N_1 = 1$ und $N_2 = 2$. Beachten Sie die Ähnlichkeit dieser rekursiven Definition für N_h mit der Definition der Fibonacci-Zahlen $F_n = F_{n-1} + F_{n-2}$, $F_0 =$

0 und $F_1 = 1$! In der Tat können wir zeigen (Übung 2), daß $N_h = F_{h+2} - 1$ bei $h \geq 0$ ist. Aufgrund der Theorie der Fibonacci-Zahlen wissen wir, daß $F_h \approx \phi^h/\sqrt{5}$ ist, wenn $\phi = (1 + \sqrt{5})/2$ ist. Daher ist $N_h \approx \phi^{n+2}/\sqrt{5} - 1$. Das bedeutet, daß die Höhe h höchstens $\log_\phi(\sqrt{5}(n + 1)) - 2$ beträgt, wenn in einem Baum n Knoten vorhanden sind. Daher beträgt die Einfügezeit im ungünstigsten Fall $O(\log n)$ bei einem höhenausgeglichenen Baum mit n Knoten.

Die Übungen zeigen, daß es möglich ist, einen Knoten mit dem Bezeichner x zu finden und zu löschen und den k-ten Knoten in einem höhenausgeglichenen Baum in der Zeit $O(\log n)$ zu finden und zu löschen. In der Arbeit von Karlton et al. werden die Ergebnisse einer empirischen Studie über das Löschen in höhenausgeglichenen Bäumen gezeigt. Ihre Studie zeigt, daß die Wahrscheinlichkeit, daß bei einem Einfügen mit Zufallsfaktor kein Ausgleichen nötig ist, 0,5349 beträgt; daß die Wahrscheinlichkeit, daß eine einzige Rotation (*LL* oder *RR)* erforderlich ist, 0,2324; und daß die Wahrscheinlichkeit, daß eine doppelte Rotation (*LR* oder *RL*) notwendig ist, 0,2324 beträgt. Abbildung 10.13 vergleicht den Zeitbedarf bestimmter Operationen für sortierte sequentielle Listen, sortierte verkettete Listen und AVL-Bäume im ungünstigsten Fall miteinander.

Operation	sequentielle Liste	verkettete Liste	AVL-Baum
Suche nach x	$O(\log n)$	$O(n)$	$O(\log n)$
Suche nach k-tem Element	$O(1)$	$O(k)$	$O(\log n)$
x löschen	$O(n)$	$O(1)$[1]	$O(\log n)$
k-tes Element löschen	$O(n - k)$	$O(k)$	$O(\log n)$
x einfügen	$O(n)$	$O(1)$[2]	$O(\log n)$
Ausgabe in Reihenfolge	$O(n)$	$O(n)$	$O(n)$

1. Doppelt verkettete Liste und Position von x bekannt.
2. Wenn Einfügeposition bekannt ist.

Abbildung 10.13: Vergleich verschiedener Strukturen

ÜBUNGEN

1. (a)   Vervollständigen Sie Abbildung 10.12 durch Zeichnen der Baumkonfigurationen für die Rotationen $RL(a)$, (b) und (c).

    (b)   Überzeugen Sie sich davon, daß die fertige Abbildung 10.12 alle möglichen
          Situationen berücksichtigt, die auftreten können, wenn ein höhenausgeglichener binärer Baum durch eine Einfügung unausgeglichen wird. Geben
          Sie ein Beispiel an, das durch keinen der Fälle auf dieser Abbildung
          abgedeckt ist.

2. Beweisen Sie durch Induktion, daß die minimale Knotenzahl in einem AVL-Baum
    der Höhe h gerade $N_h = F_{h+2} - 1$ mit $h \geq 0$ beträgt.

3. Vervollständigen Sie *avl_insert*, indem Sie die Funktion *right_rotation* schreiben.

4. Erarbeiten Sie den höhenausgeglichenen Baum, der dem Baum auf Abbildung 10.11
    entspricht, wobei Sie den Algorithmus *avl_insert* verwenden; beginnen Sie mit
    einem leeren Baum, und verwenden Sie die folgende Einfügesequenz:

    Dezember, Januar, April, März, Juli, August,
    Oktober, Februar, September, November, Mai, Juni

    Kennzeichnen Sie die Rotationen entsprechend dem Typ.

5. Nehmen Sie an, daß jeder Knoten in einem AVL-Baum t ein Feld *lsize* besitzt. Für
    jeden Knoten a steht $a \rightarrow lsize$ für die Anzahl der Knoten in dessen linken Teilbaum
    plus Eins. Schreiben Sie einen Algorithmus $avl\_find(t, k)$, um den k-ten kleinsten
    Bezeichner des Teilbaumes t zu ermitteln. Zeigen Sie, daß dies in der Zeit $O(\log n)$
    geschehen kann, wenn sich n Knoten in t befinden.

6. Schreiben Sie den Algorithmus *avl_insert* neu, wobei Sie zusätzlich bei jedem
    Knoten voraussetzen, daß er über ein *lsize*-Feld wie in Übung 5 verfügt. Zeigen Sie,
    daß die Einfügezeit $O(\log n)$ bleibt.

7. Schreiben Sie einen Algorithmus, um die Knoten eines AVL-Baumes in T in
    aufsteigender Ordnung der Schlüsselfelder *key* aufzulisten. Zeigen Sie, daß dies in
    der Zeit $O(n)$ geschehen kann, wenn T n Knoten hat.

8. Es ist bekannt, daß ein beliebiger Algorithmus, der jeweils zwei sortierte Listen der
    Größe n und m miteinander verschmilzt, im ungünstigsten Fall mindestens $n + m -$
    1 Vergleiche vornehmen muß. Welche Auswirkungen hat dieses Ergebnis auf die
    Zeitkomplexität eines beliebigen Vergleichsalgorithmus, der jeweils zwei AVL-
    Bäume mit n und m Elementen miteinander verbindet?

9. In Kapitel 7 haben wir gezeigt, daß jeder Vergleichsalgorithmus zum Sortieren von Elementen im ungünstigsten Falle O($n \log n$) Vergleiche vornehmen muß. Welche Auswirkungen hat dieses Ergebnis auf die Komplexität bei der Initialisierung eines AVL-Baumes mit n Elementen?

10. Schreiben Sie einen Algorithmus, der den Knoten mit dem Bezeichner x im AVL-Baum t löscht. Der daraus resultierende Baum sollte, falls nötig, neu strukturiert werden. Zeigen Sie, daß die hierfür notwendige Zeit O($\log n$) ist, wenn sich n Knoten in t befinden.

11. Führen Sie Übung 10 für den Fall aus, daß jeder Knoten ein *lsize*-Feld hat und der k-t kleinste Bezeichner gelöscht werden soll.

12. Schreiben Sie einen Algorithmus, um die Knoten der beiden AVL-Bäume T_1 und T_2 zusammenzumischen, um einen neuen AVL-Baum zu erhalten. Wie ist die Rechenzeit Ihres Algorithmus?

13. Schreiben Sie einen Algorithmus, um einen AVL-Baum T in zwei AVL-Bäume T_1 und T_2 zu spalten, so daß alle Bezeichner in $T_1 \leq x$ und alle in $T_2 \geq x$ sind.

14. Vervollständigen Sie Abbildung 10.13, indem Sie eine Spalte für Hashing hinzufügen.

15. § Für eine feste Größe k mit $k \geq 1$ definieren wir einen höhenausgeglichenen Baum $HB(k)$ wie folgt:

    Definition: Ein leerer binärer Baum ist ein $HB(k)$-Baum. Wenn T ein nichtleerer binärer Baum mit T_L und T_R als linkem und rechtem Teilbaum ist, dann ist T ein $HB(k)$ genau dann, wenn gilt:

    (1) T_L und T_R sind $HB(k)$

    (2) $|h_L - h_R| \leq k$, wobei h_L und h_R jeweils die Höhen von T_L und T_R sind. □

    (a)   Erarbeiten Sie die Transformationen zum Neuausgleichen von $HB(2)$-Bäumen.

    (b)   Schreiben Sie eine Einfügefunktion für $HB(2)$-Bäume.

10.3. 2-3-BÄUME

10.3.1. Definition und Eigenschaften

Wenn wir Suchbäume eines Grades, der größer als 2 ist, betrachten, gelangen wir zu Baumstrukturen, deren Einfüge- und Löschalgorithmen einfacher als bei AVL-Bäumen sind. Auch diese Algorithmen haben eine Komplexität von O(log n). Die Baumstruktur, die wir betrachten, wird 2-3-Baum genannt. Dieser Name bezieht sich auf die Tatsache, daß jeder interne Knoten in einem 2-3-Baum Grad 2 oder 3 besitzt. Ein Knoten mit Grad zwei wird 2-*Knoten*, einer mit Grad drei 3-*Knoten* genannt.

Definition: Ein 2-3-Baum ist ein Suchbaum, der entweder leer ist oder die folgenden Eigenschaften hat:

(1)   Jeder interne Knoten ist ein 2-Knoten oder ein 3-Knoten. Ein 2-Knoten besitzt ein Element, während ein 3-Knoten zwei Elemente besitzt.

(2)   Angenommen, *left_child* und *middle_child* bezeichnen die Nachfolger eines 2-Knotens. Angenommen *data_l* ist das Element in diesem Knoten und *data_l.key* dessen Schlüssel. Alle Elemente im 2-3-Teilbaum mit der Wurzel *left_child* haben kleinere Schlüssel als *data_l.key*, während alle Elemente in dem 2-3-Teilbaum mit der Wurzel *middle_child* einen größeren Schlüssel als *data_l.key* aufweisen.

(3)   Nehmen wir an, *left_child*, *middle_child* und *right_child* bezeichnen die Nachfolger eines 3-Knotens. *data_l* und *data_r* seien die beiden Elemente in diesem Knoten. Dann ist *data_l.key* < *data_r.key*; wobei alle Schlüssel im 2-3-Teilbaum mit der Wurzel *left_child* < *data_l.key* sind; alle Schlüssel im 2-3-Teilbaum mit der Wurzel *middle_child* sind kleiner als *data_r.key* und größer als *data_l.key*; und alle Schlüssel im 2-3-Teilbaum mit der Wurzel *right_child* sind größer als *data_r.key*.

(4)   Alle externen Knoten befinden sich auf derselben Ebene. □

Ein Beispiel für einen 2-3-Baum wird in Abbildung 10.14 gegeben. Im Falle eines linken Teilbaumes werden externe Knoten nur zu dem Zwecke eingeführt, daß 2-3-Bäume leichter definiert und besprochen werden können. Externe Knoten werden innerhalb des Computers nicht tatsächlich gespeichert. Vielmehr wird das entsprechende Nachfolgerfeld des Vorgängers eines jeden externen Knotens auf *NULL* gesetzt.

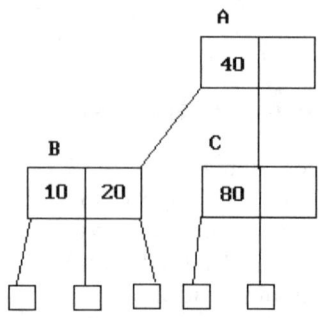

Abbildung 10.14: Ein Beispiel für einen 2-3-Baum

Die Anzahl der Elemente in einem 2-3-Baum mit der Höhe h (d. h., daß sich die externen Knoten auf der Ebene $h + 1$ befinden) liegt zwischen $2^h - 1$ und $3^h - 1$. Beachten Sie, daß die erste Schranke dann erreicht wird, wenn jeder interne Knoten ein 2-Knoten ist, und die zweite, wenn jeder interne Knoten ein 3-Knoten ist! Diese beiden Fälle stehen für zwei Extreme. Ein 2-3-Baum mit einigen 2-Knoten und einigen 3-Knoten hat eine Elementanzahl irgendwo zwischen diesen beiden Schranken. Daher beträgt die Höhe eines 2-3-Baum mit n Elementen zwischen $\lceil \log_3(n + 1) \rceil$ und $\lceil \log_2(n + 1) \rceil$.

Einen 2-3-Baum können wir mit Hilfe von Knoten des Typs *two_three* darstellen, definiert als:

```
typedef    struct two_three *two_three_ptr;
           struct two_three {
           element data_1, data_r;
           two_three_ptr left_child, middle_child,
           right_child;
           } two_three;
```

Wir nehmen an, daß kein gültiges Element den Schlüssel *INT_MAX* (definiert in <*limits.h*>) besitzt und übernehmen die Konvention, daß ein 2-Knoten *data_r.key* = *INT_MAX* hat. Sein Einzelelement ist in *data_l* enthalten, und *left_child* und *middle_child* zeigen auf die beiden Nachfolger. Sein Feld *right_child* wird auf *NULL* gesetzt.

10.3.2. Suchen in einem 2-3-Baum

Wir können den Suchalgorithmus für binäre Suchbäume einfach erweitern, um die Suchfunktion *search23* (Programm 10.4) zu erhalten, welche einen 2-3-Baum *t* nach einem Knoten, der ein Element mit Schlüssel *x* enthält, durchsucht. Wir setzen voraus, daß die Schlüssel ganze Zahlen sind. Die Suchfunktion benutzt die *compare*-Funktion, die den Schlüssel *x* mit den Schlüsseln in einem gegebenen Knoten *p* vergleicht. Sie liefert jeweils den Wert 1, 2, 3 oder 4, abhängig davon, ob *x* kleiner als der erste Schlüssel, sich zwischen dem ersten und zweiten Schlüssel befindet, größer als der zweite Schlüssel oder gleich einer der Schlüssel in *p* ist. Die Anzahl der Iterationen der **while**-Schleife wird durch die Höhe des 2-3-Baumes *t* begrenzt. Wenn daher *t* *n* Knoten besitzt, beträgt die Komplexität von *search*23 O(log *n*).

```
two_three_ptr search23(two_three_ptr t, element x)
{
/* Durchsuche den 2-3-Baum t nach einem Element, das mit x.key
übereinstimmt. Wenn ein solches Element gefunden ist, wird ein Zeiger
auf dessen Knoten zurückgegeben, sonst wird ein Null-Zeiger
zurückgegeben */
    while (t)
        switch(compare(x,t)) {
            case 1: t = t->left_child;
                    break;
            case 2: t = t->middle_child;
                    break;
            case 3: t = t->right_child;
                    break;
            case 4: return t;
        }
    return NULL;
}
```

Programm 10.4: Funktion, um einen 2-3-Baum zu durchsuchen

10.3.3. Einfügen in einen 2-3-Baum

Das Einfügen in einen 2-3-Baum ist recht einfach. Betrachten Sie das Einfügen eines Elements mit Schlüssel 70 in den 2-3-Baum auf Abbildung 10.14. Zuerst suchen wir nach diesem Schlüssel. Wenn sich der Schlüssel bereits im Baum befindet, scheitert das Einfügen, da alle Schlüssel in einem 2-3-Baum sich unterscheiden müssen. Da 70 sich nicht in unserem Beispiel eines 2-3-Baumes befindet, kann sie eingefügt werden. Hierfür müssen wir die Blattknoten, auf die wir während der Suche nach 70 treffen, kennen. Beachten Sie, daß immer dann, wenn wir nach einem Schlüssel suchen, der sich nicht im 2-3-Baum befindet, nur ein einziger Blattknoten während der Suche auftaucht. Der Blattknoten, den wir während der Suche nach 70 vorfinden, ist der Knoten C mit dem Schlüssel 80. Da dieser Knoten nur ein Element enthält, kann das neue Element hier eingefügt werden. Der daraus resultierende 2-3-Baum ist auf Abbildung 10.15(a) zu sehen.

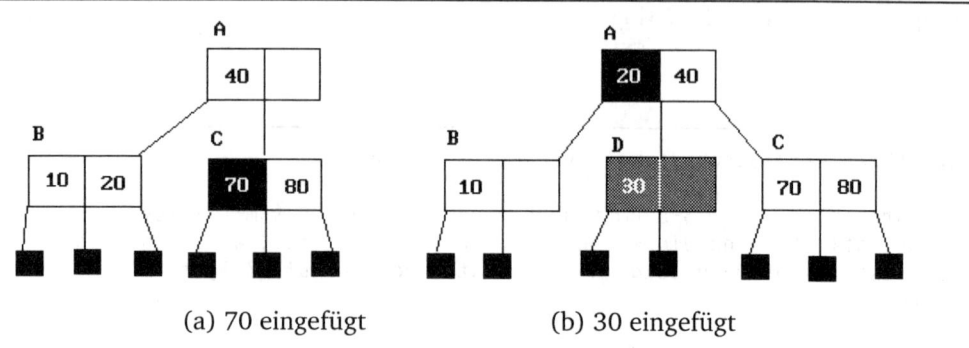

(a) 70 eingefügt   (b) 30 eingefügt

Abbildung 10.15: Einfügen in den 2-3-Baum von Abbildung 10.14

Betrachten Sie als nächstes das Einfügen eines Elementes x mit Schlüssel 30. Dieses Mal wird der Blattknoten B gefunden. Da B ein 3-Knoten ist, ist es notwendig, einen neuen Knoten D zu erzeugen. D enthält dann das Element mit dem größten Schlüssel der beiden Elemente, die sich gegenwärtig in B und x befinden. Das Element mit dem kleinsten Schlüssel befindet sich in B, und das Element mit dem mittleren Schlüssel wird, zusammen mit einem Zeiger auf D, in A, den Vorgänger von B, eingefügt. Der daraus resultierende 2-3-Baum ist auf Abbildung 10.15(b) zu sehen.

Als letztes Beispiel betrachten Sie das Einfügen eines Elements x mit dem Schlüssel 60 in den 2-3-Baum von Abbildung 10.15(b). Der Blattknoten, der während der Suche nach 60 auftauchte, ist der Knoten C. Da C ein 3-Knoten ist, wird ein neuer Knoten E erstellt. Dieser enthält das Element mit dem größten Schlüssel (80). Knoten C enthält das Element mit dem kleinsten Schlüssel (60). Das Element mit dem mittleren Schlüssel (70) wird, zusammen mit dem Zeiger auf den neuen Knoten E, ebenfalls in A, den Vorgänger von C, eingefügt. Wieder wird, da A ein 3-Knoten ist, ein neuer Knoten F, der das Element mit dem größten Schlüssel von {20, 40, 70} enthält, erzeugt. Wie zuvor enthält A das Element mit dem kleinsten Schlüssel. B und D bleiben der linke und mittlere Nachfolger von A, und C und E werden zu Nachfolgern von F. Wenn A einen Vorgänger hätte, würde das Element mit dem mittleren Schlüssel 40 und einem Zeiger auf den neuen Knoten F in diesen Vorgängerknoten eingefügt werden. Da A keinen Vorgänger besitzt, erzeugen wir eine neue Wurzel G für den 2-3-Baum. Diese enthält das Element mit dem Schlüssel 40, zusammen mit einem Zeiger auf A, des linken Nachfolgers und einen Zeiger auf F, des mittleren Nachfolgers. Der neue 2-3-Baum ist auf Abbildung 10.16 zu sehen.

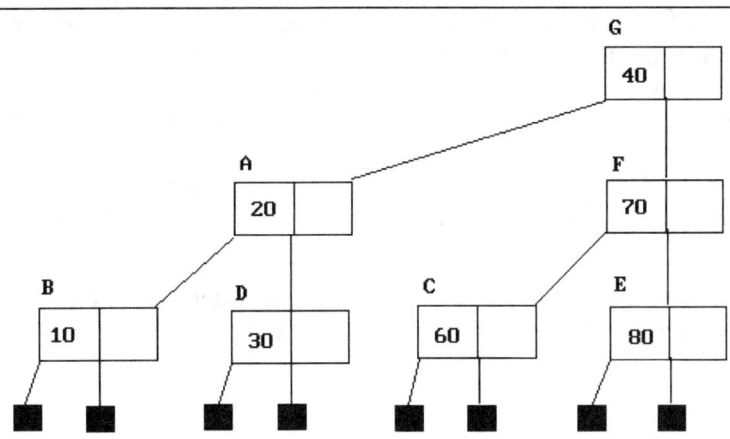

Abbildung 10.16: Einfügen von 60 in den 2-3-Baum von Abbildung 10.15(b)

Jedes Mal, wenn wir versuchen, ein Element in den 3-Knoten *p* einzufügen, erzeugen wir einen neuen Knoten *q*. Das bezeichnen wir als *Knotenspaltung*. Wir sagen, daß *p* in *p*, *q* und das Medianelement gespalten wird. Wenn wir die oben ausgeführten Ideen benutzen, erhalten wir die Einfügefunktion *insert*23 (Programm 10.5).

Diese Funktion benutzt verschiedene Funktionen, deren Entwicklung wir Ihnen als Übung überlassen. Wir spezifizieren die von Ihnen ausgeführten Aufgaben wie folgt:

(1)   *new_root*. Wir rufen diese Funktion auf, wenn die Wurzel des 2-3-Baum verändert werden soll. Die Eingaben für diese Funktion bestehen aus dem linken Nachfolger der neuen Wurzel, deren Einzelelement und deren mittleren Nachfolger. Ein Zeiger auf die neue Wurzel wird im ersten Parameter zurückgegeben.

(2)   *find_node*. Diese Funktion ist eine modifizierte Version von *search*23. Sie sucht in einem nicht leeren 2-3-Baum *t* nach einem vorhandenen Element mit Schlüssel *y.key*. Wenn dieser Schlüssel in *t* vorhanden ist, geben wir *NULL* zurück. Andernfalls erhalten wir den Blattknoten *p*, der während des Suchvorgangs angetroffen wurde. Außerdem erzeugt *find_node* einen globalen Stapel, so daß wir die Vorgänger von Blatt *p* bis zur Wurzel *t* finden können. Der Stapel unterhält eine Liste der Knoten des nächsten bis zum entferntesten Vorfahren. Wir brauchen eine solche Liste, da wir nach einer Knotenspaltung auf den Vorgänger des gespaltenen Knotens zugreifen müssen.

(3)   *put_in*. Wir benutzen diese Funktion, um ein Element *y* in einen Knoten einzufügen, der genau ein Element enthält. Wir plazieren den Teilbaum *q* sofort auf die rechte Seite von *y*. Wenn daher *y* zu *data_l* wird, wird *q* zu *middle_child*, und die vorherigen Werte von *data_l* und *middle_child* werden zu *data_r* und *right_child*. Wenn *y* zu *data_r* wird, dann wird *q* zu *right_child*.

(4)   *split.* Diese Funktion nimmt einen Knoten *p*, der 2 Elemente enthält und erstellt einen neuen Knoten *q*. Der neue Knoten enthält einen Satz mit dem größten Schlüssel aller Elemente, die sich ursprünglich in *p* befanden und das Element *y*. Das Element mit dem kleinsten Schlüssel ist das einzige Element, das in *p* übrig bleibt. Die drei ursprünglichen Zeiger der Nachfolger *p* und der Zeiger *q* ersetzen die vier Nachfolgerfelder, die in *p* und dem neuen Knoten definiert werden müssen. Danach ist *y* das Element mit dem mittleren Schlüssel, und *q* zeigt auf den neu gebildeten Knoten.

(5)   *delete.* Diese Funktion entfernt einen Knoten aus dem globalen Stapel. Der Zeiger auf die Spitze des Stapels ist eine globale Variable.

```
void insert23(two_three_ptr *t, element y)
{
/* Füge das Element y in den 2-3-Baum ein */
    two_three_ptr q, p, temp;

    if (!(*t))  /* Baum ist leer */
        new_root(t, y, NULL);
    else {
/* Füge in einen nichtleeren Baum ein */
        p = find_node(*t,y);
        if (!p) {
            fprintf(stderr,"Der Schlüssel befindet sich schon im Baum\n");
            exit(1);
        }
        q = NULL;
        for(;;)
            if (p->data_r.key == INT_MAX) { /* 2-Knoten */
                put_in(&p,y,q);
                break;
            }
            else {    /* 3-Knoten */
                split(p,&y,&q);
                if (p == *t) { /* Spalte die Wurzel */
                    new_root(t,y,q);
                    break;
                }
                else
                    /* Entferne einen Knoten aus dem Stapel */
                    p = delete();
            }
    }
}
```

Programm 10.5: Einfügen in einen 2-3-Baum

Bei *insert*23 bezeichnet *x* das Element, das in den 2-3-Baum eingefügt werden soll, und *q* bezeichnet den Knoten, der bei der letzten Iteration der **for**-Schleife neu geschaffen wurde. Zur Komplexitätsanalyse: Wir sehen, daß die erforderliche Gesamtzeit sich proportional zu der Höhe des 2-3-Baumes verhält. Daher benötigt das Einfügen in einen 2-3-Baum mit *n* Elementen die Zeit O(log *n*).

10.3.4. Löschen aus einem 2-3-Baum

Das Löschen aus einem 2-3-Baum ist eigentlich nicht schwieriger als das Einfügen. Wenn wir ein Element löschen, das sich nicht in einem Blattknoten befindet, verwandeln wir dies in ein Löschen aus einem Blattknoten, indem wir das zu löschende Element durch ein passendes Element, das sich im Blatt befindet, ersetzen. Wenn wir beispielsweise das Element mit dem Schlüssel 50, das sich nicht in der Wurzel auf Abbildung 10.17(a) befindet, löschen sollen, dann kann dieses Element entweder durch das Element mit dem Schlüssel 20 oder durch das Element mit dem Schlüssel 60 ersetzt werden. Beide befinden sich in Blattknoten. Im allgemeinen können wir entweder das Element mit dem größten Schlüssel im Teilbaum links oder das Element mit dem kleinsten Schlüssel im Teilbaum rechts von dem zu löschenden Element verwenden.

Von nun an betrachten wir nur den Fall, daß ein Element aus einem Blattknoten gelöscht wird. Beginnen wir mit dem Baum von Abbildung 10.17(a). Um das Element mit dem Schlüssel 70 zu löschen, müssen wir lediglich *data_r.key = INT_MAX* in Knoten C setzen. Das Ergebnis ist in Abbildung 10.17(b) zu sehen. Um das Element mit dem Schlüssel 90 aus dem 2-3-Baum von Abbildung 10.17(b) zu löschen, müssen wir *data_r* auf *data_l* verschieben und *data_r.key = INT_MAX* in Knoten D setzen. Dies führt zu dem 2-3-Baum in Abbildung 10.17(c).

Betrachten Sie als nächstes das Löschen des Elements mit dem Schlüssel 60. Dies läßt Knoten C leer. Da der linke Bruder B von C ein 3-Knoten ist, können wir das Element mit dem Schlüssel 20 auf die Position *data_l* des Vorgängerknotens A setzen und das Element mit dem Schlüssel 50 vom Vorgänger auf Knoten C bewegen. Nachdem *data_l.key = INT_MAX* in B gesetzt wurde, nimmt der 2-3-Baum die Form an, die auf Abbildung 10.17(d) zu sehen ist. Diese Datenbewegung wird *Rotation* genannt. Wenn das Element mit dem Schlüssel 95 gelöscht wird, wird Knoten D leer. Die Rotation, die bei dem Löschen von 60 ausgeführt wurde, ist jetzt nicht möglich, da der linke Bruder T ein 2-Knoten ist. Dieses Mal bewegen wir 80 zum linken Bruder C und löschen den Knoten D. Diese Operation bezeichnen wir als *Kombinieren*. In einem Kombinier-Vorgang wird ein Knoten gelöscht, während bei einer Rotation keine Knoten gelöscht werden. Das Löschen von 95 führt zu dem 2-3-Baum von Abbildung 10.17(e). Das Löschen des Elements mit Schlüssel 50 aus diesem Baum führt zu dem 2-3-Baum von Abbildung 10.17(f). Betrachten Sie nun das Löschen des Elements mit Schlüssel 10 aus diesem Baum. Knoten B wird leer. Zu diesem Zeitpunkt überprüfen wir B's rechten Bruder C, ob es sich um einen 2-Knoten oder einen 3-Knoten handelt. Handelt es sich um einen 3-Knoten, können wir eine Rotation ähnlich wie beim Löschen von 60 durchführen. Handelt es sich um einen 2-Knoten, wird ein Kombinieren ausgeführt. Da es sich bei C um einen 2-Knoten handelt, gehen wir ähnlich wie beim Löschen von 95 vor. Dieses Mal werden die Elemente mit den Schlüsseln 20 und 80 zu B bewegt, und Knoten C gelöscht. Dies veranlaßt jedoch, daß der Vorgängerknoten A keine Elemente mehr enthält. Wenn der Vorgänger keine Wurzel wäre, würden wir seinen linken oder rechten Bruder überprüfen, so wie wir es taten, als die Knoten C (Löschen von 60) und D (Löschen von 95) leer wurden. Da Knoten A eine Wurzel ist, wird er einfach gelöscht, und B wird zu der neuen Wurzel (Abbildung 10.17(g)).

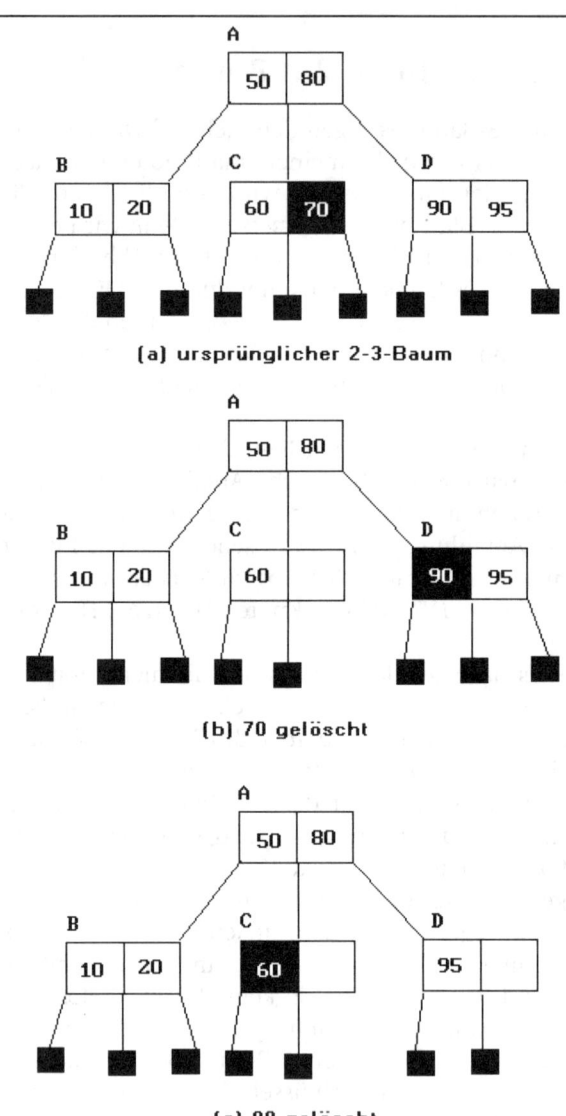

Abbildung 10.17: Das Löschen aus einem 2-3-Baum

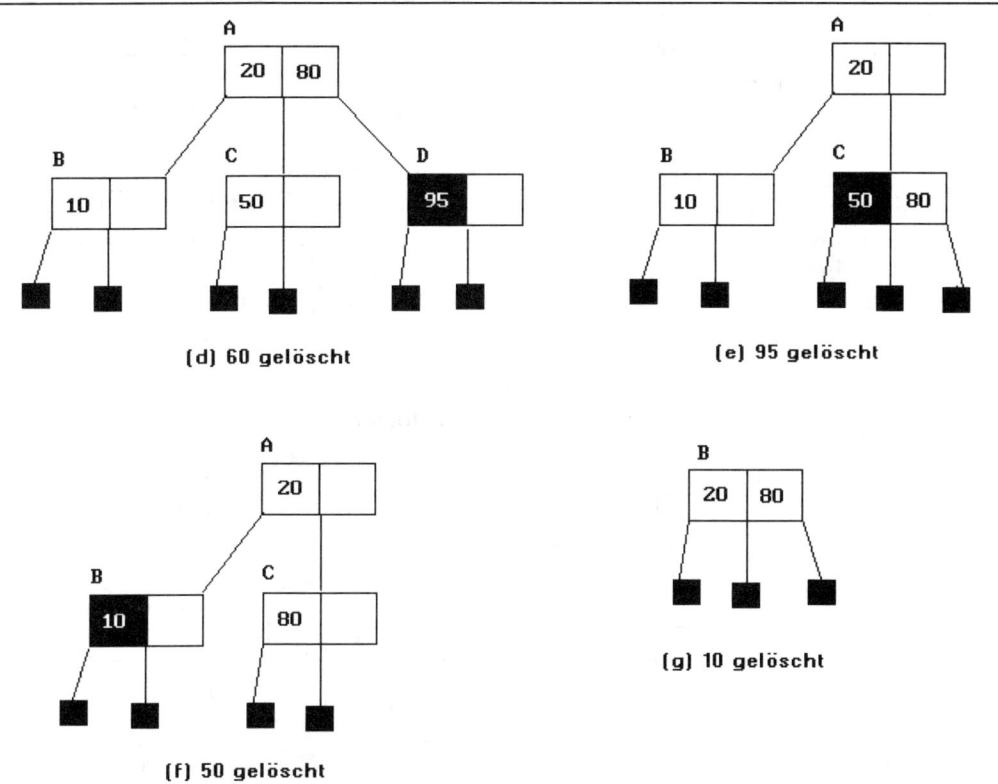

(d) 60 gelöscht

(e) 95 gelöscht

(f) 50 gelöscht

(g) 10 gelöscht

Abbildung 10.17 (Fortsetzung): Löschen aus einem 2-3-Baum

Programm 10.6 faßt die Schritte, die beim Löschen eines Blattknotens p eines 2-3-Baumes t beteiligt sind, zusammen.

Schritt 1: Modifizieren Sie p, soweit dies notwenig ist, um seinen Status wiederzugeben, nachdem das gewünschte Element gelöscht worden ist.

Schritt 2: while (p null Elemente hat && p nicht die Wurzel ist) {
  r wird der Vorgänger von p;
  q wird der linke oder der rechte Bruder von p (geeignet wählen);
  if (p ist ein 3-Knoten)
       rotate;
  else
       combine;
  $p = r$;
  }

Schritt 3: Wenn p null Elemente hat, dann muß p die Wurzel sein. Der linke Nachfolger von p wird die neue Wurzel, und p wird gelöscht.

Programm 10.6: Schritte beim Löschen eines Blattknotens p eines 2-3-Baumes

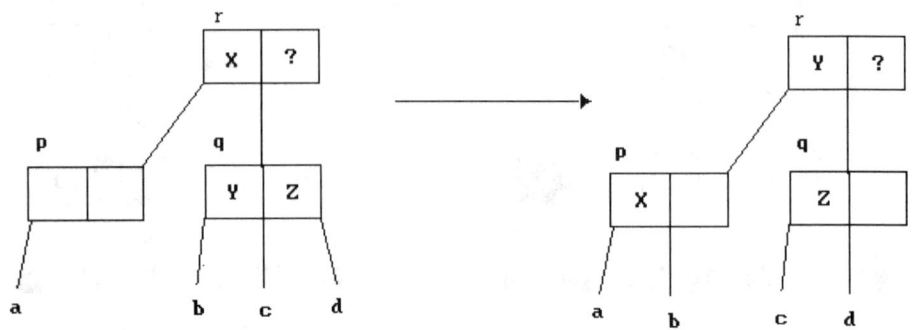

(a) *p* ist der linke Nachfolger von *r*

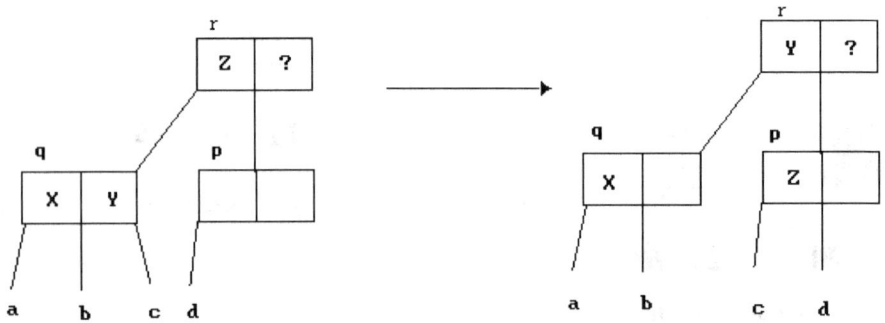

b) *p* ist der mittlere Nachfolger von *r*

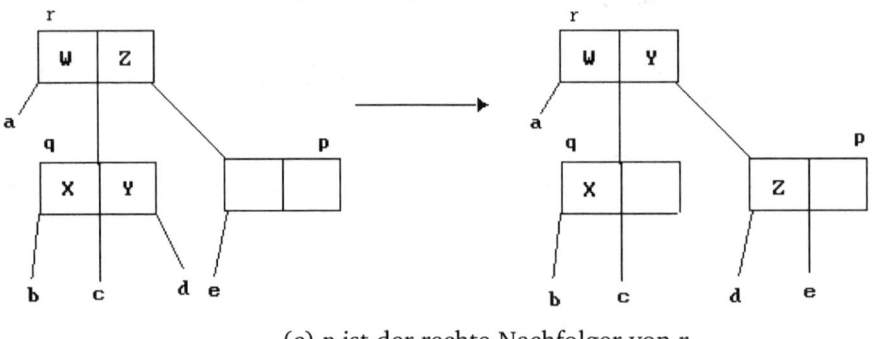

(c) *p* ist der rechte Nachfolger von *r*

Abbildung 10.18: Die drei Fälle, in denen ein 2-3-Baum rotiert wird

Bei der Rotation gibt es drei Fälle, abhängig davon, ob *p* der linke, mittlere oder rechte Nachfolger seines Vorgängers *r* ist. Wenn *p* der linke Nachfolger von *r* ist, lassen wir *q* den rechten Bruder von *p* sein. Andernfalls lassen wir *q* den linken Bruder von *p* sein. Beachten Sie, daß *q* genau definiert ist, unabhängig davon, ob *r* ein 2-Knoten oder ein 3-Knoten ist. Die drei Rotationsfälle werden bildlich in Abbildung 10.18 dargestellt. A "?" bezeichnet eine "ist egal"-Situation. a, b, c und d bezeichnen die Nachfolger (zum Beispiel Wurzel von Teilbäumen) von Knoten.

Abbildung 10.19 zeigt die zwei Fälle eines Kombinier-Vorgangs, wenn *p* der linke Nachfolger von *r* ist. Wir überlassen es Ihnen als Übung, die Bilder für die Fälle zu erarbeiten, in denen *p* ein mittlerer Nachfolger und *p* ein rechter Nachfolger ist.

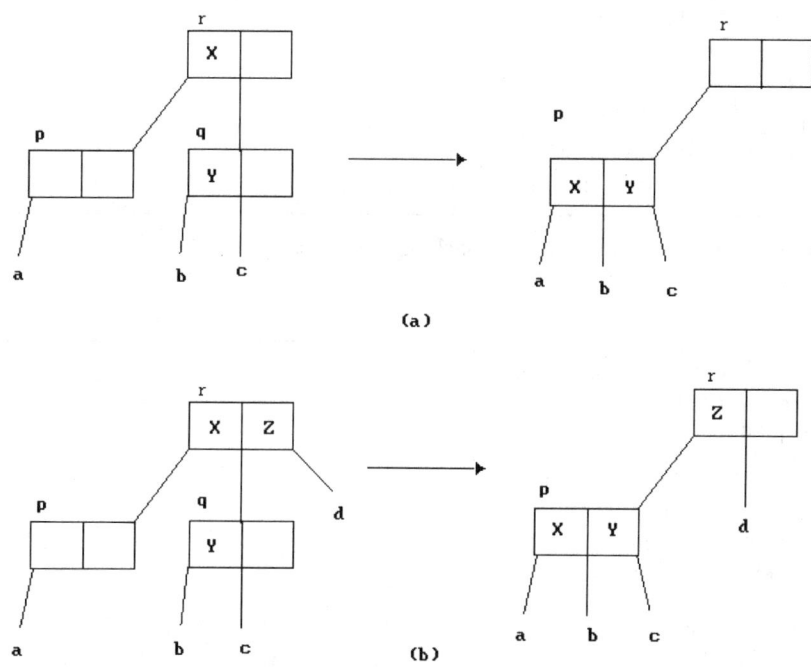

Abbildung 10.19: Der Kombinier-Vorgang in einem 2-3-Baum, wenn *p* der linke Nachfolger von *r* ist

```
/* Lösche x vom Blatt p */
if (x.key == p->data_l.key)
    if (p->data_r.key != INT_MAX) {
        /* p ist ein 3-Knoten */
        p->data_l = p->data_r;
        p->data_r.key = INT_MAX;
    }
    else
        /* p ist ein 2-Knoten */
        p->data_l.key = INT_MAX;
else
    /* Lösche zweites Element */
    p->data_r.key = INT_MAX;
```

Programm 10.7: Verfeinerung von Schritt 1 des Programms 10.6

Die genaue Ausführung von Schritt 1 des Programms 10.6 im C-Code wird in Programm 10.7 dargestellt. Die Programme 10.8 und 10.9 zeigen den Code für die Rotations- und Kombinier-Operationen, wenn p der linke Nachfolger von r ist. Wir lassen Ihnen die Entwicklung der vollständigen Löschfunktion zur Übung.

```
/* Rotation, wenn p linker Nachfolger von r ist */
p->data_l = r->data_l;
r->data_l = q->data_l;
q->data_l = q->data_r;
q->data_r.key = INT_MAX;
p->middle_child  = q->left_child;
q->left_child = q->middle_child;
q->middle_child = q->right_child;
```

Programm 10.8: Rotation, wenn p der linke Nachfolger von r ist

```
/* p ist der linke Nachfolger von r */
p->data_l = r->data_l;
p->data_r = q->data_l;
p->middle_child = q->left_child;
p->right_child = q->middle_child;
if (r->data_r.key == INT_MAX)
    /* r war ein 2-Knoten */
    r->data_l.key = INT_MAX;
else {
    r->data_l = r->data_r;
    r->data_r.key = INT_MAX;
    r->middle_child = r->right_child;
}
```

Programm 10.9: Kombinier-Vorgang, wenn p der linke Nachfolger von r ist

Analyse des Löschens: Es sollte klar sein, daß ein einzelner Rotations- oder Kombinier-Vorgang die Zeit O(1) benötigt. Wenn eine Rotation ausgeführt wird, ist das Löschen vollständig. Wenn ein Kombinier-Vorgang ausgeführt wird, bewegt sich p eine Ebene im 2-3-Baum weiter nach oben. Daher kann die Anzahl der Kombinationen, die wir während des Löschens ausführen, die Höhe des 2-3-Baumes nicht überschreiten. Daraus folgt, daß das Löschen eines 2-3-Baumes mit n Elementen die Zeit O(log n) erfordert. □

ÜBUNGEN

1. Schreiben Sie die *compare*-Funktion, die in Programm 10.4 benutzt wurde.

2. (a) Entwickeln Sie die Funktionen *find_node, new_root, put_in* und *split*, die von der Funktion *insert*23 (Programm 10.5) verwendet wurden. Benutzen Sie diese Funktionen, um die Korrektheit von *insert*23 zu überprüfen.

   (b) Benutzen Sie als nächstes beliebige Einfügungen, und messen Sie daraus die Höhe der daraus resultierenden 2-3-Bäume mit n = 100, 1000 und 10.000 Elementen.

3. Vervollständigen Sie Abbildung 10.19 durch die Bilder, in denen p ein mittlerer Nachfolger und p ein rechter Nachfolger ist.

4. Entwickeln Sie eine vollständige C-Funktion, um das Element mit Schlüssel x aus dem 2-3-Baum t zu löschen. Testen Sie diese Funktion, wobei Sie mindestens fünf verschiedene 2-3-Bäume Ihrer Wahl benutzen. Führen Sie bei jedem dieser Bäume mindestens sechs aufeinanderfolgende Löschungen durch.

5. Es ist bekannt, daß jeder Algorithmus, der jeweils zwei sortierte Listen der Größe n und m miteinander vereint, im ungünstigsten Falle wenigstens $n + m - 1$ Vergleiche durchführen muß. Welche Auswirkungen hat dieses Ergebnis auf die Zeitkomplexität eines beliebigen Vergleichs auf der Basis des Algorithmus, der zwei 2-3-Bäume miteinander kombiniert, die jeweils n und m Elemente enthalten?

6. In Kapitel 7 haben wir gezeigt, daß jeder Algorithmus, der auf einem Vergleich beruht, um n Elemente zu sortieren, O($n \log n$) Vergleiche im ungünstigsten Fall vornehmen muß. Welche Auswirkungen hat dieses Ergebnis auf die Komplexität einer Initialisierung eines 2-3-Baumes mit n Elementen?

7. Betrachten Sie eine Variante eines 2-3-Baumes, in dem Elemente nur in Blattknoten enthalten sind. Jedes Blatt besitzt genau ein Element. Die verbleibenden Knoten sind 2-Knoten oder 3-Knoten. Jeder derartige Knoten enthält nur die Werte *large_a* = größter Schlüssel in einem beliebigen Blatt in dessen linken Teilbaum und *large_b* = größter Schlüssel in einem beliebigen Blatt in seinem mittleren Teilbaum. Wie zuvor befinden sich alle externen Knoten auf derselben Ebene.

   (a) Definieren Sie zwei Knotenstrukturen, so daß eine geeignet ist, einen Blattknoten darzustellen und die andere, einen Nicht-Blattknoten darzustellen.

   (b) Schreiben Sie ein Verfahren, um einen so dargestellten 2-3-Baum zu durchsuchen.

   (c) Schreiben Sie ein Verfahren, um ein Element x in diesen Baum einzufügen.

(d)   Schreiben Sie ein Löschverfahren für solch einen 2-3-Baum.

(e)   Zeigen Sie, daß jede der oben beschriebenen Operationen in der Zeit O(log n) ausgeführt werden kann, wobei n die Anzahl der Elemente (z.B. Blattknoten) im Baum ist.

8.   Angenommen, T und O sind zwei 2-3-Bäume, in denen die Schlüssel nur in den Blättern enthalten sind (siehe vorstehende Übung). Angenommen, V ist ein ähnlicher Baum, der alle Schlüsselwerte in T und U enthält. Schreiben Sie einen Algorithmus, um V aus T und U zu konstruieren. Wie ist die Komplexität Ihres Algorithmus?

9.   Schreiben Sie Einfüge- und Löschalgorithmen für 2-3-Bäume, wobei Sie zugrunde legen, daß ein zusätzliches Feld f mit jedem Schlüssel verbunden ist. Es ist $f = 1$ genau dann, wenn der entsprechende Schlüssel nicht gelöscht worden ist. Löschungen sollten einfach dadurch erfolgen, indem das entsprechende $f = 0$ gesetzt wird, und Einfügungen sollten gelöschte Plätze nutzen, wann immer das möglich ist, ohne daß der Baum neu strukturiert wird.

10.   Schreiben Sie Algorithmen, um Schlüssel in einem 2-3-Baum nach Position zu suchen und zu löschen; das heißt, daß *search(k)* den k-t kleinsten Schlüssel findet und *delete(k)* löscht die k-t kleinsten Schlüssel im Baum. (Tip: Um dies effizient ausführen zu können, müssen zusätzliche Informationen in jedem Knoten enthalten sein. Bei jedem Paar (K_i, A_i) speichere $N_i = \sum_{j=0}^{i-1}$ (Anzahl der Schlüssel im Teilbaum $A_j + 1$).) Wie sind die Rechenzeiten Ihres Algorithmus im ungünstigsten Fall?

11.   Modifizieren Sie den 2-3-Einfügealgorithmus so, daß wir zuerst überprüfen, ob entweder der nächste linke Bruder oder der nächste rechte Bruder von p weniger als zwei Schlüssel aufweist. Ist dies der Fall, wird kein Knoten gespalten. Statt dessen wird eine Rotation ausgeführt, wobei entweder der kleinste oder größte Schlüssel in p zu seinem Vorgänger bewegt wird. Der entsprechende Schlüssel im Vorgänger wird gemeinsam mit einem Teilbaum zum Bruder von p bewegt, der Platz für einen weiteren Schlüssel hat.

10.4. 2-3-4-BÄUME

10.4.1. Definition und Eigenschaften

Ein 2-3-4-Baum erweitert einen 2-3-Baum so, daß 4-Knoten ebenfalls erlaubt sind (4-Knoten können bis zu vier Nachfolger haben).

Definition: Ein *2-3-4-Baum* ist ein Suchbaum, der entweder leer ist oder die folgenden Eigenschaften hat:

1. Jeder interne Knoten ist ein 2-, 3- oder 4-Knoten. Ein 2-Knoten besitzt ein Element, ein 3-Knoten zwei Elemente und ein 4-Knoten drei Elemente.

2. Angenommen, *left_child* und *left_mid_child* bezeichnen die Nachfolger eines 2-Knotens. Angenommen, *data_l* ist das Element in diesem Knoten, und *data_l.key* ist sein Schlüssel. Alle Elemente in dem 2-3-4-Teilbaum mit der Wurzel *left_child* haben kleinere Schlüssel als *data_l.key*, während alle Elemente in dem 2-3-4-Teilbaum mit der Wurzel *left_mid_child* einen Schlüssel haben, der größer als *data_l.key* ist.

3. Angenommen, *left_child*, *left_mid_child* und *right_mid_child* bezeichne die Nachfolger eines 3-Knotens. Angenommen, *data_l* und *data_m* sind die beiden Elemente in diesem Knoten. Dann ist *data_l.key* < *data_m.key*; alle Schlüssel in dem 2-3-4-Teilbaum mit der Wurzel *left_child* sind kleiner als *data_l.key*, alle Schlüssel in dem 2-3-4-Teilbaum mit der Wurzel *left_mid_child* sind kleiner als *data_m.key* und größer als *data_l.key*, und alle Schlüssel dieses 2-3-4-Teilbaumes mit der Wurzel *right_mid_child* sind größer als *data_m.key*.

4. Angenommen, *left_child*, *left_mid_child*, *right_mid_child* und *right_child* bezeichnen die Nachfolger eines 4-Knotens. Angenommen, *data_l*, *data_m* und *data_r* sind die drei Elemente in diesem Knoten. Dann ist *data_l.key* < *data_m.key* < *data_r.key*; alle Schlüssel in dem 2-3-4-Teilbaum mit der Wurzel *left_child* sind kleiner als *data_l.key*; alle Schlüssel in dem 2-3-4-Teilbaum mit der Wurzel *left_mid_child* sind kleiner als *data_m.key* und größer als *data_l.key*; alle Schlüssel in dem 2-3-4-Teilbaum mit der Wurzel *right_mid_child* sind größer als *data_m.key* aber kleiner als *data_r.key*, und alle Schlüssel in dem 2-3-4-Teilbaum mit der Wurzel *right_child* sind größer als *data_r.key*.

5. Alle externen Knoten befinden sich auf derselben Ebene. □

Wir können einen 2-3-4-Baum darstellen, indem wir Knoten des Typs *two34pointer*, definieren als:

```
typedef struct two34 *two34pointer;
typedef struct two34 {
        element data_l;
        element data_m;
        element data_r;
        two34pointer left_child;
        two34pointer left_mid_child;
        two34pointer right_mid_child;
        two34pointer right_child;
        } two34;
```

Wie im Falle des 2-3-Baumes legen wir zugrunde, daß kein gültiges Element den Schlüssel *INT_MAX* enthält. Wir übernehmen die Konvention, daß ein 2-Knoten die Daten *data_m.key = INT_MAX* enthält. Das Einzelelement ist in *data_l.key* enthalten, und *left_child* und *left_mid_child* zeigen auf seine zwei Nachfolger. Ein 3-Knoten enthält *data_r.key = INT_MAX*, und die Felder *left_child*, *left_mid_child* und *right_mid_child* zeigen auf seine drei Teilbäume. Ein Beispiel für einen 2-3-4-Teilbaum, der diese Konventionen und Knoten des Typs *two34* benutzt, ist auf Abbildung 10.20 zu sehen.

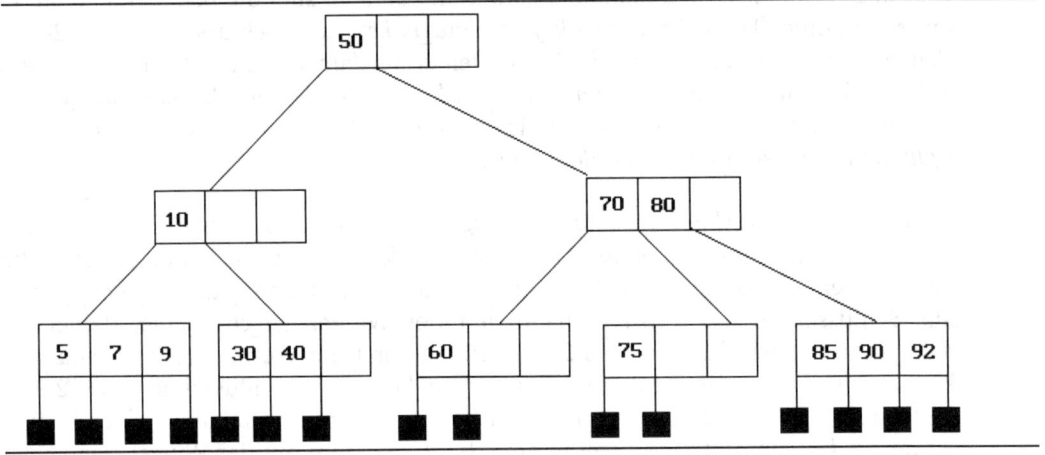

Abbildung 10.20: Ein Beispiel für einen 2-3-4-Baum

Wenn ein 2-3-4-Baum mit der Höhe h nur 2-Knoten enthält, dann enthält er $2^h - 1$ Elemente. Wenn er nur 4-Knoten enthält, ist die Anzahl der Elemente $4^h - 1$. Ein 2-3-4-Baum der Höhe h mit einer Mischung aus 2-, 3- und 4-Knoten enthält zwischen $2^h - 1$ und $4^h - 1$ Elementen. In anderen Worten, die Höhe eines 2-3-4-Baumes mit n Elementen liegt zwischen $\lceil \log_4(n+1) \rceil$ und $\lceil \log_2(n+1) \rceil$.

Ein Vorteil, den ein 2-3-4-Baum gegenüber einem 2-3-Baum hat, ist die Tatsache, daß wir in einem einzigen Arbeitsgang von der Wurzel bis zum Blatt ein Element in einen 2-3-4-Baum einfügen oder aus ihm löschen können. Die gleiche Operation an einem

2-3-Baum erfordet einen Arbeitsgang aufwärts von der Wurzel bis zum Blatt, dem eine Abwärtsbewegung vom Blatt zur Wurzel folgt. Dies führt dazu, daß entsprechende 2-3-4-Baumalgorithmen einfacher sind. Noch interessanter ist, daß wir einen 2-3-4-Baum effizient als binären Baum, genannt Rot-Schwarz-Baum, darstellen können. Wie wir im nächsten Abschnitt sehen werden, nutzen Rot-Schwarz-Bäume den Speicherplatz effizienter als 2-3- oder 2-3-4-Bäume. In diesem Abschnitt jedoch werden wir sehen, wie wir Elemente in einen 2-3-4-Baum einfügen und aus ihm löschen können, wobei wir einen einzigen Durchgang von der Wurzel bis zum Blatt durch den gesamten Baum durchführen.

10.4.2. Einfügen in einen 2-3-4-Baum

Wenn der Blattknoten, in den das Element eingefügt werden soll, ein 4-Knoten ist, wird dieser Knoten gespalten, und ein Durchgang vom Blatt zurück zur Wurzel wird initiiert. Dieser Rückwärtsdurchgang endet, wenn entweder ein 2- oder 3-Knoten angetroffen oder die Wurzel gespalten wird. Um diesen Rückwärtsdurchgang vom Blatt zur Wurzel zu vermeiden, spalten wir 4-Knoten auf dem Weg baumabwärts. Daraus ergibt sich, daß der Blattknoten, in den das Einfügen vorgenommen werden soll, garantiert ein 2- oder 3-Knoten ist. Das einzufügende Element kann diesem Knoten hinzugefügt werden, ohne daß weitere Knoten gespalten werden müssen.

Es gibt im wesentlichen drei verschiedene Situationen, die bei einem 4-Knoten zu beachten sind:

(1)   er ist die Wurzel des 2-3-4-Baumes

(2)   sein Vorgänger ist ein 2-Knoten

(3)   sein Vorgänger ist ein 3-Knoten

Die Umwandlungen durch Spaltung für die Fälle (1) und (2) sind jeweils auf Abbildung 10.21 und 10.22 zu sehen. Im Fall (3) zeigt Abbildung 10.23 den Umwandlungsvorgang, wenn der 4-Knoten der linke Nachfolger des 3-Knotens ist, und Abbildung 10.24 zeigt dies für den Fall, daß der 4-Knoten der linke mittlere Nachfolger ist. Der letzte Fall, wenn der 4-Knoten der rechte mittlere Nachfolger des 3-Knotens ist, entspricht dem Fall des linken Nachfolgers und wird Ihnen als Übung überlassen. Werden zur Spaltung von 4-Knoten, abwärts entlang des 2-3-4-Baumes, die Transformationen der Abbildungen 10.21, 10.22 und 10.23 benutzt, ist es offensichtlich, daß immer dann, wenn ein 4-Knoten, der keine Wurzel ist, angetroffen wird, sein Vorgänger kein 4-Knoten sein kann. Beachten Sie, daß die Transformation eines 4-Knotens, der eine Wurzel ist, die Höhe des 2-3-4-Baum um Eins erhöht, während die übrigen Transformationen keinen Einfluß auf seine Höhe haben.

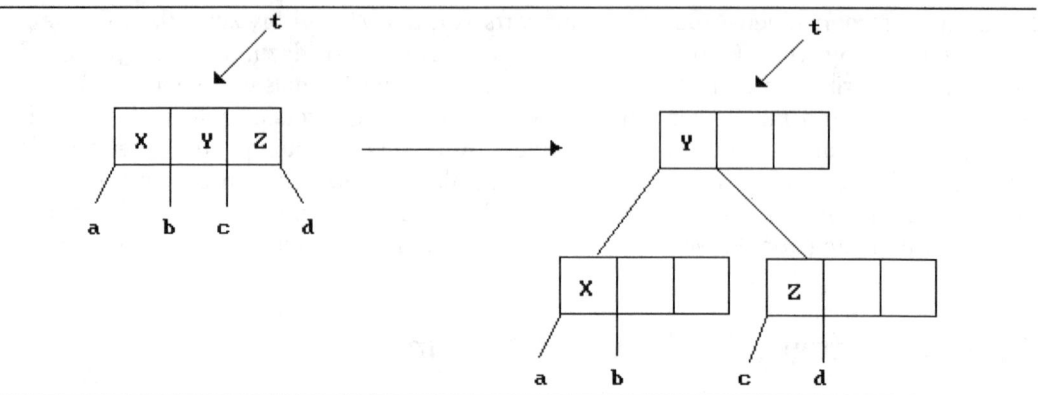

Abbildung 10.21: Transformation, wenn der 4-Knoten die Wurzel bildet

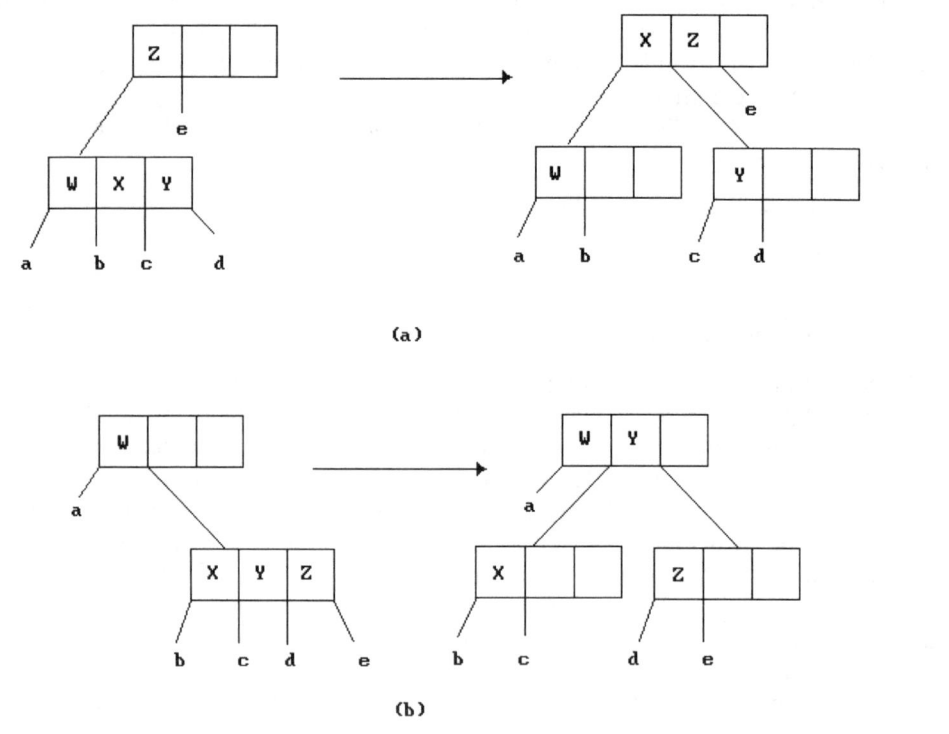

Abbildung 10.22: Transformationen, wenn der 4-Knoten der Nachfolger eines 2-Knotens ist

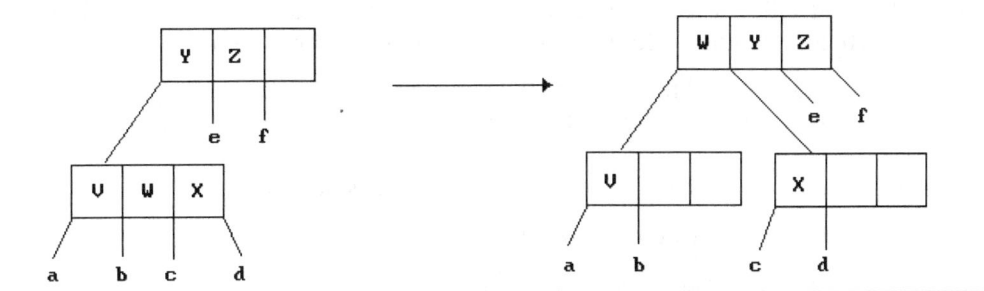

Abbildung 10.23: Transformation, wenn der 4-Knoten der linke Nachfolger eines 3-Knotens ist

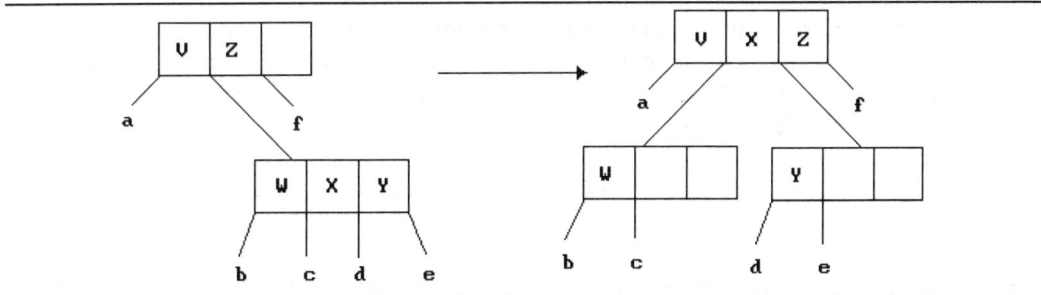

Abbildung 10.24: Transformation, wenn der 4-Knoten der linke mittlere Nachfolger eines 3-Knotens ist

Die Funktion zum Einfügen eines Elements y in den 2-3-4-Baum t, dargestellt mit Knoten des Typs two34, nimmt die in Programm 10.10 vorgegebene Form an. Die Funktionen, die von *insert*234 benutzt werden, werden wie folgt spezifiziert:

(1)   *new_root*. Diese Funktion erzeugt einen 2-3-4-Baum t mit einem einzigen Knoten, der nur das Element y enthält.

(2)   *four_node*. Diese Funktion zeigt *TRUE* an, wenn der gegebene Knoten ein 4-Knoten ist, andernfalls *FALSE*.

(3)   *split_root*. Diese Funktion verwendet die Transformation von Abbildung 10.21, um eine Wurzel zu spalten, die ein 4-Knoten ist.

(4)   *node_type*. Diese Funktion zeigt den Wert *two_node*, falls der gegebene Knoten sich in einem 2-Knoten befindet, sonst den Wert *three_node*. Wir benutzen die folgende Deklaration, um *node_type* zu definieren:

```
typedef enum {two_node, three_node} node_result;
```

(5)   *split_child_of*2. Diese Funktion benutzt die Transformationen von Abbildung 10.22, um einen 4-Knoten zu spalten, der ein Nachfolger eines 2-Knotens ist.

(6)   *split_child_of*3. Diese Funktion benutzt die Transformationen von Abbildung 10.23 und 10.24, um einen 4-Knoten zu spalten, der ein Nachfolger des 3-Knotens ist.

(7)   *compare*. Diese Funktion vergleicht *y.key* mit den Schlüsseln in *p*. Die möglichen Ausgaben aufgrund dieser Funktion und die entsprechenden Bedingungen sind:

    (a)   `equal`.   *y.key* gleicht dem Schlüssel eines der Elemente in *p*

    (b)   `leaf`.   *p* ist ein Blattknoten

    (c)   `lchild`. $y.key < p \to data\_l.key$

    (d)   `lmchild`. $p \to data\_l.key < y.key < p \to data\_m.key$

    (e)   `rmchild`. $p \to data\_m.key < y.key < p \to data\_r.key$

    (f)   `rchild`. $y.key > p \to data\_r.key$

Wenn *y* und *p* mehr als eine der oben bestehenden Bedingungen erfüllen, wenden wir die erste, angetroffene Bedingung an. Die folgende Deklaration erzeugt die aufzählenden Typen, die von der *compare*-Funktion benutzt werden, um das Ergebnis zurückzugeben:

```
typedef enum {equal, leaf, lchild, lmchild, rmchild, rchild}
                                                    compare_result;
```

(8)   *put_in*. Dieses Element fügt das neue Element zu einem Blattknoten hinzu. Dieser Blattknoten ist entweder ein 2-Knoten oder ein 3-Knoten.

Wir können leicht zeigen, daß die Komplexität von *insert*234 O(log *n*) ist, wobei *n* die Anzahl der Elemente in *root* darstellt.

```
void insert234(two34pointer *t, element y)
{
/* Füge y in den 2-3-4-Baum t ein */
    two34pointer p, r;
    if (!*t)
        new_root(t, y);
    else {
        if (four_node(*t))
            split_root(t);
        p = *t;    r = NULL;
        for (;;) {
            if (four_node(p)) {
                if (node_type(r) == two_node)
                    split_child_of2(&p,&r);
                else
                    split_child_of3(&p,&r);
                p = r;
            }
            r = p;
            switch (compare(y,p)) {
                case equal:   fprintf(stderr,"Der Schlüssel ist schon"
                                                     " im Baum\n");
                              exit(1);
                case leaf:    put_in(y, &p);
                              return;
                case lchild:  p = p->left_child;
                              break;
                case lmchild: p = p->left_mid_child;
                              break;
                case rmchild: p = p->right_mid_child;
                              break;
                case rchild:  p = p->right_child;
            }
        }
    }
}
```

Programm 10.10: Einfügen in einen 2-3-4-Baum

10.4.3. Löschen aus einem 2-3-4-Baum

Wie bei einem 2-3-Baum kann das Löschen eines beliebigen Elements auf das Löschen eines Elements in einem Blattknoten beschränkt werden. Wenn das zu löschende Element sich in einem Blatt befindet, das ein 3-Knoten oder ein 4-Knoten ist, bleibt nach dem Löschen ein 2- oder ein 3-Knoten übrig. In diesem Falle ist keine Neustrukturierung notwendig. Um daher einen Restrukturierungsweg rückwärts vom Blatt zur Wurzel (wie bei den 2-3-Bäumen ausgeführt) zu vermeiden, muß man sicherstellen, daß das zu löschende Element sich zum Zeitpunkt des Löschens in einem 3-Knoten oder einem

4-Knoten befindet. Dies wird durch die Restrukturierung des 2-3-4-Baumes während des Durchgangs von der Wurzel zum Blatt erreicht.

Die Restrukturierungsstrategie verlangt, daß immer dann, wenn der Suchvorgang bei einem Knoten auf der nächsten Ebene weitergeht, dieser Knoten ein 3-Knoten oder ein 4-Knoten sein muß. Angenommen, der Suchvorgang befindet sich gegenwärtig bei Knoten p und bewegt sich zu Knoten q. Beachten Sie, daß q ein Nachfolger von p ist und durch die Verbindung zwischen dem Schlüssel des zu löschenden Elements und den Schlüsseln der Elemente in p bestimmt wird. Folgende Fälle müssen beachtet werden:

(1) p ist ein Blatt. In diesem Blatt befindet sich das zu löschende Element entweder in p, oder es ist nicht in dem Baum. Wenn das zu löschende Element nicht in p ist, ist der Löschvorgang erfolglos. Angenommen dies ist nicht der Fall. Aufgrund der Natur des Restrukturierungsprozesses kann p nur dann ein 2-Knoten sein, wenn er auch die Wurzel ist. Dieses Löschen führt zu einem leeren Baum.

(2) q ist kein 2-Knoten. In diesem Falle geht die Suche bei q weiter und eine Restrukturierung ist nicht notwendig.

(3) q ist ein 2-Knoten und sein nächster Bruder r ist ebenfalls ein 2-Knoten (falls q der linke Nachfolger von p ist, dann ist sein nächster Bruder der linke mittlere Nachfolger von p; andernfalls ist der nächste Bruder sein linker Bruder). Wenn p ein 2-Knoten ist, muß er die Wurzel sein, und wir führen die Transformation von Abbildung 10.21 umgekehrt aus. Das heißt, daß p, q und r kombiniert werden, um einen 4-Knoten zu bilden, wobei die Höhe des Baumes um Eins abnimmt. Wenn p ein 3-Knoten oder ein 4-Knoten ist, führen wir die Spaltungstransformation eines 4-Knotens im entsprechenden Fall umgekehrt aus (Abbildungen 10.22 bis 10.24).

(4) q ist ein 2-Knoten und sein nächster Bruder r ist ein 3-Knoten. In diesem Fall führen wir die Transformation von Abbildung 10.25 aus. Diese Abbildung zeigt nur die Transformationen für den Fall, daß q der linke Nachfolger eines 3-Knotens p ist. Die Fälle, daß q der linke mittlere, rechte mittlere oder rechte Nachfolger ist, und wenn p ein 2-Knoten ist (in diesem Falle ist p die Wurzel) oder ein 4-Knoten, sind ähnlich.

(5) q ist ein 2-Knoten und sein nächster Bruder r ist ein 4-Knoten. Dies ähnelt dem Fall, in dem r ein 3-Knoten ist.

Die oben stehenden Transformationen garantieren, daß ein rückwärts ablaufender Restrukturierungsdurchgang nach dem Löschen aus einem Blattknoten nicht notwendig ist. Wir überlassen Ihnen die Entwicklung des Löschvorgangs als Übung.

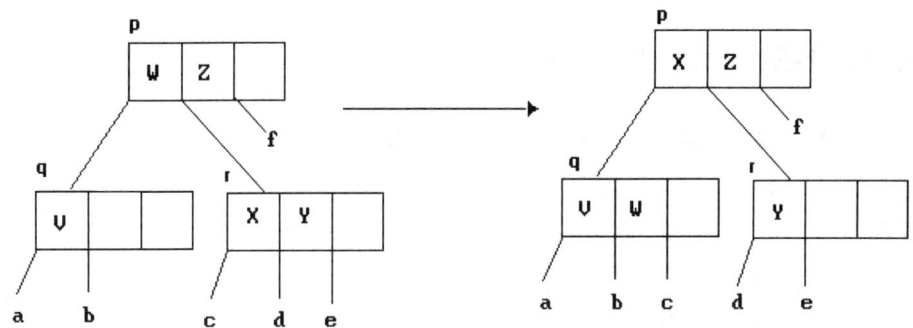

(a) q ist der linke Nachfolger eines 3-Knotens

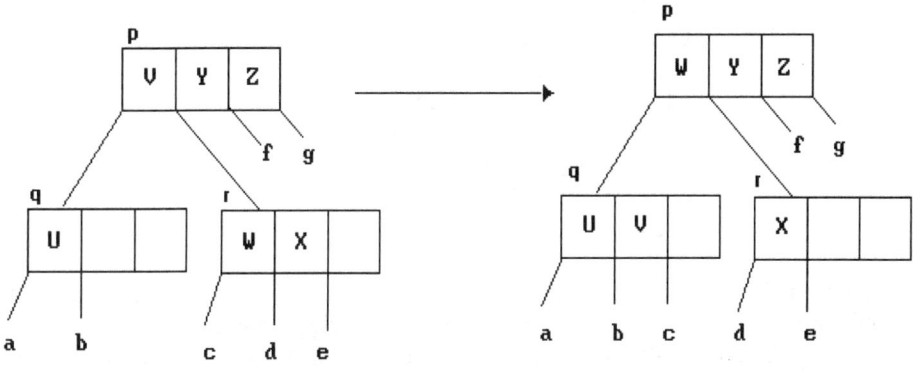

(b) q ist der linke Nachfolger eines 4-Knotens

Abbildung 10.25: Löschtransformation, wenn der nächste Bruder ein 3-Knoten ist

ÜBUNGEN

1. Vervollständigen Sie Abbildung 10.23, indem Sie die Spaltungstransformationen zeichnen, wenn der 4-Knoten der rechte mittlere Nachfolger eines 3-Knotens ist.

2. Vervollständigen Sie Funktion *insert*234 (Programm 10.10), indem Sie den Code für alle benutzten Funktionen schreiben. Testen Sie Ihre Funktion, indem Sie zufällig erzeugte Schlüssel benutzen.

3. Benutzen Sie die im Text beschriebenen Löschtransformationen, um eine Funktion zur Löschung eines Elements y aus einem 2-3-4-Baum zu erhalten, der mit Knoten des Typs *two*34 dargestellt ist. Zeigen Sie, daß die Komplexität Ihres Algorithmus $O(\log n)$ ist, wobei n die Anzahl der ursprünglich im Baum enthaltenen Elemente bezeichnet.

10.5. ROT-SCHWARZ-BÄUME

10.5.1. Definition und Eigenschaften

Ein *Rot-Schwarz-Baum* ist eine binäre Baumdarstellung eines 2-3-4-Baumes. Die Nachfolgerzeiger eines Knotens in einem Rot-Schwarz-Baum gehören zwei Arten an: *rot* und *schwarz*. Wenn der Nachfolgerzeiger im originalen 2-3-4-Baum vorhanden ist, handelt es sich um einen schwarzen Zeiger, ansonsten um einen roten Zeiger. Die Knotenstruktur *red_black* wird wie folgt definiert:

```
typedef   enum {red,black} color;
typedef   struct red_black *red_black_ptr;
typedef   struct red_black {
          element data;
          red_black_ptr   left_child;
          red_black_ptr   right_child;
          color left_color;
          color right_color;
          } red_black;
```

Es kann auch eine alternative Knotenstruktur, in der jeder Knoten ein einzelnes Farbfeld hat, benutzt werden. Der Wert dieses Feldes bezeichnet die Farbe des Zeigers zum Vorgänger des Knotens. Daher erhält ein roter Knoten von seinem Vorgänger einen roten Zeiger, während ein schwarzer Knoten einen schwarzen Zeiger erhält. Der Wurzelknoten ist definitionsgemäß ein schwarzer Knoten. Wir untersuchen diese Struktur in den Übungen. Die vorherige Struktur ist besser geeignet für das Einfügen und Löschen von oben nach unten, während letztere besser für Algorithmen, die einen von unten nach oben verlaufenden Restrukturierungsvorgang durchführen, geeignet ist. Wenn wir einen Rot-Schwarz-Baum zeichnen, sollten wir eine durchgezogene Linie für die Darstellung eines schwarzen Zeigers und eine durchbrochene für die Darstellung eines roten Zeigers verwenden. Wir transformieren einen 2-3-4-Baum in einen Rot-Schwarz-Baum unter Verwendung von Knoten des Typs *two*34, wie folgt:

(1)   Wir stellen einen 2-Knoten, *p,* mit Hilfe eines *red_black*-Knotens *q* dar, wobei seine beiden Farbfelder schwarz sind und *data* = *data_l.key* ist; *q* –> *left_child* = *p* –> *left_child* und *q* –> *right_child* = *p* –> *left_mid_child*.

(2)   Ein 3-Knoten *p* wird durch zwei *red_black*-Knoten, die durch einen roten Zeiger miteinander verbunden sind, dargestellt. Es gibt zwei Methoden, wie dies erfolgen kann (siehe Abbildung 10.26, Farbfelder sind nicht angezeigt).

(3)   Ein 4-Knoten wird durch drei *red_black*-Knoten dargestellt, wobei jeder von Ihnen mit den übrigen beiden durch rote Zeiger verbunden ist (siehe Abbildung 10.27).

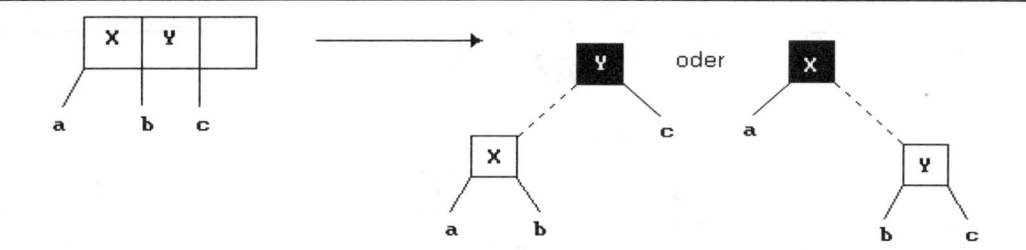

Abbildung 10.26: Die Transformation eines 3-Knotens in zwei *red_black*-Knoten

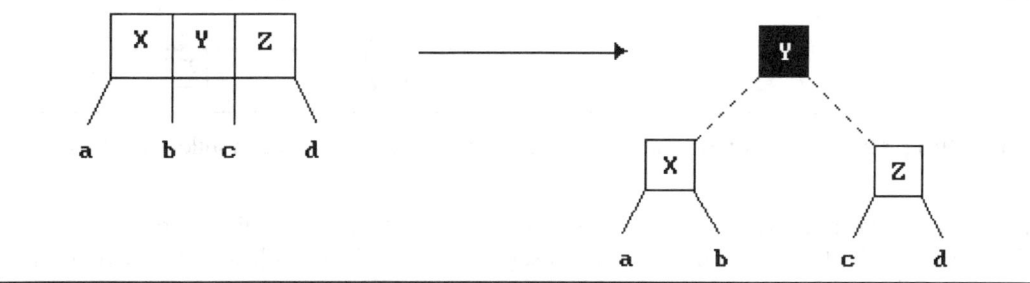

Abbildung 10.27: Die Transformation eines 4-Knotens in drei *red_black*-Knoten

Die Darstellung des 2-3-4-Baumes von Abbildung 10.20 als Rot-Schwarz-Baum ist auf Abbildung 10.28 zu sehen. Externe Knoten und Farbfelder werden nicht angezeigt. Man kann überprüfen, daß ein Rot-Schwarz-Baum die folgenden Eigenschaften hat:

(P1)   Es handelt sich um einen binären Suchbaum.

(P2)   Jeder Weg von der Wurzel zu einem externen Knoten hat die gleiche Anzahl von schwarzen Verbindungen (dies beruht auf der Tatsache, daß alle externe Knoten des originalen 2-3-4-Baumes sich auf derselben Ebene befinden und daß schwarze Zeiger Originalzeiger darstellen).

(P3)   Kein Weg von der Wurzel zu externen Knoten verfügt über zwei oder mehr aufeinanderfolgende rote Zeiger (dies liegt an der Art der Transformationen von Abbildung 10.26 und Abbildung 10.27).

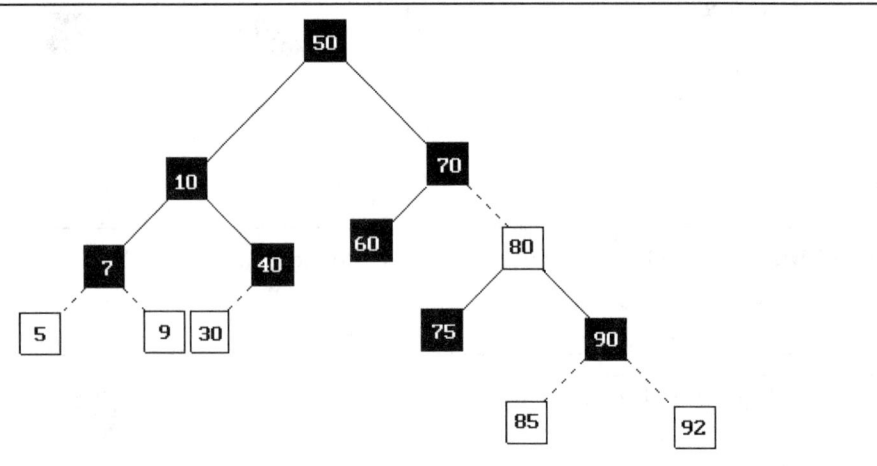

Abbildung 10.28: Die Rot-Schwarz-Darstellung des 2-3-4-Baumes aus Abbildung 10.20

Eine alternative Definition von Rot-Schwarz-Bäumen ist möglich. Hierbei ordnen wir jedem Knoten x im Baum einen Rang zu. Dieser Wert wird nicht ausdrücklich in jedem Knoten gespeichert. Wenn vielmehr der Rang der Wurzel (auch Rang des Baumes genannt)
bekannt ist, kann der Rang eines jeden anderen Knotens berechnet werden, indem der binäre Baum durchlaufen wird und die Farbinformationen der Knoten/Zeiger benutzt werden. Ein binärer Baum ist genau dann ein Rot-Schwarz-Baum, wenn er die folgenden Eigenschaften hat:

(Q1) Es handelt sich um einen binären Suchbaum.

(Q2) Der Rang eines jeden externen Knotens ist 0.

(Q3) Jeder interne Knoten, der Vorgänger eines externen Knotens ist, hat Rang 1.

(Q4) Für jeden Knoten x, der einen Vorgänger $p(x)$ hat, gilt $Rang(x) \leq Rang(p(x)) \leq Rang(x) + 1$.

(Q5) Für jeden Knoten x, der einen Vorvorgänger $gp(x)$ hat, gilt $Rang(x) < Rang(gp(x))$.

Es ist einsichtig, daß jeder Knoten x eines 2-3-4-Baumes T durch eine Reihe Knoten
in dem entsprechendem Rot-Schwarz-Baum dargestellt wird. Alle Knoten in dieser Reihe
haben einen Rang, der $Höhe(T) - Ebene(x) + 1$ ist. Also findet jedes Mal, wenn es auf
einem Weg von der Wurzel des Rot-Schwarz-Baumes zu einem Rangwechsel kommt,
ebenfalls ein Ebenenwechsel in dem entsprechenden 2-3-4-Baum statt. Schwarze Zeiger
gehen von einem Knoten eines bestimmten Ranges zu einem anderen, dessen Rang um
eins tiefer liegt, während rote Zeiger zwei Knoten des gleichen Ranges miteinander
verbinden. Das folgende Lemma ist eine unmittelbare Konsequenz aus den Eigenschaften
eines 2-3-4-Baumes.

Lemma 10.1: Jeder Rot-Schwarz-Baum *RB* mit *n* (interne) Knoten hat folgende Eigenschaften:

(1) $H\ddot{o}he(RB) \leq 2\lceil \log_2(n+1) \rceil$

(2) $H\ddot{o}he(RB) \leq 2Rang(RB)$

(3) $Rang(RB) \leq \lceil \log_2(n+1) \rceil$ $\square$

10.5.2. Suchen in einem Rot-Schwarz-Baum

Da jeder Rot-Schwarz-Baum ein binärer Suchbaum ist, kann er mit Hilfe genau des gleichen Algorithmus wie er bei der Suche in einem gewöhnlichen binären Suchbaum verwendet wird, durchsucht werden. Die Zeigerfarben werden während dieser Suche nicht benutzt.

10.5.3. Einfügen von oben nach unten

Ein Einfügen kann auf zwei Arten durchgeführt werden: Von oben nach unten und von unten nach oben. Bei einem Einfügen von oben nach unten erfolgt ein einziger Durchlauf von der Wurzel zum Blatt durch den Rot-Schwarz-Baum. Ein Einfügen von unten nach oben erfolgt in zwei Durchgängen, von der Wurzel zum Blatt und vom Blatt zur Wurzel. Um ein Einfügen von oben nach unten vorzunehmen, benutzen wir die Spalttransformation für 4-Knoten, die in Abbildung 10.21 bis 10.24 beschrieben ist. Bei den Rot-Schwarz-Bäumen nehmen sie die Form von Abbildung 10.29 bis 10.32 an. Der Fall, daß ein 4-Knoten der rechte mittlere Nachfolger eines 3-Knotens ist, entspricht dem Fall, in dem er der linke Nachfolger ist (Abbildung 10.31).

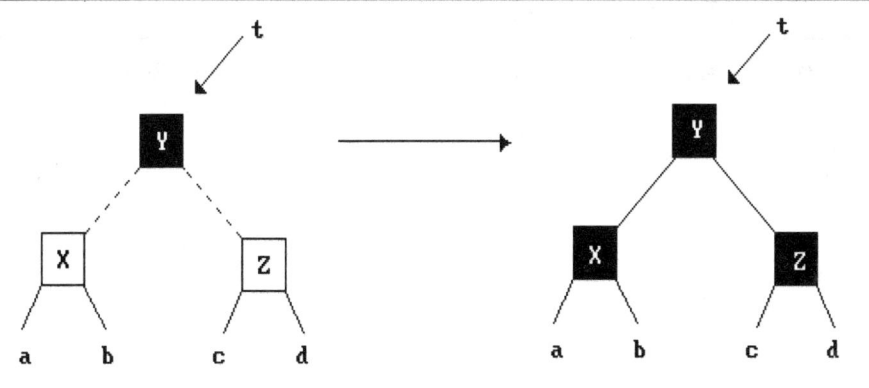

Farbwechsel

Abbildung 10.29: Transformation eines 4-Knotens als Wurzel

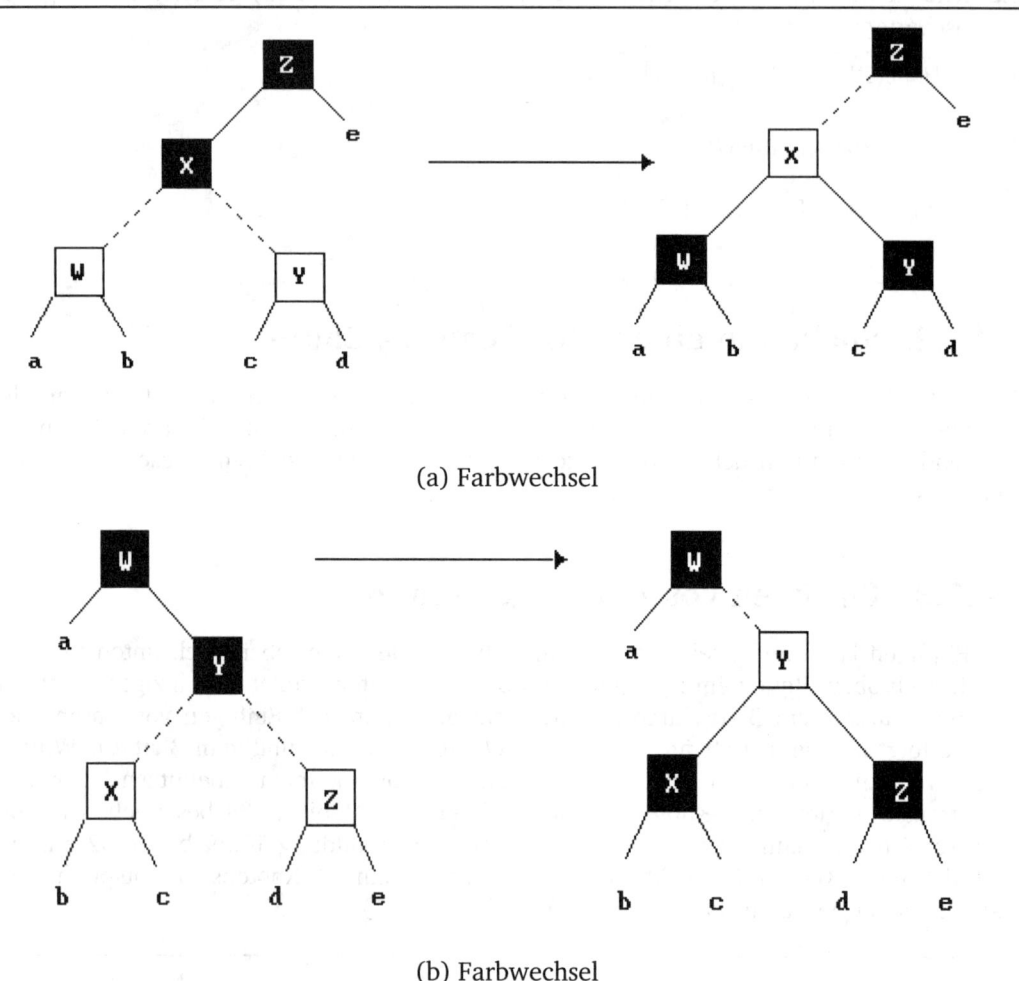

(a) Farbwechsel

(b) Farbwechsel

Abbildung 10.30: Transformation eines 4-Knoten, der Nachfolger eines 2-Knotens ist

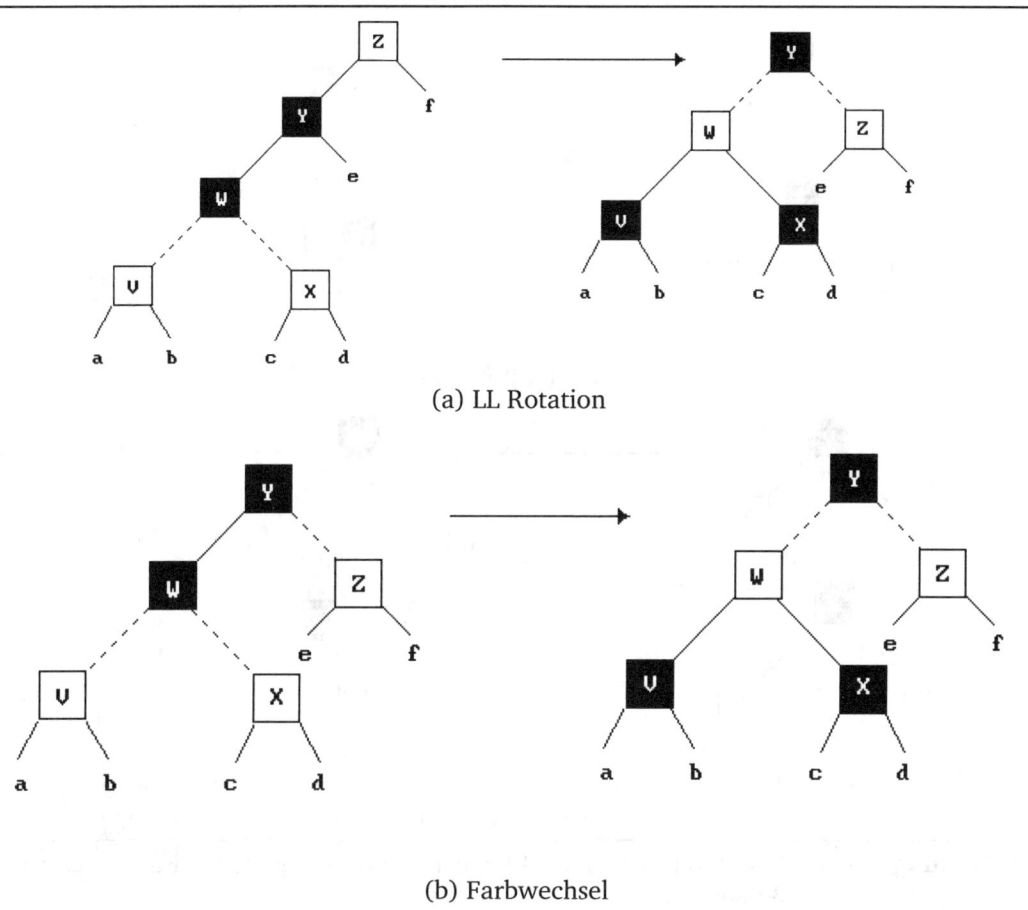

(a) LL Rotation

(b) Farbwechsel

Abbildung 10.31: Transformation eines 4-Knoten, der linker Nachfolger eines 3-Knotens ist

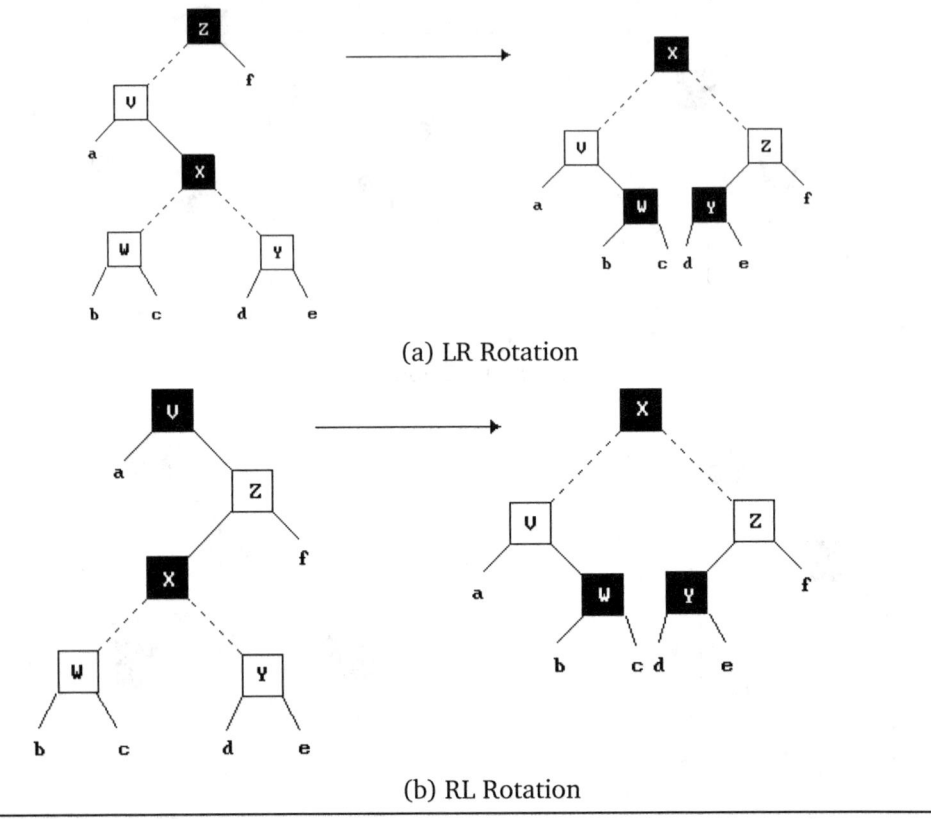

(a) LR Rotation

(b) RL Rotation

Abbildung 10.32: Transformation eines 4-Knoten, der linker mittlerer Nachfolger eines 3-Knotens ist

Wir können einen 4-Knoten ermitteln, indem wir einfach nach den Knoten q, dessen beide Farbfelder rot sind, suchen. Solche Knoten bilden gemeinsam mit ihren zwei Nachfolgern einen 4-Knoten. Wenn solch ein q ermittelt ist, werden die Transformationen der Abbildungen 10.29 bis 10.32 wie unten ausgeführt:

(1)   Verwandeln Sie beide Farben von q in schwarz.

(2)   Wenn q der linke (rechte) Nachfolger seines Vorgängers ist, dann verwandeln Sie die linke (rechte) Farbe seines Vorgängers in rot.

(3)   Wenn wir nur zwei aufeinanderfolgende rote Zeiger haben, dann führt einer vom
        Vorvorgänger gp von q zum Vorgänger p von q, und der andere von p zu q.
        Angenommen, die Richtung des ersten dieser beiden ist X und die des zweiten Y.
        Wir benutzen L (R), um eine linke (rechte) Ausrichtung zu bezeichnen. XY = LL, LR
        und RL jeweils bei Abbildung 10.31(a), 10.32(a) und 10.32(b). In dem zu
        Abbildung 10.31(a) symmetrischen Fall, der entsteht, wenn der 4-Knoten ein
        rechter mittlerer Nachfolger eines 3-Knotens ist, gilt XY = RR. Eine Rotation, ähnlich
        wie bei den AVL-Bäumen, ist notwendig. Wir beschreiben die Rotation für den Fall
        XY = LL. Nun nimmt Knoten p den Platz ein, der ursprünglich von pp besetzt war;
        der rechte Nachfolger von p wird zum linken Nachfolger von pp, und pp wird zum
        rechten Nachfolger von p.

Es ist interessant zu beobachten, daß bei dem zu spaltenden 4-Knoten, wenn er eine
Wurzel oder der Nachfolger eines 2-Knotens oder der eines schön ausgerichteten
3-Knotens ist (wie auf Abbildung 10.31(b)), Farbwechsel genügen. Zeiger müssen nur
dann verändert werden, wenn der 4-Knoten der Nachfolger eines 3-Knotens ist, der nicht
schön ausgerichtet ist (wie auf den Abbildungen 10.31(a) und 10.32). Wir überlassen
Ihnen die Entwicklung eines formalen Einfügevorgangs als Übung.

10.5.4. Einfügen von unten nach oben

Bei einem Einfügen von unten nach oben suchen wir den Rot-Schwarz-Baum nach dem
einzufügenden Schlüssel ab. Diese Suche ist erfolglos. Während dieses Abwärtsdurchgangs
werden Teiltransformationen vorgenommen. Das einzufügende Element wird als der entsprechende Nachfolger des letzten vorgefundenen Knotens eingefügt. Ein roter Pfeil wird
benutzt, um den neuen Knoten mit seinem Vorgänger zu verbinden. Danach besitzen alle
Wege, die von der Wurzel zu externen Knoten führen, die gleiche Anzahl von schwarzen
Zeigern. Es ist jedoch möglich, daß ein solcher Weg zwei aufeinanderfolgende rote Zeiger
enthält. Dies verletzt die Rot-Schwarz-Eigenschaft P3, derzufolge kein Weg von der
Wurzel zu einem externen Knoten zwei aufeinanderfolgende rote Zeiger enthält.
Angenommen, diese zwei Zeiger sind $<p, q>$ und $<q, r>$. Der erste zeigt von Knoten p zu
Knoten q und der zweite von q zu Knoten r. Angenommen, s ist der Bruder (falls
vorhanden) des Knotens q. Es ist s = NULL, wenn q keinen Bruder hat. Diese Verletzung
wird als XYZ-Verletzung bezeichnet, wobei X = L falls $<p, q>$ ein linker Zeiger ist, X = R
ansonsten; Y = L, wenn $<q, r>$ ein linker Zeiger ist und sonst Y = R; Z = r (für rot) wenn
$s \neq NULL$ ist und $<p, s>$ ein roter Zeiger ist und sonst Z = b (für schwarz (black)).

        Die Farbwechseltransformation von Abbildung 10.33 behandelt die Verletzungen
LLr und LRr. Ähnliche Transformationen behandeln die Fälle RRr und RLr. Bei diesen An-
ordnungen können die Teilbäume a, b, c, d und e leer sein und die Zeiger der Vorgänger
von y nicht existent (falls y die Wurzel ist). Diese Farbwechsel verschieben möglicherweise
die Verletzung baumaufwärts und müssen eventuell einige Male neu angewendet werden.
Beachten Sie, daß die Farbwechsel die Anzahl der Schwarz-Zeiger auf einem Weg von
einer Wurzel zu einem externen Knoten nicht beeinflussen. Abbildung 10.34 zeigt die
Rotationen, die für die Fälle LLb und LRb benötigt werden. Die Fälle RRb und RLb sind
symmetrisch. Die Rotationen dieser Konfiguration verschieben die Verletzung nicht. Daher
kann höchstens eine Rotation ausgeführt werden. Wieder können wir beobachten, daß die

oben erwähnten Rotationen die Anzahl der schwarzen Zeiger auf dem Weg von einer beliebigen Wurzel zu einem externen Knoten nicht beeinflussen.

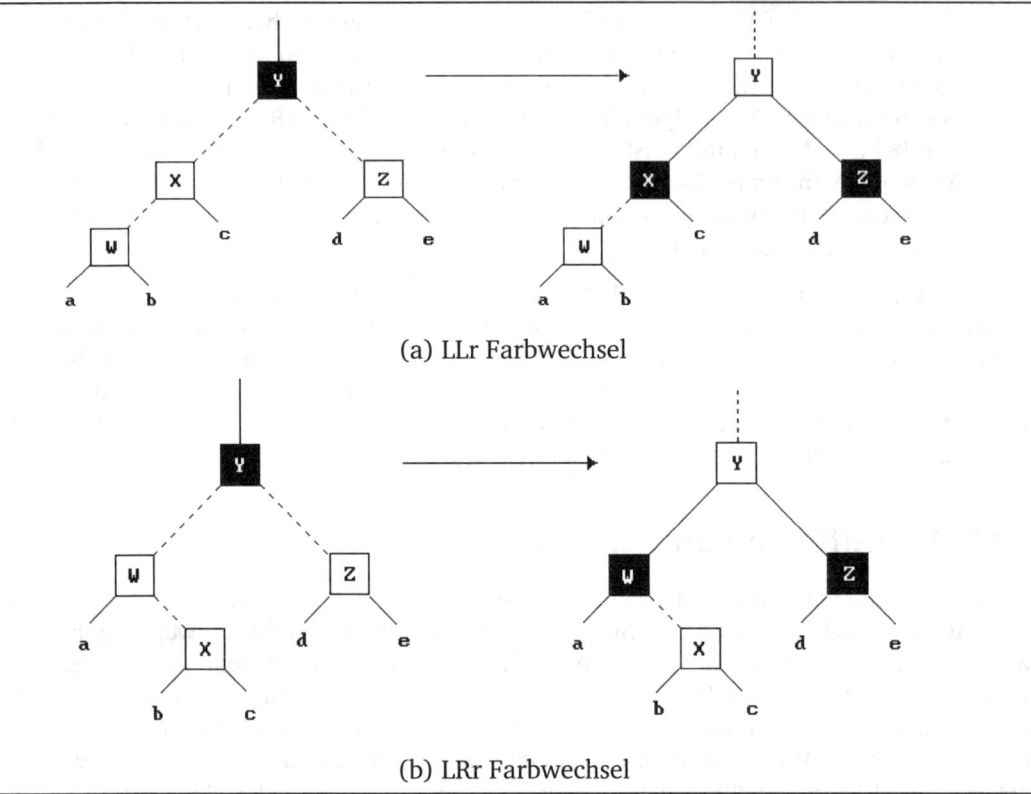

(a) LLr Farbwechsel

(b) LRr Farbwechsel

Abbildung 10.33: LLr- und LRr-Farbwechsel beim Einfügen von unten nach oben

Wenn wir die Einfügemethoden von oben nach unten und von unten nach oben miteinander vergleichen, bemerken wir, daß bei der Methode von oben nach unten O(log n) Rotationen ausgeführt werden können, während nur eine Rotation bei der Methode von unten nach oben möglich ist. Beide Methoden können O(log n) Farbwechsel ausführen. Die Methode von oben nach unten kann jedoch in einem *Pipeline-Mode* verwendet werden, um verschiedene Einfügungen nacheinander vorzunehmen. Die Methode von unten nach oben kann so nicht angewandt werden.

10.5.5. Löschen aus einem Rot-Schwarz-Baum

Beim Löschen von oben nach unten aus einem Blatt bemerken wir, falls das Blatt, in dem das Löschen stattfinden soll, die Wurzel ist, daß daraus ein leerer Rot-Schwarz-Baum resultiert. Wenn das Blatt mit seinem Vorgänger durch einen roten Zeiger verbunden ist, ist es Bestandteil eines 3-Knotens oder eines 4-Knotens, und das Blatt kann im Baum gelöscht werden. Wenn der Zeiger des Vorgängers des Blattes ein schwarzer Zeiger ist, ist

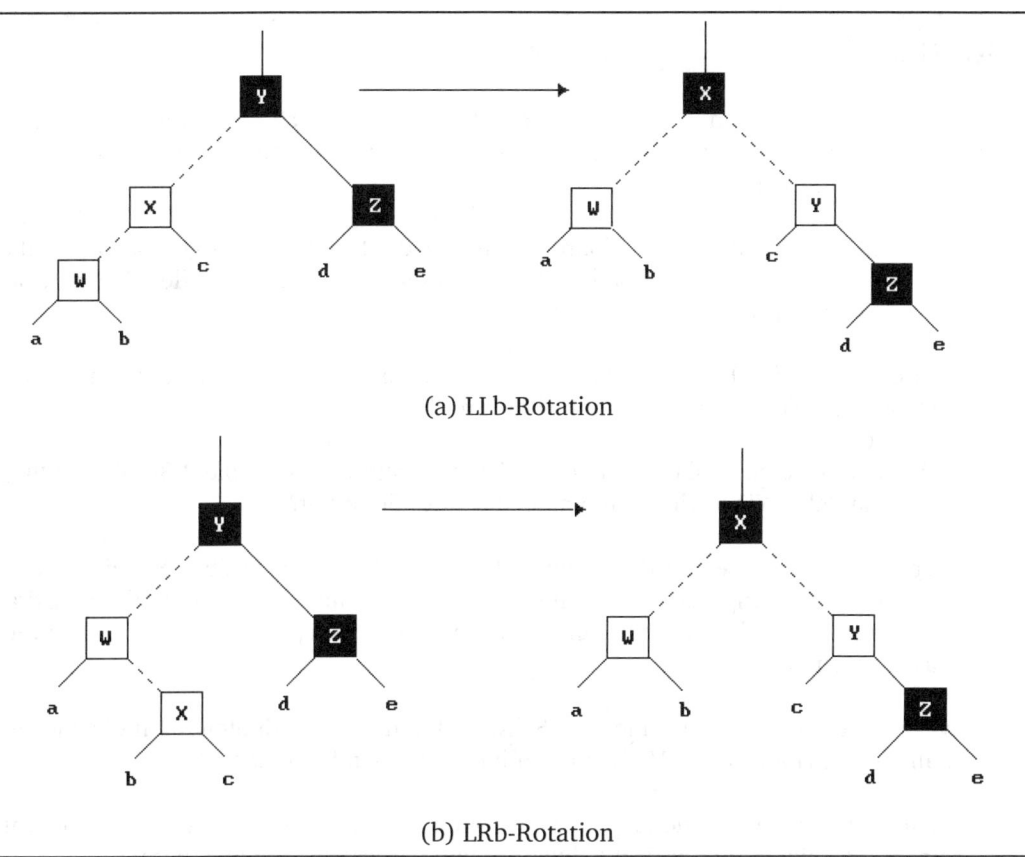

(a) LLb-Rotation

(b) LRb-Rotation

Abbildung 10.34: LLb- und LRb-Rotationen für ein Einfügen von unten nach oben

das Blatt ein 2-Knoten. Das Löschen aus einem 2-Knoten macht einen rückwärtslaufenden Strukturierungsdurchgang notwendig. Um dies zu vermeiden, stellen wir sicher, daß das zu löschende Blatt mit seinem Vorgänger durch einen roten Zeiger verbunden ist. Dies vollzieht sich durch Einfügetransformationen in umgekehrter Richtung zusammen mit Rot-Schwarz-Transformationen, die den 2-3-4-Löschtransformationen (3) und (4) entsprechen (q ist ein 2-Knoten, dessen nächster Bruder ein 3-Knoten oder 4-Knoten ist), und einer Transformation eines 3-Knotens von einer 3-Knotendarstellung zur anderen. Es ist notwendig sicherzustellen, daß die Suche nach einem zu löschenden Element einen roten Zeiger nach unten bewegt.

Da die meisten Einfüge- und Löschtransformationen durch Farbwechsel durchgeführt werden können und keine Zeigerwechsel oder Datenverschiebungen erforderlich machen, benötigen diese Operationen letztendlich weniger Zeit, wenn Rot-Schwarz-Bäume benutzt werden, als wenn ein 2-3-4-Baum mit Hilfe von Knoten des Typs *two*34 dargestellt wird.

Die Entwicklung der Löschtransformation von unten nach oben überlassen wir Ihnen als Übung.

ÜBUNGEN

1. (a) Zeigen Sie, daß jeder binäre Baum, der durch Transformation eines
        2-3-4-Baumes, wie im Text beschrieben, erzielt wurde, die Eigenschaften Q1
        bis Q5 erfüllt.

   (b) Zeigen Sie, daß jeder binäre Baum, der die Eigenschaften Q1 bis Q5 erfüllt,
        einen 2-3-4-Baum darstellt und aus diesem 2-3-4-Baum mit den Transforma-
        tionen aus dem Text gewonnen werden kann.

2. Schreiben Sie eine Funktion, die einen 2-3-4-Baum in eine Rot-Schwarz-Darstellung
    umwandelt. Wie ist die Zeitkomplexität Ihrer Funktion?

3. Schreiben Sie eine Funktion, um einen Rot-Schwarz-Baum in eine 2-3-4-Darstellung
    umzuwandeln. Wie ist die Zeitkomplexität Ihrer Funktion?

4. Nehmen wir an, T sei ein Rot-Schwarz-Baum mit Rang r. Schreiben Sie eine Proze-
    dur zur Berechnung des Rangs eines jeden Knotens im Baum. Die Zeitkomplexität
    Ihrer Prozedur sollte linear in der Anzahl der Knoten des Baumes sein. Zeigen Sie,
    daß dies der Fall ist.

5. Vergleichen Sie die Höhe eines Rot-Schwarz-Baumes mit n Knoten im ungünstigsten
    Fall mit der Höhe eines AVL-Baumes mit der gleichen Knotenanzahl.

6. Schreiben Sie die Funktion *insert*234 (Programm 10.10) neu, so daß ein Element in
    einen 2-3-4-Baum, der als Rot-Schwarz-Baum dargestellt ist, eingefügt wird.

7. Erarbeiten Sie die symmetrischen Transformationen der Abbildungen 10.33
    und 10.34.

8. § Erarbeiten Sie eine Funktion zum Löschen eines Elements y aus einem
    2-3-4-Baum, der als Rot-Schwarz-Baum dargestellt ist. Gehen Sie von oben nach un-
    ten vor. Testen Sie die Korrektheit dieser Prozedur, indem Sie sie auf einem Compu-
    ter laufen lassen. Erzeugen Sie eigene Testdaten.

9. § Wiederholen Sie die vorstehende Übung mit der Methode von unten nach oben.

10. § Die Anzahl der Farbfelder in einem Knoten eines Rot-Schwarz-Baumes kann auf
    Eins reduziert werden. In diesem Falle stellt die Farbe des Knotens die Farbe des
    Zeigers (falls vorhanden) vom Vorgänger des Knotens zum betreffenden Knoten
    dar. Schreiben Sie die entsprechenden Einfüge- und Löschprozeduren, gehen Sie
    dabei von oben nach unten vor. Wie würde die Veränderung der Knotenstruktur die
    Effizienz der Einfüge- und Löschprotokolle beeinflussen?

11. § Wiederholen Sie die vorstehende Übung und gehen Sie von unten nach oben vor.

10.6. B-BÄUME

10.6.1. Definition von *m*-Weg-Suchbäumen

Die ausgeglichenen Suchbäume, die wir bis jetzt untersucht haben (AVL-Bäume, 2-3-Bäume, 2-3-4-Bäume und Rot-Schwarz-Bäume) erlauben es uns, Einträge in einer Tabelle in der Zeit O(log *n*) zu suchen, einzufügen und zu löschen, wobei *n* die Anzahl der Einträge in der Tabelle darstellt. Diese Strukturen sind bei Applikationen angemessen, deren Tabelle klein genug ist, um im internen Speicher untergebracht werden zu können. Wenn die Tabelle hierfür jedoch zu groß ist, ist die Leistungsfähigkeit dieser Strukturen nicht hoch. Dies ist so, da wir nun die Knoten der Suchbaumstruktur beispielsweise auf einer Platte wiederfinden müssen. Diese Knoten werden jeweils einzeln nach Bedarf eingelesen. Wenn wir also beispielsweise in einem 2-3-Baum nach einem Element mit dem Schlüssel *x* suchen, sollten wir nur jene Knoten wiedereinlesen, die auf dem Suchweg von der Wurzel zu dem Knoten, der das gewünschte Element enthält, liegen. Daraus ergibt sich, daß die Anzahl der Plattenzugriffe bei einem Suchvorgang gleich O(*h*) ist, wenn *h* die Höhe des 2-3-Baumes darstellt. Wenn *n* = 1000 ist, könnte *h* die Höhe 10 haben. Somit würde das Suchen eines 2-3-Baumes, der auf Platte gespeichert ist und der 1000 Elemente enthält, bis zu 10 Zugriffe erforderlich machen. Da die Zeit, die für einen Plattenzugriff benötigt wird, beträchtlich höher ist als die bei einem Zugriff auf den Arbeitsspeicher, suchen wir Strukturen, die die Anzahl der Plattenzugriffe reduziert.

Wir werden den Term *index* benutzen und beziehen uns damit auf eine Symboltabelle, die sich auf einer Platte befindet. Wir können annehmen, daß die Symboltabelle zu umfangreich ist, um im internen Speicher des Zielcomputers untergebracht werden zu können. Um eine bessere Leistungsfähigkeit zu erreichen, werden wir Suchbäume benutzen, die einen recht großen Grad besitzen.

Definition: Ein *m-Weg*-Suchbaum ist entweder leer oder hat die folgenden Eigenschaften:

(1)   Die Wurzel hat höchstens *m* Teilbäume und die Struktur:

$$n, A_0, (K_1, A_1), (K_2, A_2), \ldots, (K_n, A_n)$$

wobei die A_i mit $0 \le i \le n < m$ die Zeiger auf Teilbäume und die K_i mit $1 \le i \le n < m$ die Werte der Schlüssel darstellen.

(2) $K_i < K_{i+1}, 1 \le i < n$.

(3)   Alle Werte der Schlüssel im Teilbaum A_i sind kleiner als K_{i+1} und größer als K_i mit $0 < i < n$.

(4)   Alle Werte der Schlüssel im Teilbaum A_n sind größer als K_n, und jene in A_0 sind kleiner als K_1.

(5)   Die Teilbäume A_i, $0 \le i \le n$ sind ebenfalls *m*-Weg-Suchbäume. $\square$

Wir können überprüfen, daß AVL-Bäume zweiwegige Suchbäume, 2-3-Bäume dreiwegige Suchbäume und 2-3-4-Bäume vierwegige Suchbäume sind. Natürlich gibt es zweiwegige Suchbäume, die keine AVL-Bäume, dreiwegige Suchbäume, die keine 2-3-Bäume und vierwegige, die keine 2-3-4-Bäume sind. Ein dreiwegiger Suchbaum, der kein 2-3-Baum ist, ist in Abbildung 10.35 zu sehen.

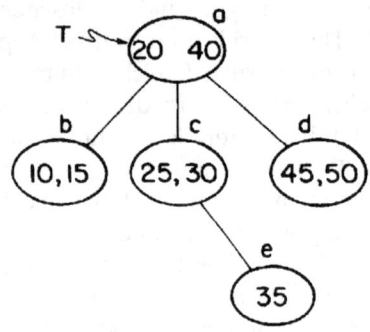

Knoten	schematisches Format
a	2, b, (20, c), (40, d)
b	2, 0, (10, 0), (15, 0)
c	2, 0, (25, 0), (30, e)
d	2, 0, (45, 0), (50, 0)
e	1, 0, (35 ,0)

Abbildung 10.35: Beispiel für einen dreiwegigen Suchbaum, der kein 2-3-Baum ist.

10.6.2. Suchen in einem *m*-Weg-Suchbaum

Angenommen, wir möchten einen *m*-wegigen Suchbaum T nach dem Schlüssel x absuchen. Angenommen, T befindet sich auf einer Platte. Wir beginnen damit, daß wir den Wurzelknoten von der Platte wiedergewinnen. Vorausgesetzt, dieser Knoten hat die Struktur, die in der Definition eines *m*-wegigen Suchbaumes gegeben ist. Nehmen wir aus Vereinfachungsgründen an, daß $K_0 = -\infty$ und $K_{n+1} = +\infty$ ist. Indem wir die Schlüssel der Wurzel suchen, legen wir i so fest, daß $K_i \le x < K_{i+1}$. Wenn $x = K_i$ ist, ist die Suche abgeschlossen. Wenn $x \ne K_i$ ist, folgt aus der Definition eines *m*-wegigen Suchbaumes, daß wenn x sich im Baum befindet, er im Teilbaum A_i sein muß. Also gewinnen wir die Wurzel dieses Teilbaumes von der Platte und suchen ihn anschließend ab. Dieser Vorgang dauert so lange, bis wir entweder x finden oder bestimmt haben, daß x sich nicht in dem Baum befindet (die Suche führt uns zu einem leeren Teilbaum). Wenn die Anzahl der Schlüssel in dem abzusuchenden Knoten klein ist, wird sequentiell gesucht (wie bei 2-3- und 2-3-4-Bäumen). Wenn diese Anzahl groß ist, kann ein binärer Suchvorgang benutzt werden.

In einem Baum vom Grad m und der Höhe h beträgt die maximale Knotenzahl $\sum_{0\le i\le h-1} m^i = (m^h - 1)/(m - 1)$. Da jeder Knoten höchstens $m - 1$ Schlüssel enthält, beträgt die maximale Anzahl der Schlüssel $m^h - 1$ in einem *m*-wegigen Index der Höhe h. Bei einem binären Baum mit $h = 3$ beträgt sie sieben. Bei einem 200-wegigen Baum mit $h = 3$ haben wir $m^h - 1 = 8 * 10^6 - 1$.

Ganz klar sind die Leistungspotentiale der Suchbäume höherer Ordnung viel größer als bei Suchbäumen niedrigerer Ordnung. Um eine Leistungsfähigkeit zu erzielen, die den besten *m*-wegigen Suchbäumen bei einer vorgegebenen Anzahl von Schlüsseln n nahe kommt, muß der Suchbaum ausgeglichen sein. Die besondere Art ausgeglichener, *m*-wegiger Suchbäume, die wir hier betrachten, ist als B-Baum bekannt. Wenn man einen B-Baum definiert, ist es vorteilhaft, das Konzept der Fehlerknoten wieder einzuführen. Sie erinnern sich, daß ein Fehlerknoten einen Knoten darstellt, der während des Suchvorgangs nur erreicht werden kann, wenn der Wert x, nach dem gesucht wird, sich nicht im Baum befindet.

10.6.3. Definition und Eigenschaften eines B-Baumes

Definition: Ein B-Baum der Ordnung m ist ein *m*-wegiger Suchbaum, der entweder leer ist oder die folgenden Eigenschaften aufweist:

(1)   Der Wurzelknoten hat mindestens zwei Nachfolger.

(2)   Alle anderen Knoten außer dem Wurzelknoten und den Fehlerknoten haben mindestens $\lceil m/2 \rceil$ Nachfolger.

(3)   Alle Fehlerknoten befinden sich auf derselben Ebene. $\square$

Sehen Sie, daß ein 2-3-Baum ein B-Baum der Ordnung 3, und ein 2-3-4-Baum ein B-Baum der Ordnung 4 ist! Beachten Sie auch, daß alle B-Bäume der Ordnung 2 volle binäre

Bäume sind! Daher existieren B-Bäume der Ordnung 2 nur dann, wenn die Anzahl der Schlüssel für ein geeignetes k $2^k - 1$ beträgt. Es ist nicht schwer einzusehen, daß es bei einer beliebigen gegebenen Anzahl von Schlüsseln und beliebigen m mit $m > 2$, einen B-Baum der Ordnung m gibt, der eben so viele Schlüssel enthält.

Anzahl der Schlüsselwerte in einem B-Baum

Ein B-Baum der Ordnung m, dessen Fehlerknoten sich alle auf Ebene $l + 1$ befinden, hat höchstens $m^l - 1$ Schlüssel. Wie groß ist die kleinste Anzahl N von Schlüsseln in solch einem B-Baum? Aufgrund der Definition eines B-Baumes wissen wir, daß wenn $l > 1$ ist, der Wurzelknoten mindestens zwei Nachfolger hat. Daher sind mindestens zwei Knoten auf Ebene 2 vorhanden. Jeder dieser Knoten muß mindestens $\lceil m/2 \rceil$ Nachfolger haben. Daher gibt es mindestens $2\lceil m/2 \rceil$ Knoten auf Ebene 3. Auf Ebene 4 müssen mindestens $2\lceil m/2 \rceil^2$ Knoten vorhanden sein, und wenn Sie dies fortführen, sehen Sie, daß mindestens $2\lceil m/2 \rceil^{l-2}$ Knoten auf Ebene l vorhanden sind, wenn $l > 1$ ist. Alle diese Knoten sind keine Fehlerknoten. Wenn die Werte der Schlüssel in dem Baum $K_1, K_2, \cdots, K_N$ und $K_i < K_{i+1}$ mit $1 \leq i < N$ sind, dann beträgt die Anzahl der Fehlerknoten $N + 1$. Dies ist so, weil Fehler bei $K_i < x < K_{i+1}$ mit $0 \leq i \leq N$ auftreten, und $K_0 = -\infty$ und $K_{N+1} = +\infty$ ist. Dies führt zu $N + 1$ verschiedenen Knoten, die erreicht werden können, wenn nach einem Schlüssel x, der sich nicht im B-Baum befindet, gesucht wird. Daher haben wir

$$
\begin{aligned}
N + 1 \ &= \text{Anzahl der Fehlerknoten} \\
&= \text{Anzahl der Knoten auf Ebene } l + 1 \\
&\geq 2\lceil m/2 \rceil^{l-1}
\end{aligned}
$$

und so ist $N \geq 2\lceil m/2 \rceil^{l-1} - 1$ mit $l \geq 1$.

Dies legt wiederum nahe, daß, falls N Schlüssel in einem B-Baum der Ordnung m enthalten sind, sich alle Knoten, die keine Fehlerknoten sind, auf Ebenen kleiner oder gleich l befinden, wobei $l \leq \log_{\lceil m/2 \rceil} \{(N + 1)/2\} + 1$ ist. Die maximale Anzahl der Zugriffe, die bei einem Suchvorgang erfolgen müssen, ist l. Wenn ein B-Baum der Ordnung $m = 200$ verwendet wird, hat ein Index mit $N \leq 2 \times 10^6 - 2$ dann $l \leq \log_{100} \{(N + 1)/2\} + 1$. Da l eine ganze Zahl ist, erhalten wir $l \leq 3$. Bei $n \leq 2 \times 10^8 - 2$ erhalten wir $l \leq 4$. Somit führt die Verwendung eines B-Baumes höherer Ordnung zu einem Baumindex, den man mit Hilfe einer sehr kleinen Anzahl von Plattenzugriffen suchen kann, selbst wenn die Anzahl der Einträge sehr hoch ist.

Die Auswahl von m

B-Bäume höherer Ordnung sind wünschenswert, da sie die Anzahl der Plattenzugriffe, die notwendig sind, einen Index zu suchen, reduzieren. Wenn ein Index N Einträge enthält, dann hätte ein B-Baum der Ordnung $m = N + 1$ nur eine Ebene. Diese Auswahl von m ist offensichtlich nicht vernünftig, da wir annehmen, daß der Index zu groß ist, um in den internen Speicher zu passen. Folglich kann der Einzelknoten, der den Index repräsentiert, nicht in den Speicher eingelesen und verarbeitet werden. Wenn wir zu einer vernünftigen Auswahl von m gelangen, dürfen wir nicht aus dem Auge verlieren, daß wir eigentlich daran interessiert sind, die für die Suche des B-Baumes mit einem Wert x benötigte Gesamtzeit zu minimieren. Diese Zeit besteht aus zwei Komponenten, der Zeit, die zum Lesen des Knotens von der Platte, und der Zeit, die für die Suche nach x in diesem Knoten benötigt wird. Nehmen wir an, daß jeder Knoten eines B-Baumes der Ordnung m eine festgelegte Größe hat und groß genug ist, n, A_0 und $m-1$ Dreiergruppen (K_i, A_i, B_i) unterzubringen, wobei $1 \leq j < m$ ist. Beachten Sie, daß wir während der Definition eines m-wegigen Suchbaumes mit Zweiergruppen $(K_i, A_i,)$ zu tun hatten, in der Praxis kommen dort in Wirklichkeit Dreiergruppen (K_i, A_i, B_i) vor, wobei B_i die Adresse des Satzes mit Schlüssel K_i auf der Platte darstellt (wie zuvor zeigt A_i auf einen Teilbaum des B-Baumes). Wenn die K_i höchstens α Zeichen lang und die A_i und B_i jeweils β Zeichen lang sind, beträgt die Größe eines Knotens annähernd $m(\alpha + 2\beta)$ Zeichen. Die Zeit t_i, die notwendig ist, um einen Knoten zu lesen, ist deshalb:

$$t_i = t_s + t_l + m(\alpha + 2\beta)t_c$$
$$= a + bm$$

wobei

$$a = t_s + t_l = \text{Suchzeit} + \text{Latenzzeit}$$
$$b = (\alpha + 2\beta)t_c \text{ und } t_c = \text{Übertragungszeit pro Zeichen.}$$

Wenn die binäre Suche angewandt wird, um jeden Knoten des B-Baumes zu suchen, beträgt die interne Verarbeitungszeit pro Knoten $c \log_2 m + d$ mit den Konstanten c und d. Die Gesamtverarbeitungszeit pro Knoten beträgt also

$$\tau = a + bm + c \log_2 m + d$$

Bei einem Index mit N Einträgen ist die Anzahl der Ebenen l begrenzt durch:

$$l \leq \log_{\lceil m/2 \rceil}\{(N+1)/2\} + 1$$
$$\leq f \frac{\log_2\{(N+1)/2\}}{\log_2 m} \text{ mit einer geeigneten Konstanten } f$$

Die maximale Suchzeit beträgt deshalb:

$$\text{maximale Suchzeit} = g\left\{\frac{a+d}{\log_2 m} + \frac{bm}{\log_2 m} + c\right\} \text{ Sekunden}$$

wobei $g = f * \log_2\{N+1\}/2\}$ ist.

Daher wünschen wir einen m-Wert, der die maximale Suchzeit minimiert. Wenn das verfügbare Laufwerk $t_s = 1/100$ Sekunden und $t_t = 1/40$ Sekunden leistet, dann ist $a =$

0,035 Sekunden. Da d typischerweise einige Mikrosekunden betragen wird, können wir es im Verhältnis zu a ignorieren. Daher beträgt $a + d \approx a = 0{,}035$ Sekunden. Wenn jeder Schlüsselwert höchstens sechs Zeichen lang ist und jedes A_i und B_i drei Zeichen lang ist, ist $\alpha = 6$ und $\beta = 3$. Wenn die Übertragungsrate t_c 5×10^{-6} Sekunden/Zeichen beträgt (entsprechend einer Spurkapazität von 5000 Zeichen), dann ist $b = (\alpha + 2\beta)t_c = 6 \times 10^{-5}$ Sekunden. Die Formel für die maximale Suchzeit wird nun:

$$g \left\{ \frac{35}{\log_2 m} + \frac{0{,}06m}{\log_2 m} + 1000c \right\} \text{ Millisekunden.}$$

Diese Funktion ist in Abbildung 10.36 tabellarisch und in Abbildung 10.37 graphisch dargestellt. Es ist offensichtlich, daß es eine große Bandbreite von m-Werten gibt, bei denen eine fast optimale Leistungsfähigkeit erreicht wird. Dies entspricht dem fast ebenen Bereich $m \in [50, 400]$. Falls der niedrigste m-Wert in diesem Bereich zu einem Knoten führt, dessen Größe die tolerierbare Kapazität eines Eingabepuffers überschreitet, wird der m-Wert durch die Puffergröße bestimmt.

m	Suchzeit (Sekunden)
2	35,12
4	17,62
8	11,83
16	8,99
32	7,38
64	6,47
128	6,10
256	6,30
512	7,30
1024	9,64
2048	14,35
4096	23,40
8192	40,50

Abbildung 10.36: Die Werte von $(35 + 0{,}06m)/\log_2 m$

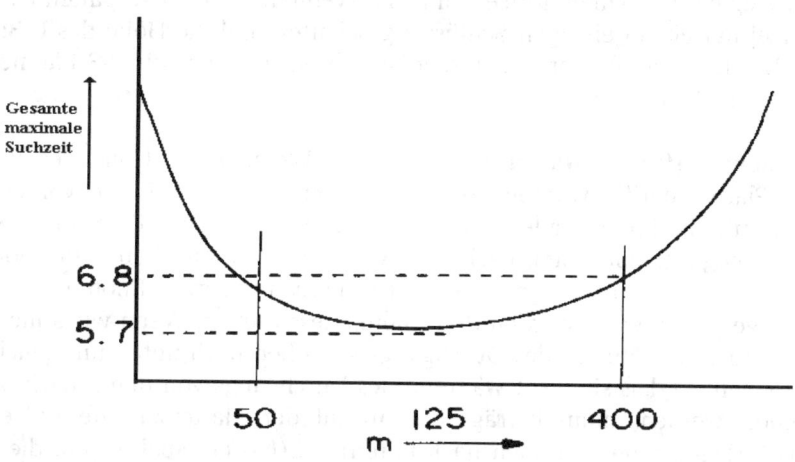

Abbildung 10.37: Plot von $(35 + 0{,}06m)/\log_2 m$

10.6.4. Einfügen in einen B-Baum

Der Algorithmus zum Einfügen eines neuen Schlüssels in einen B-Baum ist eine Verallgemeinerung der Einfügealgorithmen in zwei Durchgängen für 2-3-Bäume. Während wir für $m > 3$ ebenfalls auf den Einfügealgorithmus von oben nach unten, der bei 2-3-4-Bäumen beschrieben wurde, verallgemeinern könnten, ist dies nicht erstrebenswert, da dieser Algorithmus viele Knoten spaltet, und ein Knoten jedes Mal, wenn wir ihn spalten, auf Platte geschrieben werden muß. Dies erhöht die Anzahl der Plattenzugriffe.

Der Einfügealgorithmus für B-Bäume der Ordnung m führt zuerst einen Suchvorgang durch, um den Blattknoten p, in den der neue Schlüssel eingefügt werden muß, zu bestimmen. Wenn das Einfügen des neuen Schlüssels in p dazu führt, daß m Schlüssel in p vorhanden sind, wird der Knoten p gespalten. Ansonsten wird das neue p auf die Platte geschrieben, und das Einfügen ist abgeschlossen. Bei der Spaltung des Knotens nehmen wir an, daß p nach Einfügen des neuen Schlüssels folgendes Format hat:

$$m, A_0, (K_1, A_1), \ldots, (K_m, A_m) \text{ und } K_i < K_{i+1}, 1 \le i < m.$$

Der Knoten wird in die beiden Knoten p und q mit den folgenden Formaten gespalten:

$$\text{Knoten } p: \lceil m/2 \rceil - 1, A_0, (K_1, A_1), \ldots, (K_{\lceil m/2 \rceil - 1}, A_{\lceil m/2 \rceil - 1})$$

$$\text{Knoten } q: m - \lceil m/2 \rceil, A_{\lceil m/2 \rceil}, (K_{\lceil m/2 \rceil + 1}, A_{\lceil m/2 \rceil + 1}), \ldots, (K_m, A_m)$$

Der verbleibende Schlüssel $K_{\lceil m/2 \rceil}$ und ein Zeiger des neuen Knotens q bilden ein Tupel $(K_{\lceil m/2 \rceil}, q)$. Dies muß in den Vorgänger von p eingefügt werden. Bevor dies versucht wird, werden die Knoten p und q auf Platte geschrieben.

Wie bei den 2-3-Bäumen kann es erforderlich sein, daß für das Einfügen in einen Vorgänger der Vorgänger gespalten werden muß, wobei dieser Spaltungsprozeß sich den gesamten Weg bis zur Wurzel fortsetzen kann. Wenn die Wurzel gespalten wird, wird eine neue Wurzel mit einem einzigen Schlüssel geschaffen und die Höhe des B-Baumes steigt um Eins. Da dieser Einfügeprozeß fast identisch ist mit dem für 2-3-Bäume, gehen wir nicht weiter ins Detail.

Analyse des Einfügens in einen B-Baum: Wenn h die Höhe des B-Baumes ist, werden h Plattenzugriffe während der Suche von oben nach unten vorgenommen. Im ungünstigsten Falle können alle h des Knotens, auf den zugegriffen wird, während des Spaltungsdurchgangs von unten nach oben gespalten werden. Wenn ein Knoten, der sich nicht in der Wurzel befindet, gespalten wird, müssen wir zwei Knoten schreiben. Wenn die Wurzel gespalten wird, werden drei Knoten geschrieben. Wenn wir annehmen, daß h eingelesene Knoten während des Durchgangs von oben nach unten im Speicher gehalten werden können, so daß sie nicht während des Durchgangs von unten nach oben von der Platte geholt werden, dann beträgt die Anzahl der Plattenzugriffe für ein Einfügen höchstens h (Durchgang von oben nach unten) + $2(h-1)$ (Spaltungen, die nicht in der Wurzel stattfinden) + 3 (Wurzelspaltung) = $3h + 1$.

   Die durchschnittliche Anzahl der Plattenzugriffe liegt jedoch bei annähernd $h + 1$ für große m. Um dies einzusehen, nehmen wir an, daß wir mit einem leeren B-Baum beginnen und N Werte einfügen. Die Gesamtanzahl der Knotenspaltungen beträgt höchstens $p - 2$, wobei p die Anzahl der Knoten, die keine Fehlerknoten sind, im endgültigen B-Baum mit N Eingaben ist. Diese obere Schranke von $p - 2$ folgt aufgrund der Beobachtung, daß jedes Mal, wenn ein Knoten gespalten wird, wenigstens ein zusätzlicher Knoten erstellt wird. Wenn die Wurzel gespalten wird, werden zwei zusätzliche Knoten erstellt. Der erste erzeugte Knoten ist entstanden, weil keine Spaltung stattfand, und wenn ein B-Baum mehr als einen Knoten hat, muß die Wurzel mindestens einmal gespalten worden sein. Abbildung 10.38 zeigt, daß $p - 2$ die bestmögliche obere Schranke der Anzahl der Knotenspaltungen bei der Erstellung eines B-Baumes mit p Knoten ist, wenn $p > 2$ ist (beachten Sie, daß es keinen B-Baum mit $p = 2$ gibt). Ein B-Baum der Ordnung m mit p Knoten hat mindestens

$$1 + (\lceil m / 2 \rceil - 1)(p - 1)$$

Schlüssel, da die Wurzel mindestens einen Schlüssel enthält und verbleibende Knoten mindestens jeweils $\lceil m/2 \rceil - 1$ Schlüssel. Die Durchschnittsanzahl der Spaltungen s kann nun wie folgt bestimmt werden:

$$s = (\text{Gesamtanzahl der Spaltungen}) / N$$
$$\leq (p - 2) / \{1 + (\lceil m / 2 \rceil - 1)(p - 1)\}$$
$$< 1 / (\lceil m / 2 \rceil - 1)$$

Bei $m = 200$ bedeutet dies, daß die Durchschnittsanzahl der Knotenspaltungen weniger als 1/99 pro eingefügtem Schlüssel beträgt. Die Durchschnittsanzahl der Plattenzugriffe beträgt deshalb $l + 2s + 1 < l + 101/99 \approx l + 1$.

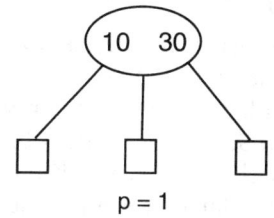

p = 1

Anzahl der Spaltungen =0

(a)

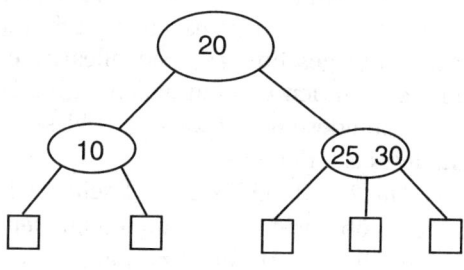

p = 3

Anzahl der Spaltungen =1

(b)

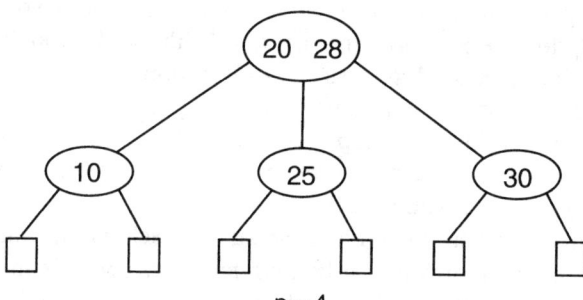

p = 4

Anzahl der Spaltungen =2

(c)

Abbildung 10.38: B-Baum der Ordnung 3

10.6.5. Löschen aus einem B-Baum

Der Löschalgorithmus für B-Bäume ist ebenfalls eine Verallgemeinerung des Löschalgorithmus für 2-3-Bäume. Zuerst suchen wir den Schlüssel x, der gelöscht werden soll. Falls x in einem Knoten z, welcher kein Blatt ist, vorgefunden wird, wird die Position, die von x in z eingenommen wird, mit einem Schlüssel aus dem Blattknoten des B-Baumes besetzt. Angenommen, x sei der i-te Schlüssel in z (d.h. $x = K_i$). Dann kann x entweder durch den kleinsten Schlüssel im Teilbaum A_i oder den größten Schlüssel im Teilbaum A_{i-1} ersetzt werden. Diese beiden Schlüssel befinden sich im Blattknoten. Auf diese Weise wird das Löschen von x aus einem Knoten, der kein Blattknoten ist, in ein Löschen aus einem Blatt umgewandelt.

Beim Löschen aus einem Blattknoten p gibt es vier Fälle. Im ersten Fall ist p auch die Wurzel. Wenn die Wurzel mit mindestens einem Schlüssel zurückbleibt, wird die veränderte Wurzel auf die Platte geschrieben, und alles ist erledigt. Ansonsten ist der B-Baum nach dem Löschen leer. In den übrigen Fällen ist p nicht die Wurzel. Im zweiten Fall hat p nach dem Löschen mindestens $\lceil m/2 \rceil - 1$ Schlüssel. Das veränderte Blatt wird auf Platte geschrieben, und alles ist erledigt.

Im dritten Fall hat p $\lceil m/2 \rceil - 2$ Schlüssel und sein nächster Bruder q mindestens $\lceil m/2 \rceil$. Um dies zu ermitteln, überprüfen wir nur einen der höchstens zwei nächsten Brüder, die p möglicherweise hat. p ist unvollständig, da es einen Schlüssel weniger enthält, als bei der minimalen Anzahl der Schlüssel erforderlich wäre. q verfügt über mehr Schlüssel, als minimal erforderlich wären. Genau wie beim 2-3-Baum wird eine Rotation ausgeführt. Im Laufe dieser Rotation nimmt die Anzahl der Schlüssel in q um Eins ab, während die Anzahl in p um Eins zunimmt. Daraus ergibt sich, daß weder p noch q nach der Rotation unvollständig sind. Die Rotation läßt einen vollwertigen B-Baum zurück. Sei r der Vorgänger von p und q. Wenn q der nächste rechte Bruder von p ist, legen wir i dergestalt fest, daß K_i der i-te Schlüssel in r ist, alle Schlüssel in p kleiner als K_i sind und alle Schlüssel in q größer als K_i sind. Aufgrund der Rotation wird K_i durch den ersten (z.B. kleinsten) Schlüssel in q ersetzt, K_i wird zum Schlüssel ganz rechts in p, und der Teilbaum von q ganz links wird zum Teilbaum von p ganz rechts. Die veränderten Knoten p, q und r werden auf Platte geschrieben, und das Löschen ist abgeschlossen. Ähnlich liegt der Fall, wenn q der nächste linke Bruder von p ist.

Im vierten Fall einer Löschung hat p $\lceil m/2 \rceil - 2$ Schlüssel, während q $\lceil m/2 \rceil - 1$ Schlüssel aufweist. Daher ist p unvollständig, und q verfügt über die minimale Anzahl von Schlüsseln, die für einen Knoten, der sich nicht in der Wurzel befindet, zulässig ist. Nun werden die Knoten p und q und der Schlüssel K_i miteinander kombiniert, um einen einzigen Knoten zu bilden. Der kombinierte Knoten hat $(\lceil m/2 \rceil - 2) + (\lceil m/2 \rceil - 1) + 1) = 2\lceil m/2 \rceil - 2 \leq m - 1$ Schlüssel, die den Knoten größtenteils ausfüllen werden. Der kombinierte Knoten wird auf Platte geschrieben. Der Kombinationsvorgang verringert die Anzahl der Schlüssel im Vorgängerknoten r um Eins. Wenn der Vorgänger nicht unvollständig wird (d.h. er mindestens einen Schlüssel enthält, wenn er sich in der Wurzel befindet, und mindestens $\lceil m/2 \rceil - 1$ Schlüssel enthält, wenn er sich nicht in der Wurzel befindet), wird der veränderte Vorgänger auf die Platte geschrieben, und wir sind fertig. Wenn der unvollständige Vorgänger die Wurzel ist, wird er abgelegt, da er keine Schlüssel enthält. Wenn der unvollständige Vorgänger nicht die Wurzel ist, hat er genau $\lceil m/2 \rceil - 2$ Schlüssel. Um diese Unvollständigkeit zu beheben, versuchen wir zuerst eine Rotation mit einem der nächsten Brüder von r. Wenn dies nicht möglich ist, wird ein Kombinier-Vorgang ausgeführt. Dieser Kombinationsprozeß aufwärts des B-Baumes kann nur solange fortgesetzt werden, bis die Nachfolger der Wurzel miteinander kombiniert wurden.

Analyse des Löschens aus einem B-Baum: Bei einem B-Baum mit der Höhe h werden h Plattenzugriffe ausgeführt, um den Knoten zu finden, aus dem der Schlüssel gelöscht werden soll, und um den Löschvorgang in das Löschen eines Blattes umzuwandeln. Im ungünstigsten Fall tritt ein Kombinier-Vorgang bei jedem der letzten $h - 2$ Knoten auf dem Weg von der Wurzel zum Blatt auf, und eine Rotation findet beim zweiten Knoten auf diesem Weg statt. Die $h - 2$ Kombinier-Vorgänge machen genauso viele Plattenzugriffe erforderlich, damit ein nächster Bruder eines jeden Knotens wieder aufgefunden werden kann, und weitere $h - 2$ Zugriffe, um die kombinierten Knoten schreiben zu können. Die Rotation macht einen Zugriff erforderlich, damit der nächste Bruder gelesen werden kann, und drei weitere, damit die drei Knoten, die verändert werden, geschrieben werden können. Die Gesamtanzahl der Plattenzugriffe beträgt $3h - 1$.

Die Löschzeit kann auf Kosten von Speicherplatz verringert werden, wobei sich auch die Knotengröße geringfügig durch Einfügen eines Delete-Bits F_i, für jeden Schlüssel K_i in einem Knoten erhöht. Dann können wir $F_i = 1$ festlegen, wenn K_i nicht gelöscht wurde und $F_i = 0$, wenn es gelöscht wurde. Es findet kein physikalischer Löschvorgang statt. In diesem Falle erfordert ein Löschen maximal $h + 1$ Zugriffe (h zur Lokalisierung des Knotens, der x enthält und Eins, um diesen Knoten mit dem entsprechenden auf Null gesetzten Delete-Bit zu schreiben). Mit Hilfe dieser Strategie nimmt die Anzahl der Knoten im Baum niemals ab. Der Platz jedoch, der von den gelöschten Einheiten benutzt wurde, kann während folgender Einfügungen (siehe Übungen) erneut verwendet werden. Daraus ergibt sich, daß diese Strategie nur geringe Auswirkungen auf Such- und Einfügezeiten hätte (die Anzahl der Ebenen steigt sehr langsam, wenn m groß ist). Einfügezeiten können sogar geringfügig sinken, da es möglich ist, den Platz der gelöschten Eingaben erneut zu belegen. Solche Wiederbelegungen machen es nicht erforderlich, daß wir Knoten spalten. □

Einige Varianten von B-Bäumen werden in den Übungen untersucht.

10.6.6. Schlüssel mit variabler Größe

Bei einem Knotenformat n, A_0, (K_1, A_1), $\cdots$, (K_n, A_n) ist das erste Problem, das aus der Verwendung von Schlüsseln mit variabler Größe K_i entsteht, daß eine binäre Suche nicht länger durchgeführt werden kann, da wir aufgrund der Position der ersten Zweiergruppe (K_1, A_1) und n nicht so einfach K_n oder sogar die Position von $K_{(1+n)/2}$ bestimmen können. Wenn der Bereich für die Schlüsselwerte nur klein ist, ist es das beste, genügend Platz für den größten Schlüsselwert zuzuteilen. Wenn der Größenbereich groß ist, wird möglicherweise Speicherplatz verschwendet und ein anderes Knotenformat wäre besser, z. B. das Format n, A_0, α_1, α_2, $\cdots$, α_n, (K_1, A_1), $\cdots$, (K_n, A_n), wobei α_i die Adresse von K_i im internen Speicher ist, d.h. $K_i = \text{Speicher}(\alpha_i)$. In diesem Falle kann das binäre Suchen des Knotens noch ausgeführt werden. Die Verwendung von Knoten mit variabler Größe ist nicht empfehlenswert, da dies ein komplexeres Speicherverwaltungssystem erforderlich machen würde. Wichtiger ist jedoch, daß die Verwendung von Knoten mit variabler Größe sich in verminderter Leistung während des Einfügevorgangs äußern würde, da wir für ein Einfügen in einen Knoten einen größeren Knoten benötigen würden, um den neuen, einzufügenden Wert unterbringen zu können. Konsequenterweise sollten Knoten mit einer festgelegten Größe benutzt werden. Die Größe sollte so festgelegt werden, daß mindestens $m - 1$ Schlüsselwerte der größtmöglichen Größe untergebracht werden können. Während der Einfügevorgänge können wir die Forderung, daß jeder Knoten $\leq m - 1$ Schlüsselwerte haben soll, lockern. Statt dessen kann ein Knoten so viele Werte enthalten, wie in ihn hineinpassen, und umfaßt somit mindestens $\lceil m/2 \rceil - 1$ Werte. Die daraus resultierende Leistung ist mindestens so gut wie die eines B-Baumes der Ordnung m. Eine andere Möglichkeit ist die Verwendung einer Art Sampling-Plans für Schlüssel, um die Größe des Schlüsselwertes zu reduzieren, damit eine vorgegebene Größe d nicht überschritten wird. Einige Möglichkeiten sind die Abtrennung von Präfix und Suffix, die Entfernung von Vokalen etc. Welches Schema auch immer benutzt wird, es müssen einige Vorkehrungen bei der Handhabung von Synonymen getroffen werden (d.h. verschiedene Schlüsselwerte, die den gleichen Sample-Wert haben).

ÜBUNGEN

1. Zeigen Sie, daß alle B-Bäume der Ordnung 2 volle binäre Bäume sind.

2. (a) Fügen Sie die Schlüssel 62, 5, 85, 75 jeweils einzeln in den B-Baum der Ordnung 5 von Abbildung 10.39 ein. Zeigen Sie den neuen Baum, nachdem jeder Schlüssel hinzugefügt wurde. Führen Sie das Einfügen aus, indem Sie den Einfügeprozeß, der im Text beschrieben wird, anwenden.

   (b) Angenommen, daß der Baum auf einer Platte steht und ein Knoten pro Durchgang gelesen werden kann. Wieviele Plattenzugriffe sind dann erforderlich, um dieses Einfügen vorzunehmen? Begründen Sie Ihre Annahmen!

   (c) Löschen Sie die Schlüssel 45, 40, 10, 25 aus dem B-Baum der Ordnung 5 von Abbildung 10.39. Zeigen Sie den Baum, nachdem jeder Schlüssel gelöscht wurde. Die Löschungen sollen nach dem im Text beschriebenen Löschvorgang ausgeführt werden.

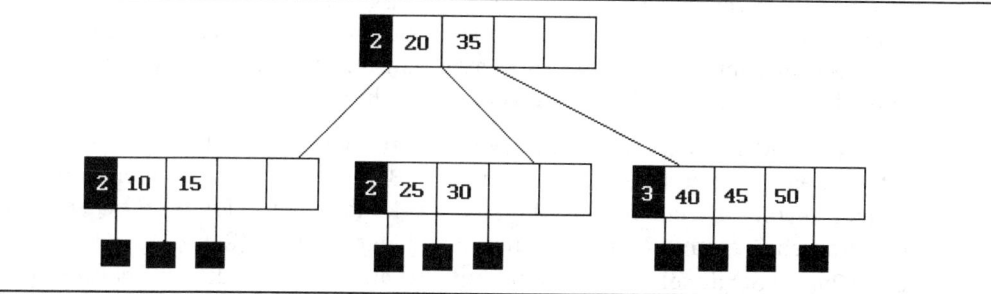

Abbildung 10.39: B-Baum der Ordnung 5

   (d) Wieviele Plattenzugriffe werden bei jedem Löschvorgang ausgeführt?

3. Schreiben Sie eine C-Funktion, um in einem m-wegigen Suchbaum zu suchen, der auf einer Platte gespeichert ist. Sie können eine Funktion zugrunde legen, die ein Verzeichnis von einer spezifizierten Plattenadresse liest.

4. Schreiben Sie eine C-Funktion, um einen Schlüssel x in einen B-Baum der Ordnung m, der auf einer Platte gespeichert ist, einzufügen. Sie können Funktionen zum Schreiben und Lesen von Verzeichnissen von und zu einer spezifizierten Plattenadresse zugrunde legen. Benutzen Sie die im Text beschriebene Strategie.

5. Schreiben Sie eine C-Funktion, um einen Schlüssel x aus einem B-Baum der Ordnung m, der auf einer Platte gespeichert ist, zu löschen. Sie können Funktionen zum Lesen und Schreiben von Datensätzen von und zu einer spezifizierten Plattenadresse zugrunde legen. Benutzen Sie die im Text beschriebene Strategie.

6.   Schreiben Sie Einfüge- und Löschalgorithmen für B-Bäume, wobei Sie zugrunde le-
     gen, daß ein zusätzliches Feld f jedem Schlüssel zugeordnet wird. Es ist $f = 1$, wenn
     der entsprechende Schlüssel nicht gelöscht worden ist. Löschungen sollten damit
     abgeschlossen werden, daß einfach entsprechend $f = 0$ gesetzt wird, und Einfügun-
     gen sollten gelöschten Speicherplatz nutzen, wann immer das möglich ist, ohne daß
     der Baum neu strukturiert wird.

7.   § Schreiben Sie Algorithmen, um Schlüssel nach ihrer Position in einem B-Baum zu
     suchen und zu löschen; d.h. $search(k)$ findet den k-t kleinsten Schlüssel, und
     $delete(k)$ löscht den k-t kleinsten Schlüssel im Baum. (Hilfe: Um dies effizient
     ausführen zu können, müssen in jedem Knoten Zusatzinformationen vorhanden
     sein. Für jedes Paar (K_i, A_i) muß $N_i = \sum_{j=1}^{i-1}$ (Anzahl der Schlüssel im Teilbaum
     $A_j + 1$) vorhanden sein. Wie sind die Rechenzeiten Ihrer Algorithmen im
     ungünstigsten Fall?

8.   Modifizieren Sie den B-Baum-Einfügealgorithmus so, daß wir zuerst überprüfen, ob
     entweder der nächste linke Bruder oder der nächste rechte Bruder von p weniger als
     $m - 1$ Schlüssel enthält. Wenn dies der Fall ist, werden keine zusätzlichen Knoten
     erzeugt. Statt dessen wird eine Rotation ausgeführt, die entweder den kleinsten
     oder größten Schlüssel in p zu seinem Vorgänger bewegt. Der entsprechende
     Schlüssel in dem Vorgänger wird gemeinsam mit einem Teilbaum zu dem Bruder
     von p bewegt, der Platz für einen weiteren Schlüssel hat.

9.   [Bayer und McCreight] Der Grundgedanke der vorstehenden Übung kann ausgewei-
     tet werden, um eine bessere Leistung bei B-Bäumen zu erzielen. Wenn der nächste
     Bruder Q von P bereits $m - 1$ Schlüssel hat, können wir beide P und Q spalten, um
     drei Knoten P, Q und R zu erhalten, wobei jeder Knoten $\lfloor (2m - 2)/3 \rfloor$, $\lfloor (2m - 1)/3 \rfloor$
     und $\lfloor 2m/3 \rfloor$ Schlüssel enthält. Abbildung 10.40 beschreibt diesen Spaltungsprozeß,
     wenn Q der nächste rechte Bruder von P ist. Schreiben Sie einen Einfügealgorith-
     mus für B-Bäume, so daß Knotenspaltungen nur wie oben beschrieben auftreten.

10. Ein B*-Baum t der Ordnung m ist ein Suchbaum, der entweder leer ist oder die fol-
     genden Eigenschaften hat:

     (a)   Der Wurzelknoten hat mindestens 2 und höchstens $2\lfloor (2m - 2)/3 \rfloor + 1$ Nach-
           folger.

     (b)   Die verbleibenden Knoten, die keine Fehlerknoten sind, haben jeweils höch-
           stens m und wenigstens $\lfloor 2m - 1))/3 \rfloor$ Nachfolger.

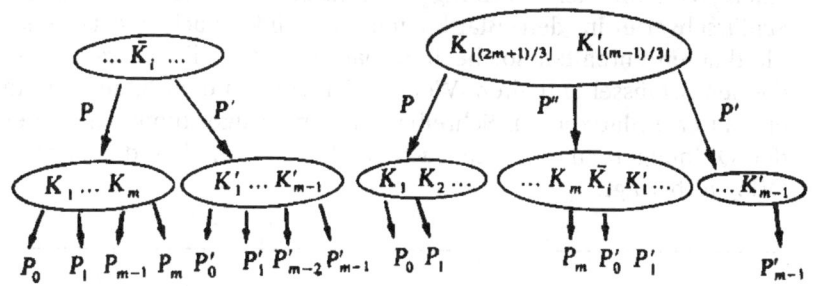

(a) Knoten P fließt über   (b) Nach Spaltung P und P'

Abbildung 10.40: Die Spaltung von P und seinem nächsten rechten Bruder P'

(c)   Alle Fehlerknoten befinden sich auf derselben Ebene.

Zeigen Sie bei einem B*-Baum der Ordnung m, der N Schlüssel enthält, daß wenn $x = \lfloor (2\,m - 1)/3 \rfloor$ ist

(a)   die Höhe h des B*-Baumes folgendes erfüllt:

$$h \le 1 + \log_x \{(N+1)/2\}$$

(b)   die Anzahl der Knoten p im B*-Baum folgende Eigenschaften erfüllt:

$$p \le 1 + (N-1)/(x-1)$$

Wie hoch ist die Durchschnittsanzahl der Spaltungen pro Einfügung, wenn ein B*-Baum auf der Basis eines leeren B*-Baumes aufgebaut wird?

11.   § Benutzen Sie die Spalttechnik aus Übung 9, und schreiben Sie einen Algorithmus, um einen neuen Schlüssel x in einen B*-Baum t der Ordnung m einzufügen. Wieviele Plattenzugriffe erfolgen im ungünstigsten Fall und im Durchschnitt? Angenommen, daß t ursprünglich die Tiefe l aufwies und daß sich t auf einer Platte befindet. Jeder Zugriff holt oder schreibt einen Knoten.

12.   § Schreiben Sie einen Algorithmus, um den Bezeichner x aus dem B*-Baum t der Ordnung m zu löschen. Wie hoch ist die Anzahl der benötigten Zugriffe, um x aus einem B*-Baum mit der Tiefe l zu löschen? Legen Sie die gleichen Annahmen wie bei Übung 11 zugrunde.

13.   Die Grundidee eines B-Baumes kann auch anders modifiziert werden, um einen B'-Baum zu erhalten. Ein B'-Baum der Ordnung m ist ähnlich einem B-Baum der Ordnung m, außer daß in einem B'-Baum alle Bezeichner in Blattknoten sitzen. Wenn P kein Blattknoten eines B'-Baumes ist und den Grad j hat, dann ist das Knotenformat von P: j, $L(1)$, $L(2)$, $\cdots$, $L(j-1)$, wobei die $L(i)$ mit $1 \le i < j$ die Werte der größten Schlüssel im i-ten Teilbaum von P sind. Abbildung 10.41 zeigt

einen B'-Baum der Ordnung 5. Beachten Sie, daß in einem B'-Baum die Schlüsselwerte in den Blattknoten von links nach rechts ansteigen. Nur die Blattknoten enthalten solche Informationen, wie die Adresse von Verzeichnissen, die den Schlüssel enthalten. Wenn n Schlüssel in dem Baum vorhanden sind, dann enthält er n Blattknoten. Schreiben Sie einen Algorithmus, um in einem B'-Baum P der Ordnung m nach x zu suchen. Zeigen Sie, daß die hierfür benötigte Zeit $O(\log n)$ beträgt.

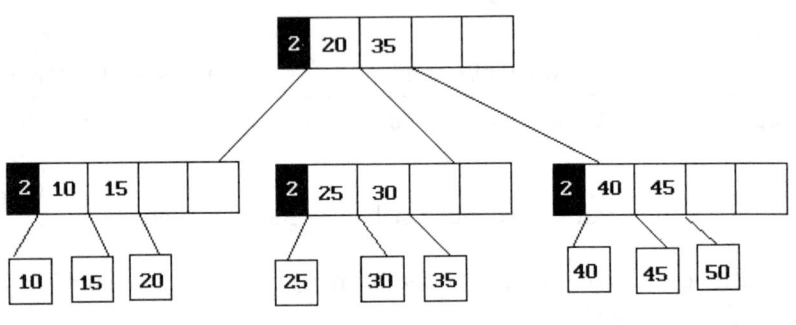

Abbildung 10.41: Beispiel für einen B'-Baum

14. § Schreiben Sie für einen B'-Baum der Ordnung m eine Funktion zum Einfügen von x. Wieviele Plattenzugriffe sind notwendig?

15. Schreiben Sie einen Algorithmus, um x aus einem B'-Baum t der Ordnung m zu löschen. Da sich alle Schlüssel in Blattknoten befinden, entspricht dies immer dem Löschen aus einem Blatt. Wieviele Plattenzugriffe sind notwendig?

16. Angenommen, T und U sind zwei B'-Bäume der Ordnung m. V sei ein B'-Baum der Ordnung m, der alle Schlüssel in T und U enthält. Schreiben Sie eine C-Funktion, um V aus T und U zu konstruieren. Wie ist die Komplexität Ihres Algorithmus?

17. Erarbeiten Sie Search-, Insert- und Delete-Algorithmen für B'-Bäume der Ordnung m. Wenn sich der Baum auf einer Platte befindet, wieviele Plattenzugriffe sind im ungünstigsten Falle für jede der drei Operationen notwendig? Nehmen Sie an, daß der Baum n Blattknoten besitzt.

18. § [Programmierprojekt] Schätzen Sie die relative Leistungsfähigkeit von B-Bäumen, B*-Bäumen und B'-Bäumen ein, wenn die erforderlichen Operationen Suchen, Einfügen und Löschen von x sind.

10.7. SPREIZBÄUME

AVL-, 2-3-, 2-3-4- und Rot-Schwarz-Bäume erlauben, die Suchbaumoperationen Einfügen, Löschen und Suchen in der Zeit O(log n) pro Vorgang im ungünstigsten Fall auszuführen. Bei den Prioritätswarteschlangen haben wir gesehen, daß dann, wenn wir eher an amortisierter Komplexität als an der Komplexität im ungünstigsten Fall interessiert sind, einfachere Strukturen benutzt werden können. Dies gilt auch für Suchbäume. Wenn wir einen Spreizbaum (Splay-Tree, Splay) verwenden, können die Suchbaumoperationen in amortisierter Zeit O(log n) pro Operation durchgeführt werden.

Ein *Spreizbaum* ist ein binärer Suchbaum, in dem jeder Such-, Einfüge- und Lösch-Vorgang auf die gleiche Weise wie in einem normalen, binären Suchbaum (Kapitel 5) ausgeführt wird. Jeder dieser Operationen jedoch folgt eine *Spreizung*. Eine Spreizung besteht aus einer Rotationssequenz. Aus Vereinfachungsgründen legen wir zugrunde, daß jede der drei Operationen immer erfolgreich verläuft. Ein Fehlschlag kann als Modell für eine andere erfolgreiche Operation angesehen werden. Eine erfolglose Suche kann beispielsweise als eine Suche nach dem Element im letzten während der erfolglosen Suche aufgesuchten Knoten modelliert werden, dienen, und eine erfolgloses Einfügen kann als eine erfolgreiche Suche modelliert werden. Aufgrund dieser Annahme kann der Startknoten für eine Spreizung wie folgt ermittelt werden:

(1) Suchen. Die Spreizung beginnt bei dem Knoten, der das gesuchte Element enthält.

(2) Einfügen. Der Startknoten der Spreizung ist der neu eingefügte Knoten.

(3) Löschen. Der Vorgänger des physikalisch gelöschten Knotens wird als Ausgangsknoten für die Spreizung benutzt. Wenn dieser Knoten die Wurzel ist, ist der Ausgangsknoten für die Spreizung *NULL*.

Spreizrotationen werden auf dem Weg vom Ausgangsknoten bis zur Wurzel des binären Suchbaumes ausgeführt. Die Rotationen ähneln denen, die bei AVL-Bäumen und Rot-Schwarz-Bäumen ausgeführt werden. Angenommen, q ist der Knoten, bei dem die Spreizung ausgeführt werden soll. Ursprünglich ist q der Ausgangsknoten der Spreizung. Die folgenden Schritte definieren eine Spreizung.

(1) Wenn q entweder *NULL* oder die Wurzel ist, endet die Spreizung.

(2) Wenn q einen Vorgänger p hat, jedoch keinen Vorvorgänger, wird die Rotation von Abbildung 10.42 ausgeführt, und die Spreizung wird beendet.

(3) Wenn q einen Vorgänger p und einen Vorvorgänger gp hat, wird die Rotation als LL (p ist der linke Nachfolger von gp, und q ist der linke Nachfolger von p), LR (p ist der linke Nachfolger von gp, und q ist der rechte Nachfolger von p), RR oder RL klassifiziert. Die Rotationen RR und RL sind auf Abbildung 10.43 zu sehen. Die Rotationen LL und LR entsprechen ihnen. Die Spreizung wird auf der neuen Position von q wiederholt.

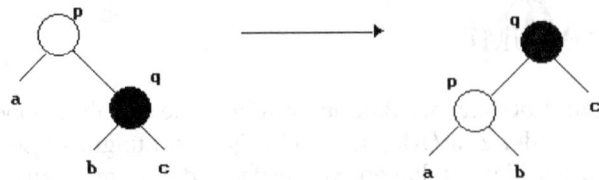

a, b, c sind Teilbäume

Abbildung 10.42: Rotation, wenn *q* ein rechter Nachfolger ist und keinen Vorvorgänger hat

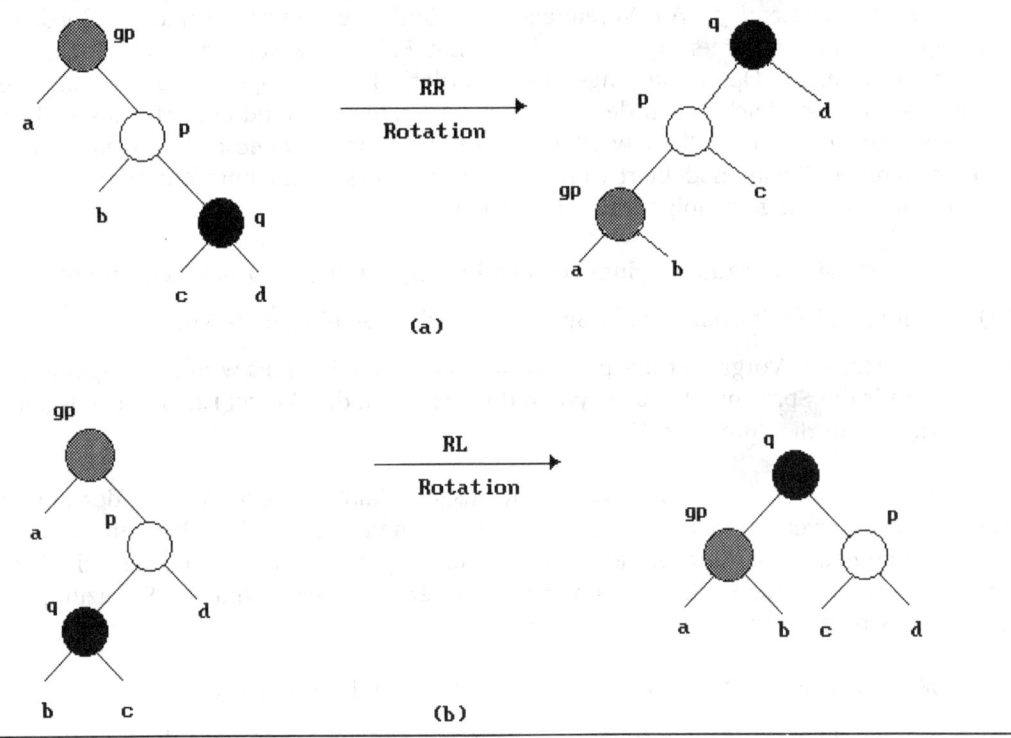

Abbildung 10.43: RR- und RL-Rotationen

Beachten Sie, daß alle Rotationen *q* den Baum hinauf bewegen und *q* nach einer Spreizung zur neuen Wurzel des Suchbaumes wird. Abbildung 10.44 zeigt ein Beispiel für einen binären Suchbaum vor, während und nach einer Spreizung an Knoten *.

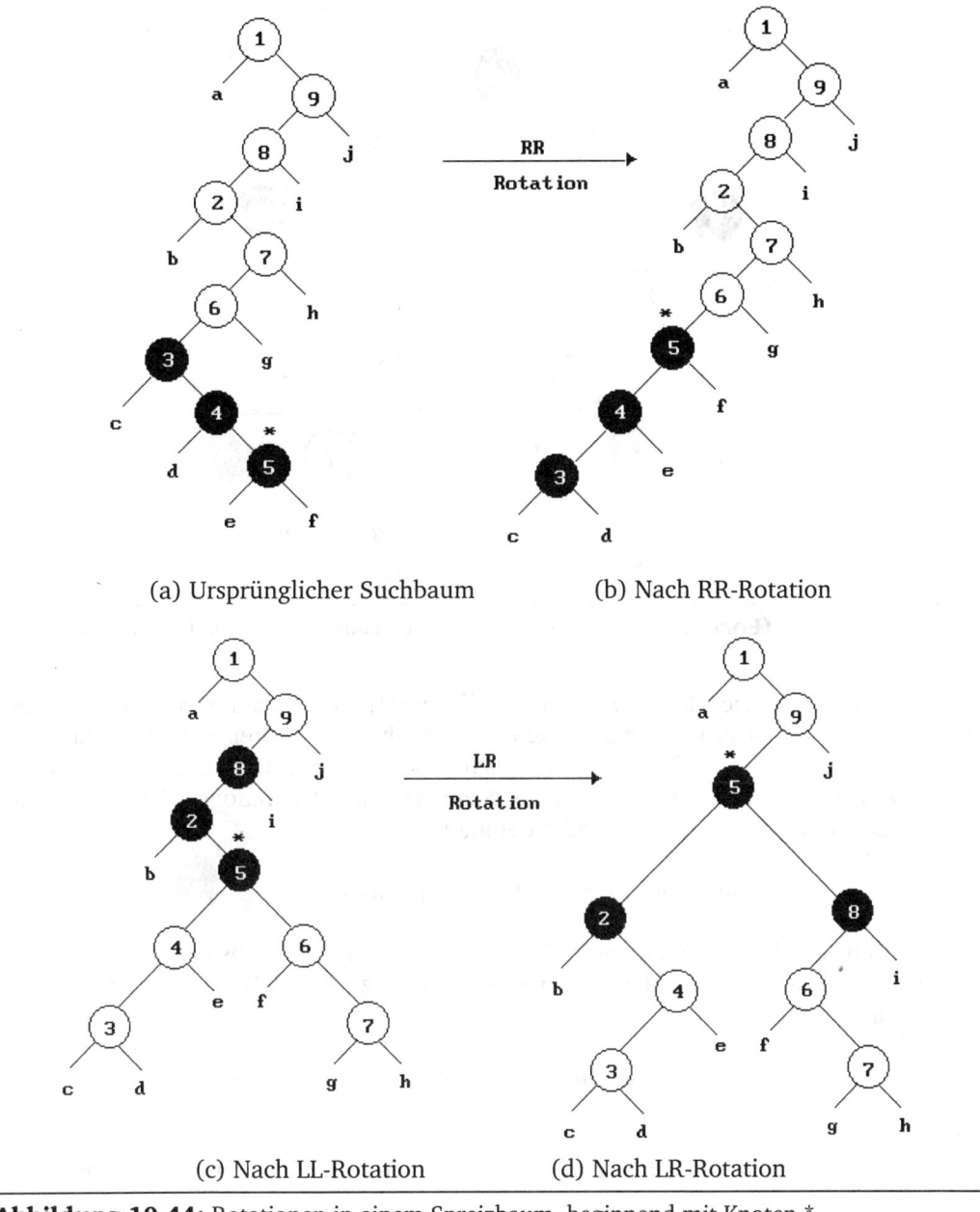

(a) Ursprünglicher Suchbaum   (b) Nach RR-Rotation

(c) Nach LL-Rotation   (d) Nach LR-Rotation

Abbildung 10.44: Rotationen in einem Spreizbaum, beginnend mit Knoten *

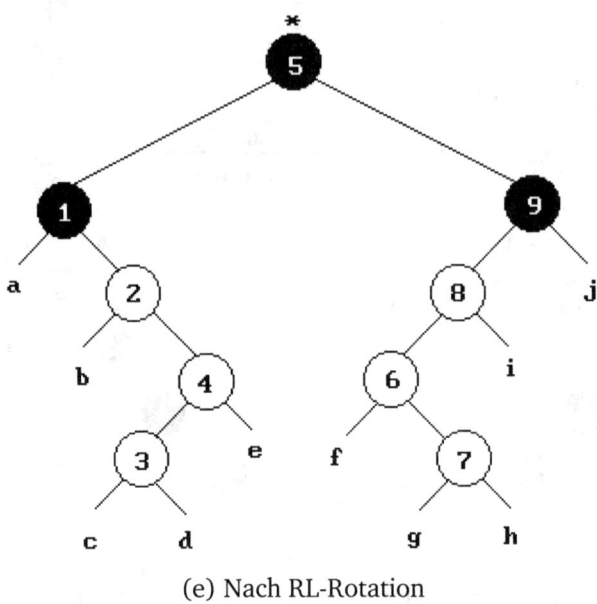

(e) Nach RL-Rotation

Abbildung 10.44 (Forts.): Rotationen in einem Spreizbaum, beginnend mit Knoten *

Bei den Fibonnaci-Heaps erhielten wir die amortisierte Komplexität einer Operation durch explizites Umverteilen der Kosten. Die Analyse für Spreizbäume benutzt eine *Potential*-Technik. P_0 steht für das ursprüngliche Potential des Suchbaumes und P_i für sein Potential nach der i-ten Operation in einer Sequenz von N Operationen. Die amortisierte Zeit für die i-te Operation wird wie folgt definiert:

$$\text{(tatsächliche Zeit für die } i\text{-te Operation)} + P_i - P_{i-1}$$

Das heißt, daß die amortisierte Zeit die tatsächliche Zeit plus die Veränderung im Potential darstellt. Wenn wir die Glieder umstellen, sehen wir, daß die eigentliche Zeit für die i-te Operation

$$\text{(amortisierte Zeit für die i-te Operation)} + P_{i-1} - P_i$$

beträgt.

Daher ist die tatsächliche Zeit, die benötigt wird, um n Operationen nacheinander auszuführen:

$$\sum_i \text{(amortisierte Zeit für die } i\text{-te Operation)} + P_0 - P_n$$

Da jeder Operation eine Spreizung folgt, deren tatsächliche Komplexität der gleichen Ordnung angehört wie die gesamte Operation, genügt es, nur die Zeit zu berücksichtigen, die für die Ausführung von Spreizungen benötigt wurde. Jede Spreizung besteht aus mehreren Rotationen. Wir werden jeder Rotation die festen Kosten von einer Einheit zuordnen. Die Wahl einer Potential-Funktion ist ziemlich beliebig. Das Ziel ist, eine Funktion zu benutzen, die zu einer möglichst engen Begrenzung der Zeitkomplexität führt. Die Potentialfunktion, die wir benutzen werden, erhalten wir wie folgt: Angenommen, die Größe $s(i)$ des Teilbaumes mit der Wurzel i sei die Gesamtanzahl der in ihm enthaltenen Knoten. Der Rang $r(i)$ von Knoten i ist gleich $\log_2 s(i)$. Das Potential des Baumes ist $\sum_i r(i)$. Das Potential eines leeren Baumes wird als Null definiert. Angenommen, daß im Baum auf Abbildung 10.44(a) die Teilbäume a, b, $\cdots$, j alle leer sind. Dann ist $(s(1), \cdots, s(9)) = (9, 6, 3, 2, 1, 4, 5, 7, 8)$; $r(4) = 1$, $r(5) = 0$ und $r(9) = 3$. Im folgenden Lemma benutzen wir jeweils r und r', um den Rang eines Knotens vor und nach einer Rotation zu bezeichnen.

Lemma 10.2: Betrachten Sie einen binären Suchbaum, der n Elemente/Knoten enthält. Die amortisierten Kosten einer Spreizung, die bei Knoten q beginnt, beträgt höchstens $3(\log_2 n - r(q)) + 1$.

Beweis: Betrachten Sie die drei Schritte in der Definition einer Spreizung.

(1) Bei diesem Schritt ist q entweder *NULL*, oder es ist die Wurzel. Dieser Schritt verändert nicht das Potential des Baumes. Daher sind amortisierte und tatsächliche Kosten gleich. Diese Kosten betragen 1.

(2) Bei diesem Schritt wird die Rotation von Abbildung 10.42 ausgeführt (oder die symmetrische Rotation für den Fall, daß q der linke Nachfolger von p ist). Da nur die Ränge von p und q betroffen sind, beträgt die Veränderung des Potentials $r'(p) + r'(q) - r(p) - r(q)$. Da $r'(p) < r(p)$ gilt, ist die Veränderung des Potentials kleiner als $r'(q) - r(q)$. Die amortisierten Kosten dieses Schrittes (tatsächliche Kosten plus Veränderung des Potentials) betragen deshalb nicht mehr als $1 + r'(q) - r(q)$.

(3) Bei diesem Schritt verändern sich nur die Ränge von q, p und gp. Daher beträgt die Veränderung des Potentials $r'(q) + r'(p) + r'(gp) - r(q) - r(p) - r(gp)$. Betrachten Sie eine RR-Rotation. Aus Abbildung 10.43(a) ersehen wir, daß $r(gp) = r'(q)$, $r'(q) > r'(p)$ und $r(p) > r(q)$ ist. Wenn wir diese Werte in der Gleichung für die Veränderung des Potentials benutzen, sehen wir, daß die Veränderung des Potentials $r'(q) + r'(gp) - 2r(q)$ nicht überschreiten kann. Diese liegt höchstens bei $3(r'(q) - r(q)) - 2$. Um dies zu beweisen, müssen wir zeigen, daß $2r'(q) - r'(gp) - r(q) \geq 2$ ist. Angenommen, s und s' bezeichnen jeweils die Größenfunktion vor und nach der Rotation. Also ist $2r'(q) - r'(gp) - r(q) = 2\log_2 s'(q) - \log_2 s'(gp) - \log_2 s(q) = -(\log_2 A + \log_2 B)$, wobei $A = s'(gp)/s'(q)$ und $B = s(q)/s'(q)$ ist. Aus Abbildung 10.43 ersehen wir, daß $A + B < 1$ ist. Also ist $\log_2 A + \log_2 B \leq -2$. Daher betragen die amortisierten Kosten einer RR-Rotation höchstens $1 + 3(r'(q) - r(q)) - 2 = 3(r'(q) - r(q)) - 1$. Diese Schranke kann ähnlich für LL-, LR- und RL-Rotationen ermittelt werden.

Das Lemma folgt nun aus der Beobachtung, daß die Schritte 1 und 2 einander aus-schließen und höchstens einmal auftreten können. Schritt 3 tritt keinmal oder öfter auf. Indem wir zu dem einmaligen Auftreten der Schritte 1 oder 2 jedes Vorkommen des Schrittes 3 hinzuzählen, erhalten wir die Schranke des Lemmas. □

Theorem 10.1: Die benötigte Gesamtzeit für eine Sequenz von n Such-, Einfüge- und Lösch-Operationen, die an einem ursprünglich leeren Spreizbaum durchgeführt werden, ist $O(n \log i)$, wobei i mit $i > 0$ die Anzahl der Einfügungen in die Sequenz darstellt.

Beweis: Aus unserer Definition der amortisierten Kosten einer Spreizung geht hervor, daß die Zeit für die Operationssequenz die Summe der amortisierten Kosten der Spreizungen und der Veränderung des Potentials $P_0 - P_n$ ist. Aus Lemma 10.2 folgt, daß die Summe der amortisierten Kosten $O(n \log i)$ beträgt. Das ursprüngliche Potential P_0 ist Null, und das Endpotential P_n ist $\geq$ Null. Also beträgt die Gesamtzeit $O(n \log i)$. □

ÜBUNGEN

1. Erarbeiten Sie Konfigurationen, die mit Abbildung 10.42 und Abbildung 10.43 für die entsprechenden Spreiz-Rotationen übereinstimmen.

2. Wie groß ist die maximale Höhe eines Spreizbaumes, der durch n Einfügungen in einem ursprünglich leeren Spreizbaum erzeugt wurde? Geben Sie ein Beispiel für eine Sequenz von Einfügungen, die zu einem Spreizbaum dieser Höhe führen.

3. Vervollständigen Sie den Beweis von Lemma 10.2, indem Sie den Beweis für eine RL-Rotation erbringen. Beachten Sie, daß die Beweise für LL- und LR-Rotationen den jeweiligen Beweisen für RR- und RL-Rotationen ähneln, da sich die Rotationen entsprechen.

4. [Sleator und Tarjan] Angenommen, wir modifizieren die Definition von $s(i)$, die im Zusammenhang mit der Komplexitätsanalyse von Spreizbäumen angewandt wurde. Angenommen, jeder Knoten i habe eine positive Wichtung $p(i)$. $s(i)$ sei die Summe der Werte aller Knoten in dem Teilbaum mit der Wurzel i. Der Rang von i ist $\log_2 s(i)$.

    (a) Angenommen, t ist ein Spreizbaum. Zeigen Sie, daß die amortisierten Kosten einer Spreizung, die bei Knoten q beginnt, höchstens $3(r(t) - r(q)) + 1$ beträgt, wobei r der Rang kurz vor der Spreizung ist.

(b)   Angenommen, S sei eine Sequenz von n Einfüge- und m Such-Vorgängen.
       Setzen wir voraus, daß jeder der n Einfüge-Vorgänge dem Spreizbaum ein
       neues Element hinzufügt, und daß alle Suchen erfolgreich verlaufen. Sei $p(i)$,
       $p(i) > 0$ die Anzahl der Vorgänge, in denen Element i gesucht wird. Die $p(i)$-
       Vorgänge erfüllen die Gleichung

$$\sum_{i=1}^{n} p(i) = m$$

       Zeigen Sie, daß die für m Suchvorgänge verwendete Zeit

$$O(m + \sum_{i=1}^{n} p(i)\log(m / p(i)))$$

beträgt.

Beachten Sie, da $\Omega(m + \sum_{i=1}^{n} p(i)\log(m / p(i)))$ eine theoretische (untere)

Schranke für die Suchzeit in einem statischen Suchbaum ist (der optimale binäre Suchbaum des Abschnitts 10.1. ist ein Beispiel für solch einen Baum),
daß Spreizbäume für die Darstellung einer statischen Menge von Elementen
innerhalb eines konstanten Faktors optimal sind!

10.8. DIGITALE SUCHBÄUME

10.8.1. Digitaler Suchbaum

Ein *digitaler Suchbaum* ist ein binärer Baum, in dem jeder Knoten ein Element enthält. Die Zuordnung der Elemente zu den Knoten wird bestimmt durch die binäre Darstellung der Schlüssel der Elemente. Angenommen, wir numerieren die Bits in der binären Darstellung eines Schlüssels von links nach rechts, wobei wir mit Eins beginnen. Dann ist Bit Eins von 1000 die 1, während die Bits Zwei, Drei und Vier 0 sind. Alle Schlüssel im linken Teilbaum eines Knotens auf Ebene i haben Bit $i = 0$, während die Schlüssel der Knoten im rechten Teilbaum auf dieser Ebene Bit $i = 1$ haben. Abbildung 10.45 zeigt ein Beispiel für einen digitalen Suchbaum. Er enthält die Schlüssel 1000, 0010, 1001, 0001, 1100 und 0000.

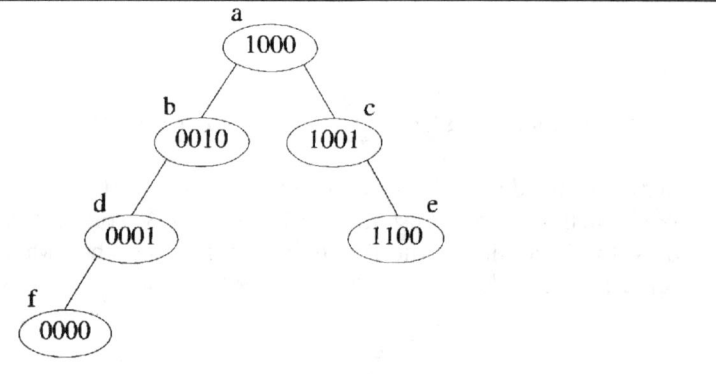

Abbildung 10.45: Beispiel für einen digitalen Suchbaum

Eine Suche wird in einem digitalen Suchbaum auf die folgende Art ausgeführt: Angenommen, wir sollen den Schlüssel $k = 0011$ in dem Baum von Abbildung 10.45 suchen. k wird zuerst mit dem Schlüssel in der Wurzel verglichen. Da k sich von dem Schlüssel in der Wurzel unterscheidet und da Bit Eins von k 0 ist, bewegen wir uns zum linken Nachfolger b der Wurzel. Da nun k sich von dem Schlüssel in Knoten b unterscheidet, und Bit Zwei von k 0 ist, bewegen wir uns zum linken Nachfolger d von b. Da k sich von dem Schlüssel in Knoten d unterscheidet und da Bit Drei von k 1 ist, begeben wir uns zum rechten Nachfolger von d. Knoten d hat keinen rechten Nachfolger, zu dem wir uns begeben können. Daraus schließen wir, daß $k = 0011$ sich nicht im Suchbaum befindet. Wenn wir k in den Baum einfügen wollen, muß es als rechter Nachfolger von d hinzugefügt werden. Wenn dies erledigt ist, erhalten wir den digitalen Suchbaum von Abbildung 10.46.

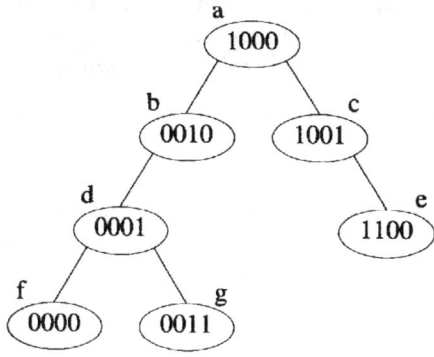

Abbildung 10.46: Digitaler Suchbaum von Abbildung 10.45 nach Einfügen von 0011

Die Prozeduren für digitale Suchbäume, um Such-, Einfüge- und Lösch-Vorgänge auszuführen, sind den entsprechenden Prozeduren bei binären Suchbäumen recht ähnlich. Der entscheidende Unterschied besteht darin, daß der Teilbaum, auf den wir uns zubewegen wollen, eher durch ein Bit des Suchschlüssels als durch das Ergebnis des Vergleichs des Suchschlüssels und des Schlüssels im gerade aktuellen Knoten bestimmt wird. Wir überlassen Ihnen die formale Entwicklung dieser Prozeduren als Übung.

Jede der obenstehenden Suchbaumoperationen kann in der Zeit $O(h)$ ausgeführt werden, wobei h die Höhe des digitalen Suchbaumes darstellt. Wenn jeder Schlüssel in einem digitalen Suchbaum *KeySize* Bits hat, dann ist die Höhe des digitalen Suchbaumes höchstens *KeySize* + 1.

10.8.2. Binäre Tries

Wenn wir sehr lange Schlüssel haben, sind die Kosten für einen Schlüsselvergleich hoch. Wir können die Anzahl der Schlüsselvergleiche auf Eins reduzieren, indem wir eine verwandte Struktur, genannt *Patricia* (*P*ractical *a*lgorithm *t*o *r*etrieve *i*nformation *c*oded *i*n *a*lphanumeric) einführen. Wir werden diese Struktur in drei Schritten entwickeln. Zuerst führen wir eine Struktur ein, die binärer Trie genannt wird. Dann transformieren wir binäre Tries in komprimierte binäre Tries. Schließlich erhalten wir aus den komprimierten binären Tries Patricias. Da binäre Tries und komprimierte binäre Tries nur als Mittel, um zu Patricia zu gelangen, eingeführt werden, halten wir uns nicht lange bei der Frage auf, wie diese Strukturen manipuliert werden. Eine allgemeinere Version binärer Tries (Trie genannt) wird im nächsten Abschnitt behandelt.

Ein *binärer Trie* ist ein binärer Baum, der zwei Arten von Knoten, *Zweigknoten* und *Elementknoten* enthält. Ein Zweigknoten hat die beiden Felder *left_child* und *right_child*. Er verfügt über kein *data*-Feld. Ein Elementknoten enthält das einzige Feld *data*. Wir verwenden Zweigknoten dazu, eine binäre Suchbaumstruktur aufzubauen, die der eines digitalen Suchbaumes ähnelt. Diese Suchstruktur führt zu Elementknoten.

Abbildung 10.47 zeigt einen binären Trie mit sechs Elementen. Um nach einen Element mit dem Schlüssel k zu suchen, benutzen wir ein Verzweigungsmuster, das durch die Bits von k bestimmt wird. Das i-te Bit von k wird auf Ebene i benutzt. Wenn es Null ist, geht die Suche beim linken Teilbaum weiter. Andernfalls setzt sie sich beim rechten Teilbaum fort. Wenn wir nach 0010 suchen, folgen wir erst dem linken Nachfolger, dann wieder dem linken Nachfolger und schließlich dem rechten Nachfolger.

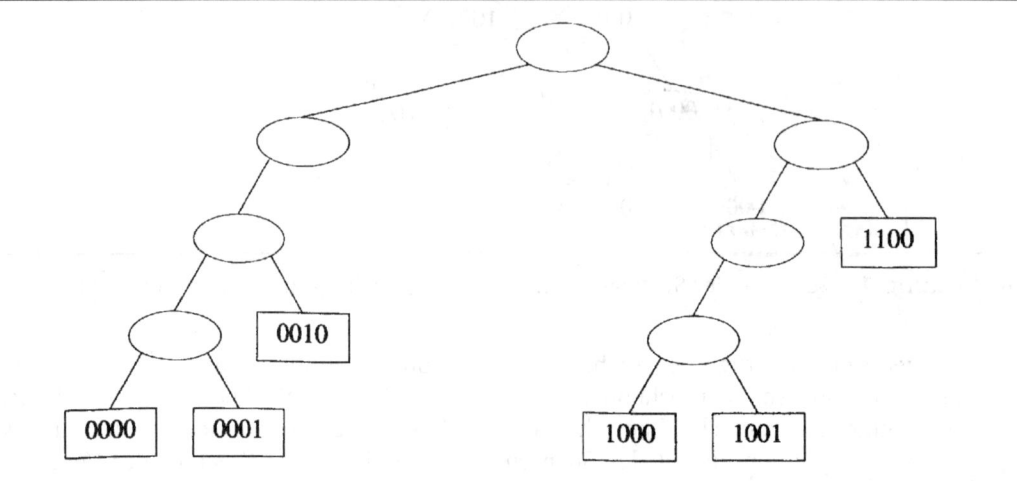

Abbildung 10.47: Beispiel für einen binären Trie

Sie sehen, daß eine erfolgreiche Suche in einem binären Trie immer an einem Elementknoten endet. Sobald dieser Elementknoten erreicht ist, wird der Schlüssel in diesem Knoten mit dem Schlüssel, nach dem wir suchen, verglichen. Hierbei handelt es sich um den einzigen, stattfindenden Schlüsselvergleich. Eine erfolglose Suche kann entweder an einem Elementknoten oder an einem *NULL*-Zeiger enden.

Der binäre Trie von Abbildung 10.47 enthält Zweigknoten, deren Grad Eins beträgt. Indem jedem zweiten Knoten ein weiteres Feld *bit_number* hinzugefügt wird, können wir alle Zweigknoten mit Grad Eins aus dem Trie entfernen. Das Feld *bit_number* eines jeden Zweigknotens liefert die Bitnummer des Schlüssels, die in diesem Knoten verwendet werden soll. Abbildung 10.48 zeigt den binären Trie, der sich aus der Entfernung der Zweigknoten mit Grad Eins aus dem binären Trie von Abbildung 10.47 ergibt. Die Nummer außen an den Knotens ist dessen *bit_number*. Ein binärer Trie, der auf diese Weise modifiziert wurde, so daß er keine Zweigknoten mit Grad Eins enthält, wird *komprimierter binärer Trie* genannt.

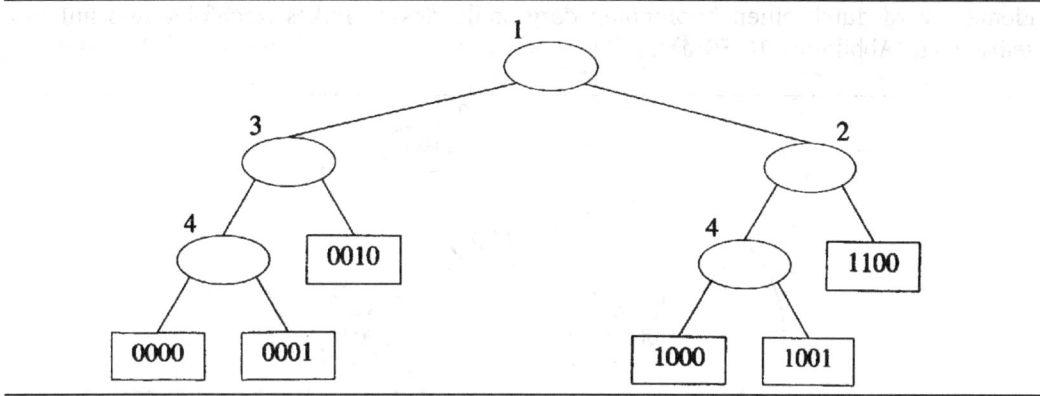

Abbildung 10.48: Binärer Trie von Abbildung 10.47, dessen Knoten mit Grad Eins entfernt wurden

10.8.3. Patricia

Komprimierte binäre Tries können mit Hilfe von Knoten eines einzigen Typs dargestellt werden. Die neuen Knoten, *erweiterte Zweigknoten* genannt, sind die Originalzweigknoten, die durch das Feld *data* erweitert wurden. Die sich daraus ergebende Struktur wird *Patricia* genannt und wird aus einem komprimierten binären Trie auf folgende Weise gewonnen:

(1) Ersetzen Sie jeden Zweigknoten durch einen erweiterten Zweigknoten.

(2) Entfernen Sie die Elementknoten.

(3) Speichern Sie die Daten, die sich zuvor in den Elementknoten befanden, in den Datenfeldern der erweiterten Zweigknoten. Da jeder nichtleere, komprimierte binäre Trie einen Zweigknoten weniger als Elementknoten hat, ist es notwendig, einen erweiterten Zweigknoten hinzuzufügen. Dieser Knoten wird *Kopfknoten* genannt. Die verbleibende Struktur ist der linke Teilbaum des Kopfknotens. Der Kopfknoten enthält *bit_number* gleich *NULL*. Sein rechtes Nachfolgerfeld wird nicht benutzt. Die Zuordnung von Daten zu erweiterten Zweigknoten erfolgt so, daß *bit_number* im erweiterten Zweigknoten kleiner oder gleich der Zahl im Vorgänger des Elementknotens, der diese Daten enthielt, ist.

(4) Ersetzen Sie die Originalzeiger auf Elementknoten durch Zeiger auf die jeweiligen erweiterten Zweigknoten.

Wenn die obenstehenden Transformationen am komprimierten Trie von Abbildung 10.48 ausgeführt werden, erhalten wir die Struktur von Abbildung 10.49. Angenommen, *t* sei eine Instanz von Patricia. *t* ist *NULL*, wenn die Instanz leer ist. Eine Instanz *t* mit einem

Element wird durch einen Kopfknoten dargestellt, dessen linkes Nachfolgerfeld auf sich selbst zeigt (Abbildung 10.50(a)).

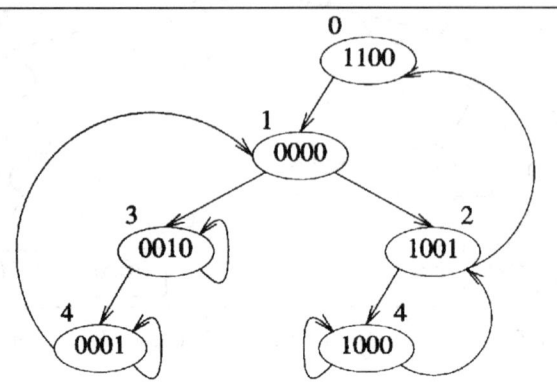

Abbildung 10.49: Ein Beispiel für Patricia

Wir können unterscheiden zwischen Zeigern, die ursprünglich von Zweigknoten und anderen, die von Elementknoten stammen, indem wir beachten, daß die vorherigen Zeiger in Patricia auf Knoten mit einem größeren *bit_number*-Wert gerichtet sind, während Zeiger des letzteren Typs auf Knoten gerichtet sind, deren *bit_number*-Wert entweder gleich oder kleiner als der des Knotens ist, aus dem der Zeiger stammt.

Suchen

Um nach einem Element mit dem Schlüssel k zu suchen, beginnen wir am Kopfknoten und folgen dem Weg, der durch die Bits in k bestimmt ist. Wenn wir einem Elementzeiger folgen, wird der Schlüssel im erreichten Knoten mit k verglichen. Dies ist der einzige Schlüsselvergleich, der stattfindet. Auf dem Weg nach unten werden keine Vergleiche angestellt. Angenommen, wir möchten nach $k = 0000$ in der Patricia-Instanz von Abbildung 10.49 suchen. Wir beginnen am Kopfknoten und folgen dem linken Nachfolgerpfeil zu dem Knoten mit 0000. Das *bit_number*-Feld dieses Knotens ist Eins. Da Bit Eins von k 0 ist, folgen wir dem linken Nachfolgerpfeil zu dem Knoten mit 0010. Nun wird Bit Drei von k benutzt. Da dies 0 ist, geht die Suche bei den Knoten mit 0001 weiter. Das Bitnummerfeld dieses Knotens ist 4. Das vierte Bit von k ist Null, und so folgen wir dem linken Nachfolgerfeld. Dies bringt uns zu einem Knoten, dessen Bitnummerfeld kleiner ist als das des Knotens, von dem wir kommen. Daher wurde ein Elementzeiger benutzt. Wenn wir den Schlüssel in diesem Knoten mit k vergleichen, finden wir eine Übereinstimmung, und die Suche ist erfolgreich.

Nehmen wir als nächstes an, daß $k = 1011$ gesucht werden soll. Wir beginnen am Kopfknoten. Der Suchvorgang durchläuft nacheinander die Knoten mit 0000, 0001, 1000, 1001. k wird mit 1001 verglichen. Da k ungleich 1001 ist, schließen wir daraus, daß kein Element mit diesem Schlüssel vorhanden ist. Die Funktion, um den Patricia-Baum t zu durchsuchen, ist in Programm 10.11 angegeben. Diese Funktion ordnet dem letzten während des Suchvorgangs vorgefundenen Knoten einen Zeiger zu. Wenn der Schlüssel in diesem Suchknoten k ist, ist die Suche erfolgreich. Ansonsten enthält t kein Element mit Schlüssel k. Die Funktion $bit(i, j)$ liefert das j-te Bit (das Bit ganz links ist Bit Eins) von i. Die C-Deklarationen, die angewandt werden, um einen Patricia-Baum zu definieren, lauten wie folgt:

```
typedef struct patricia_tree *patricia;
    struct patricia_tree {
            int bit_number;
            element data;
            patricia left_child, right_child;
            } patricia_tree;
    patricia root;
```

```
patricia search(patricia t, unsigned k)
{
/* Durchsuche den Patricia-Baum t; gib einen Zeiger auf den letzten
vorgefundenen Knoten y; wenn K = y -> data.key, ist der Schlüssel im
Baum vorhanden */
    patricia p, y;
    if (!t) return NULL; /* Leerer Baum */
    y = t->left_child;
    p = t;
    while (y->bit_number > p->bit_number) {
        p = y;
        y = (bit(k, y->bit_number)) ?
        y->right_child : y->left_child;
    }
    return y;
}
```

Programm 10.11: Die Suche in Patricia

Einfügen

Betrachten wir nun, wie wir neue Elemente einfügen können. Angenommen, wir beginnen mit einer leeren Instanz und möchten ein Element mit Schlüssel 1000 einfügen. Das Ergebnis ist eine Instanz, die nur einen Kopfknoten besitzt (Abbildung 10.50(a)). Als nächstes betrachten wir das Einfügen eines Elements mit Schlüssel $k = 0010$. Zuerst suchen wir nach diesem Schlüssel und benutzen die *search*-Funktion (Programm 10.11). Die Suche endet am Kopfknoten. Da 0010 ungleich dem Schlüssel $q = 1000$ in diesem Knoten ist, wissen wir, daß 0010 sich gegenwärtig nicht in der Patricia-Instanz befindet, und so kann das Element eingefügt werden. Hierfür werden die Schlüssel k und q verglichen, um das erste Bit (z.B. ganz links), an dem sie nicht übereinstimmen, zu bestimmen. Dies ist Bit Eins. Ein neuer Knoten, der das Element mit Schlüssel k enthält, wird als linker Nachfolger des Kopfknotens hinzugefügt. Da Bit Eins von k Null ist, zeigt das linke

Nachfolgerfeld dieses neuen Knotens auf sich selbst, und sein rechtes Nachfolgerfeld zeigt auf den Kopfknoten. Das Bitnummerfeld wird auf Eins gesetzt. Die daraus resultierende Patricia-Instanz ist auf Abbildung 10.50(b) zu sehen.

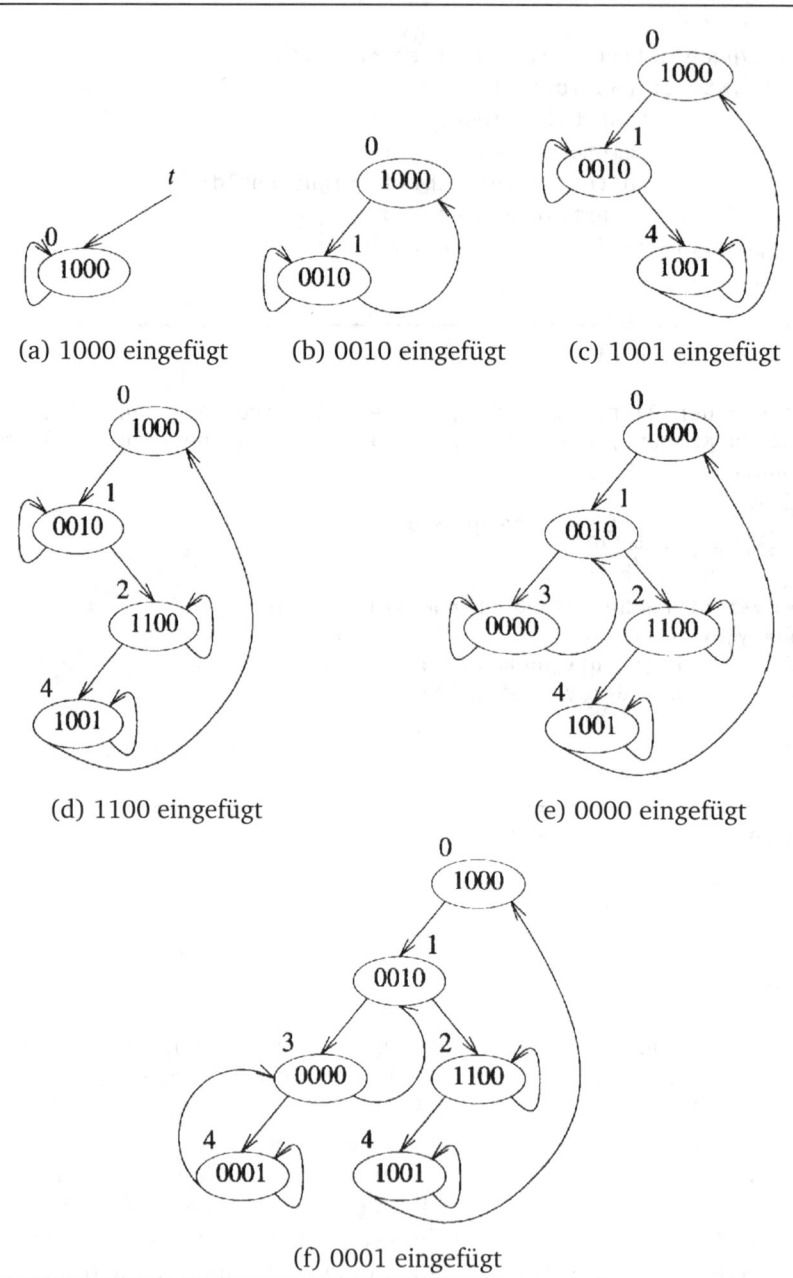

Abbildung 10.50: Einfügen in Patricia

Nehmen wir an, das nächste einzufügende Element sei $k = 1001$. Die Suche nach diesem Schlüssel endet an dem Knoten mit $q = 1000$. Das erste Bit, bei dem sich k und q unterscheiden, ist Bit $j = 4$. Nun durchsuchen wir die Instanz von Abbildung 10.50(b), wobei wir nur die ersten $j - 1 = 3$ Bits von k benutzen. Der letzte Durchgang läuft von dem Knoten mit 0010 zu dem Knoten mit 1000. Da es sich hierbei um eine Bewegung des rechten Nachfolgers handelt, muß ein neuer Knoten, der das Element mit dem Schlüssel k enthält, als rechter Nachfolger von 0010 eingefügt werden. Das Bitnummerfeld dieses Knotens wird auf $j = 4$ gesetzt. Da Bit Vier von k Eins ist, zeigt das rechte Nachfolgerfeld des neuen Knotens auf sich selbst, und sein linkes Nachfolgerfeld zeigt auf den Knoten mit q. Abbildung 10.50(c) zeigt die daraus resultierende Struktur.

Um $k = 1100$ in Abbildung 10.50(c) einzufügen, suchen wir zuerst nach diesem Schlüssel. Noch einmal ist $q = 1000$. Das erste Bit, bei dem k und q sich unterscheiden, ist $j = 2$. Der Suchvorgang, der nur die ersten $j - 1$ Bits verwendet, endet an dem Knoten mit 1001. Der letzte Vorgang ist eine Bewegung des rechten Nachfolgers von 0010. Ein neuer Knoten, der das Element mit dem Schlüssel k und Bitnummerfeld $j = 2$ enthält, wird als rechter Nachfolger von 0010 hinzugefügt. Da Bit j von k Eins ist, zeigt das rechte Nachfolgerfeld des neuen Knotens auf sich selbst. Sein linkes Nachfolgerfeld zeigt zu den Knoten mit 1001 (dies war ursprünglich der rechte Nachfolger von 0010). Die neue Patricia-Instanz ist auf Abbildung 10.50(d) zu sehen. Abbildung 10.50(e) zeigt das Ergebnis des Einfügens eines Elements mit Schlüssel 0000, und Abbildung 10.50(f) zeigt die Patricia-Instanz nach Einfügen von 0001.

Die vorstehende Erläuterung führt zu der Einfügefunktion *insert* von Programm 10.12. Offensichtlich beträgt seine Komplexität O(h), wobei h die Höhe von t ist. h kann so groß wie min$\{key\_size + 1, n\}$ sein, wobei *key_size* die Anzahl der Bits in einem Schlüssel und n die Elementnummer darstellt. Wenn die Schlüssel gleichförmig verteilt sind, beträgt die Höhe O($\log n$). Wir überlassen Ihnen die Entwicklung des Löschvorgangs als Übung.

```
void insert(patricia *t, element x)
{
/* Füge x in den Patricia-Baum *t ein */
    patricia s, p, y, z;
    int i;
    if (!(*t)) {/* empty tree */
        *t = (patricia)malloc(sizeof(patricia_tree));
        if (IS_FULL(*t)) {
            fprintf(stderr, "Der Speicher ist voll\n");
            exit(1);
        }
        (*t)->bit_number = 0;
        (*t)->data = x;
        (*t)->left_child = *t;
    }
    y = search(*t,x.key);
    if (x.key == y->data.key) {
        fprintf(stderr, "Der Schlüssel befindet sich im Baum, "
                                        "Einfügen abgebrochen.\n");
        exit(1);
    }
    /* Finde das erste Bit, an dem x.key und y ->data.key sich
    unterscheiden */
    for (i = 1; bit(x.key,i) == bit(y->data.key,i); i++);
        ;
    /* Durchsuche den Baum, benutze die ersten i-1 Bits */
    s = (*t)->left_child;
    p = *t;
    while (s->bit_number > p->bit_number &&
        s->bit_number < i) {
        p = s;
        s = (bit(x.key,s->bit_number)) ?
        s->right_child : s->left_child;
    }
    /* Füge x als Nachfolger von p hinzu */
    z = (patricia)malloc(sizeof(patricia_tree));
    if (IS_FULL(z)) {
        fprintf(stderr, "Der Speicher ist voll\n");
        exit(1);
    }
    z->data = x;
    z->bit_number = i;
    z->left_child = (bit(x.key,i)) ? s: z;
    z->right_child = (bit(x.key,i)) ? z : s;
    if (s == p->left_child)
        p->left_child = z;
    else
        p->right_child = z;
}
```

Programm 10.12: Einfügefunktion für Patricia

ÜBUNGEN

1. § Schreiben Sie die digitalen Suchbaumfunktionen für die Such-, Einfüge- und Lösch-Operationen. Nehmen wir an, daß jeder Schlüssel *key_size* Bits hat, und das die Funktion *bit*(*k*, *i*) das *i*-te Bit (von links) mit dem Schlüssel *k* ergibt. Zeigen Sie, daß jede Ihrer Funktionen die Komplexität O(*h*) hat, wobei *h* die Höhe des digitalen Suchbaumes ist.

2. § Schreiben Sie die binären Trie-Funktionen für die Such-, Einfüge- und Lösch-Operationen. Wir nehmen an, daß jeder Schlüssel *key_size* Bits hat, und daß die Funktion *bit*(*k*, *i*), daß *i*-te Bit (von links) mit dem Schlüssel *k* ergibt. Zeigen Sie, daß jede Ihrer Funktionen die Komplexität O(*h*) hat, wobei *h* die Höhe des binären Tries darstellt.

3. § Schreiben Sie die Funktionen für komprimierte binäre Tries für die Such-, Einfüge- und Lösch-Operationen. Wir nehmen an, daß jeder Schlüssel *key_size* Bits hat, und daß die Funktion *bit*(*k*, *i*) das *i*-te Bit (von links) mit dem Schlüssel *k* ergibt. Zeigen Sie, daß jede Ihrer Funktionen die Komplexität O(*h*) hat, wobei *h* die Höhe des komprimierten binären Tries ist.

4. Schreiben Sie eine Funktion, um das Element mit Schlüssel *k* aus dem Patricia-Baum *t* zu löschen. Die Komplexität Ihres Algorithmus sollte O(*h*) sein, wobei *h* die Höhe von *t* ist. Zeigen Sie, daß dies der Fall ist.

10.9. TRIES

10.9.1. Definition

Ein Trie ist eine Indexstruktur, die besonders nützlich ist, wenn die Schlüssel in der Länge variieren. Er stellt eine Verallgemeinerung des binären Tries dar, den wir im vorstehenden Abschnitt vorgestellt haben.

Ein *Trie* ist ein Baum mit Grad $m \geq 2$, bei dem die Verzweigung auf jeder Ebene nicht durch den gesamten Schlüssel, sondern nur durch einen Teil dieses Werts bestimmt wird. Betrachten Sie zum Beispiel den Trie auf Abbildung 10.51. Dieser Trie enthält zwei Arten von Knoten. Den ersten Typ nennen wir *Zweigknoten*, da er nur Zeiger enthält. Da wir annehmen, daß alle Zeichen in einem Schlüssel einem der 26 Buchstaben des Alphabets entsprechen, enthält ein Zweigknoten 27 Verkettungsfelder. Wir nutzen das zusätzliche Verkettungsfeld für ein Leerzeichen. Nehmen wir zum Beispiel an, wir hätten die zwei Schlüssel *an* und *ant*. Wenn wir *an* korrekt in den Trie plazieren wollen, müssen wir ein imaginäres Leerzeichen nach dem *n* einfügen.

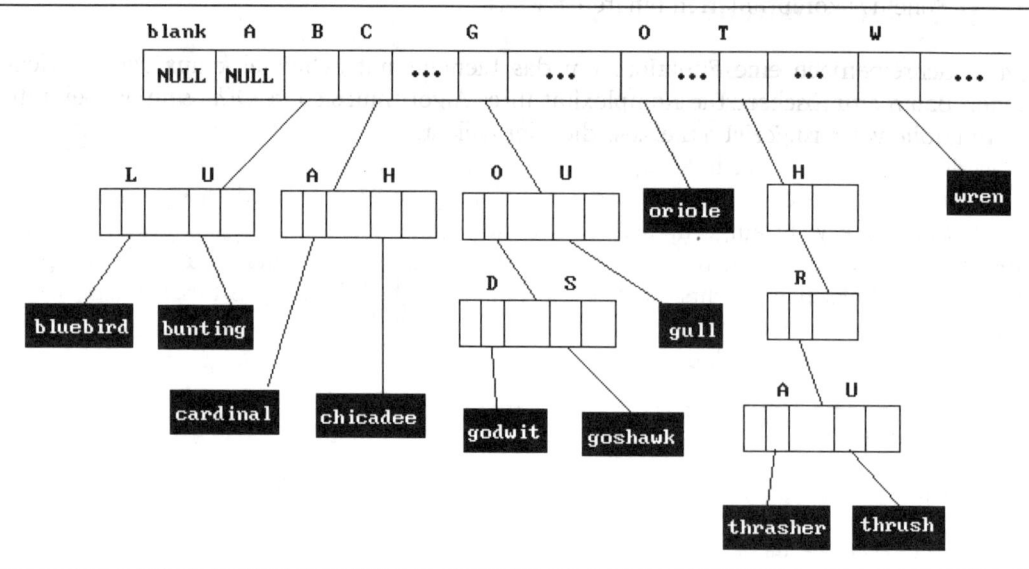

Abbildung 10.51: Ein Trie, erzeugt durch Verwendung der Buchstaben der Schlüssel von links nach rechts

Auf der ersten Ebene eines Tries teilen wir die Schlüssel in zwei getrennte Klassen, die vom ersten Zeichen abhängig sind, ein. Daher zeigt $t \rightarrow u.letters[i]$ auf einen Teilbaum, der alle Schlüsselwerte, beginnend mit dem i-ten Buchstaben, enthält. Auf der j-ten Ebene wird die Verzweigung durch das j-te Zeichen bestimmt. Wenn ein Teilbaum nur einen Schlüsselwert enthält, ersetzen wir ihn durch einen *Elementknoten*. Dieser Knoten enthält den Schlüssel und jegliche andere Informationen, wie die Adresse des Verzeichnisses mit dem Schlüssel, etc. Auf Abbildung 10.51 stellen wir Zweigknoten als weiße Rechtecke und Elementknoten als schwarze Rechtecke dar. Wir verwenden die folgenden C-Deklarationen, um einen Zweig zu erzeugen:

```
#define MAX_LETTERS 27
#define MAX_CHAR    30   /* Maximale Länge eines Schlüssels */
typedef enum {data, pointer} node_type;
typedef struct trie_node *trie_pointer;
    struct trie_node {
        node_type tag;
        union {
            char *key; /* Daten */
            trie_pointer letters[MAX_LETTERS];
        } u;
    } trie_node;
trie_pointer root;
```

10.9.2. Durchsuchen eines Tries

Um einen Trie nach einem Schlüssel x abzusuchen, müssen wir x in die Zeichen, aus denen es zusammengesetzt wurde, zerlegen, und den Zweigen, die durch diese Zeichen bestimmt werden, folgen. Die Funktion *search* (Programm 10.13) legt zugrunde, daß $p \rightarrow u.key$ der Schlüssel ist, der in Knoten p dargestellt wird, wenn p ein Elementknoten ist und ein Leerzeichen an den Schlüssel vor der Aktivierung angehängt wurde. Die Funktion wird durch *search*(t, *key*, 1) aufgerufen. *Search* benutzt die Funktion *get_index*(*key*, i), die das Abtasten des Schlüssels in der i-ten Ebene vornimmt. Im Falle der Abtastung einzelner Zeichen von links nach rechts sucht diese Funktion das i-te Zeichen des Schlüssels und konvertiert es zu einem Integerindex, der uns mitteilt, welches Zeigerfeld des Zweigknotens benutzt werden soll.

```
trie_pointer search(trie_pointer t, char *key, int i)
{
/* Suche Trie t ab */
    if (!t) return NULL; /* Nicht gefunden */
    if (t->tag == data)
        return ((strcmp(t->u.key,key)) ? NULL : t);
    return search(t->u.letters[get_index(key,i)], key, i+1);
}
```

Programm 10.13: Das Absuchen eines Tries

Analyse von *search*: Die *search*-Funktion wird direkt ausgeführt, und wir können rasch überprüfen, daß die Suchzeit im ungünstigsten Fall O(l) beträgt, wobei l die Anzahl der Ebenen in dem Trie darstellt (einschließlich der Zweig- und Elementknoten). □

10.9.3. Abtast-Strategien

Bei einem Index befinden sich alle Knoten auf einer Speicherplatte, und so erfolgen höchstens l Zugriffe während eines Suchvorgangs. Wenn eine Menge von Schlüsseln vorgegeben ist, die in einem Index dargestellt werden sollen, hängt die Anzahl der Ebenen im Trie von der Technik des Abtastens der Schlüssel ab, die verwendet wird, um die Verzweigung auf jeder Ebene zu bestimmen. Wir können dies durch die Abtast-Funktion $sample(x, i)$ definieren, die x entsprechend der Verzweigung auf der i-ten Ebene abtastet. Das Beispiel eines Tries auf Abbildung 10.52 und die $search$-Funktion wenden die Abtast-Technik (1) an:

(1) $sample(x, i) = i$-tes Zeichen von x

Einige andere Möglichkeiten für diese Funktion sind ($x = x_0 x_1 \cdots x_{n-1}$):

(2) $sample(x, i) = x_{n-i}$

(3) $sample(x, i) = x_{r(x,i)}$ mit einer Zufallsfunktion $r(x, i)$

(4) $sample(x, i) = \begin{cases} x_{i/2} & \text{wenn } i \text{ gerade ist} \\ x_{n-(i+1)/2} & \text{sonst} \end{cases}$

Für jede dieser Funktionen können wir leicht die Menge der Schlüsselwerte, die für diese besondere Funktion am besten ist, konstruieren, das heißt, daß sie zu einem Trie mit der kleinsten Ebenenanzahl führt. Der Trie von Abbildung 10.51 hat fünf Ebenen. Die Anwendung der Funktion (2) auf die gleichen Schlüssel ergibt den Trie von Abbildung 10.52, der nur drei Ebenen aufweist. Eine optimale Abtast-Funktion für diese Datenmenge ergibt einen Trie, der nur zwei Ebenen hat (Abbildung 10.53). Die Auswahl der optimalen Abtast-Funktion für eine beliebige Menge von Werten ist sehr schwierig. In einer dynamischen Situation, mit Einfügen und Löschen, möchten wir die Durchschnittsleistung optimieren. Da weitere Informationen über die Werte der Schlüssel nicht vorhanden sind, wäre wahrscheinlich Möglichkeit (3) die beste.

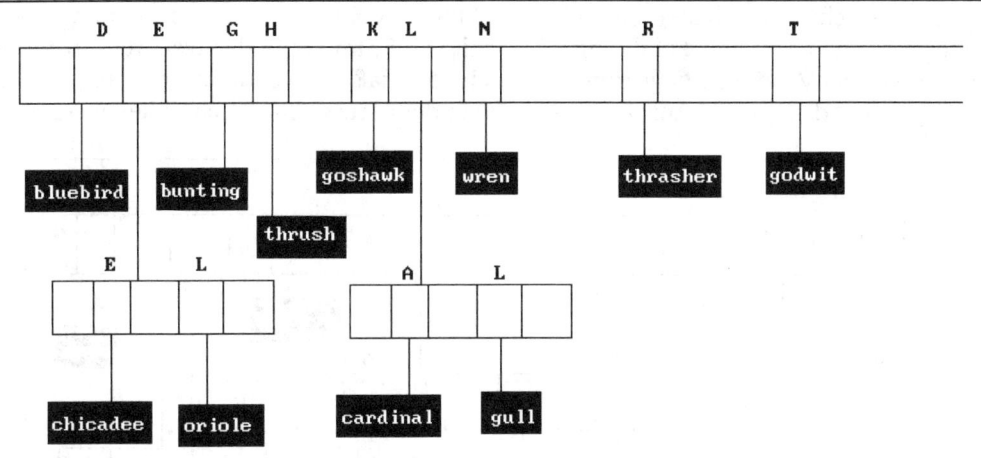

Abtastung jeweils eines Zeichens, von rechts nach links

Abbildung 10.52: Trie, konstruiert für die Daten von Abbildung 10.51

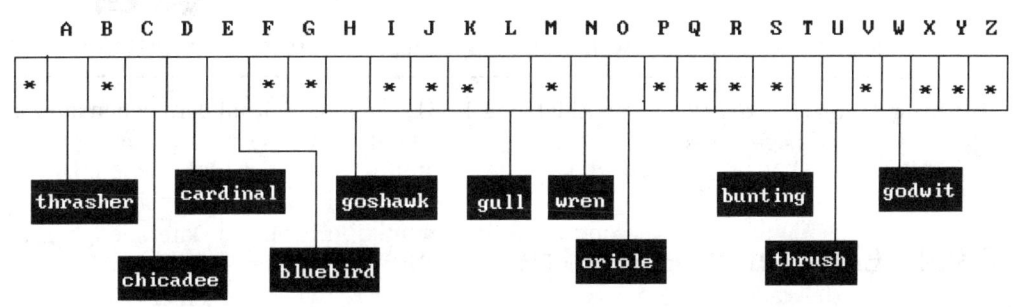

* = NULL-Knoten

Abtastung auf der ersten Ebene mit Hilfe des vierten Zeichens des Schlüssels

Abbildung 10.53: Ein optimaler Trie für die Daten von Abbildung 10.51

Obwohl alle unsere Abtastbeispiele sich auf die Entnahme einzelner Zeichen bezogen, müssen wir uns nicht darauf beschränken. Wir können die Werte der Schlüssel als Digits interpretieren, die sich auf jede von uns gewünschte Basis beziehen. Wenn wir eine Basis von 27^2 benutzen, wird eine Abtastung von nur zwei Zeichen erzeugt. Andere Basen ergeben andere Abtastraten.

Wir können die maximale Anzahl der Ebenen in einem Trie niedrig halten, wenn wir die Elementknoten so konzipieren, daß sie mehr als einen Wert eines Schlüssels enthalten. Wenn die maximale Anzahl der zulässigen Ebenen l ist, geben wir alle Werte der Schlüssel ein, die bis zur Ebene $l-1$ in denselben Elementknoten bedeutungsgleich sind. Wenn wir die Abtastfunktion korrekt wählen, werden in jedem Elementknoten nur wenige Synonyme vorhanden sein. Daher wird der Elementknoten klein sein und kann im internen Speicher verarbeitet werden. Abbildung 10.54 zeigt die Anwendung dieser Strategie auf den Trie von Abbildung 10.51 mit $l = 3$. Im Laufe der weiteren Erörterung werden wir aus Vereinfachungsgründen annehmen, daß die benutzte Abtastfunktion die von (1) ist und daß wir die Anzahl der Ebenen in dem Trie nicht einschränken werden.

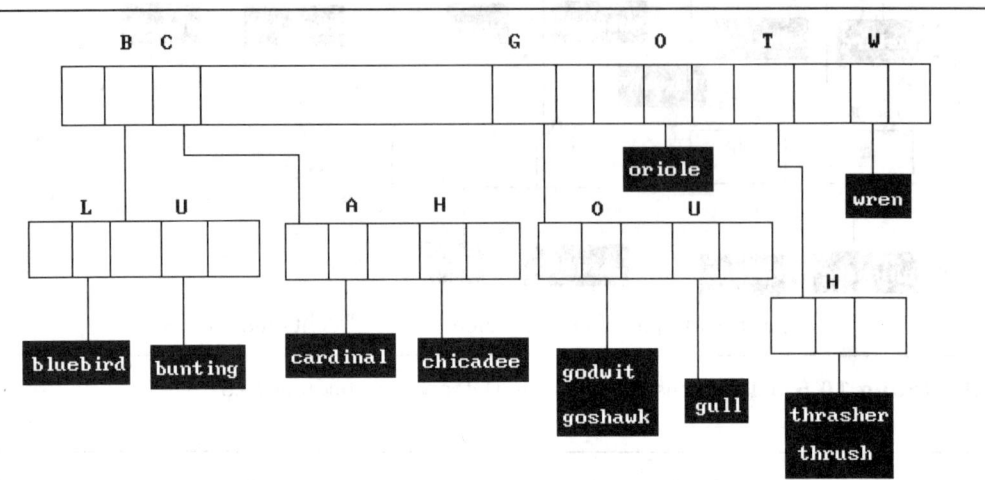

Die Schlüssel wurden jeweils einzeln von links nach rechts abgetastet

Abbildung 10.54: Trie der Daten von Abbildung 10.51, wenn die Anzahl der Ebenen auf zwei begrenzt ist

10.9.4. Einfügen in einen Trie

Einfügen in einen Trie ist direkt möglich. Wir werden den Vorgang anhand von zwei Beispielen erläutern und überlassen Ihnen das Schreiben des Algorithmus als Übung. Betrachten wir den Trie von Abbildung 10.51 und fügen wir in ihn zwei Eingaben ein: *bobwhite* und *bluejay*. Zuerst haben wir $x = bobwhite$, und wir versuchen, nach *bobwhite* zu suchen. Dies führt uns zum Knoten σ, an dem wir entdecken, daß σ –> *u.letters*[15] = *NULL* ist. (Das Zeichen *O* befindet sich im 15. Index.) Daher ist x nicht im Trie vorhanden, und wir müssen es hier einfügen. Als nächstes führen uns $x = bluejay$ und ein Suchvorgang im Trie zu dem Elementknoten, der *bluebird* enthält. Wir tasten *bluebird* und *bluejay* solange ab, bis die beiden Schlüssel voneinander abweichen. Dies geschieht, wenn wir die fünften Zeichen der beiden Schlüssel miteinander vergleichen. Abbildung 10.55 zeigt den Trie nach beiden Einfügungen.

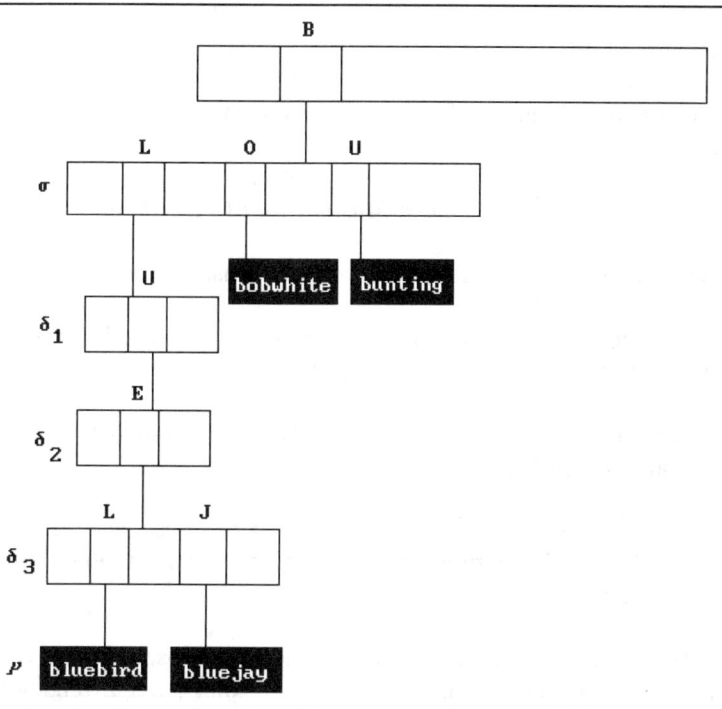

Abbildung 10.55: Abschnitt des Tries von Abbildung 10.51 nach Einfügen von *bobwhite* und *bluejay*

10.9.5. Löschen aus einem Trie

Wieder einmal werden wir den Löschalgorithmus nicht formal vorstellen, sondern zwei Beispiele betrachten, die einige der Gedanken, die dem Löschen von Eintragungen aus einem Trie zugrunde liegen, illustrieren. Lassen Sie uns zuerst aus dem Trie von Abbildung 10.55 *bobwhite* löschen. Um dies zu tun, setzen wir nur $\sigma -> u.letters[15] = NULL$. Wir brauchen keine anderen Veränderungen vorzunehmen. Lassen Sie uns als nächstes *bluejay* löschen. Dieses Löschen hinterläßt uns nur einen Schlüssel im Teilbaum δ_3. Das bedeutet, daß wir Knoten δ_3 löschen können, und Knoten ρ eine Ebene weiter nach oben bewegen können. Das Gleiche können wir mit den Knoten δ_1 und δ_2 tun. Schließlich erreichen wir Knoten σ. Der Teilbaum mit Wurzel σ enthält mehr als einen Schlüssel.

Aus diesem Grunde können wir ρ keine Ebene mehr hinaufbewegen, und wir setzen $\sigma -> u.letters[12] = \rho$. Um Löschungen aus Tries zu erleichtern, ist es sinnvoll, ein *count*-Feld in jedem Zweigknoten hinzuzufügen. Dieses Feld enthält die Anzahl der Nachfolger eines Knotens.

Genauso wie bei den binären Tries können wir komprimierte Tries definieren, in denen jeder Zweigknoten mindestens zwei Nachfolger hat. In diesem Fall wird jeder Zweigknoten erweitert, damit er über ein zusätzliches Feld *skip* verfügt, das die Anzahl der Ebenen der Verzweigungen, die entfernt wurden, anzeigt (alternativ können wir ein Feld *sample* verwenden, das die jeweilige Abtastebene anzeigt).

ÜBUNGEN

1. (a)   Zeichnen Sie den Trie für die folgenden Daten:

    Amiot, Avenger, Avro, Heinkel, HellDiver, Macchi,
    Marauder, Mustang, SpitFire, Sykhoi

    Tasten Sie die Schlüssel jeweils zeichenweise von links nach rechts ab.

    (b)   Erarbeiten Sie einen Trie mit minimaler Ebenenanzahl für die obenstehenden Daten mit Abastung einzelner Zeichen.

2. Schreiben Sie eine C-Funktion, um einen Schlüssel in einen Trie einzufügen. Welche Komplexität hat Ihre Funktion?

3. § Führen Sie Übung 2 aus, wobei zusätzlich vorausgesetzt wird, daß der Trie nicht mehr als sechs Ebenen besitzen soll. Synonyme sollen in denselben Elementknoten gepackt werden.

4. § Schreiben Sie eine Funktion, die x aus einem Trie löscht, wobei Sie die Annahmen aus Übung 2 zugrunde legen. Nehmen Sie an, daß jeder Zweigknoten ein Zählfeld besitzt, das die Anzahl der Elementknoten des Teilbaumes, dessen Wurzel er ist, enthält.

5. § Führen Sie Übung 4 für den Trie von Übung 3 aus.

6. § Im Trie von Abbildung 10.55 haben die Knoten δ_1 und δ_2 jeweils nur einen Nachfolger. Zweigknoten mit nur einem Nachfolger können aus den Tries entfernt werden, indem für jeden Knoten ein Sprungfeld (*skip field*) beibehalten wird. Der Wert dieses Feldes entspricht der Anzahl der Zeichen, die übersprungen werden sollen, bevor das nächste abzutastende Zeichen ermittelt wird. Daher kann $skip[\delta_3] = 2$ vorliegen, und die Knoten δ_1 und δ_2 können gelöscht werden. Schreiben Sie Algorithmen, um in Tries, in denen jeder Zweigknoten über ein Übersprungfeld verfügt, zu suchen, einzufügen und zu löschen.

10.10. DIFFERENTIALDATEIEN

Betrachten Sie eine Anwendung, in der wir eine indizierte Datei führen. Nehmen Sie aus Vereinfachungsgründen an, daß nur ein Index und somit ein einziger Schlüssel vorhanden ist. Legen Sie ferner zugrunde, daß es sich um einen dichten Index handelt (das heißt, um einen, der über eine Eintragung pro Satz in der Datei verfügt), und daß Aktualisierungen der Datei (Einfügungen, Löschungen und Veränderungen eines existierenden Satzes) erlaubt sind. Wir müssen eine Backup-Kopie von Index und Datei behalten, so daß wir einen auftretenden Verlust oder Fehler der Arbeitskopie ausgleichen können. Diese Verluste oder Fehler können zahlreiche Ursachen haben, einschließlich der Zerstörung der Arbeitskopie aufgrund einer Fehlfunktion der Hardware oder Software. Wir beziehen uns auf die Arbeitskopien von Index und Datei jeweils als *Hauptindex* und *Hauptdatei*.

Da Aktualisierungen von Datei und Index erlaubt sind, werden sich die Backup-Kopien im allgemeinen beim Auftreten von Fehlern von den Arbeitskopien unterscheiden. Für die Behebung von Fehlern müssen wir sowohl über die Backup-Kopien als auch über ein Verzeichnis aller Updates, die seit Erstellung der Backup-Kopien vorgenommen wurden, verfügen. Wir nennen dieses Verzeichnis *Transaktionsverzeichnis* (*transaction log*). Um den Fehler zu beheben, verarbeiten wir die Backup-Kopien und das Transaktionsverzeichnis, um einen Index und eine Datei zu reproduzieren, die den Arbeitskopien bei Auftreten des Fehlers entsprachen. Das bedeutet, daß die Zeit zum Beheben eines Fehlers eine Funktion der Größen des Backup-Index und der Sicherungs-Datei und der Größe des Transaktionsverzeichnisses ist. Wir können die zur Behebung eines Fehlers notwendige Zeit reduzieren, indem wir häufig Backups erstellen. Dies führt zu kleineren Transaktionsverzeichnissen. Es ist jedoch nicht praktisch, ausreichend häufige Updates von Hauptindex und -datei zu machen, wenn Index und Datei sehr umfangreich sind oder die Sicherungsrate sehr hoch ist.

Wenn nur die Datei, nicht aber der Index sehr umfangreich ist, können wir die Zeit zum Beheben eines Fehlers reduzieren, indem wir aktualisierte Sätze in einer separaten Datei, *Differentialdatei* genannt, bereithalten. Obwohl die Hauptdatei unverändert ist, ändern wir den Hauptindex sehr wohl, um die Position der aktuellsten Version des Satzes eines gegebenen Schlüssels wiederzugeben. Wir nehmen an, daß die Sätze der Differentialdatei und der Hauptdatei verschiedene Adressen besitzen. Dies bedeutet, daß die Adresse, die durch einen Suchvorgang des Hauptindexes ermittelt wurde, uns mitteilt, ob sich die aktuellste Version des Satzes, den wir suchen, in der Hauptdatei oder in der Differentialdatei befindet. Programm 10.14(b) zeigt die notwendigen Schritte, die unternommen werden müssen, wenn auf einen Satz mit einem gegebenen Schlüssel zugegriffen wird. Programm 10.14(a) zeigt die Schritte, wenn wir keine Differentialdatei benutzen.

Schritt 1:   Durchsuchen des Hauptindex nach der Adresse des Satzes.

Schritt 2:   Zugriff auf den Satz, ausgehend von der Adresse der Hauptdatei.

Schritt 3:   Wenn es sich um ein Update handelt, aktualisieren Sie Hauptindex, Hauptdatei und Transaktionsverzeichnis.

(a) Keine Differentialdatei.

Schritt 1:   Durchsuchen des Hauptindex nach der Satzadresse.

Schritt 2:   Zugriff auf den Satz, entweder von der Haupt- oder von der Differentialdatei aus, abhängig von der Adresse, die in Schritt 1 ermittelt wurde.

Schritt 3:   Wenn es sich um ein Update handelt, aktualisieren von Hauptindex, Differentialdatei und des Transaktionsverzeichnisses.

(b) Differentialdatei wird angewandt.

Schritt 1:   Durchsuchen des Differentialindex nach der Adresse des Satzes. Falls die Suche erfolglos ist, durchsuchen des Hauptindex.

Schritt 2:   Zugriff auf den Record, entweder von der Haupt- oder der Differentialdatei aus, je nach der in Schritt 1 ermittelten Adresse.

Schritt 3:   Handelt es sich um ein Update, aktualisieren von Differentialindex, Differentialdatei und des Transaktionsverzeichnisses.

(c) Differentialindex und -datei werden angewandt.

Schritt 1:   Abfragen des Bloom-Filters. Wenn die Antwort "vielleicht" lautet, absuchen des Differentialindex nach der Adresse des Satzes. Wenn die Antwort des Bloom-Filters "nein" ist oder wenn die Suche im Differentialindex erfolglos ist, absuchen des Hauptindex.

Schritt 2:   Zugriff auf den Satz, entweder von der Haupt- oder der Differentialdatei aus, je nach der in Schritt 1 ermittelten Adresse.

Schritt 3:   Handelt es sich um ein Update, aktualisieren des Bloom-Filters, des Differentialindex, der Differentialdatei und des Transaktionsverzeichnisses.

(d) Differentialindex und -datei und Bloom-Filter werden angewandt.

Programm 10.14: Zugriffsschritte

Beachten Sie, daß die Backup-Datei, wenn wir eine Differentialdatei benutzen, eine exakte Kopie der Hauptdatei ist. Daher müssen wir nur von dem Hauptindex und der Differentialdatei häufiger ein Backup vornehmen. Da diese Dateien relativ klein sind, ist dies machbar. Um einen Fehler im Hauptindex oder in der Differentialdatei zu beheben, müssen wir die Transaktionen im Transaktionsverzeichnis verarbeiten, indem wir Backup-Kopien von Hauptdatei, Hauptindex und Differentialdatei benutzen. Das Transaktionsverzeichnis ist gewöhnlich relativ klein, da Backups häufiger erfolgen. Um einen Fehler in der Hauptdatei zu beheben, müssen wir lediglich eine neue Kopie ihres Backups machen. Wenn die Differentialdatei zu groß wird, erzeugen wir eine neue Version der Hauptdatei, indem wir die alte Hauptdatei und die Differentialdatei miteinander verbinden. Dies führt ebenfalls zu einem neuen Index und einer leeren Differentialdatei. Es ist interessant, daß die Benutzung einer Differentialdatei keinen Einfluß auf die Anzahl der Plattenzugriffe hat, die notwendig sind, um eine Dateioperation auszuführen (siehe Programm 10.14).

Nehmen wir an, daß sowohl Index als auch Datei sehr umfangreich sind. In diesem Falle funktioniert das oben erläuterte System der Differentialdatei nicht so gut, da Backups des Hauptindex nicht so häufig durchführbar sind, wie es notwendig wäre, um das Transaktionsverzeichnis genügend klein zu halten. Wir können diese Schwierigkeit umgehen, indem wir einen Differentialindex gemeinsam mit einer Differentialdatei benutzen. Hauptindex und -datei bleiben unverändert, da Updates vorgenommen werden. Die Differentialdatei enthält alle neu eingefügten Sätze und die aktuelle Version aller veränderten Sätze. Der Differentialindex ist ein Index zu den Differentialdateien. Er enthält ebenfalls keine Adresseneingaben für gelöschte Sätze. In Programm 10.14(c) befinden sich die zur Durchführung einer Dateioperation notwendigen Schritte, wenn sowohl Differentialindex als auch -datei benutzt werden. Beachten Sie, daß Programm 10.14(c) verglichen mit Programm 10.14(a), häufig zusätzliche Plattenzugriffe erfordert, da wir oft zuerst den Differentialindex und dann den Hauptindex abfragen. (Beachten Sie, daß die Differentialdatei viel kleiner als die Hauptdatei ist und so die meisten Anfragen von der Hauptdatei aus bedient werden.)

Wenn wir sowohl Differentialindex als auch -datei nutzen, müssen wir die Backups sehr häufig durchführen. Dies ist möglich, da sie relativ klein sind. Um einen Verlust von Differentialindex oder -datei zu beheben, müssen wir die Transaktionen im Transaktionsverzeichnis verarbeiten, wobei wir die verfügbaren Backup-Kopien benutzen. Um einen Verlust des Hauptindexes oder der Hauptdatei zu beheben, müssen wir nur eine Kopie des entsprechenden Backups machen. Wenn Differentialindex und/oder -datei zu umfangreich werden, organisieren wir Hauptindex und/oder -datei neu, so daß Differentialindex und/oder -datei leer werden.

Wir können den Leistungsabfall, der sich aus dem Gebrauch eines Differentialindex ergibt, durch die Verwendung eines Bloom-Filters erheblich reduzieren. Ein *Bloom-Filter* ist eine Vorrichtung, die sich im internen Speicher befindet und Abfragen des Typs *"Befindet sich der Schlüssel im Differentialindex?"* akzeptiert. Wenn wir Anfragen dieser Art genau beantworten können, werden wir Differential- und Hauptindizes niemals nach einer Satzadresse absuchen müssen. Genau gesagt, ist die einzige Möglichkeit, Anfragen dieser Art genau zu beantworten, das Unterhalten einer Liste aller Schlüssel im Differentialindex. Dies ist bei Differentialindizes mit beträchtlichem Umfang nicht möglich.

Ein Bloom-Filter beantwortet Anfragen des obigen Typs nicht exakt. Statt eine *Ja*- oder *Nein*-Antwort zu geben, antwortet er mit *vielleicht* und *nein*. Wenn die Antwort *nein* ist, sind wir sicher, daß sich der gesuchte Schlüssel nicht im Differentialindex befindet. In diesem Falle suchen wir nur den Hauptindex ab, und die Anzahl der Plattenzugriffe ist so hoch, als würde der Differentialindex nicht benutzt. Wenn die Antwort *vielleicht* lautet, durchsuchen wir den Differentialindex.

Der Hauptindex wird nur dann abgesucht, wenn wir den Schlüssel nicht im Differentialindex finden. Programm 10.14(d) zeigt die Schritte, die unternommen werden müssen, wenn ein Bloom-Filter in Verbindung mit einem Differentialindex benutzt wird.

Ein *Filterfehler* tritt auf, wann immer die Antwort auf die Anfrage des Bloom-Filters *vielleicht* lautet und sich der Schlüssel nicht im Differentialindex befindet. Differential- und Hauptindizes werden nur dann abgesucht, wenn ein Filterfehler auftritt. Um eine Leistung zu erzielen, die nahe an die Leistung ohne Differentialindex heran reicht, müssen wir sicherstellen, daß die Wahrscheinlichkeit eines Filterfehlers beinahe Null ist.

Schauen wir uns einen Bloom-Filter näher an. Er besteht typischerweise aus m Speicherbits und h uniformen und unabhängigen Hash-Funktionen $f_0, \cdots, f_{h-1}$. Ursprünglich sind alle m Filterbits auf Null, Differentialindex und -datei sind leer. Wenn wir dem Differentialindex einen Schlüssel k hinzufügen, setzen wir die Bits $f_0(k), \cdots, f_{h-1}(k)$ des Filters auf 1. Wenn wir eine Anfrage des Typs "*Ist k im Differentialindex?*" durchführen, überprüfen wir die Bits $f_0(k), \cdots, f_{h-1}(k)$. Die Antwort auf die Anfrage lautet *vielleicht*, wenn all diese Bits 1 sind. Sonst lautet die Antwort *nein*. Wir können überprüfen, daß der Schlüssel nicht im Differentialindex sein kann, wenn die Antwort *nein* lautet, und daß sich der Schlüssel im Differentialindex befinden kann oder auch nicht, wenn die Antwort *vielleicht* lautet.

Wir berechnen die Wahrscheinlichkeit eines Filterfehlers auf die folgende Weise: Angenommen, es gibt ursprünglich n Sätze, und u Updates wurden gemacht. Vorausgesetzt, keines dieser Updates ist eine Einfüge- oder Lösch-Funktion. Daher bleibt die Anzahl der Sätze unverändert. Nehmen wir ferner an, daß die Schlüssel der Sätze einheitlich im für die Schlüssel (oder Bezeichner) vorgesehenen Raum verteilt sind und daß die Wahrscheinlichkeit, daß eine Update-Aufforderung für einen Satz $i = 1/n$ mit $1 \leq i \leq n$ beträgt. Aus diesen Annahmen folgt, daß die Wahrscheinlichkeit, daß ein bestimmtes Update den Satz i nicht verändert, bei $1 - 1/n$ liegt. So ist die Wahrscheinlichkeit, daß keines der u Updates Satz i verändert, $(1 - 1/n)^u$. Daher beträgt die erwartete Anzahl der unveränderten Sätze $n(1 - 1/n)^u$, und die Wahrscheinlichkeit, daß das $(u + 1)$-te Update für einen unveränderten Satz steht, beträgt $(1 - 1/n)^u$.

Betrachten Sie als nächstes Bit i des Bloom-Filters und die Hash-Funktion f_j mit $0 \leq j \leq h - 1$. Sei k der Schlüssel, der einem der u Updates entspricht. Da es sich bei f_j um eine einheitliche Hash-Funktion handelt, beträgt die Wahrscheinlichkeit, daß $f_j(k) \neq i$ ist, $1 - 1/m$. Da die h Hash-Funktionen unabhängig sind, beträgt die Wahrscheinlichkeit, daß $f_j(k) \neq i$ ist, für alle h Hash-Funktionen $(1 - 1/m)^h$ ist. Falls dies das einzige Update ist, ist die Wahrscheinlichkeit, daß Bit i des Filters Null ist $(1 - 1/m)^h$. Aufgrund der Annahmen zu den Update-Aufforderungen folgt, daß die Wahrscheinlichkeit, daß Bit i nach u Updates gleich Null ist, $(1 - 1/m)^{uh}$ beträgt. Hieraus können wir schließen, daß die Wahrscheinlichkeit eines Filterfehlers $(1 - (1 - 1/m)^{uh})^h$ beträgt, falls das $(u + 1)$-te Update für einen unveränderten Satz steht. Die Wahrscheinlichkeit $P(u)$, daß das $(u + 1)$-te Update zu einem Filterfehler führt, ist gerade diese Größe mal der Wahrscheinlichkeit, daß das $(u + 1)$-te Update für einen unmodifizierten Satz steht. Daraus ergibt sich:

$$P(u) = (1 - 1/n)^u (1 - (1 - 1/m)^{uh})^h$$

Durch Anwendung der Näherung:

$$(1 - 1/x)^q \sim e^{-q/x}$$

Für große x erhalten wir:

$$P(u) \sim e^{-u/m}(1 - e^{-uh/m})^h$$

wenn n und m groß sind.

Angenommen, wir möchten einen Bloom-Filter konstruieren, der die Wahrscheinlichkeit eines Filterfehlers minimiert. Diese Wahrscheinlichkeit ist zu dem Zeitpunkt am größten, bevor der Hauptindex neu organisiert und der Differentialindex leer wird. Angenommen, u bezeichnet die Anzahl der Updates, die bis zu diesem Zeitpunkt vorgenommen wurden. Bei den meisten Anwendungen wird m durch die Anzahl der verfügbaren Speicherplätze bestimmt, und m ist festgelegt. So ist die einzige Variable in der Konstruktion h. Wenn $P(u)$ nach h differenziert und das Resultat gleich Null gesetzt wird, ergibt sich:

$$h = (\log_e 2)m / u \sim 0.693m / u$$

Wir können überprüfen, daß dieses h ein Minimum für $P(u)$ ergibt. Da h in der Praxis eine ganze Zahl sein muß, beträgt die Anzahl der zu benutzenden Hash-Funktionen entweder $\lceil 0{,}693m/u \rceil$ oder $\lfloor 0{,}693m/u \rfloor$, abhängig davon, welches Ergebnis einen kleineren Wert für $P(u)$ ergibt.

ÜBUNGEN

1. Zeigen Sie, durch Differenzierung von $P(u)$ unter Berücksichtigung von h, daß $P(u)$ minimiert wird, wenn $h = (\log_e 2)m/u$ ist.

2. Angenommen, Sie müssen einen Bloom-Filter mit Minimum $P(u)$ konstruieren, wobei $n = 100.000$, $m = 5000$ und $u = 1000$ ist.

   (a) Benutzen Sie eines der im Text erzielten Ergebnisse, berechnen Sie die Anzahl h der zu verwendenden Hash-Funktionen. Legen Sie Ihre Berechnungen dar.

   (b) Wie hoch ist die Wahrscheinlichkeit $P(u)$ eines Filterfehlers, wenn h diesen Wert hat?

10.11. LITERATUR UND AUSGEWÄHLTE REFERENZEN

Der Algorithmus mit $O(n^2)$ für den optimalen binären Suchbaum stammt aus: *"Optimum Binary Search Trees"* von D. Knuth, *Acta Informatica*, 1, 1, 1971, pp. 14-25.

Die Erläuterung von Heuristik-Funktionen, die in der Zeit $O(n \log n)$ fast optimale binäre Suchbäume erreichen, finden Sie in: *"Nearly Optimal Binary Search Trees"* von K. Melhorn, *Acta Informatica*, 5, 1975, pp. 287-295; und *"Binary Search Trees and File Organization"* von J. Nievergelt, *ACM Computing Surveys*, Band 6, Nr. 3, September 1974, pp. 195-207.

Der Originalaufsatz zu AVL-Bäumen von G.M. Adelson-Velskii und E.M. Landis erschien in *Dokl. Acad. Nauk.*, SSR (Soviet Math), 3, 1962, pp. 1259-1263. Zusätzliche Algorithmen zur Manipulation von AVL-Bäumen können gefunden werden in: *"Linear lists and priority queues as balanced binary trees"* von C. Crane, STAN-CS-72-259, Computer Science Department, Stanford University, Februar 1972 und in *The Art of Computer Programming: Sorting and Searching* von D. Knuth, Addison-Wesley, Reading, Massachusetts, 1973 (Abschnitt 6.2.3).

Ergebnisse einer empirischen Studie über höhenausgeglichene Bäume erschienen in: *"Performance of Height-Balanced Trees"* von P.L. Karlton, S.H. Fuller, R.E. Scroggs und E.B. Koehler, *CACM*, 19, 1, Januar 1976, pp. 23-28.

2-3-Bäume und 2-3-4-Bäume sind ein besonderer Fall der B-Bäume. Eine gute Referenz ist: *The Art of Computer Programming: Sorting and Searching*, Band 3, von D. Knuth, Addison-Wesley, Reading, Massachussetts, 1973. Die Variationen der 2-3-Bäume, auf die sich in den Übungen bezogen wurde, stammen aus: *The design and analysis of computer algorithms*, von A. Aho, J. Hopcroft und J. Ullman, Addison-Wesley, Reading, MA, 1974 und in *Data structures and algorithms* von A. Aho, J. Hopcroft und J. Ullmann, Addison-Wesley, Rading, MA, 1983.

Rot-Schwarz-Bäume wurden von R.Bayer erfunden. Die Referenz lautet: *"Symmetric binary B-Trees: data structure and maintenance"* *Acta. Infor.*, Band 1, Nr. 4, 1972, pp. 290-306.

Unsere Darstellung der Rot-Schwarz-Bäume geht auf Guibas und Sedgewick zurück. Die Algorithmen für 2-3-4-Bäume für Einfügen von oben nach unten in einem Durchgang stammen ebenfalls von ihnen. Die Referenz ist: *"A dichromatic framework for balanced trees"* von L. Guibas und R. Sedgewick, *Proceedings 19th IEEE symposium on foundations of computer science*, pp. 8-21, 1978.

Algorithmen für Rot-Schwarz-Bäume für Einfügen und Löschen von unten nach oben wurden von R. Tarjan vorgeschlagen in dem Aufsatz: *"Updating a balanced search tree in O(1) rotations"*, *Info. Process. Letters*, 16, 5, 1983, pp. 253-257.

Der Aufsatz: *"Planar point location using persistent search trees"* von N. Sarnak und R. Tarjan, *CACM*, 27, 7, 1986, pp. 669-679, entwickelt zahlreiche dauerhafte Rot-Schwarz-Bäume. Eine dauerhafte Datenstruktur ermöglicht, daß auf alle vorherigen Versionen zuzüglich der aktuellen Version der Datenstrutrur effizient zugegriffen werden kann. Der oben erwähnte Aufsatz wendet dauerhafte Rot-Schwarz-Bäume auch auf das Problem des Suchens von Punkten in der Ebene.

Spreizbäume wurden von D. Sleator und R. Tarjan erfunden. Ihr Aufsatz: *"Self-adjusting binary search trees"* *JACM*, 32, 3, Juli 1985, pp. 652-686, enthält zahlreiche andere Analysen von Spreizbäumen sowie Varianten der grundlegenden Spreiztechnik, die im

Text erläutert wurde. Es gibt zahlreiche andere Datenstrukturen, die eine gute amortisierte Leistung bei Operationen mit Prioritätswarteschlangen und Suchbäumen erreichen. Die Übungen untersuchen einige dieser Strukturen. Die Referenzen für diese Zusatzstrukturen stammen aus: "*Self-adjusting heaps*" von D. Sleator und R. Tarjan, *SIAM Jr. on Computing,* 15, 1, Februar 1986, pp. 52-69, und "*Biased search trees*" von S. Bent, D. Sleator und R. Tarjan, *SIAM Jr. on Computing,* 14, 3, August 1985, pp. 545-568.

Digitale Suchbäume wurden zuerst von E. Coffman und J. Eve in *CACM*, 13, 1970, pp. 427-432 vorgestellt.

Die Patricia-Struktur geht auf D. Morrison zurück. Digitale Suchbäume, Tries und Patricia werden analysiert in dem Buch: "*The Art of Computer Programming: Sorting and Searching*" von D. Knuth, Addison-Wesley, Reading, Massachussetts, 1973 (Abschnitt 6.3).

Der Konstruktionsalgorithmus für Suffix-Bäume in linearer Zeit geht auf E. McCreight zurück. Er wird beschrieben in: "*A space-economical suffix tree construction algorithm*" von E. McCreight, *JACM*, 23, 2, April 1978, pp. 262-272.

Unsere Entwicklung von Differentialdateien folgt der Arbeit von Severence und Lohman: "*Differential files: Their application to the maintenance of large databases*" von D. Severence und G. Lohman, *ACM Trans. on Database Systems,* 1, 3, 1976, pp. 256-267.

Diese Arbeit zeigt auch zahlreiche Vorteile bei der Benutzung von Differentialdateien auf. Die Annahmen zum Thema Gleichförmigkeit, die in der Analyse der Filterfehler zugrunde gelegt wurden, sind unrealistisch, da zukünftige Zugriffe in der Praxis wahrscheinlich eher bei Sätzen erfolgen, auf die bereits zuvor zugegriffen wurde. Zahlreiche Autoren unternahmen den Versuch, dies zu berücksichtigen. Zwei Referenzen sind: "*A practical guide to the design of differential file architectures*" von H. Aghili und D. Severence, *ACM Trans. on Database Systems,* 7, 2, 1982, pp. 540-565, und "*A regression approach to performance analysis for the differential file architecture*" von T. Hill und A. Srinivasan, *Proceedings Third IEEE International Conference On Data Engineering,* 1987, pp. 157-164.

ANSI C UND K&R C

In diesem Anhang untersuchen wir viele der bestehenden Unterschiede zwischen der American National Standard X3.159-1989 Version von C (ANSI C) und den traditionelleren C-Versionen, wie sie von Kernighan und Ritchie in ihrem Buch "*The C Programming Language*", Prentice Hall, 1978, (K&R C) dargestellt wurden.

In diesem Buch folgen wir dem Standard von ANSI C. Wir haben uns aus zwei Gründen dazu entschlossen. Am wichtigsten ist die Tatsache, daß ANSI C Mechanismen für die Verbesserung der Lesbarkeit und Zuverlässigkeit von Programmen zur Verfügung stellt. Der zweite Grund besteht darin, daß ANSI C immer häufiger von den Computerherstellern favorisiert wird. Dennoch gibt es noch viele C-Compiler, die nicht mit ANSI C arbeiten. Ein nennenswertes Beispiel sind die SUN Sparcstations, die mit einer Version von Berkeley-UNIX laufen. Alle Programme in diesem Buch wurden in K&R C umgewandelt und laufen erfolgreich auf einer SUN Sparcstation.

ANSI C ist umfangreicher als K&R C

Es gibt viele kleine Veränderungen und Ergänzungen bei ANSI C. Sie wissen wahrscheinlich, daß eine Quellzeile in ANSI C, in der nächsten Zeile fortgesetzt werden kann, wenn die erste Zeile mit einem Backslash (\) beendet wird. ANSI C führt einen "Trigraphen" ein, eine Abfolge von drei Buchstaben, so daß der Trigraph **??/** dazu verwendet werden kann, eine Fortsetzung in der nächsten Zeile zu bezeichnen.

ANSI C führt den Gedanken der Multibytes und Gruppen breiter Zeichen ein. So können internationale Alphabete, von denen viele mehr als ein Byte zur Darstellung benötigen, aufgenommen werden. Ein breites Zeichen kann als *wchar t* deklariert werden, was in *stddef.h* definiert ist. Ein Multibyte-Zeichen ist die externe Darstellung eines breiten Zeichens. Es erscheint als eine normale C-Zeichenkette.

ANSI C wurde durch zwei neue Typqualifikatoren ergänzt: **const** und **volatile**. Das Wort **const** bezieht sich auf Objekte, denen man nichts zuordnen kann. Beispielsweise:

```
const int i = 47; /* i kann nicht verändert werden */
int * const cptr; /* cptr ist ein Zeiger, der nicht
                              verändert werden kann */
const int *ptrc; /* Zeiger auf konstante Daten können
                     zugewiesen werden, aber nicht auf
                     das Objekt, auf das er zeigt */
...
i = 10;   /* Ist verboten */
i++;      /* Ist verboten */
```

Das Wort **volatile** wird immer dann benutzt, wenn das Objekt, auf das es sich bezieht, so häufig modifiziert werden kann, wie wir es vom Compiler für Optimierungen verlangen können.

Eine der wichtigsten Erweiterungen von ANSI C ist der Funktionsprototyp. In K&R C beginnt man die Definition einer Funktion damit, daß der Name der Funktion und eine Liste der Namen, die für die Parameter stehen, geliefert werden. Informationen über die Parameter erscheinen später. Bei ANSI C erscheinen Parameter und deren Typen gemeinsam in der Funktionsüberschrift. Ein Funktionsprototyp ähnelt einer Funktionsüberschrift, abgesehen davon, daß die Parametertypen erscheinen. Funktionsprototypen werden typischerweise in die Nähe der **#define**- und **#include**-Anweisungen in einem C-Programm plaziert und gestatten somit dem C-Compiler, das Überprüfen der Typen bei Funktionsbefehlen durchzuführen. Zum Beispiel:

```
small(x,y)          /* K&R C Funktionsüberschrift */
small(int, int)     /* ANSI C Funktionsprototyp */
small(int x, int y) /* ANSI C Funktionsüberschrift */
```

Sogar bei Funktionen ohne Argumente, zum Beispiel f( ), stellt ANSI C die Form **void f(void)** als Prototyp zur Verfügung. Im traditionellen C werden die folgenden Schritte unternommen, wenn man einer Funktion begegnet:

(i)   Die Argumente werden mit Hilfe von Standardvorgaben konvertiert;

(ii)   Die Typen werden weder überprüft, noch wird überprüft, ob die Anzahl der Argumente übereinstimmt;

(iii)   Jede beliebige Funktion kann eine variable Anzahl von Argumenten aufnehmen.

Wenn ein Funktionsprototyp benutzt wird, werden folgende Schritte unternommen:

(i)   Argumente werden in die deklarierten Typen der formalen Parameter konvertiert, genauso, als ob Zuordnungen erfolgt wären;

(ii)   Anzahl und Typ der Argumente werden mit dem Prototyp verglichen, und eine Fehlermeldung erfolgt, wenn eine Diskrepanz besteht.

(iii)   Funktionen, die tatsächlich eine variable Anzahl von Argumenten benötigen, müssen zuvor spezifiziert werden.

ANSI C führt die Initialisierung von Variablen in die Sprache ein. Die ursprünglichen Werte erscheinen in geschweiften Klammern. Einige Compiler werden statische Speicher auf Null initialisieren, aber dies ist kein Bestandteil der Definition der Sprache, und man kann sich nicht darauf verlassen. Zum Beispiel initialisiert

```
int numbers [] [MAX_NUMBERS] = {{1, 2, 3}, {4, 5, 6}, {7, 8, 9}}
```

ein zweidimensionales Feld, *numbers*, so daß *numbers*[0][0] = 1, *numbers*[0][1] = 2, *numbers*[0][2] = 3, *numbers*[1][0] = 4, ...

Void
Scalar types
     pointer
     arithmetic types
          integral
               integers
               enumerations
               character
          floating point
     Function types
     Union types
     Aggregate types
          array
          structure

Abbildung A.1: Die C-Typen

Es ist wichtig sich zu vergegenwärtigen, wie die ANSI C-Typen organisiert sind. Dies ist auf Abbildung A.1 zu sehen. Typ **int** darf nicht kleiner als **short** und **long** nicht kleiner als **int** sein. Viele Implementierungen stellen ein Zeichen in 8 Bits, **short** in 16 Bits, **long** in 32 Bits und **int** in 16 oder 32 Bits dar. ANSI C macht es erforderlich, daß mindestens diese Breiten verwendet werden.

ANSI C verlangt, daß jede Compiler-Implementierung die Bereiche der Integer in der Header-Datei *limits.h* dokumentiert. Unter anderem enthalten die Werte in dieser Datei: **CHAR_BIT, INT_MIN, INT_MAX, CHAR_MIN, CHAR_MAX** und andere.

Die Real-Zahlen von C erscheinen in den zwei Formen **float** und **double**. Bei K&R C wurde angenommen, daß alle **float**s in **double**s vor ihrer Manipulation konvertiert wurden. Dies gilt nicht bei ANSI C. C hat die Ausgabe von Zeigern und Umwandlungen von **int**s in Zeiger durch Einführung des speziellen Nullzeigers, **void** genannt, mit Adressen versehen. Es gibt ein Makro, *NULL*, das als Konstante definiert wird, welche den Nullzeiger repräsentiert, Entweder 0, 0L oder (**void***) 0.

Multidimensionale Felder werden als ein Feld von Arrays deklariert. Sie werden in der Hauptreihenfolge der Zeilen gespeichert. Wenn *arr* ein 3 × 2-Feld ist, zum Beispiel *int arr*[3][2], entspricht der Ausdruck *arr*[2][1] dem Zeigerausdruck *(*(*arr*+2)+1). Dies verhält sich so, weil *arr* ein Zeiger auf *arr*[0][0] ist; *(*arr*+2) ein Zeiger auf *arr*[2][0] ist und deshalb zeigt der letzte Ausdruck auf *arr*[2][1].

Gefährliche Praktiken

Einige Programmierer nehmen an, daß alphabetische Zeichen aufeinanderfolgend dargestellt werden, so daß 'Z' – 'A' + 1 = 26 sein sollte. Dies gilt bei ASCII, nicht aber bei EBCDIC. ANSI C spezifiziert, daß mit /* ein Kommentar beginnt und daß er mit */ endet. Es erlaubt keine verschachtelten Kommentare, obwohl viele C-Implementierungen dies gestatten. Wenn eine Notwendigkeit besteht, einen großen Abschnitt des C-Codes, der möglicherweise Kommentare enthält, zu kommentieren, sollte man die C-Präprozessor-Befehle benutzen:

```
#if 0
...
#endif
```

Im traditionellen C werden die zusammengesetzten Operatoren, wie += oder –= als zwei Merkmale behandelt und können Leerzeichen enthalten. ANSI C behandelt sie als einziges Merkmal. Im traditionellen C wurde spezifiziert, daß Bezeichner nur auf der Grundlage ihrer ersten acht Zeichen unterschieden würden. Daher würden die Bezeichner *looknice* und *looknice*2 als gleich angesehen werden. ANSI C gestattet es, daß mindestens 31 Zeichen die Einmaligkeit des Bezeichners bestimmen, um die Benutzung informativer Namen zu unterstützen. Externe Bezeichner in C jedoch müssen von Debuggern und Linkern verarbeitet werden. Diese Hilfsmittel sind häufig restriktiver, und daher werden längere Namen weiterhin nicht unterstützt.

In einem C-Programm wird eine Zeile, die mit einem # beginnt, als eine Direktive an den C-Präprozessor interpretiert. Dem # folgt im allgemeinen ein Befehl, dem Argumente nachfolgen können. ANSI C erlaubt, daß Leerzeichen dem # vorangehen und nachfolgen, viele traditionelle C-Compiler allerdings erwarten, daß # in Spalte 1 mit einem unmittelbar nachfolgenden Befehl erscheint. ANSI C erlaubt den Gebrauch eines Schlüsselwortregisters mit einem beliebigen Variablen- oder Parametertyp. Compiler jedoch, die keine ANSI C-Compiler sind, beschränken die Anwendung eines Registers auf skalare Typen. Andere Unterschiede können auftreten, beispielsweise die Erweiterung kleiner Objekte, die mit dem Register deklariert wurden.

C ermöglicht, daß der Spezifikator eines Variablentyps oder einer Funktionsdefinition ausgelassen wird. In einem solchen Fall lautet die Vorgabe **int**. Bei ANSI C wird dies als schlechte Programmierpraxis angesehen. ANSI C führte den Spezialtyp **void** ein, um anzuzeigen, daß der erhaltene Wert ignoriert wird. C erlaubt unbegrenzte Sprünge zu beliebigen Stellen der zusammengesetzten Anweisungen. Dies bildet einen krassen Gegensatz zu Ada, Modula-2 und Pascal, die nicht in dieser Weise arbeiten. Eine solche Vorgehensweise sollten Sie meiden.

Es ist unmöglich, alle Unterschiede zwischen K&R C und ANSI C in einem Anhang zu behandeln. Dem interessierten Leser empfehlen wir das Buch von Harbison und Steele, "C A Reference Manual", in dem die Unterschiede vollständig dargelegt werden.

Die Konvertierung von Programmen dieses Buches zu K&R C

Es ist einfach, die in diesem Buch enthaltenen Programme von ANSI C in ihre eigene, persönliche Version zu konvertieren. Hier legen wir Ihnen ein vollständiges Beispiel vor, das so konzipiert wurde, daß das Programm auf einer SUN Sparcstation laufen konnte. In Programm A.1 sehen Sie ein Musterprogramm, das wir aus Kapitel 9 dieses Buches entnahmen. Es handelt sich insofern um ein "vollständiges" Programm, als daß es lauffähig ist. Es demonstriert, wie eine Hash-Tabelle unterhalten wird. Zum Vergleich haben wir rechts von bestimmten Anweisungen die entsprechenden K&R C-Anweisungen plaziert. Links von jeder Anweisung haben wir eine Zeilennummer plaziert, um Ihnen zu helfen, die Quelle der Compilerfehler zu lokalisieren, die auftraten, als wir das Programm auf einer SUN Sparcstation laufen ließen.

```
1    /* file name: Hash1.c*/
2    #include <stdio.h>
3    #include <string.h>
4    #include <stdlib.h>
5    #define MAX_CHAR 10
6    #define TABLE_SIZE 13
7
8    typedef struct {
9            char key[MAX_CHAR];
10   } element;
11                                           /* K&R-C correct form */
12   element hash_table[TABLE_SIZE];
13   int transform(char*);                   /*int transform(); */
14   int hash(char*);                        /*int hash(); */
15   void init_table(element []);            /*void init_table(); */
16   void linear_insert(element, element []); /*void linear_insert(); */
17   int linear_search(element, element []);  /*int linear_search(); */
18   void print_table(element []);           /*void print_table(); */
19
20   void main(void)                         /* void main() */
21   {
22     char key[MAX_CHAR];
23     element info;
24     int position;
25     init_table(hash_table);
26     printf("Enter a key <zzz> to quit: ");
27     scanf("%s",&key);                     /* scanf("%s", key) */
28     while (strcmp(key,"zzz")) {
29       strcpy(info.key, key);
30       linear_insert(info,hash_table);
31       print_table(hash_table);
32       printf("Enter a key <zzz> to quit: ");
33       scanf("%s",&key);                   /* scanf("%s",key) */
34     }
35     printf("Enter a key to search <zzz> to quit: ");
36     scanf("%s",&key);                     /* scanf("%s",key) */
37     while (strcmp(key, "zzz")) {
38       strcpy(info.key, key);
39       if ((position = linear_search(info,hash_table))<0)
40       printf("The Key is not in the table \n");
41       else
42       printf("The key was found in the %d position 0,position);
43       printf("Enter a key to search <zzz> to quit: ");
44       scanf("%s",&key);                   /* scanf("%s",key) */
45     }
46   }
47
48   int transform(char *key)                /*int transform(key) */
49   {                                       /* char *key; */
50   /* simple additive approach to create a natural number, that is
51     within the integer range */
```

```
52    int number = 0;
53    int i;
54    int length = strlen(key);
55    for (i = 0; i < length; i++)
56      number += key[i];
57    return number;
58 }
59
60 int hash(char *key)                              /* int hash(key) */
61 {                                                /* char *key; */
62 /* transform key to a natural number, and return this result modulus
63    the table size */
64    return(transform(key) % TABLE_SIZE);
65 }
66
67 void linear_insert(element item,element ht[])/*void linear_insert(item,ht)*/
68 {                                                /* element item, ht[]; */
69 /* insert the key into the table using the linear probing technique,
70    exit the function if the table ist full */
71
72    int i, hash_value;
73
74    hash_value = hash(item.key);
75    i = hash_value;
76    printf("Hash value is: %d0,i);
77    while (strlen(ht[i].key)) {
78      i = (i+1) % TABLE_SIZE;
79      if (i == hash_value) {
80        fprintf(stderr, "The Table is full \n");
81        exit(1);
82      }
83    }
84    ht[i] = item;
85 }
86
87 int linear_search(element item, element ht[])/*int linear_search(item, ht)*/
88 {                                                /*element item, ht[]; */
89 /* search for the key contained in item, return -1 if the key is not
90    in the table, and the position (j), if it is. */
91
92    int j, hash_value;
93
94    hash_value = hash(item.key);
95    j = hash_value;
96    for (;;) {
97      if (!strlen(ht[j].key))
98        return -1;
99    if (!strcmp(ht[j].key,item.key))
100       return j;
101   j = (j+1) % TABLE_SIZE;
102   if (j == hash_value)
```

```
103      return -1;
104      }
105   }
106 }
107
108 void init_table(element ht[])              /* void init_table(ht) */
109 {                                          /* element ht[]; */
110    int i;
111    for(i = 0; i <TABLE_SIZE; i++)
112      ht[i].key = NULL;
113 }
114
115 void print_table(element ht[])             /* void print_table(ht) */
116 {                                          /* element ht[]; */
117    int i;
118    printf("index value0);
119    for (i=0; i<TABLE_SIZE; i++)
120      printf("[%3d] = %s0,i,ht[i].key);
121 }
```

Programm A.1: Ein Beispiel für ein C-Programm

In Abbildung A.2 sehen Sie die Liste der Fehlermeldungen, die anfangs von einem Compiler auf einer SUN Sparcstation erzeugt wurden. Die Zeilen 13 bis 18 enthalten alle Funktionsprototypen, das heißt, Definitionen der Funktionsnamen und deren Argumente. K&R C ermöglicht solche Definitionen nicht, obwohl es verlangt, daß der Name deklariert wird. Um diese Fehlermeldungen zu entfernen, muß man die Parameterspezifikationen löschen, wie dies rechts innerhalb der Kommentare gezeigt wird. Zeile 20 bricht mit K&R C, da ein **void** als Parameter aufgelistet ist. Dies kann leicht dadurch korrigiert werden, daß es gelöscht wird, was rechts zu sehen ist. Sobald diese Veränderungen vorgenommen wurden, kann das Programm erneut übersetzt werden, was eine neue Gruppe von Warnungen wie in Abbildung A.3 gezeigt, ergibt.

```
"hash 1.c", line 13: syntax error at or near type word "char"
"hash 1.c", line 14: syntax error at or near type word "char"
"hash 1.c", line 15: syntax error at or near symbol [
"hash 1.c", line 15: element declared as parameter to non-function
"hash 1.c", line 16: redeclaration of formal parameter, element
"hash 1.c", line 16: syntax error at or near symbol [
"hash 1.c", line 16: element declared as parameter to non-function
"hash 1.c", line 16: element declared as parameter to non-function
"hash 1.c", line 17: redeclaration of formal parameter, element
"hash 1.c", line 17: syntax error at or near symbol [
"hash 1.c", line 17: element declared as parameter to non-function
"hash 1.c", line 17: element declared as parameter to non-function
"hash 1.c", line 18: syntax error at or near symbol [
"hash 1.c", line 18: element declared as parameter to non-function
"hash 1.c", line 20: syntax error at or near type word "void"
"hash 1.c", line 68: redeclaration of linear_insert
"hash 1.c", line 74: item undefined
"hash 1.c", line 77: ht undefined
"hash 1.c", line 87: syntax error at or near variable name "item"
"hash 1.c", line 87: redeclaration of formal parameter, element
"hash 1.c", line 94: item undefined
"hash 1.c", line 97: ht undefined
"hash 1.c", line 109: syntax error at or near variable name "ht"
"hash 1.c", line 113: ht undefined
"hash 1.c", line 116: syntax error at or near variable name "ht"
"hash 1.c", line 116: fatal error: too many errors
```

Abbildung A.2: Fehlermeldungen, erzeugt von einem K&R C-Compiler

```
"hash 1.c", line 27: warning: & before array or function: ignored
"hash 1.c", line 33: warning: & before array or function: ignored
"hash 1.c", line 36: warning: & before array or function: ignored
"hash 1.c", line 44: warning: & before array or function: ignored
"hash 1.c", line 48: syntax error at or near type word "char"
"hash 1.c", line 54: key undefined
"hash 1.c", line 60: syntax error at or near type word "char"
"hash 1.c", line 64: key undefined
"hash 1.c", line 67: syntax error at or near variable name "item"
"hash 1.c", line 67: redeclaration of formal parameter, element
"hash 1.c", line 74: item undefined
"hash 1.c", line 77: ht undefined
"hash 1.c", line 87: syntax error at or near variable name "item"
"hash 1.c", line 87: redeclaration of formal parameter, element
"hash 1.c", line 94: item undefined
"hash 1.c", line 97: ht undefined
"hash 1.c", line 109: syntax error at or near variable name "ht"
"hash 1.c", line 113: ht undefined
"hash 1.c", line 116: syntax error at or near variable name "ht"
"hash 1.c", line 121: ht undefined
```

Abbildung A.3: Zweite Gruppe der Fehlermeldungen

Wenn man Abbildung A.3 betrachtet, fällt einem das häufige Auftauchen der Meldung

"hash1.c", line 48: syntax error at or near type word "char"

auf.

Diese Meldung bezieht sich auf die Tatsache, daß K&R C nicht wie bei einem Typ die Spezifikation des Arguments erlaubt. Im allgemeinen steht ein Variablenname zur Verfügung, dessen Typ jedoch folgt in einer anderen Zeile. Diese Veränderungen werden an sechs Zeilenpaaren vorgenommen, die wie folgt nummeriert sind: 48, 49; 60, 61; 67, 68; 87, 88; 109, 110 und 116, 117. Die einzigen verbleibenden Fehlermeldungen befinden sich in den Zeilen: 27, 33, 36 und 44.

"hash1.c", line 27: warning: & before array or function: ignored

Hierbei handelt es sich nicht um einen schwerwiegenden Fehler, was man daraus ersehen kann, daß er ignoriert wird. Um ihn dennoch zu entfernen, muß man lediglich das Zeichen &, das dem Variablenschlüssel unmittelbar vorangeht, löschen.

INDEX

Die Welt des Internet

Handbuch & Übersicht

Ed Krol

Das Internet ist das größte weltumspannende Computernetz mit über 600.000 angeschlossenen Rechnern. Dieses Buch gibt dem Leser eine generelle Einführung ins Internet, dessen Benutzung, sowie einen Überblick der Möglichkeiten die Internet bietet. Die ersten Kapitel geben Einblick in das Netzwerkprotokoll TCP/IP, mit dem Internet arbeitet. Der mittlere Teil des Buches befaßt sich mit Anpassung der Software, Fehlersuche und Datenschutz. Ein weiterer Teil des Buches gibt einen Überblick der wichtigsten Netzdienste sowie deren Anbieter. Im umfangreichen Anhang des Buches findet der Leser diverse Referenzmanuals, Beispiele und Informationen zum TCP/IP Header.

420 Seiten, 1994,
59,- DM, geb.

TCP/IP Netzwerk Administration

Craig Hunt

Dieser Band der bekannten Nutshell-Reihe erhellt den Bereich der Verwaltung von Netzen auf TCP/IP-Basis. TCP/IP ist ein Netzwerkprotokoll, welches für die UNIX-Welt von größter Bedeutung ist. Das Buch beginnt klassisch mit den TCP/IP Protokollen im allgemeinen, IP-Adressen sowie deren Beantragung. Es folgt ein Einschub zur Konfiguration eines netzwerkfähigen UNIX-Kerns. Danach geht es mit den Standardprogrammen weiter. So wird ausführlich die Konfiguration der IP-Schnittstelle, der Netzrouten eines Namensservers und natürlich "Sendmail" behandelt. Abschließend folgen Kapitel, die sich mit der Fehlersuche und der Sicherheit in TCP/IP-Netzwerken befassen.

500 Seiten, 1994,
79,- DM, geb.

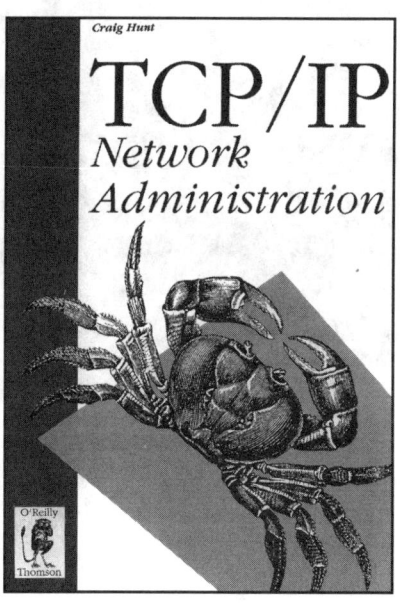

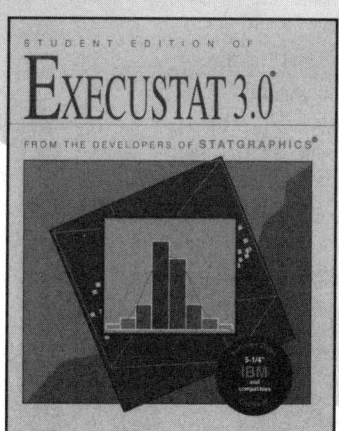